회사 실무에 힘을 주는
파워포인트 2013

이형범 지음

회사 실무에 힘을 주는
파워포인트 2013

초판 1쇄 발행 | 2015년 5월 15일
초판 2쇄 발행 | 2017년 11월 15일

지 은 이 | 이형범
발 행 인 | 이상만
발 행 처 | 정보문화사

책임편집 | 최동진
편집진행 | 노미라

주　　소 | 서울시 종로구 대학로 12길 38 (정보빌딩)
전　　화 | (02)3673-0037(편집부) / (02)3673-0114(代)
팩　　스 | (02)3673-0260
등　　록 | 1990년 2월 14일 제1-1013호
홈페이지 | www.infopub.co.kr

I S B N | 978-89-5674-630-2

이 책은 저작권법에 따라 보호받는 저작물이므로 무단 전재와
무단 복제를 금하며, 이 책 내용의 전부 또는 일부를 사용하려면 반드시
저작권자와 정보문화사 발행인의 서면동의를 받아야 합니다.

※ 책값은 뒤표지에 있습니다.
※ 잘못된 책은 구입한 서점에서 바꿔 드립니다.

저자의 글

업무 기획이나 제안, 마케팅과 교육 등의 다양한 분야에서 각종 발표와 보고를 위한 수단으로 프레젠테이션을 사용하는 경우가 많아졌습니다. 심지어는 기업의 입사 시험에서도 자기소개나 특정 주제에 대한 발표를 프레젠테이션으로 요구하고 있습니다. 이렇게 프레젠테이션이 폭넓게 이용되면서 프레젠테이션을 위한 슬라이드를 작성하는 파워포인트의 인기는 날로 높아져 가고 있습니다. 파워포인트는 단순한 텍스트 입력에서부터 그리기 기능, 그래픽 활용 기능, 표와 조직도 및 다이어그램과 같은 개체 작성 기능 등 슬라이드 작성에 꼭 필요한 다양한 기능을 제공하는 프레젠테이션 프로그램으로, 프레젠테이션 프로그램 중에서 가장 많은 사용자를 확보하고 있습니다.

이 책의 목적은 파워포인트 2013의 핵심 기능을 알기 쉽게 설명하고 실전 예제를 통해 구체적인 실행 과정을 보여줌으로써 여러분이 보다 편리하고 쉽게 슬라이드를 작성할 수 있도록 도와주는 것입니다. 기본 기능 50가지는 슬라이드를 작성할 때 반드시 알아야 하는 파워포인트의 기초적인 사용 방법을 중심으로 구성하였고, 활용 기능 50가지는 슬라이드에 표, 차트, 조직도, 다이어그램 등 개체를 삽입하는 방법과 화면 전환 및 애니메이션 설정 방법, 다른 프로그램과의 연결 등 파워포인트의 고급 기능을 중심으로 구성하였습니다. 또 사업계획서와 제안서 등 실무 프레젠테이션의 처음부터 마지막까지 작성 과정을 상세하게 실었습니다.

파워포인트는 그다지 어려운 프로그램은 아닙니다. 다만 반복적으로 연습하여 슬라이드 작성 기술을 손에 익히는 과정이 필요한 프로그램입니다. 이 책이 여러분의 가까운 곳에서 도움이 필요할 때마다 마음에 드는 도움말을 제공하는 지침서가 되기를 바랍니다.

두드림 기획 이형범

이 책의 구성 about this book

총 2개의 Part와 1개의 Project로 나누어져 있으며, 100개의 Section과 30개의 Project 실무 문서로 구성되어 있습니다. 초보자가 쉽게 이해할 수 있도록 실습에 필요한 내용을 빠짐없이 설명하고 있어 단계별로 학습할 수 있습니다.

예제 파일
각 섹션에서 배울 내용을 따라할 수 있도록 예제 파일을 제공합니다.

Section
제목과 도입문을 통해 섹션에서 배울 내용을 한눈에 파악할 수 있습니다.

Keyword
섹션에서 중요하게 다루는 명령어를 표시합니다.

따라하기
실무 예제를 실제로 따라하는 내용입니다. 친절한 설명과 그림을 참고하여 따라해 봅니다.

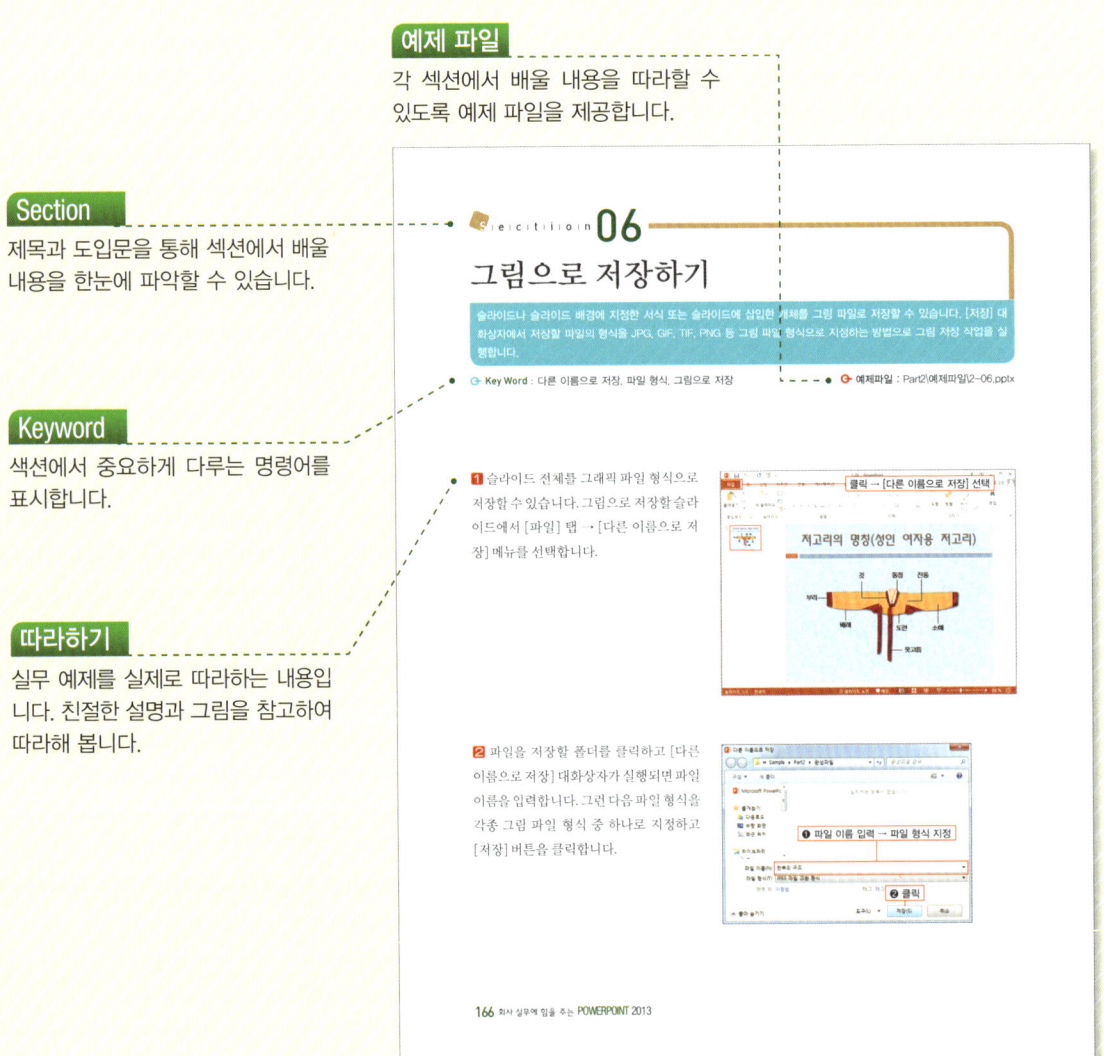

이 책에서 사용된 예제 파일 및 완성 파일은 정보문화사 홈페이지(http://www.infopub.co.kr)의 통합 자료실에서 다운로드할 수 있습니다.

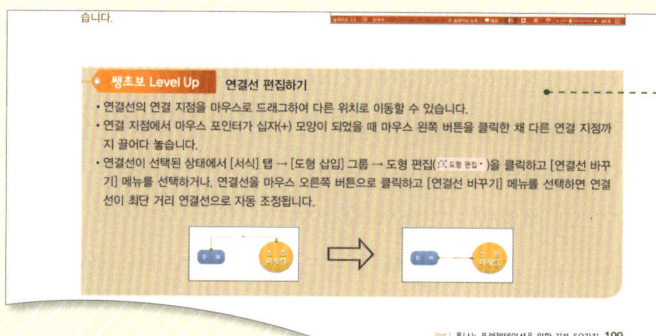

Level Up
배우는 내용에 대한 추가적인 설명, 각 항목에 대한 자세한 설명을 담고 있습니다.

Project
Part 1과 Part 2에서 배운 내용을 바탕으로 실무 파워포인트를 만들어 봅니다.

Project 10
회사 소개 : 회사 개요 슬라이드

회사 개요 슬라이드는 '제목만' 슬라이드 레이아웃을 사용하여 작성합니다. 회사와 관련된 이미지를 무료 클립 아트를 검색하여 삽입하고 도형, 텍스트 상자 등으로 실제 내용을 구성합니다.

● Key Word : 온라인 그림, 도형, 도형 복사

1 2번 슬라이드에서 '제목만' 슬라이드 레이아웃으로 새 슬라이드를 추가합니다. 3번 슬라이드가 만들어지면 다음과 같이 제목을 입력합니다.

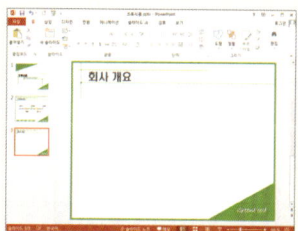

2 [삽입] 탭 → [이미지] 그룹 → 온라인 그림(🖼)을 클릭한 다음 [Office.com 클립 아트] 검색란에 '건물'을 입력하고 Enter를 누릅니다. 검색 결과에서 원하는 이미지를 선택한 다음 [삽입] 버튼을 클릭합니다.

목차 Contents

Part 1
폼나는 프레젠테이션을 위한 기본 50가지

INTRO	프레젠테이션이 뭔가요?	14
SECTION 01	파워포인트의 시작과 종료	17
SECTION 02	파워포인트의 화면 구성	19
SECTION 03	슬라이드 작성부터 저장까지	22
SECTION 04	텍스트 입력하기	27
SECTION 05	기호 입력하기	30
SECTION 06	한자 입력하기	33
SECTION 07	글꼴 서식 지정하기	37
SECTION 08	개체 틀 서식 지정하기	41
SECTION 09	텍스트 맞춤 지정하기	44
SECTION 10	줄 간격 지정하기	46
SECTION 11	글머리 기호 사용하기	48
SECTION 12	그림 글머리 기호	51
SECTION 13	번호 매기기	53
SECTION 14	텍스트 찾기와 바꾸기	55
SECTION 15	텍스트의 이동과 복사	59
SECTION 16	슬라이드 이동과 복사	62
SECTION 17	테마 사용하기	64
SECTION 18	테마 사용자 지정	66
SECTION 19	슬라이드 배경 스타일 바꾸기	69
SECTION 20	바닥글 만들기	71
SECTION 21	바닥글 서식 지정하기	73
SECTION 22	페이지 설정하기	75
SECTION 23	슬라이드 인쇄하기	77
SECTION 24	슬라이드 쇼 실행하기	79

SECTION 25	선과 화살표 그리기	82
SECTION 26	도형 그리기	87
SECTION 27	그라데이션으로 채우기	90
SECTION 28	질감으로 채우기	94
SECTION 29	그림으로 채우기	96
SECTION 30	도형에 텍스트 추가하기	99
SECTION 31	텍스트 상자 그리기	103
SECTION 32	설명선 그리기	105
SECTION 33	연결선 그리기	107
SECTION 34	도형의 이동과 복사	110
SECTION 35	도형 복제하기	112
SECTION 36	그리기 안내선 사용하기	114
SECTION 37	그리기 눈금 사용하기	118
SECTION 38	곡선 그리기	120
SECTION 39	자유형 그리기	122
SECTION 40	자유 곡선 그리기	124
SECTION 41	점 편집하기	127
SECTION 42	그림자 효과 사용하기	129
SECTION 43	입체 효과와 3차원 회전 효과	131
SECTION 44	도형 바꾸기	134
SECTION 45	개체의 순서 바꾸기	136
SECTION 46	개체의 회전과 대칭	139
SECTION 47	개체의 맞춤과 배분	141
SECTION 48	개체의 그룹 설정	144
SECTION 49	도형 병합하기	146
SECTION 50	워드아트 만들기	149

목차 Contents

Part 2
프레젠테이션의 재미가 쏠쏠 나는 활용 50가지

SECTION		페이지
01	그림 삽입하기	154
02	그림 편집하기	156
03	꾸밈 효과 사용하기	158
04	그림 배경 제거하기	161
05	그림 자르기와 압축하기	163
06	그림으로 저장하기	166
07	온라인 그림 삽입하기	169
08	스크린샷으로 화면 캡처하기	171
09	사진 앨범 만들기	173
10	사진 앨범 편집하기	177
11	표 만들기	180
12	표 서식 지정하기	183
13	표 레이아웃 설정하기	187
14	차트 만들기	193
15	차트 서식 지정하기	197
16	꺾은선형 차트 만들기	201
17	원형 차트 만들기	204
18	엑셀 데이터로 방사형 차트 만들기	209
19	콤보 차트 사용하기	214
20	SmartArt 그래픽으로 조직도 만들기	217
21	그림이 있는 SmartArt 그래픽 만들기	222
22	오디오 삽입하기	226
23	오디오의 책갈피와 트리밍	230
24	비디오 삽입하기	233
25	웹 사이트의 비디오 넣기	237

SECTION 26	포스터 틀과 비디오 스타일	240
SECTION 27	비디오의 책갈피와 트리밍	242
SECTION 28	다른 슬라이드로 이동하는 하이퍼링크 만들기	245
SECTION 29	다른 프레젠테이션으로 이동하는 하이퍼링크 만들기	248
SECTION 30	실행 단추 만들기	252
SECTION 31	화면 전환 효과	259
SECTION 32	애니메이션 효과	261
SECTION 33	이동 경로 애니메이션	265
SECTION 34	사용자 지정 이동 경로 그리기	269
SECTION 35	애니메이션 복사하기	274
SECTION 36	애니메이션 효과 트리거	277
SECTION 37	표 애니메이션 구현하기	280
SECTION 38	차트 애니메이션 구현하기	282
SECTION 39	SmartArt 그래픽 애니메이션	284
SECTION 40	슬라이드 마스터 편집하기	286
SECTION 41	서식 파일 만들기	290
SECTION 42	엑셀 데이터 가져오기	299
SECTION 43	엑셀 차트 가져오기	303
SECTION 44	슬라이드 노트 만들기	308
SECTION 45	유인물 만들기	313
SECTION 46	유인물 편집하기	316
SECTION 47	쇼 재구성하기	318
SECTION 48	발표자 도구 사용하기	321
SECTION 49	프레젠테이션을 CD용 패키지로 만들기	324
SECTION 50	온라인 프레젠테이션	327

목차 Contents

실무 프레젠테이션에서 즐겨 쓰는 노하우 30가지

PROJECT 01	웹사이트 구축 제안서 : 슬라이드 마스터 디자인	332
PROJECT 02	웹사이트 구축 제안서 : 제목 슬라이드	339
PROJECT 03	웹사이트 구축 제안서 : 목표 슬라이드	341
PROJECT 04	웹사이트 구축 제안서 : 모델 슬라이드	348
PROJECT 05	웹사이트 구축 제안서 : 추진 일정 슬라이드	353
PROJECT 06	웹사이트 구축 제안서 : 유지 보수 슬라이드	357
PROJECT 07	웹사이트 구축 제안서 : 목차 슬라이드	362
PROJECT 08	회사 소개 : 슬라이드 마스터 디자인	367
PROJECT 09	회사 소개 : 표지 및 목차 슬라이드	372
PROJECT 10	회사 소개 : 회사 개요 슬라이드	376
PROJECT 11	회사 소개 : 경영철학 슬라이드	380
PROJECT 12	회사 소개 : 조직도 슬라이드	385
PROJECT 13	회사 소개 : 연혁 슬라이드	388
PROJECT 14	회사 소개 : 사업영역 슬라이드	394
PROJECT 15	회사 소개 : 마지막 슬라이드와 화면 전환 설정	397

PROJECT 16	사업 계획서 : 마스터 디자인	399
PROJECT 17	사업 계획서 : 표지와 시장 규모 슬라이드	405
PROJECT 18	사업 계획서 : 유통망 슬라이드	414
PROJECT 19	사업 계획서 : 재무구조 슬라이드	416
PROJECT 20	사업 계획서 : 매출 계획 슬라이드	424
PROJECT 21	사업 계획서 : 중점 사업 계획 슬라이드	427
PROJECT 22	사업 계획서 : 마케팅 계획 슬라이드	430
PROJECT 23	사업 계획서 : 마지막 슬라이드	434
PROJECT 24	패턴으로 텍스트 채우기(1)	436
PROJECT 25	패턴으로 텍스트 채우기(2)	438
PROJECT 26	은은하게 움직이는 배경	441
PROJECT 27	조각조각 나타나는 이미지	446
PROJECT 28	명함 나타내기	452
PROJECT 29	로딩 화면 만들기	456
PROJECT 30	엔딩 크레딧 효과	459

P/O/W/E/R/P/O/I/N/T 2/0/1/3

Part 1

폼나는 프레젠테이션을 위한 기본 50가지

언제나 중요한 것은 기초를 탄탄하게 다지는 과정입니다. 이번 파트에는 파워포인트 2013에서 가장 기본이 되는 50가지 핵심 기능을 알차게 골라 담았습니다. 여기서 설명하는 기본 기능만으로도 여러분은 파워포인트로 제법 멋지고 훌륭한 프레젠테이션 자료를 만들어 활용할 수 있습니다.

프레젠테이션이 뭔가요?

프레젠테이션(Presentation)은 제안서, 기업 설명회, 영업, 기술 교육 등 청중에게 특정 내용을 전달하는 과정이라고 할 수 있습니다. 프레젠테이션 작성 도구로 가장 널리 사용되고 있는 파워포인트를 사용하여 프레젠테이션에 필요한 자료를 작성하는 것이 본서의 목적이라고 할 수 있습니다. 이번 섹션에서는 본격적으로 파워포인트 학습에 들어가기 전에 완성된 프레젠테이션 파일을 열고 실행하는 과정을 살펴보겠습니다.

◉ **Key Word** : 파워포인트 실행, 열기, 프레젠테이션 구성, 슬라이드   ◉ 예제파일 : Part1\예제파일\PowerPoint 시작.pptx

1 윈도우 작업 표시줄 왼쪽에 있는 시작 버튼을 누르고 [모든 프로그램] → [Microsoft Office 2013] → [PowerPoint 2013]을 클릭합니다. 파워포인트 2013의 초기 화면에서 [다른 프레젠테이션 열기]를 클릭합니다.

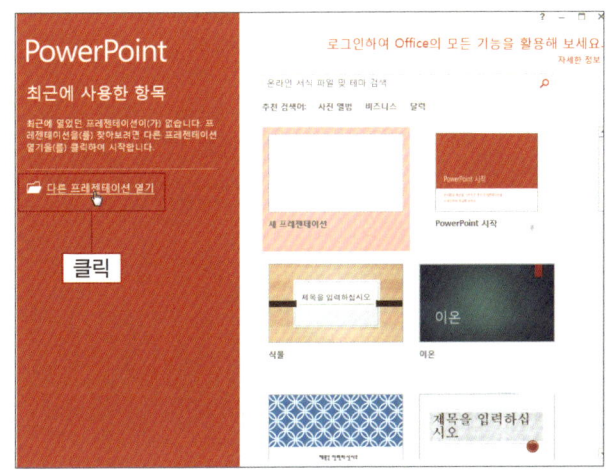

2 [파일] 탭의 [열기] 메뉴가 선택된 상태에서 [컴퓨터]를 클릭하고 [찾아보기]를 클릭합니다.

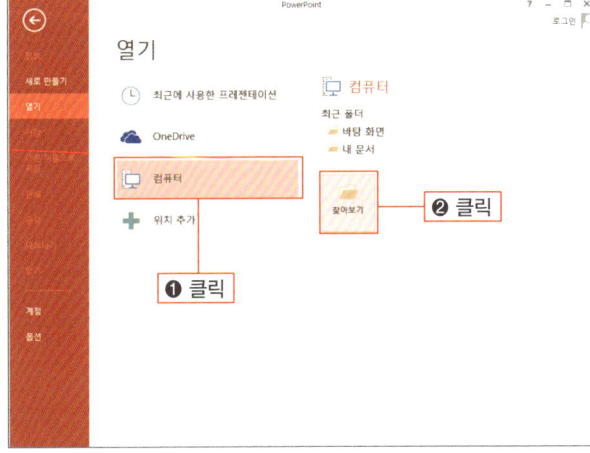

POINT
불러올 프레젠테이션 파일의 위치를 지정하는 과정입니다. 최근 폴더에 사용하려는 폴더가 있으면 해당 폴더를 클릭해도 됩니다.

3 [열기] 대화상자가 실행되면 'Sample\Part1\예제파일' 폴더에서 'PowerPoint 시작.pptx' 파일을 선택하고 [열기] 버튼을 클릭합니다.

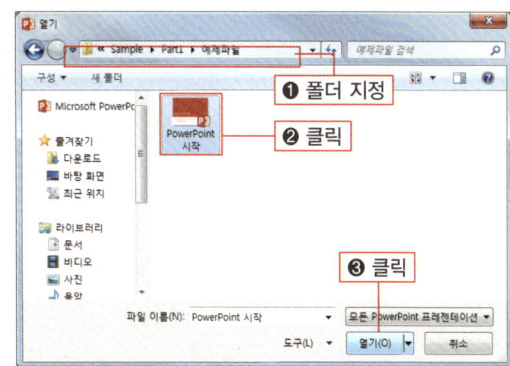

POINT
열고자 하는 파일을 더블클릭해도 됩니다.

4 다음과 같이 선택한 프레젠테이션 파일이 화면에 표시됩니다. 프레젠테이션은 여러 장의 슬라이드로 구성됩니다.

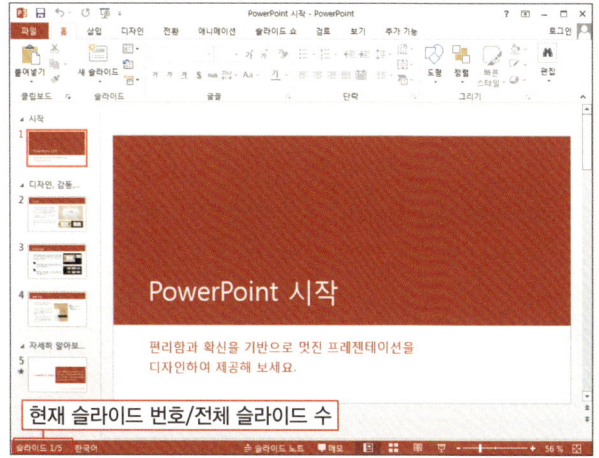

POINT
'Power Point 시작.pptx' 프레젠테이션은 모두 5장의 슬라이드로 구성되어 있습니다.

5 프레젠테이션을 실행하려면 F5 를 누릅니다. 첫 번째 슬라이드가 다음과 같이 전체 화면으로 표시됩니다. 다음 슬라이드로 이동하려면 마우스 왼쪽 버튼을 클릭합니다.

6 다음 슬라이드가 화면에 표시됩니다. 슬라이드에는 텍스트와 도형, 이미지 등이 포함되어 있습니다. 이러한 개체들을 슬라이드 위에 어떻게 삽입하고 배치할 것인지는 앞으로 배우게 될 것입니다.

POINT
슬라이드 쇼 중간에 쇼를 끝내려면 Esc 를 누릅니다.

7 슬라이드 쇼가 모두 끝나고 기본 보기 상태로 돌아오면 슬라이드 탐색기에 있는 5개의 축소판 그림 중 하나를 클릭해 봅니다. 오른쪽의 슬라이드 창에 해당 슬라이드가 표시됩니다.

8 파워포인트 창의 오른쪽 모서리에서 닫기(×) 버튼을 클릭하면 현재 프레젠테이션을 닫습니다. 만약 현재 열려 있는 프레젠테이션이 단 하나라면 닫기(×) 버튼을 클릭했을 때 프레젠테이션이 닫히면서 파워포인트가 종료됩니다.

파워포인트의 시작과 종료

파워포인트는 마이크로소프트 윈도우 환경에서 프레젠테이션 자료를 작성 및 편집하고 작성한 프레젠테이션을 화면을 통해 출력하거나 필름으로 만들 수 있는 프로그램입니다. 지금부터 가장 널리 사용되고 있는 프레젠테이션 프로그램인 파워포인트의 2013 버전을 시작합니다.

Key Word : 파워포인트 시작, 개체 틀, 끝내기

1 윈도우 작업 표시줄 왼쪽에 있는 [시작] 버튼을 누르고 [모든 프로그램] → [Microsoft Office 2013] → [PowerPoint 2013]을 클릭합니다. 파워포인트 2013의 초기 화면에서 새로 시작할 프레젠테이션의 기본이 되는 서식 파일을 선택할 수 있습니다. 여기서는 [새 프레젠테이션]을 클릭합니다.

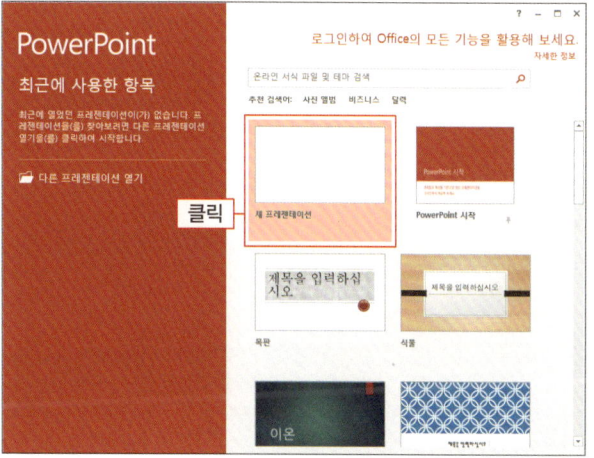

2 다음과 같이 새 프레젠테이션이 나타납니다. 새 프레젠테이션은 비어 있는 제목 슬라이드 하나로 시작됩니다.

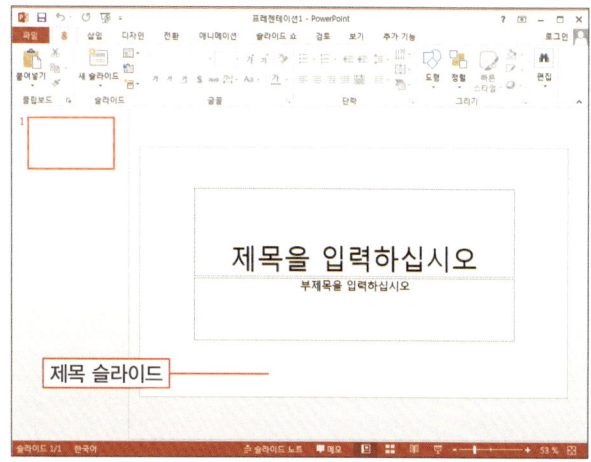

3 '제목을 입력하십시오'를 클릭한 다음 'PowerPoint 2013'을 입력합니다. 틀 내부를 클릭하면 테두리에 여러 개의 조절 핸들이 표시되는데 이것으로 현재 틀이 편집 중임을 알 수 있습니다.

> **POINT**
> '제목을 입력하십시오' 메시지가 들어 있는 틀이 제목 개체 틀입니다. 슬라이드에 텍스트를 입력할 때는 틀 안에 입력해야 합니다.

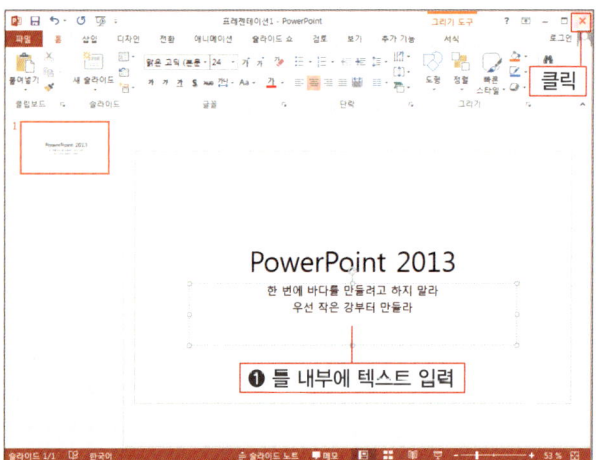

4 같은 방법으로 '부제목을 입력하십시오'를 클릭하고 부제목을 입력합니다. Enter 로 줄을 바꾸면서 여러 줄의 텍스트를 입력할 수도 있습니다. 입력이 끝나면 닫기(×) 버튼을 클릭합니다.

5 슬라이드에 텍스트를 입력하여 변경한 상태이므로 다음과 같이 저장 여부를 묻는 메시지가 표시됩니다. 여기서는 [저장 안 함] 버튼을 클릭합니다.

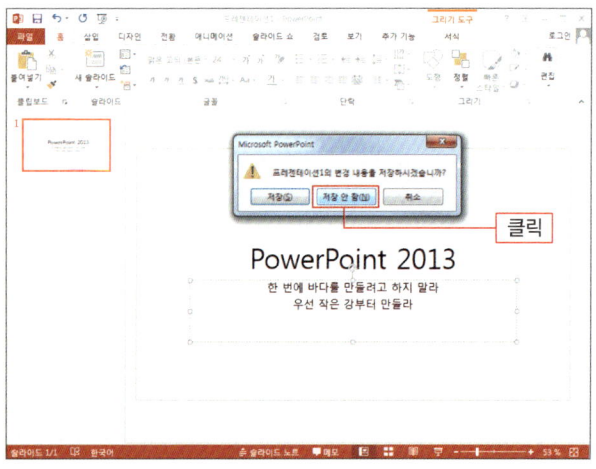

파워포인트의 화면 구성

파워포인트를 이용하여 프레젠테이션을 작성하기 전에 먼저 원활하게 학습을 진행시키기 위해 화면 구성 요소를 살펴보겠습니다. 화면 구성 요소의 모든 기능을 알 필요는 없지만 구성 요소의 이름과 간단한 기능 정도는 알아 둘 필요가 있기 때문입니다.

Key Word : 화면 구성, 리본 메뉴

❶ **제목 표시줄** : 현재 작업 중인 파일의 이름과 프로그램 이름(PowerPoint)이 표시됩니다. 파일을 저장하지 않았을 경우에는 [프레젠테이션1], [프레젠테이션2], ... 형식으로 자동 설정된 이름이 표시됩니다.

❷ **빠른 실행 도구 모음** : 자주 사용하는 도구를 등록할 수 있는 도구 모음입니다. 처음에는 저장(🖫), 실행 취소(↶), 반복 실행(↷), 처음부터 시작(🖳) 등 기본적인 도구만 포함되어 있습니다.

❸ **리본 메뉴** : 파워포인트 작업에 필요한 모든 명령을 리본 메뉴에 있는 도구를 사용하여 실행합니다. 리본 메뉴는 [파일], [홈], [삽입], [디자인], [전환], [애니메이션], [슬라이드 쇼], [검토], [보기] 등의 기본 탭으로 구성되어 있으며, 각 탭은 서로 관련 있는 명령 도구끼리 그룹으로 모아져 있습니다. [파일] 탭은 파일의 열기와 저장, 인쇄 등의 작업을 수행하기 위한 메뉴로 구성되어 있는 백스테이지(Back Stage) 보기로 전환합니다.

▶ **리본 메뉴에서 명령 실행하기** : 탭 이름을 클릭하여 해당 탭으로 이동한 후 그룹에 있는 특정 명령 도구를 클릭하여 실행합니다. 현재 작업 상태에 따라 7가지 기본 탭 이외에 자동으로 표시되는 추가 도구와 탭이 나타나기도 합니다.

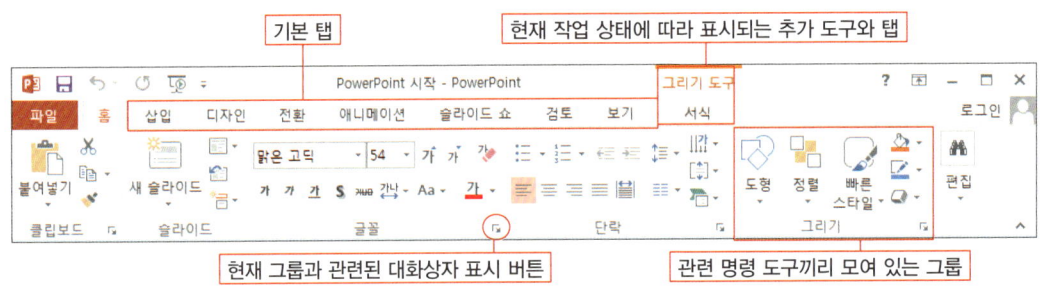

그룹 이름 오른쪽에 있는 대화상자 표시( ) 버튼을 클릭하면 해당 그룹과 관련된 대화상자가 나타납니다. 대화상자를 통해 리본 메뉴에 없는 다른 명령들을 선택하여 실행할 수 있습니다.

▶ **화면 해상도와 리본 메뉴** : 리본 메뉴는 화면 해상도, 파워포인트 창의 크기 등에 따라 표시되는 형태가 다릅니다. [그림1]은 해상도가 낮거나 창의 크기가 작을 때, [그림2]는 해상도가 높거나 창의 크기가 충분하게 클 때 리본 메뉴에서 [삽입] 탭이 어떻게 표시되는지를 보여줍니다.

[그림 1] [앱], [기호], [미디어] 그룹은 그룹 이름만 표시되어 있습니다.

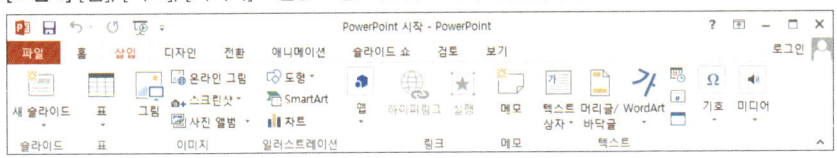

[그림 2] [앱], [기호], [미디어] 그룹에 포함되어 있는 도구가 모두 표시됩니다.

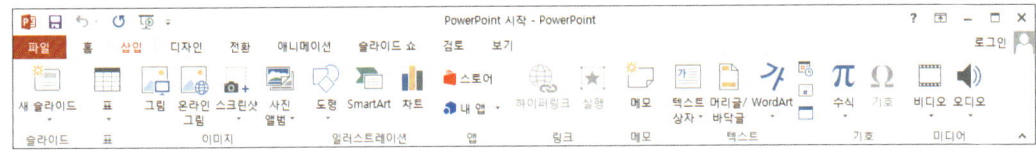

❹ 슬라이드 창 : 프레젠테이션을 구성하는 슬라이드가 표시되는 곳입니다. 슬라이드 창에서 슬라이드를 작성, 편집하고 전체적인 모양을 확인합니다. 하나의 프레젠테이션은 여러 개의 슬라이드를 포함할 수 있습니다.

❺ 축소판 그림 창 : 프레젠테이션을 구성하는 여러 슬라이드가 축소판 그림으로 표시됩니다. 축소판 그림을 클릭하면 해당 슬라이드가 슬라이드 창에 표시됩니다.

❻ 상태 표시줄 : 슬라이드 번호, 테마, 키보드 설정 상태 등 작업에 대한 각종 정보를 표시합니다. 또 프레젠테이션 보기와 화면의 확대/축소를 조정할 수 있는 도구가 있습니다. 상태 표시줄에서 마우스 오른쪽 버튼을 클릭하고 [상태 표시줄 사용자 지정] 메뉴에서 상태 표시줄에 표시할 항목을 결정할 수 있습니다.

▶ 프레젠테이션 보기 : 프레젠테이션 보기를 전환하기 위한 4개의 보기 버튼입니다. 버튼을 클릭하여 원하는 형태로 프레젠테이션을 볼 수 있습니다.

	기본	슬라이드를 작성, 편집하기 위해 하나의 슬라이드를 표시하는 보기입니다.
	여러 슬라이드	축소된 형태의 슬라이드를 여러 개 표시합니다. 슬라이드 순서를 바꾸거나 화면 전환 및 애니메이션 효과 설정 등 전체적인 흐름을 제어할 때 사용하는 보기입니다.
	읽기용 보기	프레젠테이션을 간단한 컨트롤이 포함된 창에서 표시합니다. 일반적으로 자신의 컴퓨터에서 프레젠테이션을 점검하기 위해 사용합니다.
	슬라이드 쇼	현재 슬라이드부터 슬라이드 쇼를 시작합니다.

▶ 화면의 확대/축소 : 작업 화면의 확대/축소 비율을 조정합니다. 확대/축소 슬라이드의 [-]를 클릭하면 10%씩 화면이 축소되고, [+]를 클릭하면 10%씩 화면이 확대됩니다. 또 중간의 슬라이더를 드래그하여 원하는 비율로 자유롭게 조정할 수 있습니다.

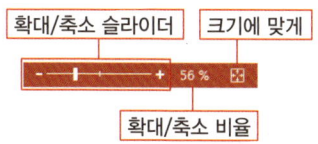

숫자로 나타나 있는 현재 확대/축소 비율을 클릭하면 [확대/축소] 대화상자가 실행됩니다. 이 대화상자에서 사용자가 원하는 비율을 선택할 수 있습니다. 크기에 맞게(🔲)를 클릭하면 현재 창의 크기에 맞게 확대/축소 비율을 자동 조정합니다.

슬라이드 작성부터 저장까지

워크시트를 실제 프린터를 통해 인쇄하기 전에 미리 화면에서 인쇄 모양을 확인하는 것이 좋습니다. 엑셀 2013은 백 스테이지 보기에서 워크시트의 인쇄 모양을 미리 확인할 수 있으며, 현재 설정되어 있는 여러 인쇄 옵션을 확인하고 변경할 수 있습니다. 백 스테이지 보기에서 워크시트를 인쇄하는 과정을 살펴봅니다.

◎ **Key Word** : 슬라이드 추가, 저장, 열기

1 파워포인트 2013을 실행하고 초기 화면에서 [새 프레젠테이션]을 클릭합니다. 제목 슬라이드에서 제목 틀을 클릭한 다음 '포장 디자인에 대한 연구'를 입력합니다.

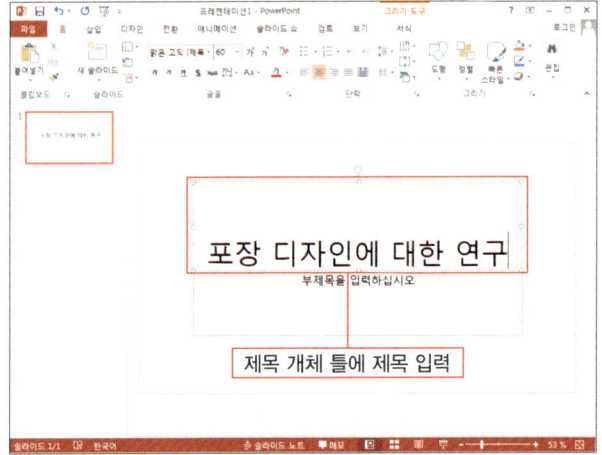

2 이번에는 부제목 틀을 클릭하고 '산업디자인과'를 입력한 다음 Enter 를 눌러 줄을 바꿉니다. 두 번째 줄에 '선 보 경'을 입력합니다.

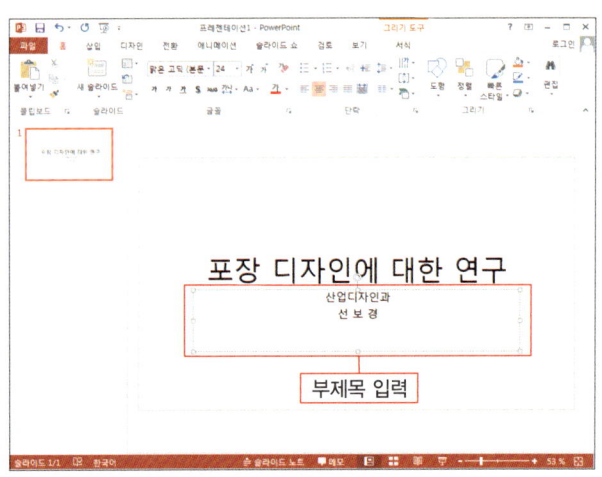

POINT
틀에 텍스트를 입력한 다음 틀 바깥의 빈 곳을 클릭하면 틀 경계선과 각종 조절 핸들이 사라집니다. 틀 경계선은 현재 편집 중임을 알리기 위한 것으로 실제 표시되는 테두리가 아닙니다.

3 새 프레젠테이션은 기본적으로 제목 슬라이드 하나로 구성됩니다. 다음 슬라이드를 추가로 작성하기 위해 [홈] 탭 → [슬라이드] 그룹 → 새 슬라이드( )의 드롭다운 버튼을 클릭하고 [콘텐츠 2개] 레이아웃을 선택합니다.

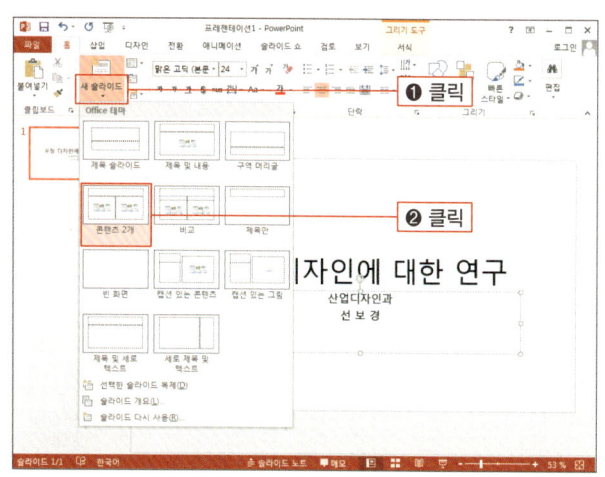

POINT

새 슬라이드( ) 아이콘을 클릭하면 마지막에 사용한 레이아웃으로 새 슬라이드가 추가됩니다.

4 새 슬라이드가 추가되면 제목과 텍스트를 다음과 같이 입력합니다. 각 틀을 클릭한 다음 입력하고 줄을 바꿀 때는 Enter 를 누릅니다.

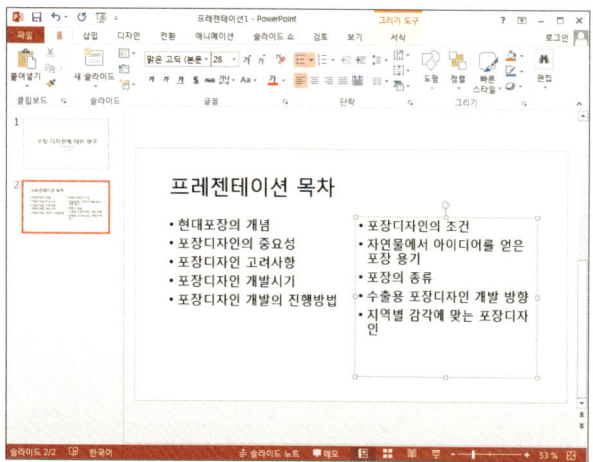

POINT

틀의 오른쪽 끝까지 텍스트가 입력되면 자동으로 줄이 바뀝니다. 따라서 Enter 는 강제로 줄을 바꿀 필요가 있는 곳에서만 누릅니다.

쌩초보 Level Up — 슬라이드 레이아웃 변경과 슬라이드 삭제

- **슬라이드 레이아웃 변경** : 슬라이드 레이아웃은 슬라이드에 각종 요소가 배치되는 모양입니다. 현재 슬라이드의 레이아웃을 변경하려면 [홈] 탭 → [슬라이드] 그룹 → 슬라이드 레이아웃(레이아웃 ▼)을 클릭하고 원하는 슬라이드 레이아웃을 클릭합니다.
- **슬라이드 삭제** : 축소판 그림 창에서 삭제할 슬라이드를 클릭하고 Delete 를 누르면 슬라이드가 삭제됩니다.

5 지금까지 작성한 프레젠테이션을 디스크에 저장하기 위해 [파일] 탭을 클릭하고 [다른 이름으로 저장] 메뉴를 선택합니다. 저장 위치는 [컴퓨터] → [내 문서]로 지정합니다.

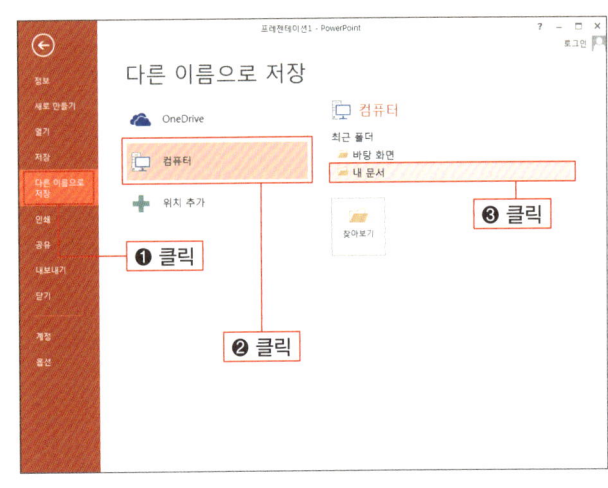

POINT
최초로 저장할 때는 빠른 실행 도구 모음에서 저장(🗔)을 클릭하거나 [파일] 탭에서 [저장] 메뉴를 선택해도 [파일] 탭의 [다른 이름으로 저장] 메뉴가 선택됩니다.

6 [다른 이름으로 저장] 대화상자가 실행되면 현재 폴더 아래에 새 폴더를 만들기 위하여 [새 폴더]를 클릭합니다.

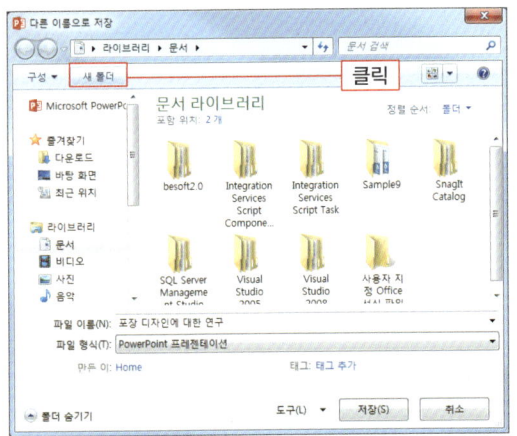

7 '새 폴더'라는 이름으로 폴더가 만들어지고 이름 편집 상태가 되면 'PowerPoint 2013'을 입력하고 Enter 를 누릅니다. 그런 다음 새로 만들어진 'PowerPoint 2013' 폴더를 더블클릭합니다.

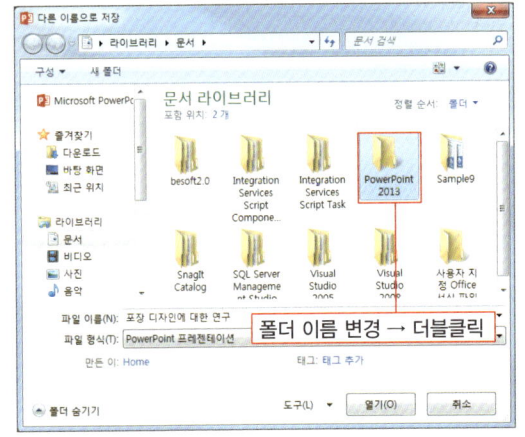

POINT
폴더가 선택된 상태에서 F2 를 누르거나 폴더를 한 번 더 클릭하면 이름 편집 상태가 됩니다.

8 [다른 이름으로 저장] 대화상자의 저장 위치가 새로 만든 폴더로 변경됩니다. 파일 이름을 '포장 디자인'으로 입력한 다음 [저장] 버튼을 클릭합니다.

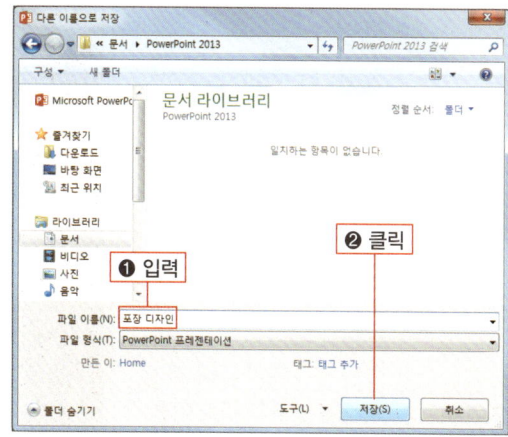

> **POINT**
> 파워포인트에서 저장할 때 파일 형식은 'PowerPoint 프레젠테이션'으로 설정되며 이 파일의 확장자는 '.pptx'입니다.

9 프레젠테이션이 저장되었습니다. 제목 표시줄을 살펴보면 파일명이 '포장 디자인'으로 표시된 것을 알 수 있습니다.

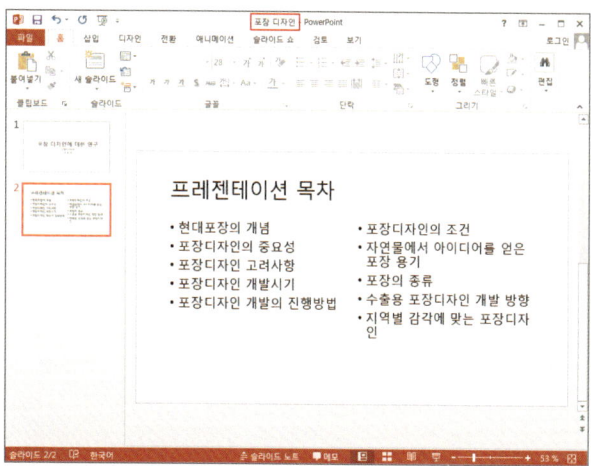

10 파워포인트 2013을 종료하지 않고 작업이 모두 끝난 프레젠테이션을 닫아보겠습니다. [파일] 탭에서 [닫기] 메뉴를 클릭합니다.

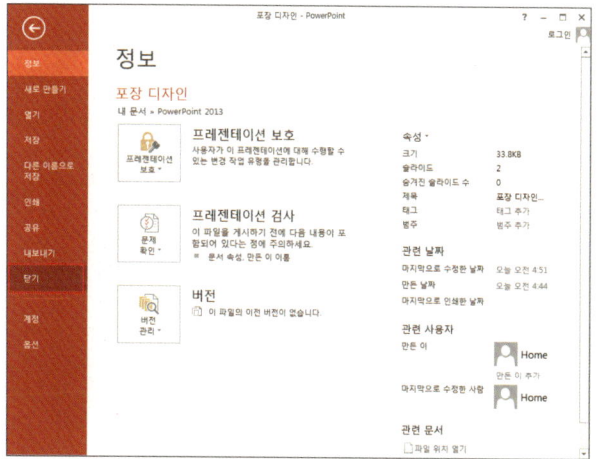

11 디스크에 저장한 프레젠테이션 파일을 다시 파워포인트에서 열기 위해 [파일] 탭을 클릭하고 [열기] 메뉴를 선택합니다. 열기 위치에서 [컴퓨터]를 선택하고, 최근 폴더에서 [PowerPoint 2013]을 클릭합니다.

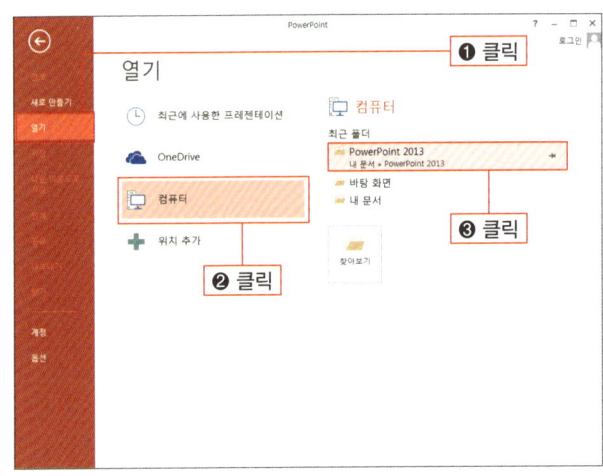

POINT
최근 폴더에 원하는 폴더가 없을 경우 [찾아보기]를 클릭하여 [열기] 대화상자를 실행합니다.

12 [열기] 대화상자가 실행되면 선택한 폴더의 파일 목록에서 파일을 선택하고 [열기] 버튼을 클릭합니다. 그러면 선택한 파일이 파워포인트 창에 나타납니다.

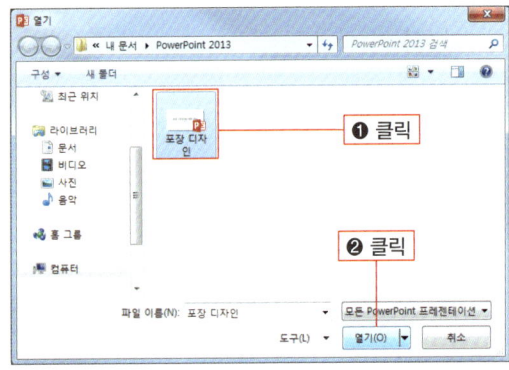

쌩초보 Level Up — 최근에 사용한 항목으로 열기

[파일] 탭에서 [열기] 메뉴를 선택하고, 열기 위치를 [최근에 사용한 프레젠테이션]으로 선택하면 최근에 사용한 프레젠테이션 목록이 나타납니다. 여기서 원하는 프레젠테이션을 클릭하면 [열기] 대화상자를 거치지 않고 바로 파일을 열 수 있습니다.

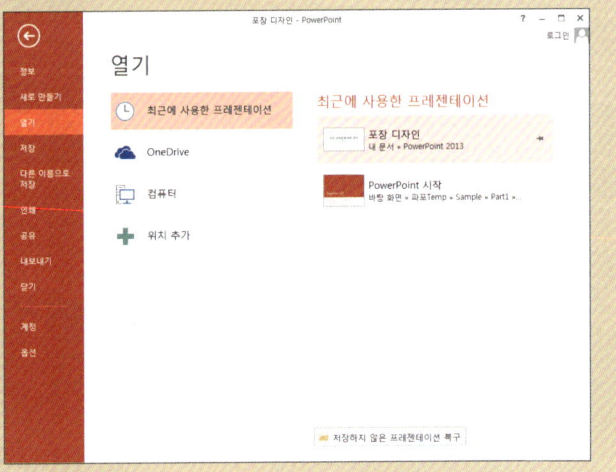

텍스트 입력하기

기본적인 슬라이드 레이아웃에는 텍스트를 입력하기 위한 틀이 포함되어 있습니다. 텍스트 입력을 비롯하여 슬라이드를 구성하는 모든 요소는 슬라이드 위에 그냥 배치하는 것이 아니라 개체 틀에 담아 배치하게 됩니다. 여기서는 슬라이드에서 제공하는 제목 개체 틀이나 내용 개체 틀에 내용을 입력하는 방법에 대해 살펴보겠습니다.

1 파워포인트 2013을 새로 실행한 다음 [새 프레젠테이션]을 선택하거나, 이미 실행한 상태라면 Ctrl + N을 눌러서 새 프레젠테이션을 만듭니다. 제목 슬라이드가 기본으로 나타나면 [홈] 탭 → [슬라이드] 그룹 → 슬라이드 레이아웃(레이아웃▼)을 클릭하고 [제목 및 내용] 레이아웃을 클릭합니다.

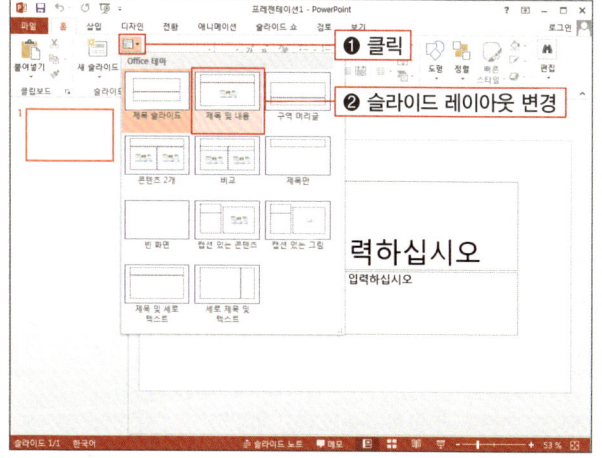

2 슬라이드 레이아웃이 변경되면 제목 개체 틀을 클릭한 다음 제목 텍스트를 입력합니다.

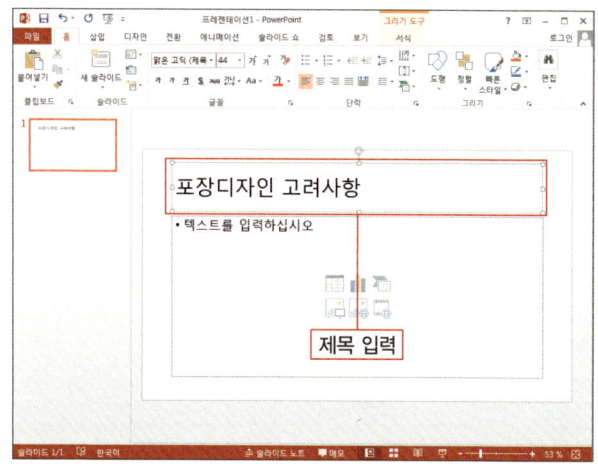

3 내용 개체 틀을 클릭한 후 다음과 같이 첫 번째 내용을 입력하고 Enter 를 누릅니다. 그러면 커서가 다음 줄로 이동하면서 자동으로 첫 번째 줄과 같은 글머리 기호가 나타납니다.

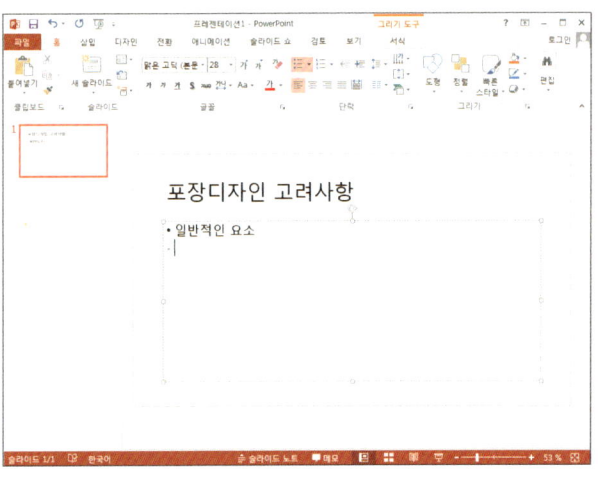

POINT
일반적으로 내용 개체 틀에는 각 단락 앞에 글머리 기호가 표시됩니다. 단락은 Enter 로 구분한 문장 단위입니다.

4 첫 번째 내용의 하위 내용을 입력하려고 합니다. Tab 을 누르면 커서가 오른쪽으로 들어가면서 글머리 기호도 자동으로 바뀝니다. 다음과 같이 Enter 로 줄을 바꾸면서 내용을 입력합니다.

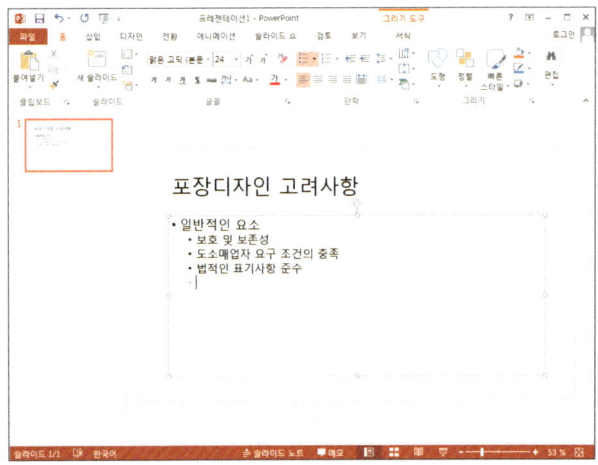

POINT
Tab 을 눌러 단락을 들여 쓰는 것을 파워포인트에서는 '수준을 한 단계 내린다'라고 합니다.

5 이번에는 Shift + Tab 을 눌러 수준을 원래 단계로 올린 다음 두 번째 소제목을 입력하고 Enter 를 누릅니다.

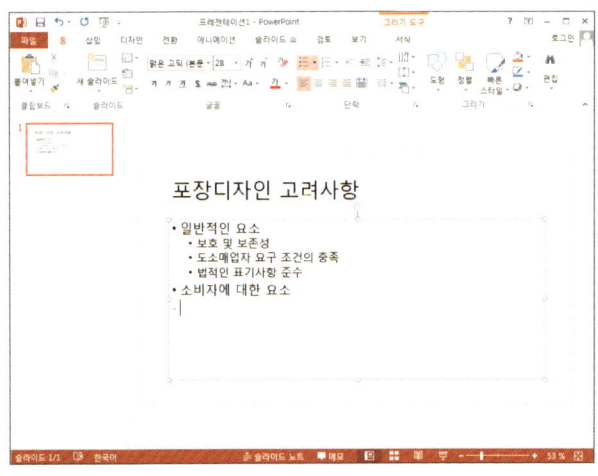

POINT
Tab 를 누르면 텍스트 수준이 한 단계 내려가고, Shift + Tab 을 누르면 반대로 수준이 한 단계 올라갑니다.

6 다시 Tab 을 눌러 수준을 내린 후 다음과 같이 나머지 내용을 입력합니다.

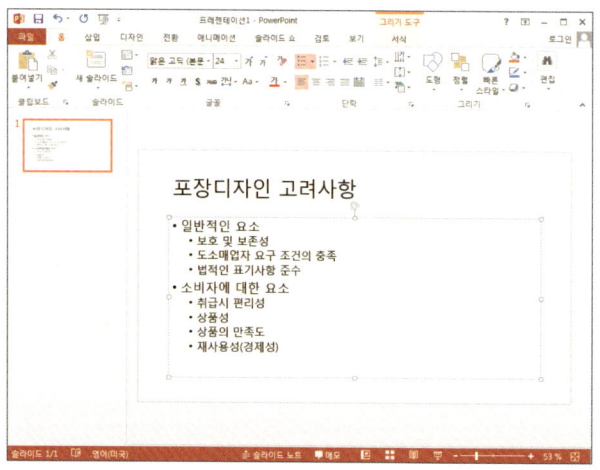

7 지금 작성한 슬라이드를 '포장디자인 고려사항.pptx'로 저장합니다. 텍스트 입력에서 꼭 알아두어야 할 것은 Tab 과 Shift + Tab 의 사용 방법입니다.

POINT

[파일] 탭에서 [다른 이름으로 저장] 메뉴를 사용하여 프레젠테이션을 저장합니다.

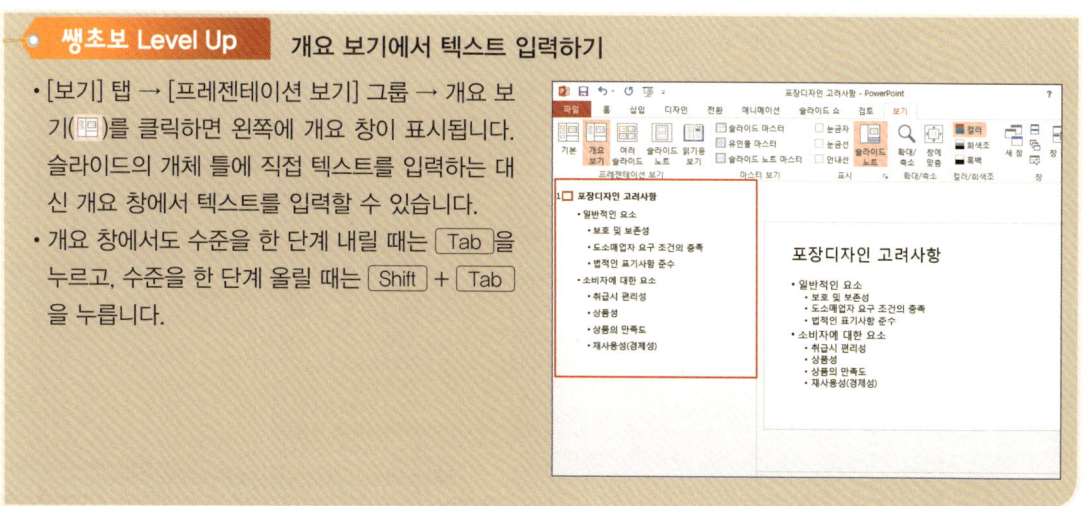

쌩초보 Level Up 개요 보기에서 텍스트 입력하기

- [보기] 탭 → [프레젠테이션 보기] 그룹 → 개요 보기( )를 클릭하면 왼쪽에 개요 창이 표시됩니다. 슬라이드의 개체 틀에 직접 텍스트를 입력하는 대신 개요 창에서 텍스트를 입력할 수 있습니다.
- 개요 창에서도 수준을 한 단계 내릴 때는 Tab 을 누르고, 수준을 한 단계 올릴 때는 Shift + Tab 을 누릅니다.

Part 1. 폼나는 프레젠테이션을 위한 기본 50가지 29

Section 05

기호 입력하기

키보드로 입력할 수 없는 문자를 입력하는 방법에 대해 살펴보겠습니다. 슬라이드에 기호를 입력하는 방법은 두 가지입니다. 한글 자음을 입력하고 한자를 눌러 입력하는 방법과 [삽입] 탭 → [텍스트] 그룹 → 기호(Ω)를 사용하는 방법이 있습니다.

○ **Key Word** : 기호 입력, [기호] 대화상자　　　　　　　　　　○ **예제파일** : Part1\예제파일\1-05.pptx

1 '1-05.pptx' 파일은 두 개의 슬라이드로 구성되어 있습니다. 축소판 그림 창에서 두 번째 슬라이드를 클릭하여 이동합니다.

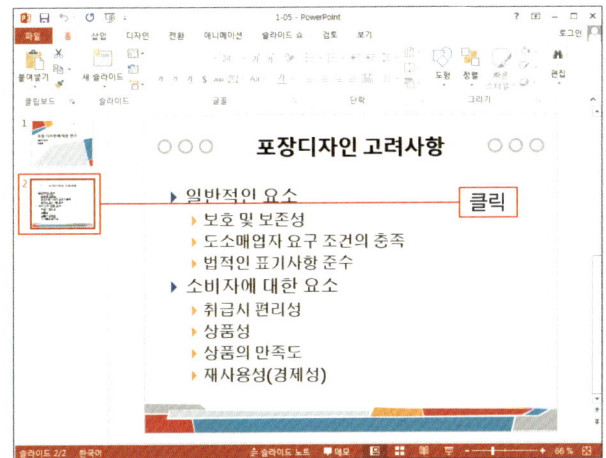

2 제목 개체 틀에서 제목 맨 앞에 한글 자음 'ㅁ'을 입력한 다음 한자를 누릅니다. 기호 목록이 표시되면 스크롤 막대를 이용하여 원하는 기호가 표시되도록 한 다음 마우스로 입력할 기호를 클릭합니다. 또는 기호 앞의 숫자를 키보드로 입력합니다.

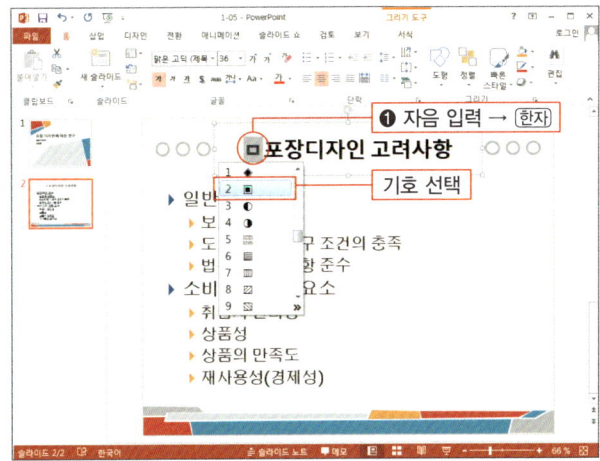

3 또는 기호 목록이 나타났을 때 보기 변경(》) 버튼을 클릭하여 목록을 펼친 다음 원하는 기호를 클릭해도 됩니다.

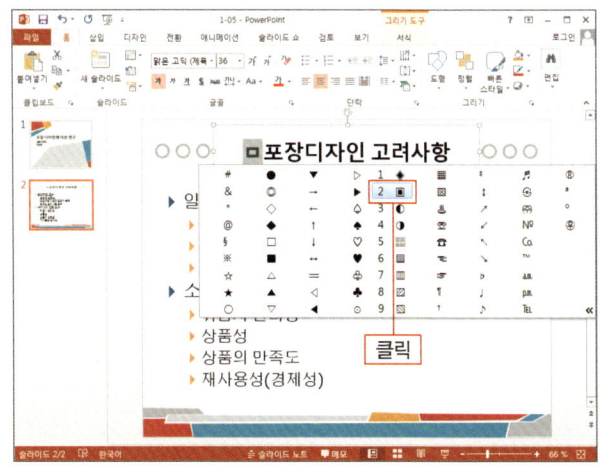

4 다음과 같이 한글 자음 'ㅁ'이 선택한 기호로 변환되면 Spacebar 를 눌러 텍스트와 한 칸 띄어줍니다. 한글 자음 ㄱ, ㄴ, ㄷ, … 등에는 각각 서로 다른 기호 목록이 포함되어 있습니다.

POINT
한글 자음 'ㅅ'에는 한글 원 문자와 괄호 문자가 들어 있고, 'ㅇ'에는 영숫자의 원 문자와 괄호 문자가 들어 있습니다. 각 자음을 입력하고 한자 키를 눌러 기호를 확인해 보세요.

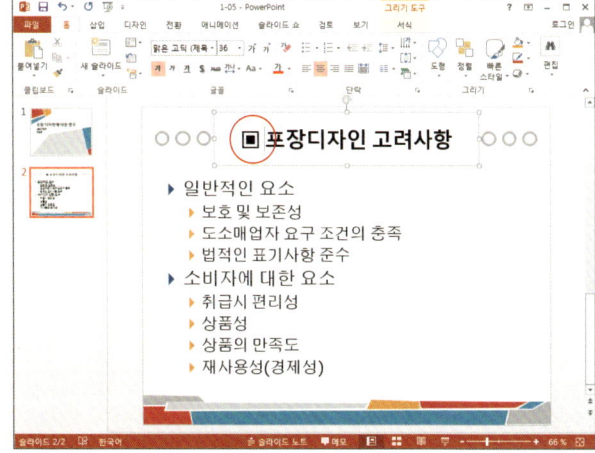

5 이번에는 [기호] 대화상자에서 기호를 입력해 보겠습니다. 제목 마지막으로 커서를 이동한 다음 Spacebar 를 눌러 한 칸을 띄웁니다. 그리고 [삽입] 탭 → [텍스트] 그룹 → 기호(Ω)를 클릭합니다.

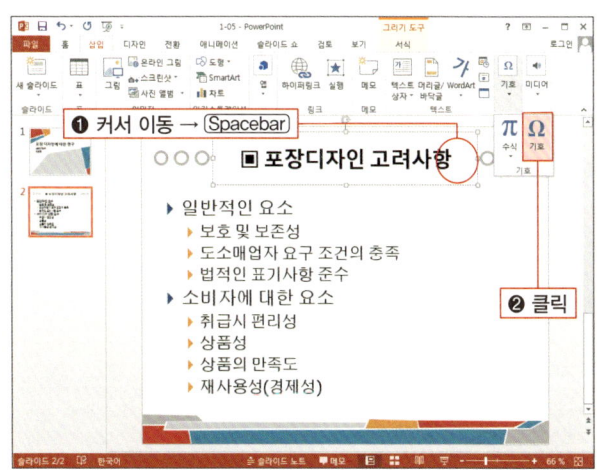

POINT
- Home : 현재 줄의 마지막으로 커서 이동
- End : 현재 줄의 처음으로 커서 이동

6 [기호] 대화상자가 실행되면 글꼴을 '(한글 글꼴)'로 선택하고, 하위 집합을 '도형 기호'로 지정합니다. 기호 목록이 표시되면 원하는 기호를 선택하고 [삽입] 버튼을 클릭합니다.

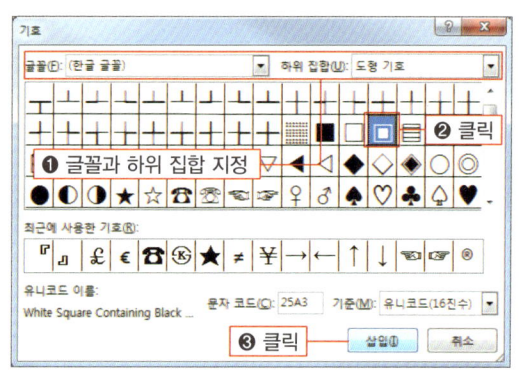

POINT

[기호] 대화상자는 자동으로 닫히지 않습니다. 따라서 커서 위치에 여러 개의 기호를 한꺼번에 입력할 수 있습니다. 기호를 삽입한 다음에는 [취소] 버튼이 [닫기] 버튼으로 변하므로 [닫기] 버튼을 클릭해서 대화상자를 닫아야 합니다.

7 [기호] 대화상자에서 [닫기] 버튼을 클릭해서 대화상자를 닫습니다. 다음과 같이 커서 위치에 선택한 기호가 입력되었습니다.

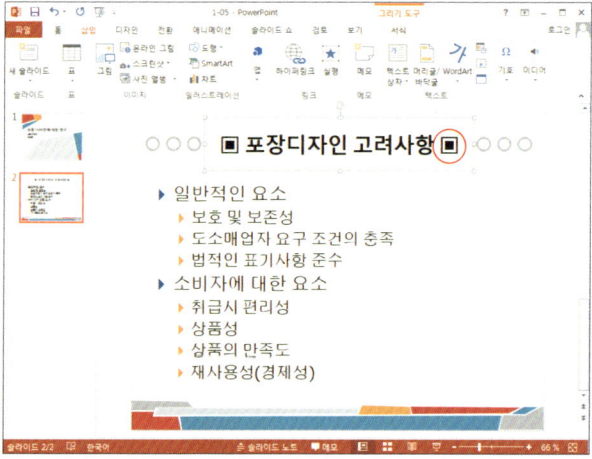

쌩초보 Level Up — [기호] 대화상자의 구성

- [기호] 대화상자의 기호 목록은 선택한 글꼴과 하위 집합에 따라 다르게 나타납니다. 어떤 글꼴은 하위 집합을 갖고 있지 않기도 합니다.
- 최근에 사용한 기호를 다시 입력할 때는 대화상자 하단에 표시된 최근에 사용한 기호 목록에서 바로 선택하고 [삽입] 버튼을 클릭하면 쉽습니다.

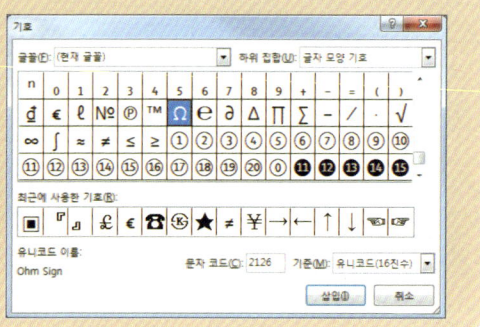

한자 입력하기

한자를 입력하려면 먼저 한글로 입력한 다음 한자로 변환해야 합니다. 한자 사전에 자주 사용하는 단어가 한자 단어로 등록되어 있기 때문에 편리하게 한자 변환을 수행할 수 있습니다. 여기서는 미리 입력되어 있는 한글을 한자로 변환하고, 자신의 이름을 한자 사전에 단어로 등록하는 방법에 대해 살펴보겠습니다.

ⓖ **Key Word** : 한자 변환, 한자 단어 등록   ⓖ 예제파일 : Part1\예제파일\1-06.pptx

1 첫 번째 슬라이드의 제목 개체 틀에서 마우스 왼쪽 버튼을 클릭한채 드래그하여 제목 텍스트 전체를 블록으로 지정합니다. 그런 다음 [검토] 탭 → [언어] 그룹 → 한글/한자 변환(漢)을 클릭합니다.

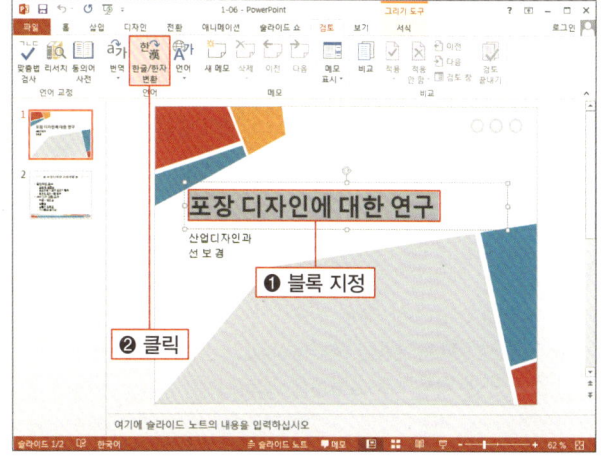

POINT
제목 개체 틀 내부를 클릭한 다음 마우스 왼쪽 버튼을 세 번 연속해서 클릭하면 빠르게 제목 전체 텍스트를 블록으로 지정할 수 있습니다.

2 [한글/한자 변환] 대화상자가 실행되고 '포장'에 대한 한자 단어 목록이 표시됩니다. 이 중에서 맞는 한자 단어를 선택한 다음 [변환] 버튼을 클릭합니다.

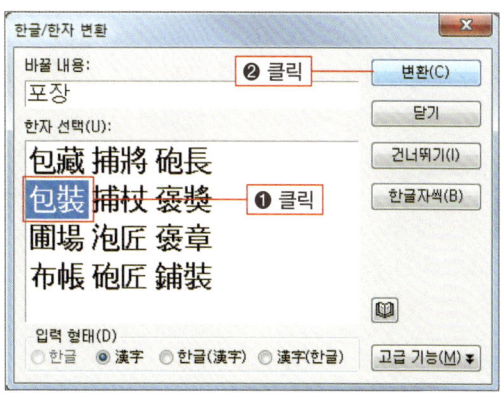

POINT
한자 입력 형태를 선택할 수 있습니다.
• 漢字 : 정보 → 情報
• 한글(漢字) : 정보 → 정보(情報)
• 漢字(한글) : 정보 → 情報(정보)

3 '디자인'에 해당하는 한자 단어는 없으므로 건너뛰고 '대한'에 대한 한자 목록이 표시됩니다. 여기서는 한자로 변환할 부분이 아니므로 [건너뛰기] 버튼을 클릭합니다.

POINT
[한글자씩] 버튼을 클릭하면 단어 단위가 아닌 글자 단위로 한자 변환을 수행합니다.

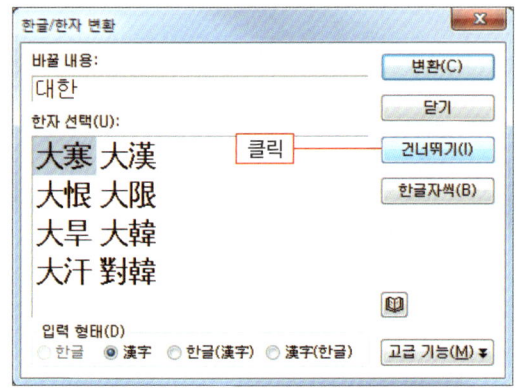

4 '연구'에 대한 한자 목록이 나오면 맞는 단어를 선택하고 [변환] 버튼을 클릭합니다.

POINT
여러 개의 한자 단어 중 맞는 것을 고르기 힘들 때는 한자 사전(📖) 아이콘을 클릭합니다. 그러면 한자의 음과 뜻을 자세하게 살펴볼 수 있습니다.

5 블록으로 지정한 내용에 대한 한자 변환이 모두 끝나면 대화상자는 자동으로 닫힙니다. 이번에는 '선보경'을 블록으로 지정하고 한글/한자 변환(📖)을 클릭합니다. 블록으로 지정하기 전에 글자 사이의 공백을 Delete 또는 Backspace 를 사용하여 제거합니다.

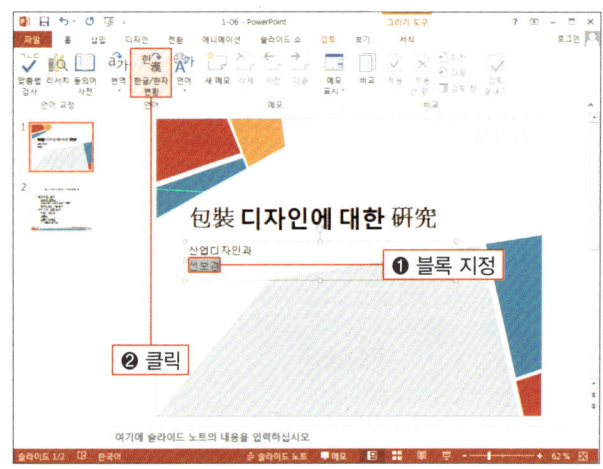

6 [한글/한자 변환] 대화상자가 실행되고 '선보'에 대한 한자 목록이 표시됩니다. [고급 기능] 버튼을 클릭합니다.

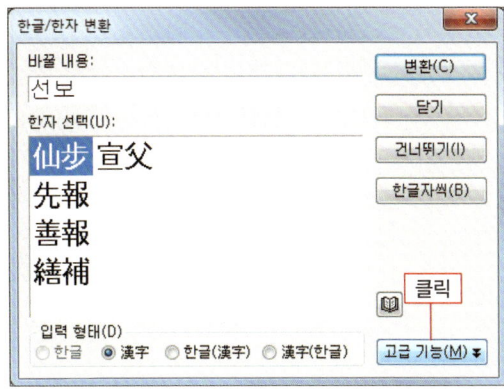

POINT

여기서는 자신의 이름을 한자 사전에 등록하는 과정을 알아보려고 합니다. 자신의 이름이나 회사 이름 등을 한자 사전에 등록해 놓으면 두고두고 편리하게 사용할 수 있습니다.

7 숨겨져 있던 고급 기능이 대화상자 하단에 나타납니다. 여기에서 [새 단어 등록] 버튼을 클릭합니다.

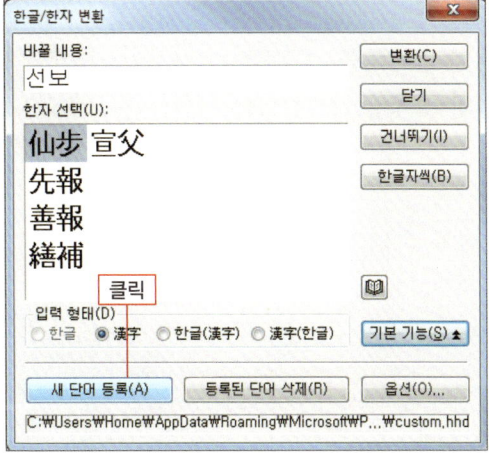

POINT

[고급 기능] 버튼을 클릭하면 고급 기능이 표시되면서 버튼이 [기본 기능]으로 바뀝니다. [기본 기능] 버튼을 클릭하면 고급 기능이 다시 숨겨집니다.

8 첫 번째 글자에 대한 한자 목록이 나타나면 맞는 한자를 클릭하고 [선택] 버튼을 클릭합니다.

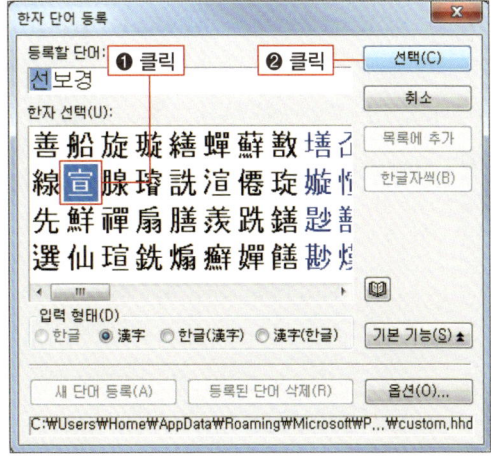

9 같은 방법으로 두 번째 글자와 세 번째 글자도 각각 맞는 한자를 골라 변환합니다. 모두 한자로 변환했으면 [목록에 추가] 버튼을 클릭합니다.

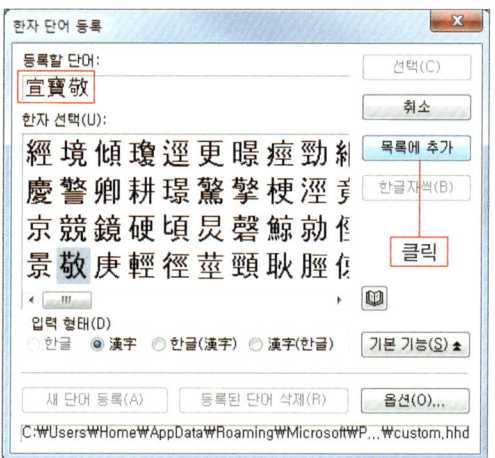

10 다음과 같이 이름에 대한 한자 단어가 표시됩니다. 입력 형태를 '한글(漢字)'로 선택하고 [변환] 버튼을 클릭합니다.

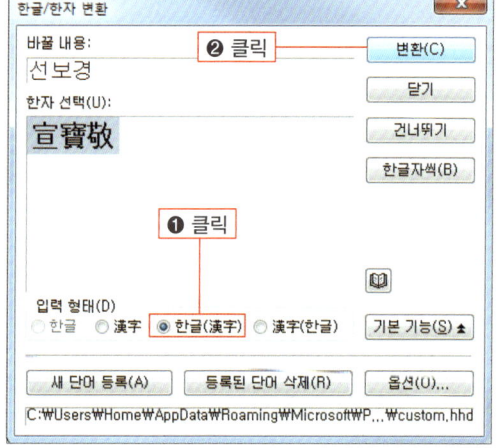

POINT
한자 단어를 선택하고 [등록된 단어 삭제] 버튼을 클릭하면 한자 단어가 제거됩니다.

11 다음과 같이 '한글(漢字)' 형태로 한자 변환이 이루어졌습니다. 한 번 등록해 놓은 한자 단어는 이후에도 계속해서 사용할 수 있습니다.

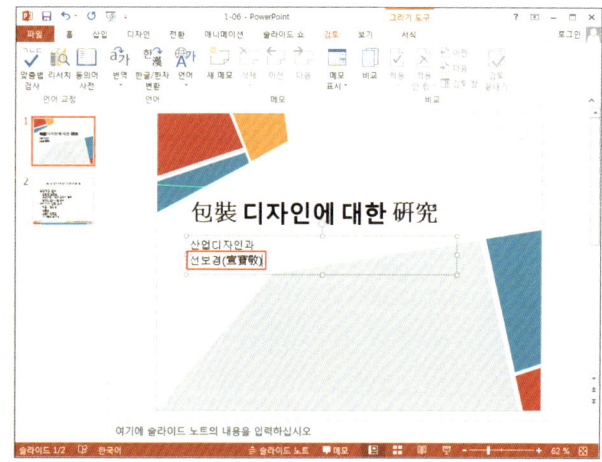

글꼴 서식 지정하기

텍스트를 입력한 다음에는 글꼴 종류와 크기, 각종 글꼴 스타일, 색 등을 지정하여 주목해야 할 부분을 강조하고 목적을 잘 드러낼 수 있도록 꾸며야 합니다. 여기서는 제목 및 내용 레이아웃으로 만들어진 슬라이드에서 텍스트의 글꼴 서식을 지정하는 여러 방법에 대해 살펴보겠습니다.

Key Word : 글꼴, 글꼴 서식, 글꼴 크기, 글꼴 스타일, 색   **예제파일** : Part1\예제파일\1-07.pptx

1 Ctrl 을 누른 상태에서 제목 텍스트를 클릭하여 제목 개체 틀 전체를 선택합니다. 틀 내부가 보이지 않으면 먼저 틀 내부를 클릭한 다음 테두리를 클릭하거나, 틀 내부를 클릭하고 Esc 를 눌러도 됩니다.

POINT
개체 틀의 모든 텍스트에 대해 글꼴 서식을 지정하려면 틀 전체를 선택한 다음 서식을 지정해야 합니다.

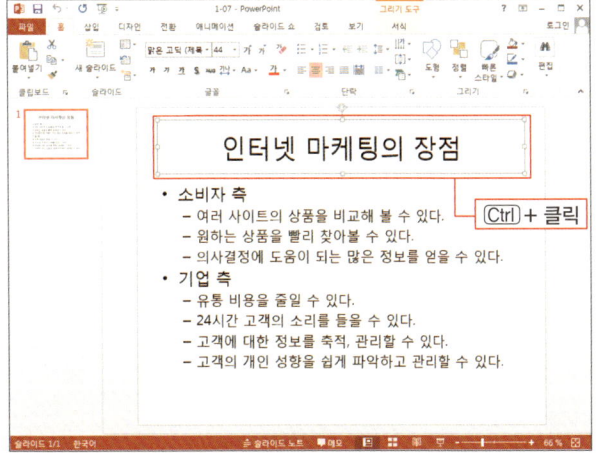

2 [홈] 탭 → [글꼴] 그룹 → 글꼴(맑은 고딕)의 화살표를 누르고 원하는 글꼴 종류를 선택합니다. 글꼴 종류는 사용자의 시스템에 설치되어 있는 글꼴에 따라 다르게 표시됩니다.

POINT
파워포인트 2013은 실시간 미리 보기를 지원하기 때문에 글꼴을 선택하는 동안 슬라이드에 적용 결과가 미리 표시됩니다.

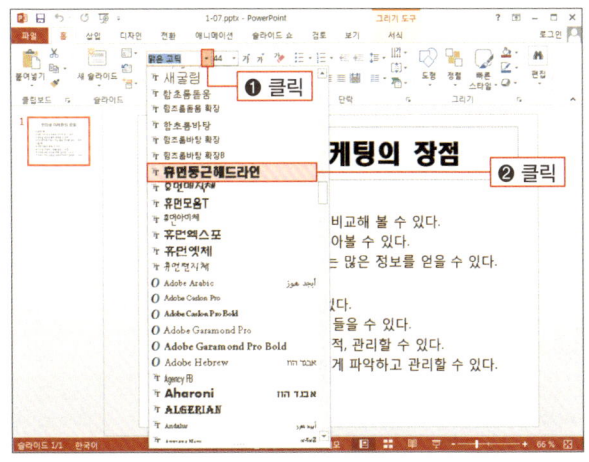

3 제목 텍스트의 글꼴이 변경되면 이번에는 글꼴 크기(32 ▼)의 화살표를 누르고 '54'를 선택하여 글꼴 크기를 변경합니다.

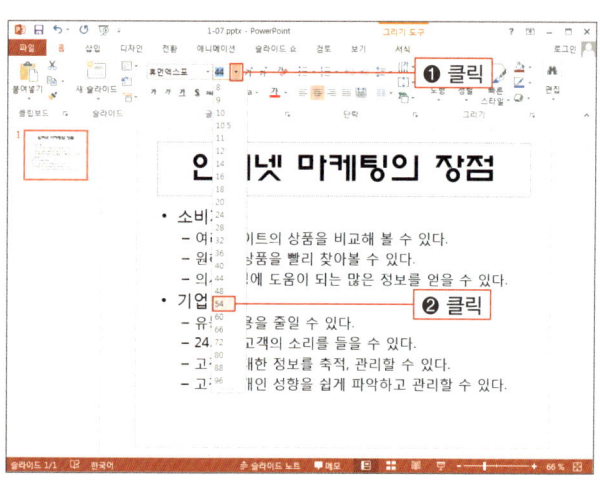

POINT
글꼴 크기 크게(가)와 글꼴 크기 작게(가)를 클릭하면 글꼴 크기 목록에 표시된 숫자대로 한 단계 크게 또는 한 단계 작게 글꼴 크기를 조정할 수 있습니다.

4 글꼴 크기가 변경되면 이번에는 기울임꼴(가)을 클릭하여 글자를 기울어진 모양으로 변경합니다.

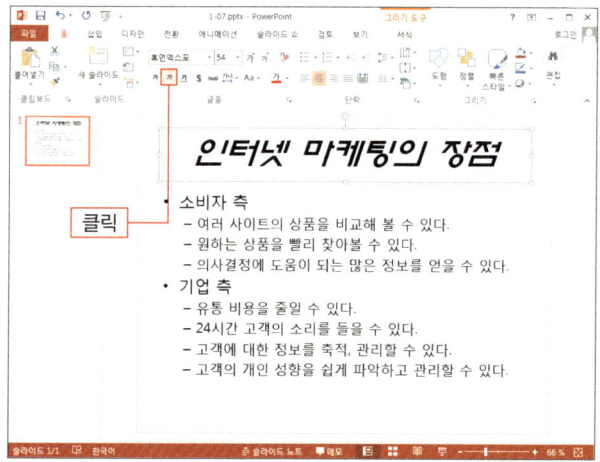

POINT
굵게(가), 밑줄(가), 취소선(가b), 텍스트 그림자(S)를 클릭하여 글꼴 스타일을 변경할 수 있습니다.

5 개체 틀이 선택된 상태에서 글꼴 색(가 ▼)의 화살표를 누른 다음 [다른 색]을 클릭합니다. 색 목록에 표시되는 테마 색은 프레젠테이션에서 사용 중인 테마에 따라 달라집니다.

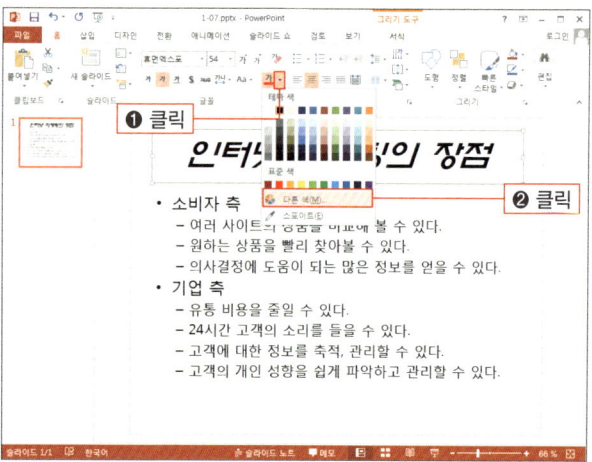

POINT
글꼴 색 목록에 원하는 색이 있을 경우에는 [다른 색]을 클릭할 필요 없이 바로 원하는 색을 클릭해서 글꼴 색을 변경합니다.

6 [색] 대화상자의 [표준] 탭에서 원하는 글꼴 색을 선택한 다음 [확인] 버튼을 클릭합니다. 제목 텍스트의 글꼴 색이 변경됩니다.

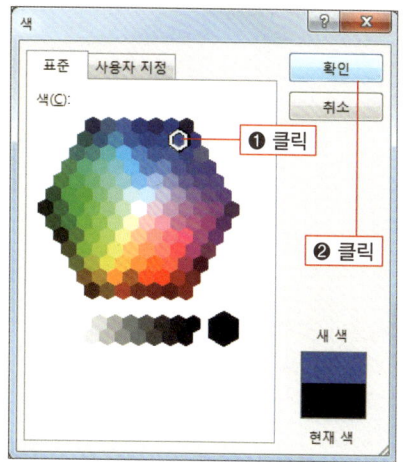

7 내용 개체 틀 안쪽을 클릭한 다음 '소비자 측'을 마우스로 드래그하여 블록을 지정합니다. 그리고 [홈] 탭 → [글꼴] 그룹 → 대화상자 표시( ) 버튼을 클릭합니다.

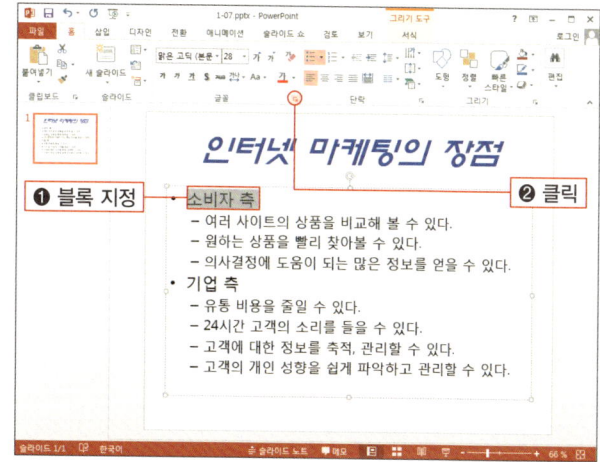

POINT
틀에서 일부 텍스트의 글꼴 서식만 변경하려면 먼저 원하는 부분을 블록으로 지정해야 합니다.

쌩초보 Level Up — 사용자 지정 색 만들기

[색] 대화상자의 [사용자 지정] 탭에서 좀 더 다양한 색을 사용할 수 있습니다. 먼저 원하는 색을 클릭한 다음 스크롤 막대에서 밝기를 선택하여 원하는 색을 만들 수 있습니다.

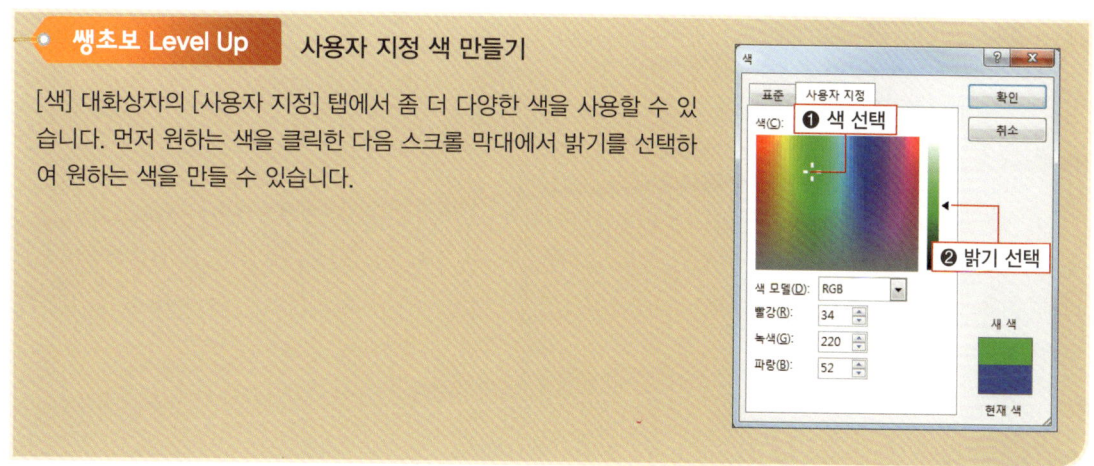

8 [글꼴] 대화상자가 실행되면 글꼴과 글꼴 스타일, 크기, 색 등을 지정하고 [확인] 버튼을 클릭합니다.

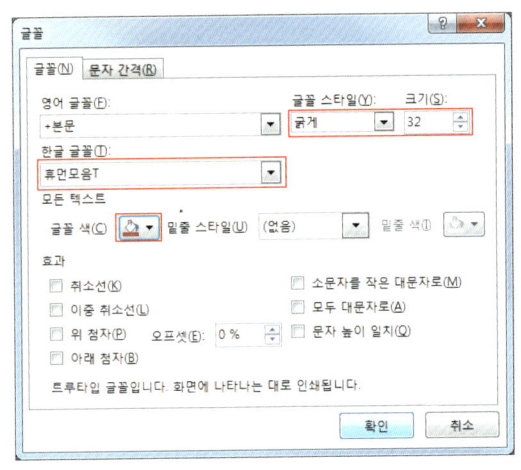

POINT

[글꼴] 대화상자에서는 한글과 영어 글꼴을 따로 선택할 수 있고 취소선, 첨자 등의 글꼴 효과를 지정할 수 있습니다. 또한, 여러 글꼴 서식을 한 번에 설정할 수 있는 장점이 있습니다.

9 블록으로 지정한 텍스트의 글꼴 서식이 변경됩니다. 같은 방법으로 '기업 측'의 글꼴 서식도 [글꼴] 대화상자를 사용하여 설정해 봅니다.

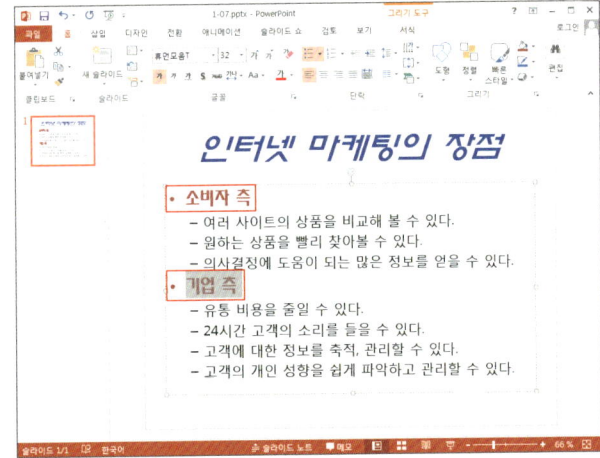

쌩초보 Level Up — 텍스트 선택하기

- 단어 선택 : 단어를 더블클릭합니다.
- 단락 선택 : 단락을 세 번 연속하여 클릭합니다.
- 단락과 모든 하위 텍스트 선택 : 단락의 글머리 기호를 클릭합니다.
- 개체 틀의 모든 텍스트 선택 : 개체 틀 내부를 클릭한 다음 Ctrl + A 를 누릅니다.
- 떨어져 있는 여러 텍스트 선택 : 첫 번째 원하는 부분을 블록으로 지정한 다음 Ctrl 를 누른 상태에서 다른 부분을 블록으로 지정합니다.

개체 틀 서식 지정하기

텍스트는 제목 개체 틀이나 내용 개체 틀을 이용하여 입력하게 됩니다. 개체 틀은 도형입니다. 여기서는 개체 틀 도형의 채우기, 윤곽선, 효과 등 도형 스타일을 변경하는 방법에 대해 살펴봅니다. 리본 메뉴에 추가로 표시되는 그리기 도구를 이용하여 도형의 스타일을 바꿀 수 있습니다.

● Key Word : 개체 틀, 도형, 스타일, 크기 조정 핸들　　　● 예제파일 : Part1\예제파일\1-08.pptx

1 Ctrl 을 누른 상태에서 제목 개체 틀을 클릭하여 틀 전체를 선택합니다. 리본 메뉴에 추가로 표시되는 그리기 도구의 [서식] 탭 → [도형 스타일] 그룹의 갤러리에서 선택한 개체 틀에 적용할 도형 스타일을 클릭합니다.

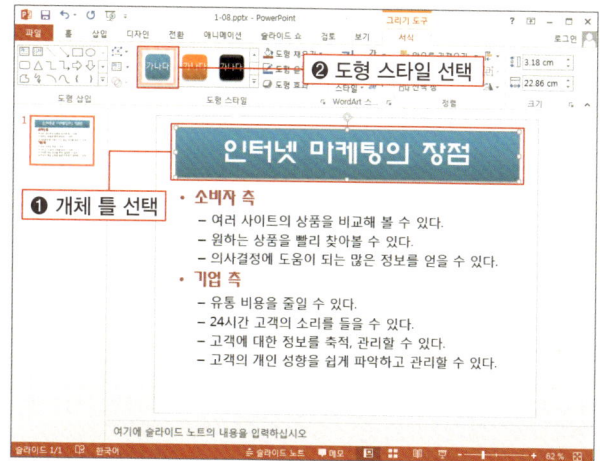

> **POINT**
> 도형 스타일 갤러리에 있는 도형 스타일을 이용하여 도형의 전체적인 서식을 한 번에 바꿀 수 있습니다.

🔸 쌩초보 Level Up　갤러리에서 스타일 선택하기

리본 메뉴에는 여러 종류의 갤러리가 있습니다. 갤러리에 있는 항목을 선택하기 위한 방법을 알아보겠습니다. 여기서는 그리기 도구의 [서식] 탭 → [도형 스타일] 그룹의 도형 스타일 갤러리를 예로 듭니다.

- [행 이동] 버튼 : 위쪽 또는 아래쪽 버튼을 클릭해서 갤러리에 표시할 항목의 행을 조정합니다. 갤러리 너비에 따라 한 행에 표시될 항목의 개수가 달라집니다.
- [자세히] 버튼 : 클릭하면 갤러리에 있는 모든 항목이 펼쳐져 한 눈에 어떤 스타일이 있는지 확인하고 선택할 수 있습니다.

2 제목 개체 틀이 선택되어 있는 상태에서 이번에는 도형 윤곽선(도형 윤곽선▼)의 오른쪽 부분을 클릭하고 도형 테두리를 그릴 색을 선택합니다.

> **POINT**
> 도형 윤곽선(도형 윤곽선▼)의 왼쪽 이미지 부분을 클릭하면 가장 최근에 사용한 색이 선택됩니다. 오른쪽 부분을 클릭하고 윤곽선 색을 비롯하여 두께, 대시, 화살표 등 다른 윤곽선 서식도 사용할 수 있습니다.

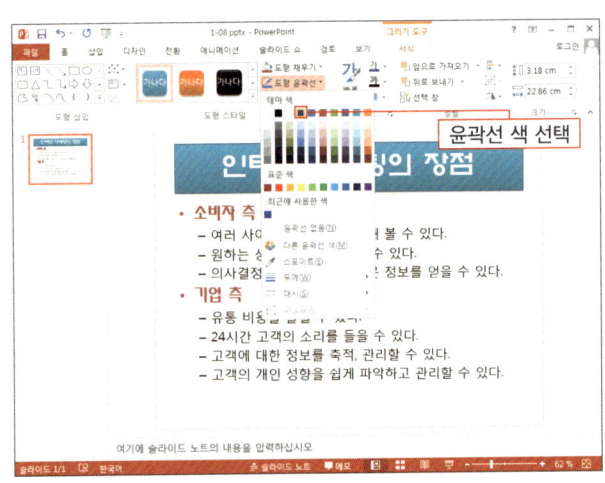

3 도형 채우기(도형 채우기▼)의 오른쪽 부분을 클릭하고 [그라데이션]에서 원하는 그라데이션을 클릭합니다.

> **POINT**
> 단색, 그림, 그라데이션, 질감 등을 사용하여 도형을 채울 수 있습니다.

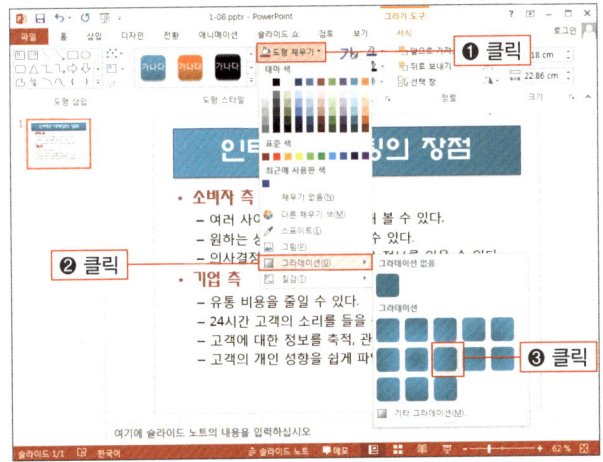

4 도형 효과(도형 효과▼)를 클릭하고 [반사]에서 원하는 반사 효과를 선택합니다.

> **POINT**
> 그림자, 반사, 네온, 부드러운 가장자리, 입체 효과, 3차원 회전 등의 도형 효과가 있습니다.

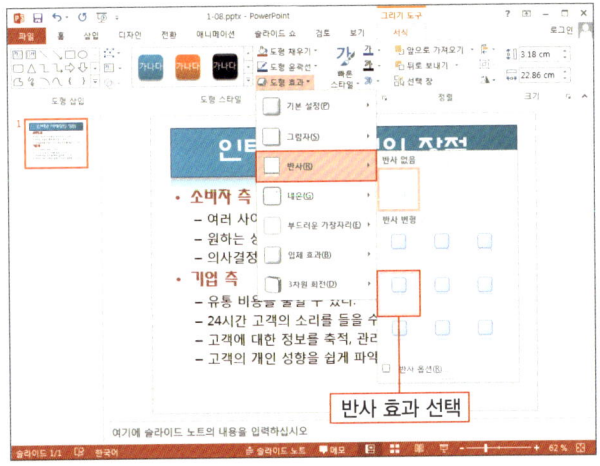

5 개체 틀 테두리에서 마우스 왼쪽 버튼을 클릭한 채 드래그하여 틀을 다른 곳으로 이동할 수 있습니다. 여기서는 슬라이드 왼쪽 위 모서리에 맞춰 개체 틀을 이동합니다.

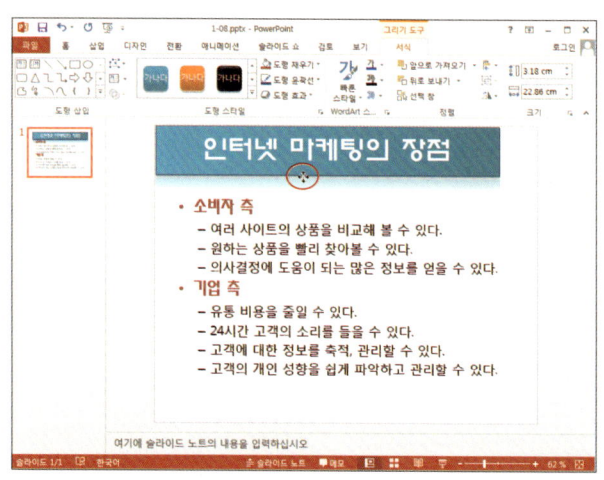

> **POINT**
> 개체 틀이 선택된 상태에서 키보드의 ↑, ↓, ←, →를 눌러서 방향키의 방향대로 조금씩 개체를 이동할 수 있습니다.

6 개체 틀 테두리에 있는 크기 조절 핸들 위에서 마우스 포인터가 화살표 모양(↔)이 되었을 때 마우스 왼쪽 버튼을 클릭한 채 드래그하여 개체 틀의 크기를 조절합니다.

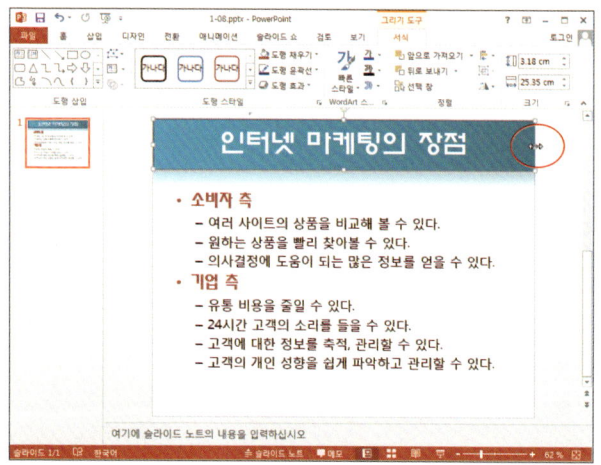

> **POINT**
> 크기 조정 핸들은 테두리의 상하, 좌우, 모서리에 모두 8개가 있습니다.

7 개체 틀에 서식을 지정하는 작업이 모두 끝나면 슬라이드 빈 곳을 클릭합니다. 이렇게 해서 다음과 같이 슬라이드가 완성되면 빠른 실행 도구 모음에서 저장(🖬)을 클릭해서 프레젠테이션을 저장합니다.

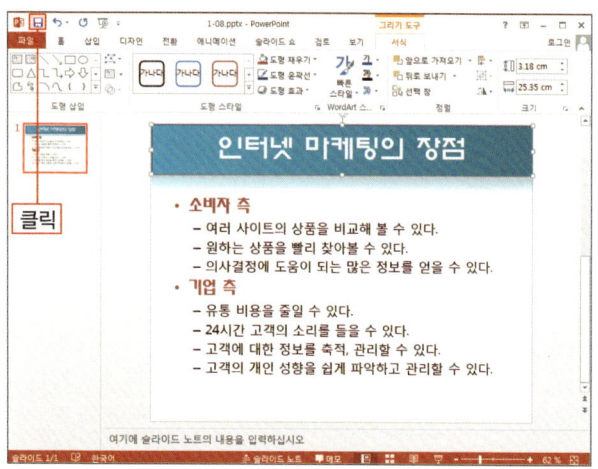

> **POINT**
> 내용 개체 틀도 같은 방법을 사용하여 서식을 지정하고, 이동하고, 크기를 조절할 수 있습니다.

Section 09

텍스트 맞춤 지정하기

개체 틀에서 텍스트를 배치하는 방법을 텍스트 맞춤이라고 합니다. 텍스트 맞춤 방식에는 왼쪽 맞춤, 가운데 맞춤, 오른쪽 맞춤, 양쪽 맞춤, 균등 분할 등이 있습니다. [홈] 탭 → [단락] 그룹에 있는 명령 도구를 사용하여 텍스트 맞춤을 설정합니다.

Key Word : 텍스트 맞춤, 텍스트 세로 맞춤, 실행 취소, 다시 실행   **예제파일** : Part1\예제파일\1-09.pptx

1 제목 개체 틀을 클릭하여 선택한 다음 [홈] 탭 → [단락] 그룹 → 가운데 맞춤(≡)을 클릭합니다. 그러면 텍스트가 개체 틀 가운데로 맞춰 재배치됩니다.

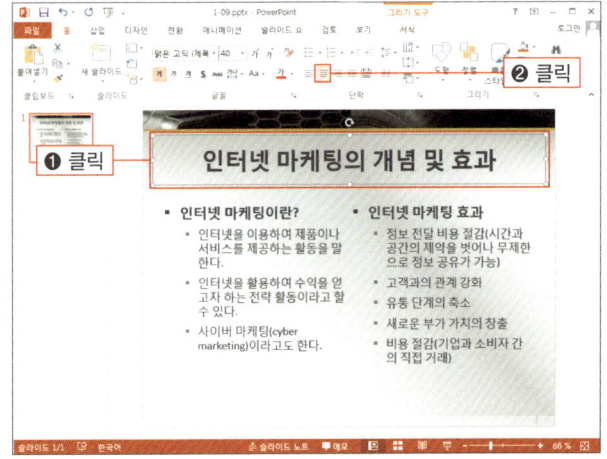

POINT
왼쪽 맞춤(≡), 오른쪽 맞춤(≡) 아이콘으로 텍스트를 개체 틀의 왼쪽 또는 오른쪽에 맞출 수 있습니다.

쌩초보 Level Up — 실행 취소와 다시 실행

- **실행 취소** : 최근 실행한 명령을 역순으로 취소하는 기능입니다. 빠른 실행 도구 모음에서 실행 취소(↶)를 클릭하거나 바로 가기 키 Ctrl + Z 를 누르면 최근 실행한 하나의 명령이 취소됩니다. 여러 개의 명령을 한꺼번에 실행 취소하려면 실행 취소(↶)의 드롭다운 버튼을 클릭하고 나타난 명령 목록에서 원하는 곳까지 마우스를 움직인 다음 클릭합니다.
- **다시 실행** : 실행 취소한 명령이 있을 때만 사용할 수 있으며, 실행 취소한 명령을 다시 실행시키는 기능입니다. 빠른 실행 도구 모음에서 다시 실행(↷)을 클릭할 때마다 실행 취소했던 명령이 역순으로 하나씩 다시 실행됩니다.

2 첫 번째 내용 개체 틀 전체를 선택한 다음 양쪽 맞춤(≡)을 클릭합니다. 양쪽 맞춤은 텍스트의 왼쪽과 오른쪽을 틀에 맞춰 가지런하게 배치합니다.

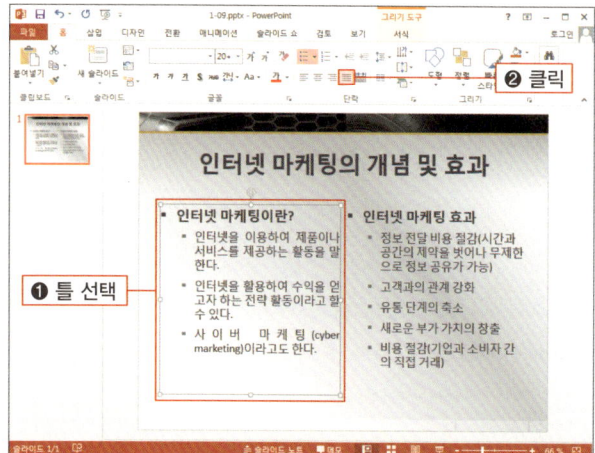

POINT
맞춤은 Enter 로 구분된 단락 단위로 적용됩니다.

3 같은 방법으로 두 번째 내용 개체 틀도 양쪽 맞춤(≡)으로 설정합니다. 틀 전체를 선택했기 때문에 틀에 있는 모든 단락이 양쪽 맞춤으로 설정됩니다.

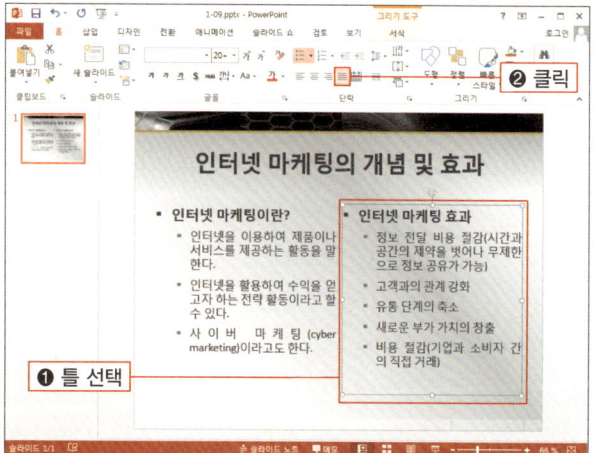

POINT
틀에서 특정 단락에 커서를 위치시킨 다음 맞춤을 설정하면 해당 단락 하나만 맞춤이 변경됩니다. 두 개 이상의 단락을 같은 맞춤으로 설정할 때는 마우스로 드래그하여 블록을 지정한 다음 명령을 실행합니다.

쌩초보 Level Up 균등 분할 맞춤과 텍스트 세로 맞춤

- **균등 분할(≣)** : 양쪽 맞춤은 단어와 단어 사이에 추가로 공백을 추가하여 왼쪽과 오른쪽을 가지런하게 맞춥니다. 이에 비해 균등 분할은 글자와 글자 사이에 추가로 공백을 추가하여 왼쪽과 오른쪽을 가지런하게 맞춥니다.
- **텍스트 맞춤(텍스트 맞춤▼)** : 개체 틀의 세로 방향에 대해 텍스트 맞춤 방식을 지정합니다. 위쪽, 중간, 아래쪽 중에서 선택할 수 있습니다.

줄 간격 지정하기

개체 틀에서 줄과 줄 사이의 간격과 단락 앞, 단락 뒤의 간격을 조정하는 방법에 대해 설명합니다. 줄 간격을 변경하여 텍스트를 더 읽기 쉽게 표시할 수 있습니다.

◦ **Key Word** : 줄 간격, 단락 앞\뒤 간격   ◦ 예제파일 : Part1\예제파일\1-10.pptx

1 `Ctrl`을 누른 상태에서 첫 번째 내용 개체 틀과 두 번째 내용 개체 틀을 차례로 클릭하여 두 개체 틀을 함께 선택합니다. 그런 다음 [홈] 탭 → [단락] 그룹 → 줄 간격(≡▼)을 클릭하고 '1.5'를 선택합니다.

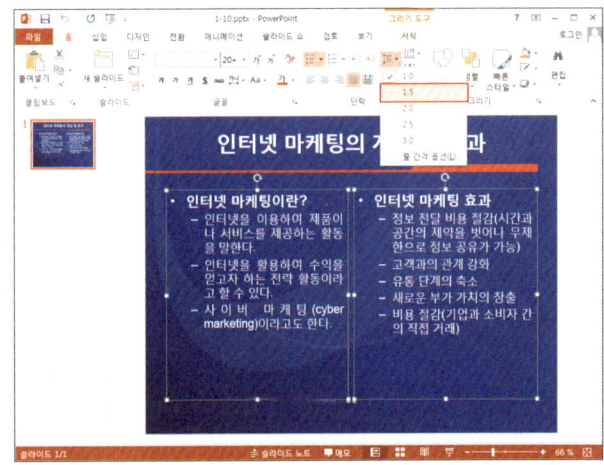

2 두 개의 내용 개체 틀에서 모든 단락의 줄 간격이 '1.5'로 설정된 결과입니다. 원래 줄 간격이 '1.0'이었기 때문에 이전보다 줄과 줄 사이의 간격이 넓어진 것을 알 수 있습니다.

POINT

틀 전체가 선택된 상태에서 실행한 명령은 틀 전체에 적용됩니다.

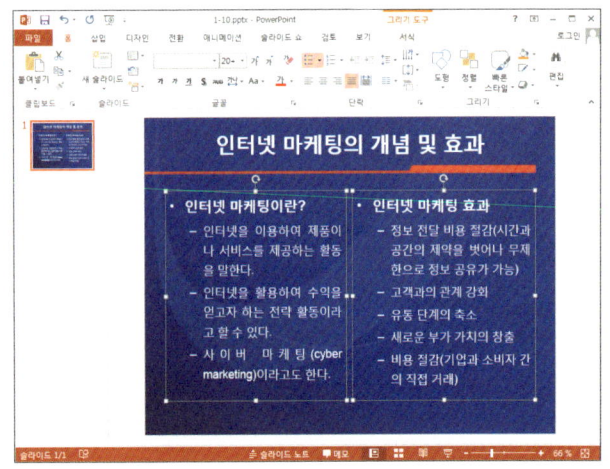

3 이번에는 첫 번째 내용 개체 틀에서 첫 번째 단락이 있는 곳으로 커서를 이동한 다음 줄 간격(≡·)을 클릭하고 [줄 간격 옵션]을 선택합니다.

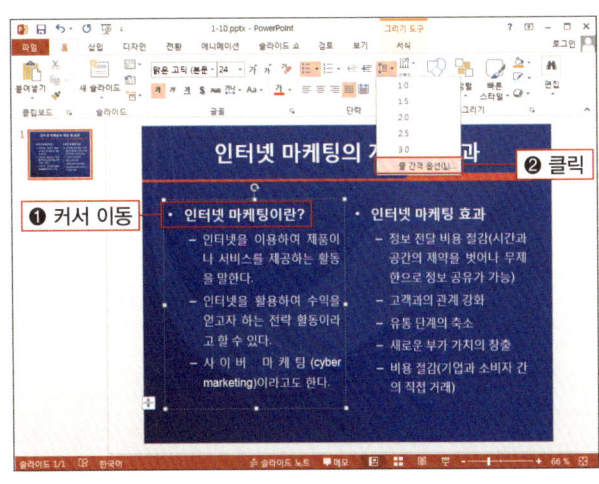

\POINT
여러 단락에 대한 줄 간격 옵션을 변경하려면 원하는 단락을 모두 블록으로 지정한 다음 명령을 실행합니다.

4 [단락] 대화상자에서 단락 앞을 '0 pt', 단락 뒤를 '12 pt'로 설정한 다음 [확인] 버튼을 클릭합니다.

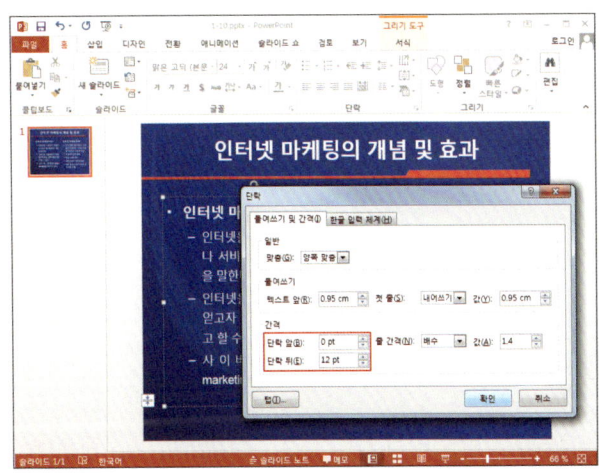

5 첫 번째 단락의 앞과 뒤 간격이 변경되면 두 번째 내용 개체 틀의 첫 번째 단락에서도 동일하게 명령을 실행하여 단락의 앞, 뒤 간격을 변경합니다.

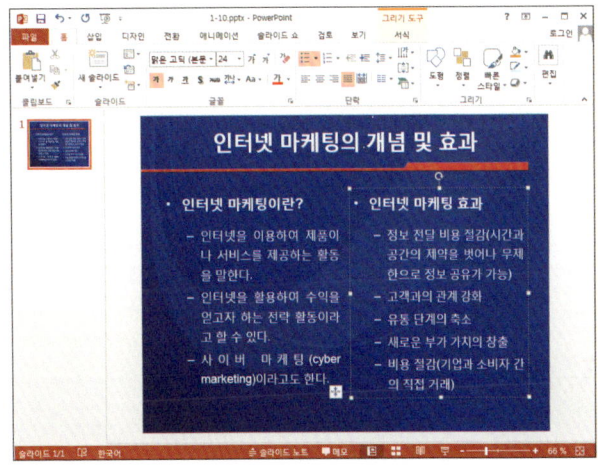

Part 1. 폼나는 프레젠테이션을 위한 기본 50가지 **47**

글머리 기호 사용하기

글머리 기호는 단락 맨 앞에 붙어 항목을 알아보기 쉽게 구분할 때 사용합니다. [기호] 대화상자에서 선택 가능한 모든 기호를 글머리 기호로 사용할 수 있으며 색과 크기도 조정할 수 있습니다. 글머리 기호는 단락 단위로 적용된다는 것을 명심하고 시작해 보겠습니다.

Key Word : 글머리 기호, 글머리 기호 사용자 지정   **예제파일** : Part1\예제파일\1-11.pptx

1 첫 번째 내용 개체 틀에서 마우스로 드래그하여 다음과 같이 블록을 지정합니다. 선택한 단락에 이미 글머리 기호가 적용되어 있기 때문에 [홈] 탭 → [단락] 그룹 → 글머리 기호(☰▼)가 선택 상태로 표시됩니다.

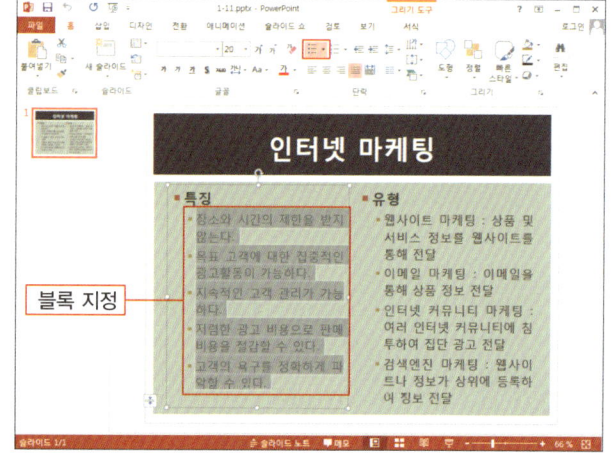

POINT
글머리 기호(☰▼)의 왼쪽 부분을 클릭해서 선택을 취소하면 글머리 기호가 제거됩니다.

2 블록으로 지정한 단락의 글머리 기호를 다른 기호로 변경하기 위해 글머리 기호(☰▼)의 화살표를 클릭하고 [글머리 기호 및 번호 매기기]를 선택합니다.

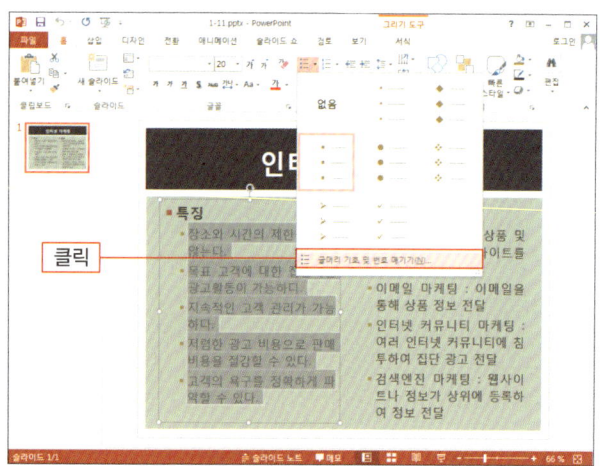

POINT
목록에 원하는 글머리 기호가 있으면 바로 선택하여 사용할 수 있습니다.

3 [글머리 기호 및 번호 매기기] 대화상자가 실행되면 [글머리 기호] 탭에서 [사용자 지정] 버튼을 클릭합니다.

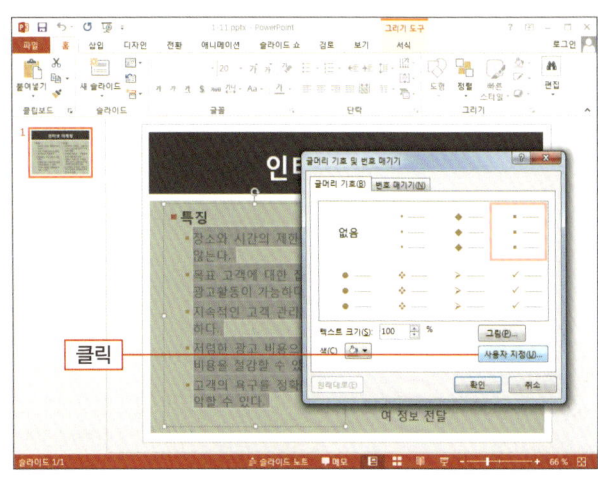

POINT
표시되어 있는 글머리 기호 중에서 원하는 기호가 있으면 바로 선택해도 됩니다.

4 [기호] 대화상자가 실행되면 글머리 기호로 사용할 기호를 선택하고 [확인] 버튼을 클릭합니다. 여기서는 글꼴을 'Wingdings'로 선택한 다음 기호를 선택했습니다.

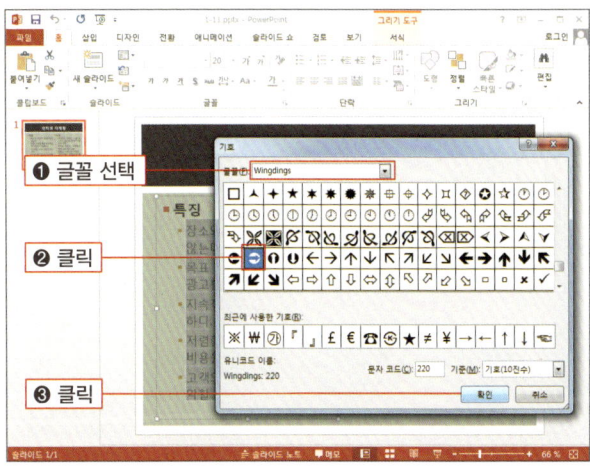

5 [글머리 기호 및 번호 매기기] 대화상자로 돌아오면 크기와 색을 설정하고 [확인] 버튼을 클릭합니다.

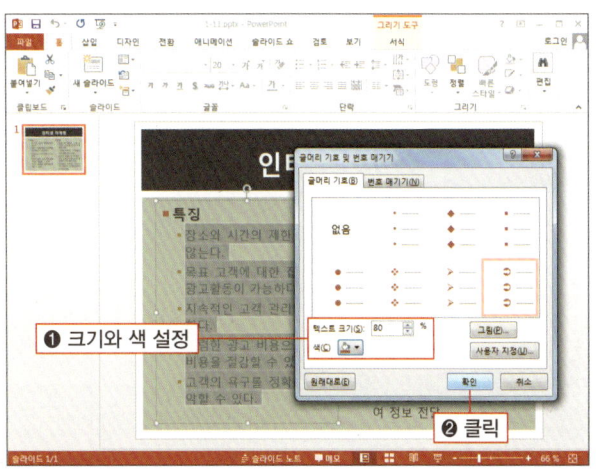

POINT
텍스트 크기는 글꼴 크기에 대한 비율로 지정합니다. 100%이면 텍스트 크기와 같은 크기로, 100%보다 작은 값을 지정하면 텍스트보다 작은 크기로 글머리 기호가 나타납니다.

6 다음과 같이 블록으로 지정했던 단락의 글머리 기호가 모두 변경됩니다.

\POINT
단락 일부만 블록에 포함되어 있어도 단락 단위로 적용되는 서식이 해당 단락에 적용됩니다.

7 두 번째 내용 개체 틀에서 블록을 지정하고 빠른 실행 도구 모음의 반복 실행( )을 클릭하거나 바로 가기 키 Ctrl + Y를 누릅니다.

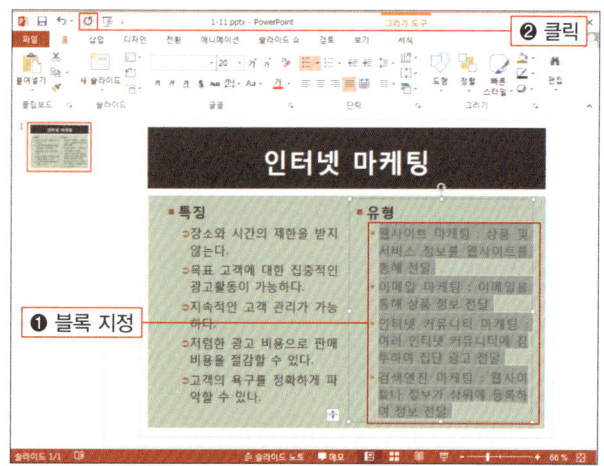

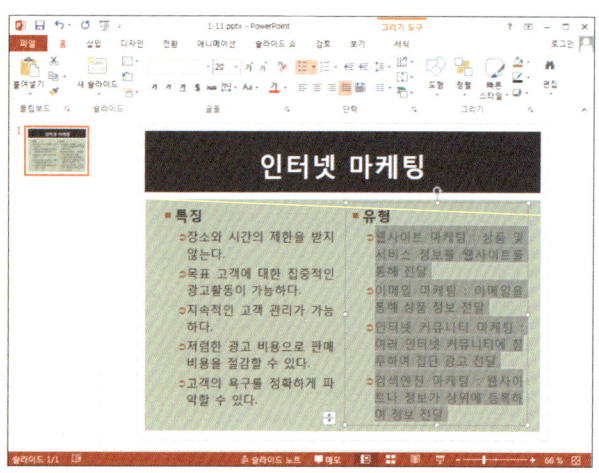

8 방금 실행했던 글머리 기호 명령이 현재 블록으로 지정된 영역에 반복 실행되어 글머리 기호가 왼쪽과 동일한 모양으로 변경됩니다.

\POINT
어떤 명령을 실행하고 다른 곳에서 방금 실행한 명령을 다시 실행할 때 반복 실행( )을 클릭하거나 Ctrl + Y를 누릅니다.

Section 12
그림 글머리 기호

글머리 기호에 그림 파일을 사용할 수 있습니다. 일반 기호를 사용할 때보다 좀 더 특별하고 화려하게 꾸미려면 그림 글머리 기호를 사용합니다. 파워포인트에서 기본적으로 제공하는 그림 글머리 기호에서 선택하거나 여러분의 컴퓨터에 저장되어 있는 그림 파일을 가져다 사용할 수도 있습니다.

Key Word : 그림 글머리 기호

예제파일 : Part1\예제파일\1-12.pptx

1 첫 번째 내용 개체 틀에서 '특징'이 입력된 단락으로 커서를 이동한 다음 [홈] 탭 → [단락] 그룹 → 글머리 기호( )의 화살표를 클릭하고 [글머리 기호 및 번호 매기기]를 선택합니다.

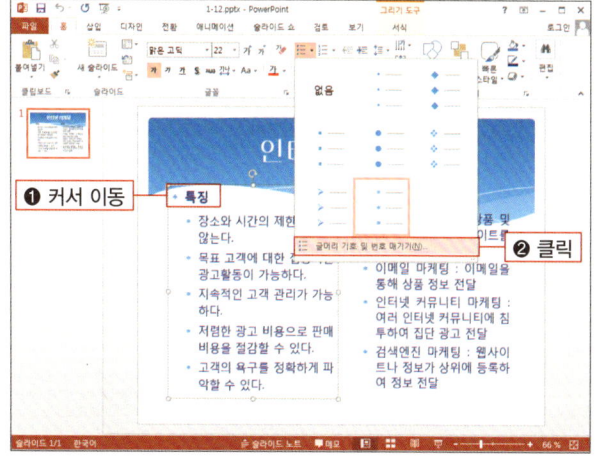

POINT
단락 하나의 글머리 기호만 변경하려면 해당 단락으로 커서만 이동하면 됩니다.

2 [글머리 기호 및 번호 매기기] 대화상자가 실행되면 [글머리 기호] 탭에서 [그림] 버튼을 클릭합니다.

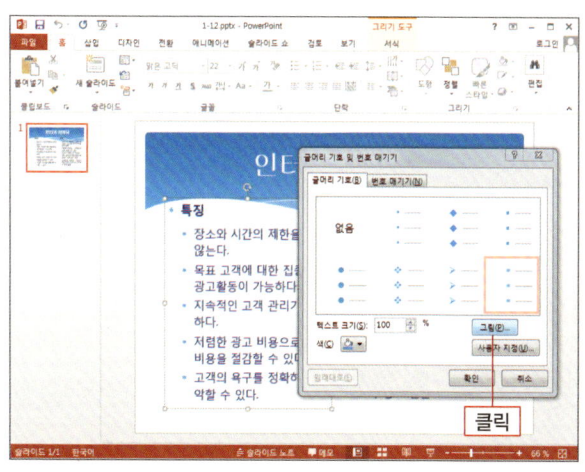

POINT
[원래대로] 버튼을 클릭하면 글머리 기호 목록을 기본으로 설정된 목록으로 되돌립니다.

3 [그림 삽입] 창이 나타나면 'Office.com 클립 아트'의 입력 상자에 '글머리'로 검색어를 입력하고 Enter 를 누릅니다.

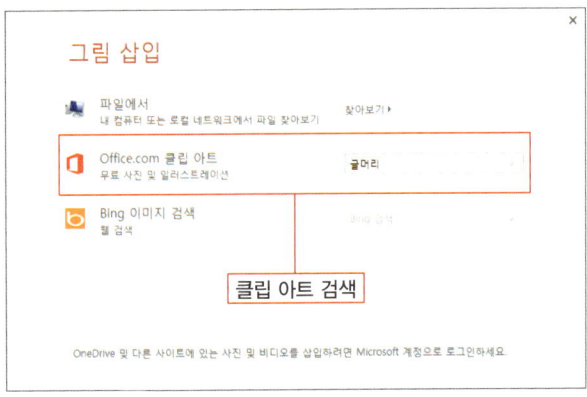

> **POINT**
> 내 컴퓨터에 저장되어 있는 그림 파일을 글머리 기호로 지정하려면 '파일에서'의 '찾아보기'를 클릭하고 그림 파일을 지정합니다. 또 웹에서 이미지를 검색하여 사용하려면 'Bing 이미지 검색'의 입력 상자에 검색어를 입력하고 Enter 를 누릅니다.

4 검색된 클립 아트가 표시되면 이 중에서 글머리 기호로 사용할 클립 아트를 찾아 선택하고 [삽입] 버튼을 클릭합니다.

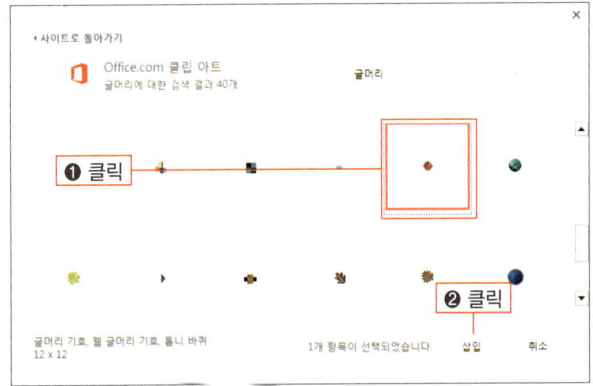

5 커서가 있던 단락의 글머리 기호가 그림으로 변경됩니다. 두 번째 내용 개체 틀에서 '유형'이 있는 단락으로 커서를 이동한 다음 Ctrl + Y 를 눌러 글머리 기호를 그림으로 변경합니다.

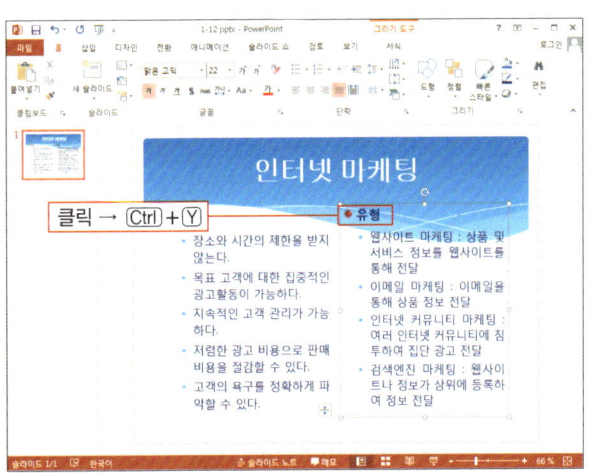

> **POINT**
> 그림 글머리 기호는 크기와 색을 지정할 수 없기 때문에 [글머리 기호 및 번호 매기기] 대화상자로 돌아가지 않고 바로 선택한 그림이 글머리 기호로 적용됩니다.

번호 매기기

글머리 기호와는 달리 번호는 항목을 순서대로 구분해야 할 필요가 있을 때 사용합니다. 1, 2, 3, … 형태의 번호를 기본으로 사용하며 영문자와 한자, 원 문자, 괄호 등의 번호 양식을 사용할 수도 있습니다.

Key Word : 번호 매기기   **예제파일** : Part1\예제파일\1-13.pptx

1 마우스로 드래그하여 다음과 같이 블록을 지정한 다음 [홈] 탭→[단락] 그룹→번호 매기기( ) 왼쪽 부분을 클릭합니다.

POINT
글머리 기호와 번호는 함께 사용할 수 없습니다.

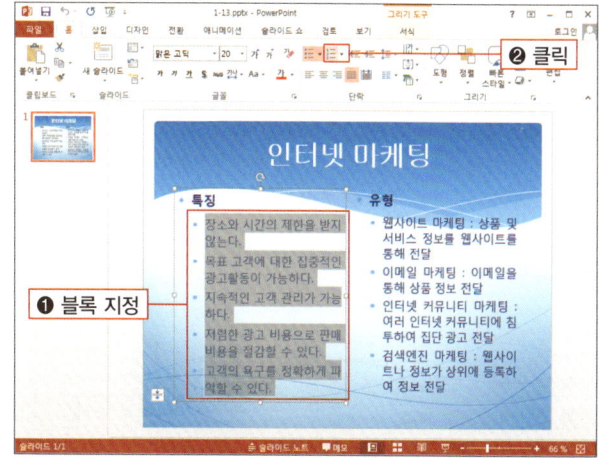

2 블록으로 지정한 단락 앞에 있던 글머리 기호가 사라지고 대신 번호가 순서대로 표시됩니다.

POINT
번호 매기기( ) 왼쪽을 다시 클릭하여 선택을 해제하면 단락 앞의 번호가 제거됩니다.

3 두 번째 내용 개체 틀에서 다음과 같이 여러 단락을 블록으로 지정한 다음 번호 매기기(▤▾)의 화살표를 클릭하고 [글머리 기호 및 번호 매기기]를 선택합니다.

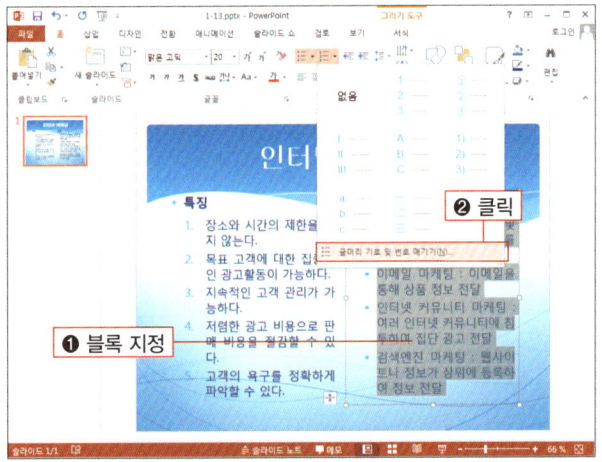

4 [글머리 기호 및 번호 매기기] 대화상자의 [번호 매기기] 탭에서 원하는 번호 형태를 선택합니다. 텍스트 크기와 색을 지정한 다음 [확인] 버튼을 클릭합니다.

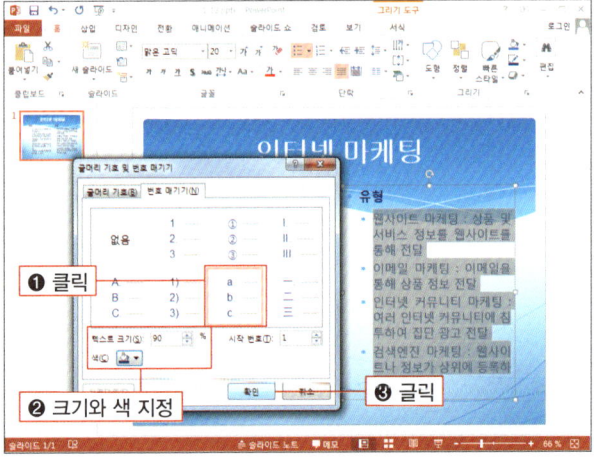

POINT
시작 번호에서 화살표를 클릭하여 시작 번호를 변경할 수 있습니다. 예를 들어 a 부터가 아니라 c부터 번호가 시작되도록 말입니다.

5 선택한 단락에 다음과 같이 번호가 표시됩니다.

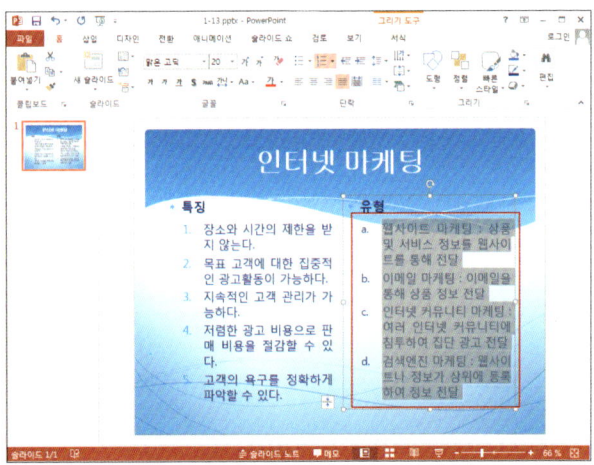

SECTION 14
텍스트 찾기와 바꾸기

텍스트 찾기와 바꾸기는 프레젠테이션에 포함된 슬라이드가 많을 때 특히 유용하게 사용할 수 있는 기능입니다. 텍스트 찾기는 프레젠테이션에서 특정 단어를 찾아 빠르게 이동하는 기능이고, 바꾸기는 특정 단어를 찾아 다른 단어로 바꾸는 기능입니다.

○ **Key Word** : 찾기, 바꾸기, 글꼴 바꾸기 ○ **예제파일** : Part1\예제파일\1-14.pptx

1 이 프레젠테이션은 세 개의 슬라이드로 구성되어 있습니다. 첫 번째 슬라이드에서 [홈] 탭 → [편집] 그룹 → 찾기(🔍 찾기)를 클릭합니다.

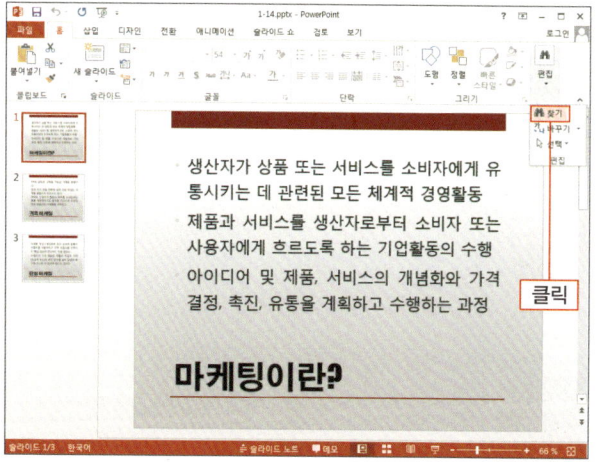

POINT
찾기 기능은 바로 가기 키 Ctrl + F 를 사용해 실행할 수도 있습니다.

2 [찾기] 대화상자가 실행되면 찾을 내용에 '마케팅'을 입력하고 [다음 찾기] 버튼을 클릭합니다.

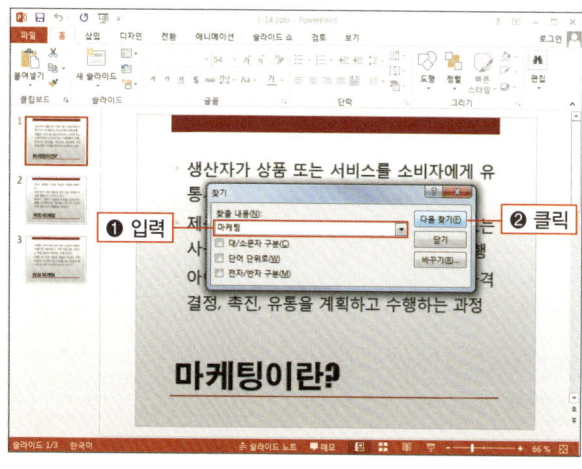

POINT
'대/소문자 구분'은 영문 내용을 찾을 때 대문자와 소문자를 구분하여 찾을 내용과 같은 것만 찾을 때 선택합니다. '단어 단위로'를 선택하면 '마케팅'을 찾을 때 '마케팅개념', '타잔마케팅' 등은 찾지 않게 됩니다.

Part 1. 폼나는 프레젠테이션을 위한 기본 50가지 **55**

3 첫 번째 '마케팅'을 찾아 반전시킵니다. 지금 찾은 내용이 원하는 것이면 [닫기] 버튼을 클릭해서 [찾기] 대화상자를 닫습니다. 여기서는 원하는 부분이 아니기 때문에 계속해서 [다음 찾기] 버튼을 클릭합니다.

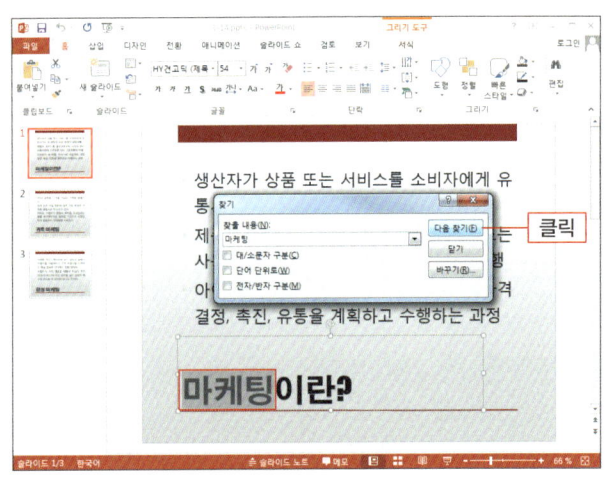

POINT
찾을 내용에 '마 케팅'과 같이 입력하면 '마케팅'을 찾을 수 없습니다. 띄어쓰기에 주의해야 합니다.

4 다음 '마케팅'을 찾아 반전 상태로 표시합니다. 이런 식으로 계속 원하는 '마케팅'이 나올 때까지 찾아갈 수 있습니다. 이제 [닫기] 버튼을 클릭하여 대화상자를 닫습니다.

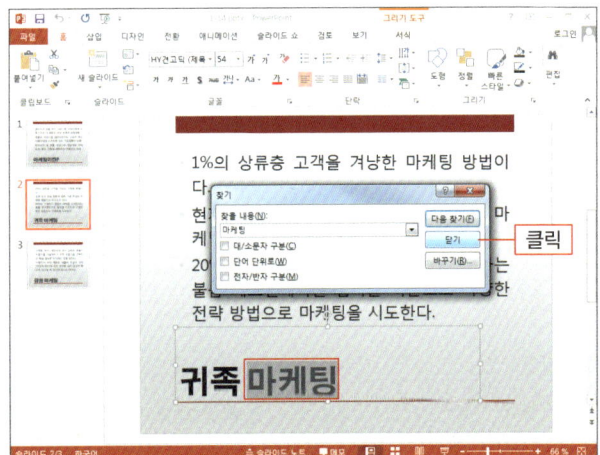

POINT
[찾기] 대화상자에서 [바꾸기] 버튼을 클릭하면 [바꾸기] 대화상자가 바로 실행됩니다.

5 이번에는 축소판 그림 창에서 1번 슬라이드를 클릭한 다음 [홈] 탭 → [편집] 그룹 → 바꾸기( )를 클릭합니다. '마케팅'을 모두 'Marketing'으로 바꾸려고 합니다.

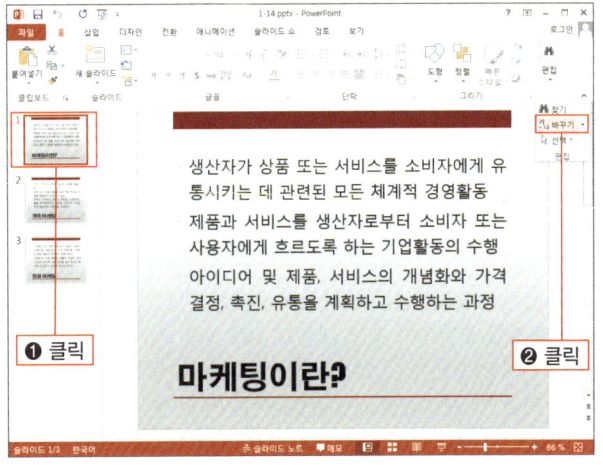

POINT
바꾸기의 바로 가기 키는 Ctrl + H 입니다.

6 [바꾸기] 대화상자가 실행되면 찾을 내용에 '마케팅', 바꿀 내용에 'Marketing'을 입력하고 [다음 찾기] 버튼을 클릭합니다.

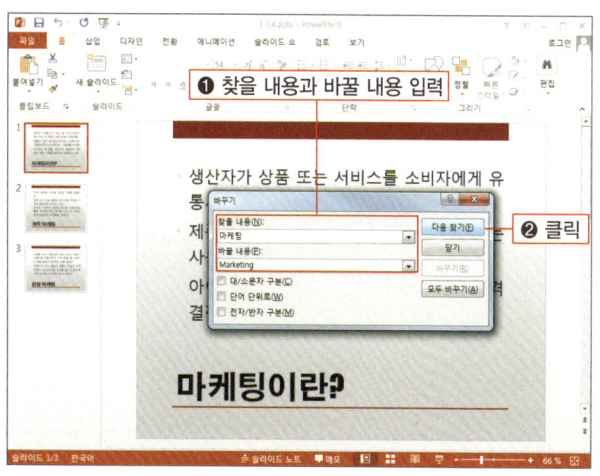

\POINT
바꾸기는 '한국'을 '韓國'으로 한꺼번에 한자 변환을 하거나, '마케팅'을 '마케팅(Marketing)'으로 영문까지 함께 표시하고 싶을 때 매우 유용합니다.

7 첫 번째 '마케팅'이 반전 상태로 표시됩니다. 지금 찾은 내용을 바꿀 내용으로 변경하려면 [바꾸기] 버튼을 클릭합니다.

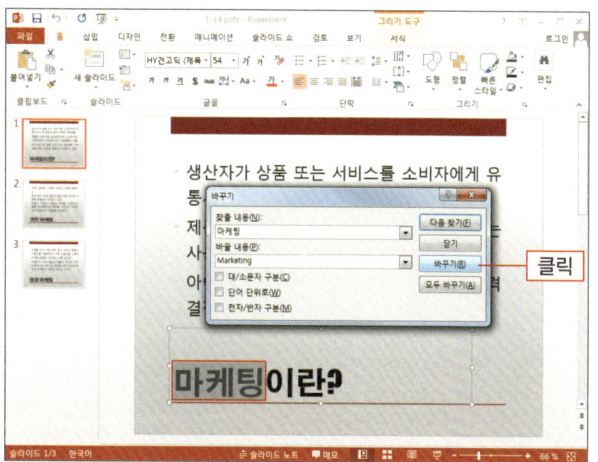

\POINT
바꾸고 싶지 않으면 [다음 찾기] 버튼을 클릭합니다.

8 다음과 같이 '마케팅'이 'Marketing'으로 바뀌고 자동으로 다음 '마케팅'을 찾아 반전 상태로 표시합니다.

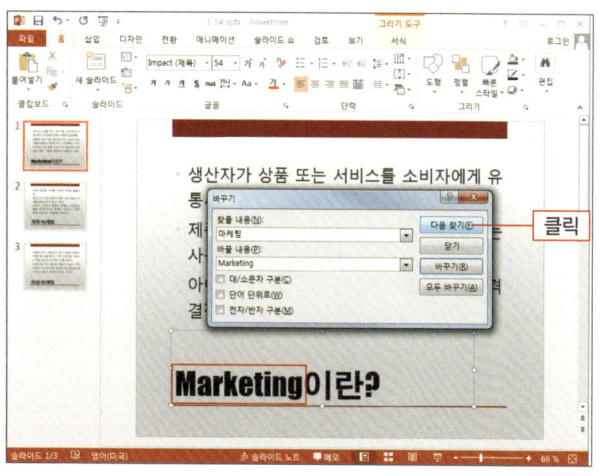

9 지금 찾은 '마케팅'만 바꾸려면 [바꾸기] 버튼을 클릭하면 되지만 여기서는 일일이 확인하지 않고 한꺼번에 바꾸기 위해 [모두 바꾸기] 버튼을 클릭합니다.

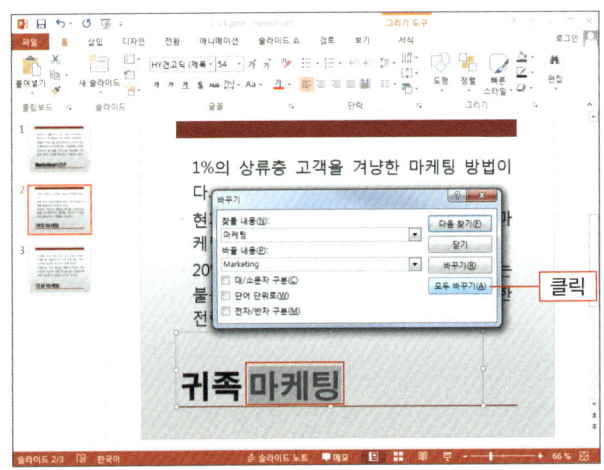

10 그러면 프레젠테이션 전체에서 '마케팅'을 모두 'Marketing'으로 바꾼 다음 몇 개를 바꿨는지 결과를 보여줍니다. [확인] 버튼을 클릭하고 [바꾸기] 대화상자에서 [닫기] 버튼을 클릭하여 대화상자를 닫습니다.

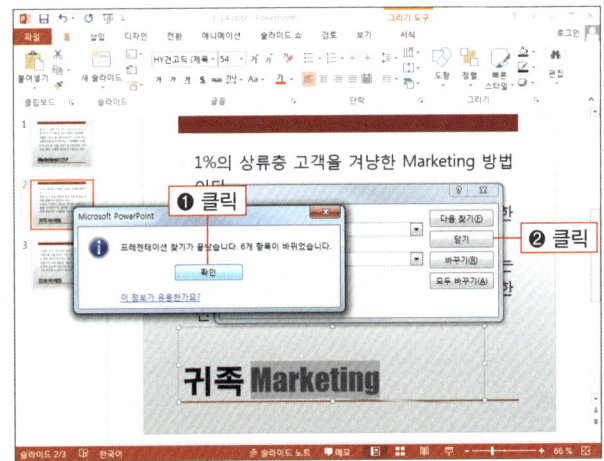

쌩초보 Level Up 글꼴 바꾸기

[홈] 탭 → [편집] 그룹 → 바꾸기( )의 화살표를 클릭하고 [글꼴 바꾸기]를 선택하면 [글꼴 바꾸기] 대화상자가 실행됩니다. 현재 글꼴과 새 글꼴을 지정한 다음 [바꾸기] 버튼을 클릭하면 프레젠테이션 전체에서 특정 글꼴을 다른 글꼴로 한 번에 바꿀 수 있습니다. 예를 들어 현재 글꼴을 '맑은 고딕'으로 지정하고 새 글꼴을 '나눔바른고딕'으로 지정한 다음 [바꾸기] 버튼을 클릭하면 프레젠테이션에서 모든 '맑은 고딕' 글꼴이 '나눔바른고딕'으로 변경됩니다.

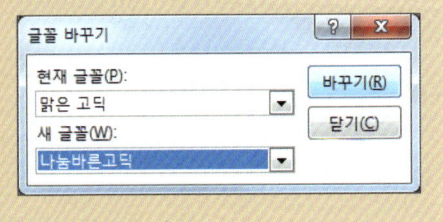

텍스트의 이동과 복사

슬라이드에 입력한 텍스트를 다른 곳으로 이동하거나 똑같은 텍스트를 여러 번 입력해야 할 경우 한 번만 입력하고 복사하여 사용하는 방법에 대해 살펴보겠습니다. 텍스트의 이동과 복사는 여러 방법으로 실행이 가능하며, 여러 종류의 개체를 이동하거나 복사할 때 같은 방법을 사용하게 되므로 반드시 알아둘 필요가 있습니다.

Key Word : 복사, 잘라내기, 붙여넣기

예제파일 : Part1\예제파일\1-15.pptx

1 첫 번째 슬라이드의 내용 개체 틀에서 두 번째 단락의 글머리 기호를 클릭하면 단락 전체가 블록으로 지정됩니다. 블록을 지정한 다음 [홈] 탭→[클립보드] 그룹→ 잘라내기(잘라내기)를 클릭합니다.

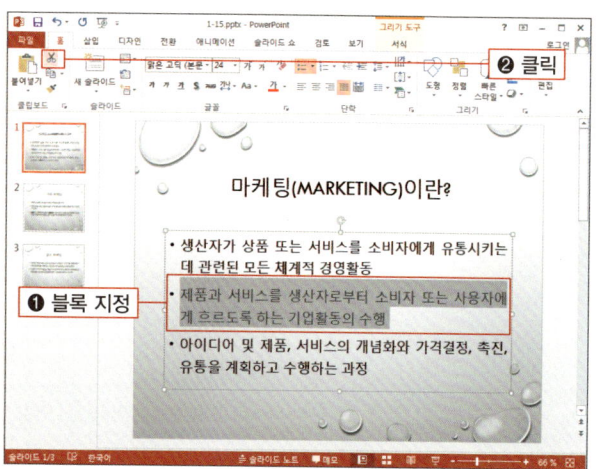

2 잘라내기를 실행한 부분은 슬라이드에서 사라집니다. 커서를 첫 번째 단락의 시작 위치로 이동한 다음 붙여넣기( )의 위쪽 부분을 클릭합니다.

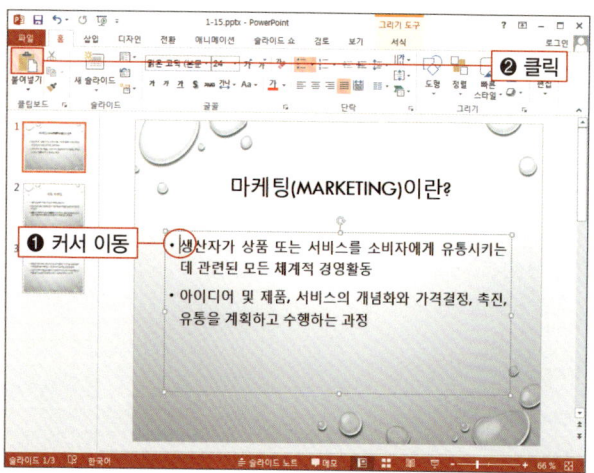

POINT

잘라내기는 Ctrl + X , 붙여넣기는 Ctrl + V 를 이용하여 명령을 실행할 수 있습니다.

3 커서 위치에 잘라내기를 실행한 단락이 삽입됩니다. 잘라내기와 붙여넣기 명령을 연속적으로 사용하여 텍스트를 이동하였습니다.

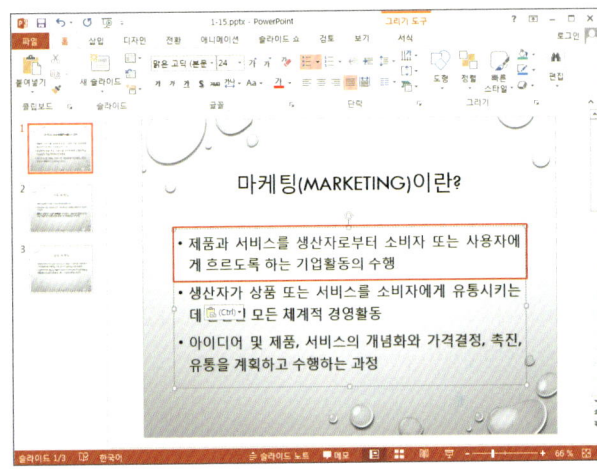

POINT
잘라내기 명령을 실행한 다음 붙여넣기를 실행하지 않으면 결과적으로 텍스트를 삭제한 것이 됩니다.

4 다시 첫 번째 단락의 글머리 기호를 클릭하여 단락 전체를 블록으로 지정합니다. 블록의 글머리 기호에서 마우스 왼쪽 버튼을 클릭한 채 마지막 단락 아래로 끌어다 놓습니다.

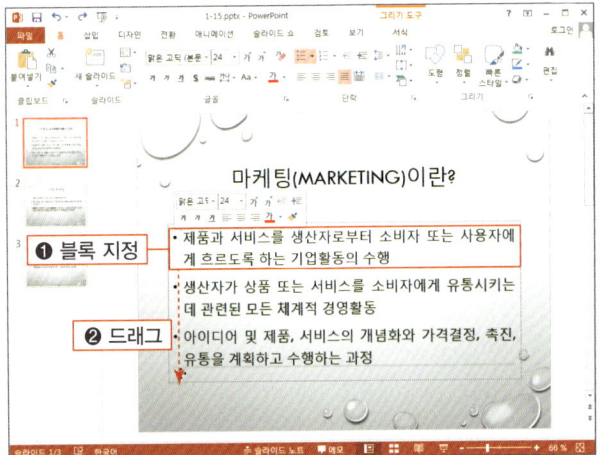

5 그러면 블록으로 지정한 부분이 아래로 이동됩니다. 이와 같이 같은 슬라이드에서 텍스트를 이동할 때 마우스 끌기를 사용하면 빠르게 명령을 실행할 수 있습니다.

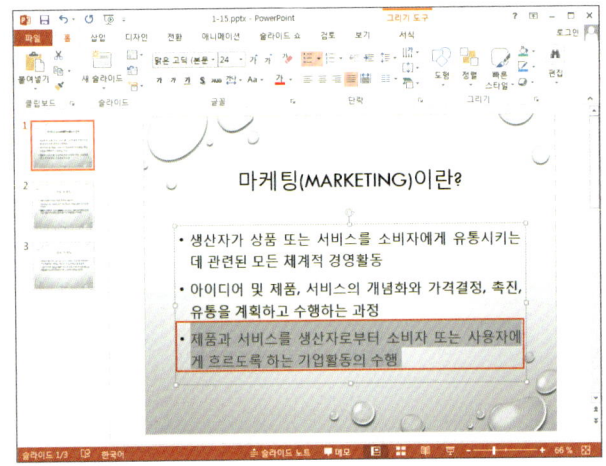

POINT
Ctrl 를 누른 채 블록을 마우스로 끌어다 놓으면 복사됩니다.

6 첫 번째 슬라이드의 제목 개체 틀에서 '(Marketing)'을 블록으로 지정한 다음 복사 명령의 바로 가기 키 Ctrl + C를 누릅니다.

\POINT
[홈] 탭 → [클립보드] 그룹 → 복사(📋 복사 ▼)를 클릭해도 됩니다.

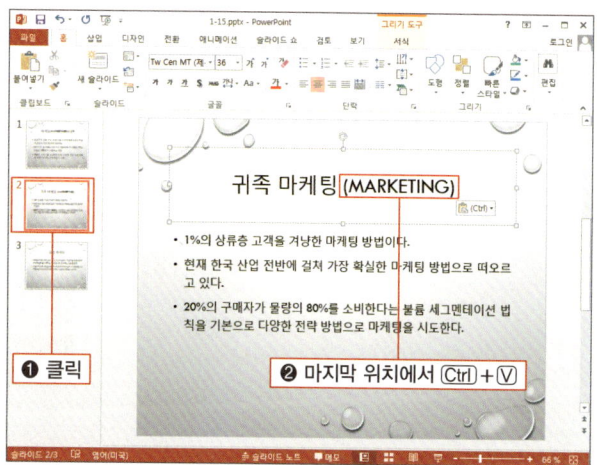

7 축소판 그림 창에서 두 번째 슬라이드를 클릭하여 이동합니다. 제목 텍스트의 마지막 위치에서 Ctrl + V를 누르면 복사한 내용이 그대로 삽입됩니다.

8 이번에는 내용 개체 틀에서 마지막 줄의 '마케팅' 다음으로 커서를 이동한 다음 Ctrl + V를 누릅니다. 복사한 내용이 삽입되고 붙여넣기 옵션(📋(Ctrl)▼) 버튼이 표시됩니다. 이 버튼을 클릭하고 [텍스트만 유지] 옵션을 선택합니다.

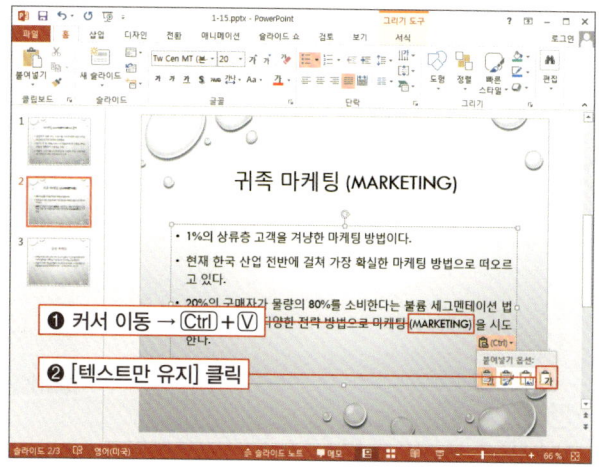

Part 1. 폼나는 프레젠테이션을 위한 기본 50가지 **61**

슬라이드 이동과 복사

슬라이드를 이동하거나 복사하는 방법도 텍스트를 이동하거나 복사하는 방법과 기본적으로 동일합니다. 여기서는 여러 슬라이드 보기에서 슬라이드를 이동하고 복사하는 방법에 대해 살펴보겠습니다.

Key Word : 여러 슬라이드 보기, 슬라이드 이동, 슬라이드 복사

예제파일 : Part1\예제파일\1-16.pptx

1 상태 표시줄에서 여러 슬라이드 보기(⊞) 버튼을 클릭해서 여러 슬라이드 보기로 전환합니다.

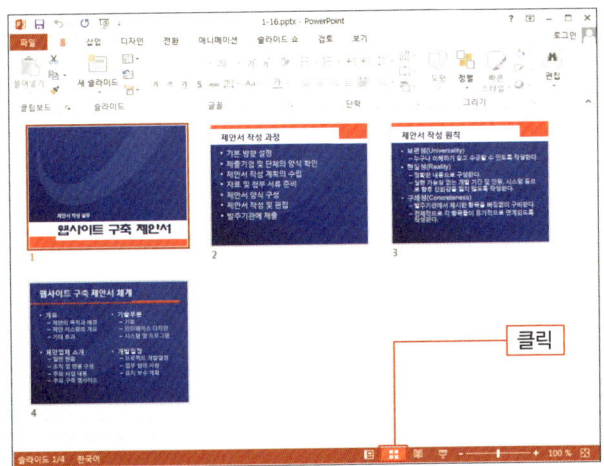

2 4번 슬라이드를 클릭해서 선택한 다음 마우스 왼쪽 버튼을 클릭한 채 드래그하여 1번 슬라이드 뒤로 끌어다 놓습니다.

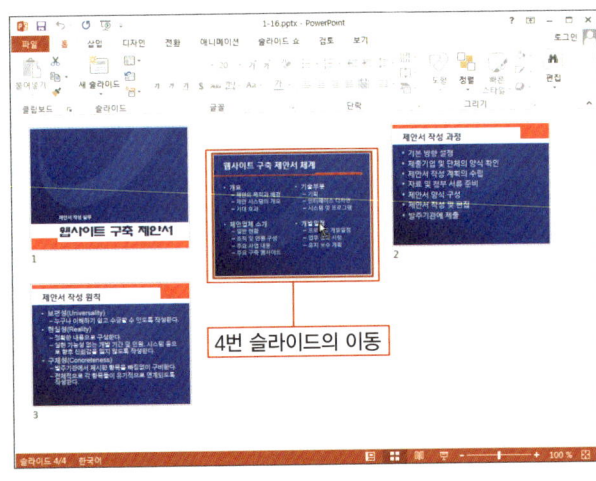

POINT
• 슬라이드 이동 : 마우스 끌기

3 다음과 같이 4번 슬라이드가 1번 슬라이드 다음으로 이동되어 2번 슬라이드가 됩니다.

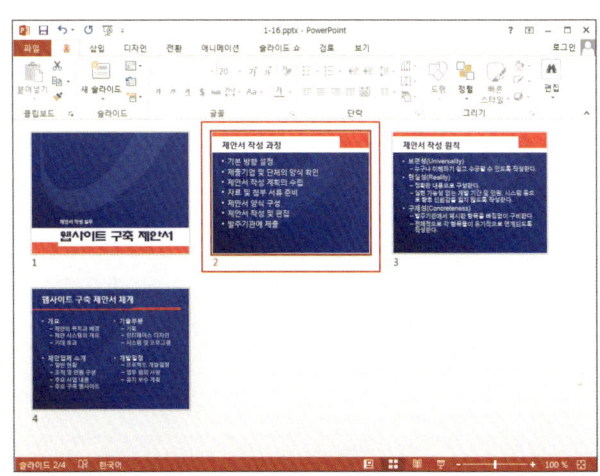

POINT
4번 슬라이드를 선택하고 Ctrl + X 를 눌러 잘라낸 다음, 1번 슬라이드를 선택하고 Ctrl + V 를 눌러 붙여넣기 명령을 실행해 이동할 수도 있습니다.

4 이번에는 슬라이드를 복사해 보겠습니다. 2번 슬라이드를 선택하고 Ctrl 을 누른 상태에서 마우스 왼쪽 버튼을 클릭한 채 4번 슬라이드 뒤로 끌어다 놓습니다.

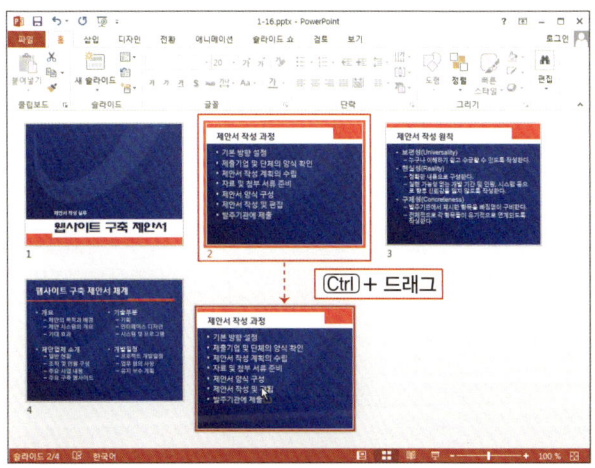

POINT
• 슬라이드 복사 : Ctrl + 마우스 끌기

5 2번 슬라이드가 5번 슬라이드로 똑같이 복사됩니다.

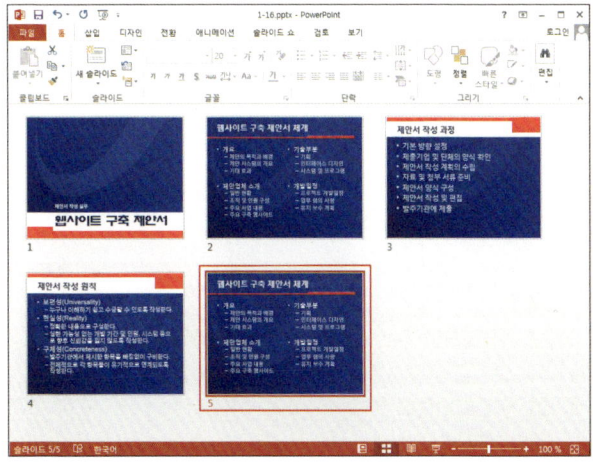

POINT
2번 슬라이드를 선택하고 Ctrl + C 를 누른 다음, 4번 슬라이드를 선택하고 Ctrl + V 를 눌러도 결과는 같습니다.

테마 사용하기

테마는 색, 글꼴, 효과 등 여러 디자인 요소를 통합하여 문서의 모양을 제공합니다. 테마를 바꾸는 것만으로 전체 프레젠테이션의 스타일을 완전히 다른 느낌으로 바꿀 수 있습니다. 기본적으로 새 프레젠테이션은 Office 테마를 사용하여 만들게 됩니다. Office 테마를 사용하여 만든 프레젠테이션에 다른 테마를 적용하는 방법에 대해 알아봅니다.

Key Word : 테마, 여러 슬라이드 선택

예제파일 : Part1\예제파일\1-17.pptx

1 '1-17.pptx' 파일은 'Office 테마'로 작성되어 있습니다. [디자인] 탭 → [테마] 그룹 → 테마 갤러리에서 자세히( )버튼을 클릭한 다음 [전체] 테마를 찾아 클릭합니다.

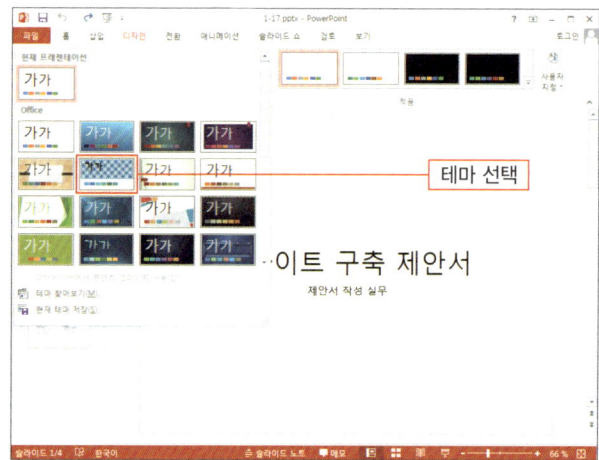

2 선택한 테마는 프레젠테이션의 모든 슬라이드에 적용됩니다.

> **POINT**
> 상태 표시줄에서 마우스 오른쪽 버튼을 클릭한 다음 [상태 표시줄 사용자 지정] 메뉴에서 [테마]를 선택하면 상태 표시줄에 현재 슬라이드에 적용된 테마 이름이 표시됩니다.

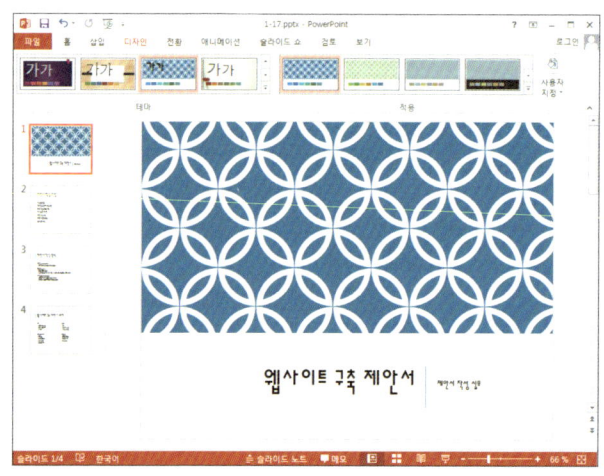

3 축소판 그림 창에서 2번 슬라이드를 클릭한 다음 Shift 를 누른 상태에서 4번 슬라이드를 클릭합니다. 2번부터 4번 슬라이드가 선택 상태가 되면 테마 갤러리에서 [프레임] 테마를 선택합니다. 그러면 현재 선택되어 있는 슬라이드에만 테마가 적용됩니다.

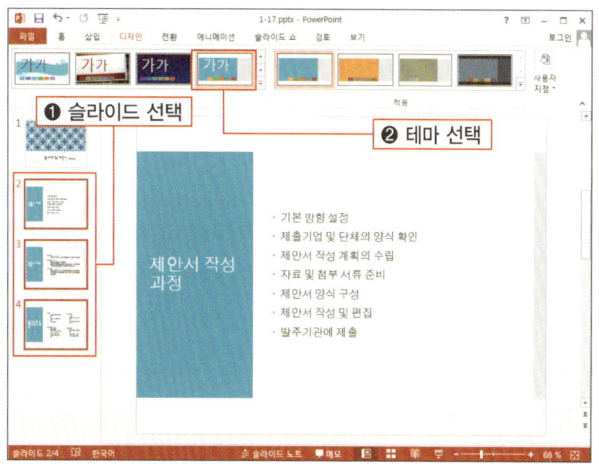

4 [디자인] 탭 → [적용] 그룹에는 현재 선택한 테마의 색 변형이 표시됩니다. 이 중에서 원하는 색을 클릭하여 테마 색을 바꿔 줄 수 있습니다.

POINT
축소판 그림 창에서 임의의 슬라이드를 클릭하면 여러 슬라이드의 선택 상태가 해제됩니다.

쌩초보 Level Up   여러 슬라이드 선택하기

- 연속적인 여러 슬라이드 : 첫 번째 슬라이드를 클릭하고 Shift 를 누른 상태에서 마지막 슬라이드를 클릭합니다. 그러면 두 슬라이드 사이의 모든 슬라이드가 선택됩니다.
- 비연속적인 여러 슬라이드 : 첫 번째 슬라이드를 클릭합니다. 두 번째 슬라이드부터 Ctrl 를 누른 상태에서 클릭합니다.
- 슬라이드 선택 해제 : 임의의 슬라이드를 클릭하면 현재 선택 상태가 해제됩니다.

Section 18
테마 사용자 지정

테마는 색, 글꼴, 효과의 집합으로 구성됩니다. 테마를 바꾸면 색, 글꼴, 효과가 모두 해당 테마에 미리 정의되어 있는 상태로 변경됩니다. 여기서는 테마는 그대로 둔 상태에서 테마 색과 테마 글꼴, 테마 효과를 변경하는 과정을 살펴봅니다.

Key Word : 테마 색, 테마 글꼴, 테마 효과 예제파일 : Part1\예제파일\1-18.pptx

1 '1-18.pptx' 파일은 '베를린' 테마로 작성되어 있습니다. [디자인] 탭 → [적용] 그룹에서 자세히(▼) 버튼을 클릭한 다음 [색]에서 [노랑]을 선택합니다.

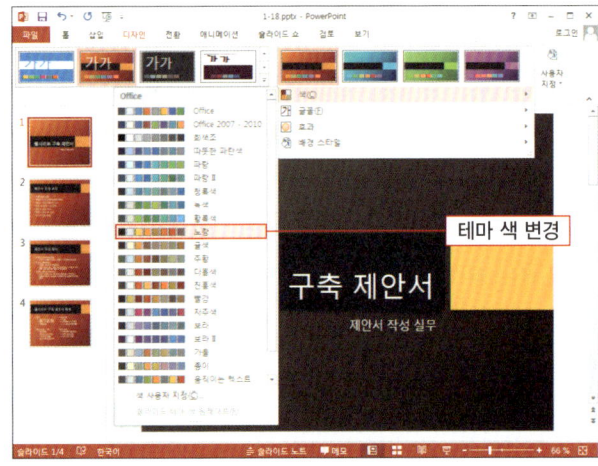

POINT
원하는 색이 [적용] 그룹의 갤러리에 표시되어 있으면 바로 클릭해서 테마 색을 바꿀 수 있습니다.

2 모든 슬라이드의 색 구성이 [노랑]으로 변경됩니다. 이번에는 사용자 임의로 색을 구성하는 방법입니다. [적용] 그룹에서 자세히(▼) 버튼을 클릭한 다음 [색]에서 [색 사용자 지정]을 선택합니다.

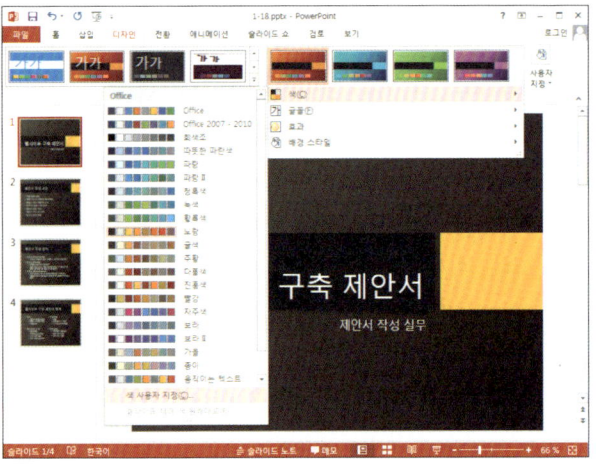

3 [새 테마 색 만들기] 대화상자가 실행되면 각 항목의 색 버튼을 클릭한 다음 원하는 다른 색을 선택하여 바꿉니다. 색 선택이 모두 끝나면 이름을 'MyStyle'로 입력하고 [저장] 버튼을 클릭합니다.

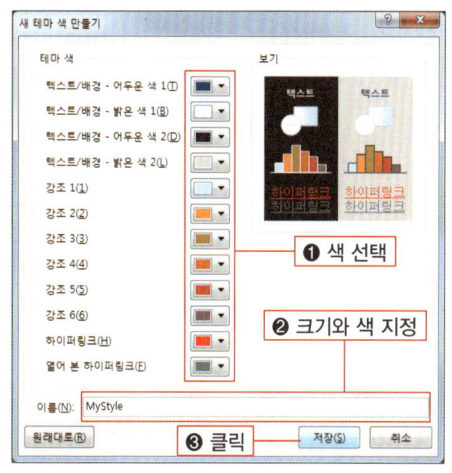

POINT
변경된 테마 색이 슬라이드에 어떤 영향을 주는 지는 보기에 있는 두 개의 축소판 슬라이드에서 확인할 수 있습니다.

4 테마 색을 변경한 결과는 다음과 같습니다. 이렇게 새로 만든 테마 색은 [적용] 그룹의 자세히( ) 버튼을 클릭한 후 [색]-[사용자 지정]에서 확인할 수 있습니다.

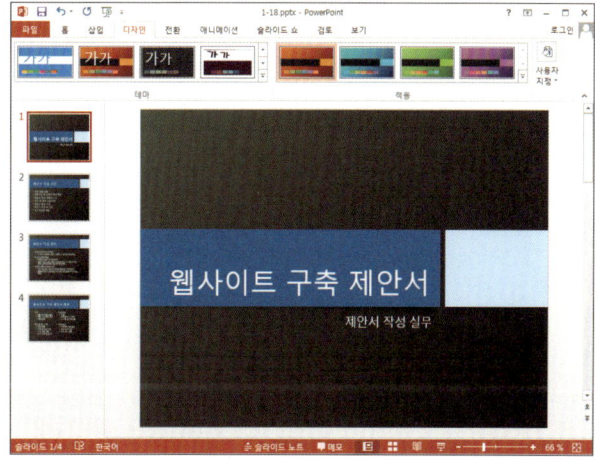

5 다시 [적용] 그룹에서 자세히( ) 버튼을 클릭하고 [글꼴]에서 [글꼴 사용자 지정]을 선택합니다.

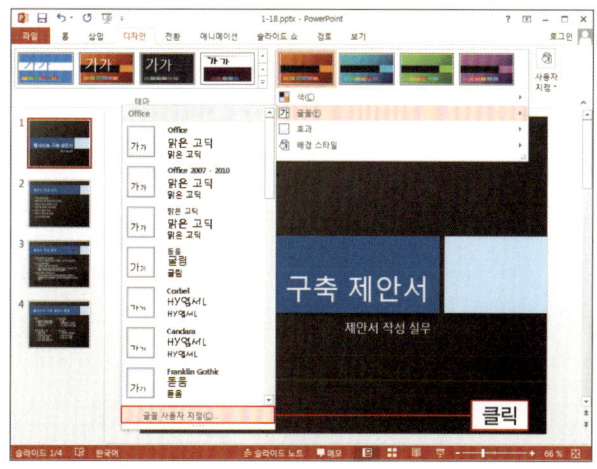

POINT
목록에 원하는 글꼴이 있으면 바로 선택해서 테마 글꼴을 바꿀 수 있습니다.

6 [새 테마 글꼴 만들기] 대화상자에서 영어의 제목과 본문 글꼴, 한글의 제목과 본문 글꼴을 지정한 다음 이름을 'MyStyle'로 입력하고 [저장] 버튼을 클릭합니다.

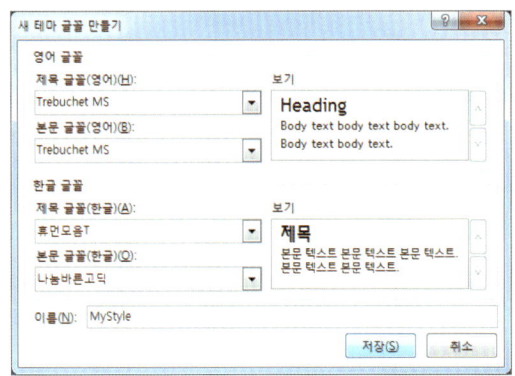

7 테마 글꼴을 변경한 결과는 다음과 같습니다. 테마 글꼴을 변경하여 모든 슬라이드의 제목과 본문 글꼴을 한 번에 수정할 수 있습니다.

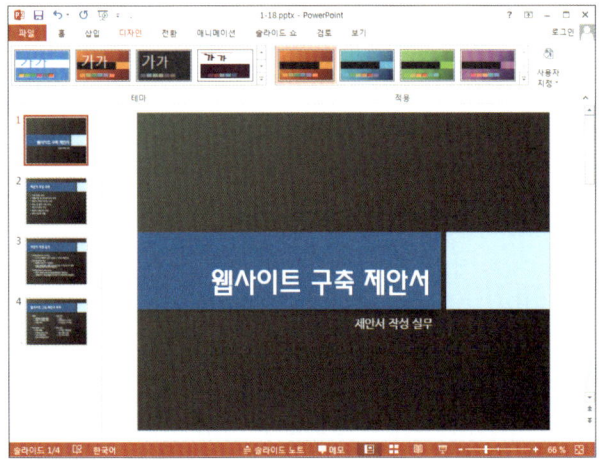

8 [적용] 그룹에서 자세히( ) 버튼을 클릭하고 [글꼴]을 선택하면 사용자 지정 영역에 새로 만든 테마 글꼴이 표시됩니다. 사용자 지정 글꼴을 마우스 오른쪽 버튼으로 클릭한 다음 [편집] 메뉴를 선택하여 글꼴을 수정하거나, [삭제] 메뉴를 선택하여 글꼴을 제거할 수 있습니다.

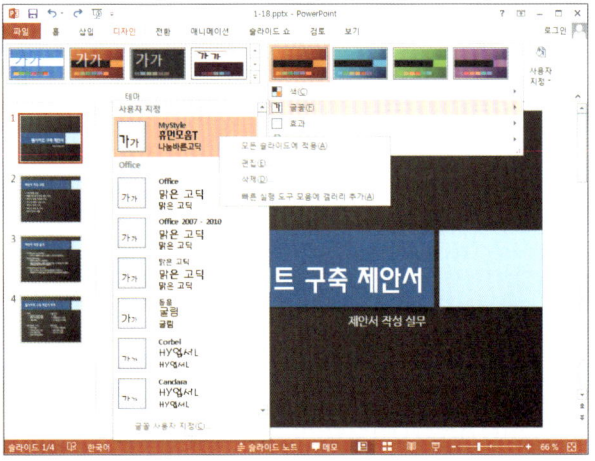

Section 19
슬라이드 배경 스타일 바꾸기

슬라이드 배경은 어떤 테마를 사용하느냐에 따라 다르게 나타납니다. 배경 스타일은 텍스트와 배경에 사용할 어두운 색 2개와 밝은 색 2개의 테마 색을 사용하는데, 슬라이드 전체의 분위기를 크게 좌우하는 서식 요소라고 할 수 있습니다.

Key Word : 배경 스타일, 배경 서식   **예제파일** : Part1\예제파일\1-19.pptx

1 '1-19.pptx' 파일은 '줄기' 테마로 작성되어 있습니다. 각 슬라이드에는 슬라이드 레이아웃에 의해 정해진 배경 스타일이 적용되어 있습니다.

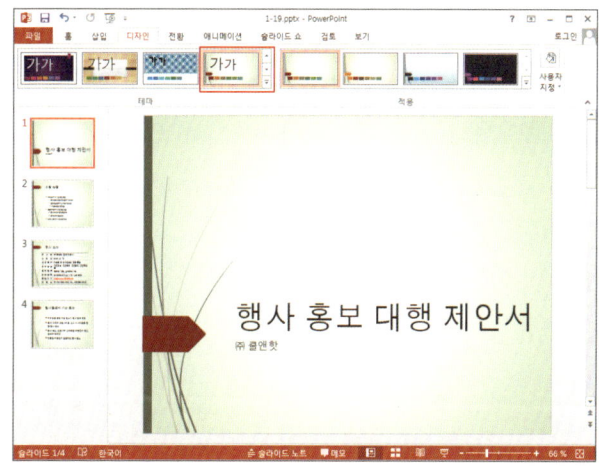

2 [디자인] 탭 → [적용] 그룹에서 자세히 (▼) 버튼을 클릭하고 [배경 스타일]에서 원하는 스타일을 선택합니다.

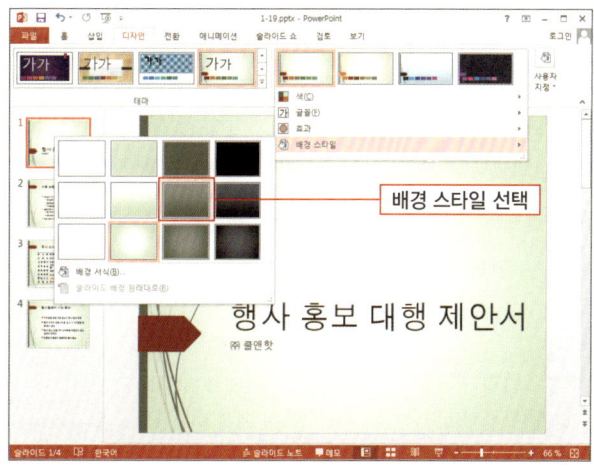

Part 1. 폼나는 프레젠테이션을 위한 기본 50가지

3 다음과 같이 모든 슬라이드의 배경 스타일이 변경되었습니다. 기본적으로 배경 스타일은 모든 슬라이드에 영향을 줍니다.

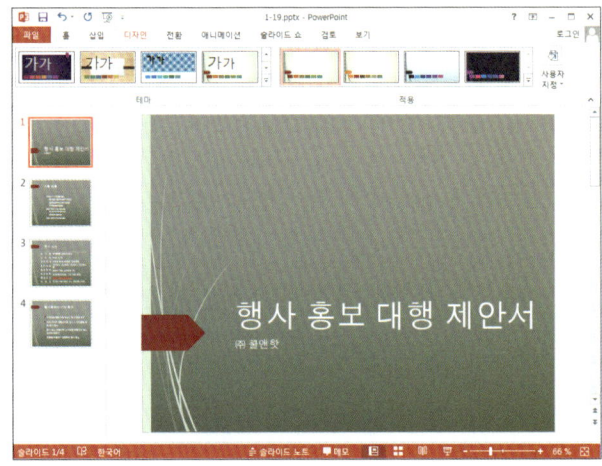

4 축소판 그림 창에서 2번 슬라이드를 클릭하고 Shift 를 누른 상태에서 4번 슬라이드를 클릭합니다. 세 개의 슬라이드가 선택되면 [적용] 그룹에서 자세히(▼) 버튼을 클릭합니다. [배경 스타일]에서 원하는 스타일을 마우스 오른쪽 버튼으로 클릭한 다음 [선택한 슬라이드에 적용]을 선택합니다.

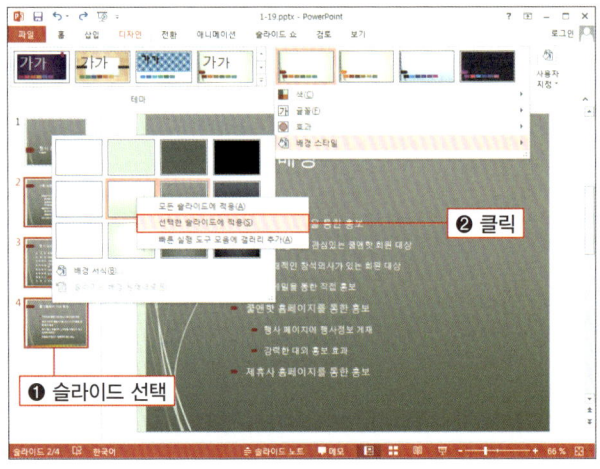

5 선택한 슬라이드의 배경 스타일만 다음과 같이 변경되었습니다. 이렇게 일부 슬라이드만 선택하여 배경 스타일을 바꾼 경우에는 [배경 스타일]-[슬라이드 배경 원래대로] 메뉴를 이용하여 슬라이드 배경을 원래대로 되돌릴 수 있습니다.

POINT
[배경 스타일]-[배경 서식]을 선택하면 [배경 서식] 작업 창이 표시됩니다. 이 작업 창에서 배경 스타일을 사용자 지정할 수 있습니다.

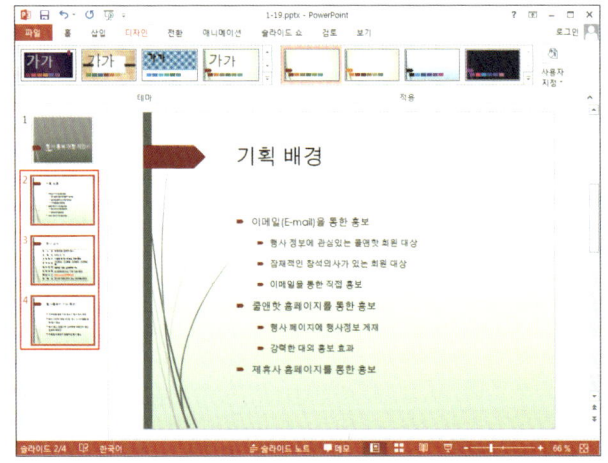

바닥글 만들기

바닥글은 모든 슬라이드 하단에 반복적으로 표시되는 내용을 의미합니다. 바닥글에 날짜와 슬라이드 번호, 특정 텍스트를 포함시킬 수 있습니다. 여기서는 제목 슬라이드를 제외한 모든 슬라이드 하단에 날짜, 바닥글, 슬라이드 번호를 추가하는 방법을 살펴봅니다.

Key Word : 머리글, 바닥글, 슬라이드 번호, 날짜

예제파일 : Part1\예제파일\1-20.pptx

1 [삽입] 탭 → [텍스트] 그룹 → 머리글/바닥글(📄)을 클릭합니다. 만약 특정 슬라이드에만 바닥글을 지정하려면 해당 슬라이드로 이동하고 명령을 실행합니다.

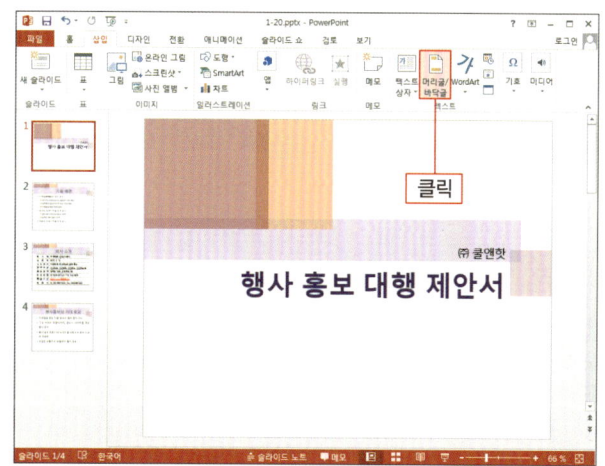

2 [머리글/바닥글] 대화상자가 실행되면 [슬라이드] 탭에서 다음과 같이 슬라이드에 넣을 내용을 지정하고 [모두 적용] 버튼을 클릭합니다.

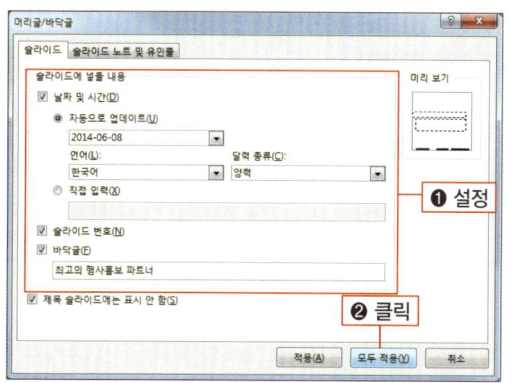

POINT

[적용] 버튼을 클릭하면 현재 선택한 슬라이드에만 바닥글을 표시합니다.

3 [제목 슬라이드에는 표시 안 함] 항목을 체크하였으면 제목 슬라이드에는 바닥글에서 설정한 내용이 표시되지 않습니다.

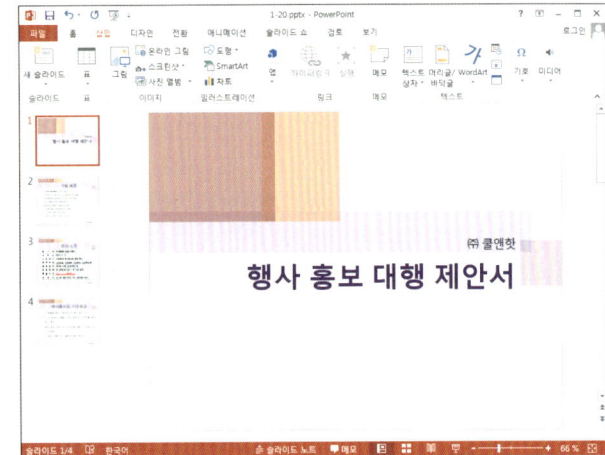

POINT
제목 슬라이드란 슬라이드 레이아웃을 '제목 슬라이드'로 지정한 슬라이드를 의미합니다.

4 두 번째 슬라이드부터 날짜, 슬라이드 번호, 바닥글 순으로 슬라이드 하단에 표시됩니다.

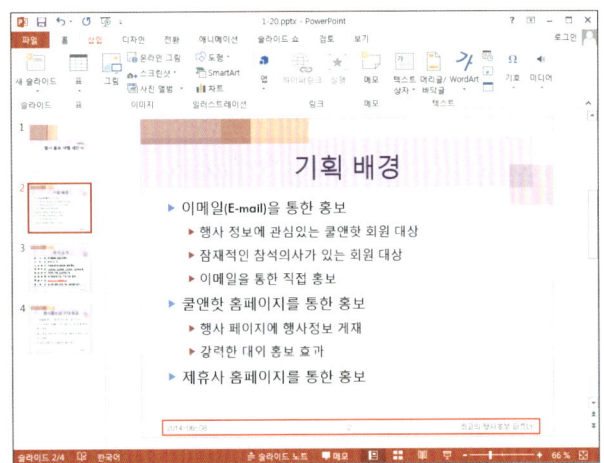

POINT
날짜 및 시간, 바닥글, 슬라이드 번호가 표시되는 위치는 사용 중인 테마에 따라 달라집니다. 슬라이드 마스터를 이용하여 표시 위치를 변경할 수 있습니다.

쌩초보 Level Up 　　바닥글에 포함시킬 내용

- 날짜 및 시간 : [자동으로 업데이트]는 항상 현재 날짜를 표시합니다. 날짜 표시 형식도 선택할 수 있습니다. [직접 입력]은 입력 상자에 사용자가 입력한 형식 그대로 표시합니다.
- 슬라이드 번호 : 각 슬라이드 번호를 표시합니다.
- 바닥글 : 이 항목을 선택하고 입력 상자에 바닥글 텍스트를 직접 입력합니다.
- 제목 슬라이드에는 표시 안 함 : 현재 설정한 내용을 제목 슬라이드에는 표시하지 않습니다.

Section 21
바닥글 서식 지정하기

바닥글의 서식은 디자인 서식 파일에서 결정됩니다. 바닥글에 표시되는 날짜 및 시간, 바닥글, 슬라이드 번호에 서식을 지정하려면 슬라이드 마스터를 이용해야 합니다. 슬라이드 마스터는 사용 중인 테마의 디자인이라고 생각하면 됩니다.

Key Word : 슬라이드 마스터, 바닥글 서식　　　　**예제파일** : Part1\예제파일\1-21.pptx

1 슬라이드 탭에서 두 번째 슬라이드를 클릭하여 이동한 다음 [보기] 탭 → [프레젠테이션 보기] 그룹 → 슬라이드 마스터(□)를 클릭합니다.

> **POINT**
> 슬라이드 마스터에 대한 자세한 내용은 Part 2에서 학습합니다. 여기서는 단순히 바닥글 서식만 변경하는 과정을 살펴봅니다.

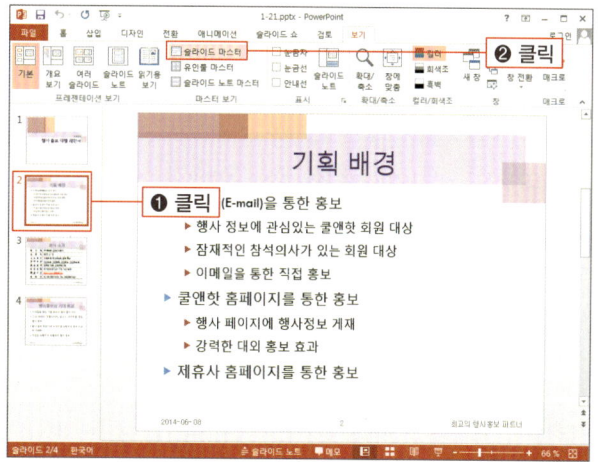

2 다음과 같이 슬라이드 마스터 보기 상태로 전환합니다. 슬라이드 마스터 하단에서 날짜가 표시되어 있는 개체 틀을 클릭한 다음 [홈] 탭 → [글꼴] 그룹에 있는 도구를 사용하여 글꼴 서식을 지정합니다. 여기에서는 글꼴 크기(32 ▼)를 '14' 포인트, 글꼴 색(가 ▼)을 파랑, 글꼴 스타일을 굵게(가)로 지정했습니다.

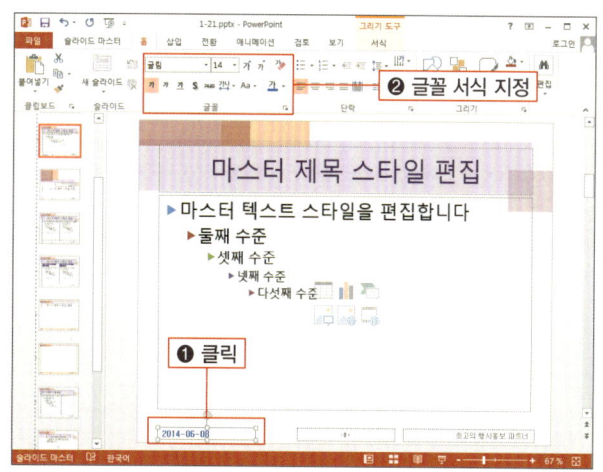

3 같은 방법으로 바닥글과 슬라이드 번호에도 각각 서식을 지정합니다. 서식 지정이 모두 끝났으면 [슬라이드 마스터] 탭→[닫기] 그룹→마스터 보기 닫기(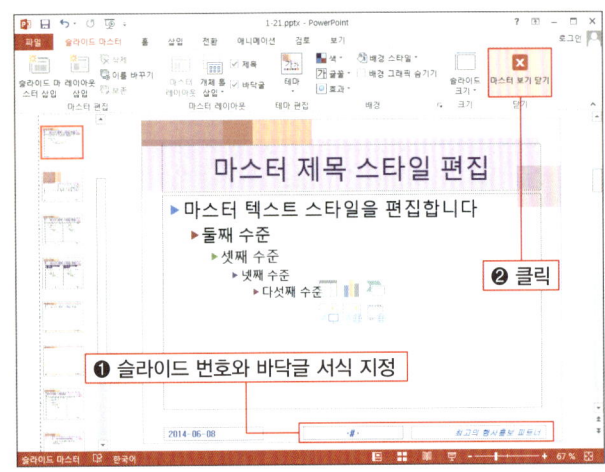)를 클릭합니다.

> **POINT**
> 개체 틀 도형에 서식을 지정하려면 그리기 도구의 [서식] 탭 → [도형 스타일] 그룹에 있는 도구를 사용합니다.

4 다음과 같이 날짜 및 시간, 바닥글, 슬라이드 번호의 변경된 서식이 각 슬라이드의 바닥글에 적용됩니다.

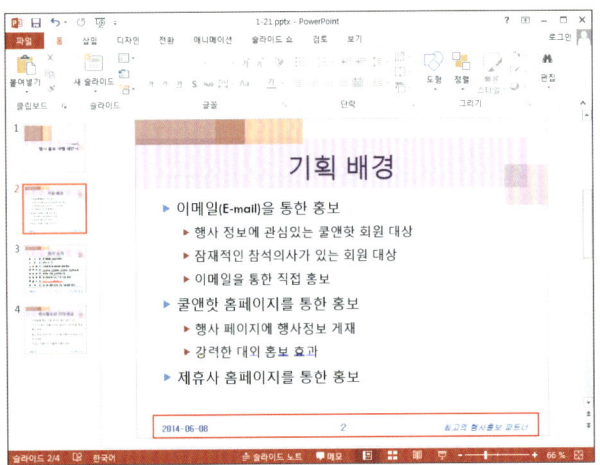

> **POINT**
> 슬라이드 마스터에서 변경한 사항은 모든 슬라이드에 적용됩니다.

쌩초보 Level Up — 슬라이드 마스터에서 개체 틀 이동하기

- 머리글/바닥글에서 설정한 날짜 및 시간, 바닥글, 슬라이드 번호 등은 사용 중인 테마에 따라 표시 위치가 달라집니다. 슬라이드 마스터 보기에서 해당 개체 틀을 다른 곳으로 이동하여 표시 위치를 변경할 수 있습니다.
- 개체 틀을 클릭해서 선택한 다음 마우스 왼쪽 버튼을 클릭한 채 원하는 곳으로 드래그하여 개체 틀의 위치를 조정합니다. 개체 틀의 위치를 조정하면 그 안에 담긴 날짜 및 시간, 바닥글, 슬라이드 번호 등의 표시 위치가 달라집니다.

페이지 설정하기

기본적으로 슬라이드의 크기는 화면 크기로 설정되어 있습니다. 파워포인트에서 보고서나 각종 문서를 작성하려면 슬라이드를 만들기 전에 먼저 페이지 크기와 방향 등을 지정해야 합니다. 여기서는 가장 많이 사용하는 A4 용지에 맞춰 슬라이드 크기를 변경하고 간단하게 보고서 표지를 작성해 봅니다.

Key Word : 페이지 설정, 슬라이드 방향, 슬라이드 시작 번호 **예제파일** : Part1\예제파일\1-22.pptx

1 새 프레젠테이션에서 [디자인] 탭 → [사용자 지정] 그룹 → 슬라이드 크기( )를 클릭하고 [사용자 지정 슬라이드 크기]를 선택합니다.

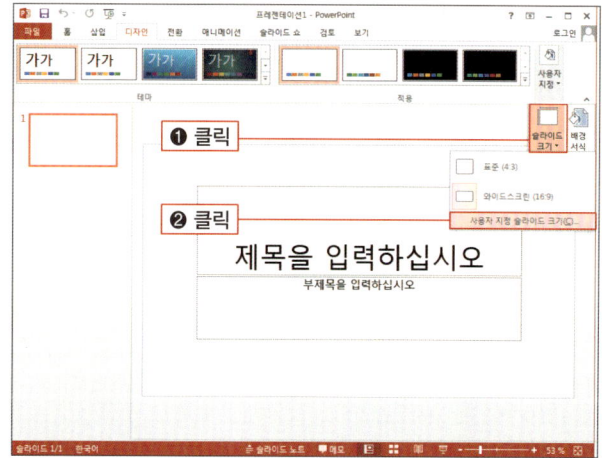

POINT
슬라이드 크기를 표준 모니터나 와이드스크린 모니터에 맞추려면 바로 메뉴에서 해당 항목을 선택합니다.

2 [슬라이드 크기] 대화상자가 실행됩니다. 기본적으로 슬라이드 크기가 화면 슬라이드 쇼에 맞게 설정되어 있는 것을 확인할 수 있습니다.

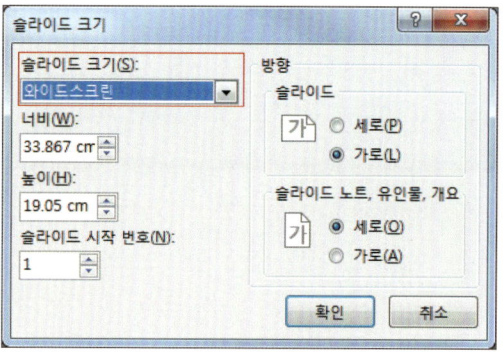

POINT
슬라이드 시작 번호는 첫 번째 슬라이드의 번호를 의미합니다.

3 슬라이드 크기의 화살표를 누르고 'A4 용지'를 선택하면 너비와 높이가 자동으로 설정됩니다. 이제 [확인] 버튼을 클릭합니다.

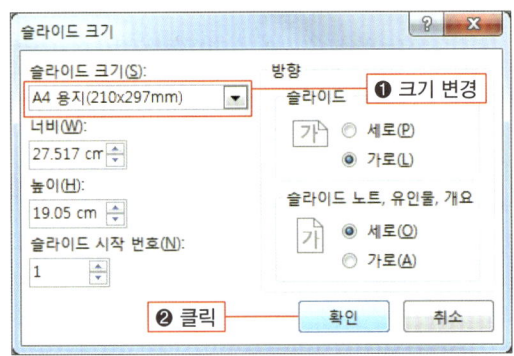

4 슬라이드에 들어 있는 콘텐츠 크기를 새로운 슬라이드 크기에 맞게 자동으로 조절하지 못할 경우 다음과 같이 크기 조정 옵션이 표시됩니다. 여기서는 [맞춤 확인] 버튼을 클릭합니다.

POINT
[최대화]는 큰 슬라이드 크기에 맞게 배율을 조정할 때, [맞춤 확인]은 작은 슬라이드 크기에 맞게 배율을 조정할 때 선택합니다.

5 다음과 같이 첫 번째 슬라이드의 크기가 A4 용지로 변경되었습니다. [디자인] 탭 → [테마] 그룹에서 적당한 테마를 선택하여 적용하고 간단하게 제목과 부제목을 입력하여 다음과 같이 완성합니다.

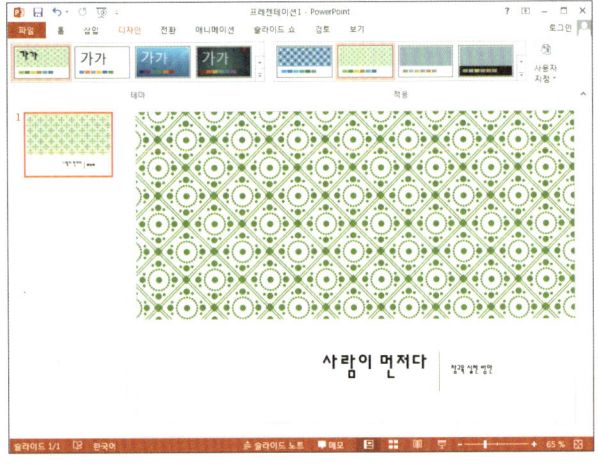

슬라이드 인쇄하기

프레젠테이션의 슬라이드를 프린터로 출력하는 과정을 알아봅니다. 프린터로 인쇄하기 전에 화면으로 인쇄 모양을 미리 확인하고, 한 페이지에 두 개의 슬라이드를 인쇄하기 위해 인쇄 대상을 변경하는 방법이 여기에 포함되어 있습니다.

Key Word : 인쇄, 미리 보기, 인쇄 옵션 설정

예제파일 : Part1\예제파일\1-23.pptx

1 [파일] 탭에서 [인쇄]를 선택하면 인쇄 옵션을 설정하고 인쇄를 실행할 수 있는 설정 영역과 인쇄 페이지를 미리 보여주는 미리보기 영역이 다음과 같이 표시됩니다.

2 설정 영역에서 인쇄 대상 버튼을 클릭하고 [2슬라이드]를 선택합니다.

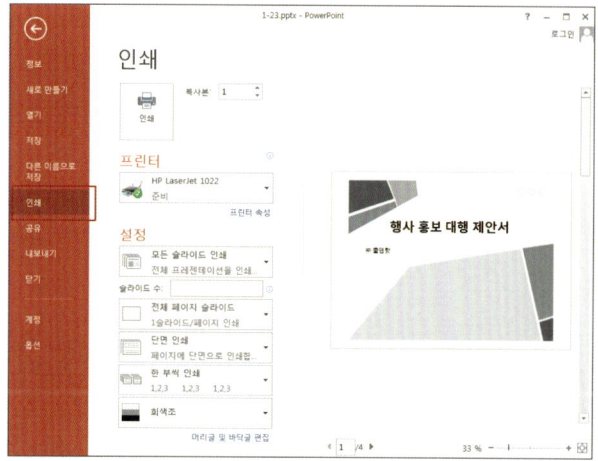

POINT
기본적으로 인쇄 대상은 [전체 페이지 슬라이드]로 설정됩니다. 이 설정대로 인쇄하면 한 장의 슬라이드가 한 페이지에 인쇄됩니다.

3 페이지 미리 보기 영역에 두 개의 슬라이드가 배치된 페이지가 표시됩니다. 인쇄 대상 버튼을 다시 클릭한 다음 [용지에 맞게 크기 조정] 확인란을 선택합니다.

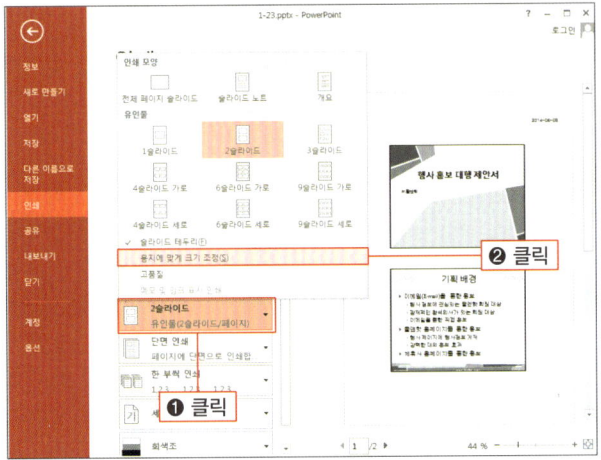

4 슬라이드 크기가 용지 크기에 맞게 다시 조정됩니다. 현재 미리 보기 된 모양 그대로 프린터로 인쇄하려면 인쇄(🖨)를 클릭합니다.

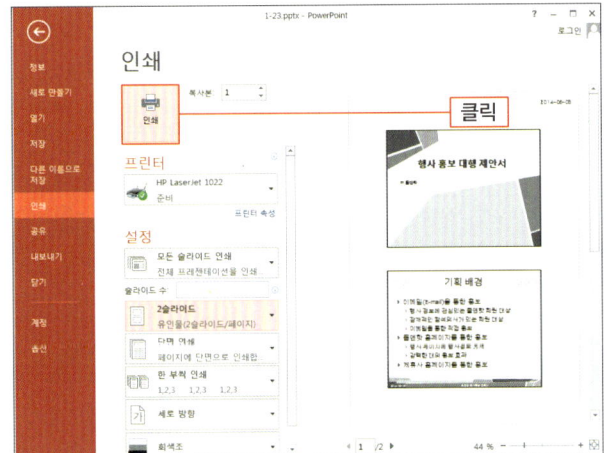

쌩초보 Level Up — 인쇄 옵션

- 인쇄 범위 : [모든 슬라이드 인쇄]는 모든 슬라이드, [선택한 영역 인쇄]는 슬라이드 탭이나 여러 슬라이드 보기에서 선택한 슬라이드, [현재 슬라이드 인쇄]는 현재 슬라이드만 인쇄합니다. [범위 지정]을 선택한 다음 [슬라이드 수] 입력 상자에 '1,3' 또는 '2-5'와 같이 지정하여 해당 슬라이드만 인쇄할 수 있습니다.
- 인쇄 대상 : [전체 페이지 슬라이드], [슬라이드 노트], [개요] 등으로 인쇄 대상을 지정합니다. 유인물 영역에서 한 페이지에 몇 개의 슬라이드를 포함시킬 것인지 지정하여 유인물로 인쇄할 수 있습니다.
- 단면/양면 인쇄 : [단면 인쇄]는 페이지에 단면으로 인쇄할 때 사용합니다. [양면 인쇄]는 양면 인쇄를 지원하는 프린터에서만 사용할 수 있습니다.
- 페이지 방향 : 인쇄 용지를 [세로 방향] 또는 [가로 방향]으로 지정합니다.
- 컬러 인쇄 : [컬러], [회색조], [흑백] 중에서 원하는 인쇄 방식을 선택합니다.

 슬라이드 쇼 실행하기

프레젠테이션에 포함된 슬라이드를 이용하여 슬라이드 쇼를 실행하는 과정에 대해 알아봅니다. 여기서 살펴볼 슬라이드 쇼는 가장 기본적인 것으로, 프레젠테이션의 모든 슬라이드를 차례대로 화면에 보여주는 것입니다.

Key Word : 슬라이드 쇼, 포인터 옵션, 주석   **예제파일** : Part1\예제파일\1-24.pptx

1 프레젠테이션의 첫 번째 슬라이드에서 [슬라이드 쇼] 탭 → [슬라이드 쇼 시작] 그룹 → 처음부터( )를 클릭합니다. 상태 표시줄에서 슬라이드 쇼( ) 버튼을 클릭하거나 바로 가기 키 F5 를 누릅니다.

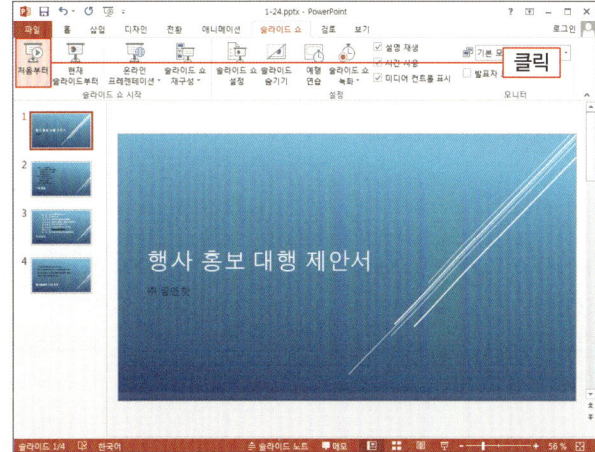

POINT
현재 슬라이드부터( )를 클릭하면 현재 슬라이드부터 슬라이드 쇼가 시작됩니다.

2 전체 화면으로 슬라이드 쇼가 실행됩니다. 마우스 왼쪽 버튼을 클릭하면 다음 슬라이드로 이동할 수 있습니다. 여기서는 슬라이드 쇼 컨트롤에서 모든 슬라이드( )를 클릭합니다.

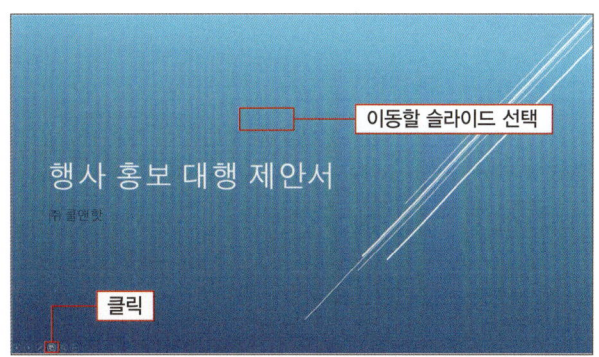

POINT
• 다음 슬라이드로 이동 : PageDown , Enter , ↓ , → , 마우스 클릭
• 이전 슬라이드로 이동 : PageUp , ↑ , ←

3 다음과 같이 프레젠테이션의 모든 슬라이드가 축소판 그림으로 표시됩니다. 여기서 3번 슬라이드를 클릭하면 바로 해당 슬라이드로 이동할 수 있습니다.

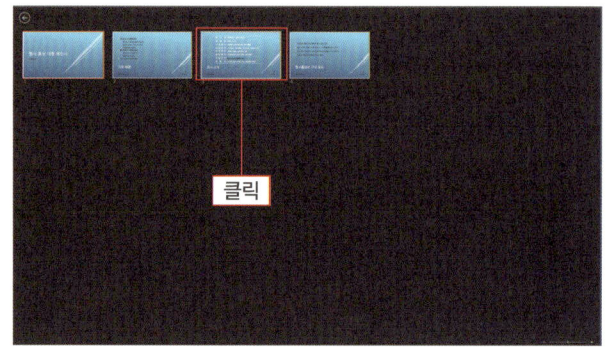

4 슬라이드 쇼 컨트롤에서 포인터 옵션( )을 클릭하고 [펜]을 선택합니다. 이것은 마우스 포인터를 펜으로 전환하는 명령입니다.

POINT
포인터의 색을 클릭하면 바로 포인터가 [펜]으로 전환됩니다.

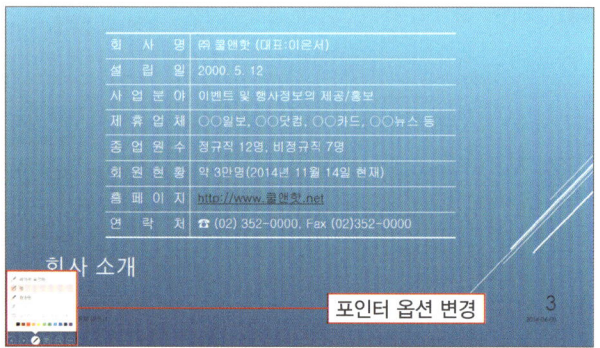

5 포인터가 펜으로 변경되면 마우스 왼쪽 버튼을 누른 채 드래그하여 슬라이드에 그림을 그리거나 글씨를 쓸 수 있습니다. 포인터가 펜으로 변경된 상태에서 [Esc]를 누르면 다시 화살표 포인터로 돌아갑니다.

POINT
주석을 지우려면 포인터 옵션( )을 클릭하고 [지우개]를 선택한 다음 지울 부분을 클릭합니다. 또는 [슬라이드의 모든 잉크 삭제]를 선택하여 모든 주석을 한 번에 지울 수 있습니다.

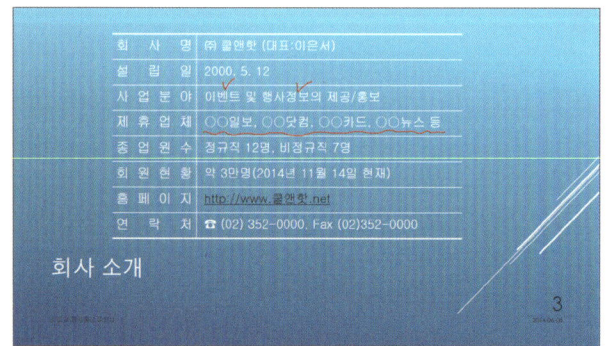

6 슬라이드 쇼를 실행하는 중간에 Esc 를 누르거나, 슬라이드 쇼 컨트롤의 메뉴(⊖)를 클릭하고 [쇼 마침]을 선택하면 슬라이드 쇼가 중지됩니다.

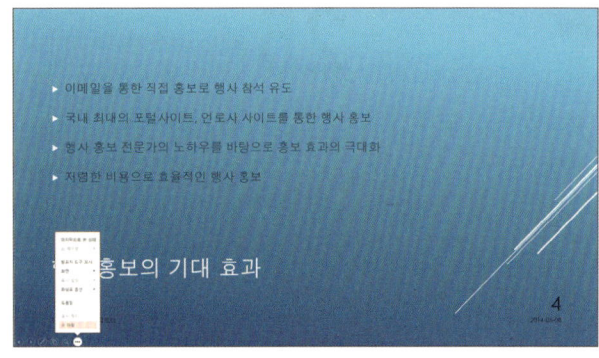

POINT
마지막 슬라이드까지 진행한 후 마우스 왼쪽 버튼을 클릭하면 슬라이드 쇼를 정상적으로 마칠 수 있습니다.

7 슬라이드 쇼가 끝나면서 잉크 주석을 유지할 것인지를 묻는 메시지가 나옵니다. 여기서는 [예] 버튼을 클릭합니다.

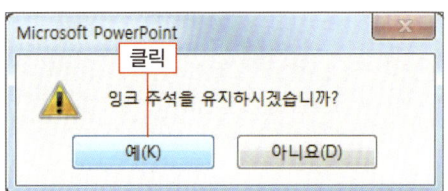

8 잉크 주석을 유지하면 슬라이드 쇼에서 작성했던 주석이 도형으로 변환되어 슬라이드에 그대로 나타납니다.

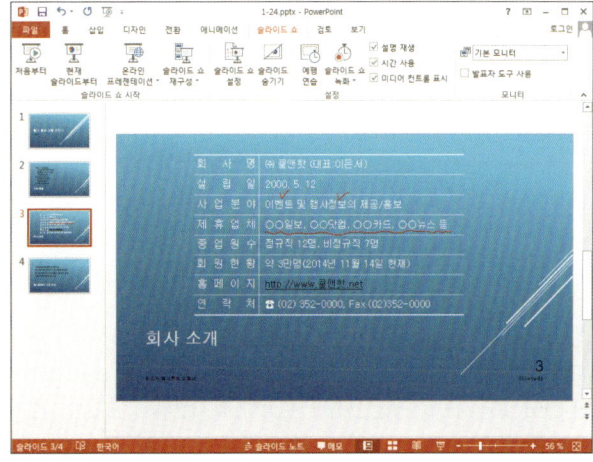

선과 화살표 그리기

슬라이드를 작성할 때 가장 많이 사용하게 되는 개체가 도형입니다. 도형은 [삽입] 탭 → [일러스트레이션] 그룹 → 도형()을 클릭하고 원하는 도형 종류를 선택하여 작성합니다. 여기서는 여러 종류의 도형 중에서 가장 기본이 되는 선과 화살표를 그리는 방법에 대해 살펴보겠습니다.

G- **Key Word** : 선, 화살표, 도형 윤곽선, 도형 서식   G- **예제파일** : Part1\예제파일\1-25.pptx

1 [삽입] 탭 → [일러스트레이션] 그룹 → 도형()을 클릭하고 선 영역에서 [선]을 선택합니다.

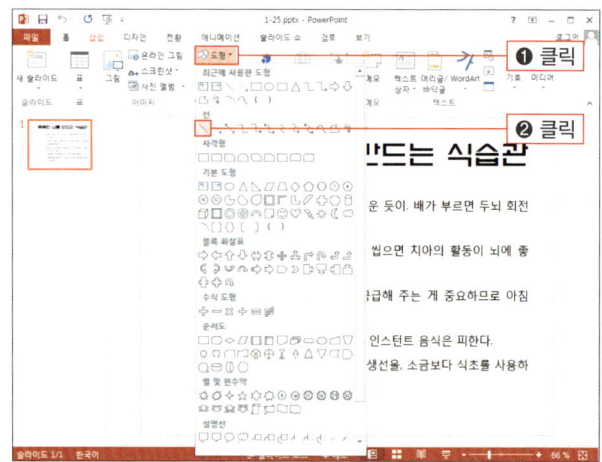

2 마우스 포인터가 십자(+) 모양으로 변하면 제목 텍스트 아래에서 마우스 왼쪽 버튼을 클릭한 채 드래그하여 선을 그립니다.

POINT

Shift 를 누른 상태에서 선을 그리면 15도 각도로만 선이 그려지므로 수평선이나 수직선, 대각선을 그릴 때 편리합니다.

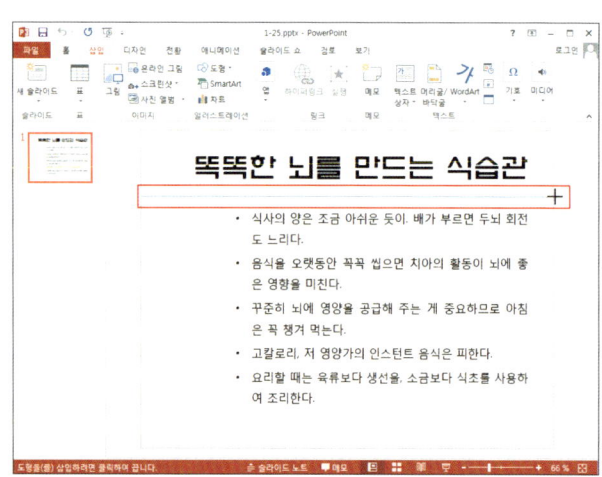

3 선이 그려지면 양쪽 끝에 크기 조절 핸들이 나타납니다. 선이 선택된 상태에서 그리기 도구의 [서식] 탭 → [도형 스타일] 그룹 → 도형 윤곽선(도형 윤곽선▼) 오른쪽을 클릭하고 원하는 선의 색을 선택합니다.

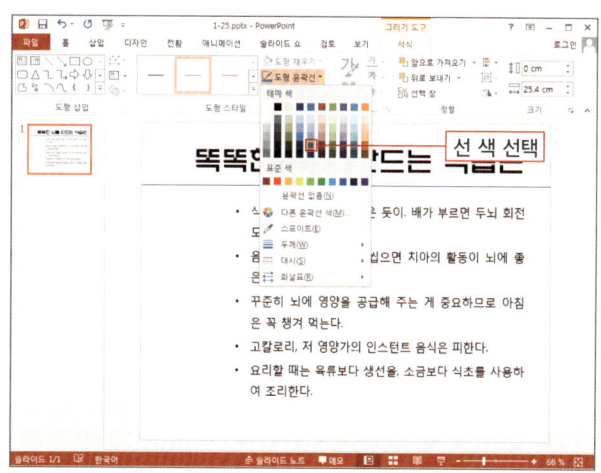

POINT
도형 윤곽선(도형 윤곽선▼) 왼쪽을 클릭하면 가장 최근에 선택한 색이 바로 적용됩니다.

4 선의 색이 변경되면 이번에는 도형 윤곽선(도형 윤곽선▼)을 클릭하고 [두께]-[다른 선]을 선택합니다.

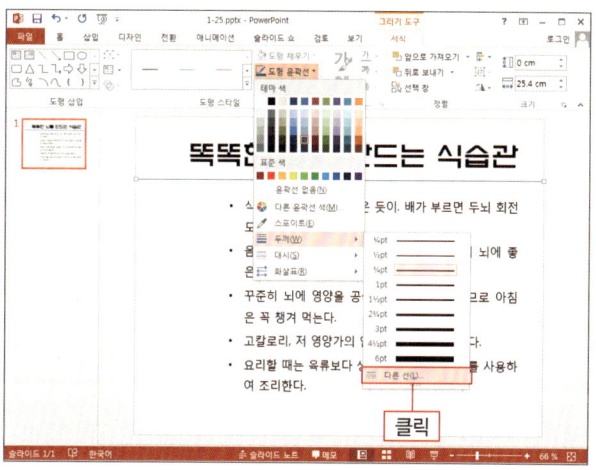

POINT
목록에 원하는 두께가 있으면 바로 선택해도 됩니다.

5 [도형 서식] 작업 창이 표시되면 두께를 '8 pt'로 지정합니다.

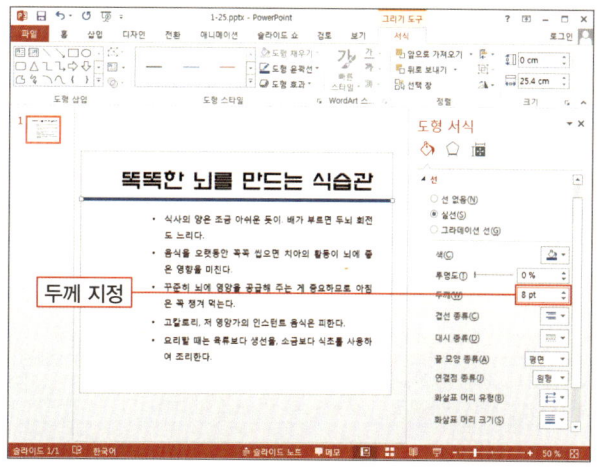

POINT
[도형 서식] 작업 창은 이전 버전까지 [도형 서식] 대화상자의 기능으로 파워포인트 2013에서 대체합니다.

6 같은 방법으로 이전에 만든 선 아래에 다음과 같이 선을 하나 더 그리고 선의 두께를 '8 pt'로 지정합니다.

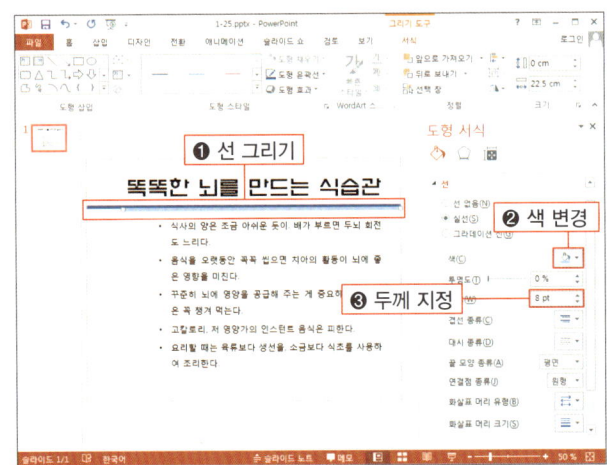

7 슬라이드 왼쪽에 수직선을 그리고 선의 두께를 '82 pt'로 지정합니다.

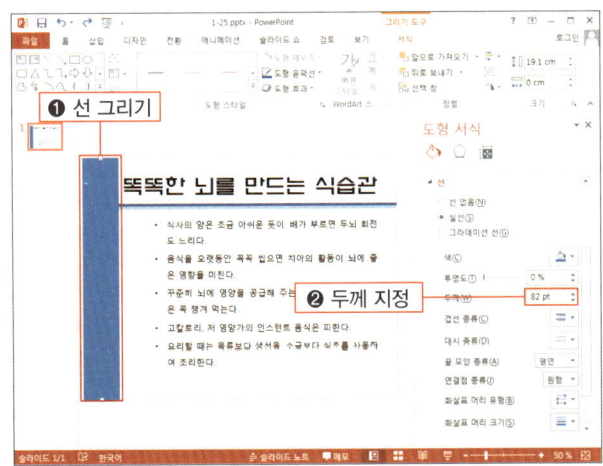

8 계속해서 선이 선택된 상태에서 색 버튼을 클릭하고 선 색을 변경한 다음 투명도를 '50%'로 지정합니다.

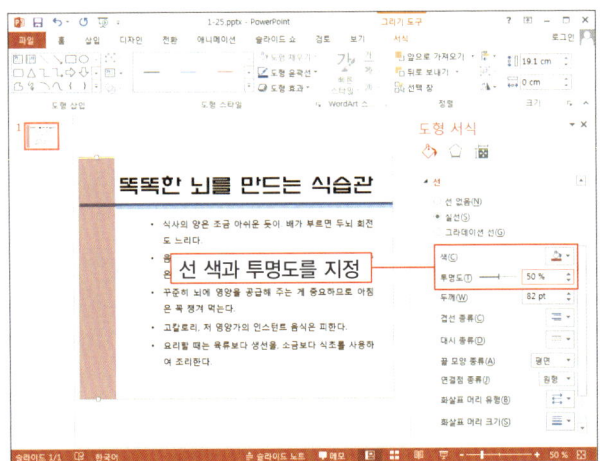

\POINT

투명도는 0%~100% 범위에서 지정합니다. 100%에 가까울수록 더 투명해져 아래쪽의 개체가 비쳐 보이게 됩니다.

9 [삽입] 탭 → [일러스트레이션] 그룹 → 도형(🔻)을 클릭하고 선 영역에서 [화살표]를 선택한 다음 마우스로 드래그하여 화살표를 그립니다. Shift 를 함께 사용하면 쉽게 수평선을 그릴 수 있습니다.

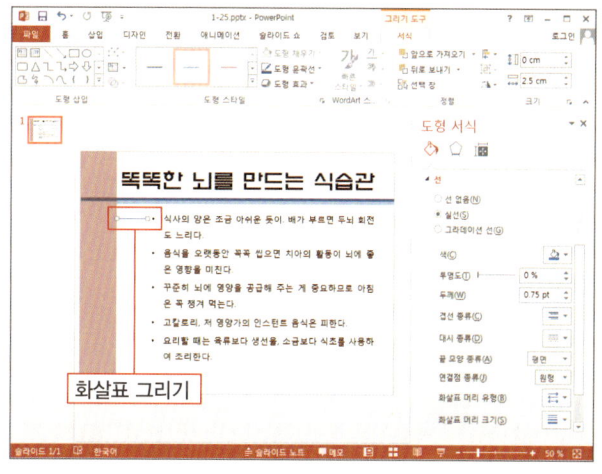

10 [도형 서식] 작업 창에서 색 버튼을 클릭해서 색을 지정하고, 선 두께를 '3pt'로 변경합니다. 그런 다음 대시 종류 버튼을 클릭하고 '사각 점선'을 선택하여 대시 종류를 변경합니다.

POINT
[도형 서식] 작업 창에서 지정하는 서식은 바로 슬라이드에서 선택되어 있는 도형(화살표)에 적용되므로 실제 슬라이드에서 화살표 서식을 확인하면서 서식을 지정할 수 있습니다.

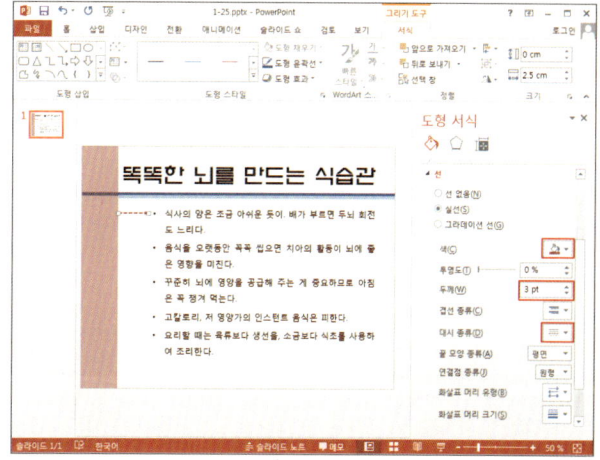

11 이제 화살표를 설정할 차례입니다. 화살표 머리 유형을 '타원 화살표'로 지정하고, 화살표 머리 크기를 '왼쪽 화살표 크기 9'로 지정합니다. 같은 방법으로 화살표 꼬리 유형은 '화살표'로 지정하고, 꼬리 크기는 '오른쪽 화살표 크기 9'로 지정합니다.

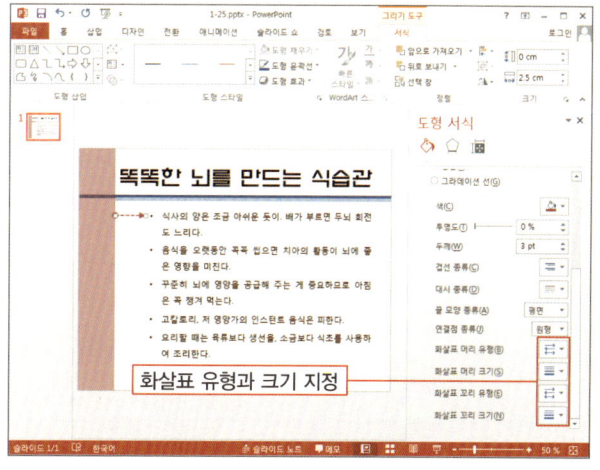

12 화살표의 서식이 모두 설정되었습니다. [도형 서식] 작업 창은 이제 닫아도 됩니다. 화살표가 선택되어 있는 상태에서 Ctrl + Shift 를 누른 채 화살표를 아래로 드래그하여 복사합니다.

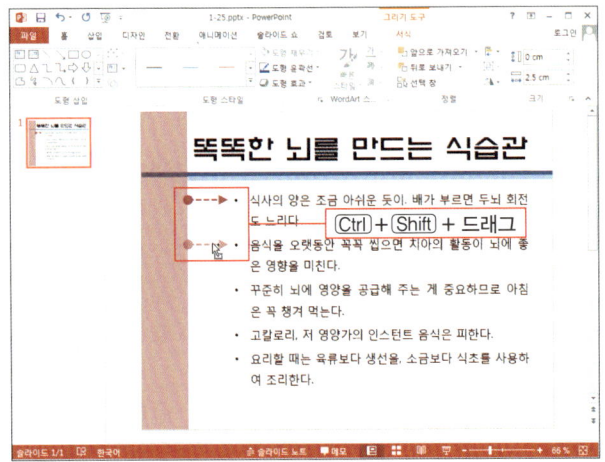

POINT

Ctrl 을 누른 채 개체를 끌어다 놓으면 복사됩니다. Shift 를 함께 누르면 수평 또는 수직으로만 움직입니다.

13 같은 방법으로 화살표를 아래로 드래그하여 다음과 같이 모두 5개의 화살표를 만들어 완성합니다. 복사가 끝나면 슬라이드 바깥쪽을 클릭하여 선택을 해제해 줍니다.

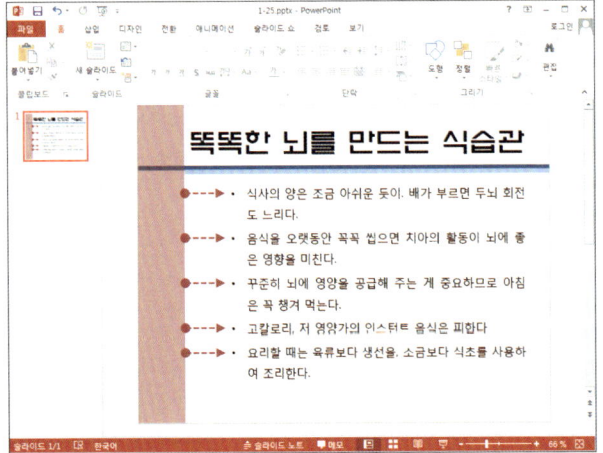

 도형 그리기

파워포인트는 원과 사각형을 비롯하여 블록 화살표, 순서도, 별, 현수막 등 여러 종류의 미리 만들어진 도형을 제공합니다. 제공되는 도형을 이용하여 간단하게 슬라이드에 도형을 추가할 수 있습니다. 여기서는 도형을 그리고 서식을 지정하는 방법에 대해 살펴보겠습니다.

Key Word : 도형, 도형 스타일, 뒤로 보내기, 회전   **예제파일** : Part1\예제파일\1-26.pptx

1 [삽입] 탭 → [일러스트레이션] 그룹 → 도형( )을 클릭하고 사각형 영역에서 [직사각형]을 선택합니다. 직사각형의 시작 위치에서 마우스 왼쪽 버튼을 클릭한 채 드래그하여 직사각형을 그립니다.

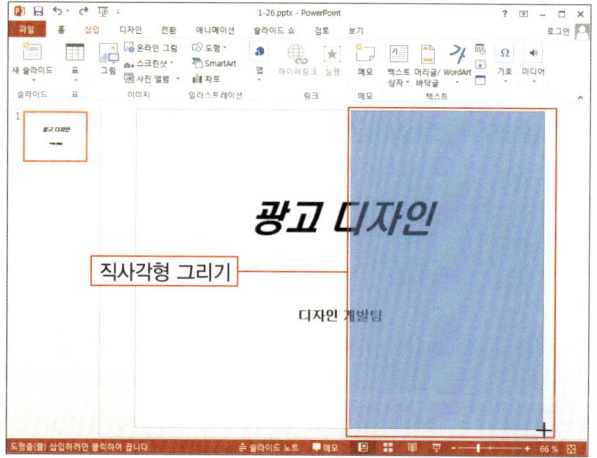

POINT
도형을 그릴 때 Shift 를 누른 상태에서 드래그하면 정사각형, 정원 등을 그릴 수 있습니다.

2 직사각형이 선택되어 있는 상태에서 그리기 도구의 [서식] 탭 → [도형 스타일] 그룹 → 도형 스타일 갤러리에서 원하는 스타일을 클릭하여 서식을 지정합니다.

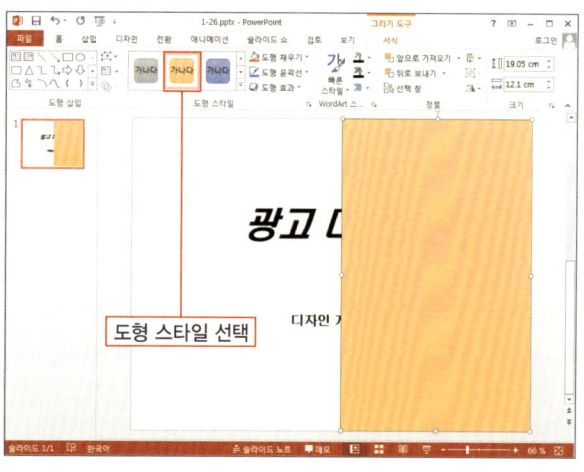

POINT
도형 스타일에 있는 색은 사용 중인 테마에 따라 달라집니다.

3 이번에는 도형 윤곽선(☑도형 윤곽선▼)을 클릭하고 [윤곽선 없음]을 선택합니다. 그러면 도형 테두리에 있는 윤곽선이 사라집니다.

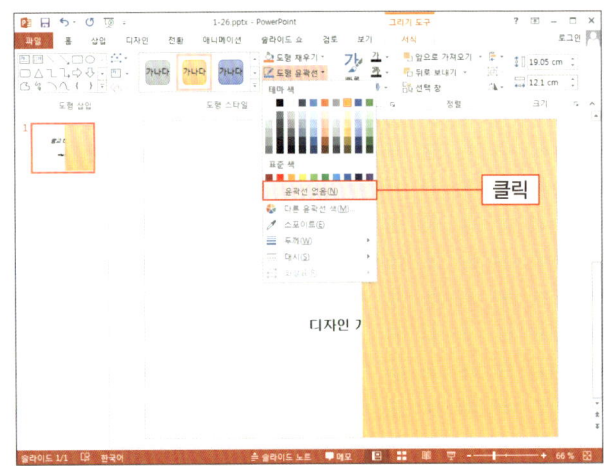

4 현재는 직사각형이 제목과 부제목 위에 그려져 제목 일부를 가리고 있습니다. [서식] 탭 → [정렬] 그룹 → 뒤로 보내기(🔲)의 화살표를 클릭하고 [맨 뒤로 보내기]를 선택하면 직사각형을 제목과 부제목의 뒤로 보낼 수 있습니다.

POINT
슬라이드에 있는 개체는 작성 순서에 따라 쌓이게 됩니다. 맨 뒤로 보내기(🔲)와 맨 앞으로 가져오기(🔲)를 사용하여 개체의 순서를 변경할 수 있습니다.

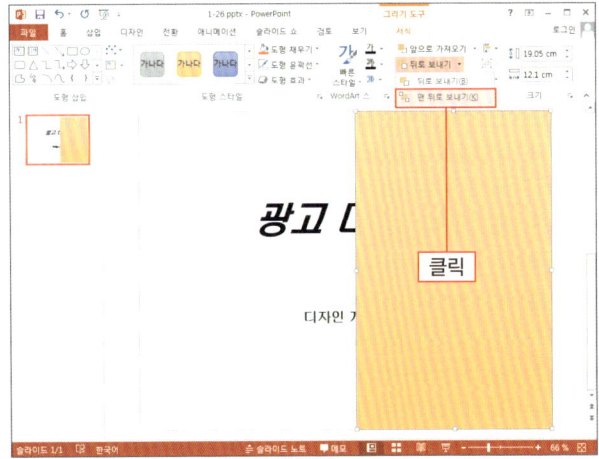

5 [삽입] 탭 → [일러스트레이션] 그룹 → 도형(♡)을 클릭하고 기본 도형 영역에서 [1/2 액자]를 선택합니다. 그리고 마우스 왼쪽 버튼을 클릭한 채 드래그하여 도형을 그립니다.

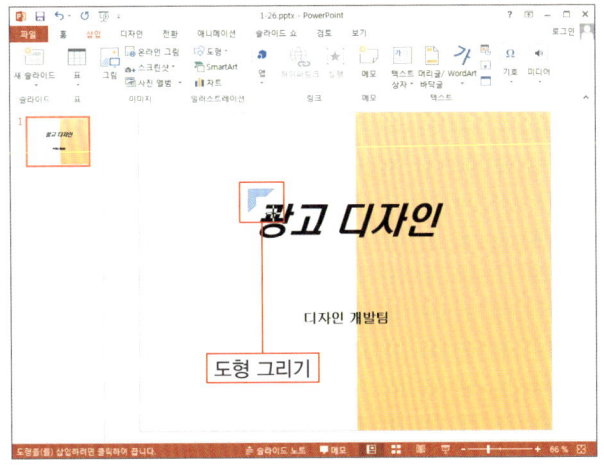

6 도형이 선택된 상태에서 [서식] 탭 → [도형 스타일] 그룹의 도형 스타일 갤러리에서 원하는 스타일을 선택하여 서식을 지정합니다. 그런 다음 노란색 마름모꼴의 모양 조정 핸들을 드래그하여 도형의 모양을 변경합니다.

POINT
도형 종류에 따라 모양 조정 핸들이 나타나는 위치와 개수가 달라집니다. 모양 조절 핸들을 직접 드래그하면서 달라지는 도형 모양을 확인합니다.

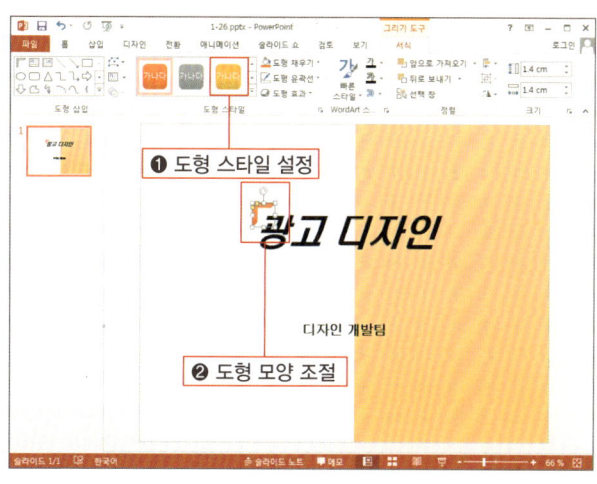

7 Ctrl 을 누른 채 도형을 드래그하여 복사한 다음 [서식] 탭 → [정렬] 그룹 → 회전( )을 클릭하고 [상하 대칭]을 선택합니다. 이렇게 하면 복사한 도형이 상하 대칭으로 회전합니다.

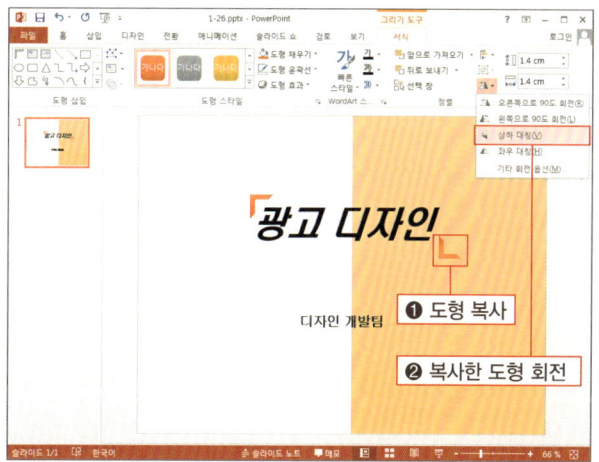

8 다시 회전( )을 클릭하고 [좌우 대칭]을 선택하여 도형을 다시 회전시킨 다음 슬라이드 바깥 쪽을 클릭하여 도형의 선택을 해제합니다. 모든 도형은 마우스로 드래그하여 원하는 크기로 그린 다음 서식을 지정하여 완성하게 됩니다.

POINT
도형의 크기는 상하좌우와 모서리에 흰색 원으로 표시되는 크기 조정 핸들을 드래그하여 조정합니다.

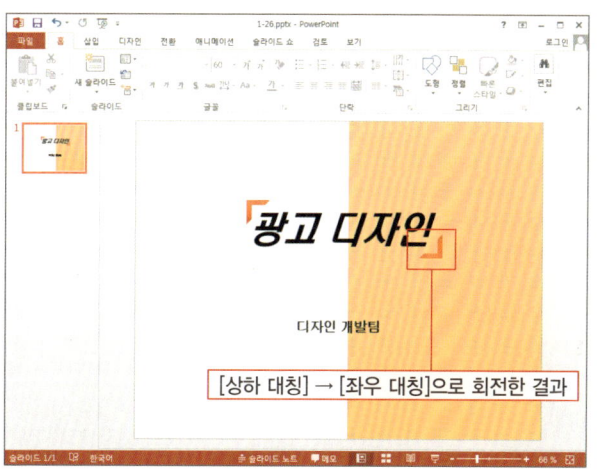

그라데이션으로 채우기

그라데이션은 한 색에서 다른 색으로 부드럽게 변화하는 효과로 도형을 채우는 방법입니다. 각종 도형과 개체 틀, 슬라이드 배경 등에 그라데이션을 사용할 수 있습니다.

Key Word : 그라데이션, 중지점, 뒤로 보내기, 앞으로 가져오기   **예제파일** : Part1\예제파일\1-27.pptx

1 [삽입] 탭 → [일러스트레이션] 그룹 → 도형( )을 클릭하고 사각형 영역에서 [직사각형]을 선택하여 슬라이드 왼쪽에 그립니다. 직사각형이 선택된 상태에서 [서식] 탭 → [도형 스타일] 그룹 → 도형 채우기(도형 채우기 ▼)를 클릭하고 [그라데이션] → [기타 그라데이션]을 선택합니다.

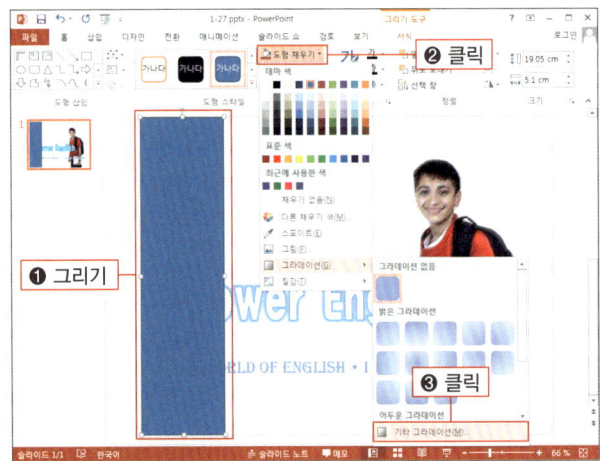

2 [도형 서식] 작업 창이 실행되면 채우기에서 [그라데이션 채우기] 옵션을 선택합니다. 그리고 방향 버튼을 클릭하고 '선형 왼쪽'을 선택합니다.

\POINT

[그라데이션 채우기] 옵션을 선택하고 그라데이션 미리 설정, 종류, 방향, 각도 등 기본 사항을 먼저 설정한 후 그라데이션 중지점을 설정합니다.

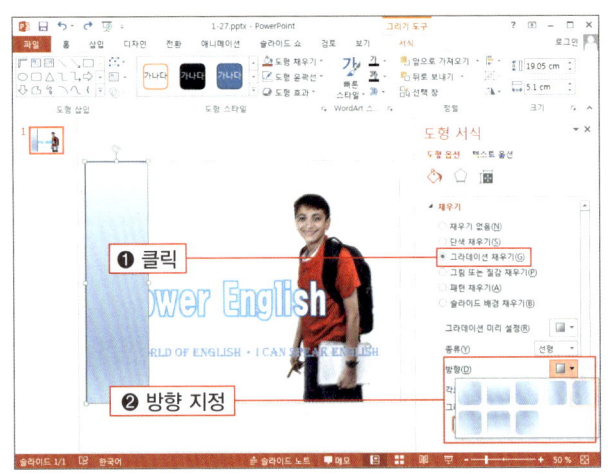

3 그라데이션 중지점 중 하나를 클릭하고 색 버튼을 클릭한 다음 선택한 중지점에 사용할 색을 지정합니다.

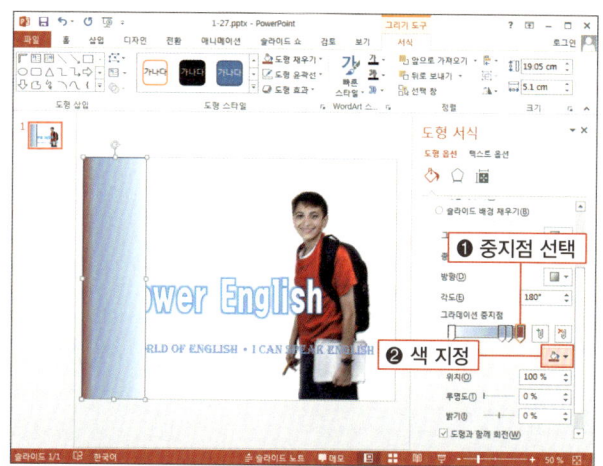

4 같은 방법으로 다른 중지점에 대해서도 색을 지정하고, 각 중지점을 마우스로 드래그하여 위치를 조정합니다.

쌩초보 Level Up — 그라데이션 중지점

그라데이션은 한 색에서 다른 색으로 점차적으로 변해가는 효과입니다. 그라데이션에서 각 색이 시작되는 지점을 '중지점'이라고 합니다. 예를 들어 A, B, C의 3개 중지점을 사용할 경우 각 중지점마다 위치와 색, 투명도 등을 설정할 수 있습니다.

- 중지점 추가 : 그라데이션 중지점 추가( ) 버튼을 클릭합니다. 현재 중지점 뒤에 새로운 중지점이 추가됩니다.
- 중지점 제거 : 삭제할 중지점을 선택한 다음 그라데이션 중지점 제거( ) 버튼을 클릭합니다.
- 색 : 색 버튼을 클릭하고 중지점에 사용할 색을 지정합니다.
- 중지점 위치 : 0~100% 범위에서 중지점의 위치를 정합니다. 50%로 지정하면 개체의 중간 지점이 해당 중지점의 위치가 됩니다.
- 투명도 : 0~100% 범위에서 투명도를 설정합니다. 투명도를 100%에 가깝게 지정할수록 더 투명합니다.
- 밝기 : -100~100% 범위에서 색의 밝기를 설정합니다.

5 선에서 [선 없음] 옵션을 선택하여 도형의 윤곽선을 제거합니다. 여기까지 서식을 지정한 다음 [도형 서식] 작업 창은 닫아도 됩니다.

6 직사각형이 선택된 상태에서 [서식] 탭 → [정렬] 그룹 → 뒤로 보내기( )의 화살표를 클릭하고 [맨 뒤로 보내기]를 선택합니다. 그러면 직사각형에 가려져 있는 제목과 부제목을 모두 표시할 수 있습니다.

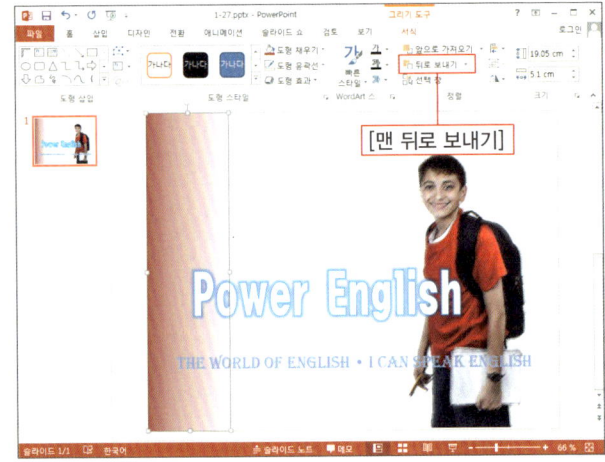

POINT
[맨 뒤로 보내기]는 선택한 개체를 다른 개체보다 뒤로 보내는 명령입니다.

쌩초보 Level Up — 개체의 쌓기 순서 바꾸기

- 슬라이드에 삽입하는 텍스트나 그래픽 등을 모두 개체라고 부릅니다.
- 개체는 슬라이드에 삽입한 순서대로 쌓이게 됩니다. 예를 들어 내용 개체 틀에 내용을 입력한 다음 그림을 그 위에 삽입하면 그림에 가려 입력한 텍스트 내용이 보이지 않게 됩니다.
- 개체의 쌓기 순서를 바꿀 때 [서식] 탭 → [정렬] 그룹 → 뒤로 보내기( )와 앞으로 가져오기( )를 사용합니다.
- 도구의 화살표 부분을 클릭한 다음 [뒤로 보내기] 또는 [앞으로 가져오기]를 선택하면 현재 쌓기 순서를 기준으로 한 단계 뒤로 또는 한 단계 앞으로 개체를 이동합니다. [맨 뒤로 보내기] 또는 [맨 앞으로 가져오기]를 선택하면 모든 개체의 뒤로 또는 모든 개체의 앞으로 이동합니다.

7 Ctrl + Shift 를 누른 상태에서 왼쪽 직사각형을 오른쪽으로 드래그하여 복사합니다. 복사한 직사각형이 선택된 상태에서 도형 채우기(도형 채우기 ˙)를 클릭하고 [그라데이션]에서 '선형 오른쪽'을 선택합니다.

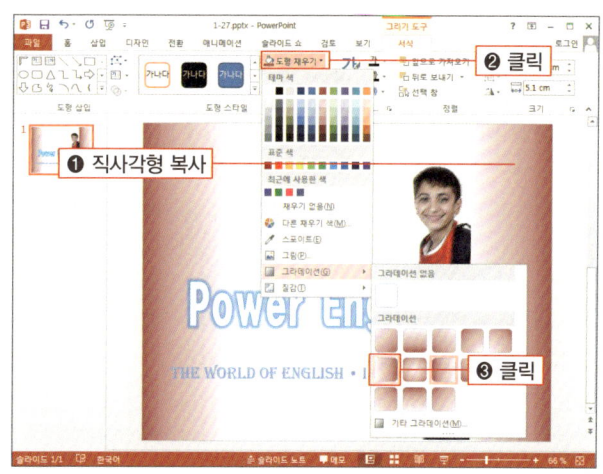

8 직사각형의 그라데이션 방향이 바뀌면 뒤로 보내기( )의 화살표를 클릭하고 [맨 뒤로 보내기]를 선택하여 직사각형을 맨 뒤로 이동합니다.

9 모든 설정이 끝나면 슬라이드 바깥쪽을 클릭하여 직사각형의 선택을 해제합니다. 그라데이션으로 채우기를 설정하여 슬라이드를 꾸민 결과입니다.

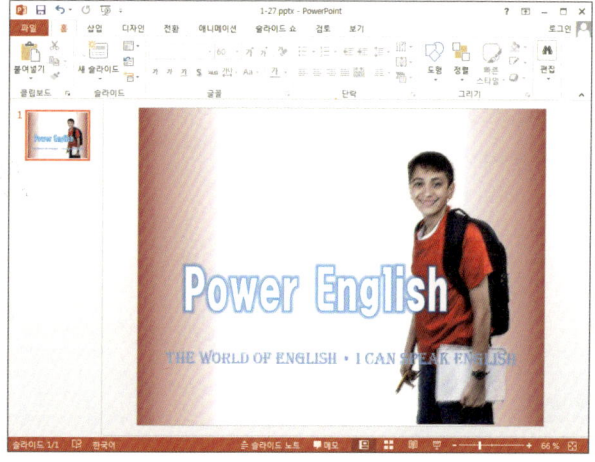

Part 1. 폼나는 프레젠테이션을 위한 기본 50가지

질감으로 채우기

질감은 제공되는 그림 파일 중 하나를 선택하여 채우는 방법입니다. 질감에 사용되는 그림 파일은 크기가 비교적 작은 그림으로 도형이나 슬라이드를 채울 때 그림을 바둑판식으로 여러 번 반복하여 표시합니다.

Key Word : 질감, 배경 스타일, 도형 채우기, 늘이기 옵션

예제파일 : Part1\예제파일\1-28.pptx

1 슬라이드 배경을 질감으로 채우는 것부터 시작합니다. [디자인] 탭 → [사용자 지정] 그룹 → 배경 서식( )을 클릭합니다.

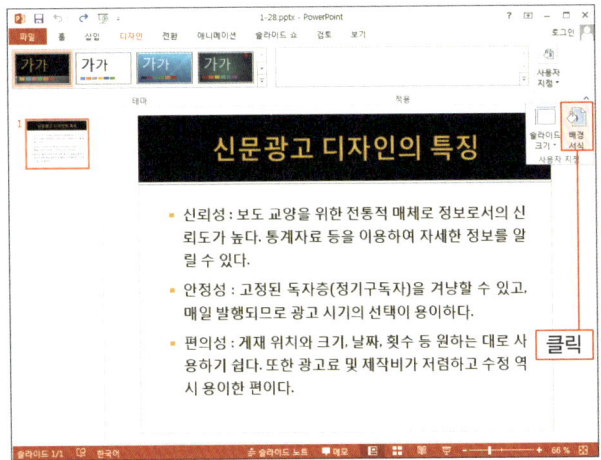

2 [배경 서식] 작업 창이 실행되면 채우기 옵션에서 [그림 또는 질감 채우기]를 선택합니다. 그런 다음 [질감] 버튼을 클릭하고 '신문 용지'를 선택합니다.

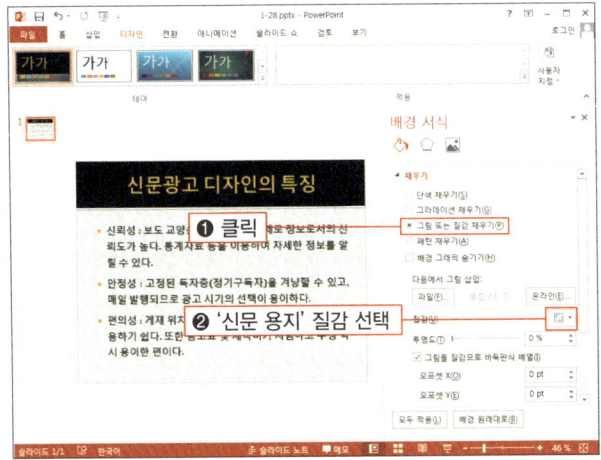

POINT
선택한 질감은 현재 슬라이드에 바로 적용됩니다.

3 이번에는 Ctrl 을 누른 상태에서 제목 개체 틀을 클릭하여 선택합니다. 그런 다음 [그림 서식] 작업 창에서 [그림 또는 질감 채우기] 옵션을 선택하고 [질감] 버튼을 클릭한 다음 '녹색 대리석' 질감을 선택합니다.

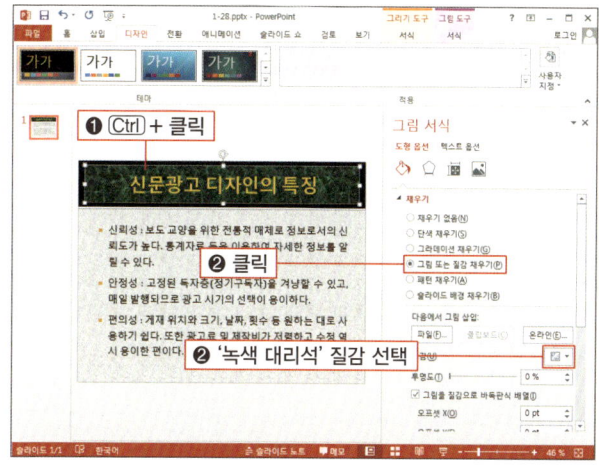

4 [그림을 질감으로 바둑판식 배열] 항목을 클릭하여 체크를 해제합니다. 그런 다음 표시되는 옵션에서 [오프셋 위쪽]을 '50%'로 지정합니다. 질감이 바둑판식으로 배열되는 대신 도형 크기에 맞춰 질감이 늘어나 표시되고, 위쪽 오프셋을 50%로 지정했기 때문에 위에서 50% 지점부터 질감이 나타납니다.

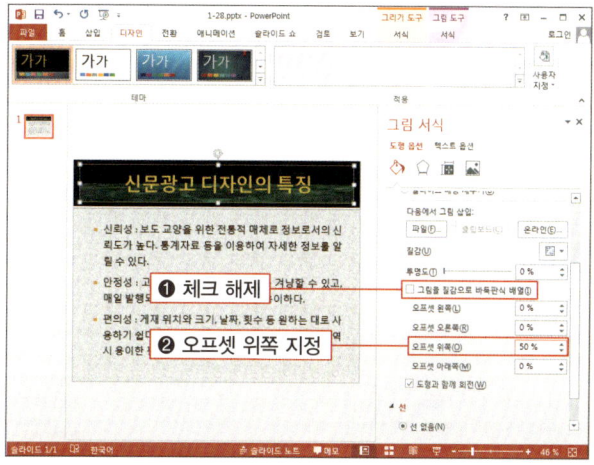

쌩초보 Level Up — 패턴 채우기

도형이나 슬라이드 배경 등을 일정한 형태의 패턴으로 채울 수 있습니다. 작업 창의 채우기에서 [패턴 채우기] 옵션을 선택한 다음 원하는 패턴을 선택합니다. 그리고 패턴을 그릴 때 사용하는 전경색과 배경색을 지정합니다.

Section 29
그림으로 채우기

그림 파일을 사용하여 개체 틀, 도형, 슬라이드 배경 등을 채우는 방법에 대해 살펴보겠습니다. 여기서는 미리 그려 놓은 세 개의 도형을 각각 서로 다른 그림 파일로 채우는 과정을 함께 배워 봅시다.

Key Word : 도형 채우기, 그림, 그림 스타일, 그림 효과, 반사
예제파일 : Part1\예제파일\1-29.pptx

1 슬라이드에서 오른쪽에 있는 첫 번째 도형을 클릭하여 선택합니다. 그런 다음 [서식] 탭 → [도형 스타일] 그룹 → 도형 채우기(도형 채우기▼)를 클릭하고 [그림]을 선택합니다.

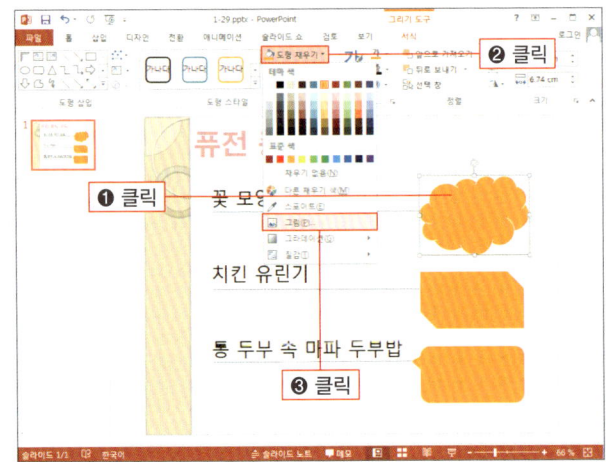

2 [그림 삽입] 창이 실행되면 [파일에서]의 [찾아보기]를 클릭합니다. Office.com 클립 아트나 Bing 이미지 검색에서 원하는 그림을 검색하여 사용할 수도 있습니다.

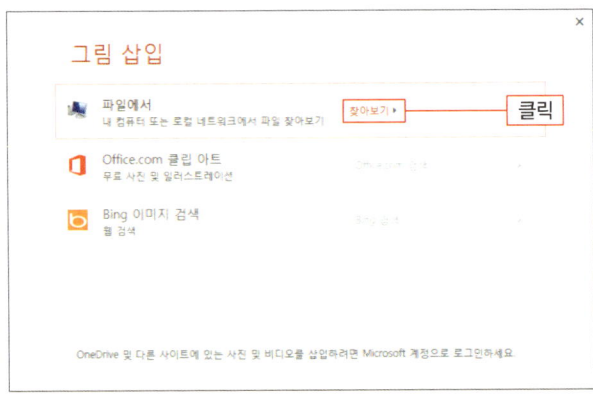

3 [그림 삽입] 대화상자에서 원하는 그림 파일을 찾아 선택한 다음 [삽입] 버튼을 클릭합니다. 여기에서는 '딤섬.jpg' 그림 파일을 선택했습니다.

4 다음과 같이 첫 번째 도형에 지정한 그림 파일이 표시됩니다. 도형을 그림으로 채우면 도형의 모양대로 그림이 표시됩니다.

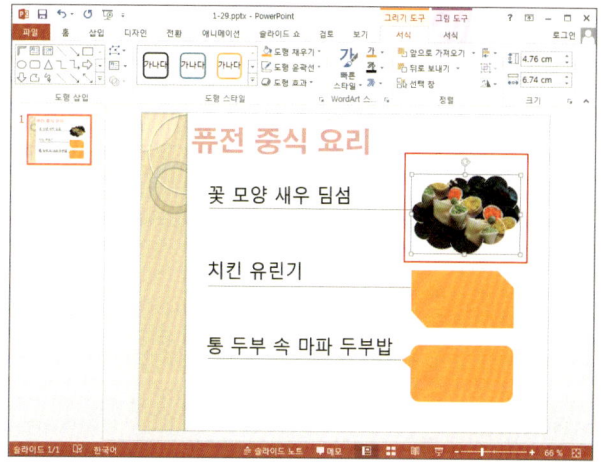

5 같은 방법으로 두 번째 도형과 세 번째 도형에도 그림 파일을 지정하여 채우기를 실행합니다.

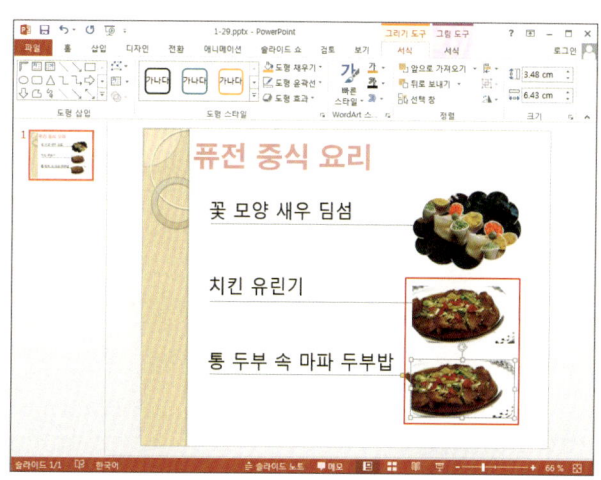

POINT
두 번째 도형에는 '유린기.jpg' 그림 파일, 세 번째 도형에는 '두부밥.jpg' 그림 파일을 사용했습니다.

6 Ctrl 을 사용하여 세 개의 도형을 모두 선택합니다. 그런 다음 그림 도구의 [서식] 탭 → [그림 스타일] 그룹 → 그림 효과(그림 효과▼)를 클릭하고 [기본 설정]에서 '기본 설정 5'를 선택합니다.

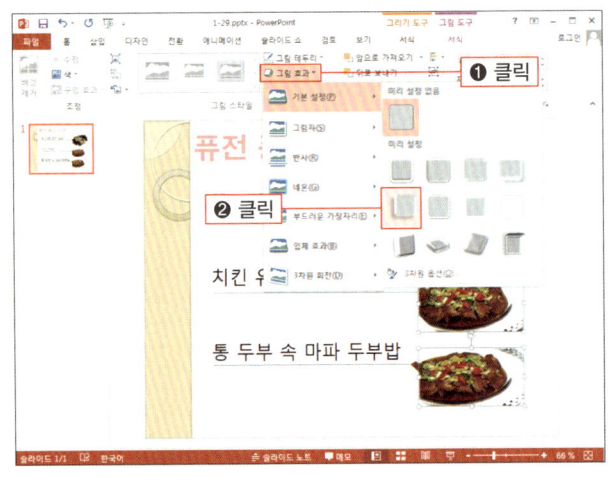

> **POINT**
> 도형 하나를 클릭하고 Ctrl 을 누른 상태에서 나머지 도형을 클릭하면 여러 도형을 한 번에 선택할 수 있습니다.

7 계속해서 그림 효과(그림 효과▼)를 클릭하고 [반사]에서 '1/2 반사, 터치'를 선택합니다. 그림 효과 설정이 모두 끝나면 슬라이드 바깥쪽을 클릭하여 완성합니다.

> **POINT**
> 그림 도구는 그림이 선택되어 있을 때만 리본 메뉴에 표시됩니다.

● **쌩초보 Level Up**　　**도형 모양 바꾸기**

슬라이드에 작성한 도형의 모양은 언제든지 바꿀 수 있습니다. 예를 들어 직사각형 도형을 타원 도형으로 바꿀 수 있는데 이때 채우기를 포함하여 도형에 설정되어 있는 서식은 그대로 유지됩니다. 그리기 도구의 [서식] 탭 → [도형 삽입] 그룹 → 도형 편집(도형 편집▼)을 클릭하고 [도형 모양 바꾸기]에서 원하는 도형을 선택하면 도형의 모양이 변경됩니다.

Section 30
도형에 텍스트 추가하기

선, 화살표 등 면이 없는 도형을 제외한 모든 도형에 텍스트를 추가할 수 있습니다. 도형을 선택하고 키보드로 텍스트를 입력하면 됩니다. 여기서는 도형에 텍스트를 추가하고 서식을 지정하는 방법에 대해 살펴봅니다.

Key Word : 다른 채우기 색, 도형 서식, 텍스트 상자, 세로 맞춤, 도형 복사   **예제파일** : Part1\예제파일\1-30.pptx

1 [삽입] 탭 → [일러스트레이션] 그룹 → 도형( )을 클릭하고 기본 도형 영역에 있는 [타원]을 선택합니다. 슬라이드 위에서 마우스로 드래그하여 타원을 그립니다.

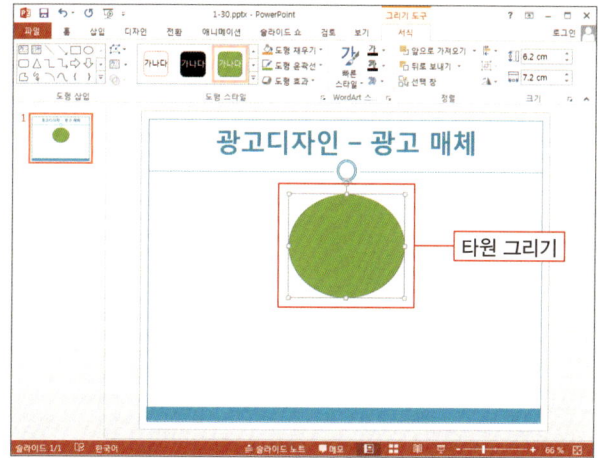

POINT
타원을 그릴 때 Shift 를 누른 상태에서 그리면 반지름의 길이가 일정한 정원을 그릴 수 있습니다.

2 [서식] 탭 → [도형 스타일] 그룹 → 도형 채우기( )를 클릭하고 [다른 채우기 색]을 선택합니다. [색] 대화상자가 실행되면 색을 지정하고 투명도를 '50%'로 지정한 후 [확인] 버튼을 클릭합니다.

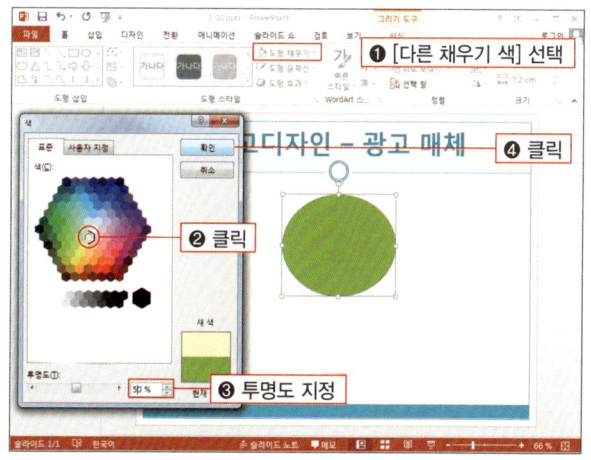

3 Ctrl 을 누른 상태에서 타원을 드래그하여 두 개를 더 복사하고 다음과 같이 배치합니다.

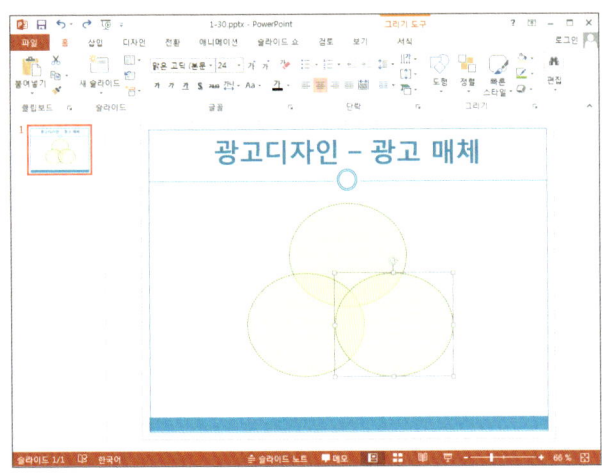

4 Ctrl 을 이용하여 세 개의 타원을 모두 선택한 다음 [홈] 탭 → [글꼴] 그룹에서 글꼴 크기(32)를 '24'로 지정하고, 글꼴 색(가)을 '검정'으로 지정합니다. 그런 다음 타원을 하나씩 선택한 후 다음과 같이 각각 텍스트를 입력합니다.

POINT

텍스트를 먼저 입력하고 글꼴 서식을 지정할 수도 있습니다. 여기서는 기본적으로 설정되는 텍스트 색이 흰색 계열이기 때문에 미리 글꼴 서식을 지정하고 입력하려는 것입니다.

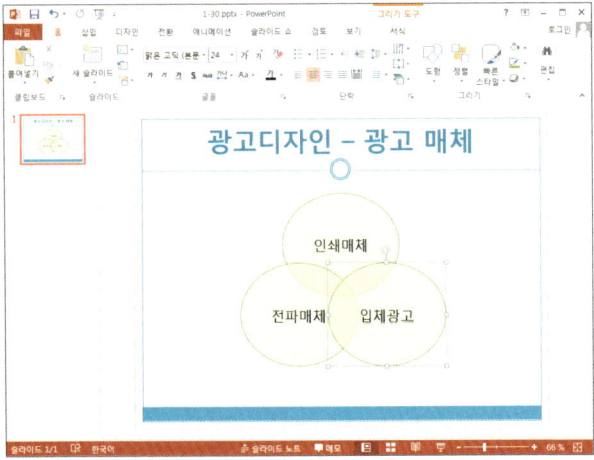

5 첫 번째 타원 도형을 클릭한 다음 [서식] 탭 → [도형 스타일] 그룹에서 대화상자 표시( ) 버튼을 클릭합니다. 이렇게 하면 [도형 서식] 작업 창이 실행됩니다.

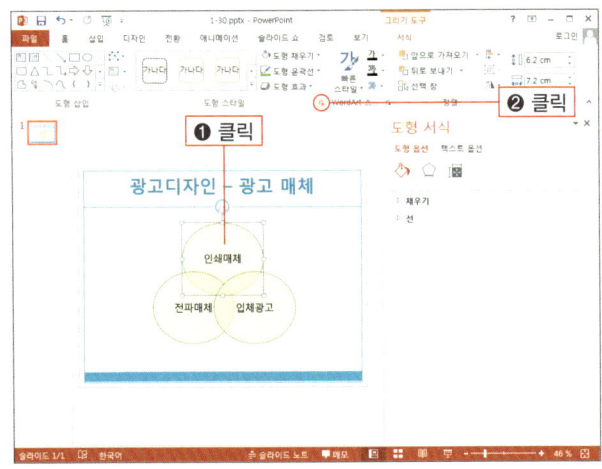

6 [크기 및 속성]의 [텍스트 상자]에서 세로 맞춤을 [위쪽]으로 지정합니다. 그런 다음 위쪽 여백을 '0.7cm'로 설정합니다.

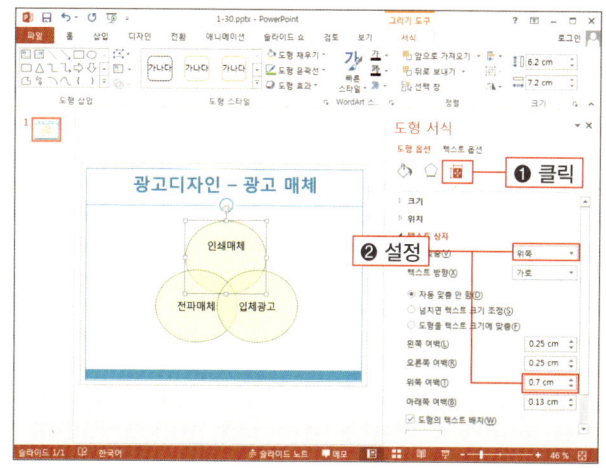

7 슬라이드에서 두 번째 타원 도형을 클릭하고 Ctrl 을 누른 상태에서 세 번째 타원 도형을 클릭하여 함께 선택합니다. 그런 다음 작업 창에서 세로 맞춤을 [아래쪽]으로 선택하고 아래쪽 여백을 '0.7cm'로 지정합니다.

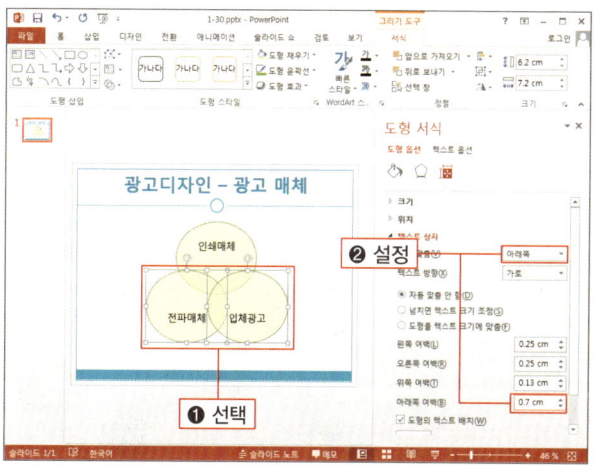

8 두 번째 타원 도형만 선택하고 [홈] 탭 → [단락] 그룹 → 왼쪽 맞춤(≡)을 클릭합니다.

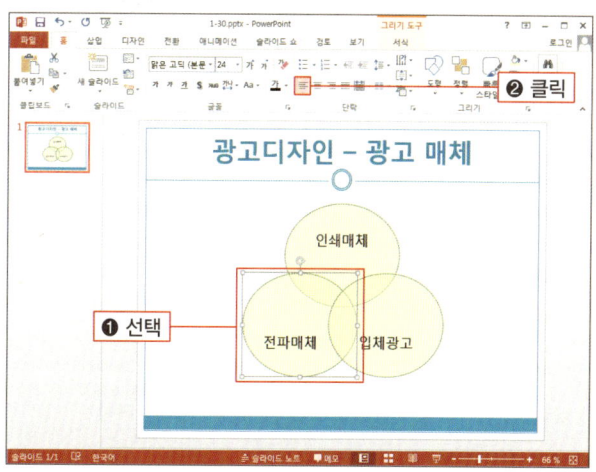

9 세 번째 타원 도형을 선택하고 오른쪽 맞춤(≡)을 클릭합니다. 모든 작업이 끝나면 슬라이드 바깥쪽을 클릭합니다.

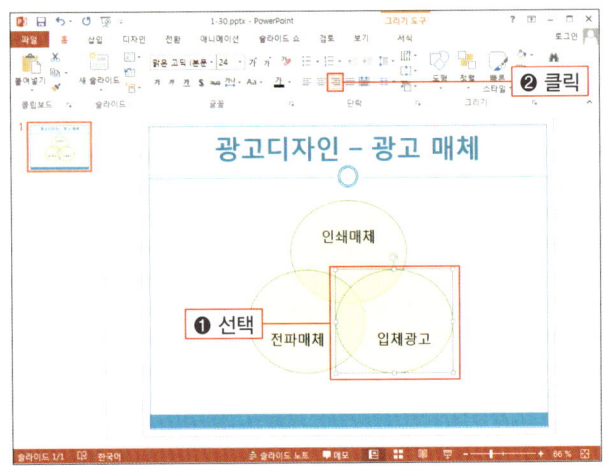

> **쌩초보 Level Up**   스포이트로 색 추출하기
>
> 파워포인트 2013에 새롭게 추가된 스포이트는 선택한 개체의 색을 스포이트로 추출한 색으로 바로 적용시키는 기능입니다. 예를 들어 텍스트의 글꼴 색을 슬라이드에 있는 특정 색으로 지정하려면 글꼴 색을 지정할 텍스트를 블록으로 지정하거나 개체 틀을 선택하고 글꼴 색(가▼)의 화살표를 클릭한 다음 [스포이트]를 선택합니다. 그런 다음 슬라이드에서 글꼴 색으로 사용하고 싶은 부분을 클릭합니다.

텍스트 상자 그리기

텍스트 상자는 말 그대로 텍스트를 입력할 수 있는 직사각형의 상자입니다. 텍스트 상자를 사용하는 것과 직사각형 도형을 그리고 텍스트를 추가하는 것은 결과적으로 같은 작업이라고 할 수 있습니다. 가로 텍스트 상자나 세로 텍스트 상자를 선택하고 입력을 시작할 위치를 클릭한 다음 텍스트를 입력합니다.

◎ **Key Word** : 텍스트 상자, 도형 스타일, 세로 맞춤, 자동 맞춤 ◎ **예제파일** : Part1\예제파일\1-31.pptx

1 [삽입] 탭 → [텍스트] 그룹 → 텍스트 상자(㉠)의 위쪽을 클릭하고 슬라이드에서 입력을 시작할 위치를 클릭하면 커서가 나타납니다. 다음과 같이 상자에 넣을 텍스트를 입력합니다.

POINT
세로 방향의 텍스트 상자를 만들려면 텍스트 상자(㉠)의 화살표 부분을 클릭하고 [세로 텍스트 상자]를 선택합니다.

2 텍스트 상자의 테두리에 있는 크기 조정 핸들로 너비를 충분하게 조정한 다음 [서식] 탭 → [도형 스타일] 그룹에 있는 도구를 이용하여 도형 스타일을 지정합니다. 글꼴 크기는 [홈] 탭 → [글꼴] 그룹에서 지정합니다.

POINT
텍스트 상자는 특성상 가로 방향으로만 크기 조정이 가능합니다. 세로 방향으로 크기를 조정하는 방법은 바로 뒤에서 다룹니다.

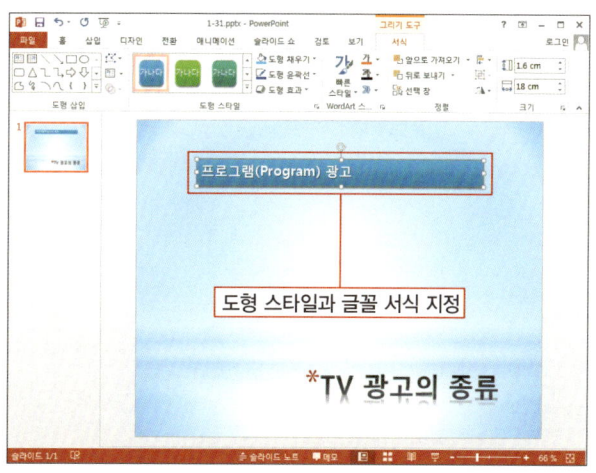

3 텍스트 상자가 선택된 상태에서 [서식] 탭 → [도형 스타일] 그룹의 대화상자 표시 ( ) 버튼을 클릭합니다. [도형 서식] 작업 창이 실행되면 [크기 및 속성] → [위치] → [텍스트 상자]에서 세로 맞춤을 '중간'으로 지정합니다. [자동 맞춤 안 함] 옵션을 선택하고 왼쪽 여백을 '0.8 cm'로 지정합니다.

POINT
[도형을 텍스트 크기에 맞춤] 옵션이 선택되어 있으면 텍스트 상자의 높이를 마음대로 조정할 수 없습니다.

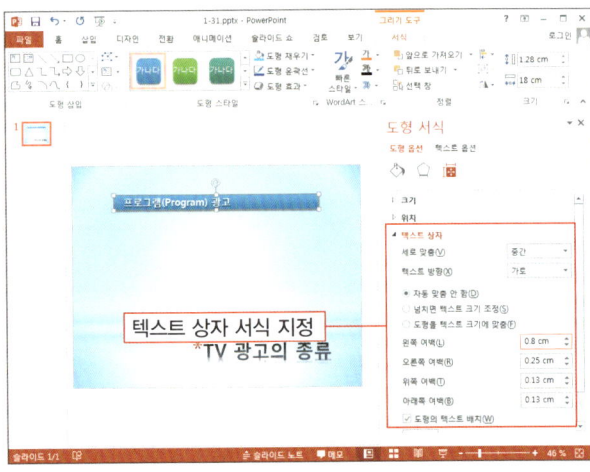

4 텍스트 상자의 아래쪽에 있는 크기 조정 핸들로 높이를 조정한 다음 Ctrl + Shift 를 누른 상태에서 텍스트 상자를 아래로 드래그합니다. 그러면 텍스트 상자가 복사됩니다.

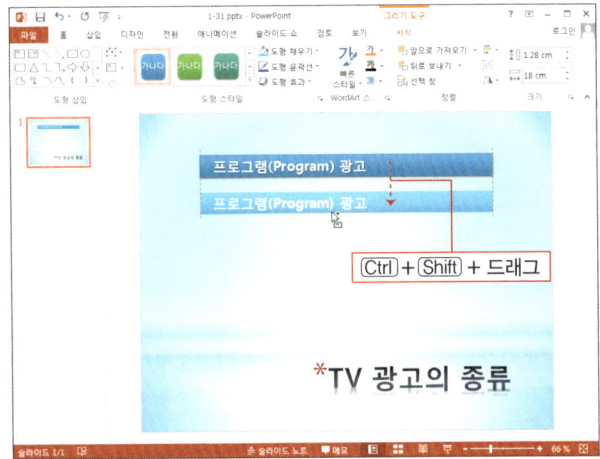

5 같은 방법으로 텍스트 상자가 모두 4개가 되도록 복사한 다음 텍스트를 수정하여 다음과 같이 완성합니다.

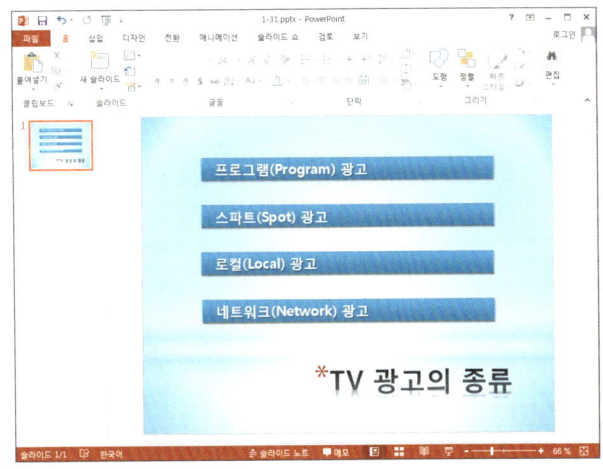

설명선 그리기

설명선 도형은 설명을 입력할 수 있는 텍스트 상자와 지시선이 결합되어 있는 형태입니다. 슬라이드에서 특정 부분에 대한 설명을 강조하고 싶을 때 주로 사용합니다. 설명선 도형에 텍스트를 입력하고 서식을 지정하는 과정에 대해 살펴 보겠습니다.

Key Word : 설명선, 모양 조절 핸들, 도형 스타일
예제파일 : Part1\예제파일\1-32.pptx

1 [삽입] 탭 → [일러스트레이션] 그룹 → 도형( )을 클릭하고 설명선 영역에서 [구름 모양 설명선]을 선택합니다. 도형의 시작 위치에서 마우스 왼쪽 버튼을 클릭한 채 드래그하여 원하는 크기로 설명선 도형을 그립니다.

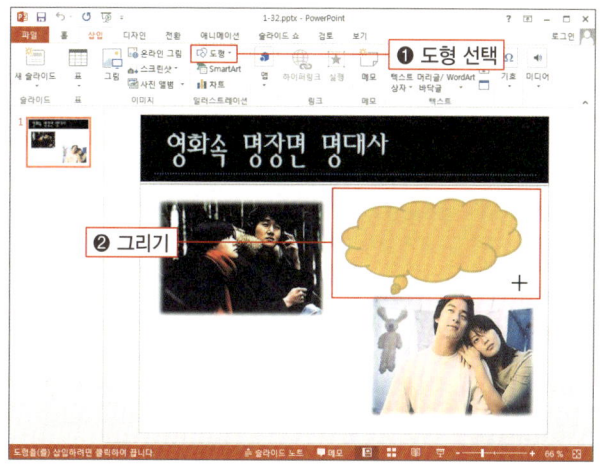

POINT
설명선 도형은 여러 종류가 제공됩니다. 어떤 종류든지 사용 방법은 동일합니다.

2 설명선 도형을 그리고 난 후 도형이 선택 상태일 때 다음과 같이 텍스트를 입력합니다.

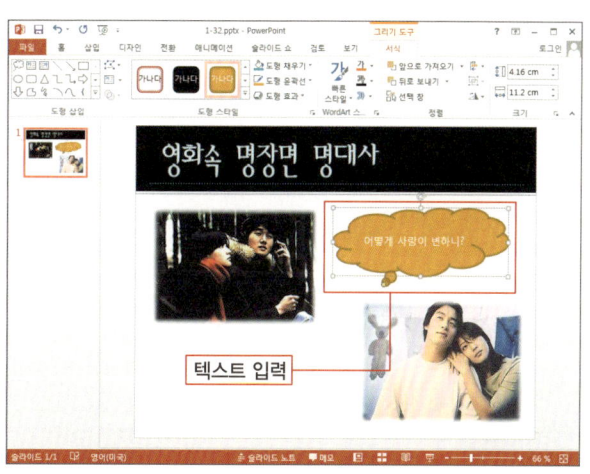

POINT
도형을 선택하고 슬라이드 위에서 클릭하면 기본 크기로 도형이 그려집니다. 나중에 크기 조정 핸들을 사용하여 크기를 조정할 수 있습니다.

3 도형에 표시된 노란색 마름모꼴의 모양 조절 핸들을 드래그하여 설명선 모양을 변형시킬 수 있습니다.

> **POINT**
> 모양 조절 핸들은 설명선 도형의 종류에 따라 각각 다른 위치, 다른 개수로 표시될 수 있습니다.

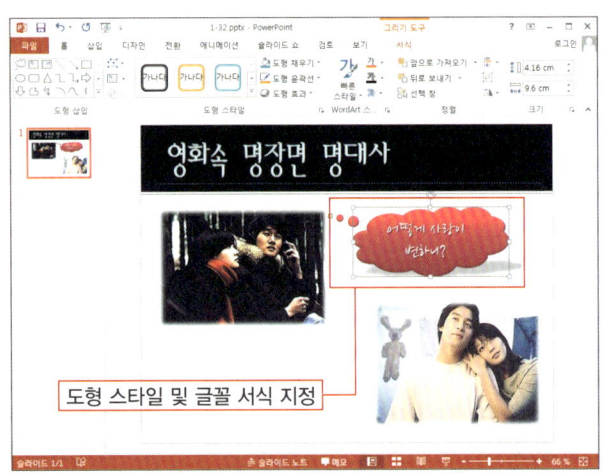

4 도형 테두리에 있는 크기 조절 핸들로 도형의 크기도 조정합니다. 그런 다음 도형 스타일을 지정하고 글꼴 서식을 지정하여 다음과 같이 꾸밉니다.

5 같은 방법으로 두 번째 그림 왼쪽에 다음과 같이 설명선 도형을 그리고 텍스트를 입력한 후 서식을 지정하여 완성합니다.

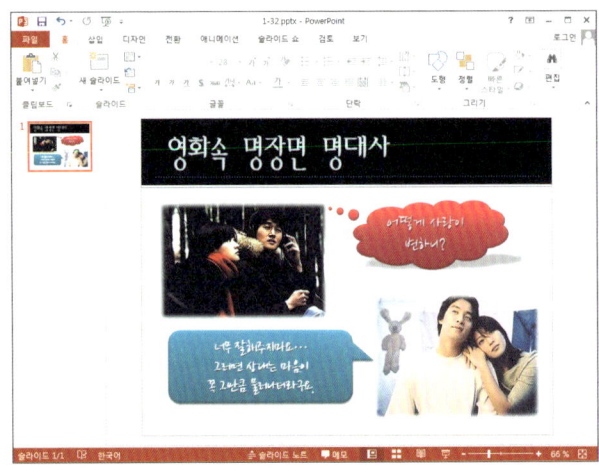

> **POINT**
> '모서리가 둥근 사각형 설명선' 도형을 사용하여 작성하였습니다.

Section 33
연결선 그리기

연결선은 선의 끝에 연결점이 있어 다른 도형에 연결되어 있는 선으로 개체와 개체를 연결할 때 사용합니다. 직선, 꺾인선, 곡선 등 여러 종류의 연결선이 있으며 연결선에 연결된 도형의 위치를 조정할 경우 연결선이 도형을 따라 함께 움직입니다.

Key Word : 연결선, 화살표, 연결선 바꾸기   **예제파일** : Part1\예제파일\1-33.pptx

1 [삽입] 탭 → [일러스트레이션] 그룹 → 도형( )을 클릭하고 선 영역에서 [꺾인 화살표 연결선]을 클릭합니다. 왼쪽 직사각형 위로 마우스 포인터를 이동하면 직사각형 위에 연결점이 표시됩니다.

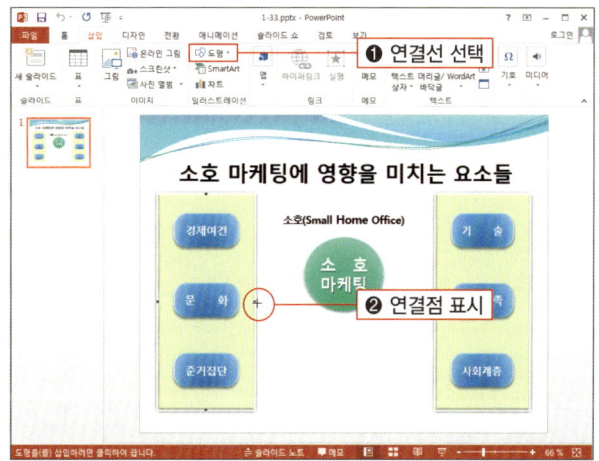

2 왼쪽 직사각형에 표시된 연결점 중 하나에서 마우스 왼쪽 버튼을 클릭한 채 타원 도형으로 드래그하고, 타원에 표시된 연결점 중 하나를 클릭합니다. 그러면 직사각형과 타원 도형이 연결선으로 연결됩니다.

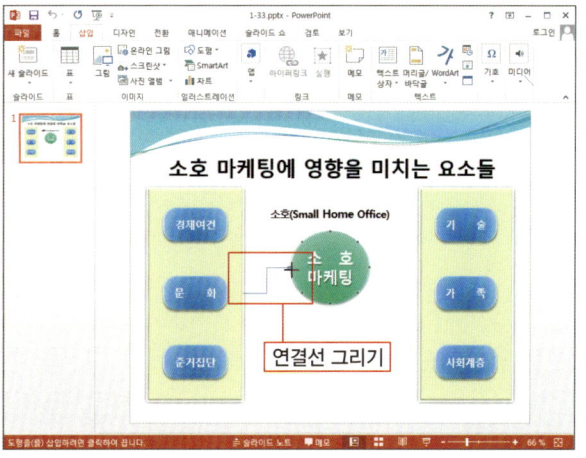

POINT
도형의 형태에 따라 연결점이 표시되는 위치와 개수가 달라집니다.

3 같은 방법으로 오른쪽 직사각형과 타원을 연결하는 연결선을 그립니다.

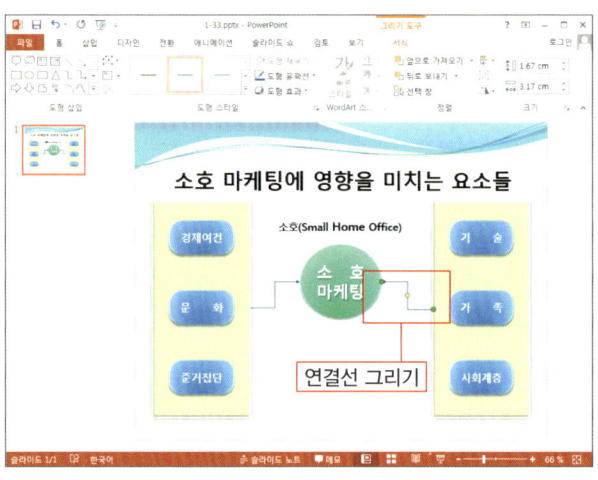

POINT
연결선이 선택된 상태에서 연결선과 개체가 연결된 지점은 초록색 원으로 표시됩니다. 만약 연결점이 아닌 곳에서 클릭한 경우 흰색의 크기 조절 핸들로 나타납니다.

4 중앙의 타원을 클릭해서 선택한 다음 마우스 왼쪽 버튼을 클릭한 채 아래쪽으로 이동해 봅니다. 그러면 연결선도 함께 움직이는 것을 확인할 수 있습니다. 개체를 이동할 때 스마트 가이드가 표시되어 개체 간의 간격이나 위치 등을 표시합니다.

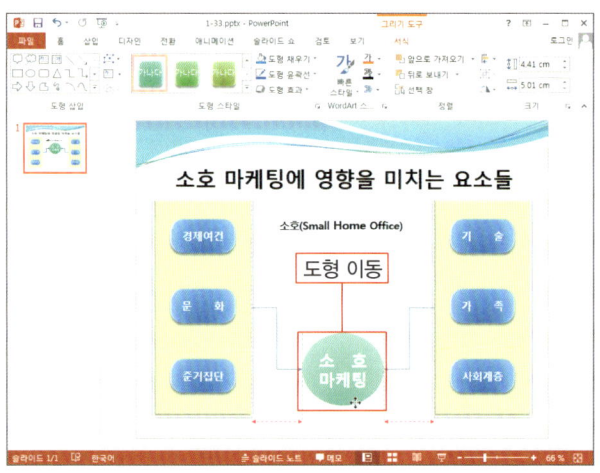

POINT
연결점이 초록색 원으로 표시된 연결선인 경우에만 연결된 개체를 움직였을 때 개체와 함께 연결선이 움직입니다.

5 연결선 하나를 클릭하고 Ctrl 을 누른 상태에서 다른 연결선을 클릭하여 모두 선택합니다. 그런 다음 [서식] 탭 → [도형 스타일] 그룹의 대화상자 표시( ) 버튼을 클릭합니다.

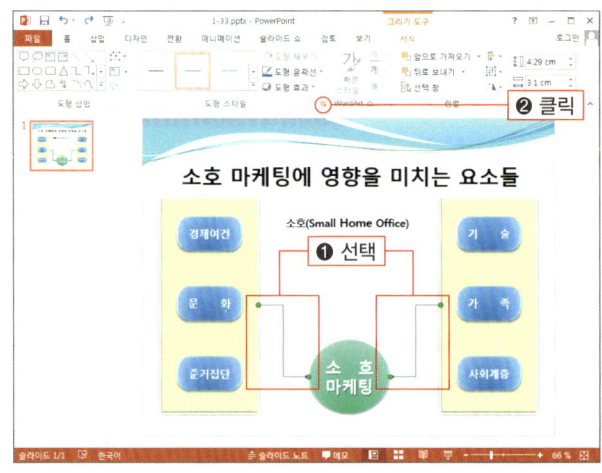

6 [도형 서식] 작업 창이 실행되면 [채우기 및 선] → [선]에서 두께, 화살표 머리 유형, 화살표 머리 크기, 화살표 꼬리 크기 등의 서식을 설정합니다.

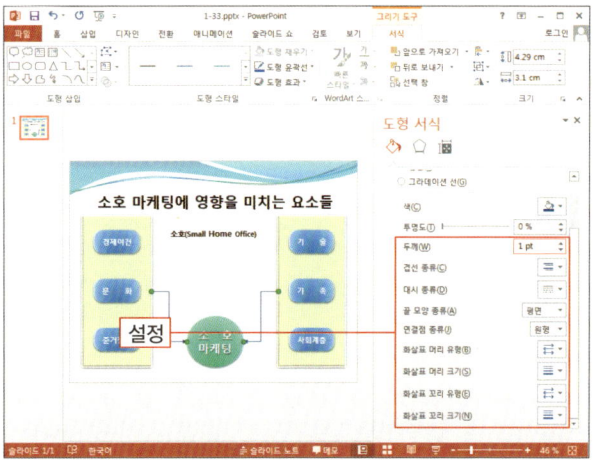

7 슬라이드 바깥쪽을 클릭하여 다음과 같이 변경된 연결선의 서식을 확인합니다.

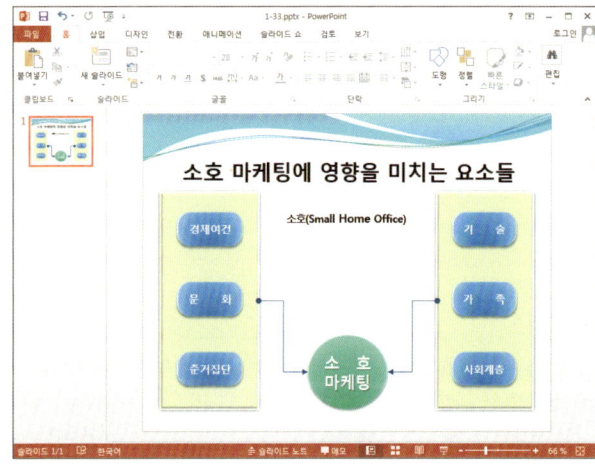

|POINT
연결선을 선택하고 노란색 마름모꼴의 모양 조정 핸들을 드래그하여 연결선 모양을 조정할 수 있습니다.

쌩초보 Level Up 연결선 편집하기

- 연결선의 연결 지점을 마우스로 드래그하여 다른 위치로 이동할 수 있습니다.
- 연결 지점에서 마우스 포인터가 십자(+) 모양이 되었을 때 마우스 왼쪽 버튼을 클릭한 채 다른 연결 지점까지 끌어다 놓습니다.
- 연결선이 선택된 상태에서 [서식] 탭 → [도형 삽입] 그룹 → 도형 편집(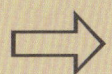)을 클릭하고 [연결선 바꾸기] 메뉴를 선택하거나, 연결선을 마우스 오른쪽 버튼으로 클릭하고 [연결선 바꾸기] 메뉴를 선택하면 연결선이 최단 거리 연결선으로 자동 조정됩니다.

도형의 이동과 복사

도형을 이동하고 복사할 때 가장 많이 사용하는 방법은 마우스를 이용하는 것입니다. 도형의 이동 및 복사 방법을 알면 슬라이드에 추가할 수 있는 모든 개체의 이동 및 복사 방법을 알고 있는 것과 같습니다.

Key Word : 도형 이동, 도형 복사, 도형 삭제

예제파일 : Part1\예제파일\1-34.pptx

1 네 개의 둥근 모서리 사각형을 선택하기 위해 마우스로 드래그하여 사각형 주위에 선택 사각형을 그립니다.

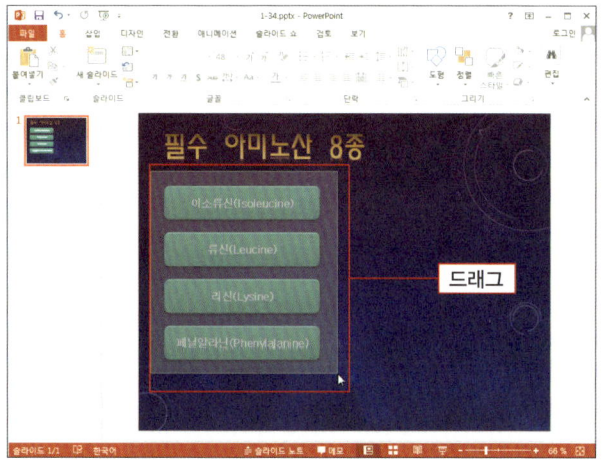

POINT

첫 번째 사각형을 클릭해서 선택하고 Shift 를 누른 상태에서 다른 사각형을 차례로 클릭해도 됩니다.

2 네 개의 도형이 선택 상태가 되면 테두리에서 마우스 왼쪽 버튼을 클릭한 채 아래로 드래그하여 선택한 도형 모두를 한꺼번에 이동합니다.

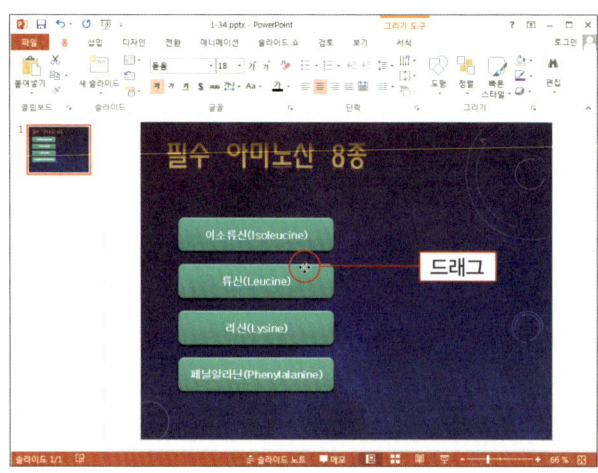

POINT

다른 슬라이드로 이동하려면 도형을 선택하고 Ctrl + X 를 눌러 잘라내기를 실행한 후, 원하는 슬라이드에서 Ctrl + V 를 눌러 붙여넣기를 실행합니다.

③ 이번에는 네 개의 사각형이 선택된 상태에서 Ctrl 을 누른 채 오른쪽으로 드래그하여 개체를 복사합니다.

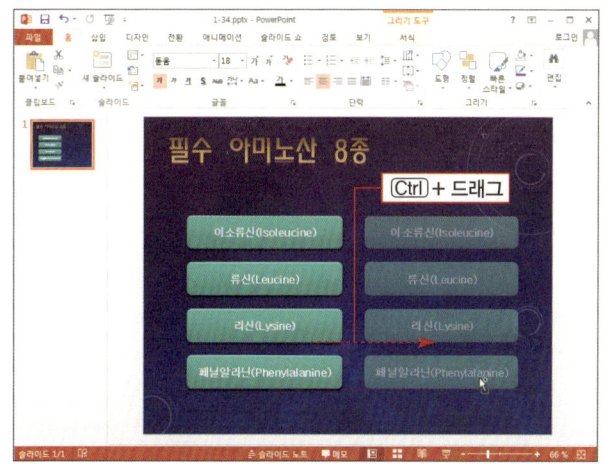

④ 네 개의 도형이 한꺼번에 복사되면 다음과 같이 텍스트를 수정하여 원하는 형태로 만듭니다.

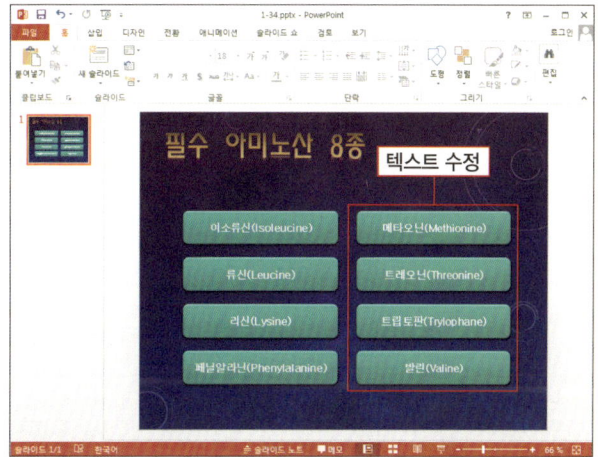

\ POINT

다른 슬라이드로 복사하려면 도형을 선택하고 Ctrl + C 를 눌러 복사한 후, 원하는 슬라이드에서 Ctrl + V 를 눌러 붙여넣기를 실행합니다.

• 쌩초보 Level Up   도형 삭제 및 조금씩 이동하기

- 도형을 선택하고 Delete 를 누르면 도형이 삭제됩니다.
- 도형을 삭제한 후 원래 상태로 되돌리려면 Ctrl + Z 를 눌러 삭제 명령을 실행 취소합니다.
- 도형을 선택하고 키보드의 방향키를 누르면 해당 방향으로 개체가 조금씩 움직입니다.
- 도형을 선택하고 Ctrl 을 누른 상태에서 키보드의 방향키를 누르면 그냥 방향키를 누를 때보다 더 조금씩 (1 픽셀씩) 움직입니다.

Section 35
도형 복제하기

복제는 원본과 완전히 똑같은 도형을 하나 더 만드는 것입니다. 복사 대신 복제를 사용해야 하는 경우는 원본 도형과 일정한 간격으로 여러 개의 동일한 도형을 만들 때입니다. 도형을 복제한 다음 원하는 위치로 이동시키고 다시 복제 명령을 실행하면 첫 번째 복제한 도형과 같은 간격에 똑같은 도형이 만들어집니다.

Key Word : 선택, 복사, 복제   **예제파일** : Part1\예제파일\1-35.pptx

1 마우스로 모서리가 둥근 직사각형과 왼쪽의 선 주위에 선택 사각형을 그려 두 개의 도형을 한 번에 선택합니다.

POINT
선을 클릭한 다음 Shift 를 누른 상태에서 모서리가 둥근 직사각형을 클릭하면 두 도형을 한꺼번에 선택할 수 있습니다.

2 두 개의 도형이 선택된 상태에서 [홈] 탭 → [클립보드] 그룹 → 복사(📋복사 ▾)의 드롭다운 버튼을 클릭한 다음 [복제]를 선택합니다.

POINT
복제의 바로 가기 키는 Ctrl + D 입니다.

3 선택한 도형과 똑같은 도형이 원본 도형보다 조금 오른쪽 아래에 만들어집니다. 복제한 도형을 마우스로 드래그하여 원하는 위치로 이동합니다. 여기서는 첫 번째 직사각형과 약간의 간격을 두고 아래 부분으로 이동합니다.

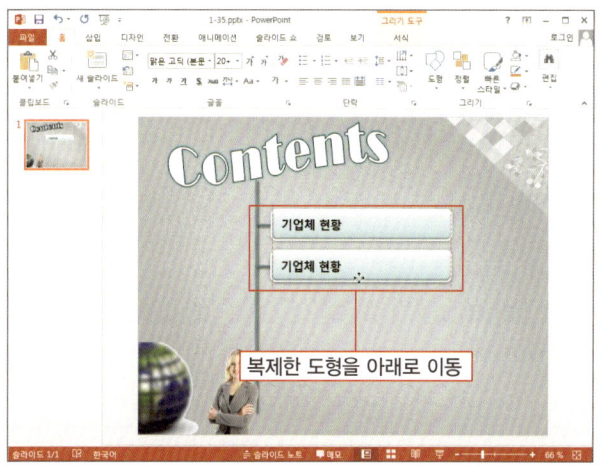

4 계속해서 복사(복사)의 화살표를 클릭한 다음 [복제]를 선택하거나 바로 가기 키 Ctrl + D 를 여러 번 눌러 다음과 같이 모두 4개가 되도록 도형을 복제합니다.

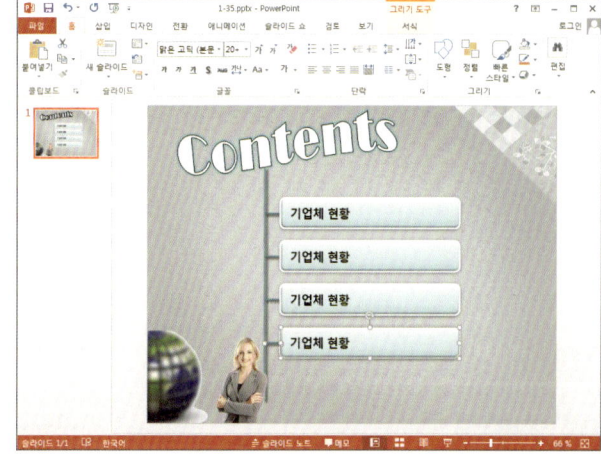

POINT
두 번째 복제 명령을 실행하면 첫 번째 복제 도형과 같은 간격으로 도형이 복제됩니다.

5 두 번째 도형부터 텍스트를 수정하여 다음과 같이 일정한 간격으로 프레젠테이션의 목차를 만들 수 있습니다.

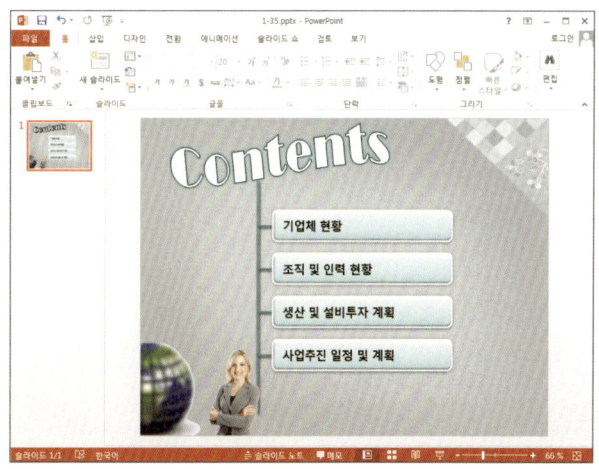

Section 36
그리기 안내선 사용하기

그리기 안내선은 개체를 배치할 때 정확한 간격을 유지하거나 다른 개체와 정확하게 맞추기 위해 사용하는 보조 도구입니다. 여기서는 안내선을 이용하여 복잡한 형태의 그리기 개체를 만드는 과정에 대해 살펴보겠습니다.

Key Word : 안내선, 안내선 복사, 안내선 제거   **예제파일** : Part1\예제파일\1-36.pptx

1 [보기] 탭 → [표시] 그룹에서 [안내선]에 체크합니다. 이렇게 하면 슬라이드 중앙을 가로지르는 수평 안내선과 수직 안내선이 표시됩니다.

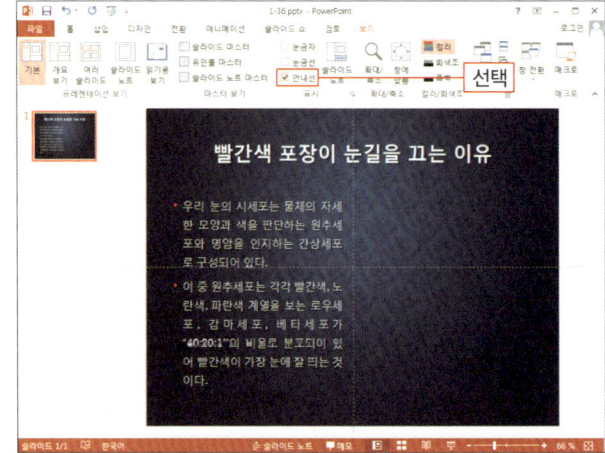

POINT
안내선은 인쇄되지 않는 가로 및 세로 직선이며, 개체를 시각적으로 정렬하는데 사용됩니다.

2 수직 안내선 위에서 마우스 왼쪽 버튼을 클릭한 채 드래그하여 원하는 위치로 안내선을 이동합니다.

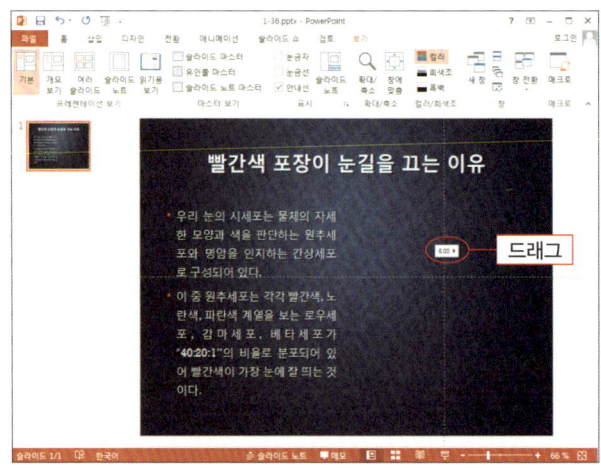

POINT
안내선을 드래그하면 안내선 위치가 표시됩니다.

3 이번에는 수직 안내선을 Ctrl 을 누른 상태에서 드래그합니다. 이렇게 하면 안내선을 복사할 수 있습니다. 안내선을 드래그할 때 나타나는 숫자는 슬라이드 중앙으로부터의 거리입니다.

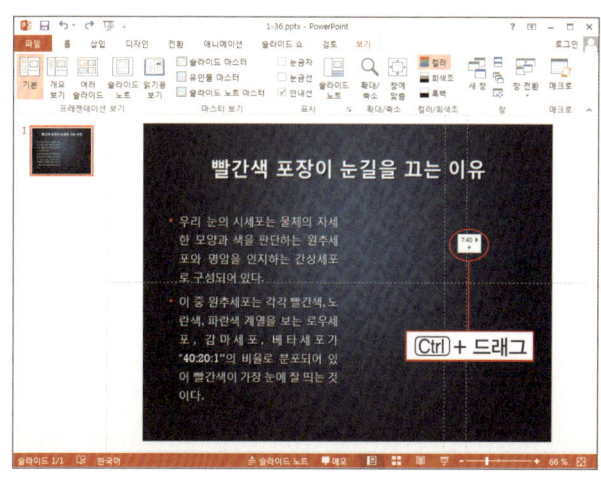

POINT
Shift + Ctrl 을 누른 채 안내선을 드래그하면 원래 안내선부터의 거리가 숫자로 표시됩니다.

4 같은 방법으로 다음과 같이 일정한 간격으로 수직 안내선 7개, 수평 안내선 7개를 만듭니다.

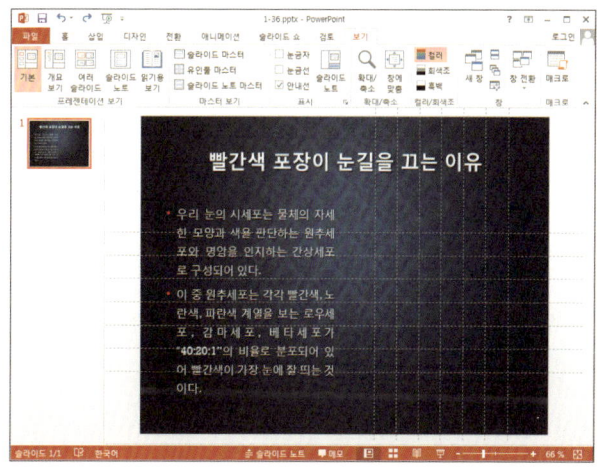

POINT
안내선을 슬라이드 바깥으로 드래그하면 안내선이 제거됩니다.

5 [삽입] 탭 → [일러스트레이션] 그룹 → 도형( )을 클릭하고 [타원]을 선택합니다. Ctrl 을 누른 상태에서 그리기 안내선의 중앙에서부터 시작되는 원을 그립니다. 이때 원의 크기는 가장 바깥쪽의 안내선까지 닿아야 합니다.

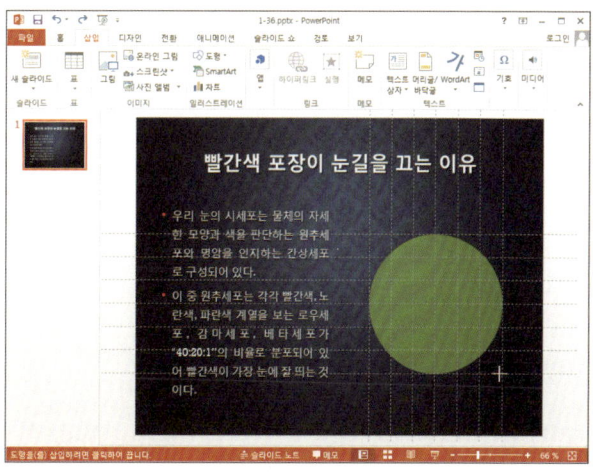

POINT
Ctrl 을 누른 채 그리면 도형의 중심부터 시작해서 그릴 수 있습니다.

6 같은 방법으로 Ctrl을 누른 상태에서 두 개의 원을 더 그립니다. 첫 번째 원과 중심점의 위치가 같고 크기는 안내선을 참조하여 한 단계씩 작아져야 합니다.

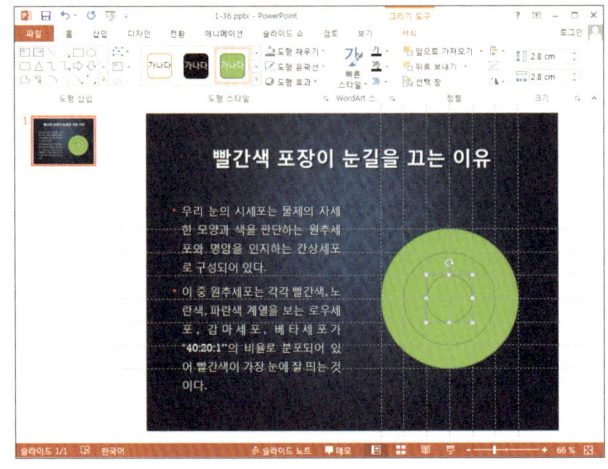

7 [서식] 탭 → [도형 스타일] 그룹 → 도형 채우기(도형 채우기 ▼)를 사용하여 세 개의 원에 각각 다른 채우기 색을 지정합니다.

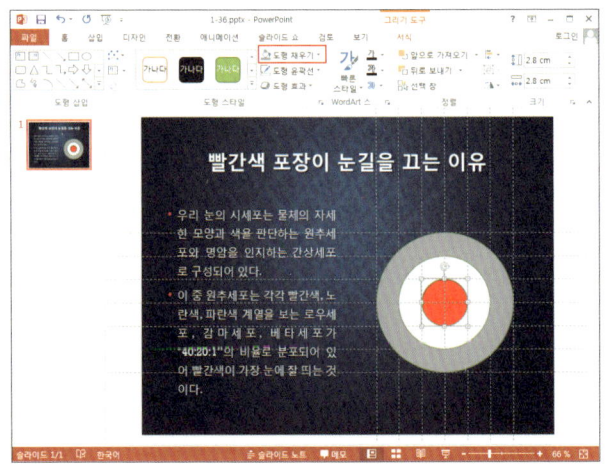

8 Ctrl을 이용하여 세 개의 원을 모두 함께 선택한 다음 도형 효과(도형 효과 ▼)를 클릭하고 [입체 효과] → [둥글게]를 선택하여 같은 효과를 적용합니다.

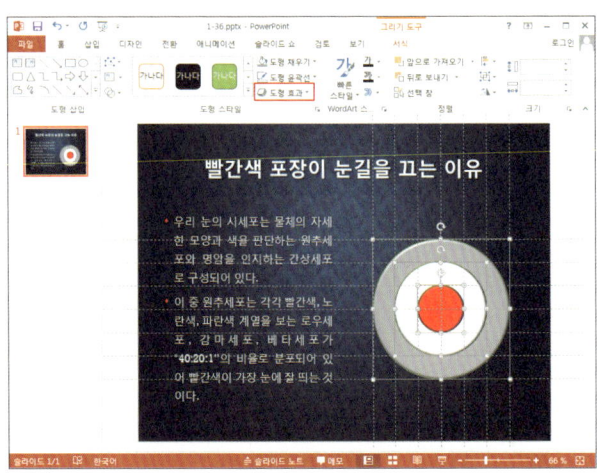

9 [삽입] 탭 → [이미지] 그룹 → 온라인 그림(🖼)을 클릭한 다음 [Office.com 클립 아트]에서 '선물'로 클립 아트를 검색합니다. 슬라이드에 삽입할 클립 아트를 선택하고 [삽입] 버튼을 클릭합니다.

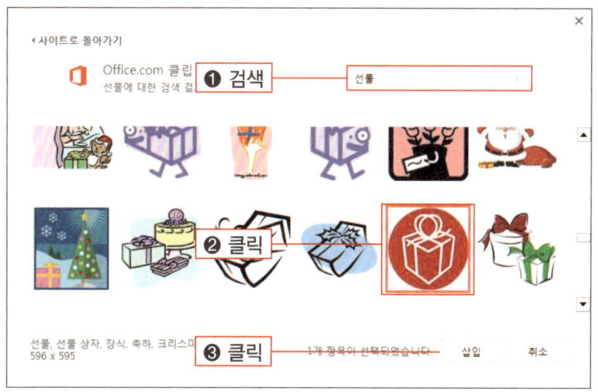

10 슬라이드에 클립 아트가 삽입되면 적당하게 크기를 조절하고 원하는 곳으로 드래그하여 이동합니다.

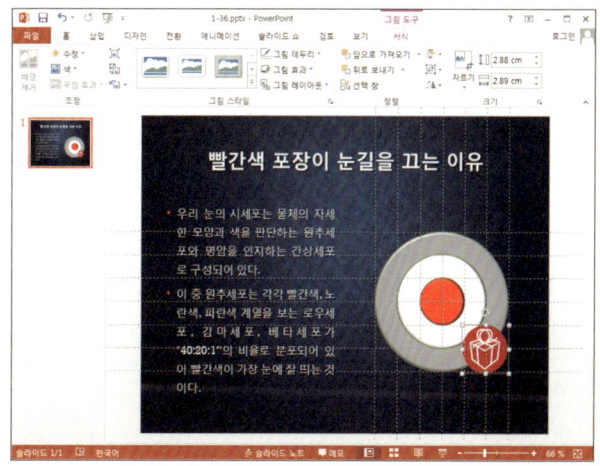

11 [보기] 탭 → [표시] 그룹에서 [안내선] 확인란을 클릭하여 선택을 해제하면 그리기 안내선이 모두 화면에서 사라집니다.

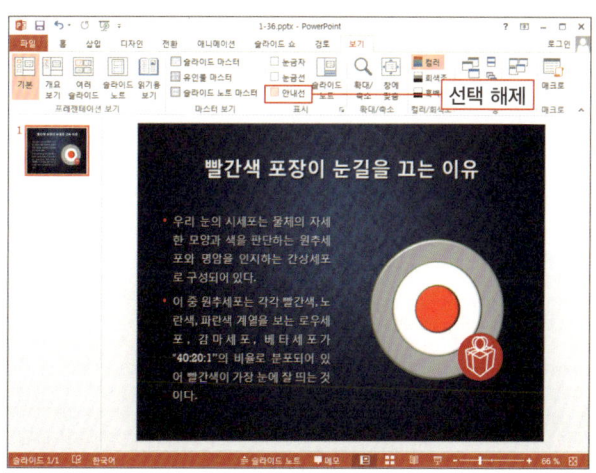

Section 37
그리기 눈금 사용하기

그리기 눈금은 그리기 안내선과 함께 그리기의 보조 도구로 사용됩니다. 그리기 눈금은 슬라이드에 표시하는 일정한 간격의 수평선과 수직선의 집합입니다. 도형과 도형을 서로 맞출 때, 도형을 정확한 지점에 그릴 때 그리기 눈금을 사용합니다.

● **Key Word** : 눈금선, 눈금선 간격, 맞추기   ● 예제파일 : Part1\예제파일\1-37.pptx

1 [보기] 탭 → [표시] 그룹의 대화상자 표시( ) 버튼을 클릭합니다. [눈금 및 안내선] 대화상자가 표시되면 눈금 설정 간격을 '1cm'로 설정하고 '화면에 눈금 표시'를 체크한 후 [확인] 버튼을 클릭합니다.

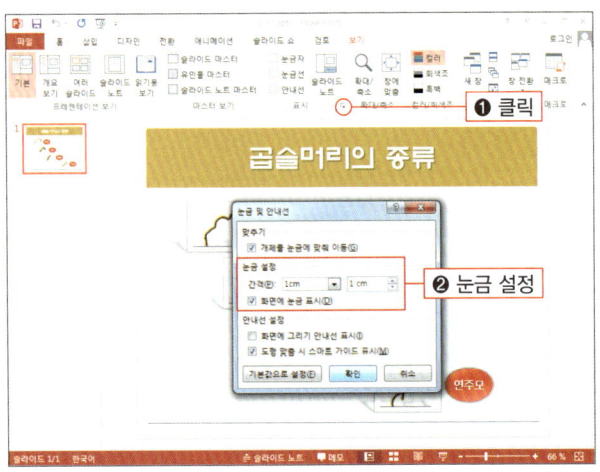

2 다음과 같이 화면에 눈금이 표시됩니다. 화면에 표시된 점 사이의 간격이 1cm이고 넓은 간격은 2cm 간격입니다.

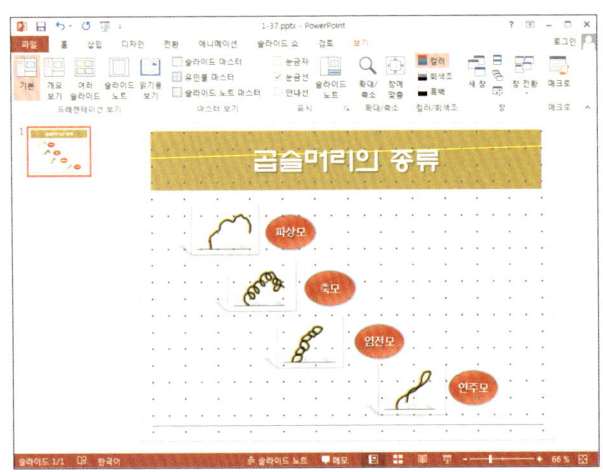

POINT
눈금은 프린터로 인쇄할 때 인쇄되지 않습니다.

3 슬라이드에 있는 4개의 그림과 4개의 타원 개체를 마우스로 드래그하여 다음과 같이 배치합니다. [눈금 및 안내선] 대화상자에서 '개체를 눈금에 맞춰 이동'이 체크되었기 때문에 개체를 움직일 때 눈금 단위로만 움직이는 것을 알 수 있습니다.

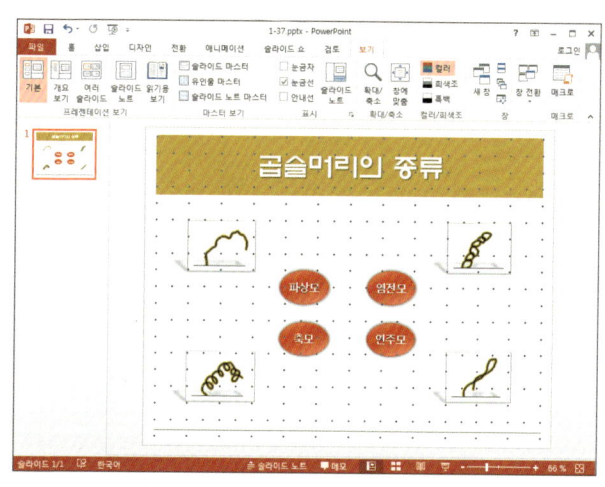

POINT
일시적으로 눈금을 무시하고 개체를 움직이려면 Alt 를 누른 상태에서 드래그합니다.

4 [보기] 탭 → [표시] 그룹에서 [눈금선] 확인란을 클릭하여 체크를 해제합니다. 이렇게 하면 슬라이드에 표시된 눈금이 모두 사라집니다.

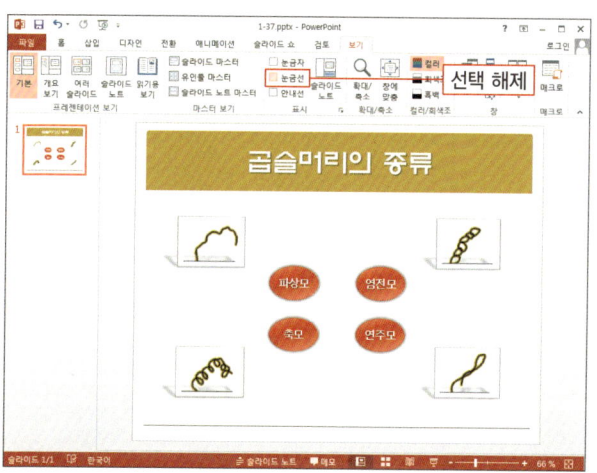

POINT
바로 가기 키 Shift + F9 를 눌러 눈금선을 표시하거나 숨길 수 있습니다.

• **쌩초보 Level Up**   개체를 눈금이나 다른 개체에 맞추기

[눈금 및 안내선] 대화상자에서 '개체를 눈금에 맞춰 이동'을 선택하여 사용할 수 있습니다. 이 옵션은 개체를 그리거나 이동할 때 눈금의 가장 가까운 교차점에 맞게 개체를 정렬합니다. 이 옵션은 눈금이 표시되어 있지 않아도 작동합니다.

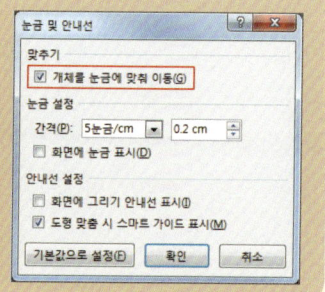

Section 38
곡선 그리기

선의 종류에는 직선과 화살표를 비롯하여 곡선, 자유형, 자유 곡선 등이 있습니다. 직선과 화살표는 시작점부터 끝점까지 마우스로 드래그하여 그리지만 곡선 도형은 곡선의 각 꼭지점을 여러 개 지정하여 그립니다.

◉ Key Word : 곡선, 꼭지점, 열린 곡선, 닫힌 곡선　　◉ 예제파일 : Part1\예제파일\1-38.pptx

1 [삽입] 탭 → [일러스트레이션] 그룹 → 도형( )을 클릭하고 선 영역에서 [곡선]을 선택합니다. 슬라이드에 삽입되어 있는 클립 아트의 윤곽선을 따라 곡선을 그리려고 합니다.

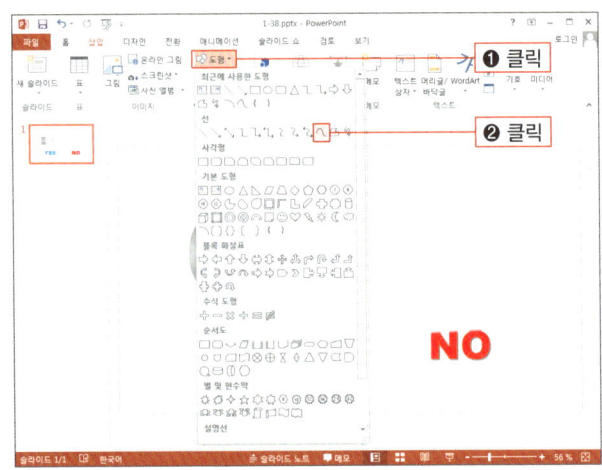

2 곡선의 시작점을 클릭한 다음 각 꼭지점 위치를 차례로 클릭합니다. 곡선은 꼭지점을 곡선으로 둥글게 표시합니다. 여기서는 클립 아트의 윤곽선을 따라 곡선을 그립니다.

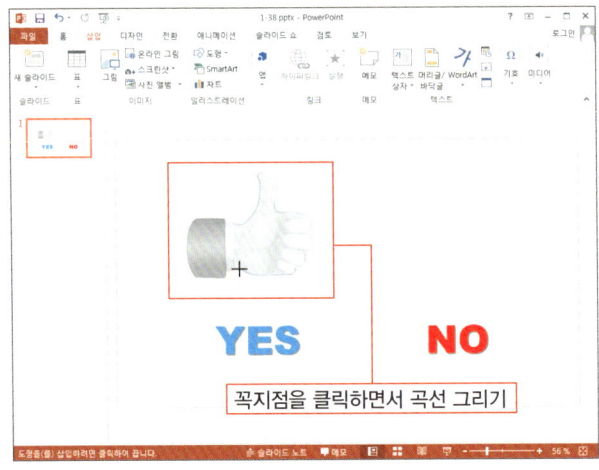

POINT
꼭지점을 잘못 클릭한 경우에는 Backspace 를 누릅니다. 그러면 최근 클릭한 꼭지점이 취소됩니다.

3 곡선의 마지막 지점에서 더블클릭하면 곡선이 완성됩니다. [서식] 탭 → [도형 스타일] 그룹에 있는 도구를 사용하여 윤곽선의 서식을 지정합니다.

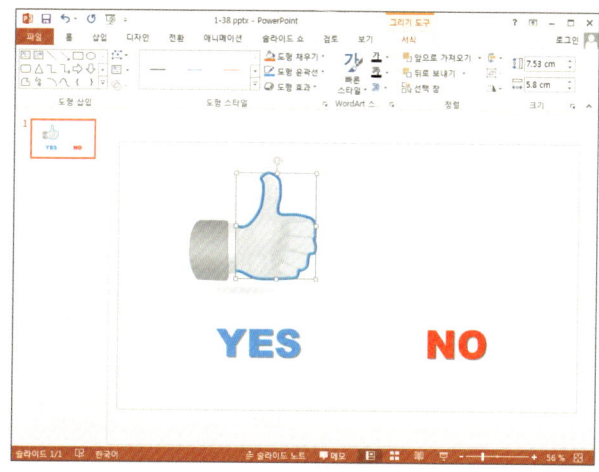

4 클립 아트를 선택하고 Delete 를 눌러 삭제합니다. 그런 다음 Ctrl 을 누른 상태로 곡선을 오른쪽으로 드래그하여 복사합니다. 복사한 곡선의 색을 변경한 다음 [서식] 탭 → [정렬] 그룹 → 회전( )을 클릭하고 [상하 대칭]을 선택하여 완성합니다.

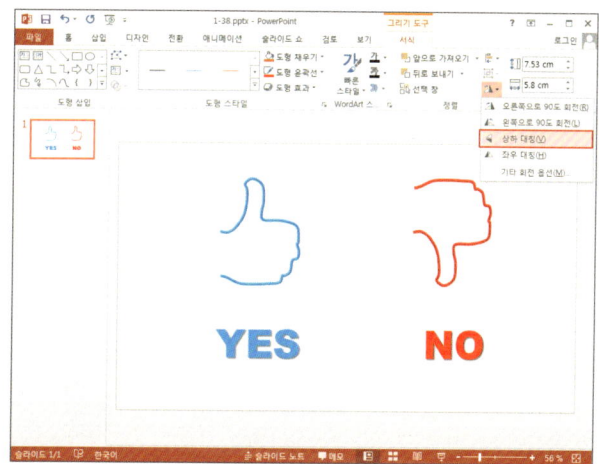

• **쌩초보 Level Up**　　**열린 곡선과 닫힌 곡선**

• **열린 곡선** : 시작점과 끝점이 떨어져 있는 곡선입니다. 시작점과 각 꼭지점을 클릭하고 끝점을 더블클릭합니다.

• **닫힌 곡선** : 시작점과 끝점이 서로 만나는 곡선입니다. 시작점과 각 꼭지점을 클릭하고 마지막으로 시작점을 클릭합니다.

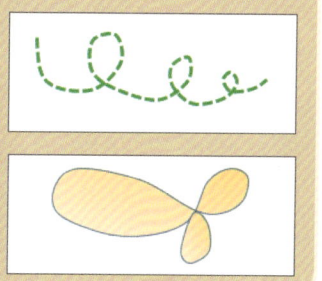

자유형 그리기

곡선 개체는 꼭지점과 꼭지점을 부드러운 곡선으로 연결하지만 자유형은 꼭지점과 꼭지점을 직선으로 연결합니다. 그리는 방법은 곡선과 동일합니다.

● **Key Word** : 자유형, 꼭지점　　　　　　　　　　　　　● 예제파일 : Part1\예제파일\1-39.pptx

1 [삽입] 탭 → [일러스트레이션] 그룹 → 도형(   )을 클릭하고 선 영역에서 [자유형]을 선택합니다. 선의 시작점을 클릭하고, 다음 꼭지점을 차례로 클릭하면서 자유형을 그립니다.

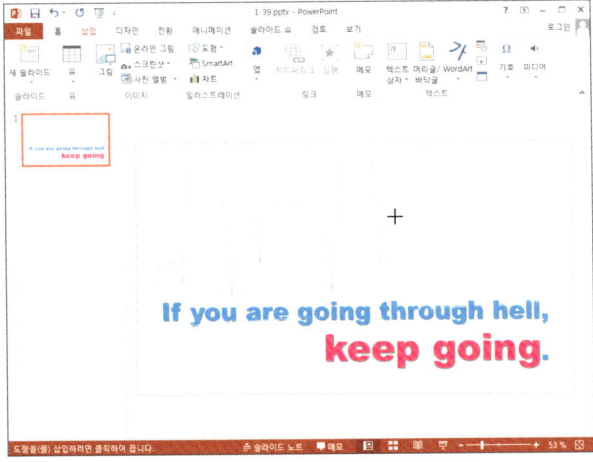

POINT
자유형은 꼭지점을 클릭하면 직선으로 그려지지만, 마우스 왼쪽 버튼을 클릭한 채 드래그하면 마우스가 움직인 위치대로 곡선이 그려집니다.

2 마지막 꼭지점에서 더블클릭하면 다음과 같이 열린 자유형 도형이 만들어집니다.

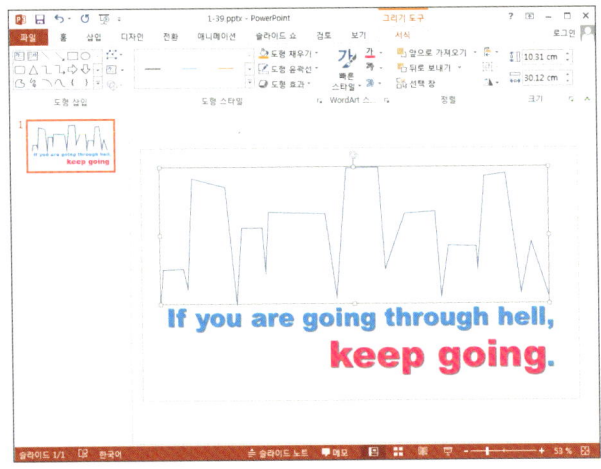

3 [서식] 탭 → [도형 스타일] → 도형 채우기(도형 채우기▼)를 클릭하고 채우기 색을 지정한 다음, 다시 도형 채우기(도형 채우기▼)의 [그라데이션]에서 원하는 그라데이션을 지정합니다.

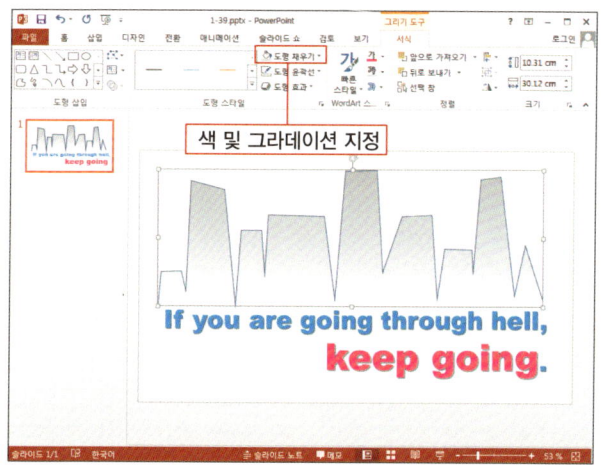

4 [서식] 탭 → [도형 스타일] → 도형 윤곽선(도형 윤곽선▼)을 클릭하고 [윤곽선 없음]을 선택합니다. 이렇게 하면 그라데이션으로만 도형이 표시됩니다.

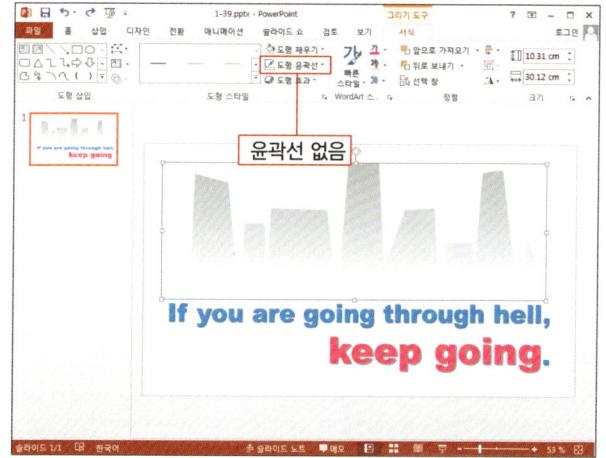

5 마지막으로 [서식] 탭 → [도형 스타일] → 도형 효과(도형 효과▼)를 클릭하고 [3차원 회전] → [원근감(왼쪽)]을 지정하여 자유형 도형을 완성합니다. 작업이 끝나면 슬라이드 바깥쪽을 클릭합니다.

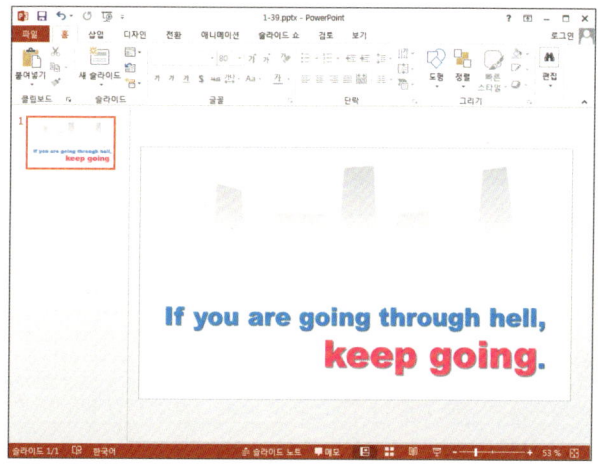

자유 곡선 그리기

자유 곡선은 종이에 펜으로 그림을 그리는 것처럼 슬라이드에 마우스로 자유롭게 그림을 그릴 때 사용합니다. 마우스 왼쪽 버튼을 클릭한 채 드래그하면 마우스가 움직이는 위치대로 부드러운 선이 그려집니다.

Key Word : 자유 곡선, 선택 창　　　　　　　　　　　　　　　**예제파일** : Part1\예제파일\1-40.pptx

1 [삽입] 탭 → [일러스트레이션] 그룹 → 도형( )을 클릭하고 선 영역에서 [자유 곡선]을 선택합니다. 마우스 포인터가 연필 모양으로 변하면 마우스 왼쪽 버튼을 클릭한 채 슬라이드에 있는 단풍 모양을 따라 그립니다.

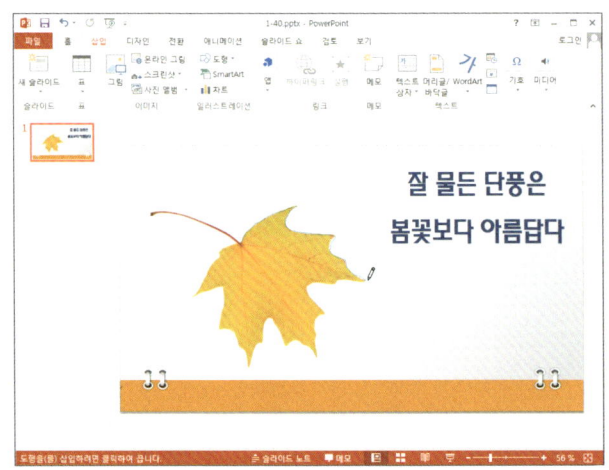

2 다음과 같이 시작점까지 이어 그린 다음 마우스 버튼에서 손을 놓으면 자유 곡선이 완성됩니다.

POINT
시작점과 끝점이 서로 만나게 그리면 닫힌 자유 곡선이 되어 도형 내부를 채울 수 있습니다.

3 [서식] 탭 → [도형 스타일] 그룹의 도형 스타일 갤러리에서 적당한 도형 스타일을 클릭해서 다음과 같이 자유 곡선의 서식을 지정합니다.

4 다시 도형( )을 클릭하고 선 영역에서 [자유 곡선]을 선택한 다음 낙엽의 줄기 부분을 마우스 왼쪽 버튼을 클릭한 채 드래그하여 따라 그립니다.

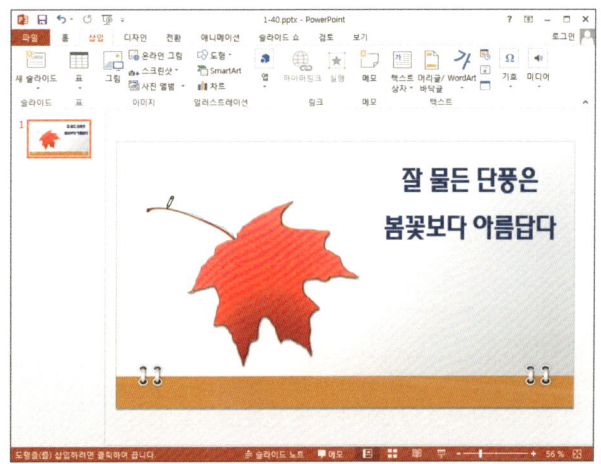

5 [서식] 탭 → [도형 스타일] 그룹의 도구를 사용하여 선의 색과 두께 등을 지정합니다.

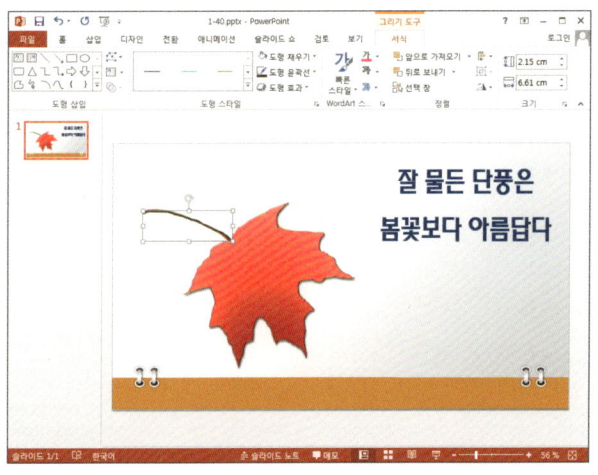

6 자유 곡선 뒤에 있는 실제 그림을 삭제할 차례입니다. [홈] 탭 → [편집] 그룹 → 선택(선택▼)을 클릭하고 [선택 창]을 클릭합니다.

\POINT
다른 개체에 가려져 있는 개체를 선택하기가 쉽지 않으므로 선택 창을 사용하여 그림을 선택하려고 합니다.

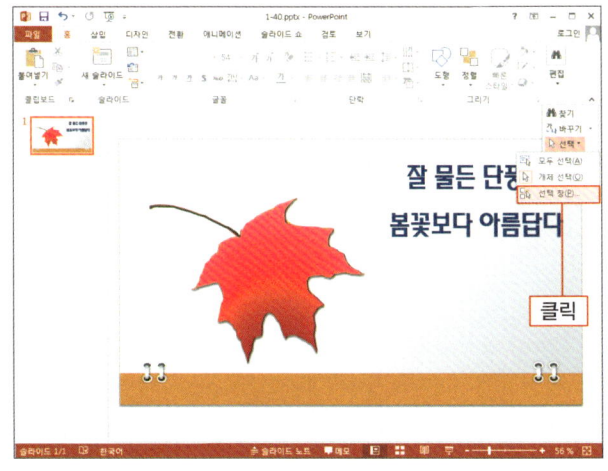

7 선택 창이 표시되고 현재 슬라이드에 있는 도형 목록이 표시됩니다. 여기에서 'Picture' 개체를 클릭하면 슬라이드에서 해당 개체가 선택 상태로 됩니다.

\POINT
'Picture'는 개체가 그림이라는 것을 의미하며 뒤의 숫자는 슬라이드에 그림이나 도형 등을 삽입할 때 자동으로 부여된 일련 번호입니다.

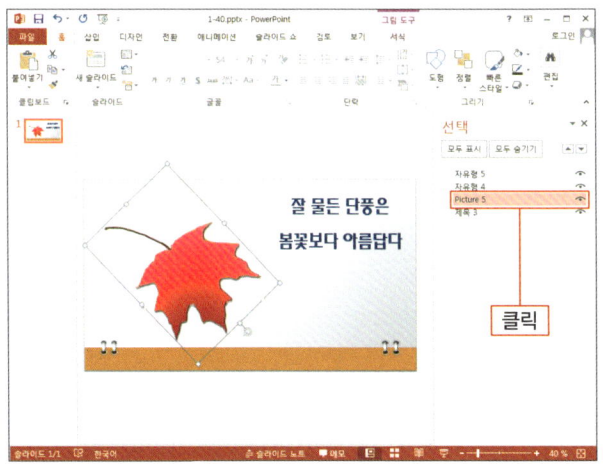

8 그림이 선택 상태일 때 Delete 를 눌러 그림을 삭제합니다. 그런 다음 선택 창은 닫아도 됩니다. 이렇게 해서 완성한 슬라이드는 다음과 같습니다.

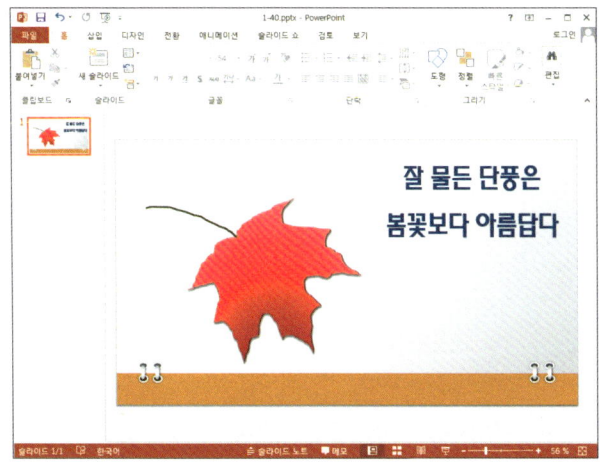

점 편집하기

곡선, 자유형, 자유 곡선 등의 그리기 개체를 작성한 다음 점 편집 기능을 이용하여 선의 모양을 세밀하게 조정할 수 있습니다. 새로운 꼭지점을 추가하거나 필요 없는 꼭지점을 제거할 수 있으며 꼭지점의 위치를 변경할 수 있습니다.

Key Word : 점 편집, 점 추가, 점 제거, 점 이동

예제파일 : Part1\예제파일\1-41.pptx

1 자유형 도형을 선택한 다음 [서식] 탭 → [도형 삽입] 그룹 → 도형 편집(도형 편집 ▼)을 클릭하고 [점 편집]을 선택합니다.

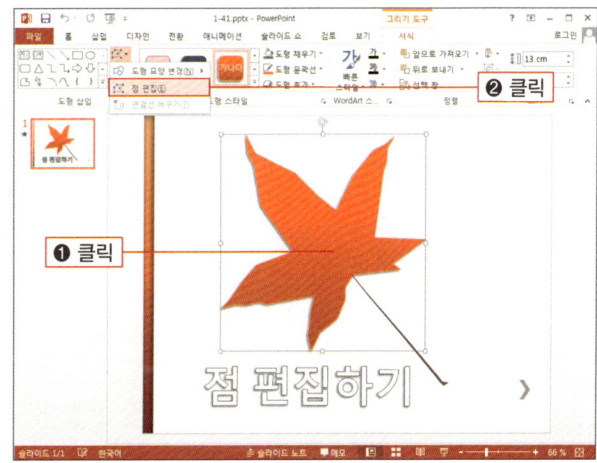

2 점 편집 상태에서 자유형 도형을 그릴 때 클릭한 지점마다 편집점이 나타납니다. 편집점의 위치를 이동하려면 편집점 위에서 마우스 왼쪽 버튼을 클릭한 채 원하는 위치로 드래그합니다.

POINT
편집점이 아닌 선분 위에서 마우스 왼쪽 버튼을 클릭한 채 드래그하면 새로운 꼭지점이 추가됩니다.

3 편집점 선택 상태일 때 끝에 흰색 상자가 있는 파란색 점 핸들이 두 개 표시됩니다. 이 핸들을 드래그하면 점의 좌우에서 곡선을 조절할 수 있습니다.

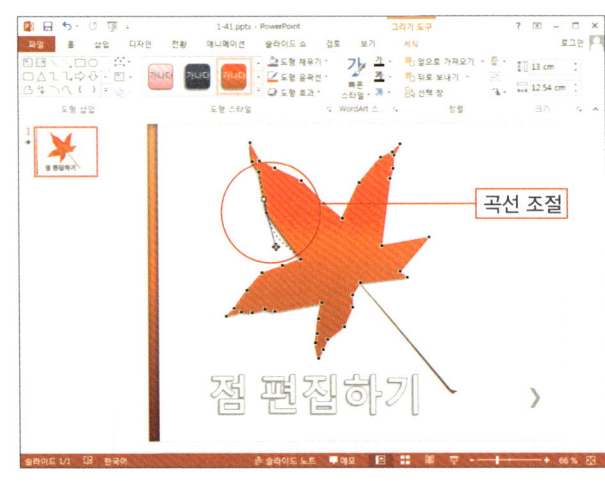

POINT
핸들의 길이가 짧으면 급한 곡선이 만들어지고 핸들이 길수록 더 느슨한 곡선이 만들어집니다.

4 편집점을 제거하려면 Ctrl 을 누른 상태에서 편집점을 마우스 왼쪽 버튼으로 클릭합니다. 편집점 위에서 Ctrl 을 누르면 마우스 포인터가 X 모양으로 표시됩니다.

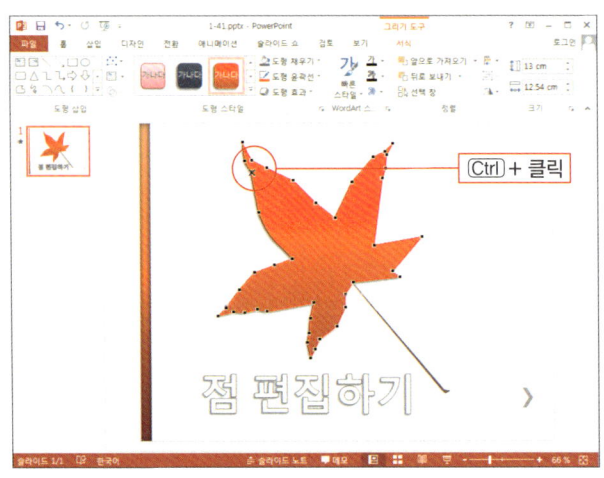

5 점 편집 상태에서 점의 위치를 조정하고 점 핸들로 곡선과 각도를 조절하는 등의 방법으로 자유형 도형을 마음대로 변형할 수 있습니다. 점 편집이 모두 끝나면 슬라이드 바깥쪽을 클릭합니다.

POINT
편집점 위에서 마우스 오른쪽 버튼을 클릭하면 점 편집에서 사용하는 여러 명령이 나타납니다. 예를 들어 꼭지점의 유형을 부드러운 점, 직선 점, 꼭지점 등으로 변경하거나 경로 닫기를 선택하여 시작점과 끝점을 서로 연결할 수 있습니다.

그림자 효과 사용하기

파워포인트 2013은 그림자를 비롯하여 반사, 네온, 부드러운 가장자리 등 다양한 도형 효과를 제공합니다. 여기에서는 그림자 효과를 설정하고 조정하는 방법에 대해 살펴봅니다.

Key Word : 도형 효과, 그림자, 그림자 옵션   **예제파일** : Part1\예제파일\1-42.pptx

1 왼쪽에 있는 타원 도형을 클릭하여 선택합니다. 도형을 선택하면 리본 메뉴에 그리기 도구의 [서식] 탭이 표시됩니다.

2 [서식] 탭 → [도형 스타일] 그룹 → 도형 효과(도형 효과 ▾)를 클릭하고 [그림자]에서 '원근감 대각선 왼쪽 아래'를 선택합니다.

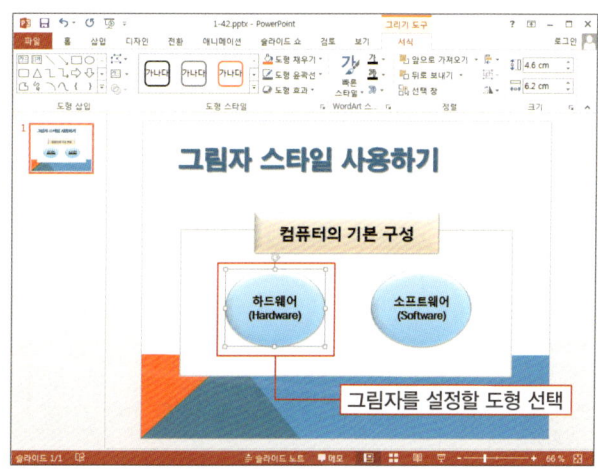

POINT
설정되어 있는 그림자를 제거할 때는 [그림자]에서 '그림자 없음'을 선택합니다.

3 왼쪽 타원 도형에 그림자가 설정되면 같은 방법으로 오른쪽 타원 도형에 '원근감 대각선 오른쪽 아래' 그림자를 설정합니다.

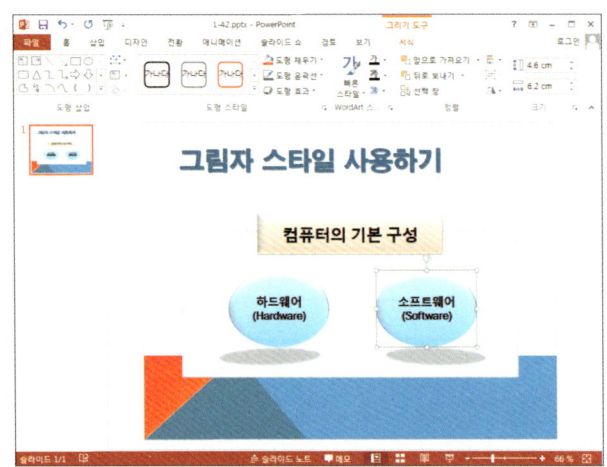

4 왼쪽 타원 도형을 선택하고 도형 효과(도형 효과▼)를 클릭하고 [그림자] → [그림자 옵션]을 선택하면 [도형 서식] 작업 창의 그림자 옵션이 나타납니다. 여기에서 그림자 색과 투명도, 크기, 흐리게, 각도, 거리 등을 조정합니다.

> **POINT**
> '크기'는 원본 개체의 크기를 기준으로 한 그림자의 크기, '흐리게'는 흐리게 효과를 적용할 반경, '각도'는 그림자가 그려지는 각도, '간격'은 그림자의 각도에 따라 그림자가 그려지는 거리를 의미합니다.

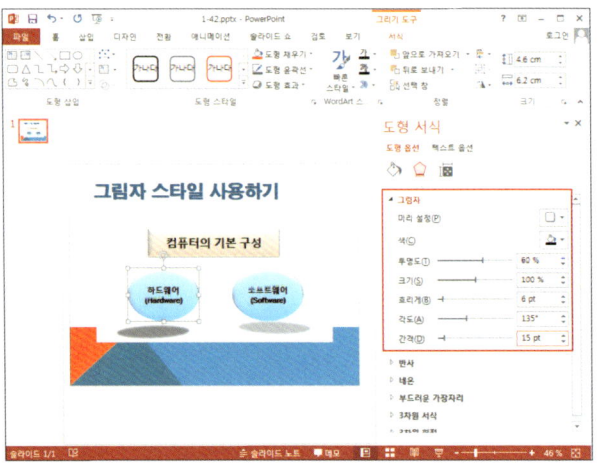

5 같은 방법으로 오른쪽 타원 도형에도 그림자 색과 투명도 등을 설정하여 다음과 같이 그림자를 변형할 수 있습니다.

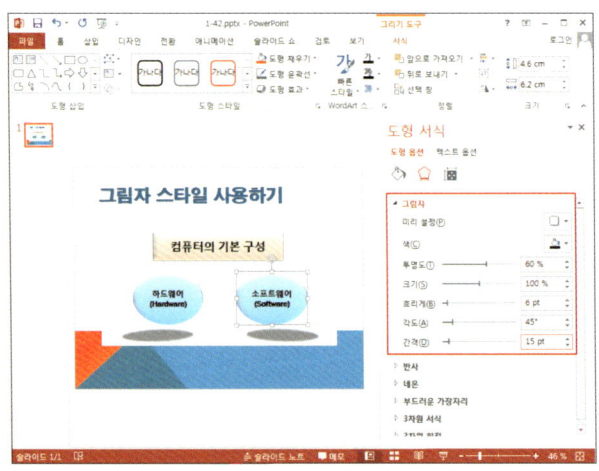

> **POINT**
> 왼쪽 도형과 오른쪽 도형 모두 투명도(60%), 간격(15pt) 등의 옵션을 설정한 결과입니다.

Section 43
입체 효과와 3차원 회전 효과

도형에 입체 효과를 적용하면 2차원이 아니라 3차원 즉, 입체적인 모양으로 도형을 표현할 수 있습니다. 도형의 위쪽과 아래쪽 테두리에 입체 효과를 적용한 다음 3차원 회전 효과를 사용하여 도형의 방향과 원근감을 변경하는 과정을 알아봅니다.

● Key Word : 입체 효과, 3차원 회전 ● 예제파일 : Part1\예제파일\1-43.pptx

1 1번 도형을 선택한 다음 [서식] 탭 → [도형 스타일] 그룹 → 도형 효과(도형 효과▼)를 클릭하고 [입체 효과]에서 '둥글게'를 선택합니다.

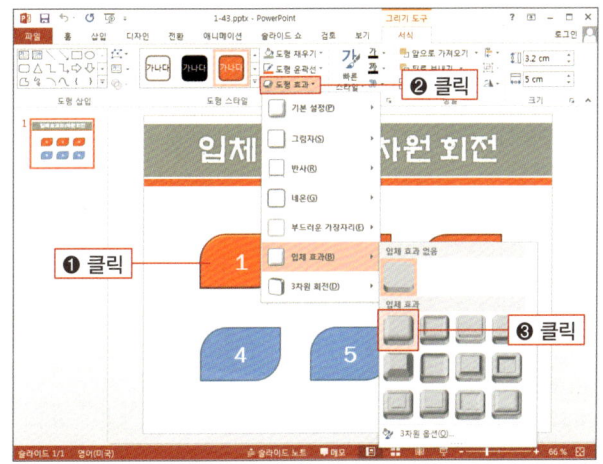

2 같은 방법으로 나머지 도형에도 원하는 입체 효과를 적용합니다.

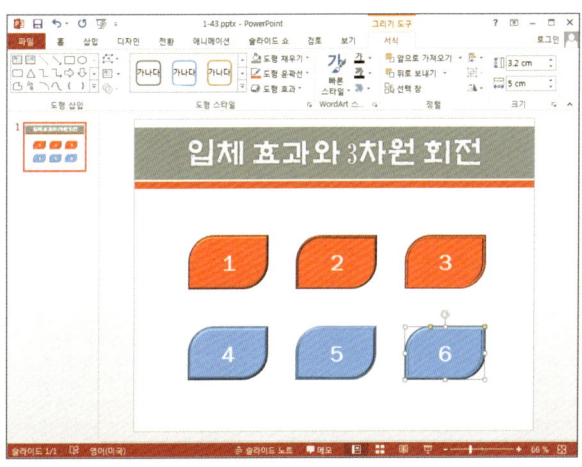

\POINT
입체 효과는 도형의 위쪽 또는 아래쪽 테두리에 적용되는 3차원 입체 효과입니다. 입체 효과를 설정하면 도형의 가장자리를 강조하여 표시할 수 있습니다.

❸ 1번 도형을 선택하고 도형 효과 (도형 효과▼)를 클릭한 다음 [입체 효과] → [3차원 옵션]을 선택하면 [도형 서식] 작업 창의 3차원 서식이 표시됩니다. 위쪽 입체의 너비를 '20', 높이를 '10'으로 변경하고 재질을 '파우더'로 선택합니다.

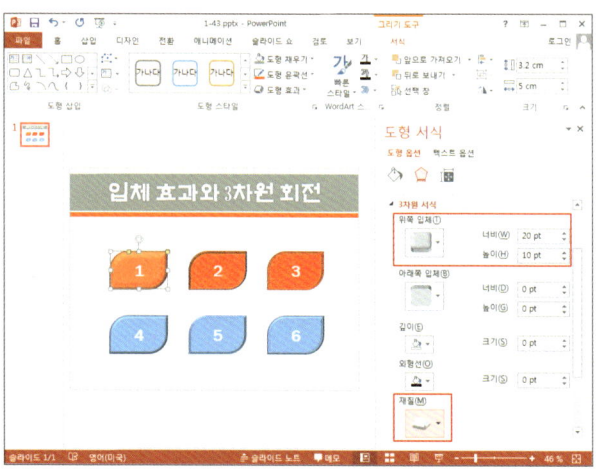

POINT
도형 위쪽 가장자리의 너비와 높이를 지정하여 도형 위쪽을 향해 가장자리를 높입니다. 재질은 도형 표면과 빛의 상호 작용 방식을 설정하는 것입니다.

❹ 이번에는 3차원 회전에서 미리 설정 버튼을 클릭하고 '축 분리 2 왼쪽으로'를 선택하여 도형에 3차원 회전 효과를 설정합니다.

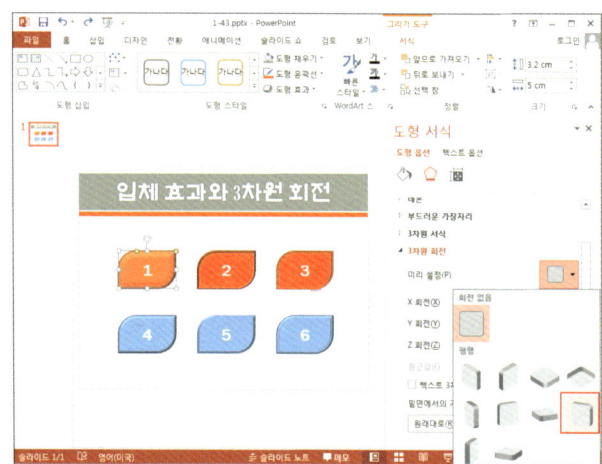

POINT
3차원 회전 미리 설정은 슬라이드에서 도형을 선택하고 도형 효과(도형 효과▼)를 클릭한 다음 [3차원 회전]에서 바로 선택할 수도 있습니다.

❺ 슬라이드에서 1번 도형에 설정된 입체 효과와 3차원 회전을 확인할 수 있습니다.

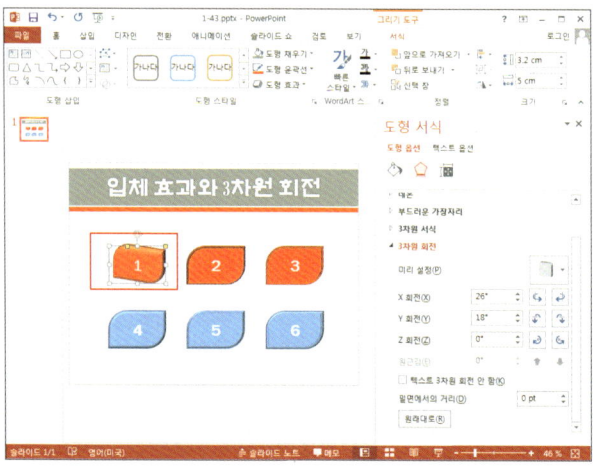

6 슬라이드에서 2번 도형을 선택한 다음 3차원 회전에서 X 회전을 '10', Z 회전을 '20'으로 설정합니다. '텍스트 3차원 회전 안 함'을 선택하여 도형을 회전할 때 도형 안의 텍스트는 회전하지 않도록 합니다.

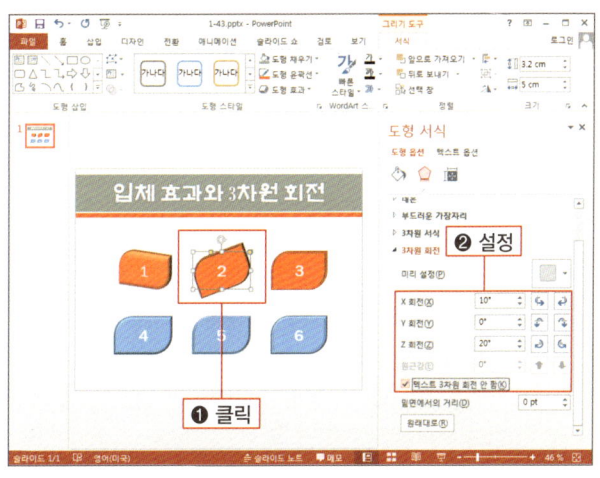

POINT

X, Y, Z 축의 회전 각도는 각 축에 대하여 도형의 방향과 위치를 변경하는 것입니다. 상자에 직접 숫자를 입력하거나 오른쪽의 단추를 클릭하여 각도를 조정할 수 있습니다.

7 같은 방법으로 나머지 도형에도 입체 효과와 3차원 회전 효과를 사용하여 다양한 도형 효과를 표시할 수 있습니다.

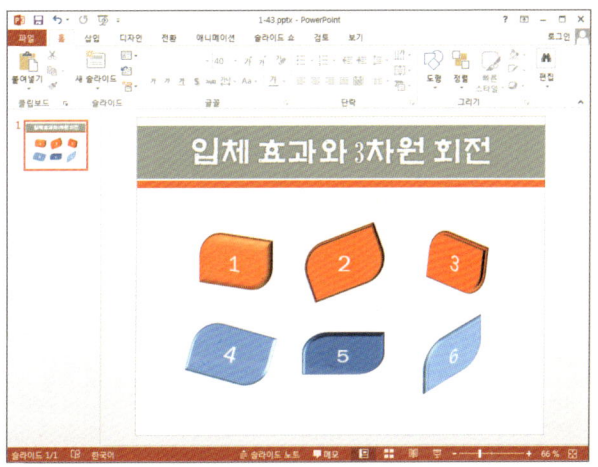

쌩초보 Level Up — 그 밖의 도형 효과

도형을 선택하고 [서식] 탭 → [도형 스타일] 그룹 → 도형 효과(도형 효과▼)를 클릭한 다음 [반사], [네온], [부드러운 가장자리] 등의 도형 효과를 사용할 수 있습니다.

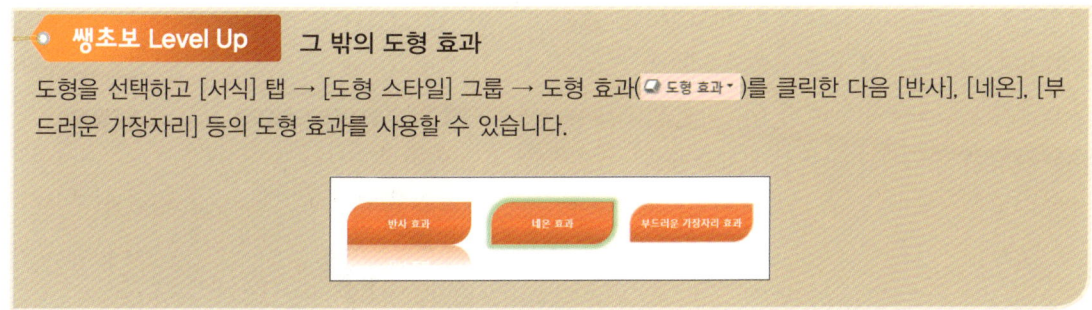

Section 44
도형 바꾸기

하나의 도형을 그린 다음 텍스트를 입력하고 각종 서식을 지정한 경우, 나중에 텍스트 내용과 지정한 서식은 그대로 두고 도형 모양만 다른 것으로 변경하는 방법입니다. 이렇게 하면 같은 서식의 다른 도형을 다시 그릴 필요가 없어집니다.

◉ Key Word : 도형 편집, 도형 모양 변경, 기본 도형　　◉ 예제파일 : Part1\예제파일\1-44.pptx

1 '디자인의 조형요소' 도형을 클릭해서 선택합니다. 그런 다음 [서식] 탭→[도형 삽입] 그룹 → 도형 편집(도형 편집▼)을 클릭하고 [도형 모양 변경]에서 '빗면'을 선택합니다.

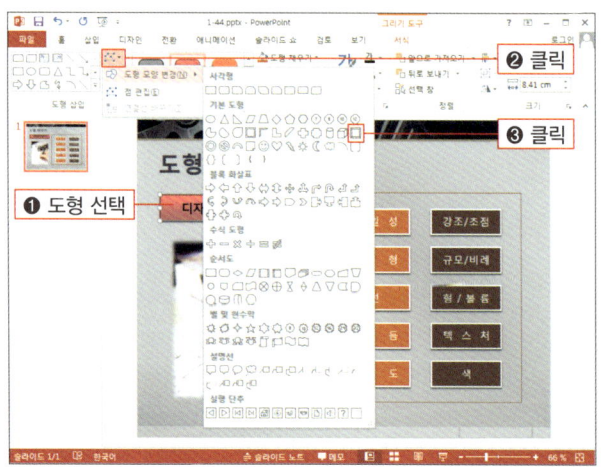

2 선택한 도형의 모양이 빗면 도형으로 변경됩니다. 이번에는 오른쪽의 직사각형 도형 10개가 모두 포함되도록 마우스 왼쪽 버튼을 클릭한 채 드래그하여 선택 사각형을 그립니다.

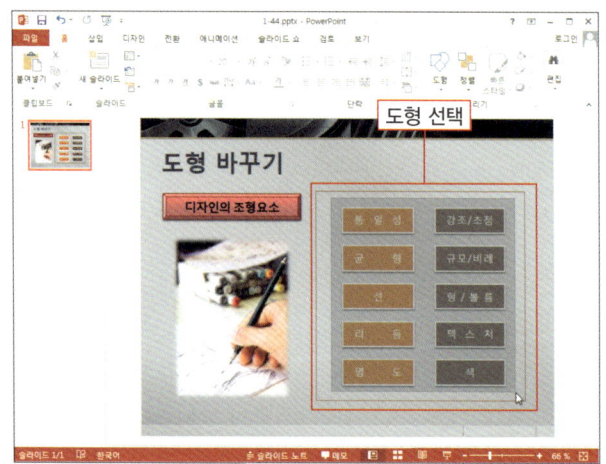

POINT

도형 하나를 클릭한 다음 [Shift]를 누른 상태에서 다른 도형을 차례로 클릭해서 선택해도 됩니다.

3 직사각형 도형 10개가 모두 선택 상태가 됩니다. 도형 모양을 변경하기 위해 도형 편집(도형 편집▼)을 클릭한 다음 [도형 모양 변경]에서 '양쪽 대괄호'를 선택합니다.

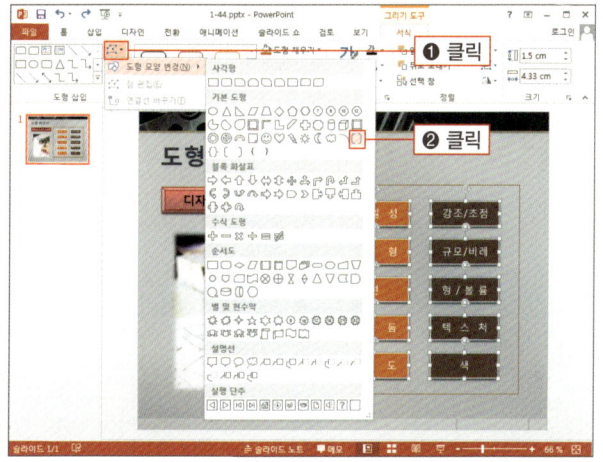

4 선택한 도형이 모두 양쪽 대괄호 도형으로 변경됩니다. 변경이 끝나면 슬라이드 빈 곳을 클릭합니다.

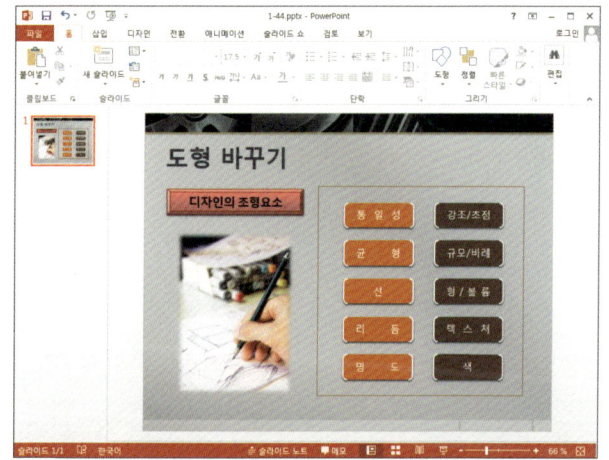

쌩초보 Level Up 기본 도형 설정

- 슬라이드에 새 도형을 그리면 프레젠테이션의 테마 색에 의해 도형의 채우기 색과 선의 색 등이 자동으로 설정됩니다.
- 새로 그리는 도형의 채우기 색과 선의 색 등을 미리 설정해 놓으려면 원하는 서식으로 도형을 하나 그린 다음 기본 도형으로 설정합니다.
- 기본 도형으로 설정할 도형을 그린 다음 마우스 오른쪽 버튼을 클릭하고 [기본 도형으로 설정] 메뉴를 선택합니다. 이렇게 하면 앞으로 새로 그리는 모든 도형의 서식이 기본 도형의 서식과 같게 설정됩니다.

개체의 순서 바꾸기

슬라이드에 삽입한 개체는 삽입한 순서대로 쌓이게 됩니다. 개체가 서로 겹치지 않으면 상관이 없지만 서로 겹치는 경우에는 먼저 삽입한 개체가 나중에 삽입한 개체에 가려 보이지 않게 되는 경우도 있습니다. 여기서는 개체의 쌓기 순서를 변경하여 슬라이드를 작성하는 방법을 살펴봅니다.

Key Word : 뒤로 보내기, 앞으로 가져오기   **예제파일** : Part1\예제파일\1-45.pptx

1 [삽입] 탭 → [일러스트레이션] 그룹 → 도형(♡)을 클릭하고 [모서리가 둥근 직사각형] 도형을 선택한 다음 텍스트 위에 다음과 같이 커다란 직사각형을 그립니다.

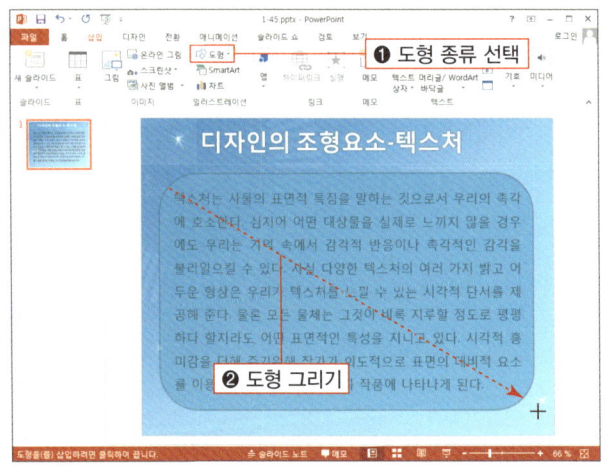

2 도형에 채우기 색이 채워지면 텍스트가 가려져 보이지 않게 됩니다. [서식] 탭 → [도형 스타일] 그룹 → 도형 채우기(도형 채우기▼)를 클릭하고 [다른 채우기 색]을 선택합니다.

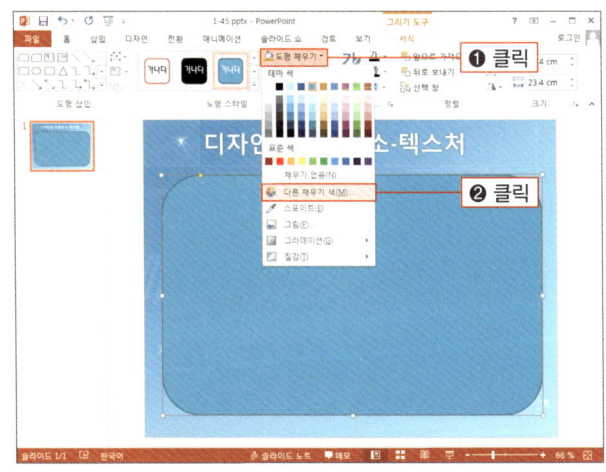

3 [색] 대화상자에서 도형을 채울 색을 선택한 다음 투명도를 '50%'로 지정하고 [확인] 버튼을 클릭합니다.

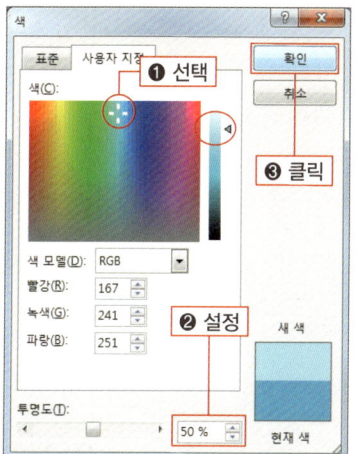

4 채우기 색의 투명도를 지정했기 때문에 텍스트가 약간 비쳐 보입니다. 직사각형 도형이 선택된 상태에서 [서식] 탭 → [정렬] 그룹 → 뒤로 보내기( )의 화살표를 클릭하고 [맨 뒤로 보내기]를 클릭합니다.

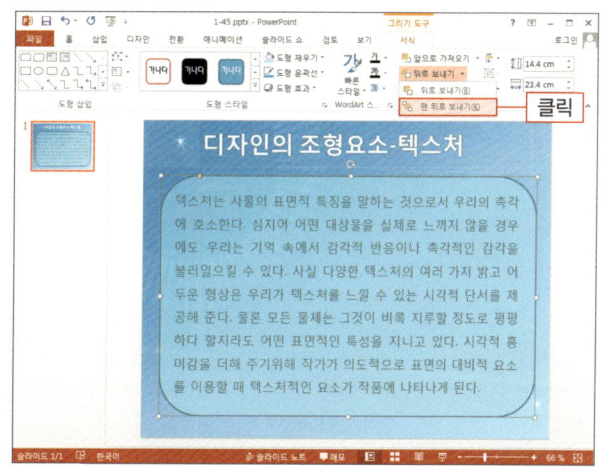

5 직사각형이 가장 뒤로 이동되기 때문에 텍스트가 완전히 보이게 됩니다. 이번에는 [삽입] 탭 → [일러스트레이션] 그룹 → 도형( )을 클릭하고 [타원]을 선택해서 3개의 타원 도형을 슬라이드에 그립니다. 도형을 그린 다음 [서식] 탭 → [도형 스타일] 그룹에서 도형 스타일을 지정할 수 있습니다.

POINT

나중에 그린 타원이 다시 텍스트를 가린 상태가 됩니다.

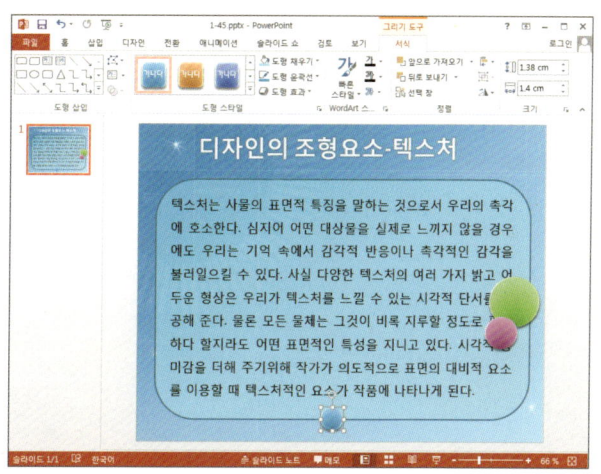

6 Shift 를 사용하여 타원 세 개를 모두 선택한 다음 [서식] 탭 → [정렬] 그룹 → 뒤로 보내기( )의 화살표를 클릭하고 [맨 뒤로 보내기]를 클릭합니다.

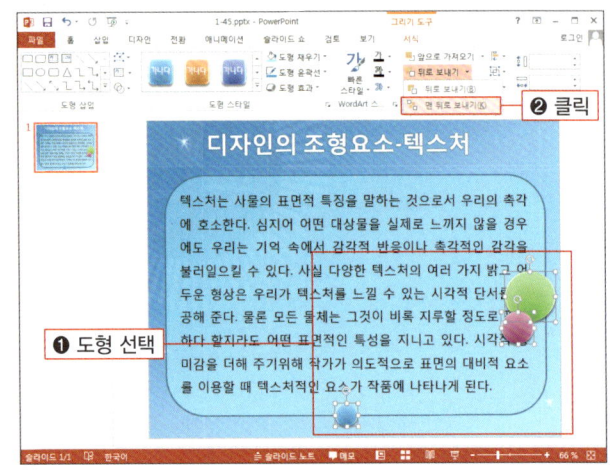

> **POINT**
> 타원 하나를 선택하고 Shift 를 누른 상태에서 나머지 타원을 차례로 클릭합니다.

7 타원이 모두 맨 뒤로 이동합니다. 직사각형보다 더 뒤로 이동하기 때문에 직사각형에 가려 약간만 비쳐 보인 상태가 됩니다. 세 개의 타원이 모두 선택된 상태에서 이번에는 앞으로 가져오기( )를 클릭합니다.

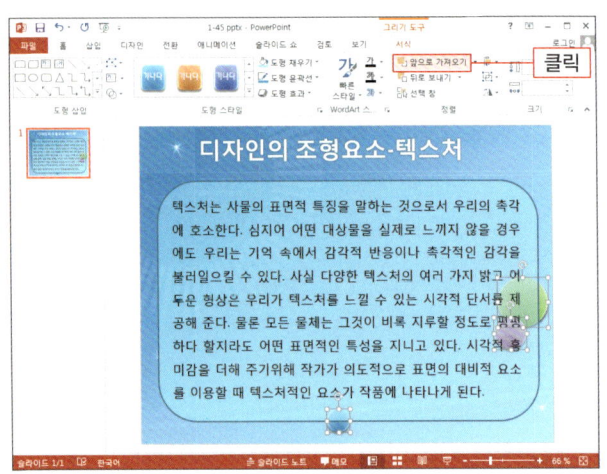

> **POINT**
> 선택한 도형을 맨 앞으로 가져올 때는 앞으로 가져오기( )의 화살표를 클릭한 다음 [맨 앞으로 가져오기]를 선택합니다.

8 타원이 직사각형보다 앞으로 이동하여 다음과 같은 상태가 됩니다. 텍스트 보다는 뒤이기 때문에 텍스트는 가리지 않습니다.

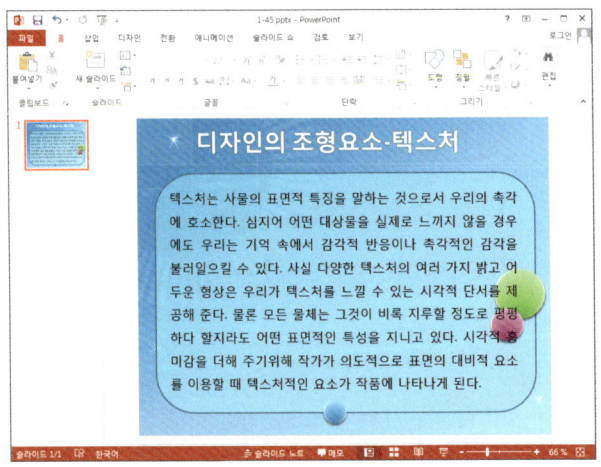

개체의 회전과 대칭

개체를 회전시키는 가장 쉬운 방법은 개체를 선택했을 때 표시되는 초록색 원 모양의 회전 핸들을 마우스로 드래그하는 것입니다. 여기서는 이 방법 이외에 다른 방법으로 개체를 회전시키는 과정을 살펴봅니다. 아울러 개체를 상하 또는 좌우 대칭 모양으로 변경하는 방법을 배웁니다.

Key Word : 회전, 좌우 대칭, 상하 대칭

예제파일 : Part1\예제파일\1-46.pptx

1 회전시킬 개체를 선택한 다음 그림 도구의 [서식] 탭 → [정렬] 그룹 → 회전( )을 클릭하고 [왼쪽으로 90도 회전]을 선택합니다.

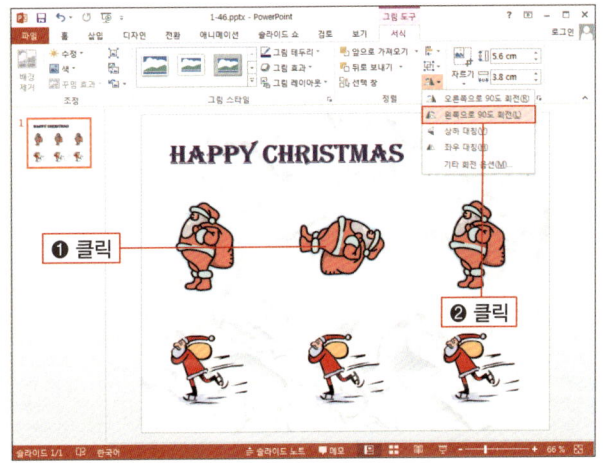

POINT

개체를 선택했을 때 상단에 표시되는 초록색 원 모양의 회전 핸들을 마우스로 드래그하면 원하는 방향으로 개체를 회전시킬 수 있습니다.

2 선택한 개체가 왼쪽으로 90도 회전됩니다. 이번에는 다른 개체를 선택한 다음 회전( )을 클릭하고 [기타 회전 옵션]을 선택합니다.

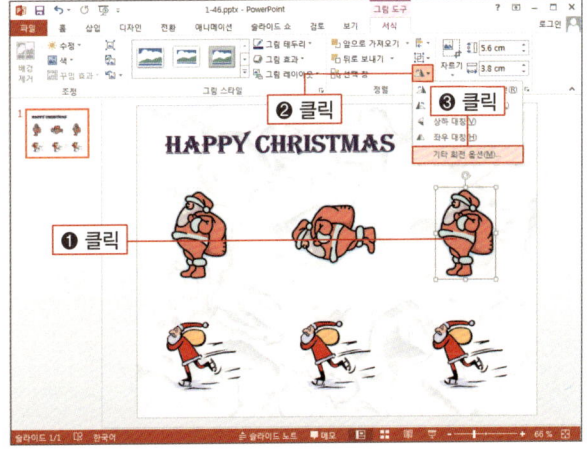

3 [그림 서식] 작업 창의 크기에서 회전 각도를 입력 상자에 직접 입력합니다. 이 방법을 사용하면 회전 각도를 정확한 수치로 지정할 수 있습니다.

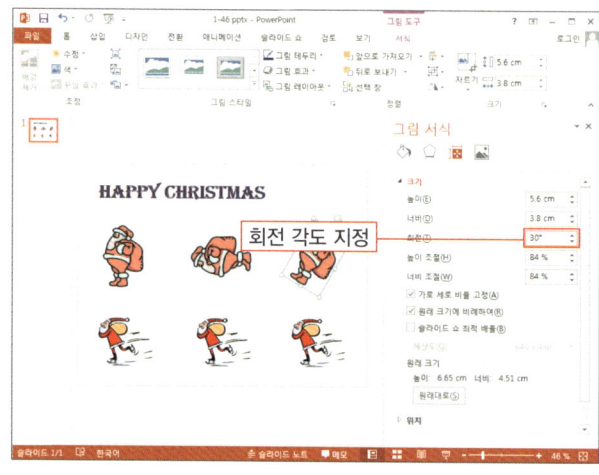

> **POINT**
> 선택한 개체가 도형이라면 [그림 서식] 작업 창 대신 [도형 서식] 작업 창이 표시됩니다.

4 이번에는 개체를 대칭 모양으로 변경하는 방법입니다. 원하는 개체를 클릭해서 선택한 다음 회전( )을 클릭하고 [좌우 대칭]을 선택합니다.

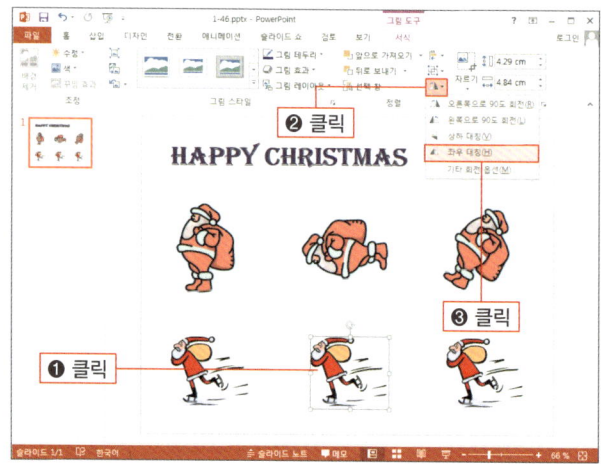

5 선택한 개체가 좌우 대칭 모양으로 변경됩니다. 마지막 산타 그림을 선택하고 회전( )을 클릭한 후 [상하 대칭]을 선택합니다. 선택한 개체의 상하 대칭이 변경됩니다.

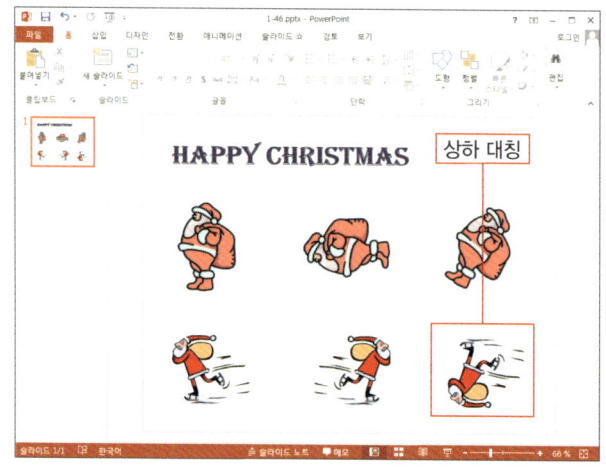

개체의 맞춤과 배분

개체 맞춤은 슬라이드에 삽입한 개체를 다른 개체에 맞추어 나란히 배치하는 기능입니다. 두 개 이상의 개체를 선택한 다음 왼쪽, 가운데, 오른쪽을 기준으로 개체를 가지런하게 맞추거나 위쪽, 중간, 아래쪽을 기준으로 맞출 수 있습니다.

◎ **Key Word** : 맞춤, 간격을 동일하게, 슬라이드에 맞춤   ◎ 예제파일 : Part1\예제파일\1-47.pptx

1 슬라이드에 삽입되어 있는 토마토 그림 하나를 클릭합니다. Shift 를 누른 상태에서 다른 토마토 그림을 차례로 클릭해서 모두 선택한 다음 그림 도구의 [서식] 탭→[정렬] 그룹→맞춤( )을 클릭하고 [위쪽 맞춤]을 선택합니다.

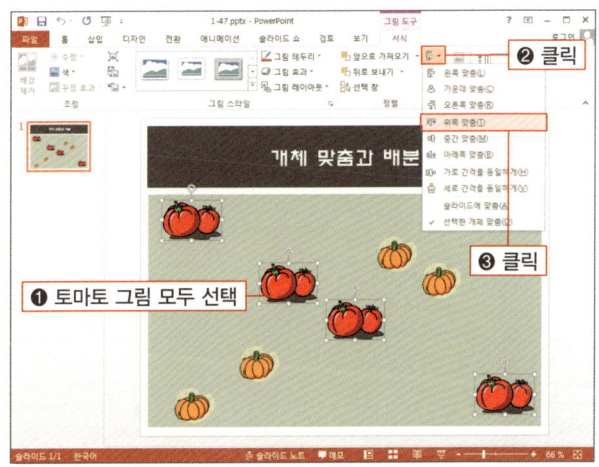

2 선택한 그림 중에서 가장 위쪽에 있는 그림에 맞추어 다른 그림들의 위치가 다음과 같이 변경됩니다.

┃POINT
[위쪽 맞춤], [아래쪽 맞춤], [중간 맞춤] 명령으로 그림의 세로 위치를 변경합니다.

Part 1. 폼나는 프레젠테이션을 위한 기본 50가지

3 이번에는 Shift 를 사용하여 호박 그림을 모두 선택합니다. 그런 다음 맞춤( )을 클릭하고 [왼쪽 맞춤]을 선택합니다.

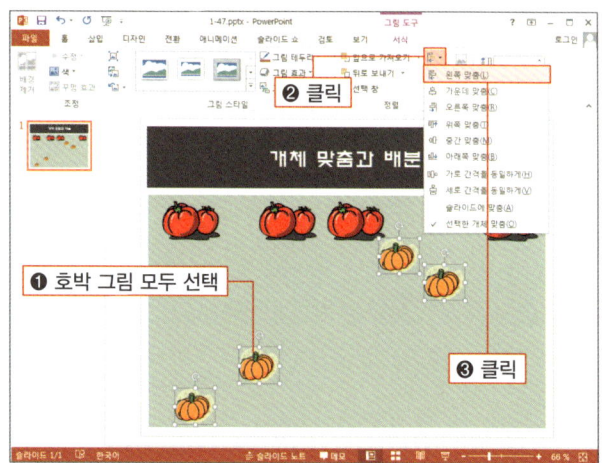

4 선택한 그림 중 가장 왼쪽에 있는 그림에 맞추어 다른 그림들의 위치가 다음과 같이 변경됩니다.

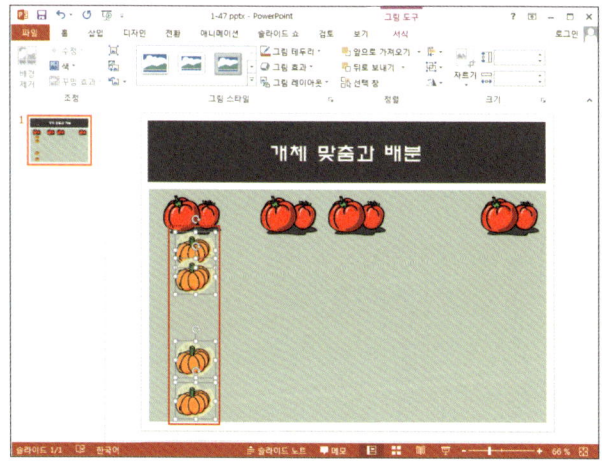

POINT
[왼쪽 맞춤], [오른쪽 맞춤], [가운데 맞춤] 명령으로 그림의 가로 위치를 변경합니다.

5 이번에는 개체들의 간격을 동일하게 변경하는 방법을 살펴봅니다. 토마토 그림을 모두 선택한 다음 맞춤( )을 클릭하고 [가로 간격을 동일하게]를 선택합니다.

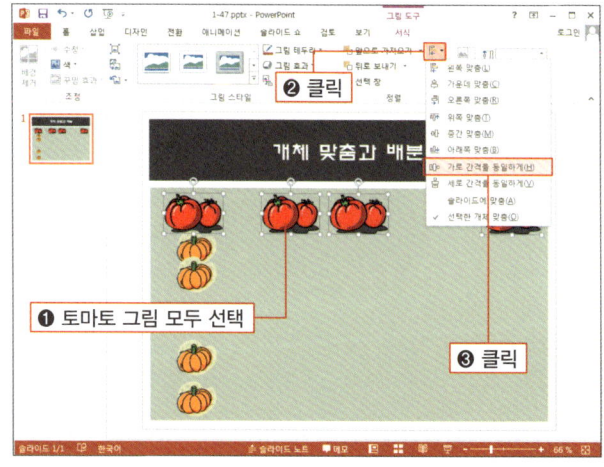

6 선택한 그림들의 가로 간격이 동일하게 변경됩니다. 이번에는 호박 그림을 모두 선택하고 맞춤( )을 클릭하고 [세로 간격을 동일하게]를 선택합니다.

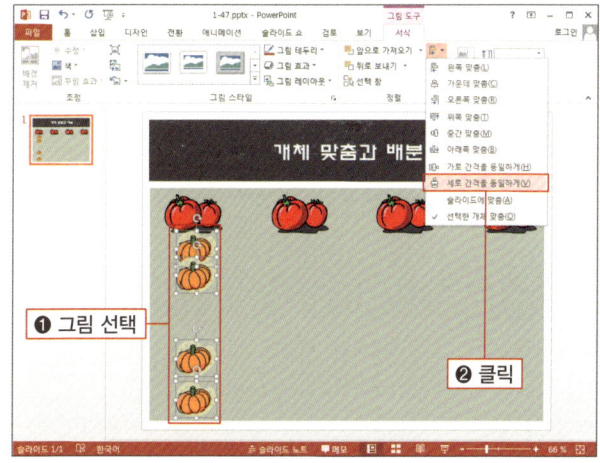

7 선택한 그림들의 세로 간격이 동일하게 변경됩니다.

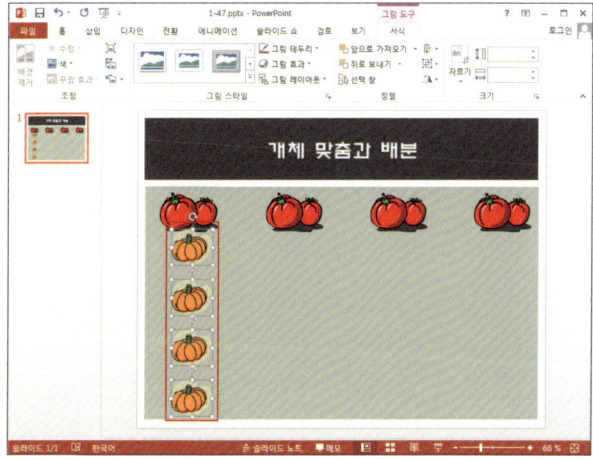

\POINT
[가로 간격을 동일하게] 또는 [세로 간격을 동일하게] 명령을 사용하려면 적어도 세 개 이상의 개체를 선택해야 합니다.

쌩초보 Level Up　슬라이드에 맞춤

- 맞춤( )을 클릭하고 [슬라이드에 맞춤]을 미리 선택한 상태에서 맞춤 명령을 사용하면 선택한 개체를 기준으로 맞추지 않고 슬라이드를 기준으로 개체를 맞춥니다.
- 왼쪽 그림은 [슬라이드에 맞춤]을 선택한 상태에서 [중간 맞춤]과 [가로 간격을 동일하게] 명령을 실행한 결과입니다.
- 오른쪽 그림은 [슬라이드에 맞춤]을 선택한 상태에서 [가운데 맞춤]과 [세로 간격을 동일하게] 명령을 실행한 결과입니다.

section 48
개체의 그룹 설정

두 개 이상의 개체를 하나의 개체로 묶는 것을 그룹이라고 합니다. 개체를 그룹으로 설정하면 그룹을 이동하거나 복사할 때 그룹에 포함된 여러 개체를 한꺼번에 이동하고 복사할 수 있으며, 한꺼번에 같은 서식을 적용할 수 있습니다.

◉ **Key Word** : 그룹, 그룹 해제, 재그룹　　　◉ 예제파일 : Part1\예제파일\1-48.pptx

1 오른쪽의 도형들이 모두 포함되도록 마우스 왼쪽 버튼을 클릭한 채 드래그하여 선택합니다.

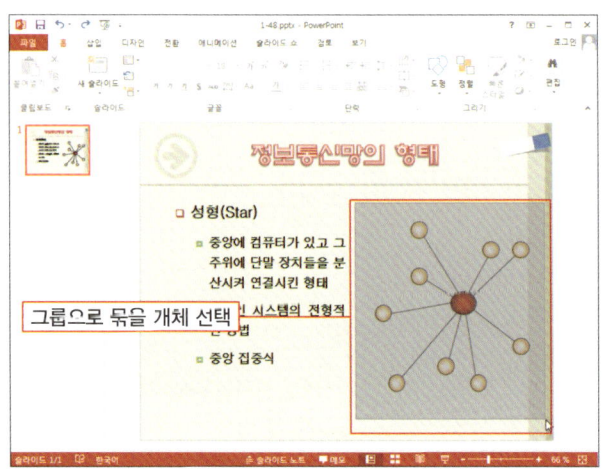

2 점선 사각형 안에 들어가는 모든 도형이 선택 상태가 되면 그리기 도구의 [서식] 탭 → [정렬] 그룹 → 그룹( )을 클릭하고 [그룹]을 선택합니다.

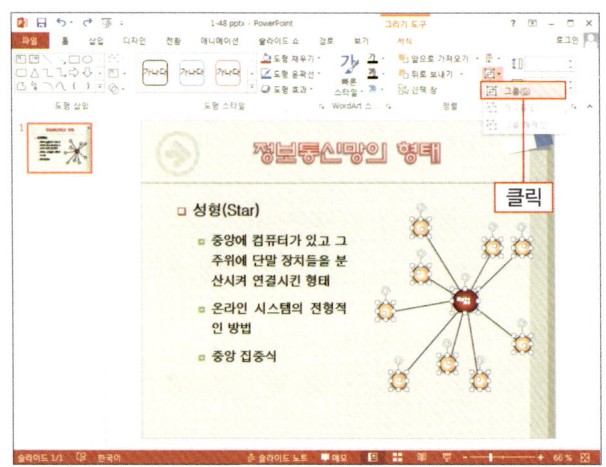

3 선택한 도형들이 다음과 같이 하나의 개체로 묶여 그룹으로 설정됩니다. 이 상태에서 마우스로 그룹을 드래그하면 그룹에 포함된 모든 개체가 한꺼번에 움직입니다.

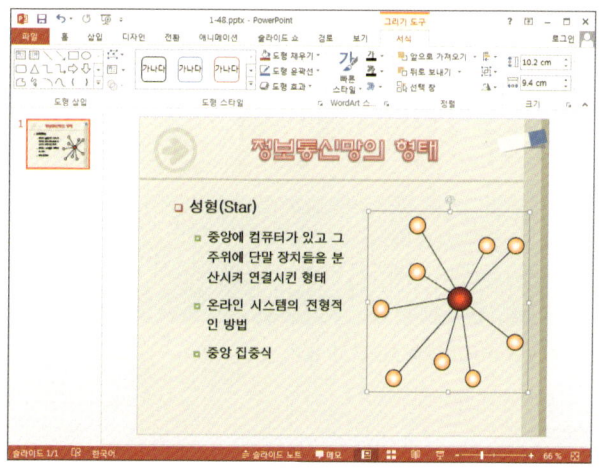

4 개체 그룹을 선택한 상태에서도 그룹에 포함되어 있는 특정 개체만 따로 선택할 수 있습니다. 그런 다음 서식을 지정하면 따로 선택된 개체의 서식만 변경됩니다.

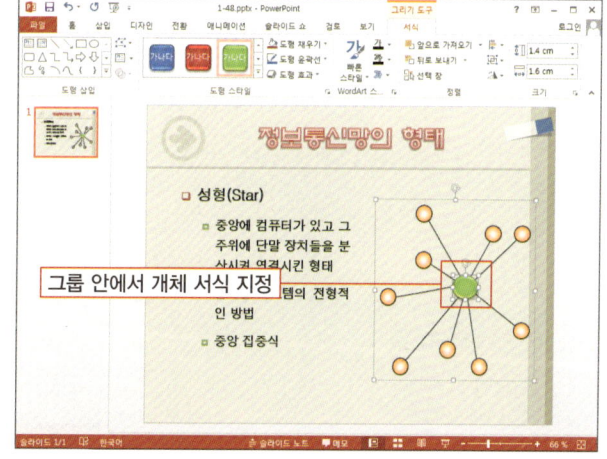

POINT
그룹 안에서 개체의 서식 지정뿐만 아니라 개체의 이동과 복사 등의 작업을 수행할 수 있습니다.

쌩초보 Level Up — 그룹 해제와 재그룹

- **그룹 해제** : 개체를 그룹으로 지정한 다음 원래 상태로 따로 분리하는 것을 그룹 해제라고 합니다. 개체 그룹을 선택하고 그룹(□)을 클릭한 다음 [그룹 해제]를 선택하여 그룹을 해제할 수 있습니다. 그룹 해제는 그룹 설정 순서대로 실행됩니다. 예를 들어 A와 B 개체를 그룹으로 설정한 후, 이 그룹과 C 개체를 다시 그룹으로 설정한 경우에 그룹 해제 명령을 실행하면 A와 B 그룹 그리고 C 개체로 분리됩니다. 다시 그룹을 선택하고 그룹 해제 명령을 실행하면 A와 B 개체가 서로 분리됩니다.
- **재그룹** : 그룹 설정을 실행한 다음 그룹 해제를 실행한 상태에서 그룹으로 설정했던 특정 개체 하나만 선택하고 그룹(□)을 클릭한 다음 [재그룹]을 선택하면 원래 그룹으로 설정했던 모든 개체들이 다시 하나의 그룹으로 설정됩니다.

도형 병합하기

도형 병합 기능은 선택한 여러 개의 도형을 병합하여 새로운 모양의 사용자 지정 도형을 만드는 것으로 파워포인트 2013의 리본 메뉴에 새롭게 등장한 명령입니다. 도형의 병합, 결합, 조각, 교차, 빼기 등 모두 다섯 가지의 기능이 제공됩니다.

Key Word : 도형 병합, 결합, 조각, 교차, 빼기
예제파일 : Part1\예제파일\1-49.pptx

1 먼저 병합 기능부터 알아보겠습니다. 다음과 같이 두 개의 도형을 선택한 다음 [서식] 탭 → [도형 삽입] 그룹 → 도형 병합(◎ 도형 병합▼)을 클릭한 다음 [병합]을 선택합니다.

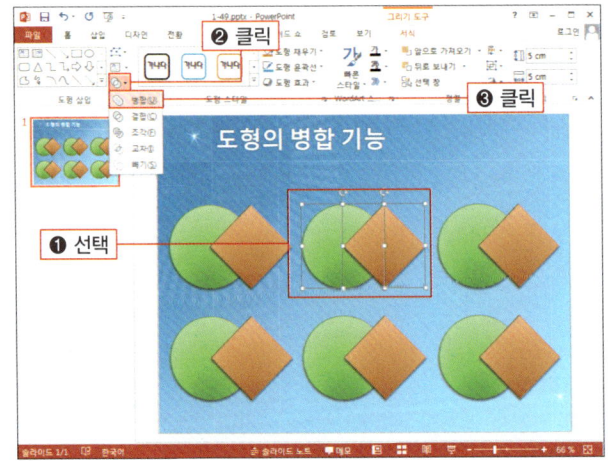

2 도형 병합은 두 개의 도형을 다음과 같이 하나의 도형으로 합치는 역할을 합니다. 병합 후 도형의 서식은 첫 번째로 선택한 도형의 서식을 따라갑니다.

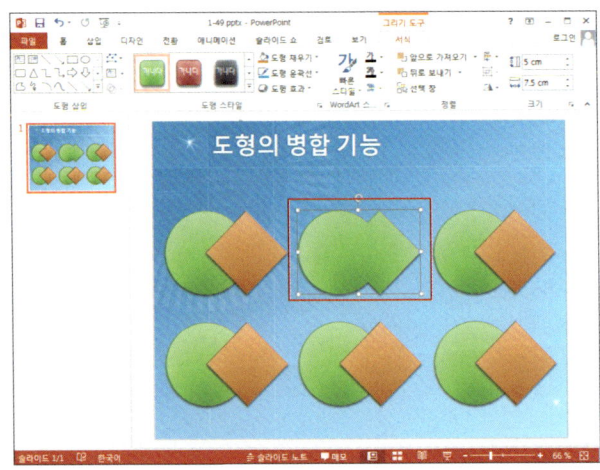

3 다시 두 개의 도형을 선택하고 도형 병합(도형 병합▼)을 클릭한 다음 [결합]을 선택합니다. 도형 결합은 선택한 도형이 겹쳐지는 부분을 제외하고 하나의 도형으로 합칩니다.

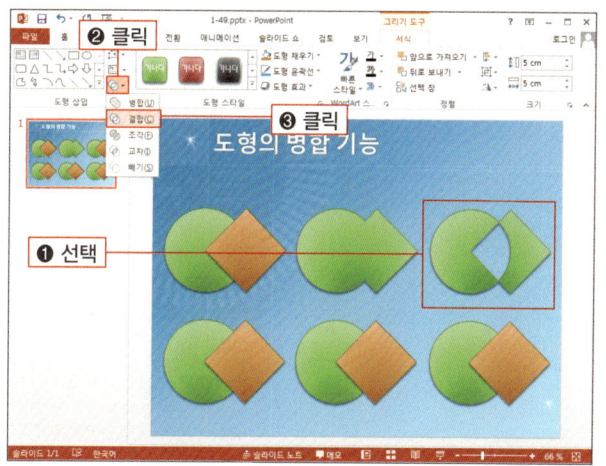

4 다시 두 개의 도형을 선택하고 도형 병합(도형 병합▼)을 클릭한 다음 [조각]을 선택합니다. 조각은 겹쳐진 부분을 포함하여 여러 개의 도형 조각으로 만듭니다.

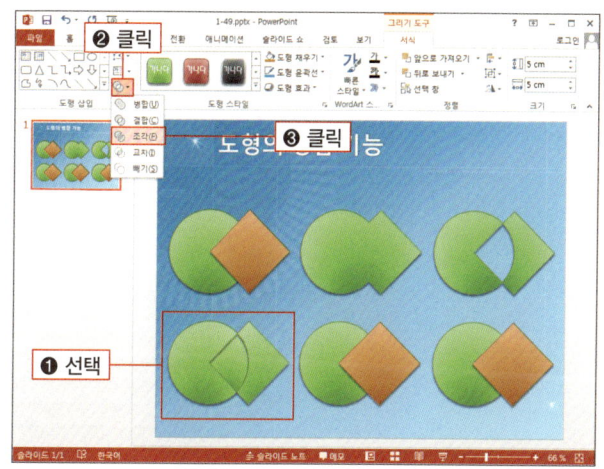

5 도형 조각을 실행하고 난 다음에는 각 조각이 독립된 도형이 되므로 다음과 같이 이동하거나 서식을 지정할 수 있게 됩니다.

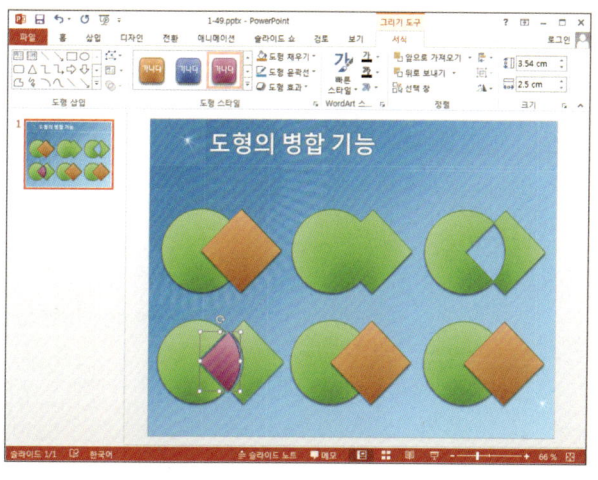

Part 1. 폼나는 프레젠테이션을 위한 기본 50가지 **147**

6 이번에는 두 개의 도형을 선택한 다음 도형 병합(도형 병합▼)을 클릭하고 [교차]를 선택합니다. 교차는 도형이 겹쳐지는 부분만 남기고 나머지 부분은 제거한 형태가 됩니다.

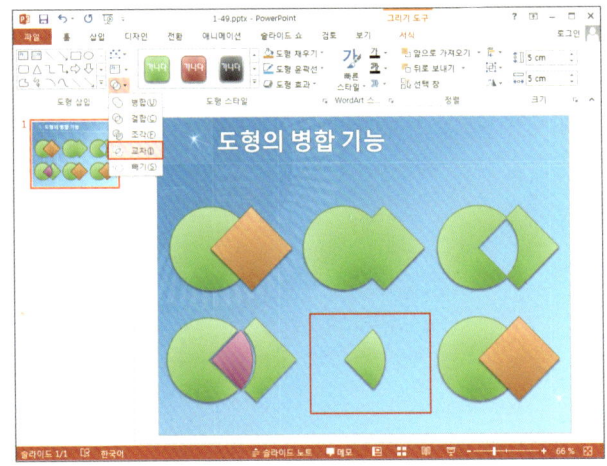

7 마지막으로 두 개의 도형을 선택하고 도형 병합(도형 병합▼)을 클릭한 다음 [빼기]를 선택합니다. 첫 번째로 선택한 도형에서 다른 도형 모양대로 제거한 형태가 됩니다.

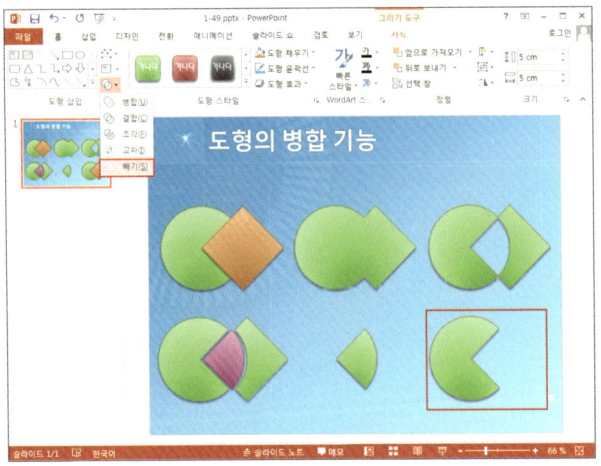

8 [빼기] 명령을 실행할 때 다이아몬드 도형이 기준이 된다면 다음과 같은 결과로 나타납니다.

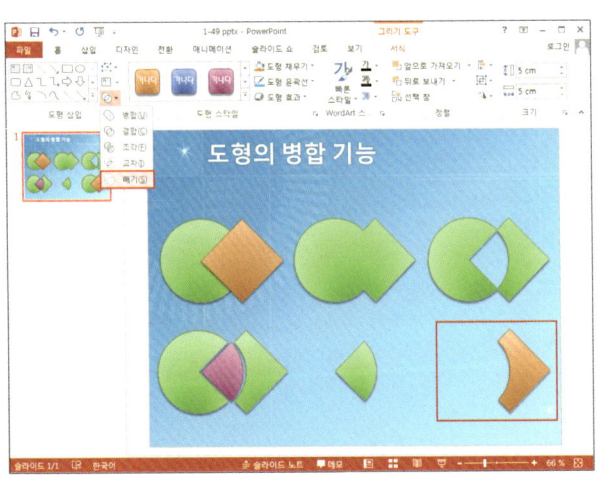

워드아트 만들기

슬라이드에서 특정 텍스트를 강조하여 표시할 때 워드아트 기능을 사용합니다. 워드아트는 텍스트를 그래픽으로 표현하는 특별한 방법입니다. 슬라이드에 워드아트를 삽입하고 편집하는 과정을 살펴봅니다.

◉ **Key Word** : 워드아트, 텍스트 채우기, 텍스트 윤곽선, 텍스트 효과　　◉ 예제파일 : Part1\예제파일\1-50.pptx

1 슬라이드에 새로운 워드아트 개체를 작성하여 삽입하려면 [삽입] 탭 → [텍스트] 그룹 → WordArt(가)를 클릭하고 원하는 워드아트 스타일을 선택합니다.

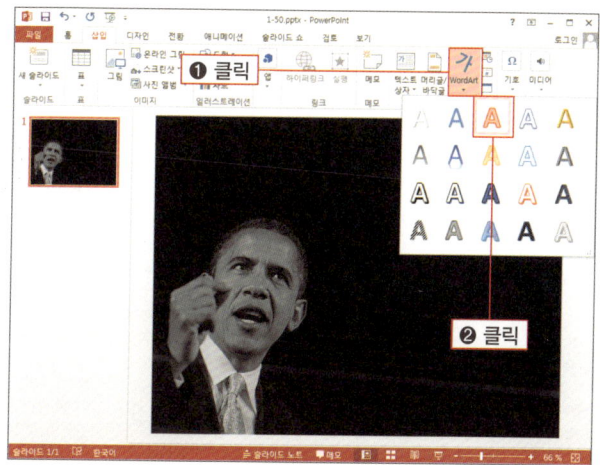

2 슬라이드 중앙에 선택한 스타일로 '필요한 내용을 적으십시오.'라는 기본 텍스트의 워드아트가 만들어 집니다.

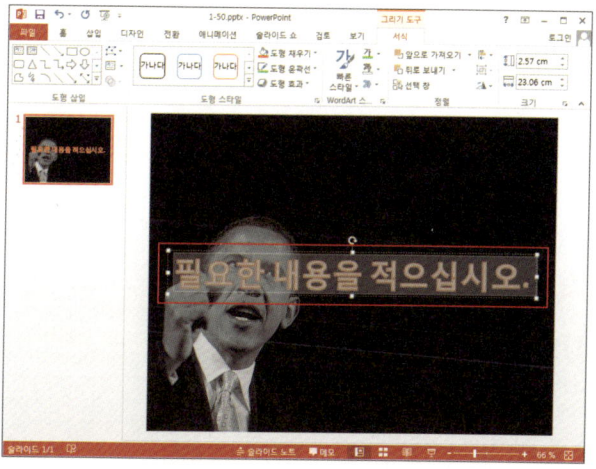

Part 1. 폼나는 프레젠테이션을 위한 기본 50가지　**149**

3 기본 워드아트 개체가 선택되어 있는 상태에서 워드아트로 작성할 텍스트를 입력합니다. 워드아트의 크기는 입력 텍스트의 길이에 따라 자동 조정됩니다.

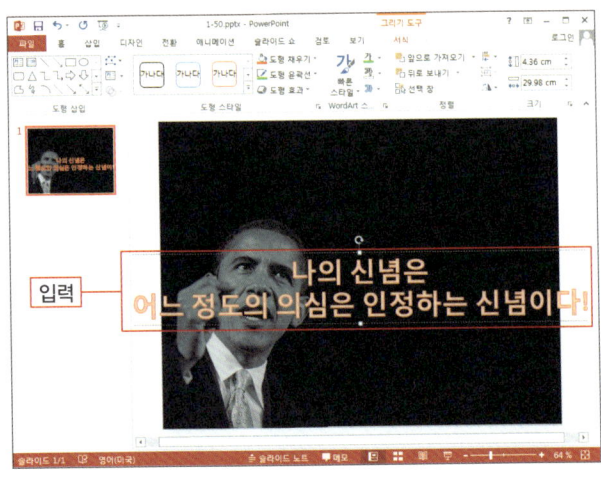

POINT
워드아트 내에서 줄을 바꿀 때는 Enter 를 사용합니다.

4 텍스트 입력이 끝나면 Esc 를 누르거나 워드아트의 테두리를 클릭합니다. 이 상태에서 글꼴과 글꼴 크기, 단락 맞춤 등의 서식을 지정합니다. 또 테두리에서 마우스 왼쪽 버튼을 클릭한 채 드래그하여 원하는 곳으로 이동합니다.

POINT
워드아트 테두리를 클릭하면 실선으로 테두리가 표시됩니다. 실선 테두리가 표시된 상태를 선택 상태라고 합니다.

5 [서식] 탭 → [WordArt 스타일] 그룹 → 텍스트 채우기( )의 화살표를 클릭하고 텍스트를 채울 색을 선택합니다.

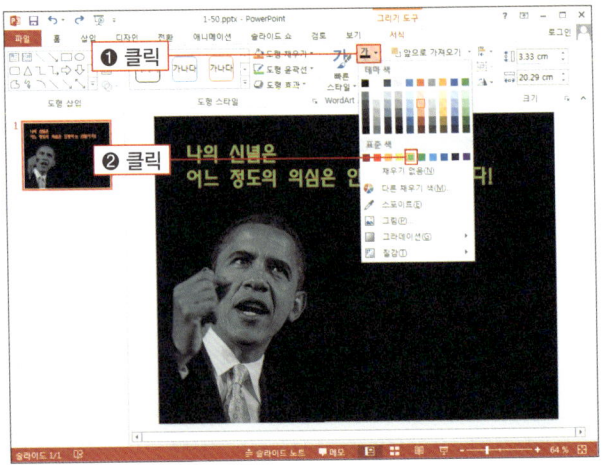

POINT
[서식] 탭 → [WordArt 스타일] 그룹의 WorkArt 스타일 갤러리에서 원하는 스타일을 선택하면 워드아트의 전체적인 서식이 한꺼번에 변경됩니다.

6 계속해서 텍스트 윤곽선(　)을 클릭하고 텍스트 윤곽선을 그릴 색을 선택합니다. 여기서는 [윤곽선 없음]을 선택했습니다.

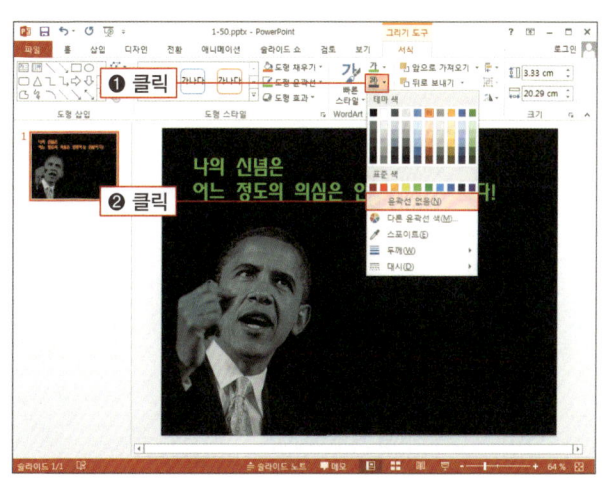

POINT
텍스트 채우기(　)나 텍스트 윤곽선(　)의 왼쪽 이미지 부분을 클릭하는 것은 마지막에 사용한 색을 선택한 것과 같습니다

7 이번에는 텍스트 효과(　)를 클릭하고 [변환]에서 '물결 2'를 선택합니다.

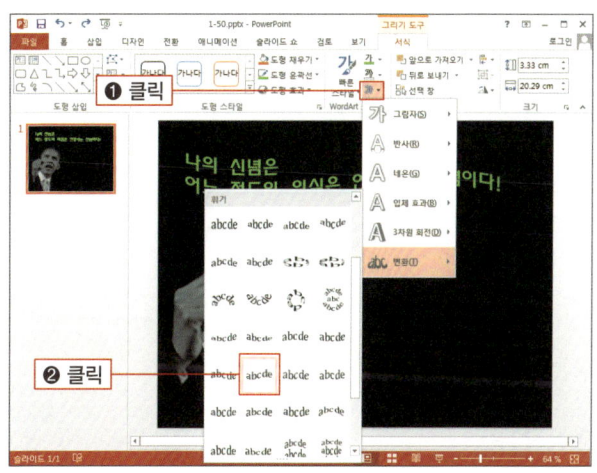

POINT
워드아트에도 도형과 마찬가지로 그림자, 반사, 네온 등의 효과를 지정할 수 있습니다.

8 워드아트 모양이 변경되면 크기 조절 핸들로 워드아트의 너비와 높이를 자유롭게 조절할 수 있게 됩니다. 또 분홍색 마름모꼴의 모양 조절 핸들로 모양도 조절할 수 있습니다.

POINT
워드아트 변환을 거친 상태에서는 개체의 크기에 따라 텍스트의 글꼴 크기가 정해지므로 [홈] 탭 → [글꼴] 그룹에서 지정한 글꼴 크기는 의미가 없어집니다.

Part 1. 폼나는 프레젠테이션을 위한 기본 50가지 **151**

P/O/W/E/R/P/O/I/N/T 2/0/1/3

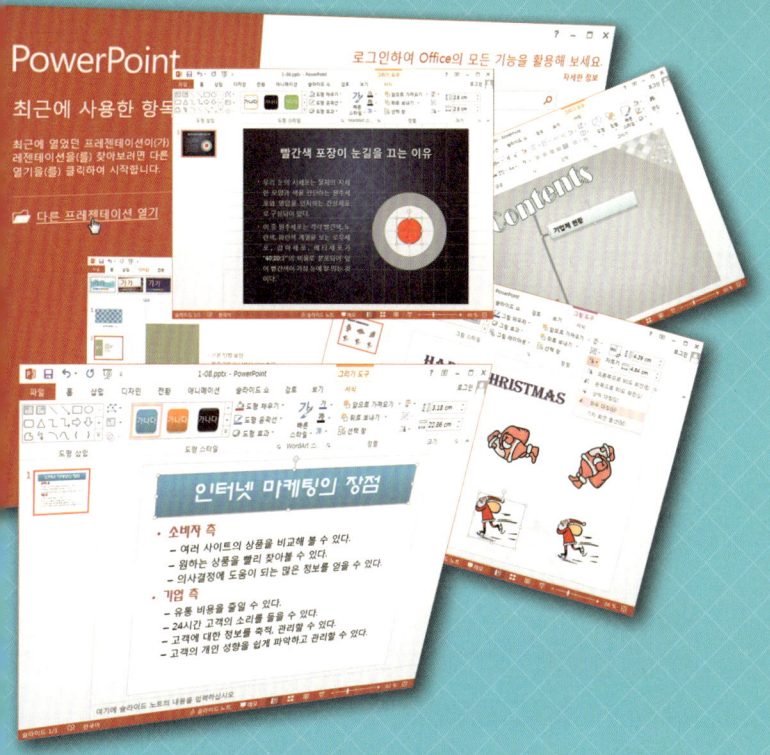

Part 2

프레젠테이션의 재미가 쏠쏠 나는 활용 50가지

슬라이드에 어울리는 이미지나 표와 차트, 동영상, 오디오 등의 개체를 사용하면 더욱 생동감 있고 효과적인 프레젠테이션을 연출할 수 있습니다. 실제 프레젠테이션에서 청중의 눈과 귀를 사로잡기 위해 슬라이드를 전환할 때나 주의를 기울여야 할 개체에 애니메이션 효과를 곁들일 수도 있습니다. 이번 파트에서 다루게 될 활용 기능은 이러한 목적을 달성하기 위한 것입니다.

 그림 삽입하기

디스크에 저장되어 있는 그림 파일을 슬라이드에 삽입하여 프레젠테이션에서 전달하고자 하는 내용을 강조하고 보완할 수 있습니다. 여기서는 그림 파일을 삽입한 다음 크기와 위치를 조정하고 회전 각도를 변경하는 방법에 대해 설명합니다.

○→ **Key Word** : 그림 삽입, 그림 스타일 　　　　　　　　○→ **예제파일** : Part2\예제파일\2-01.pptx

1 슬라이드에 그림 파일을 삽입하기 위해 [삽입] 탭 → [이미지] 그룹 → 그림(🖼)을 클릭합니다.

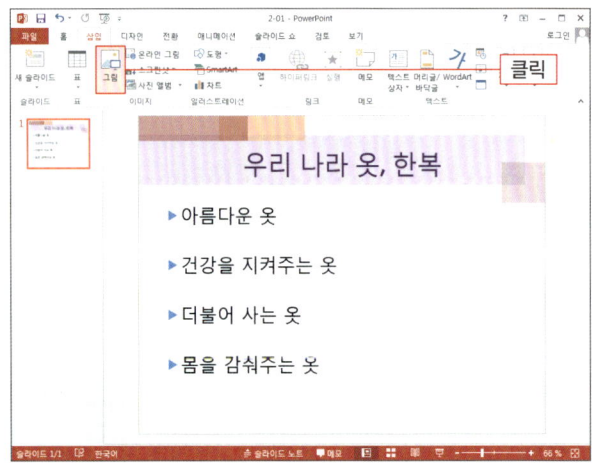

2 [그림 삽입] 대화상자가 표시되면 슬라이드에 삽입할 그림 파일을 선택하고 [삽입] 버튼을 클릭합니다.

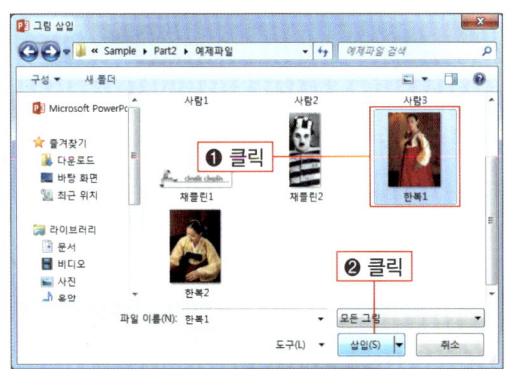

POINT
[삽입] 버튼의 화살표를 누르고 [파일에 연결]을 클릭하면 프레젠테이션에 그림 파일을 포함시키지 않고 원본 그림 파일에 연결만 합니다.

3 슬라이드 중앙에 선택한 그림 파일이 삽입되고 리본 메뉴에 그림 도구가 나타납니다. [서식] 탭 → [그림 스타일] 그룹의 그림 스타일 갤러리에서 원하는 그림 스타일을 클릭해서 적용합니다.

4 그림 테두리에 표시된 크기 조정 핸들로 그림 크기를 조정하고 회전 핸들을 이용하여 그림을 회전합니다. 그리고 마우스로 그림을 드래그해서 이동합니다.

> **쌩초보 Level Up**   **슬라이드 레이아웃으로 그림 삽입**
>
> - 슬라이드 레이아웃 중 콘텐츠(또는 내용)가 포함되어 있는 슬라이드에서는 지정된 위치에 그림을 삽입할 수 있습니다.
> - 콘텐츠가 있는 개체 틀에서 [그림] 아이콘을 클릭하면 바로 [그림 삽입] 대화상자가 표시되고, 그림 파일을 선택하여 삽입하면 개체 틀 위치에 그림이 나타납니다.

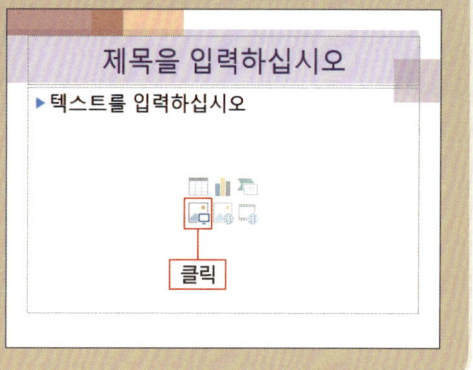

그림 편집하기

슬라이드에 삽입한 그림의 색을 조정하거나 명암(대비)과 밝기 등을 조정할 때 그림 도구를 사용합니다. 그림 도구는 그림을 선택하면 자동으로 리본 메뉴에 표시됩니다. 그림 도구의 [서식] 탭에 있는 여러 도구를 사용하여 다양한 방법으로 그림을 편집하는 과정을 살펴보겠습니다.

⊙ **Key Word** : 다시 칠하기, 채도, 색조, 선명도, 밝기, 대비 ⊙ 예제파일 : Part2\예제파일\2-02.pptx

1 이 슬라이드는 '콘텐츠 2개' 레이아웃을 사용한 것으로 오른쪽의 내용 개체 틀에 그림 파일을 삽입할 것입니다. 내용 개체 틀에서 그림( ) 아이콘을 클릭합니다.

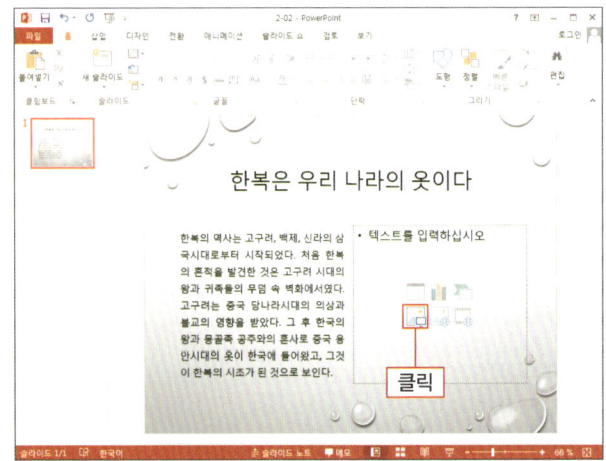

2 [그림 삽입] 대화상자가 표시되면 슬라이드에 삽입할 그림 파일을 선택한 다음 [삽입] 버튼을 클릭합니다.

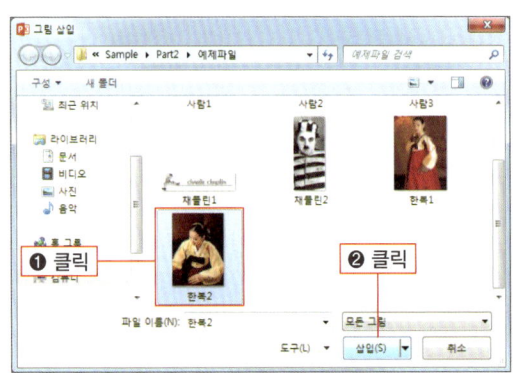

3 내용 개체 틀이 있던 자리에 그림 파일이 삽입되면 [서식] 탭 → [그림 스타일] 그룹의 그림 스타일 갤러리에서 그림 스타일을 선택하고, 크기 조절 핸들을 사용하여 그림 크기를 조절합니다.

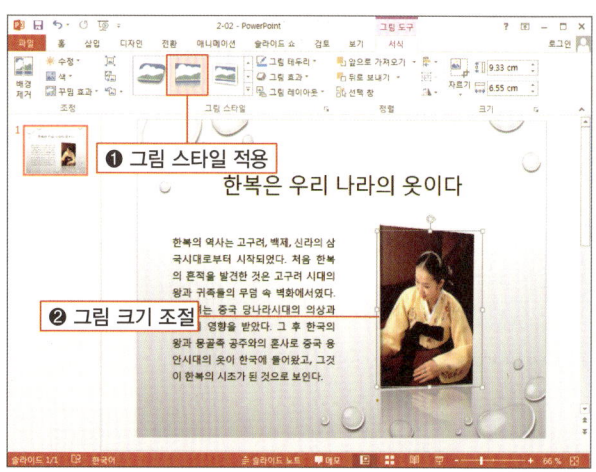

4 [서식] 탭 → [조정] 그룹 → 색(🖼)을 클릭하고 다시 칠하기 영역에서 원하는 색 변형을 선택합니다. 색(🖼)에서 다시 칠하기 외에 그림의 채도와 색조 등을 조절할 수 있습니다.

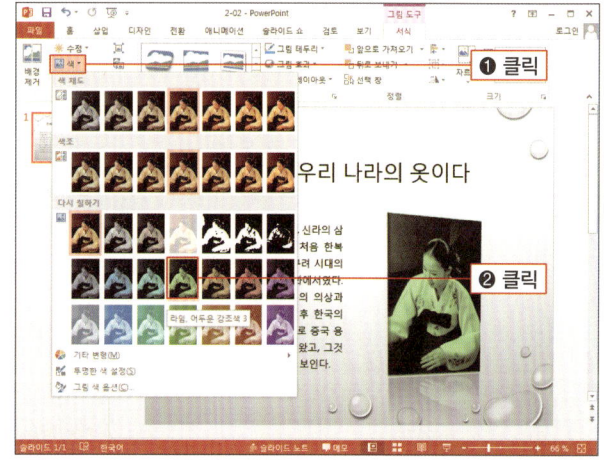

POINT
원하는 색 변형이 없으면 [기타 변형]에서 다른 색을 선택할 수 있습니다.

5 이번에는 수정(✦)을 클릭하고 밝기 및 대비 영역에서 [밝기: +20% 대비: -20%]를 선택하여 그림의 밝기와 대비(명암)를 조절합니다.

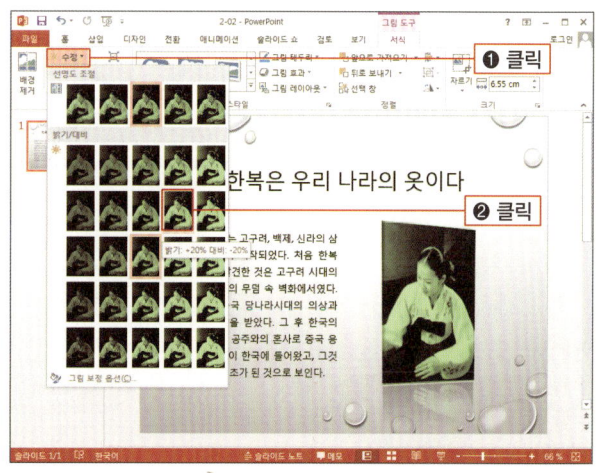

POINT
선명도 조절 영역에서 그림을 더 부드럽게 표시하거나 더 선명하게 표시할 수 있습니다.

section 03
꾸밈 효과 사용하기

꾸밈 효과는 원본 그림을 연필 스케치처럼 표현하거나 수채화나 파스텔로 칠한 것 같은 느낌으로 표현할 수 있어 전문가 같은 그림 효과를 낼 수 있도록 도와줍니다.

Key Word : 꾸밈 효과, 꾸밈 효과 옵션   **예제파일** : Part2\예제파일\2-03.pptx

1 왼쪽 아래에 있는 그림을 선택하고 [서식] 탭→[조정] 그룹→꾸밈 효과()를 클릭한 다음 원하는 효과를 선택합니다. 여기서는 [연필 스케치] 효과를 선택했습니다.

2 그림에 꾸밈 효과가 적용된 결과입니다. 위쪽에 있는 원본 그림과 비교해보면 꾸밈 효과가 어떤 역할을 했는지 알 수 있습니다.

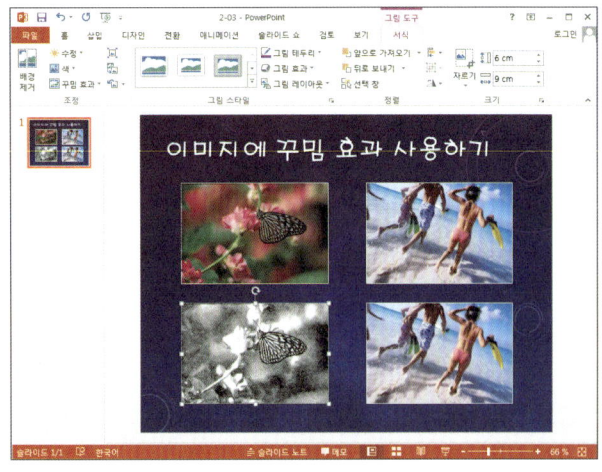

POINT

꾸밈 효과가 적용되어 있는 그림에 다른 꾸밈 효과를 다시 선택하면 이전 효과는 자동으로 제거됩니다.

3 이번에는 오른쪽 아래에 있는 그림을 선택합니다. 그리고 꾸밈 효과(📷)를 클릭한 다음 [꾸밈 효과 옵션]을 선택합니다.

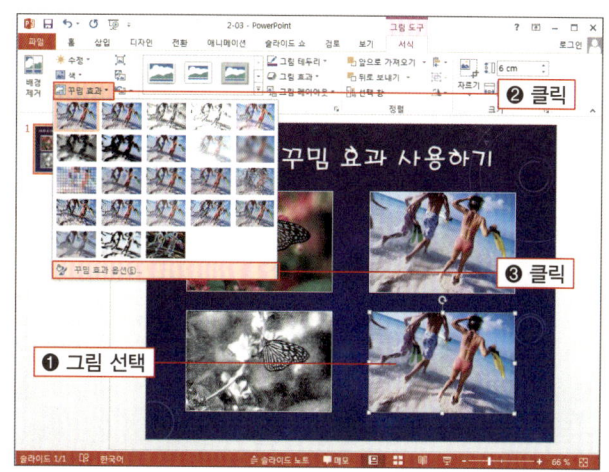

4 [그림 서식] 작업 창이 표시되면 꾸밈 효과 버튼을 클릭하고 [밝은 화면] 효과를 선택합니다.

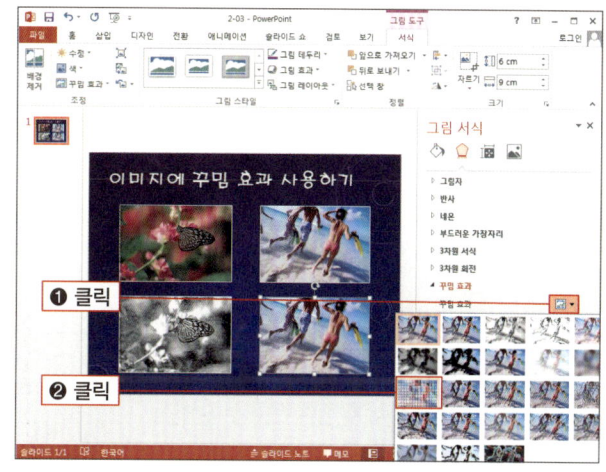

5 슬라이드에서 선택한 그림에 [밝은 화면] 꾸밈 효과가 적용되고, 해당 효과에 대한 옵션을 설정할 수 있는 상태가 됩니다.

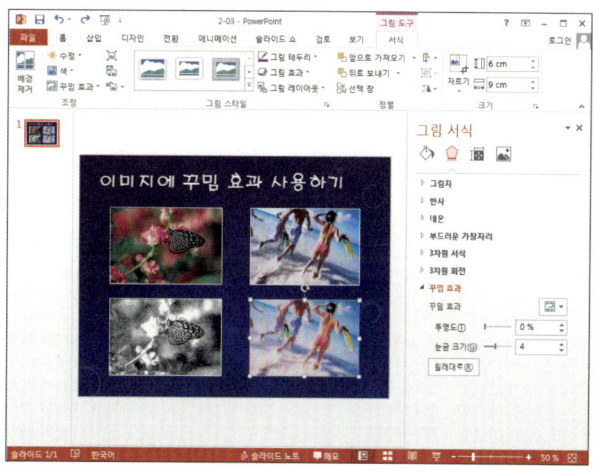

6 [밝은 화면] 효과에 대해서는 투명도와 눈금 크기를 조정할 수 있습니다. 여기서는 눈금 크기를 '10'으로 변경합니다.

\POINT
[원래대로] 버튼을 클릭하면 설정한 꾸밈 효과가 취소됩니다.

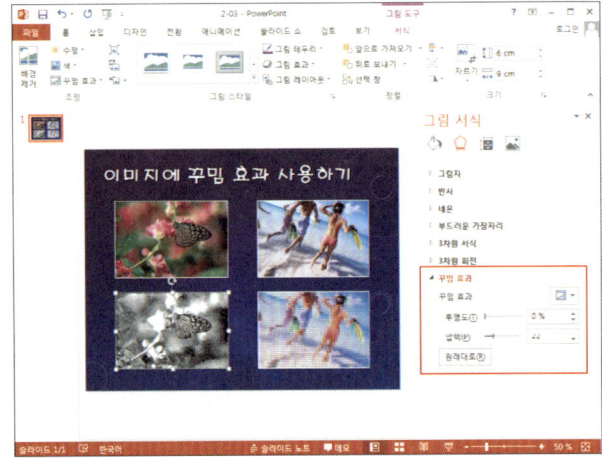

7 다른 꾸밈 효과도 [그림 서식] 작업 창을 이용하여 옵션을 세밀하게 조정할 수 있습니다. 다음은 [연필 스케치] 꾸밈 효과를 설정한 그림을 선택했을 때 표시되는 옵션입니다.

\POINT
꾸밈 효과에 따라 조정할 수 있는 옵션은 달라집니다.

쌩초보 Level Up — 그림 바꾸기와 그림 원래대로

- **그림 바꾸기**(그림 바꾸기) : 현재 선택한 그림을 다른 그림으로 바꿀 때 사용합니다. 그림 바꾸기(그림 바꾸기)를 클릭하면 [그림 삽입] 대화상자가 실행됩니다. 여기에서 다른 그림 파일을 선택하고 [삽입] 버튼을 클릭하면 현재 그림이 선택한 그림으로 바뀝니다. 이때 원래 그림에 적용한 여러 가지 서식과 그림 크기는 새로 바뀐 그림에도 그대로 적용됩니다.
- **그림 원래대로**(그림 원래대로 ▼) : 현재 선택한 그림에 설정한 모든 서식을 제거하고 맨 처음 그림 파일을 삽입할 때의 형태로 되돌립니다. 그림 원래대로(그림 원래대로)의 화살표를 클릭하고 [그림 및 크기 다시 설정]을 선택하면 그림에 설정한 서식과 함께 크기까지 원래대로 되돌릴 수 있습니다.

그림 배경 제거하기

배경 제거는 그림의 배경을 제거하여 사용자가 원하는 부분만 슬라이드에 표시하는 기능입니다. 그림의 배경을 파워포인트가 자동으로 판단하여 제거해주므로 손쉽게 이미지를 편집할 수 있습니다.

Key Word : 배경 제거, 보관할 영역, 제거할 영역

예제파일 : Part2\예제파일\2-04.pptx

1 슬라이드에 삽입되어 있는 그림을 클릭한 다음 [서식] 탭 → [조정] 그룹 → 배경 제거( )를 클릭합니다.

2 다음과 같이 자동으로 그림의 배경이 제거됩니다. 초기에는 프로그램이 자동 판단하여 그림 배경을 제거한 상태이므로 사용자가 원하는 부분만 남겨두도록 조정하는 과정이 필요합니다.

POINT

배경 제거를 시작하면 리본 메뉴에 자동으로 [배경 제거] 탭이 표시됩니다.

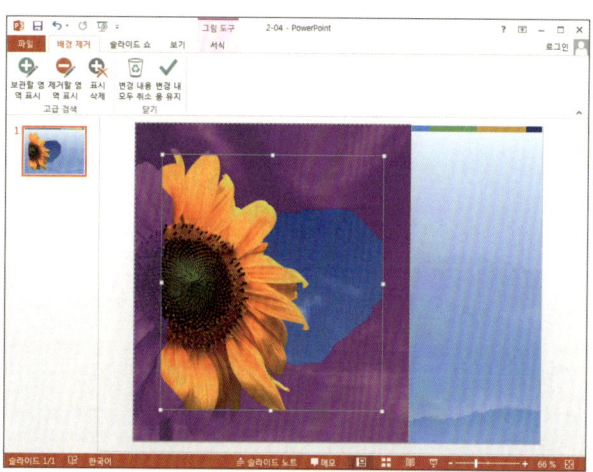

3 표시하고 싶은 부분만 사각형 안에 포함되도록 그림에 표시된 배경 제거 선의 핸들을 마우스로 드래그한 다음 작업이 끝나면 [배경 제거] 탭 → [닫기] 그룹 → 변경 내용 유지(✓)를 클릭합니다.

\POINT
배경 제거 작업을 취소하고 원래대로 돌아가려면 변경 내용 모두 취소( )를 클릭합니다.

4 슬라이드 바깥쪽을 클릭해서 그림의 선택을 해제하면 다음과 같이 배경이 제거된 그림을 확인할 수 있습니다.

쌩초보 Level Up 보관할 영역과 제거할 영역

배경을 제거할 때 [배경 제거] 탭 → [고급 검색] 그룹의 다음 도구를 이용하여 사용자가 보관하고 싶은 영역과 제거하고 싶은 영역을 지정할 수 있습니다.
- 보관할 영역 표시( )를 클릭하고 제거된 영역 중 표시하고 싶은 부분을 마우스로 드래그합니다.
- 제거할 영역 표시( )를 클릭하고 표시되어 있는 영역 중 제거하고 싶은 부분을 마우스로 드래그합니다.
- 표시 삭제( )를 클릭하고 보관할 영역이나 제거할 영역 표시를 클릭하면 표시가 삭제됩니다.

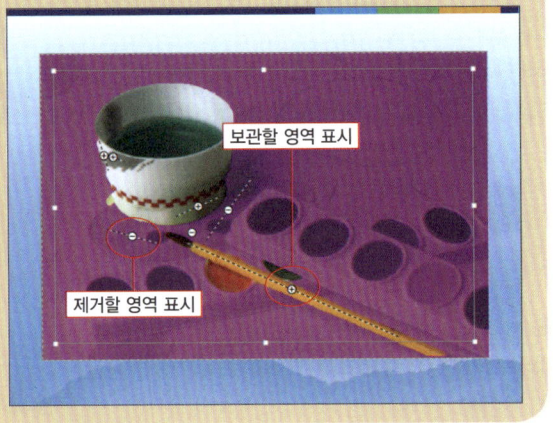

그림 자르기와 압축하기

그림에서 필요없는 부분을 잘라내고 나머지 부분만 슬라이드에 표시하는 것을 자르기라고 합니다. 자르기를 실행한 다음 그림을 압축하면 잘라낸 부분을 영구적으로 삭제하여 그림의 용량을 줄일 수 있으며 결과적으로 프레젠테이션 파일의 크기를 줄여줍니다.

⊙ **Key Word** : 자르기, 그림 압축　　　　　⊙ **예제파일** : Part2\예제파일\2-05.pptx

1 슬라이드 왼쪽에 삽입한 그림을 클릭한 다음 [서식] 탭 → [크기] 그룹 → 자르기(🖼)를 클릭합니다.

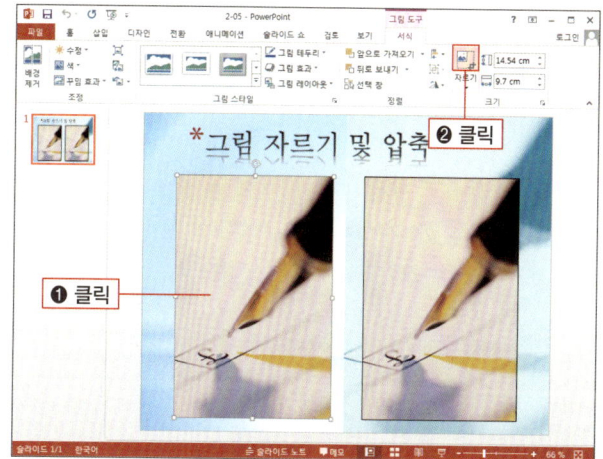

POINT

자르기(🖼)의 화살표가 아니라 이미지 부분을 클릭해야 합니다.

2 그림 자르기 상태가 되면 그림 테두리에 모두 여덟 개의 자르기 핸들이 표시됩니다.

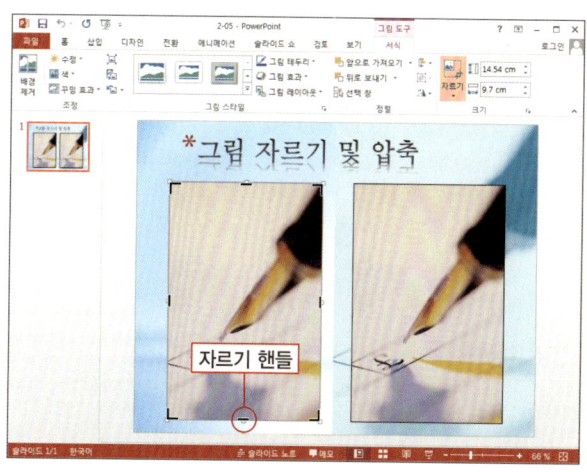

3 자르기 핸들에서 마우스 왼쪽 버튼을 클릭한 채 드래그하여 다음과 같이 불필요한 부분을 잘라냅니다.

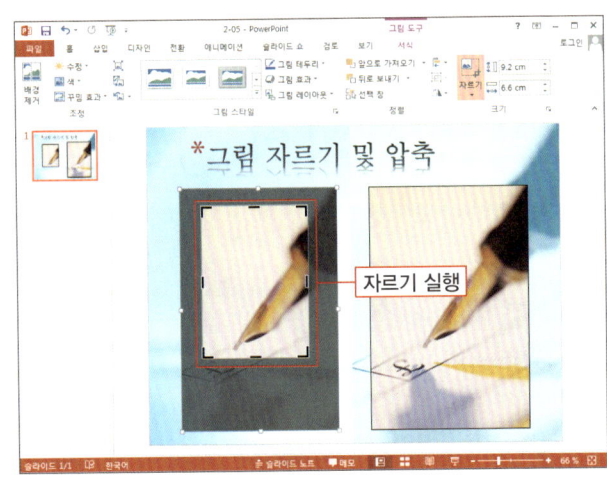

POINT
한 면을 자를 때는 해당 면의 중앙에 있는 자르기 핸들을 드래그하고, 반대쪽 면도 똑같이 자르려면 Ctrl 을 누른 채 가르기 핸들을 드래그 합니다.

4 자르기 영역이나 그림을 드래그하면 자르기 위치를 이동할 수 있습니다. 자르기 영역을 드래그해서 위치를 이동할 때는 자르기 영역의 테두리를 드래그해야 합니다. 자르기가 모두 끝나면 Esc 를 누릅니다.

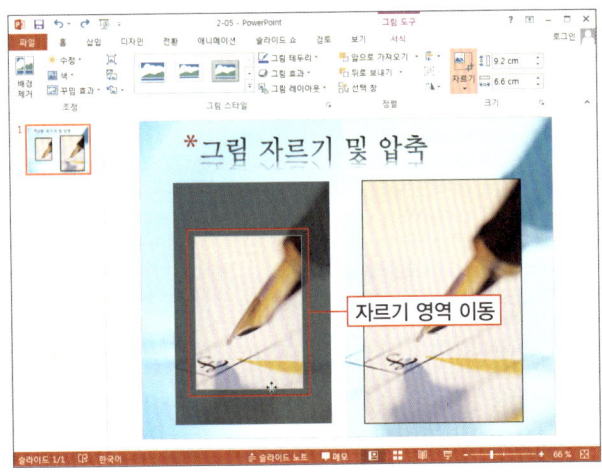

5 이번에는 오른쪽에 있는 그림을 클릭한 다음 자르기( )의 화살표를 클릭하고 [도형에 맞춰 자르기]에서 원하는 도형을 클릭합니다. 이렇게 하면 선택한 도형 모양으로 그림이 잘라집니다.

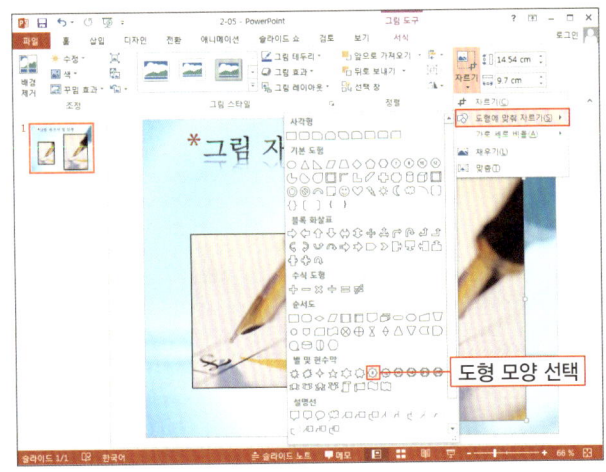

6 도형에 맞춰 자른 후 다시 자르기 영역을 조정하려면 자르기( )를 클릭합니다. 자르기 핸들을 마우스로 드래그하여 도형의 크기를 수정한 다음 Esc 를 눌러 자르기를 종료합니다.

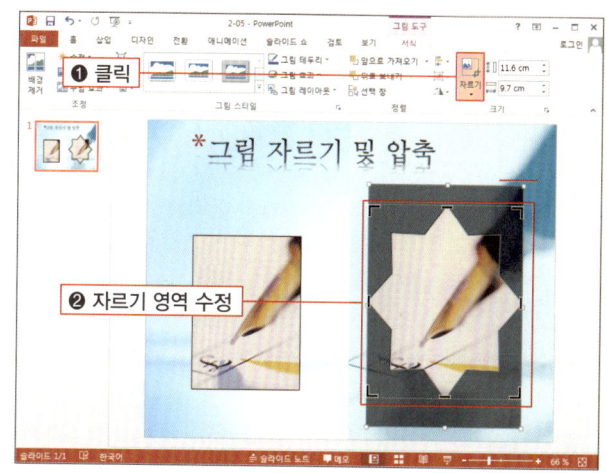

7 [서식] 탭 → [조정] 그룹 → 그림 압축(그림 압축)을 클릭하면 [그림 압축] 대화상자가 실행됩니다. 압축 옵션에서 [이 그림에만 적용]을 클릭해서 체크 해제한 다음 [확인] 버튼을 클릭합니다. 이렇게 하면 현재 프레젠테이션에 있는 모든 그림을 압축할 수 있습니다.

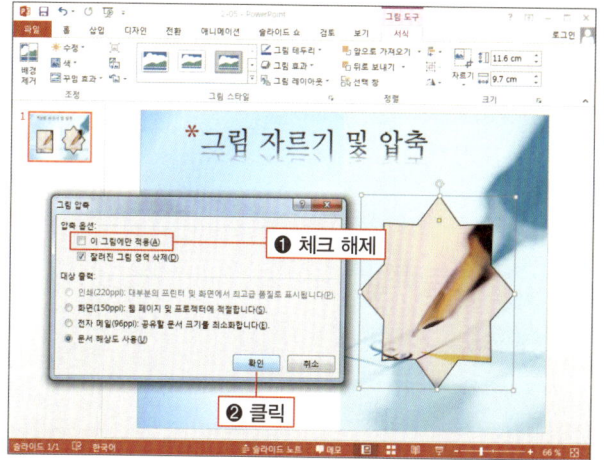

POINT
현재 선택한 그림만 압축하려면 [이 그림에만 적용] 항목을 선택해야 합니다.

쌩초보 Level Up — 그림 자르기 옵션

[서식] 탭 → [크기] 그룹 → 자르기( )의 화살표를 클릭하고 다음 명령들을 사용하여 그림을 자르는 옵션을 지정합니다.
- [가로 세로 비율] : 선택한 비율을 유지하여 그림을 자릅니다.
- [채우기] : 그림의 가로 세로 비율을 유지하면서 자르기 영역이 채워지도록 전체 그림의 크기를 조정합니다. 자르기 영역의 모양에 따라 그림의 가장자리 일부가 표시되지 않을 수도 있습니다.
- [맞춤] : 그림의 가로 세로 비율을 유지하면서 전체 그림이 자르기 영역 내에 표시되도록 크기를 조정합니다.

그림으로 저장하기

슬라이드나 슬라이드 배경에 지정한 서식 또는 슬라이드에 삽입한 개체를 그림 파일로 저장할 수 있습니다. [저장] 대화상자에서 저장할 파일의 형식을 JPG, GIF, TIF, PNG 등 그림 파일 형식으로 지정하는 방법으로 그림 저장 작업을 실행합니다.

○ **Key Word** : 다른 이름으로 저장, 파일 형식, 그림으로 저장   ○ 예제파일 : Part2\예제파일\2-06.pptx

1 슬라이드 전체를 그래픽 파일 형식으로 저장할 수 있습니다. 그림으로 저장할 슬라이드에서 [파일] 탭 → [다른 이름으로 저장] 메뉴를 선택합니다.

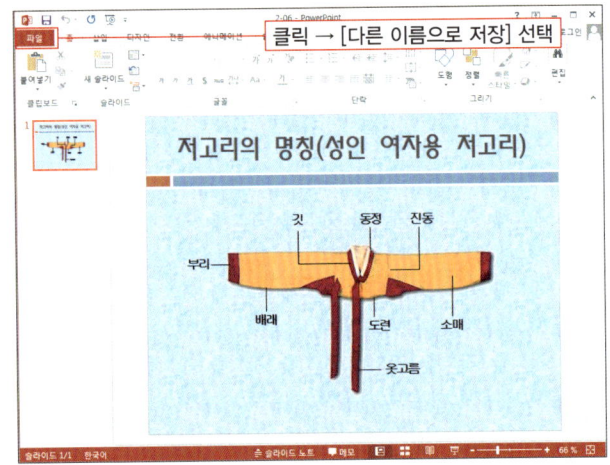

2 파일을 저장할 폴더를 클릭하고 [다른 이름으로 저장] 대화상자가 실행되면 파일 이름을 입력합니다. 그런 다음 파일 형식을 각종 그림 파일 형식 중 하나로 지정하고 [저장] 버튼을 클릭합니다.

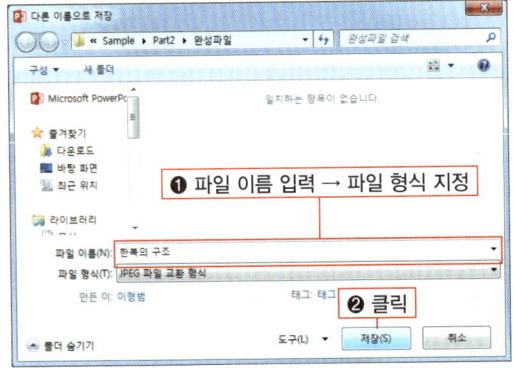

3 다음과 같이 프레젠테이션의 모든 슬라이드를 그림으로 저장할 것인지, 현재 슬라이드만 저장할 것인지 확인하는 대화상자가 표시됩니다. 여기서는 [현재 슬라이드만] 버튼을 클릭합니다.

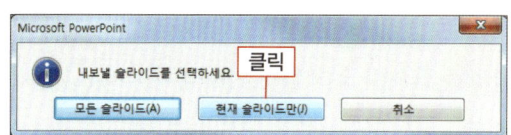

4 내 컴퓨터에서 그림 파일을 저장한 폴더를 열어 슬라이드가 그림으로 저장된 결과를 확인해 봅니다.

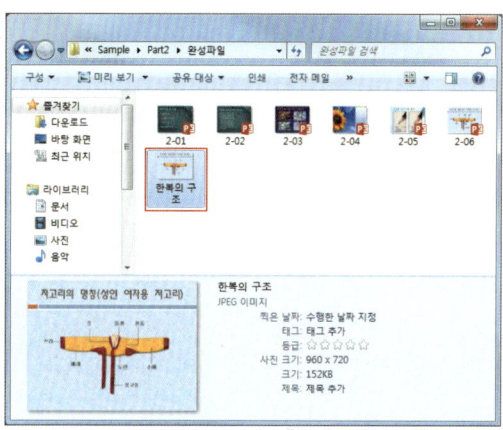

5 이번에는 슬라이드에 작성해 놓은 개체를 그림으로 저장하는 과정을 살펴봅니다. 마우스 왼쪽 버튼을 클릭한 채 드래그하여 다음과 같이 저고리 그림과 설명 텍스트가 모두 포함되도록 선택합니다.

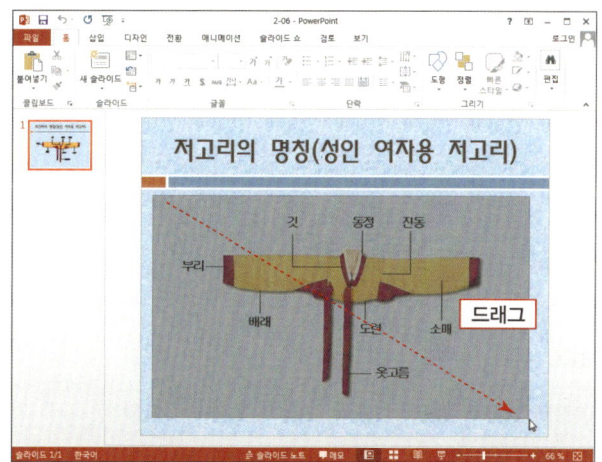

• 쌩초보 Level Up   **슬라이드 배경을 그림으로 저장하기**

• 슬라이드 배경을 질감이나 그림으로 지정한 경우에 한해서 슬라이드 배경을 그림으로 저장할 수 있습니다.
• 슬라이드에서 개체가 아닌 슬라이드 배경만 있는 빈 곳을 마우스 오른쪽 버튼으로 클릭한 다음 [배경 저장]을 선택합니다.
• [배경 저장] 대화상자에서 저장 위치와 파일 이름, 파일 형식 등을 지정하고 [저장] 버튼을 클릭하면 슬라이드 배경이 그림 파일로 저장됩니다.

6 선택 사각형 안에 들어가는 모든 개체가 선택 상태가 되면 마우스 오른쪽 버튼을 클릭합니다. 바로 가기 메뉴가 표시되면 [그림으로 저장]을 선택합니다.

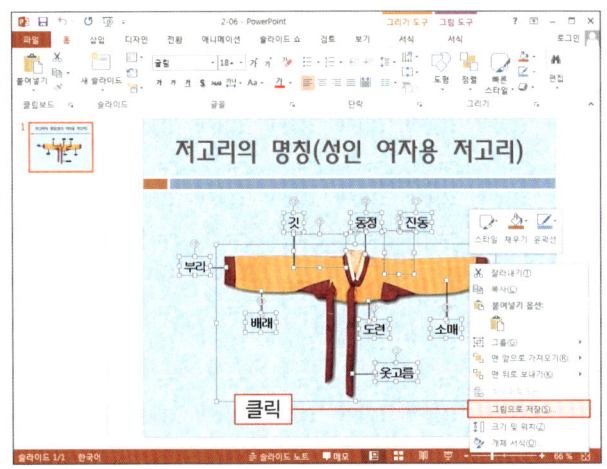

7 [그림으로 저장] 대화상자가 표시되면 저장 위치와 파일 이름, 파일 형식 등을 지정하고 [저장] 버튼을 클릭합니다. 이때 파일 형식은 그림 파일 형식 중 하나이어야 합니다.

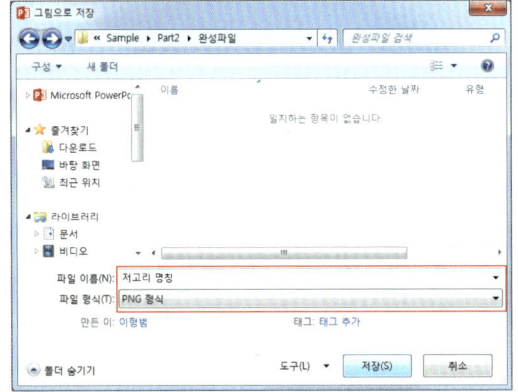

8 내 컴퓨터에서 개체를 그림으로 저장한 폴더를 열어 그림 파일의 저장 결과를 확인해 보면 다음과 같습니다. 선택한 개체만 그림 파일로 저장된 것을 알 수 있습니다.

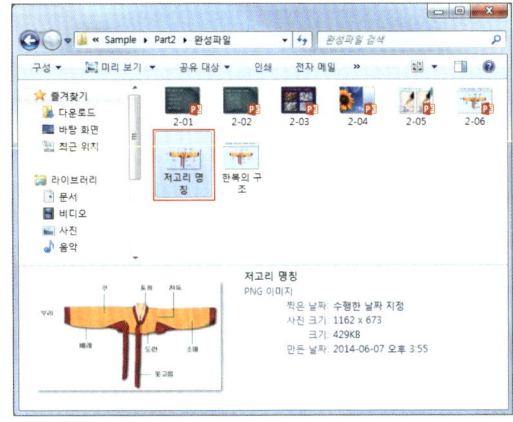

온라인 그림 삽입하기

인터넷에 연결되어 있다면 'Office.com' 사이트에서 제공하는 클립 아트나 웹에서 검색한 이미지를 슬라이드에 삽입할 수 있습니다. 검색어를 입력하여 원하는 이미지를 찾아 활용할 수 있습니다.

Key Word : 온라인 그림, 클립 아트   **예제파일 :** Part2\예제파일\2-07.pptx

1 현재 슬라이드 내용에 어울리는 클립 아트를 검색하여 삽입하려고 합니다. [삽입] 탭 → [이미지] 그룹 → 온라인 그림( )을 클릭합니다.

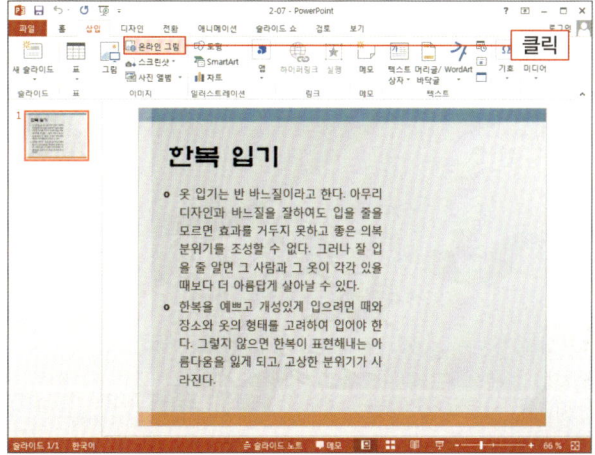

2 [그림 삽입] 창이 실행되면 [Office.com 클립 아트]의 입력 상자에서 검색어 '한복'을 입력한 다음 Enter 를 누릅니다.

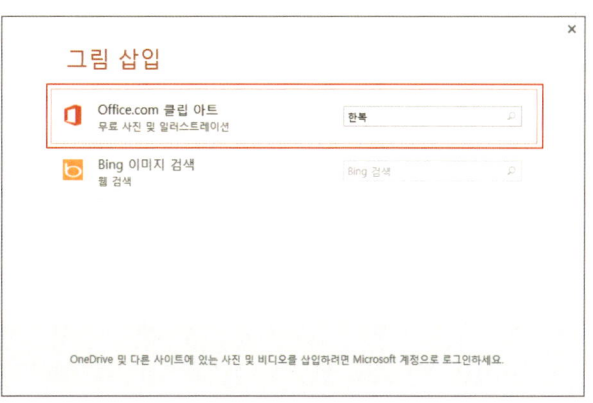

POINT
[Bing 이미지 검색]은 웹에서 이미지를 검색할 때 사용합니다.

3 '한복'이란 키워드가 포함되어 있는 클립 아트를 검색한 결과가 나타납니다. 여기에서 슬라이드에 삽입할 클립 아트를 찾아 선택하고 [삽입] 버튼을 클릭합니다.

> **POINT**
>
> 두 개 이상의 클립 아트를 선택하여 한 번에 삽입할 수도 있습니다. Ctrl 을 누른 상태에서 클립 아트를 클릭하면 여러 개의 클립 아트를 선택할 수 있습니다.

4 슬라이드 중앙에 선택한 클립 아트가 삽입됩니다.

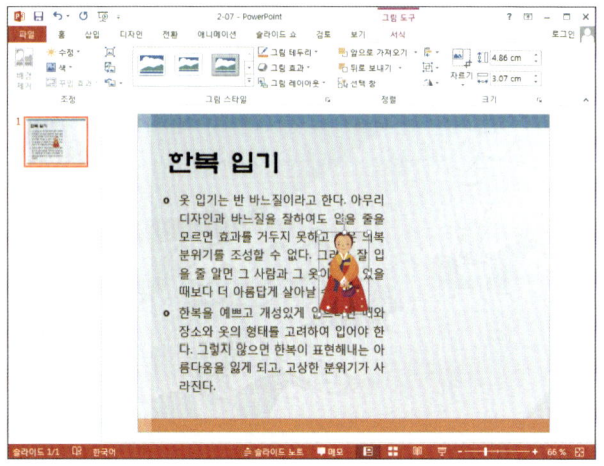

> **POINT**
>
> 슬라이드 레이아웃에 콘텐츠(또는 내용) 개체 틀이 포함되어 있는 경우 개체 틀에 있는 온라인 그림(🖼)을 클릭하여 클립 아트를 삽입할 수 있습니다.

5 클립 아트를 마우스로 드래그하여 원하는 위치로 이동하고, 크기 조절 핸들을 드래그하여 크기를 조절합니다.

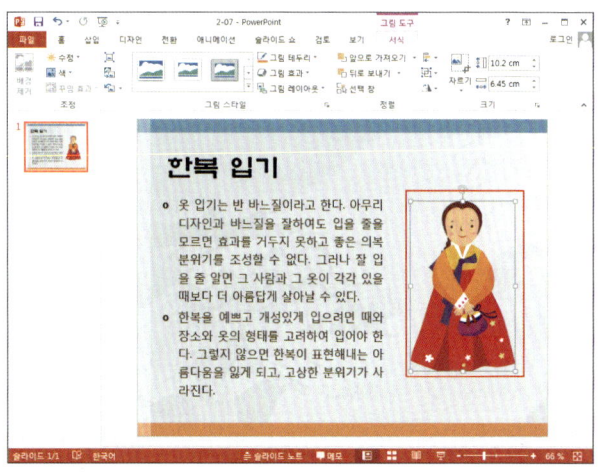

스크린샷으로 화면 캡처하기

스크린샷은 열려 있는 창의 일부 또는 전체를 캡처하여 슬라이드에 그림으로 삽입할 수 있는 기능입니다. 일단 캡처해서 삽입한 그림은 다른 그림 편집과 동일한 방법을 사용하여 조정할 수 있습니다.

Key Word : 스크린샷, 화면 캡처   **예제파일** : Part2\예제파일\2-08.pptx

1 [삽입] 탭 → [이미지] 그룹 → 스크린샷(📷)을 클릭하면 현재 활성 창의 축소판 그림이 표시됩니다. 이 중에서 원하는 창을 클릭합니다. 선택한 창이 웹 브라우저인 경우 하이퍼링크의 지정 여부를 묻는 메시지가 나타납니다. 여기서는 [아니요] 버튼을 클릭합니다.

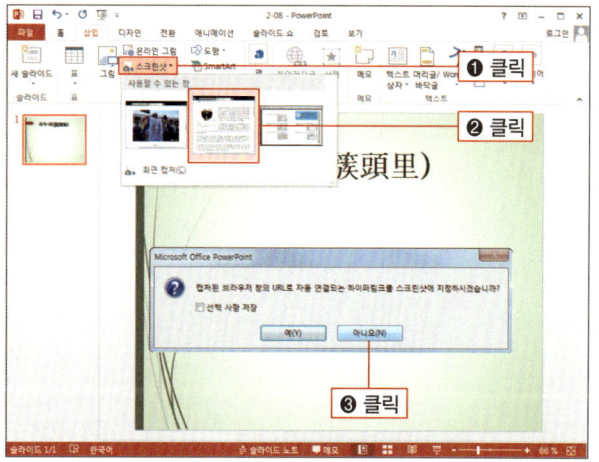

2 슬라이드에 창 이미지가 삽입되면 크기와 위치를 다음과 같이 조정합니다. 필요하다면 그림 서식을 지정하여 꾸밀 수도 있습니다.

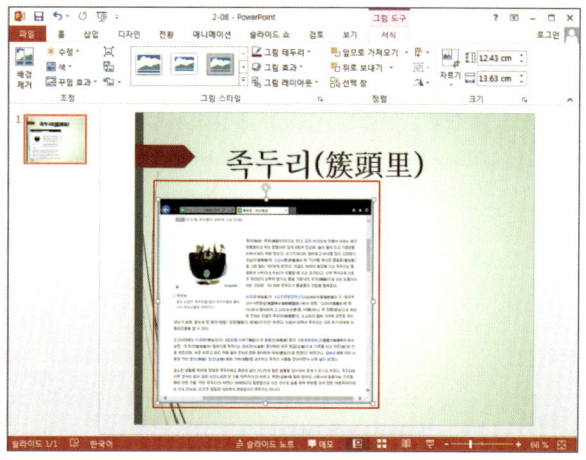

3 이번에는 스크린샷(📷)을 클릭하고 [화면 캡처]를 선택합니다. [화면 캡처]는 화면에서 원하는 부분만 캡처하여 그림으로 삽입하기 위한 기능입니다.

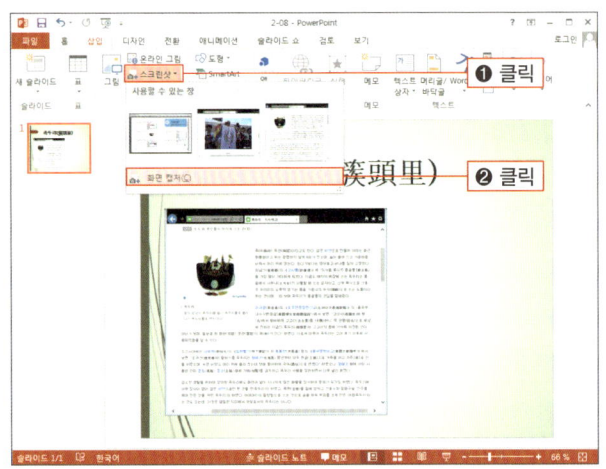

4 화면에서 캡처할 부분의 왼쪽 상단 모서리에서 마우스 왼쪽 버튼을 클릭한 채 원하는 크기만큼 드래그하고 마우스 버튼에서 손을 뗍니다.

5 마우스로 드래그한 만큼 화면이 캡처되어 슬라이드에 그림으로 삽입되면 크기와 위치, 서식 등을 지정하여 완성합니다.

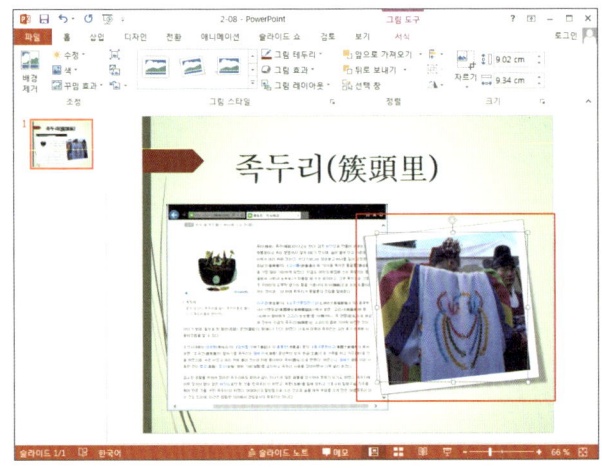

Section 09
사진 앨범 만들기

사진 앨범은 사진 표시를 목적으로 작성하는 프레젠테이션입니다. 프레젠테이션에 표시할 사진을 선택하고 슬라이드에 지정한 개수대로 사진을 표시합니다. 사진 앨범을 만드는 가장 기본적인 과정을 살펴봅니다.

Key Word : 사진 앨범, 앨범 레이아웃

1 [삽입] 탭 → [이미지] 그룹 → 사진 앨범(🖼)의 화살표를 클릭하고 [새 사진 앨범]을 선택합니다.

POINT
[새 사진 앨범]은 새 프레젠테이션을 사진 앨범으로 작성합니다.

2 [사진 앨범] 대화상자가 실행되면 사진 앨범에 표시할 사진 즉, 그림 파일을 지정하기 위하여 [파일/디스크] 버튼을 클릭합니다.

3 [새 그림 삽입] 대화상자가 실행되면 삽입할 그림 파일을 찾아 선택하고 [삽입] 버튼을 클릭합니다. 이때 여러 개의 그림을 한 번에 삽입하려면 그림을 하나 선택하고 Ctrl 을 누른 상태로 원하는 그림을 차례로 클릭한 다음 [삽입] 버튼을 클릭합니다.

POINT
여기서는 모두 5개의 그림 파일을 선택하여 한 번에 삽입합니다.

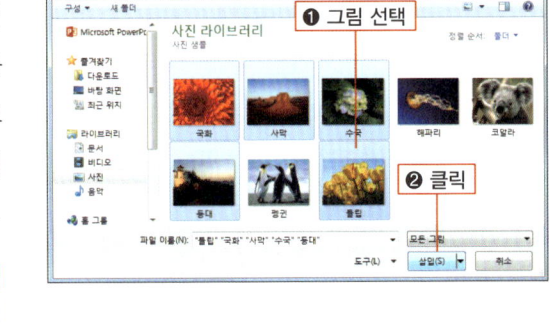

4 선택한 그림들이 목록에 표시됩니다. 필요하면 그림 대신 텍스트 상자를 배치할 수도 있습니다. [앨범에서 그림 위치] 목록에서 3번을 선택한 다음 [새 텍스트 상자] 버튼을 클릭합니다.

POINT
그림 위치에서 선택한 그림의 뒤에 새 텍스트 상자가 추가됩니다.

5 [앨범 레이아웃]에서 [그림 레이아웃]을 '그림 2개'로 선택하고, 프레임 모양을 '사각형 가운데 그림자'로 선택합니다. 이렇게 레이아웃을 정한 다음에 [만들기] 버튼을 클릭합니다.

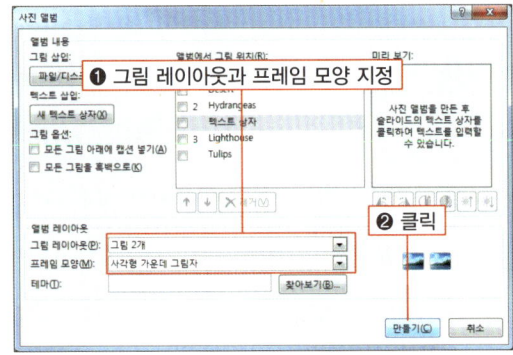

6 새 프레젠테이션이 만들어집니다. 이 프레젠테이션은 제목 슬라이드에 그림이 2개씩 들어가 있는 슬라이드로 구성됩니다.

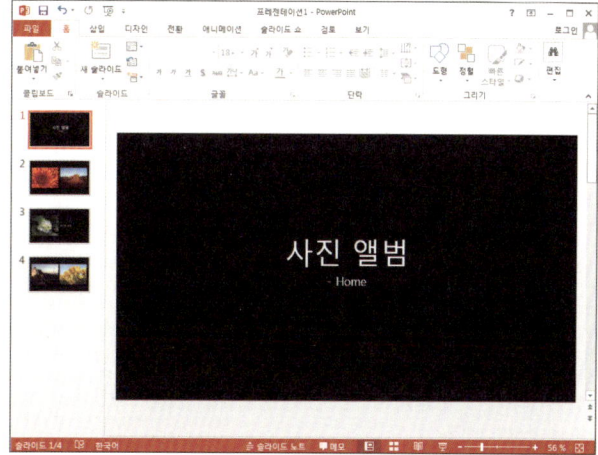

POINT
사진 앨범의 그림 레이아웃과 그림의 개수에 따라 슬라이드 수가 결정됩니다.

7 [디자인] 탭 → [테마] 그룹의 테마 갤러리에서 프레젠테이션에 사용할 테마를 선택하고 제목 슬라이드의 제목과 부제목을 수정합니다.

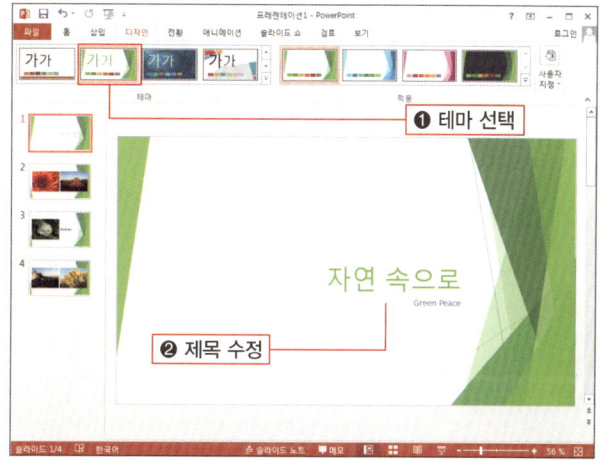

8 텍스트 상자가 있는 슬라이드로 이동합니다. 텍스트 상자 안쪽을 클릭하고 텍스트 상자에 원하는 내용을 입력합니다. 텍스트 서식은 [홈] 탭 → [글꼴] 그룹과 [단락] 그룹에 있는 도구를 이용하여 지정합니다.

9 그림을 클릭하면 리본 메뉴에 그림 도구가 표시됩니다. [서식] 탭 → [그림 스타일] 그룹 → 그림 스타일 갤러리에서 선택한 그림에 적용할 그림 스타일을 지정할 수 있습니다.

POINT
그림 도구를 이용하여 각각의 그림에 서식을 지정할 수 있습니다.

10 그림 상단에 있는 회전 핸들을 이용하여 그림을 회전시키고 마우스로 그림을 드래그하여 위치를 조정할 수도 있습니다. 모든 작업이 끝나면 빠른 실행 도구 모음에서 저장(🖫)을 클릭하고 프레젠테이션을 저장합니다.

Section 10
사진 앨범 편집하기

사진 앨범을 만든 다음 여러 방법으로 앨범을 편집하는 기술에 대해 알아봅니다. 여기에는 처음에 정했던 레이아웃을 변경하고 그림을 설명하는 캡션을 추가하는 방법 등이 포함됩니다. 또 그림을 회전하거나 대비와 밝기를 조정할 수도 있습니다.

◉ **Key Word** : 사진 앨범 편집, 캡션　　　　　　　　　◉ **예제파일** : Part2\예제파일\2-10.pptx

1 [삽입] 탭 → [이미지] 그룹 → 사진 앨범 ()의 화살표를 클릭하고 [사진 앨범 편집]을 선택합니다.

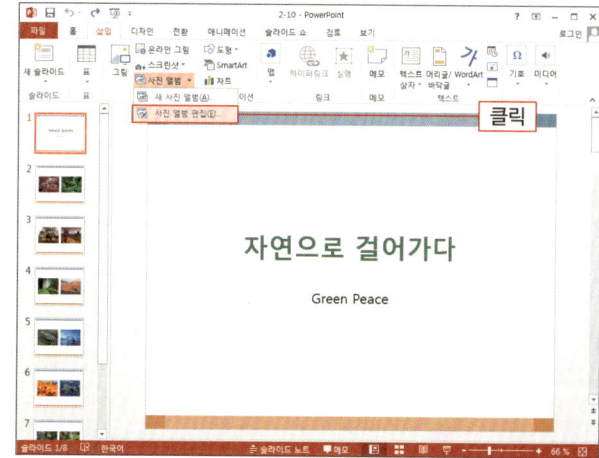

\POINT
사진 앨범으로 작성한 프레젠테이션에서만 [사진 앨범 편집] 명령을 사용할 수 있습니다.

2 [사진 앨범 편집] 대화상자가 실행되면 [그림 레이아웃]을 '그림 4개'로 변경합니다. [그림 레이아웃]에 따라 앨범에서 그림 위치의 슬라이드 번호가 다시 매겨집니다.

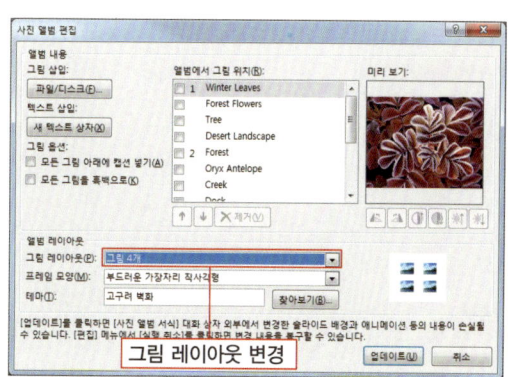

3 [앨범에서 그림 위치]에서 'Forest' 그림을 선택한 다음, [새 텍스트 상자]를 두 번 클릭해서 뒤에 2개의 텍스트 상자를 추가합니다. 텍스트 상자를 추가했기 때문에 2번 슬라이드에는 2개의 그림만 포함됩니다.

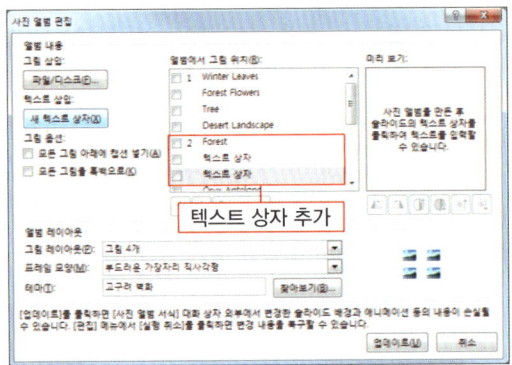

4 'Oryx Antelope' 그림의 확인란을 클릭해서 선택하고 미리 보기 아래에서 버튼과 버튼을 사용하여 대비를 높이거나 낮춥니다. 또 버튼과 버튼을 사용하여 그림의 밝기를 높이거나 낮춥니다.

POINT
버튼과 버튼을 사용하여 그림을 왼쪽이나 오른쪽으로 회전시킬 수 있습니다.

5 마지막으로 [모든 그림 아래에 캡션 넣기]를 클릭해서 선택한 다음 [업데이트] 버튼을 클릭합니다.

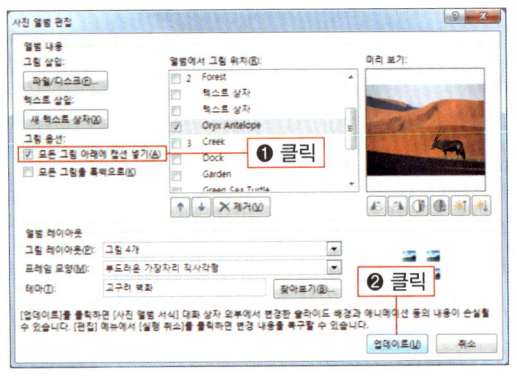

POINT
모든 그림 아래에 그림 파일 이름이 캡션으로 추가됩니다.

6 3번 슬라이드로 이동합니다. Ctrl 을 누른 상태에서 두 개의 텍스트 상자를 차례로 클릭해서 함께 선택한 다음 Delete 를 눌러 텍스트 상자를 삭제합니다.

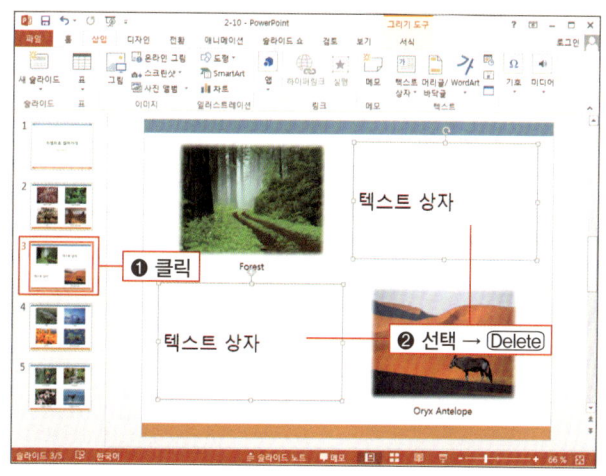

7 텍스트 상자를 제거한 다음 그림을 클릭하고 크기를 조정합니다. 또 그림을 드래그해서 그림 위치도 조정합니다.

8 모든 그림 아래에 파일 이름이 캡션으로 추가되어 있습니다. 캡션 상자를 클릭한 다음 그림의 캡션을 수정할 수 있습니다. 캡션의 글꼴 서식은 [홈] 탭 → [글꼴] 그룹에 있는 도구를 이용하여 지정합니다.

POINT
캡션(Caption)은 그림에 대한 간단한 설명입니다.

Section 11

표 만들기

표는 데이터를 알아보기 쉽도록 일목요연하게 정리할 때 많이 사용되는 개체입니다. 여기서는 슬라이드에 원하는 행과 열의 개수를 지정하여 표를 삽입하고 표의 각 셀에 데이터를 입력하는 과정에 대해 살펴보겠습니다.

● Key Word : 표 만들기, 표 크기, 계산   ● 예제파일 : Part2\예제파일\2-11.pptx

1 [삽입] 탭 → [표] 그룹 → 표(▦)를 클릭하고 6열, 5행이 되도록 마우스를 움직인 다음 다시 클릭합니다.

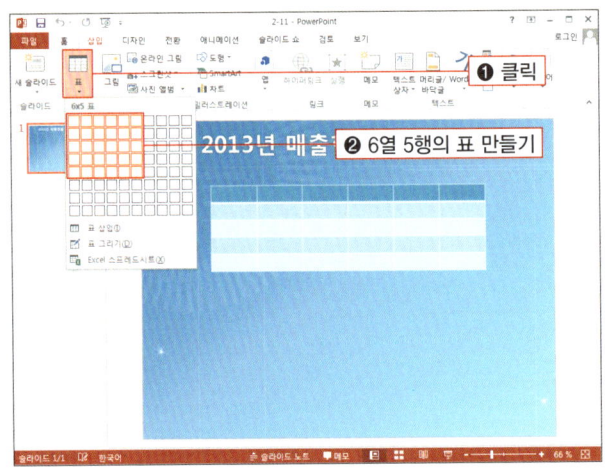

POINT

표(▦)를 마우스 왼쪽 버튼으로 클릭한 채 6열 5행이 되도록 마우스를 움직인 다음 버튼에서 손을 떼도 됩니다.

2 표가 만들어지고 첫 번째 셀에서 커서가 깜박입니다. 다음과 같이 각 셀에 데이터를 입력합니다. 셀 사이로 이동할 때는 마우스로 해당 셀을 클릭하거나 키보드의 방향키를 사용합니다.

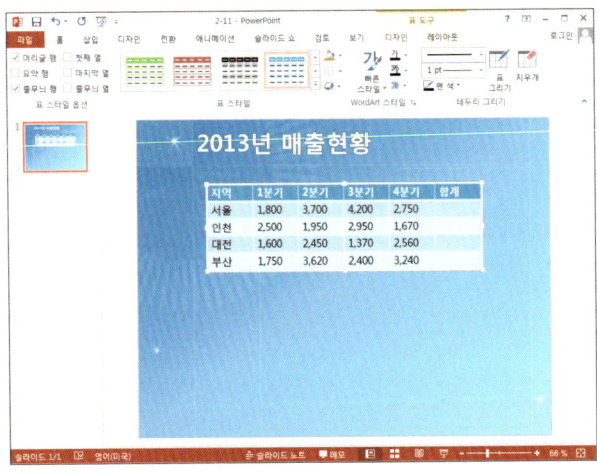

POINT

셀에서 Tab 을 누르면 다음 셀로 커서가 이동합니다. 표의 마지막 셀에서는 Tab 을 누르면 새로운 행이 추가됩니다.

3 파워포인트에서 표를 작성할 때는 합계를 자동으로 계산할 수 없습니다. 따라서 [시작] → [모든 프로그램] → [보조 프로그램] → [계산기]를 선택하여 계산기를 실행한 다음 계산을 수행합니다. 계산 결과가 나오면 Ctrl + C를 눌러 복사합니다.

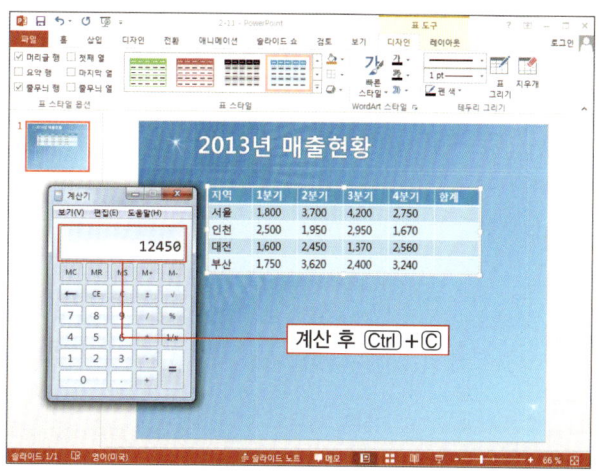

4 슬라이드에서 복사한 계산 결과를 삽입할 셀로 커서를 이동한 다음 Ctrl + V를 누릅니다. 이와 같은 방법으로 간단한 계산을 수행할 수 있습니다.

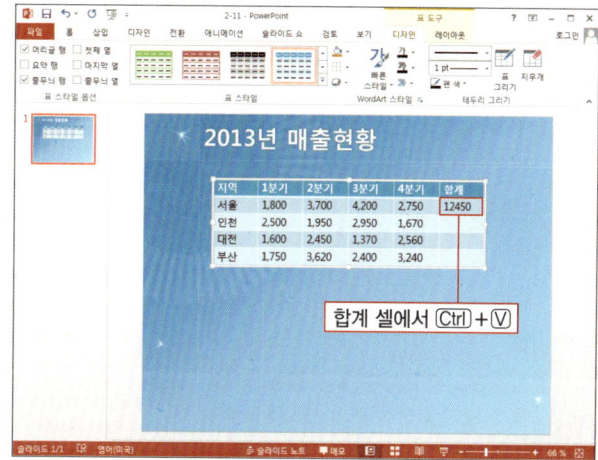

POINT
표를 구성하는 하나의 칸을 셀이라고 부릅니다. 6열 5행인 표는 모두 30개의 셀로 구성됩니다.

5 다음과 같이 나머지 셀에도 합계를 계산하여 입력하고 숫자 천 단위마다 쉼표를 삽입합니다. 반드시 계산기 프로그램을 사용할 필요는 없습니다. 편리한 방법으로 계산하고 그 결과를 셀에 입력하면 됩니다.

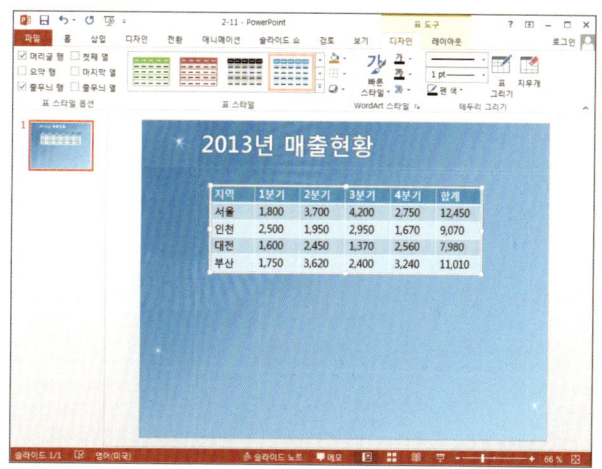

6 표 테두리에 있는 크기 조정 핸들에서 마우스 왼쪽 버튼을 클릭한 채 드래그하여 표의 전체 크기를 조정합니다. 여기서는 아래쪽에 있는 핸들을 드래그하여 표 높이만 조정했습니다.

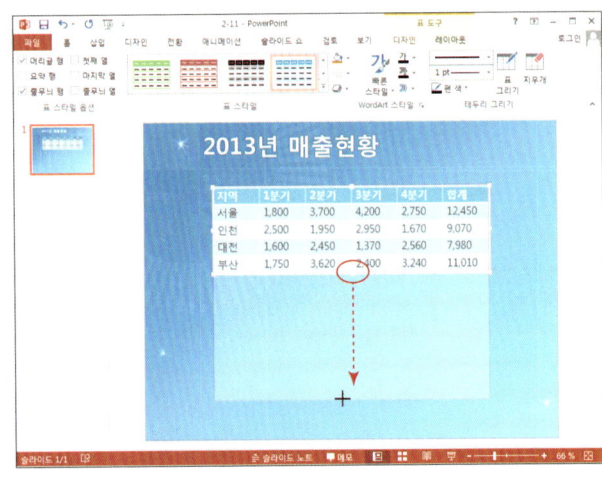

POINT
크기 조정 핸들은 표의 상하 좌우와 모서리에 있습니다.

7 이번에는 합계 열의 너비만 늘려주기 위해 오른쪽 경계선에서 마우스 포인터가 양방향 화살표 모양이 되면 마우스 왼쪽 버튼을 클릭한 채 드래그합니다.

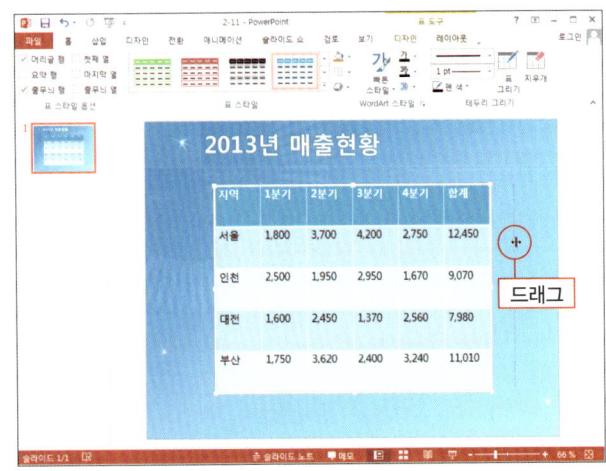

POINT
크기 조정 핸들을 이용하면 표의 전체 크기가 조정됩니다. 특정 열이나 특정 행의 크기를 조정할 때는 열과 열, 행과 행 사이의 경계선을 드래그합니다.

8 마지막으로 표 테두리에서 마우스 왼쪽 버튼을 클릭한 채 드래그하면 표를 다른 곳으로 이동할 수 있습니다.

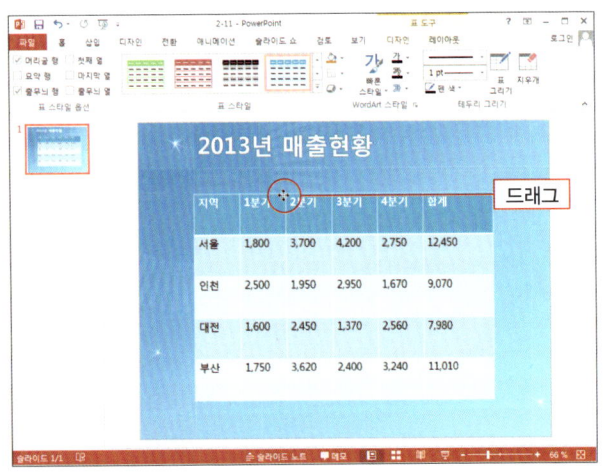

표 서식 지정하기

표를 만든 다음 글꼴을 비롯하여 맞춤, 채우기 등 표에 각종 서식을 지정하는 과정을 살펴보겠습니다. 표를 선택하면 리본 메뉴에 자동으로 표 도구가 표시됩니다. 표 도구의 [디자인] 탭에 있는 도구를 이용하여 표에 서식을 지정할 수 있습니다.

Key Word : 표 스타일, 테두리   **예제파일** : Part2\예제파일\2-12.pptx

1 표 안쪽을 클릭해서 표를 선택합니다. 그런 다음 표 도구의 [디자인] 탭 → [표 스타일] 그룹 → 표 스타일 갤러리에서 원하는 표 스타일을 선택하여 적용합니다. 다음은 '밝은 스타일 2 - 강조 3' 스타일을 선택한 다음 [표 스타일 옵션] 그룹에서 [줄무늬 열]을 체크하여 세로 테두리까지 그린 것입니다.

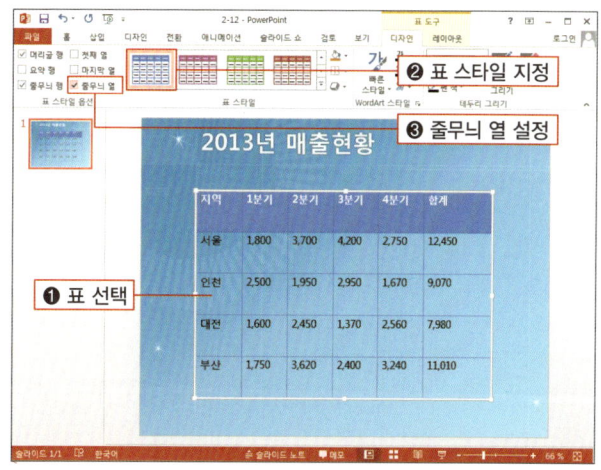

2 첫 번째 행의 왼쪽에서 마우스 포인터가 화살표 모양이 되었을 때 클릭하면 행 전체가 블록으로 지정됩니다. 셀에 어떤 서식을 지정하기 위해서는 먼저 서식을 적용할 부분을 블록으로 지정해야 합니다.

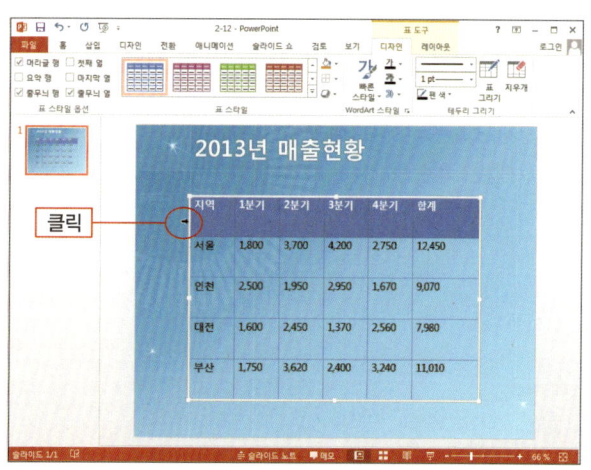

POINT
열 위쪽에서 마우스 포인터가 화살표 모양일 때 클릭하면 열 전체가 블록으로 지정됩니다.

3 [디자인] 탭 → [표 스타일] 그룹 → 음영 (음영▼)의 화살표 부분을 클릭한 다음 셀 내부를 채울 음영 색을 선택합니다.

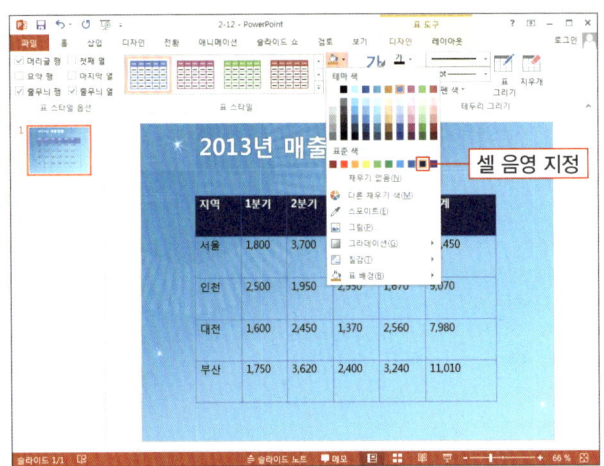

4 '서울'이 있는 셀에서 마우스 왼쪽 버튼을 클릭한 채 '부산'이 있는 셀까지 드래그하여 블록을 지정한 다음 음영(음영▼)을 이용하여 색을 지정합니다.

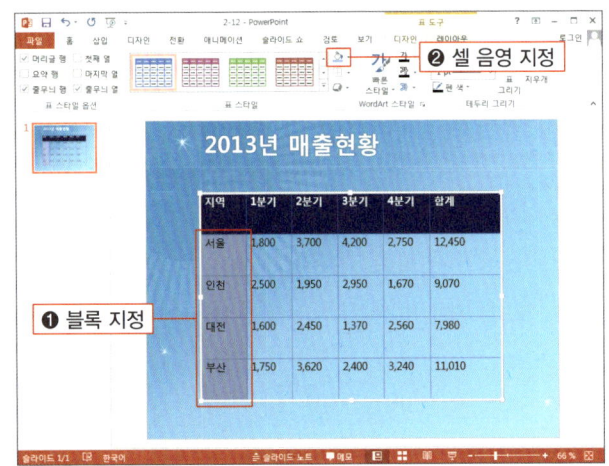

5 다시 음영(음영▼)의 화살표 부분을 클릭한 다음 [표 배경]에서 원하는 색을 선택합니다. 표 배경에서 지정한 색은 따로 셀 음영을 지정하지 않은 모든 셀에 적용됩니다.

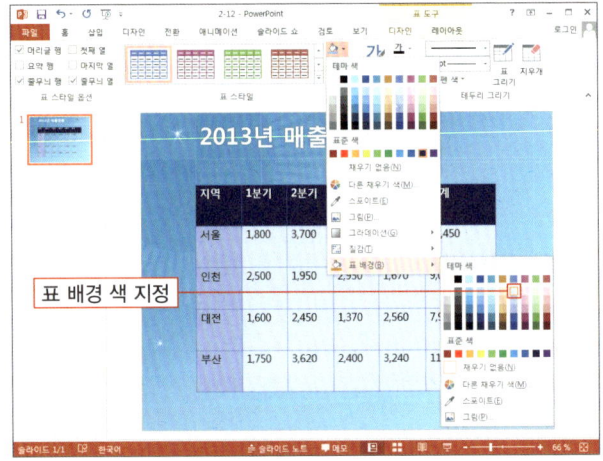

POINT
셀 음영이나 표 배경에 단색 이외에도 그라데이션, 질감, 그림 등을 지정할 수 있습니다.

6 표 테두리를 클릭해서 표 전체를 선택합니다. 그런 다음 테두리(테두리 ▼)의 화살표를 클릭하고 [모든 테두리]를 선택합니다.

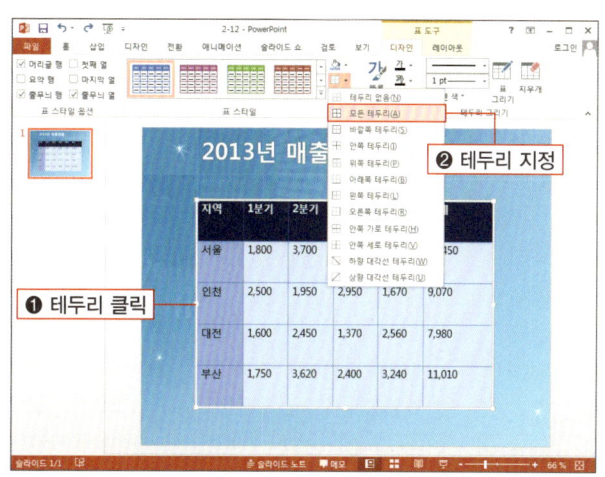

POINT
표 전체를 선택한 상태이므로 표의 모든 테두리를 현재 펜 색과 펜 스타일, 펜 두께를 사용하여 새로 그립니다.

7 2행부터 5행까지 모든 셀을 마우스로 드래그하여 블록을 지정한 다음 [테두리 그리기] 그룹 → 펜 스타일(──── ▼)의 화살표를 클릭하고 '점선' 스타일을 선택합니다.

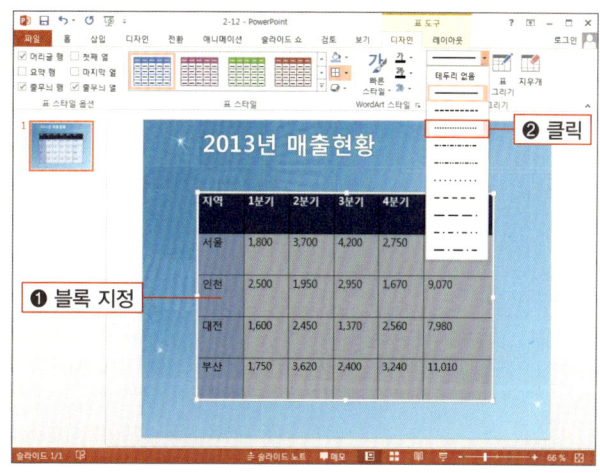

POINT
2행의 왼쪽에서 마우스 포인터가 화살표 모양일 때 마우스 왼쪽 버튼을 누른 채 5행까지 드래그하여 여러 개의 행을 블록으로 지정할 수 있습니다.

8 테두리(테두리 ▼)의 화살표를 클릭하고 [안쪽 가로 테두리]를 선택합니다. 이렇게 하면 블록으로 지정된 부분에 대하여 안쪽 가로 테두리가 현재 설정한 펜 스타일로 변경됩니다.

POINT
펜 스타일, 펜 두께, 펜 색 등을 선택하면 자동으로 표 그리기( )가 선택 상태가 되면서 마우스 포인터가 연필 모양으로 바뀝니다. 하지만 이걸 무시하고 바로 테두리를 설정할 수 있습니다.

9 표 테두리를 클릭해서 표 전체를 선택합니다. 그리고 효과(효과▼)를 클릭한 다음 [셀 입체 효과]에서 원하는 입체 효과를 선택합니다.

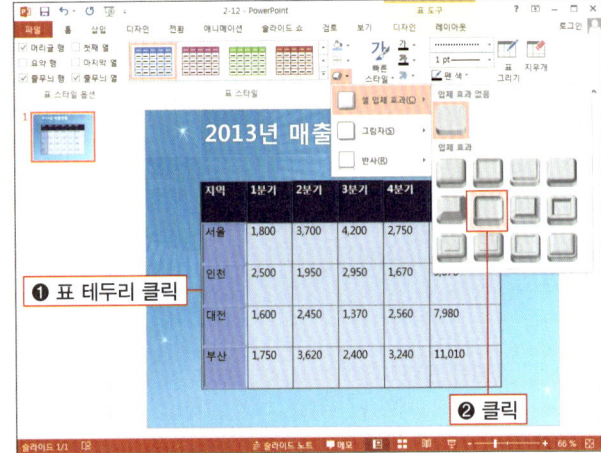

POINT
셀 입체 효과는 셀 단위로 적용됩니다.

10 표 전체가 선택되어 있는 상태에서 [레이아웃] 탭 → [맞춤] 그룹 → 가운데 맞춤(≡)과 세로 가운데 맞춤(▢)을 클릭합니다.

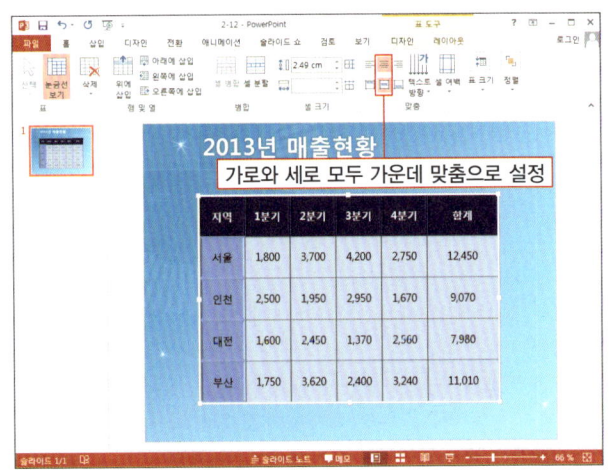

11 셀 안의 텍스트가 셀 가운데로 표시되면 슬라이드 바깥쪽을 클릭해서 작업을 완료합니다.

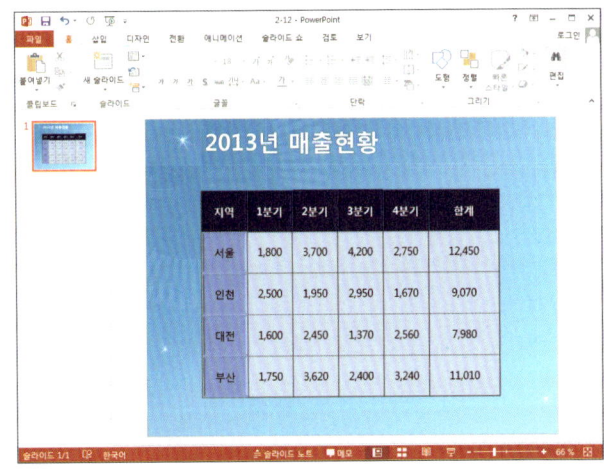

Section 13
표 레이아웃 설정하기

표를 선택하면 리본 메뉴에 자동으로 표시되는 표 도구의 [레이아웃] 탭에는 행과 열을 삽입하거나 삭제하고 셀 병합 및 분할 작업 등을 수행할 수 있는 도구들이 포함되어 있습니다. 여기서는 [레이아웃] 탭에 있는 도구들을 사용하여 표의 레이아웃을 설정하는 여러 방법에 대해 살펴봅니다.

Key Word : 표 레이아웃, 행\열 삽입, 셀 병합   **예제파일** : Part2\예제파일\2-13.pptx

1 다음 슬라이드는 '제목 및 내용' 레이아웃으로 작성되어 있습니다. 내용 개체 틀에서 표(▦) 아이콘을 클릭한 다음 [표 삽입] 대화상자가 표시되면 열과 행의 개수를 모두 '5'로 지정하고 [확인] 버튼을 클릭합니다.

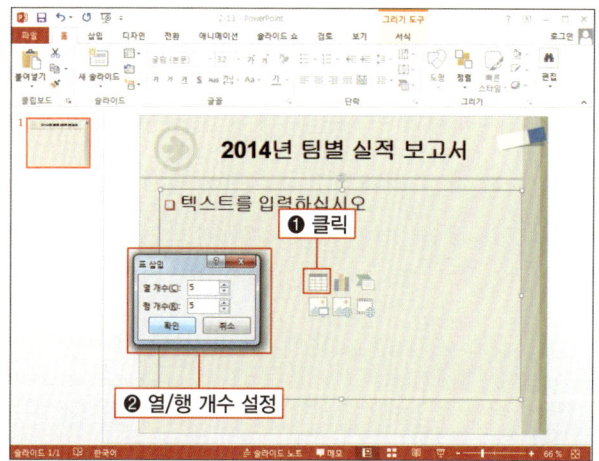

2 5행 5열의 표가 만들어지면 각 셀에 다음과 같이 데이터를 입력합니다. 그런 다음 표 테두리 부분을 클릭해서 표 전체를 선택하고 [홈] 탭 → [글꼴] 그룹 → 글꼴 크기 (32 ▼)를 이용하여 글꼴 크기를 '20'으로 조정합니다.

POINT
표 테두리를 클릭해서 표 전체를 선택했기 때문에 모든 텍스트의 글꼴 크기가 똑같이 조정됩니다.

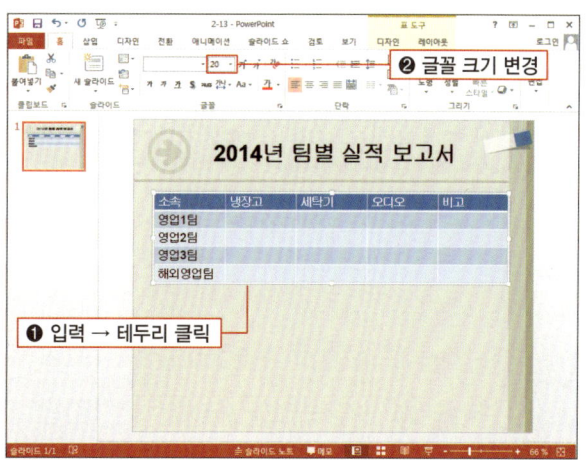

3 4열에 있는 임의의 셀에서 [레이아웃] 탭 → [행 및 열] 그룹 → 오른쪽에 삽입(🔲)을 클릭합니다. 그러면 현재 커서가 있는 셀의 오른쪽에 새로운 열이 삽입됩니다.

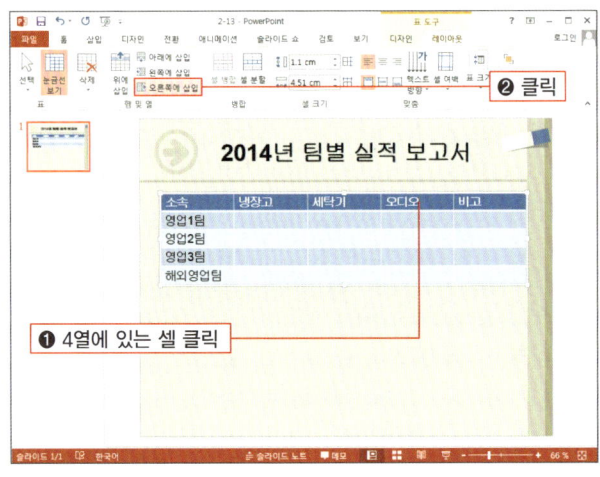

POINT

왼쪽에 삽입(🔲)은 왼쪽에 새로운 열을 삽입합니다. 위에 삽입(🔲)과 아래에 삽입(🔲)은 현재 셀의 위와 아래에 새로운 행을 삽입합니다.

4 '오디오' 열과 '비고' 열 사이에 새로운 열이 삽입되면 첫 번째 셀에 '컴퓨터'를 입력합니다. 그런 다음 표 테두리에 표시된 크기 조정 핸들을 드래그하여 표 크기를 조정합니다.

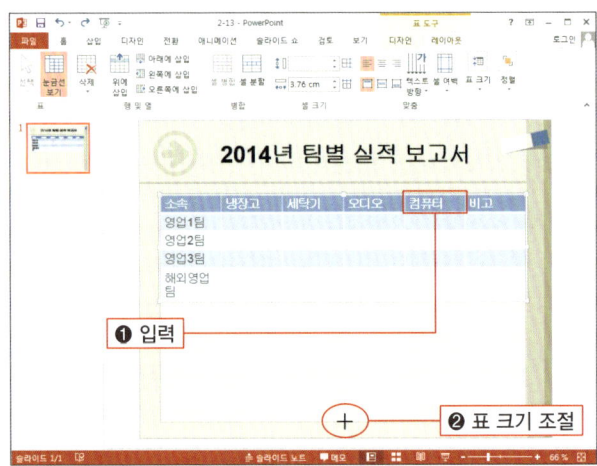

5 '소속' 열의 오른쪽 테두리에서 마우스 포인터가 화살표 모양이 되었을 때 마우스 왼쪽 버튼을 클릭한 채 오른쪽으로 드래그하여 열 너비를 늘려 줍니다.

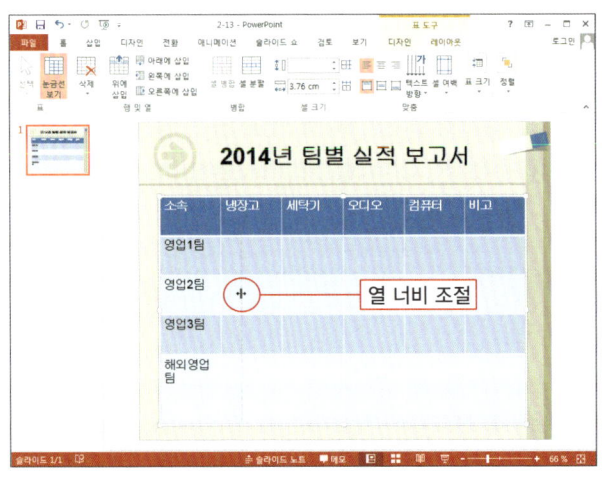

POINT

행 높이를 조정할 때는 가로 테두리를 마우스로 드래그합니다.

6 2열부터 5열까지 열 위쪽에서 마우스 포인터가 화살표 모양이 되었을 때 드래그하여 열 전체를 블록으로 지정합니다. 그런 다음 [레이아웃] 탭 → [셀 크기] 그룹 → 열 너비를 같게(열 너비를 같게)를 클릭하여 열 너비를 모두 똑같이 조정합니다.

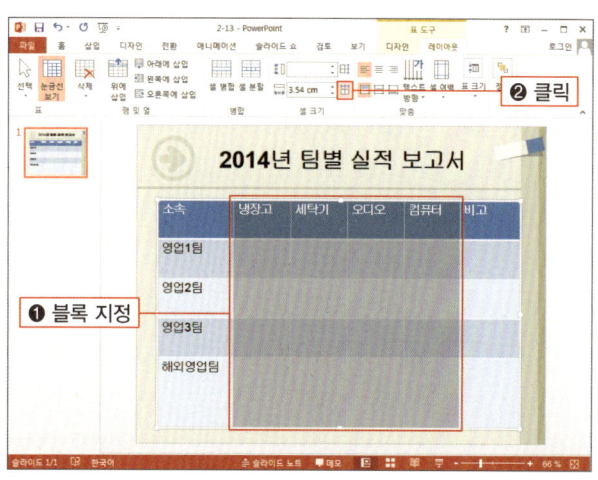

7 이번에는 2행부터 4행까지 행 전체를 블록으로 지정합니다. 그런 다음 행 높이를 같게(행 높이를 같게)를 클릭해서 행 높이를 모두 같게 조정합니다.

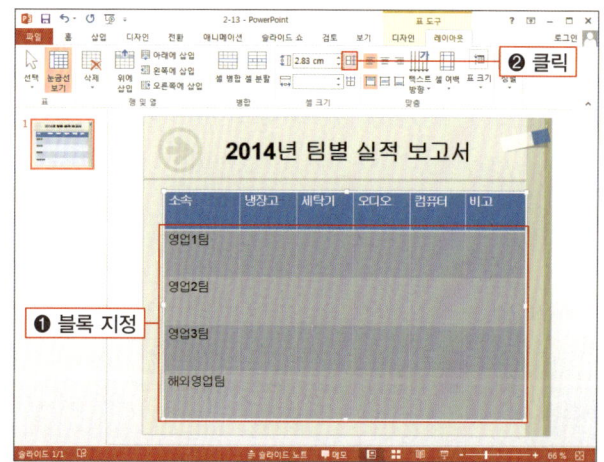

8 표 테두리를 클릭해서 표 전체를 선택한 다음 [레이아웃] 탭 → [맞춤] 그룹에서 가운데 맞춤(≡)을 클릭하고, 이어서 세로 가운데 맞춤(□)을 클릭합니다. 그러면 입력한 데이터가 각 셀의 정가운데로 정렬됩니다.

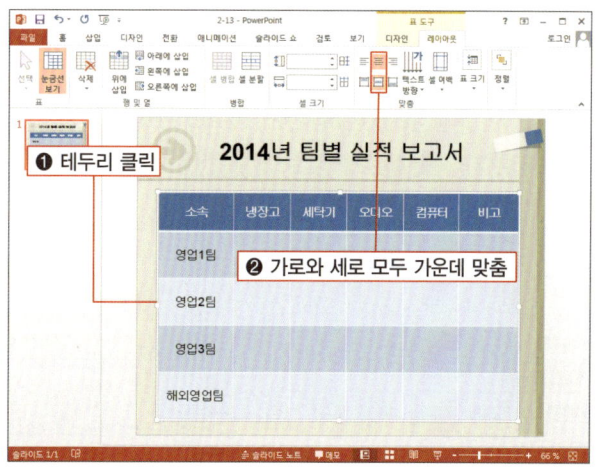

9 '비고' 열에서 2행부터 마지막 행까지의 셀을 블록으로 지정한 다음 [병합] 그룹에서 셀 병합(▦)을 클릭합니다.

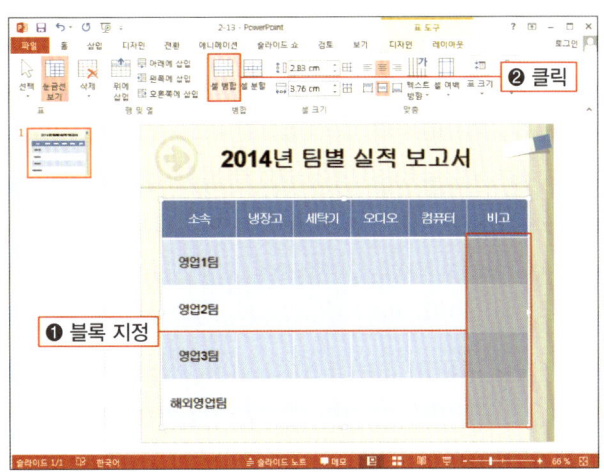

10 다음과 같이 블록으로 지정한 모든 셀이 하나의 셀로 합쳐집니다. 셀 병합은 두 개 이상의 셀을 블록으로 지정한 경우에만 사용할 수 있습니다.

> **POINT**
> 하나의 셀을 여러 개의 셀로 나눌 때는 해당 셀에서 셀 분할(▦)을 클릭한 다음 나누고자 하는 열 개수와 행 개수를 지정합니다. 셀 분할은 하나의 셀에 대해서만 사용할 수 있습니다.

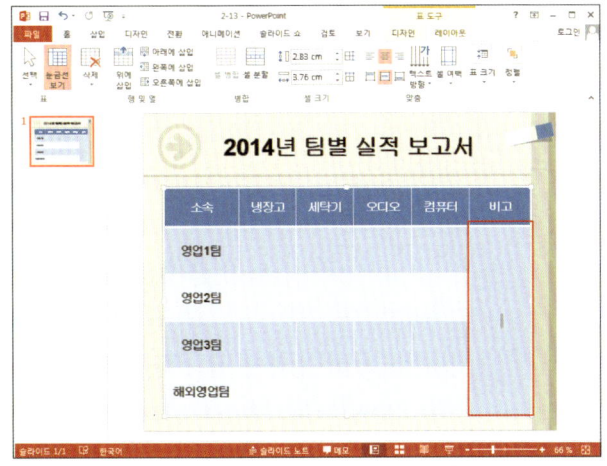

11 1행 전체를 블록으로 지정한 다음 [디자인] 탭 → [표 스타일] 그룹 → 음영(음영▼)의 화살표 부분을 클릭하고 [그라데이션]에서 원하는 그라데이션을 선택합니다.

> **POINT**
> 표의 각 셀에 단순한 색이 아닌 그림, 그라데이션, 질감 등을 선택하여 음영을 설정할 수 있습니다.

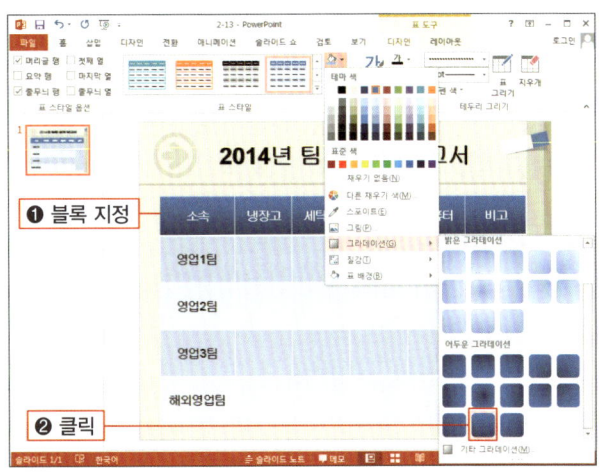

12 표 테두리를 클릭하여 표 전체를 선택합니다. 그리고 [테두리 그리기] 그룹 → 펜 스타일( )을 '실선'으로 지정하고, 펜 두께( )를 '3pt'로 지정합니다.

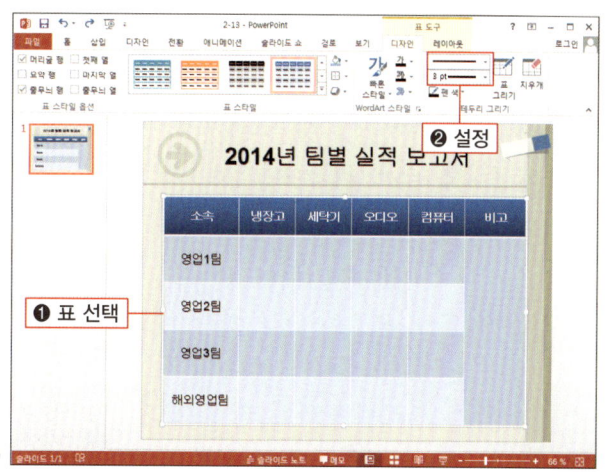

13 테두리( )의 화살표를 클릭하고 [바깥쪽 테두리]를 선택합니다. 표의 바깥쪽 테두리가 선택한 설정으로 새로 그려집니다.

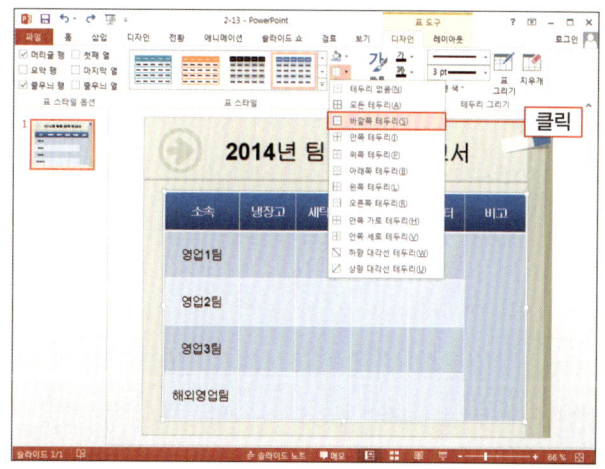

14 계속해서 펜 색( )을 클릭하고 원하는 펜의 색을 선택합니다. 선택한 펜 색은 표의 테두리 색이 됩니다.

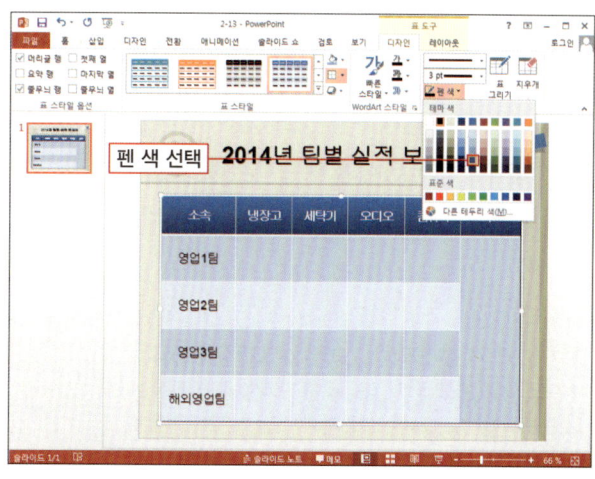

│POINT
펜 스타일, 펜 두께, 펜 색 등을 변경하면 표 그리기( )가 자동으로 선택 상태로 변합니다.

15 표 그리기( )가 선택된 상태에서 마우스 포인터가 연필 모양으로 변하면 마우스 왼쪽 버튼을 클릭한 채 드래그하여 1행 아래쪽 테두리를 다시 그려줍니다.

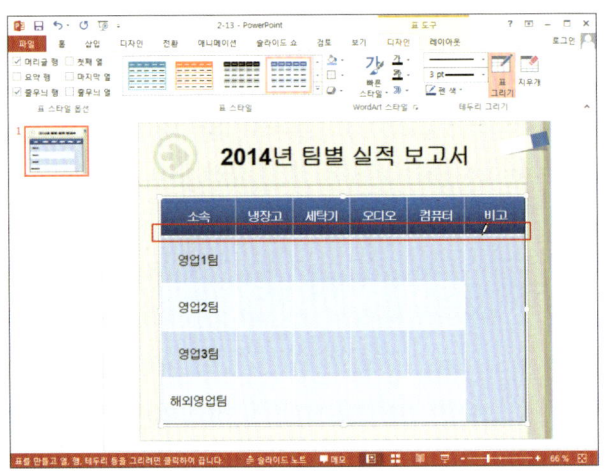

16 같은 방법으로 다른 테두리도 마우스 왼쪽 버튼을 클릭한 상태로 드래그하여 테두리를 다시 그려 봅니다.

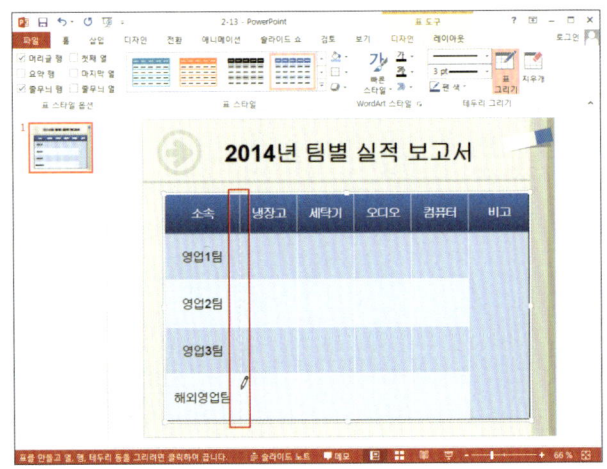

POINT

펜 스타일()을 [테두리 없음]으로 선택한 다음 테두리를 그리면 투명한 테두리를 그릴 수 있습니다.

17 표 그리기 상태에서 펜 스타일이나 두께, 색 등을 바꿔 가면서 표의 각 테두리를 다시 그립니다. 그리기가 끝나면 표 그리기( )를 클릭해서 선택 상태를 해제합니다. 표 작업이 모두 끝나면 슬라이드 바깥쪽을 클릭합니다.

POINT

표 지우개( )를 클릭하고 마우스 포인터가 지우개 모양으로 변했을 때 테두리를 드래그하면 테두리가 지워집니다. 테두리가 지워지면 그 테두리를 경계로 하는 셀끼리 병합이 이루어집니다.

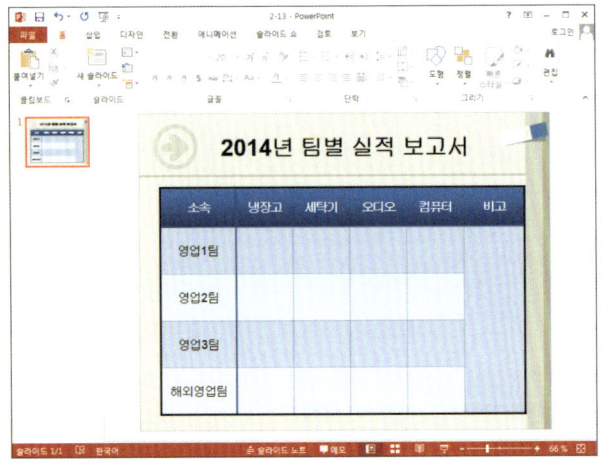

Section 14
차트 만들기

지금부터 슬라이드에 차트 개체를 삽입하는 과정에 대해 살펴봅니다. 처음 단계로 차트 종류를 막대형으로 지정하고 워크시트에 차트로 만들 데이터를 입력하여 차트를 작성할 것입니다. 차트 제목 등 차트 레이아웃을 변경하는 방법에 대해서도 살펴봅니다.

Key Word : 차트 삽입, 차트 종류, 차트 스타일, 레이아웃
예제파일 : Part2\예제파일\2-14.pptx

1 '제목 및 내용' 슬라이드 레이아웃으로 작성되어 있는 슬라이드에서 개체 틀에 차트 개체를 삽입하려면 차트(📊) 아이콘을 클릭합니다.

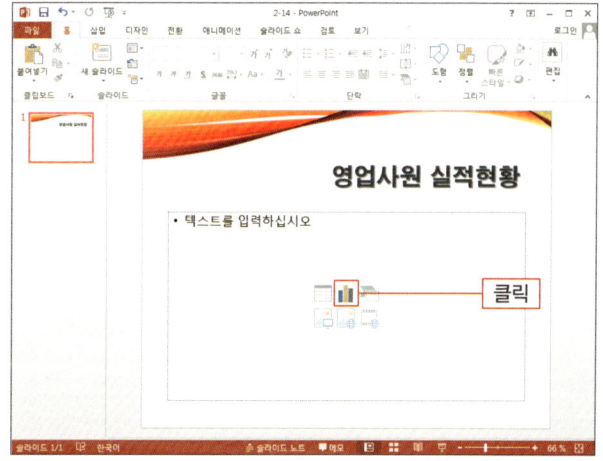

POINT
내용 개체 틀이 없는 슬라이드에서 차트를 삽입하려면 [삽입] 탭 → [일러스트레이션] 그룹 → 차트(📊)를 클릭합니다.

2 [차트 삽입] 대화상자가 실행되면 작성할 차트 종류를 선택하고 [확인] 버튼을 클릭합니다. 여기에서는 [세로 막대형] → [묶은 세로 막대형] 차트를 선택했습니다.

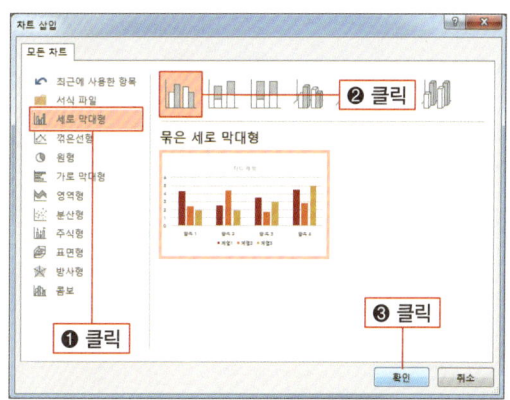

3 다음과 같이 차트에 사용할 데이터를 입력할 수 있는 데이터 표가 나타납니다. 여기에는 기본 데이터가 미리 입력되어 있습니다.

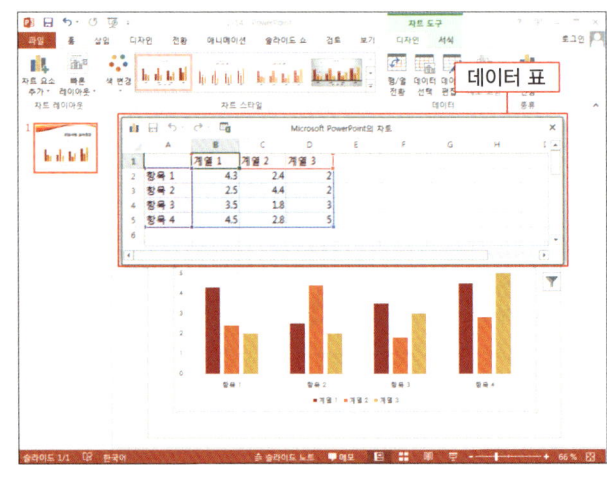

> **POINT**
> 데이터 표 상단에서 데이터 편집(🗔)을 클릭하면 엑셀 2013 프로그램에서 차트 데이터를 편집할 수 있습니다.

4 데이터 표의 기본 데이터를 다음과 같이 실제 차트에서 사용할 데이터로 변경합니다. 입력 데이터에 따라 데이터 표의 색 범위가 자동으로 조절됩니다. 데이터 입력이 모두 끝나면 데이터 표를 닫아도 됩니다.

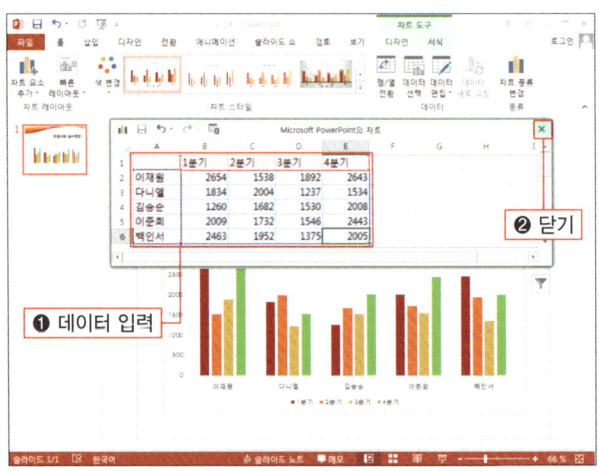

5 슬라이드에 다음과 같이 차트가 작성된 것을 확인할 수 있습니다. 처음에 선택했던 차트 종류를 다른 것으로 변경할 수 있습니다. 차트 도구의 [디자인] 탭 → [종류] 그룹 → 차트 종류 변경(🗔)을 클릭합니다.

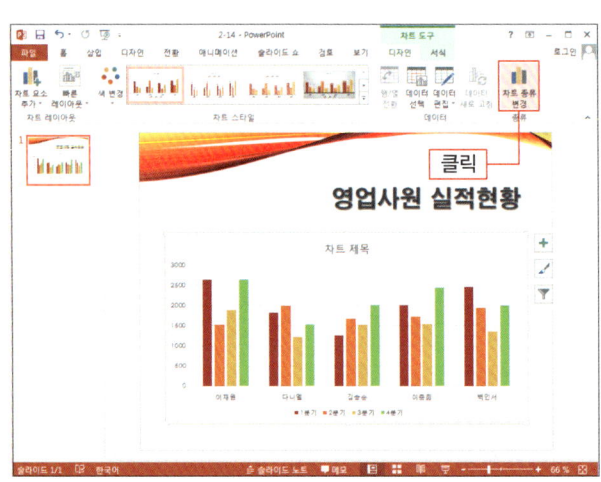

> **POINT**
> 차트가 선택 상태이면 리본 메뉴에 차트 도구가 자동으로 표시됩니다.

6 [차트 종류 변경] 대화상자의 왼쪽에서 [가로 막대형]을 클릭한 다음, 오른쪽에서 [누적 가로 막대형] 차트를 선택하고 [확인] 버튼을 클릭합니다.

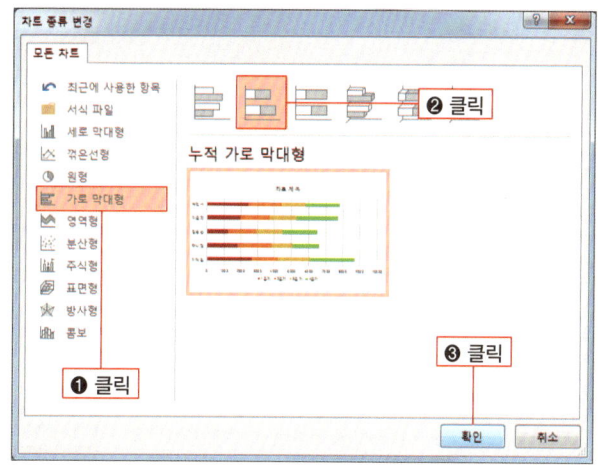

7 차트 종류가 변경됩니다. 이번에는 [디자인] 탭 → [차트 스타일] 그룹의 차트 스타일 갤러리에서 마음에 드는 차트 스타일을 선택합니다. 다음은 '스타일 5'를 선택한 결과입니다.

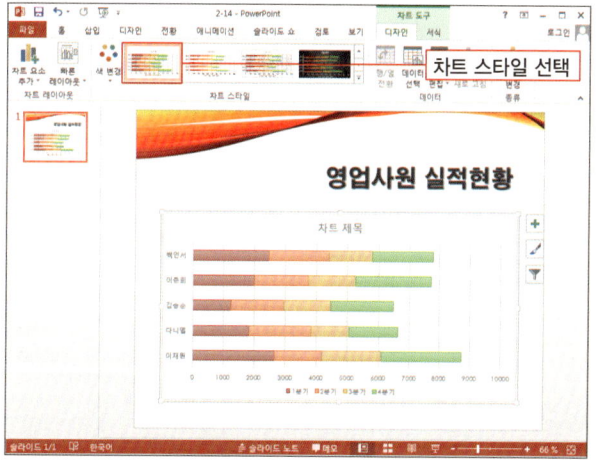

8 '차트 제목'이라는 기본 텍스트로 추가된 차트 제목을 '해외영업팀 실적현황'으로 수정합니다. 텍스트를 입력할 때는 차트 제목 테두리가 점선으로 표시됩니다.

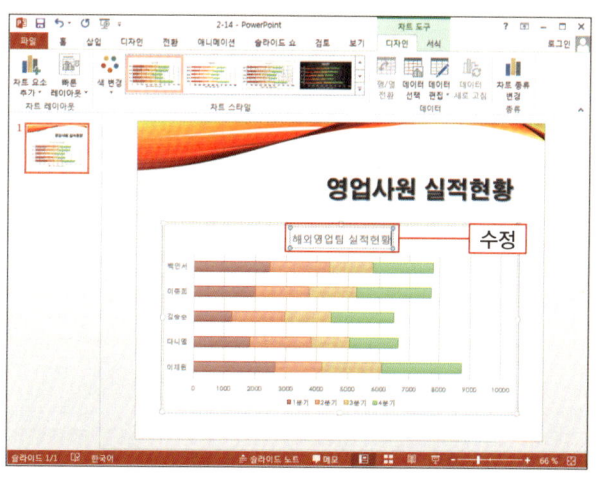

POINT
차트 제목이 기본적으로 포함되어 있지 않으면 [디자인] 탭 → [차트 레이아웃] 그룹 → 차트 요소 추가(🔳)를 클릭하고 [차트 제목]-[차트 위]를 선택하여 차트 제목을 추가합니다.

9 차트 제목 편집 상태에서 Esc 를 누르거나 제목 상자의 테두리를 클릭하여 제목 전체를 선택한 다음 [홈] 탭 → [글꼴] 그룹에 있는 도구들을 사용하여 차트 제목의 글꼴과 크기, 글꼴 스타일, 색 등을 지정할 수 있습니다. 모든 작업이 끝나면 슬라이드 바깥쪽을 클릭합니다.

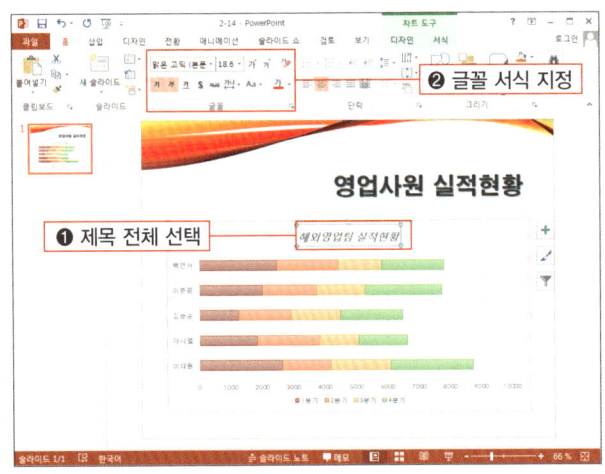

• **쌩초보 Level Up**   차트 요소 추가하기

• **방법 1** : [디자인] 탭 → [차트 레이아웃] 그룹 → 차트 요소 추가( )를 클릭한 다음 차트에 필요한 요소를 추가합니다. 특정 차트 요소에서 [없음]을 선택하면 차트 요소가 제거됩니다.

• **방법 2** : 차트가 선택 상태이면 차트 오른쪽에 세 개의 편집 단추가 나타납니다. 이 중에서 차트 요소(+) 단추를 사용하여 차트 요소를 추가하거나 제거할 수 있습니다. 예를 들어 차트에 데이터 레이블을 추가하려면 차트 요소(+) 단추를 클릭하고 [데이터 레이블]을 클릭해서 선택합니다. 데이터 레이블을 추가하면서 위치를 지정하려면 [데이터 레이블] 오른쪽의 화살표를 클릭하고 원하는 위치를 선택합니다.

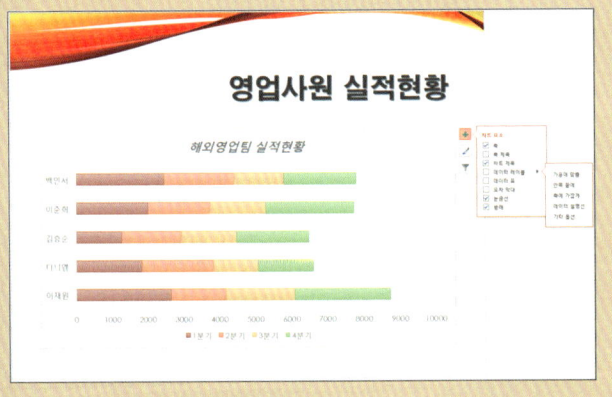

차트 서식 지정하기

차트는 차트 영역과 그림 영역, 데이터 계열, 값 축과 항목 축, 차트 제목과 축 제목, 범례 등 여러 종류의 요소로 구성됩니다. 여기서는 차트를 구성하는 각 요소에 따라 서식을 지정하는 과정을 살펴보겠습니다.

ⓖ Key Word : 차트 서식, 축 서식, 계열 서식　　　　ⓖ 예제파일 : Part2\예제파일\2-15.pptx

1 슬라이드에 삽입되어 있는 차트 개체를 클릭하여 선택하고, 차트 영역의 서식을 지정하기 위해 차트 영역을 클릭합니다.

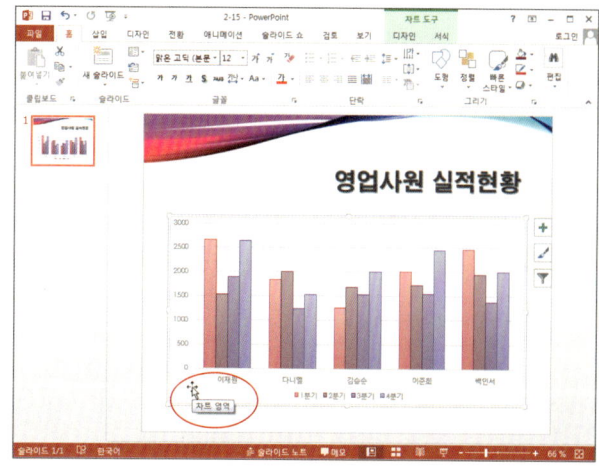

POINT
마우스 포인터의 위치에 따라 현재 차트 요소의 이름이 스크린 팁으로 표시됩니다.

2 차트 도구의 [서식] 탭 → [도형 스타일] 그룹 → 도형 채우기(도형 채우기▾)를 클릭하고 [질감]에서 원하는 질감을 선택합니다. 여기서는 '양피지' 질감을 선택했습니다.

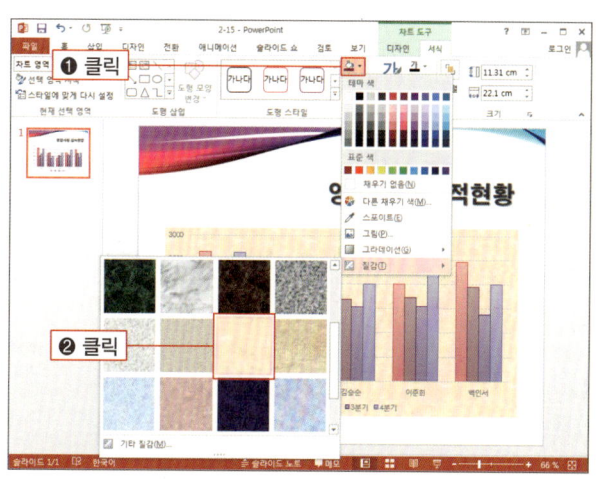

POINT
차트를 구성하는 각 요소는 도형으로 간주할 수 있습니다. 도형에 서식을 지정하는 것과 동일한 방법으로 차트 요소의 서식도 지정할 수 있습니다.

Part 2. 프레젠테이션의 재미가 쏠쏠 나는 활용 50가지　**197**

3 계속 차트 영역이 선택되어 있는 상태에서 도형 효과(도형 효과)를 클릭한 다음 [기본 설정]에서 원하는 기본 설정을 선택합니다. 여기서는 '기본 설정 4'를 선택하여 적용했습니다.

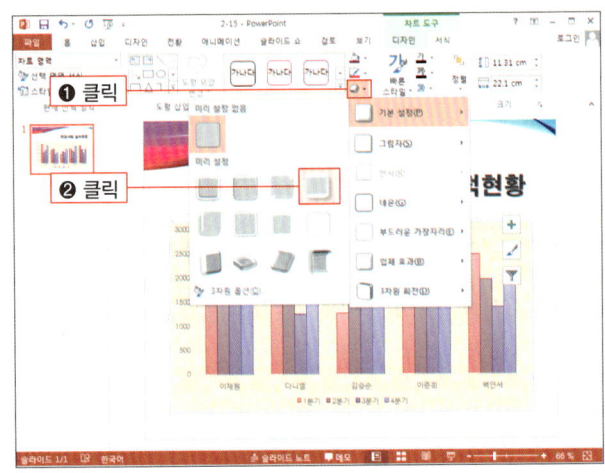

4 차트에 없는 축 제목을 추가하겠습니다. [디자인] 탭 → [차트 레이아웃] 그룹 → 차트 요소 추가( )를 클릭하고 [축 제목] → [기본 세로]를 선택합니다.

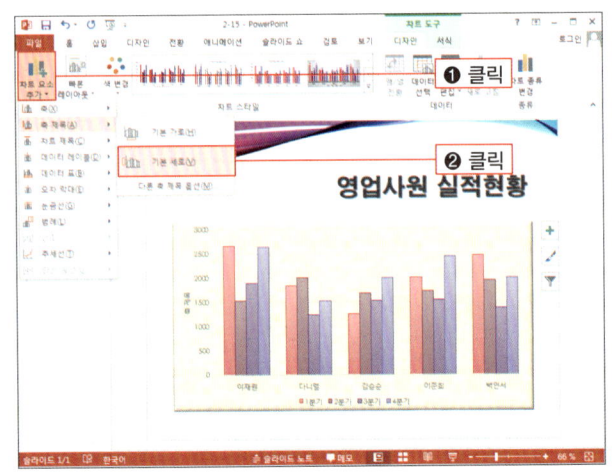

5 차트에 세로 축 제목이 추가되면 '실적'으로 제목을 수정한 다음 Esc 를 눌러 축 제목 전체를 선택합니다. [홈] 탭 → [글꼴] 그룹에 있는 도구를 사용하여 글꼴 서식을 지정하고, [홈] 탭 → [단락] 그룹의 텍스트 방향(텍스트 방향)을 클릭하고 [세로형]을 선택합니다.

\POINT
[서식] 탭 → [도형 스타일] 그룹에 있는 도구를 사용하여 축 제목 상자의 서식을 지정할 수 있습니다.

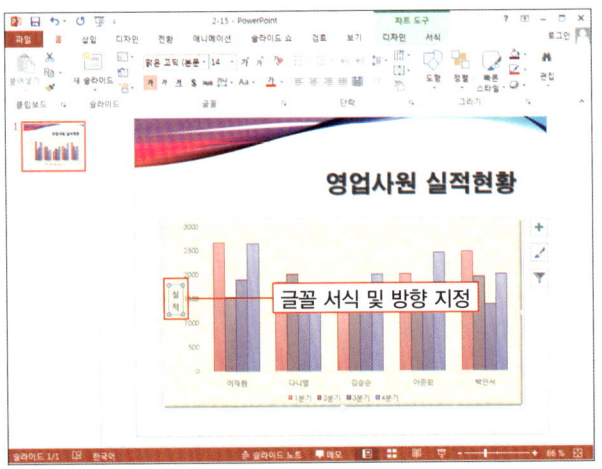

6 차트에서 '세로(값) 축'을 더블클릭합니다. 이렇게 하면 해당 차트 요소의 서식 작업 창을 열 수 있습니다.

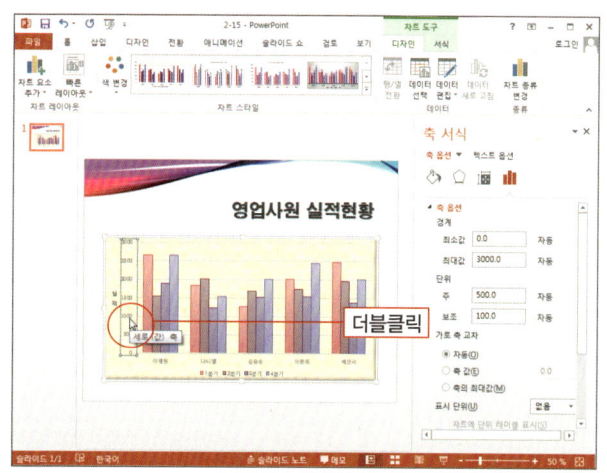

7 [축 서식] 작업 창의 축 옵션에서 최대값에 '4000'을 입력하고, 주 단위에 '1000'을 입력합니다.

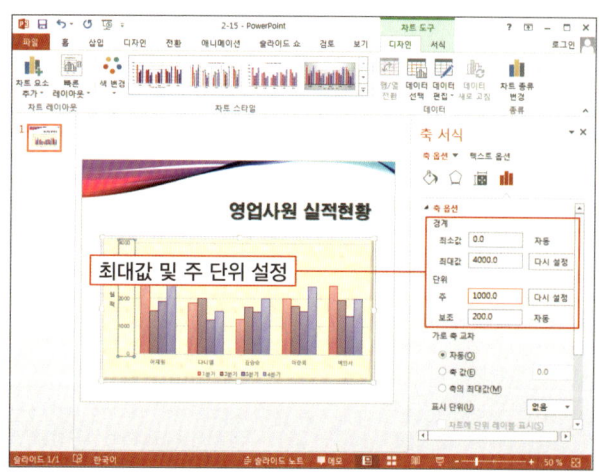

POINT
최대값과 주 단위에 새로운 값을 입력하면 [다시 설정] 버튼이 나타납니다. 이 버튼을 클릭하면 자동으로 값을 재설정할 수 있습니다.

8 [축 서식] 작업 창의 표시 형식에서 범주를 '숫자'로 변경합니다. 이때 소수 자릿수는 '0'으로, [1000 단위 구분 기호(,) 사용]은 체크가 되어야 합니다.

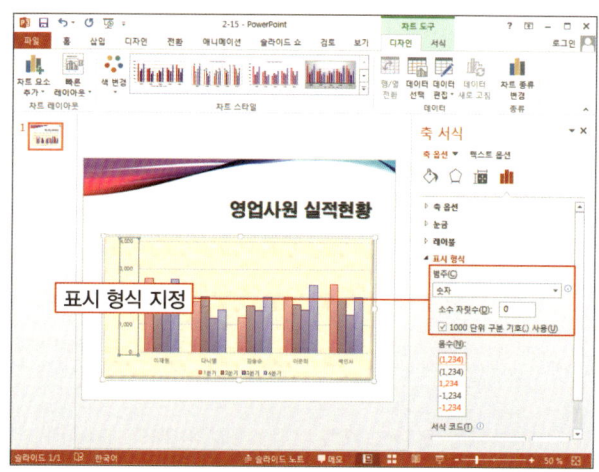

Part 2. 프레젠테이션의 재미가 쏠쏠 나는 활용 50가지 **199**

9 차트에서 '그림 영역'을 클릭하여 [그림 영역 서식] 작업 창으로 전환되면 그림 영역의 테두리 서식을 지정합니다. 여기서는 [실선] 옵션을 선택하고 색 버튼을 클릭해서 테두리 색을 지정했습니다.

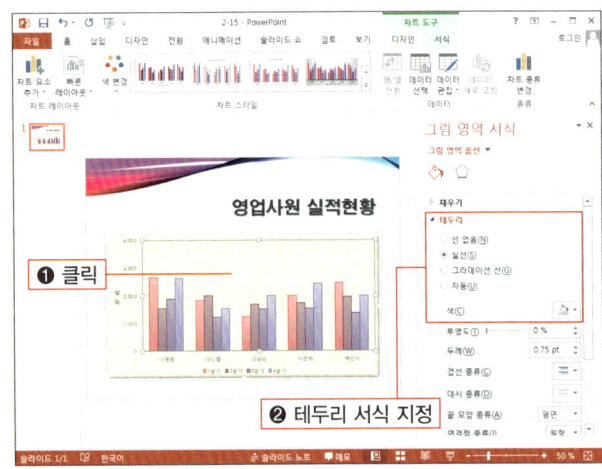

10 차트 서식 작업 창은 이제 닫아도 됩니다. 그림 영역의 크기 조정 핸들을 이용하여 차트 영역 안에서 그림 영역의 크기를 조정합니다.

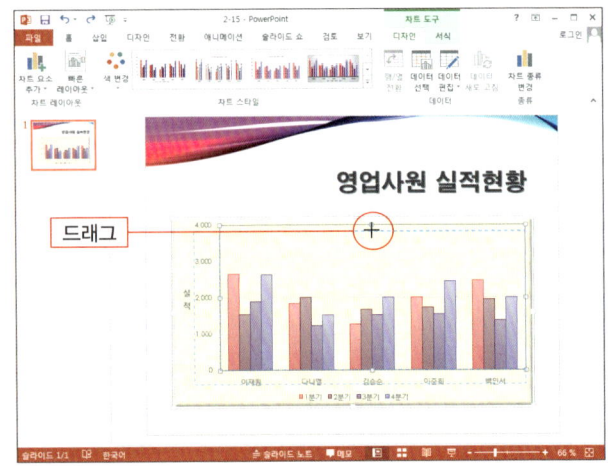

11 그림 영역의 크기를 조정하는 방법과 같은 방법으로 차트 영역의 크기도 조정할 수 있습니다. 모든 작업이 끝나면 슬라이드 바깥쪽을 클릭하여 다음과 같이 완성합니다.

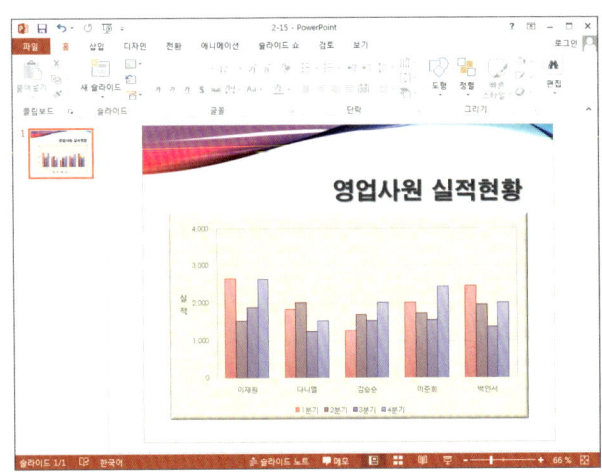

Section 16

꺾은선형 차트 만들기

꺾은선형 차트는 데이터의 흐름을 한 눈에 알아볼 수 있게 작성할 때 유리한 차트 종류입니다. 여기서는 미리 작성해 놓은 차트를 꺾은선형 차트로 변경한 다음 꺾은선형 차트에 해당되는 서식을 지정해 볼 것입니다.

Key Word : 차트 종류, 표식 옵션, 표식 채우기

예제파일 : Part2\예제파일\2-16.pptx

1 차트를 클릭해서 선택한 다음 차트 도구의 [디자인] 탭 → [종류] 그룹 → 차트 종류 변경( )을 클릭합니다.

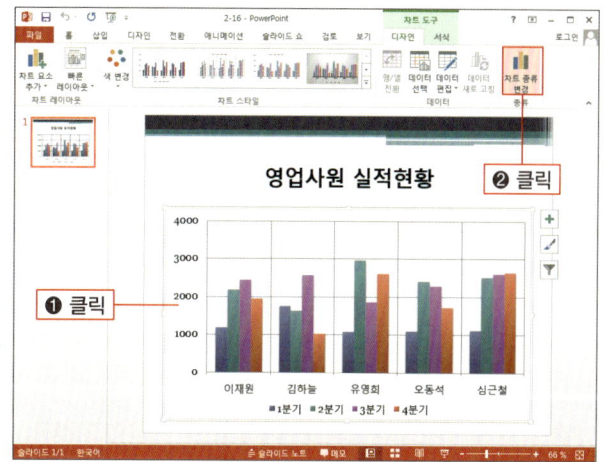

2 [차트 종류 변경] 대화상자 왼쪽에서 [꺾은선형]을 클릭하고, 오른쪽 꺾은선형 차트 영역에서 [표식이 있는 꺾은선형] 차트를 선택한 다음 [확인] 버튼을 클릭합니다.

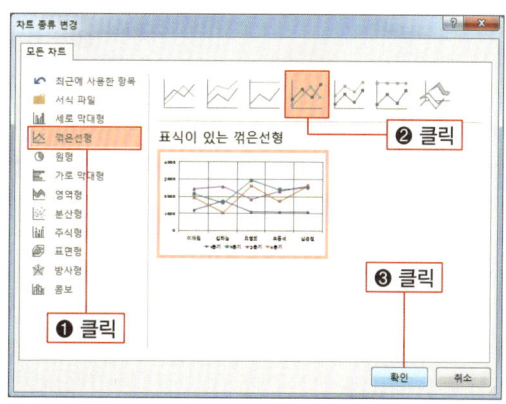

3 차트 종류가 꺾은선형 차트로 변경되면 서식을 지정하기 위해 '1분기' 계열에 해당되는 꺾은선을 더블클릭합니다. 그러면 [데이터 계열 서식] 작업 창이 실행됩니다.

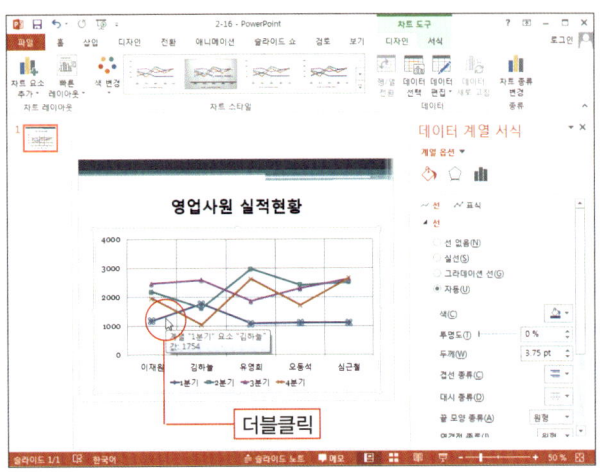

4 작업 창의 [표식] → [표식 옵션]에서 [기본 제공]을 선택하고 형식과 크기를 지정합니다.

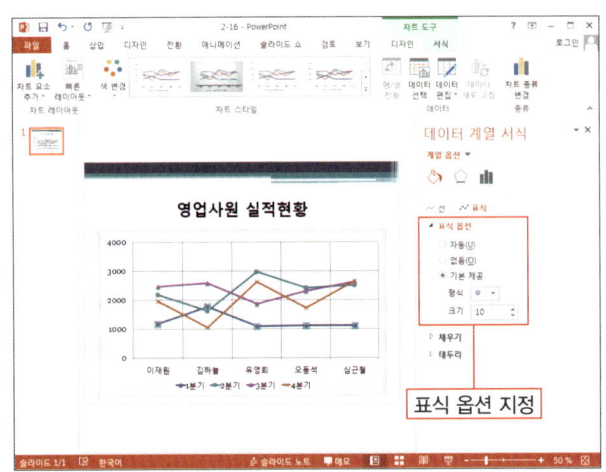

5 [표식] → [채우기]에서 [단색 채우기] 옵션을 선택한 다음 색 버튼을 클릭하고 표식의 채우기 색을 지정합니다.

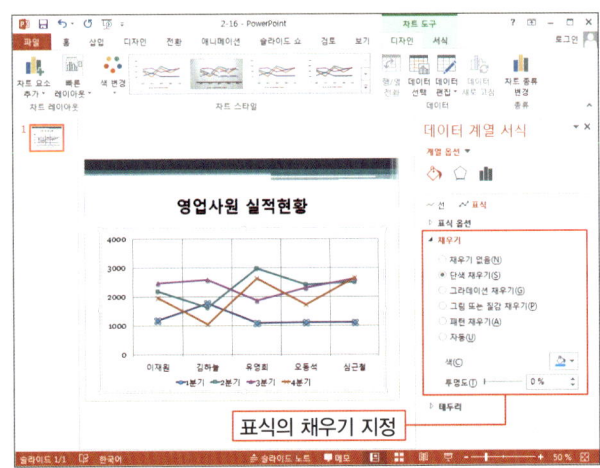

POINT
필요에 따라 표식의 테두리 서식을 지정할 수 있습니다.

6 [선]에서 두께를 '2 pt'로 조정하고 [완만한 선]을 클릭해서 선택합니다. 지금까지의 과정은 모두 계열 '1분기'에 대하여 서식을 지정한 것입니다.

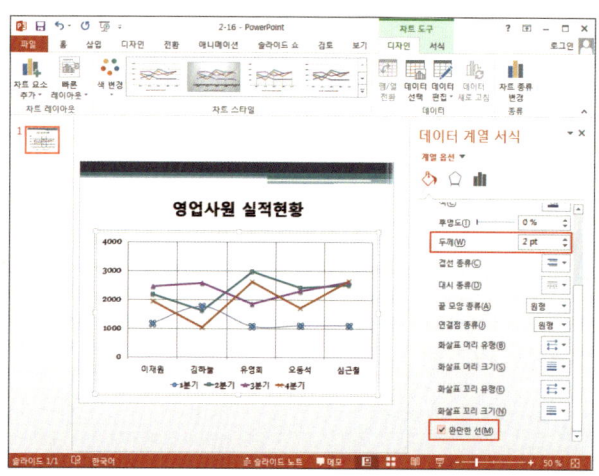

7 차트에서 계열 '2분기'를 선택하고 같은 방법으로 표식과 선에 대한 서식을 지정합니다. '3분기', '4분기'에 대해서도 동일한 방법으로 서식을 지정합니다.

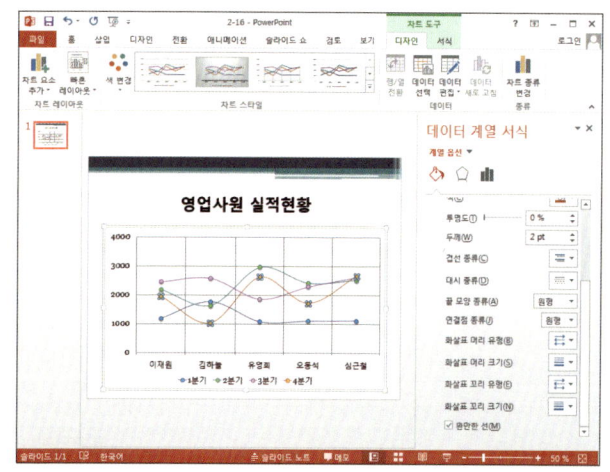

8 서식 지정이 모두 끝나면 작업 창을 닫고 슬라이드 바깥쪽을 클릭해서 차트 선택을 해제합니다. 지금까지 과정을 통해 완성한 꺾은선형 차트는 다음과 같습니다.

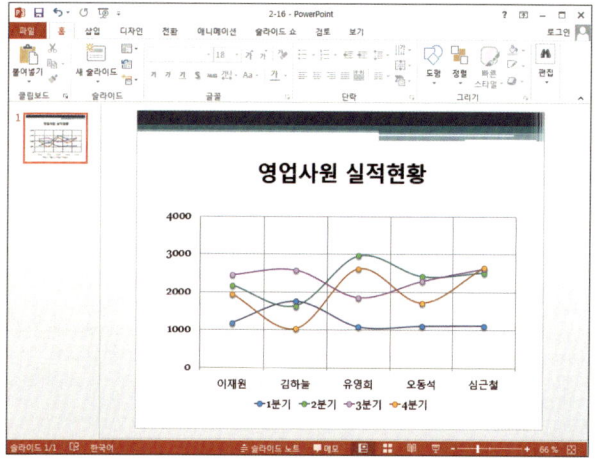

section 17
원형 차트 만들기

원형 차트는 데이터 항목이 전체 값에서 어느 정도의 크기를 차지하는지 표현할 때 주로 사용되는 차트 종류입니다. 원형 차트는 하나의 데이터 계열만 표시할 수 있다는 특징이 있습니다. 여기서는 워크시트에 데이터를 입력하여 원형 차트를 작성하고 여러 방법으로 서식을 지정하는 과정을 살펴보겠습니다.

Key Word : 원형 차트, 조각 분리, 3차원 회전

예제파일 : Part2\예제파일\2-17.pptx

1 '제목 및 내용' 슬라이드 레이아웃으로 작성한 슬라이드에서 개체 틀의 차트( ) 아이콘을 클릭합니다.

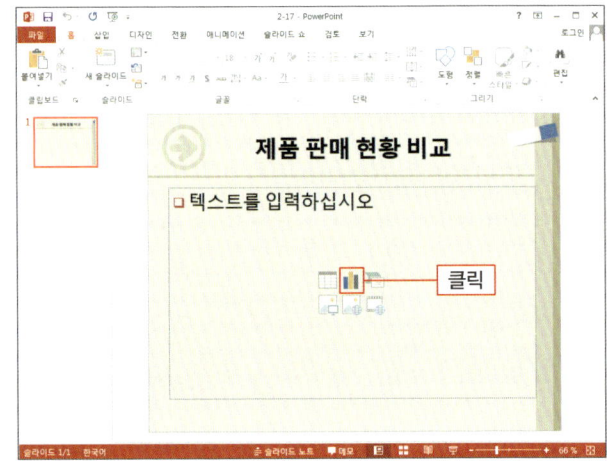

2 [차트 삽입] 대화상자가 실행되면 [원형] → [3차원 원형] 차트를 선택하고 [확인] 버튼을 클릭합니다.

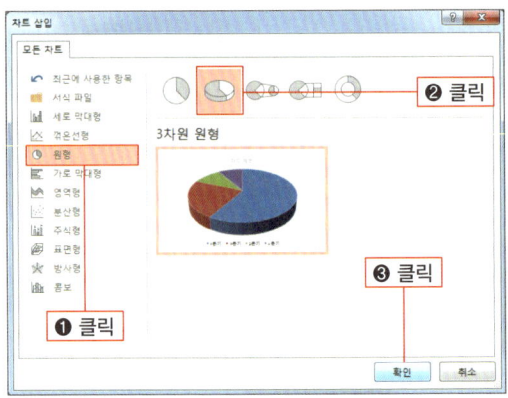

3 데이터 표가 실행되면 각 셀에 다음과 같이 데이터를 입력합니다. 데이터 입력이 모두 끝나면 데이터 표는 닫도록 합니다.

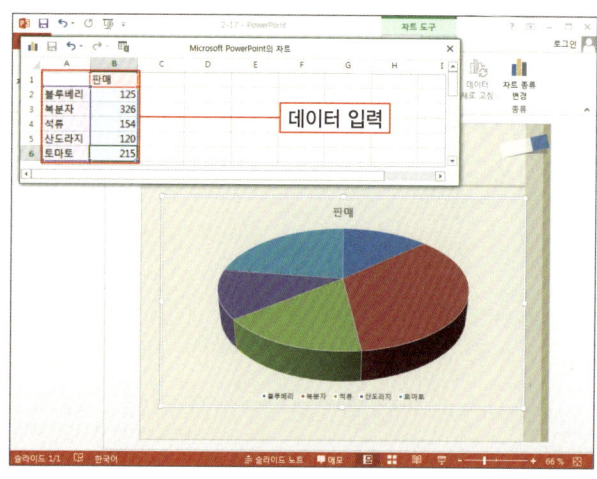

POINT
원형 차트는 하나의 데이터 계열만 포함할 수 있습니다.

4 슬라이드에 삽입된 차트가 선택되어 있는 상태에서 [디자인] 탭 → [차트 스타일] 그룹의 차트 스타일 갤러리에서 원하는 차트 스타일을 선택합니다. 여기서는 '스타일 10'을 선택하여 적용했습니다.

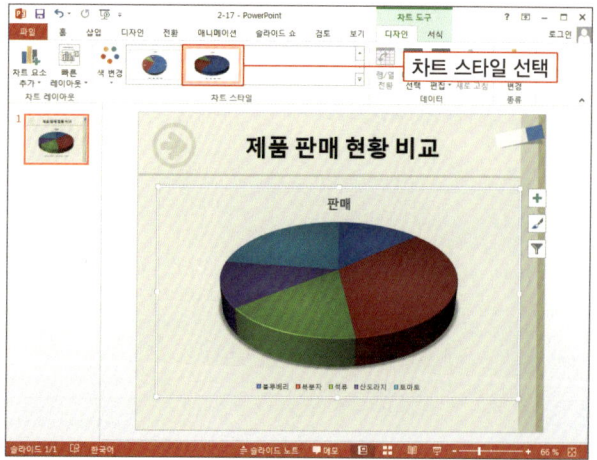

5 차트 아래쪽에 표시된 범례를 클릭해서 선택한 다음 Delete 를 눌러 범례를 제거합니다. 범례를 제거한 다음 차트 제목도 같은 방법으로 제거합니다. 차트 요소 대부분은 이와 같은 방법으로 제거할 수 있습니다.

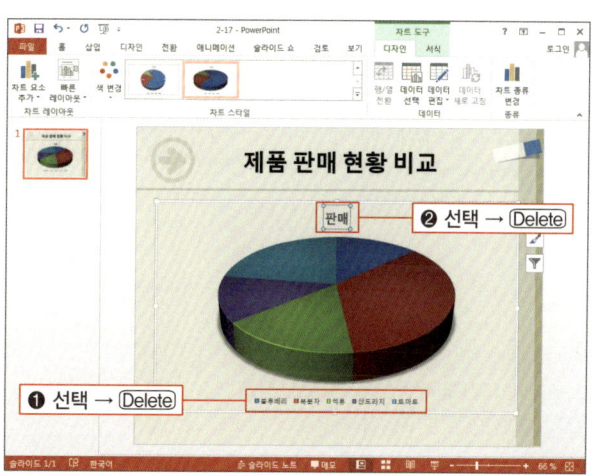

POINT
삭제한 범례를 다시 나타내려면 [디자인] 탭 → [차트 레이아웃] 그룹 → 차트 요소 추가( )를 이용합니다.

6 [디자인] 탭 → [차트 레이아웃] 그룹 → 차트 요소 추가( )를 클릭하고 [데이터 레이블] → [기타 데이터 레이블 옵션]을 선택합니다.

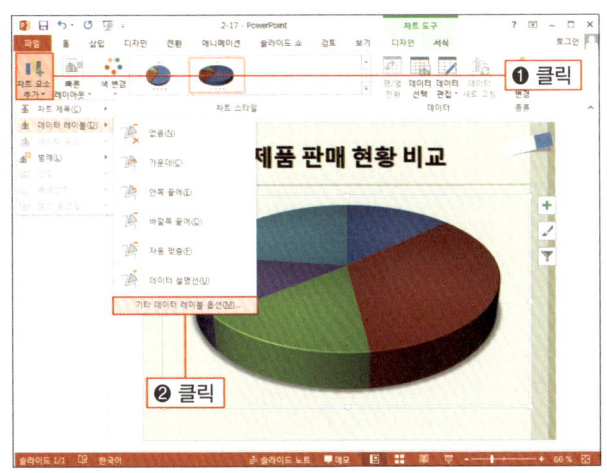

7 [데이터 레이블 서식] 작업 창의 [레이블 옵션]에서 레이블 내용으로 [항목 이름]과 [백분율]을 선택합니다.

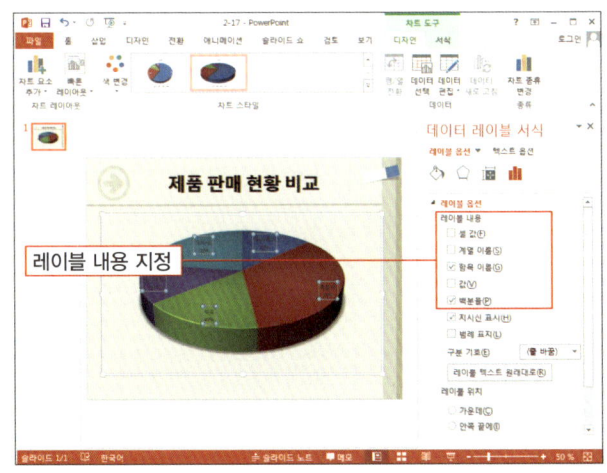

8 레이블 위치를 [바깥쪽 끝에] 옵션으로 선택하고, [표시 형식]에서 범주를 [백분율]로 지정합니다. 마지막으로 소수 자릿수를 '1'로 수정합니다.

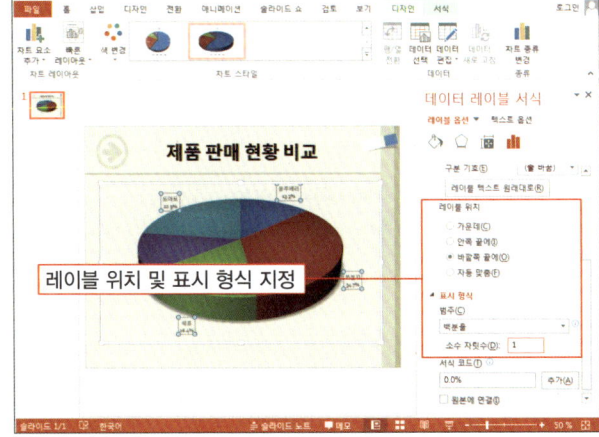

> **POINT**
> 차트에서 데이터 레이블을 선택하고 [홈] 탭 → [글꼴] 그룹에 있는 도구들을 사용하여 데이터 레이블의 글꼴 서식을 지정할 수 있습니다.

9 차트를 회전시키고 원근감을 적용해 보겠습니다. 차트에서 차트 영역을 클릭하여 [차트 영역 서식] 작업 창으로 전환합니다.

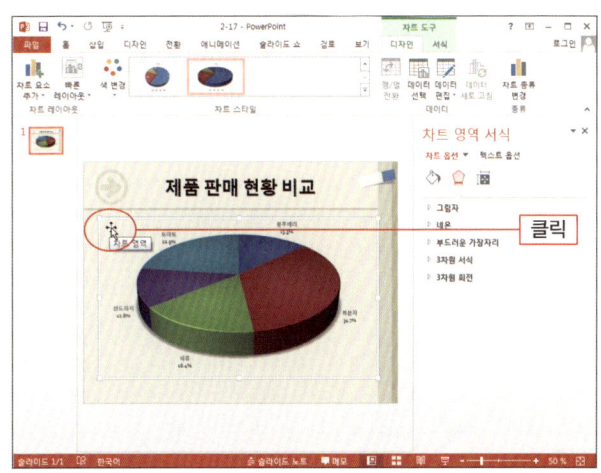

10 [효과] → [3차원 회전]에서 X 회전을 '10', Y 회전을 '20', 원근감을 '5'로 지정합니다. 이제 작업 창은 닫아도 됩니다.

> **POINT**
> X 회전 및 Y 회전은 수평 축과 수직 축을 중심으로 차트를 회전합니다.

11 원형 차트를 구성하는 원형 조각 중 하나를 클릭합니다. 그러면 모든 원형 조각 즉, 모든 데이터 요소가 선택 상태로 됩니다.

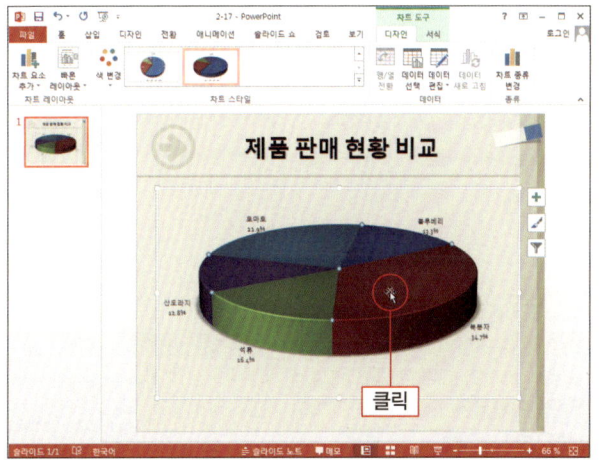

12 다시 특정 원형 조각을 클릭합니다. 그러면 여러 개의 원형 조각 중 클릭한 원형 조각 하나만 선택 상태가 됩니다.

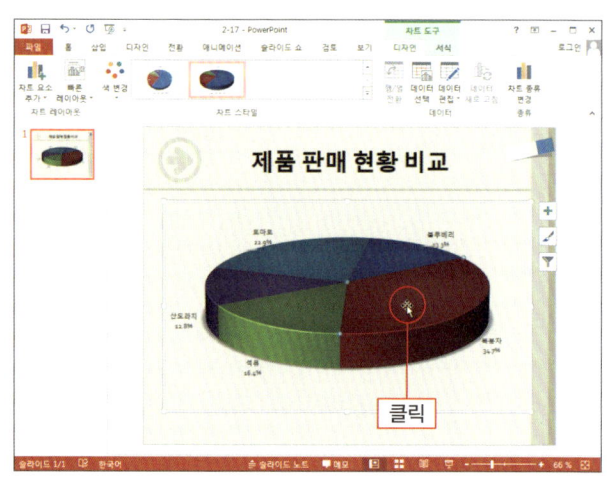

POINT
원형 차트는 하나의 데이터 계열로 구성됩니다. 하나의 데이터 계열은 다시 여러 개의 데이터 요소로 구성됩니다.

13 선택한 원형 조각 하나에서 마우스 왼쪽 버튼을 클릭한 채 중심의 반대 방향으로 드래그합니다.

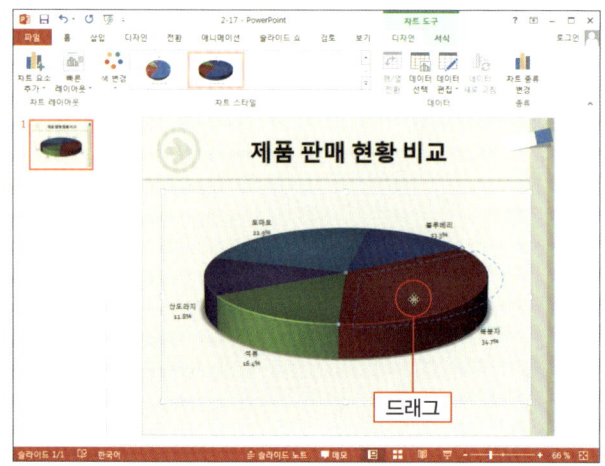

14 다음과 같이 바깥쪽으로 드래그한 원형 조각이 원형 차트에서 분리됩니다. 분리된 원형 조각을 원래 상태로 결합하려면 차트 중심 쪽으로 드래그해야 합니다.

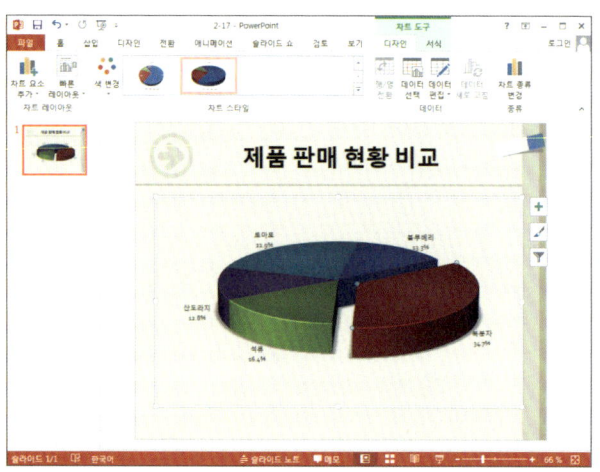

POINT
모든 원형 조각이 선택 상태일 때 바깥쪽으로 드래그하면 쪼개진 원형 차트를 만들 수 있습니다. 쪼개진 원형 차트는 모든 원형 조각이 서로 분리된 상태로 나타납니다.

SECTION 18
엑셀 데이터로 방사형 차트 만들기

파워포인트에서 데이터 표에 차트의 원본 데이터를 입력하는 대신 엑셀 워크시트에 입력되어 있는 데이터를 이용하여 슬라이드에 방사형 차트를 만드는 방법에 대하여 알아봅니다. 엑셀 파일에 있는 데이터를 복사하여 파워포인트의 데이터 표에 붙여 넣는 방법으로 엑셀 데이터를 파워포인트에서 활용할 수 있습니다.

Key Word : 방사형 차트, 표시 형식, 도형 효과 **예제파일** : Part2\예제파일\2-18.pptx

1 '제목 및 내용' 슬라이드 레이아웃을 사용하여 작성한 슬라이드에서 차트를 작성하기 위해 차트( ) 아이콘을 클릭합니다.

POINT
내용 개체 틀이 없는 슬라이드에서 차트를 삽입하려면 [삽입] 탭 → [일러스트레이션] 그룹 → 차트( )를 클릭합니다.

2 [차트 삽입] 대화상자 왼쪽에서 [방사형]을 클릭하고 오른쪽 방사형 영역에서 [채워진 방사형] 차트를 선택한 다음 [확인] 버튼을 클릭합니다.

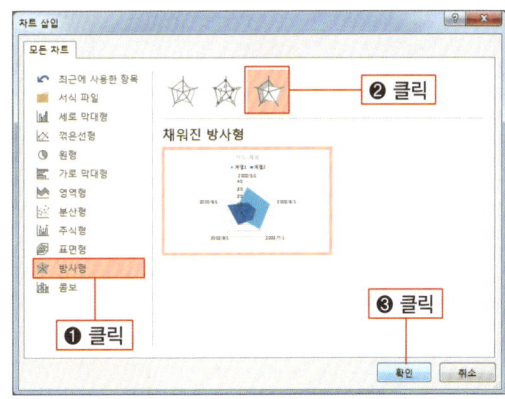

3 다음과 같이 데이터 표가 실행됩니다. 여기서는 이 데이터 표에 직접 데이터를 입력하는 것이 아니라 엑셀 파일에서 복사한 데이터를 붙여 넣을 것입니다.

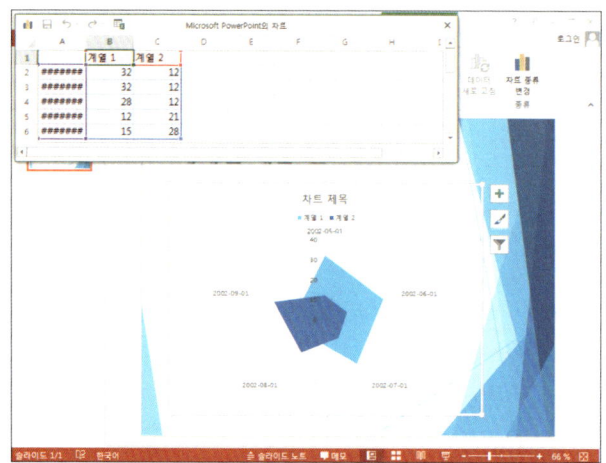

4 엑셀 2013을 실행한 다음 '제품선호도.xlsx' 통합 문서 파일을 찾아 엽니다. 그런 다음 [B4:F14] 범위를 마우스로 드래그하여 블록을 지정하고 Ctrl + C를 눌러 복사합니다.

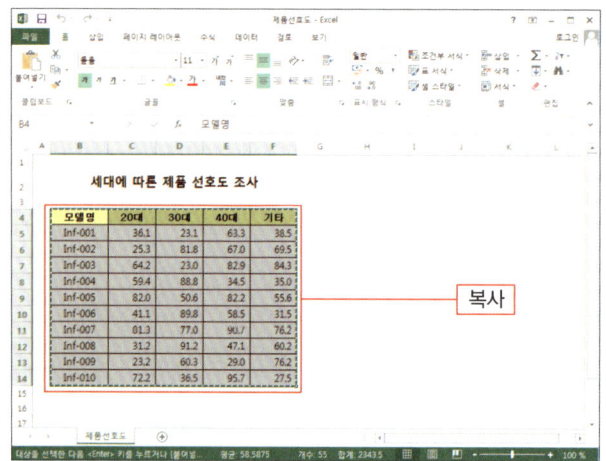

5 파워포인트의 데이터 표에서 첫 번째 셀을 클릭하고 Ctrl + V를 눌러 엑셀에서 복사한 데이터를 붙여 넣습니다.

POINT
데이터의 복사와 붙여넣기가 끝나면 엑셀 2013 프로그램은 종료해도 됩니다.

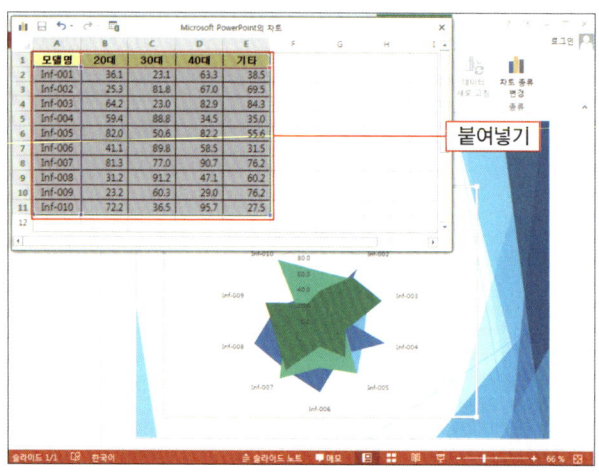

6 차트에서 값 축에 대한 서식을 지정하기 위해 '방사형 (값) 축'을 더블클릭합니다. 이렇게 하면 [축 서식] 작업 창이 실행됩니다.

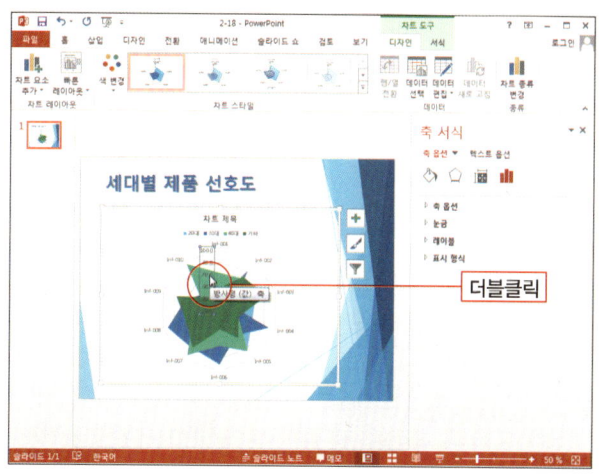

7 [축 옵션] → [표시 형식]에서 소수 자릿수를 '0'으로 수정합니다.

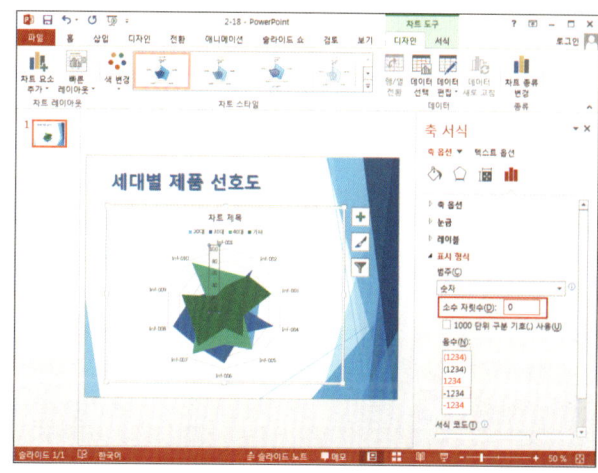

8 슬라이드의 차트에서 '차트 제목'을 선택한 다음 Delete 를 눌러 삭제합니다. 그리고 범례를 선택한 다음 작업 창의 [범례 옵션]에서 범례 위치를 [오른쪽]으로 변경합니다.

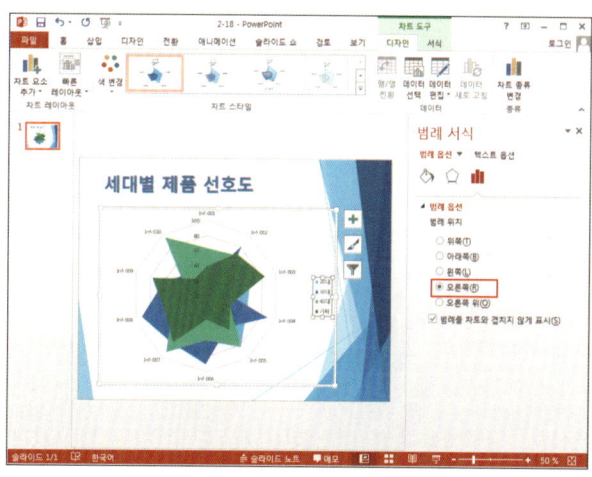

9 차트에서 데이터 계열을 나타내는 방사형 차트를 클릭합니다. [표식] → [채우기]에서 [단색 채우기] 옵션을 선택한 다음 색 버튼을 클릭해서 원하는 색을 지정합니다. 그리고 투명도를 '30%'로 조정합니다.

POINT
투명도를 지정하면 아래쪽에 가려져 있는 계열이 약간 비쳐 보이게 됩니다. 100%에 가까울수록 더 투명하게 표시됩니다.

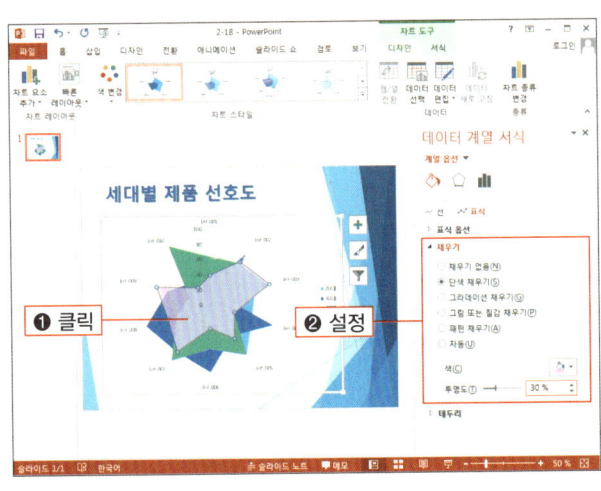

10 다른 계열을 선택하고 같은 방법으로 채우기 색과 투명도를 지정합니다. 다음은 각 데이터 계열에 서로 다른 색과 투명도를 지정한 결과입니다.

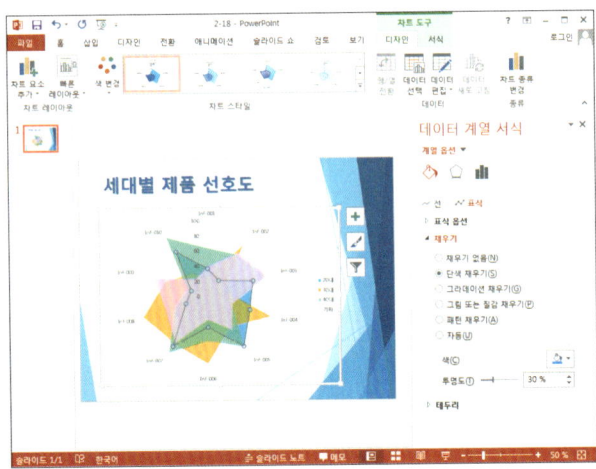

11 계열 하나가 선택된 상태에서 [서식] 탭 → [도형 스타일] 그룹 → 도형 효과(도형 효과▼)를 클릭하고 [입체 효과]에서 원하는 입체 효과를 선택합니다. 여기서는 '부드럽게 둥글리기' 효과를 사용했습니다.

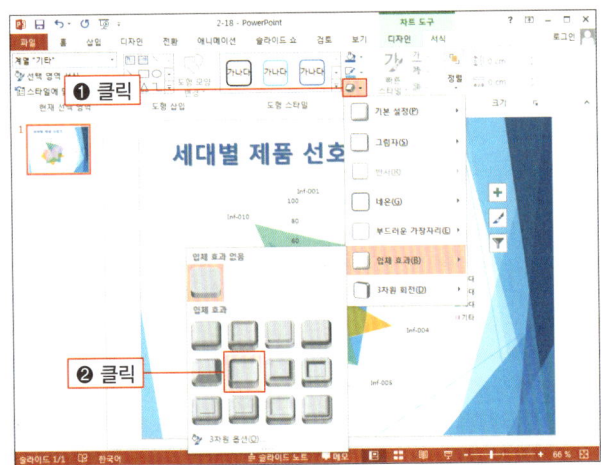

12 같은 방법으로 나머지 계열에도 입체 효과를 지정합니다. 이렇게 하면 더욱 전문적인 느낌의 차트를 만들 수 있습니다.

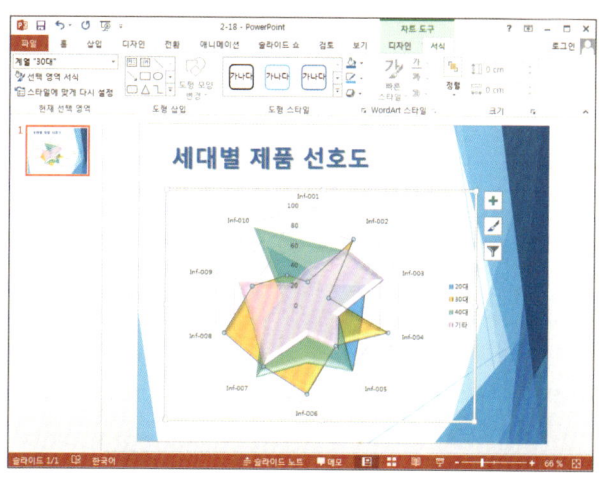

POINT

모든 계열에 같은 도형 효과를 적용하고 싶다면 계열을 클릭한 다음 Ctrl + Y 를 누릅니다. 이 바로 가기 키는 방금 실행한 명령을 반복해서 실행해 줍니다.

13 모든 작업이 끝나면 슬라이드 바깥쪽을 클릭합니다. 지금까지의 과정을 거쳐 작성한 방사형 차트의 완성된 모습입니다.

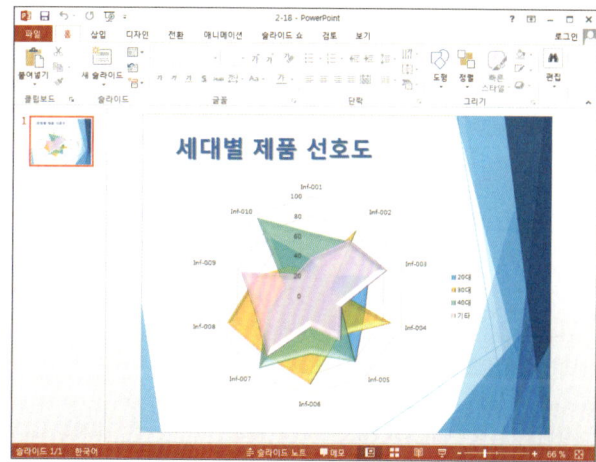

쌩초보 Level Up 차트를 서식 파일로 저장하기

- 차트를 서식 파일로 저장해 두면 이후에 같은 종류의 차트를 만들 때 서식을 지정하는 과정을 생략할 수 있어 매우 편리합니다.
- 원하는 차트 종류로 차트를 작성한 다음 서식을 지정합니다. 그런 다음 차트를 마우스 오른쪽 버튼으로 클릭하고 [서식 파일로 저장]을 선택합니다. [차트 서식 파일 저장] 대화상자가 실행되면 파일 이름을 입력하고 [저장] 버튼을 클릭합니다.
- 이후에 차트를 만들 때 [차트 삽입] 대화상자에서 [서식 파일]을 선택하면 여러분이 저장해 놓은 차트 서식 파일이 나타납니다. 여기에서 차트를 선택하고 [확인] 버튼을 클릭합니다. 이렇게 하면 차트 종류와 서식을 그대로 가져와 사용할 수 있습니다.

Section 19
콤보 차트 사용하기

콤보 차트는 파워포인트 2013에서 새로 추가된 것으로 데이터 계열마다 서로 다른 차트 종류를 혼합하여 사용할 수 있게 해 줍니다. 또 데이터 계열의 값 차이가 매우 크거나 서로 다른 단위를 사용할 때 데이터를 차트에 보기 좋게 표현하기 위해 보조 축을 지정할 수 있습니다. 여기서는 세로 막대형 차트와 꺾은선형 차트를 혼합하여 판매량과 판매금액을 각각 다른 값 축으로 표시할 것입니다.

◎ Key Word : 데이터 편집, 보조 축, 콤보 차트   ◎ 예제파일 : Part2\예제파일\2-19.pptx

1 슬라이드에 있는 차트를 클릭해서 선택합니다. 그런 다음 [디자인] 탭 → [데이터] 그룹 → 데이터 편집(📝)을 클릭합니다.

POINT
데이터 편집(📝)의 아래쪽을 클릭한 다음 [Excel 2013에서 데이터 편집]을 선택하면 엑셀 2013 프로그램에서 차트 데이터를 편집할 수 있습니다.

2 데이터 표가 실행되면 범위의 오른쪽 아래 모서리를 드래그하여 [C6] 셀까지 차트 범위에 포함되도록 크기를 조정합니다. 크기 조정 후 데이터 표는 닫아도 됩니다.

POINT
현재 차트는 판매량 계열 하나만 포함하고 있습니다. 판매금액 계열까지 차트에 포함시키려고 합니다.

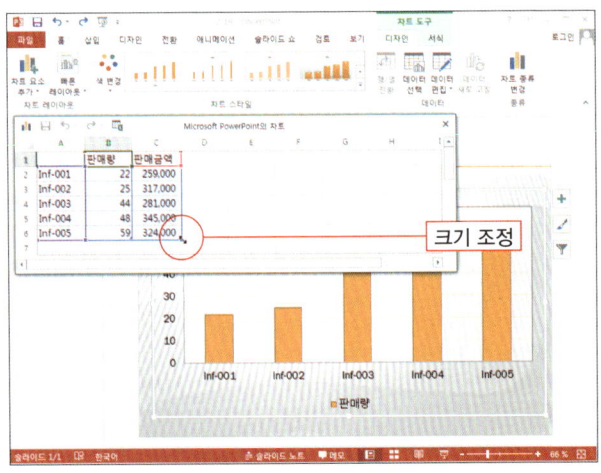

3 차트에 '판매금액' 계열이 표시되면 '판매량' 계열과 값의 차이가 크기 때문에 '판매량' 계열은 거의 보이지 않는 상태가 됩니다. [디자인] 탭 → [종류] 그룹 → 차트 종류 변경( )을 클릭합니다.

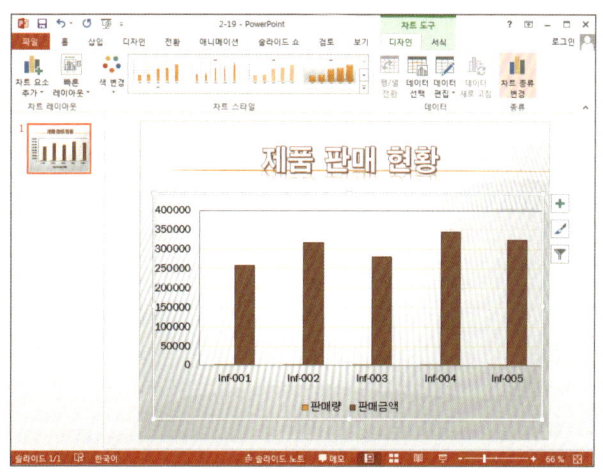

4 [차트 종류 변경] 대화상자가 실행되면 [콤보] 차트를 선택합니다. '판매량' 계열의 차트 종류를 [표식이 있는 꺾은선형]으로 지정하고 [보조 축]을 선택합니다. '판매금액' 계열의 차트 종류는 [묶은 세로 막대형]으로 지정한 다음 [확인] 버튼을 클릭합니다.

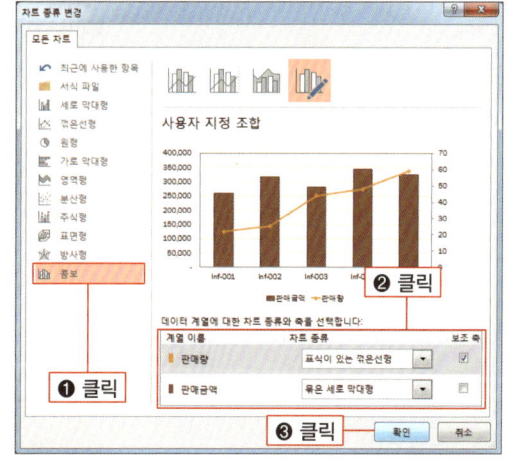

5 다음과 같이 차트가 변경되었습니다. '판매금액' 계열은 기본 축을 그대로 사용하고 '판매량' 계열이 보조 축을 사용하게 되어 두 계열의 값 차이가 크지만 모두 차트에 정상적으로 표시되는 것을 알 수 있습니다.

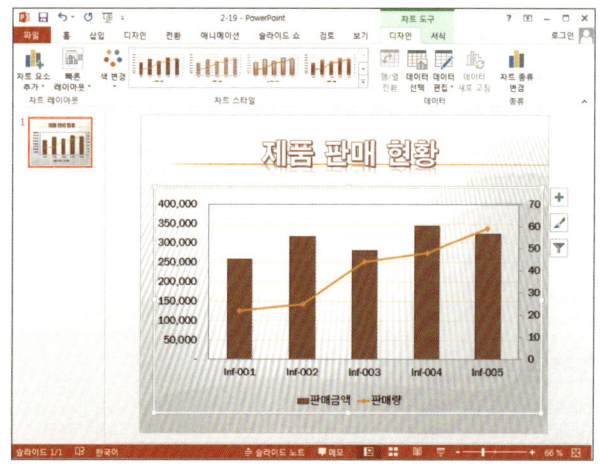

6 [디자인] 탭 → [차트 레이아웃] 그룹 → 차트 요소 추가( )를 클릭하고 [축 제목] → [기본 세로]를 선택하여 축 제목을 추가한 다음 '판매금액'으로 수정합니다. Esc 를 눌러 축 제목 상자가 선택된 상태에서 글꼴 서식과 텍스트 방향 등을 지정합니다.

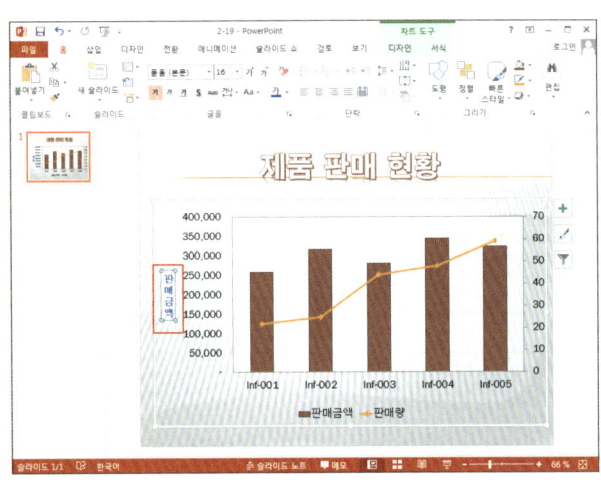

POINT
축 제목과 차트의 그림 영역이 겹치면 그림 영역을 클릭하고 크기를 조절하여 바르게 표시되도록 합니다.

7 같은 방법으로 차트 요소 추가( )를 클릭하고 [축 제목] → [보조 세로]를 선택하여 보조축의 제목도 추가합니다. '판매량'으로 텍스트를 수정하고 서식을 지정합니다.

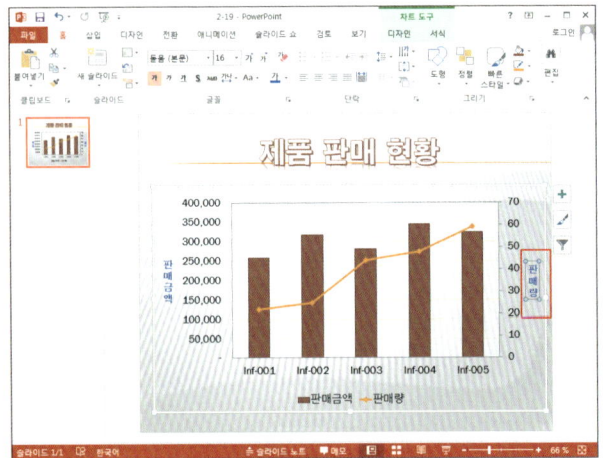

POINT
축 제목 상자의 테두리를 드래그해서 축 제목의 위치를 마음대로 조절할 수 있습니다.

8 '판매량' 계열과 '판매금액' 계열에 서식을 지정하여 다음과 같이 완성합니다.

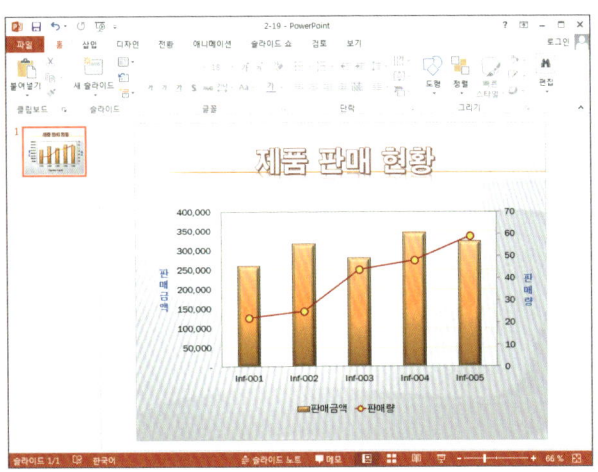

POINT
데이터 계열을 더블클릭하여 [데이터 계열 서식] 작업창을 연 다음 서식을 지정합니다.

SmartArt 그래픽으로 조직도 만들기

회사의 상하 관계를 표시할 때 사용하는 조직도를 만드는 방법에 대해 살펴보겠습니다. 파워포인트 2013에서 지원하는 SmartArt 그래픽을 이용하면 간단한 방법으로 조직도를 만들 수 있습니다.

Key Word : SmartArt 그래픽, 조직도 레이아웃, 도형 추가 **예제파일** : Part2\예제파일\2-20.pptx

1 '제목 및 내용' 슬라이드 레이아웃을 이용하여 작성한 슬라이드입니다. 개체 틀에서 SmartArt 그래픽 삽입(　)을 클릭합니다.

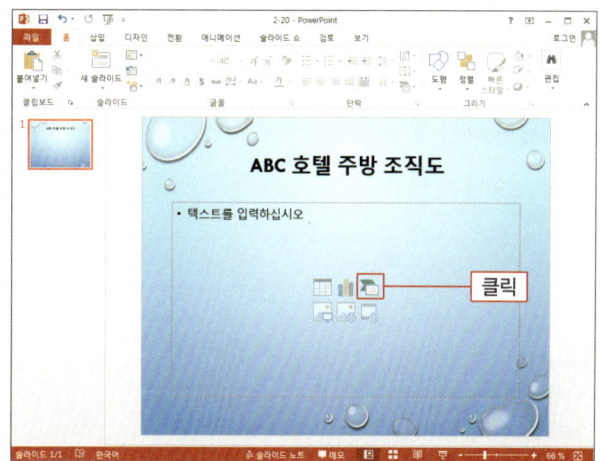

2 [SmartArt 그래픽 선택] 대화상자가 실행되면 왼쪽에서 [계층 구조형]을 선택하고 오른쪽에서 [이름 및 직위 조직도형]을 선택한 다음 [확인] 버튼을 클릭합니다.

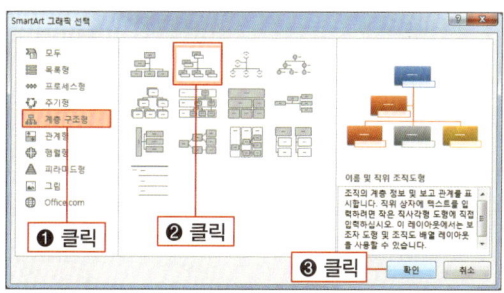

3 개체 틀의 크기에 맞게 조직도형 SmartArt 그래픽이 삽입됩니다. SmartArt 그래픽은 여러 개의 도형으로 구성되며 각 도형에 텍스트를 입력하여 조직도를 구성해야 합니다.

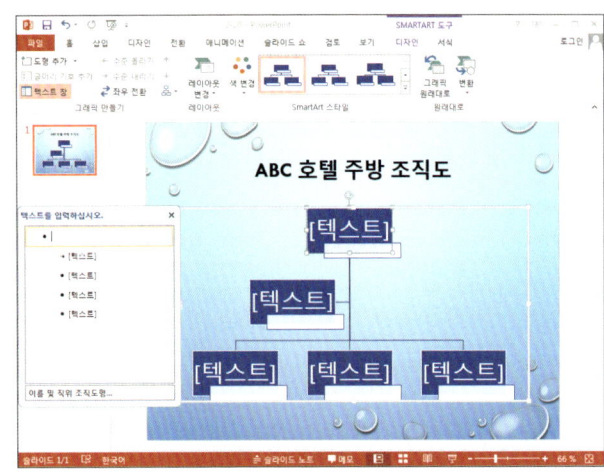

4 텍스트 창을 이용하여 조직도의 각 도형에 텍스트를 입력해 보겠습니다. 텍스트 창에서 원하는 곳을 클릭하고 텍스트를 입력합니다. 입력한 텍스트는 조직도에 바로 표시됩니다.

POINT
SMARTART 도구의 [디자인] 탭 → [그래픽 만들기] 그룹 → 텍스트 창(텍스트 창)을 사용하여 텍스트 창을 표시하거나 숨깁니다.

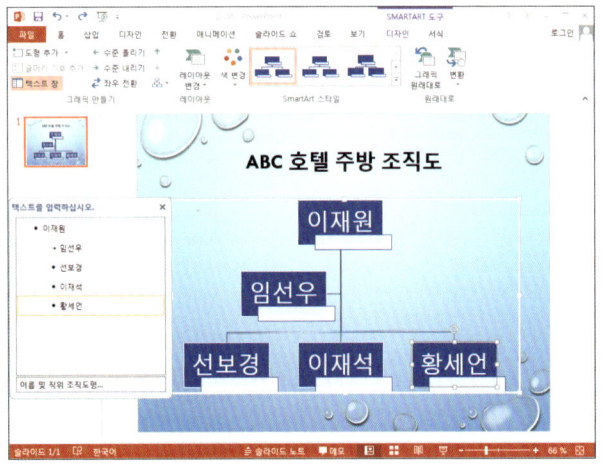

5 '선보경' 뒤에서 Enter 를 누르면 '선보경' 다음에 새로운 도형이 삽입됩니다. 이 때 삽입된 도형은 '선보경'과 같은 수준의 도형입니다.

POINT
글머리 기호만 있는 상태에서 Backspace 를 누르면 도형이 제거됩니다.

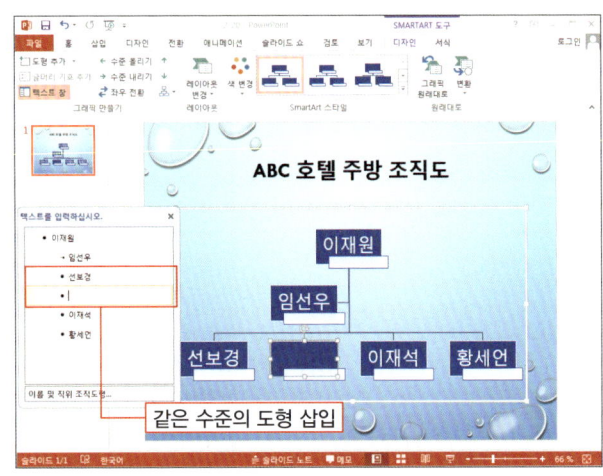

6 Tab 을 눌러 새로 삽입한 도형의 수준을 한 단계 내립니다. 이렇게 하면 '선보경'의 하위 수준 도형이 됩니다. 이제 텍스트를 입력합니다.

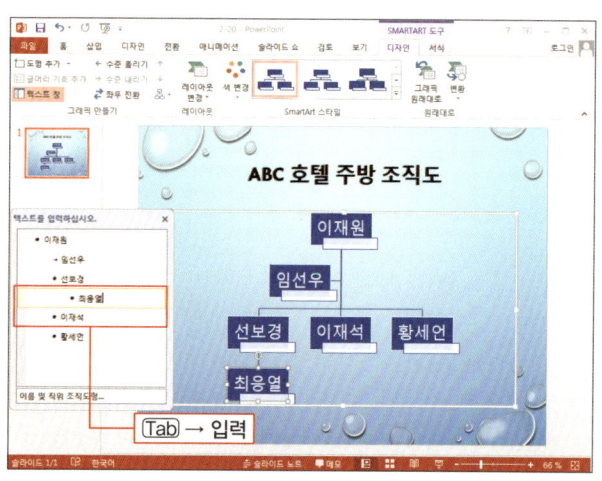

POINT

Shift + Tab 을 누르면 도형의 수준이 한 단계 올라갑니다.

7 다시 Enter 를 눌러 같은 수준의 도형을 삽입한 다음 텍스트를 입력합니다.

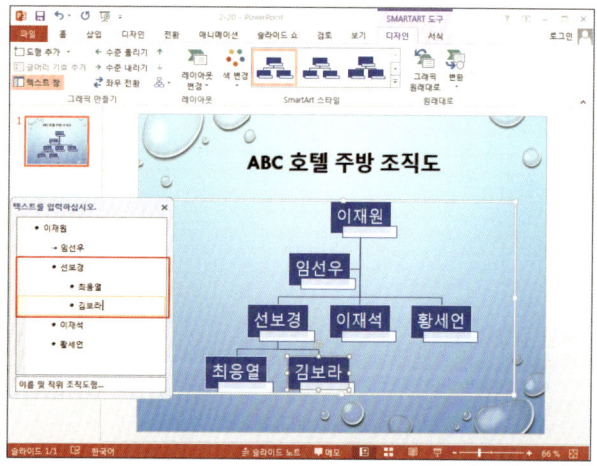

POINT

도형 안에서 줄을 바꾸어 텍스트를 입력하려면 Shift + Enter 를 누릅니다.

8 같은 방법으로 '이재석'과 '황세언' 아래에 두 개의 하위 도형을 삽입하고 텍스트를 입력합니다. 이제 텍스트 창은 닫아도 됩니다.

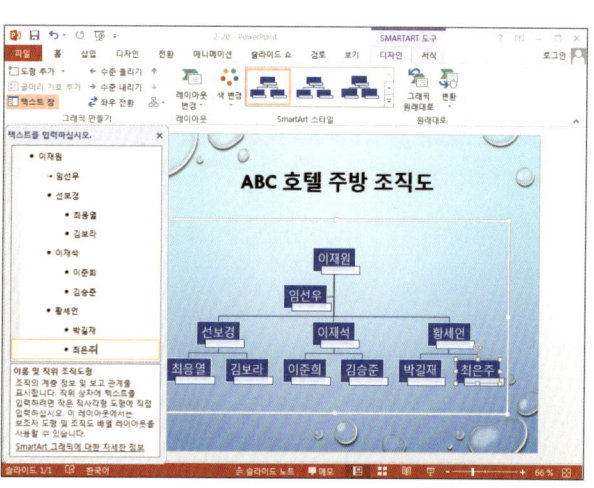

POINT

텍스트 창의 테두리를 드래그하여 크기를 조절하고, 제목 부분을 드래그하여 원하는 곳으로 자유롭게 이동할 수 있습니다.

9 첫 번째 도형에 있는 직위 도형을 클릭해서 선택한 다음 '주방장'을 입력합니다.

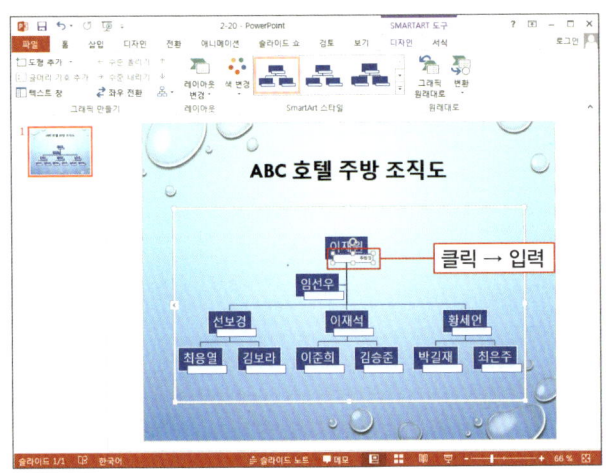

10 같은 방법으로 다른 도형에도 다음과 같이 각각 직위를 입력합니다.

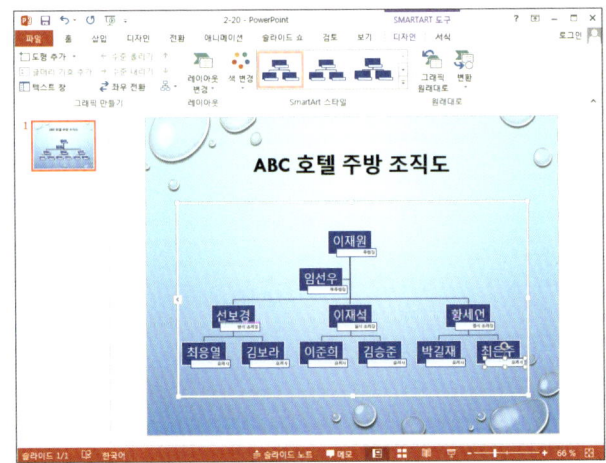

11 SmartArt 그래픽에 서식을 지정하는 과정을 살펴보겠습니다. [디자인] 탭 → [SmartArt 스타일] 그룹의 SmartArt 스타일 갤러리에서 원하는 스타일을 선택합니다. 여기서는 '광택 처리' 스타일을 사용했습니다.

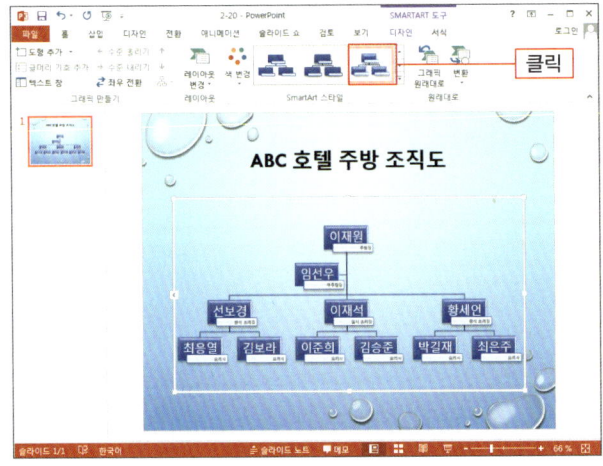

12 색 변경( )을 클릭하고 원하는 색 변형을 선택합니다. 여기서는 '색상형 – 강조색' 변형을 선택하였습니다.

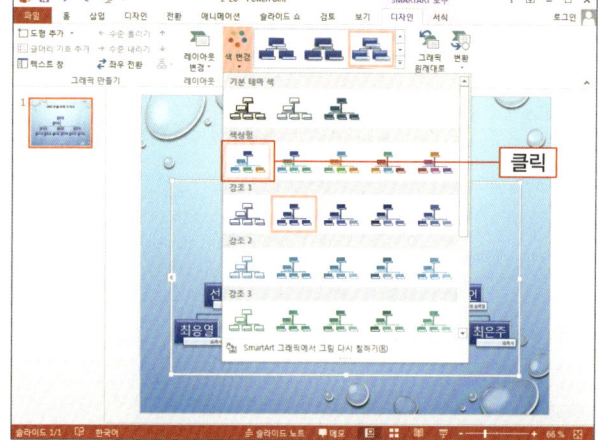

> **POINT**
> SmartArt 스타일과 색 변경은 SmartArt 그래픽의 전체적인 서식을 한 번에 변경합니다.

13 지금까지 과정을 통해 완성된 조직도는 다음과 같습니다.

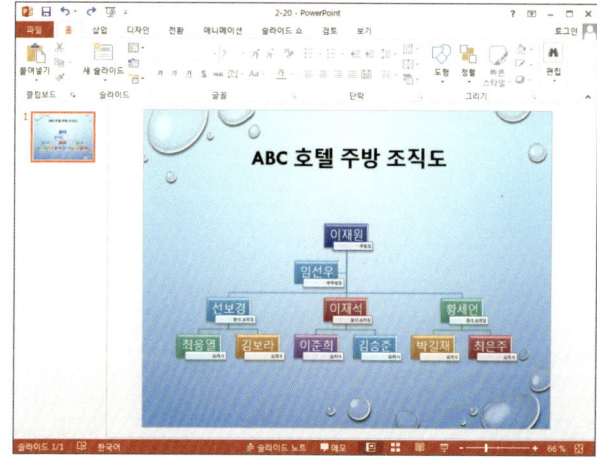

> **POINT**
> 특정 도형을 선택하고 서식을 지정하면 선택한 도형의 서식만 개별적으로 바꿀 수 있습니다.

그림이 있는 SmartArt 그래픽 만들기

파워포인트 2013의 SmartArt 그래픽은 이전 버전에 비해 훨씬 다양하고 멋진 그래픽을 지원합니다. 이번에는 그림이 포함되어 있는 SmartArt 그래픽을 만들면서 SmartArt 그래픽을 다루는 여러 방법에 대해 더 익숙해지도록 합니다.

Key Word : SmartArt, 색 변경, 텍스트 창, 그림 삽입

예제파일 : Part2\예제파일\2-21.pptx

1 '제목 및 내용' 슬라이드 레이아웃을 사용하여 작성한 슬라이드입니다. 내용 개체 틀에서 SmartArt 그래픽 삽입( )을 클릭합니다.

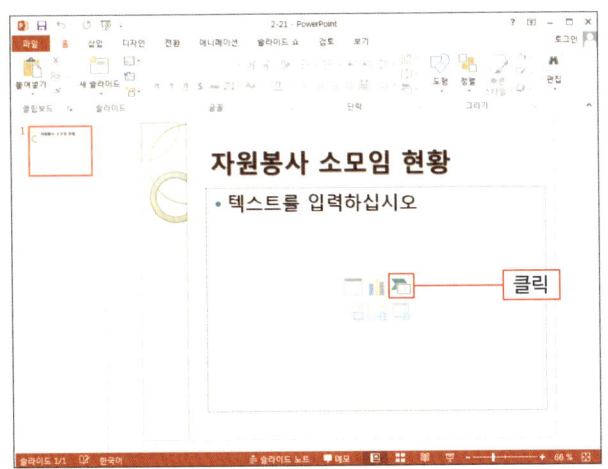

2 [SmartArt 그래픽 선택] 대화상자가 실행되면 왼쪽에서 [그림]을 선택하고, 오른쪽에서 [세로 그림 강조 목록형]을 선택한 다음 [확인] 버튼을 클릭합니다.

> **POINT**
> 대화상자 오른쪽에서 선택한 그래픽에 대한 간략한 정보를 볼 수 있습니다. 여기서는 그림을 넣을 수 있는 그래픽을 선택해야 합니다.

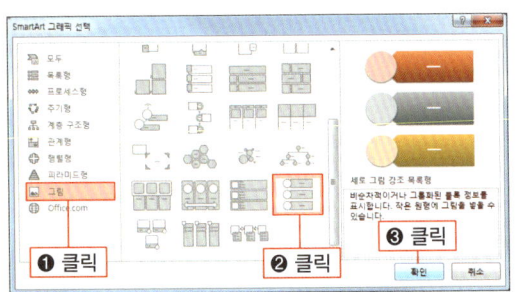

3 내용 개체 틀에 맞게 SmartArt 그래픽이 삽입되면 SMARTART 도구의 [디자인] 탭 → [SmartArt 스타일] 그룹 → 색 변경( )을 클릭하고 '색상형 – 강조색'을 선택합니다. 또 SmartArt 스타일 갤러리에서 '보통 효과' 스타일을 선택하여 적용합니다.

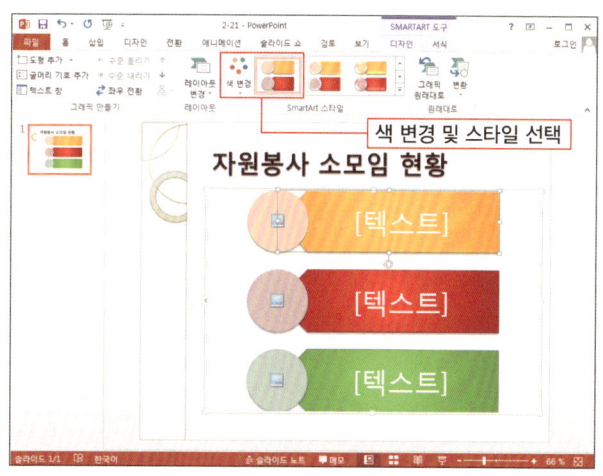

4 [디자인] 탭 → [그래픽 만들기] 그룹 → 텍스트 창(텍스트 창)을 클릭하면 SmartArt 그래픽의 왼쪽이나 오른쪽에 텍스트 창이 표시됩니다.

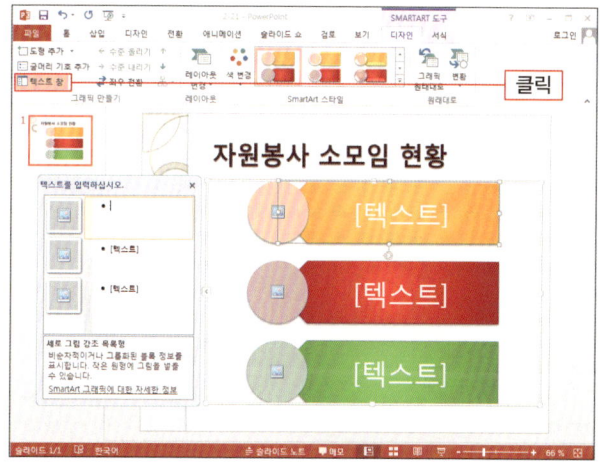

5 텍스트 창에서 '방과후 학습 봉사'를 입력하고 Enter 를 누른 다음, Tab 을 눌러 수준을 한 단계 내리고 '팀장 : 서은지'와 '봉사인원 : 32명'을 입력합니다.

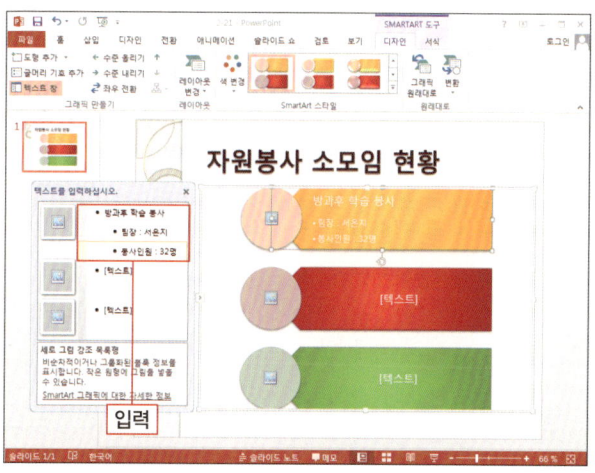

POINT

Tab 을 누르면 단락 수준이 내려가므로 첫 번째 도형의 하위 단락을 작성하는 상태가 됩니다. 단락 수준을 올릴 때는 Shift + Tab 을 누릅니다.

Part 2. 프레젠테이션의 재미가 쏠쏠 나는 활용 50가지 **223**

6 같은 방법으로 두 번째와 세 번째 도형에도 다음과 같이 텍스트를 입력합니다. 텍스트 입력 작업이 끝나면 텍스트 창은 닫습니다.

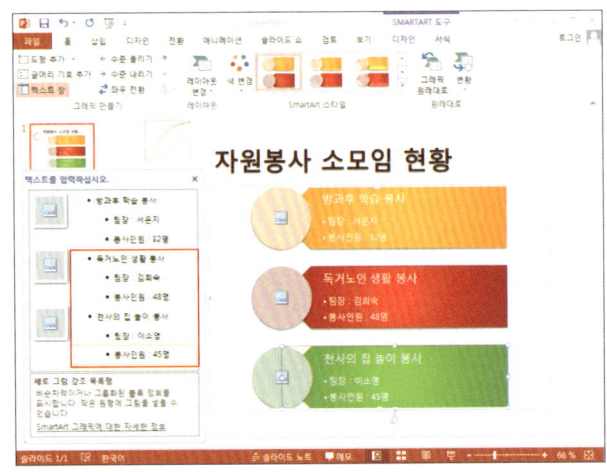

7 직사각형 도형의 왼쪽에 있는 타원 도형에는 그림을 삽입할 수 있습니다. 첫 번째 타원 도형에 있는 그림 아이콘을 클릭합니다.

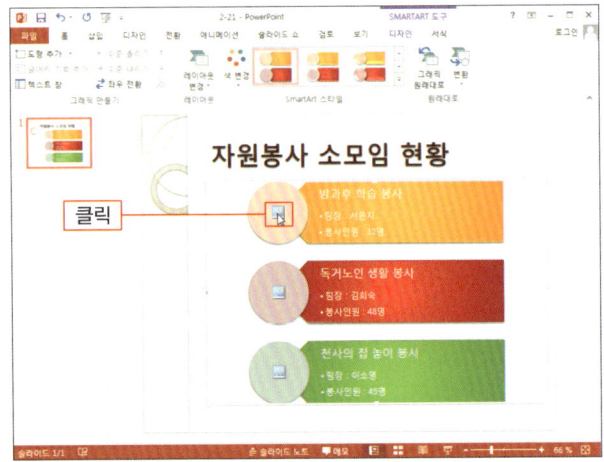

8 [그림 삽입] 창에서 [파일에서]의 [찾아보기]를 클릭합니다. Office.com 클립 아트나 Bing 이미지 검색을 통해서도 그림을 삽입할 수 있습니다.

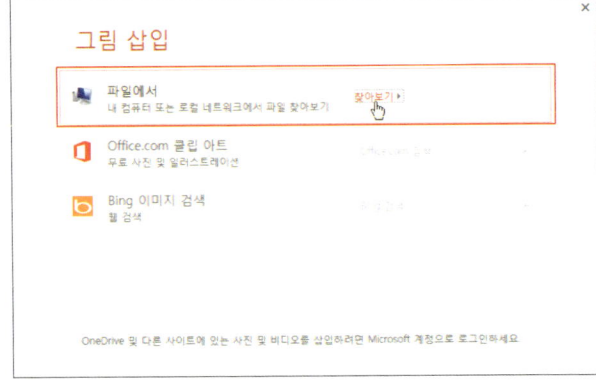

9 [그림 삽입] 대화상자가 실행되면 원하는 그림 파일을 찾아 선택하고 [삽입] 버튼을 클릭합니다. 여기서는 '사람1.jpg' 그림 파일을 사용했습니다.

10 첫 번째 타원에 그림 파일이 삽입되면 두 번째와 세 번째 타원에도 같은 방법을 사용하여 그림 파일을 삽입합니다.

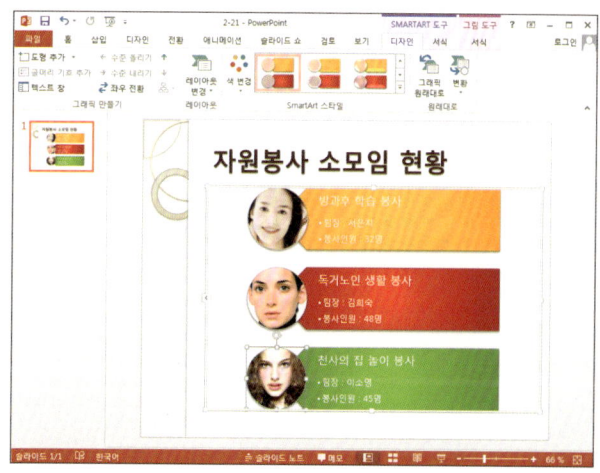

11 리본 메뉴에 표시되는 그림 도구의 [서식] 탭에 있는 도구를 이용하여 그림에 서식을 지정하고, [홈] 탭 → [글꼴] 그룹에 있는 도구를 사용하여 글꼴 서식을 지정합니다. 또 SmartArt 그래픽 안에서 도형을 클릭한 다음 드래그하여 다음과 같이 위치를 임의로 조정할 수도 있습니다.

> **POINT**
> 모든 작업이 끝나면 슬라이드 바깥쪽을 클릭해서 SmartArt 그래픽의 선택을 해제합니다.

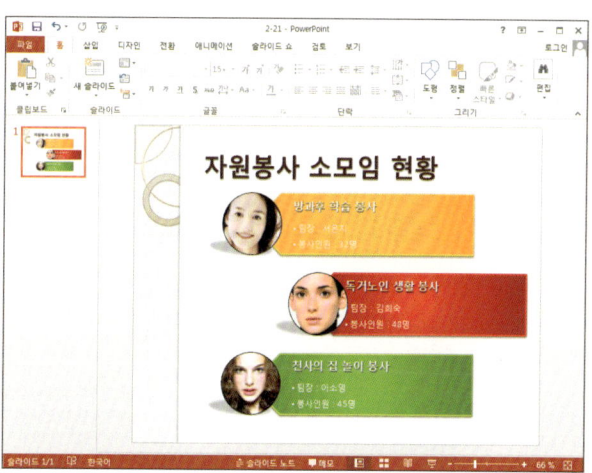

section 22
오디오 삽입하기

슬라이드에 오디오를 삽입하는 두 가지 방법에 대해 알아봅니다. 'Office.com'에서 오디오를 검색하여 삽입하는 방법과 내 컴퓨터에 저장되어 있는 오디오 파일을 삽입하는 방법이 있습니다. 여기서는 이 두 가지 경우를 차례로 사용하여 슬라이드에 사운드 파일을 삽입해 보겠습니다.

○ **Key Word** : 클립 아트 오디오, 아이콘 크기 조절, 오디오 클립 재생, 자동 실행 ○ **예제파일** : Part2\예제파일\2-22.pptx

1 [삽입] 탭 → [미디어] 그룹 → 오디오(🔊)의 화살표를 클릭하고 [온라인 오디오]를 선택합니다.

2 오디오 삽입 창이 실행되면 검색 상자에 '비바체'를 입력하고 [Enter]를 누릅니다. 검색 결과가 표시되면 원하는 오디오 파일 위로 마우스 포인터를 움직입니다. 이렇게 하면 자동으로 오디오 파일의 연주가 시작됩니다.

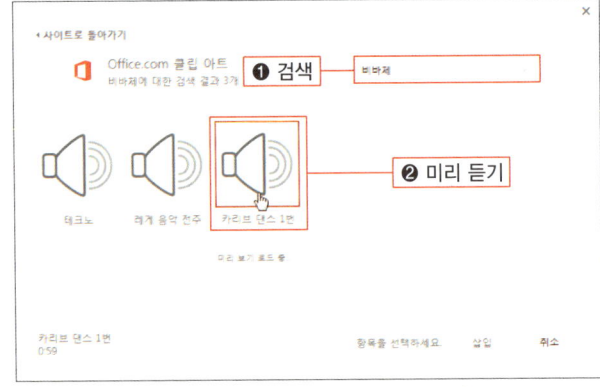

3 오디오 파일을 선택하고 [삽입] 버튼을 클릭하면 슬라이드 중앙에 다음과 같이 오디오 아이콘이 삽입되고 제어판이 표시됩니다.

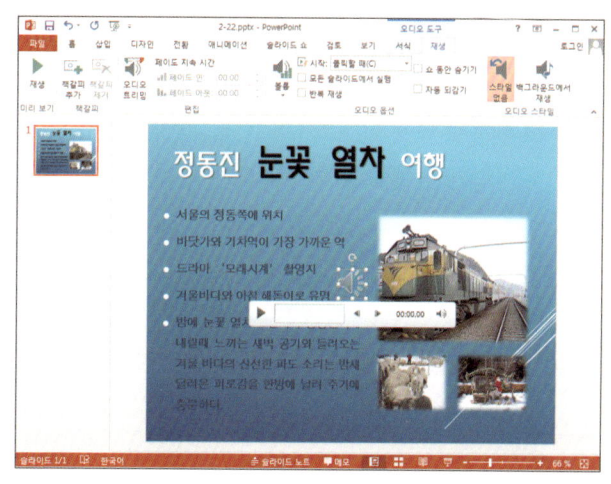

POINT
오디오 아이콘을 클릭해서 선택한 다음 Delete 를 누르면 삽입한 오디오를 삭제할 수 있습니다.

4 오디오 아이콘을 마우스로 드래그하여 슬라이드의 오른쪽 위로 이동합니다. 원한다면 크기 조절 핸들을 이용하여 아이콘의 크기를 조절할 수도 있습니다.

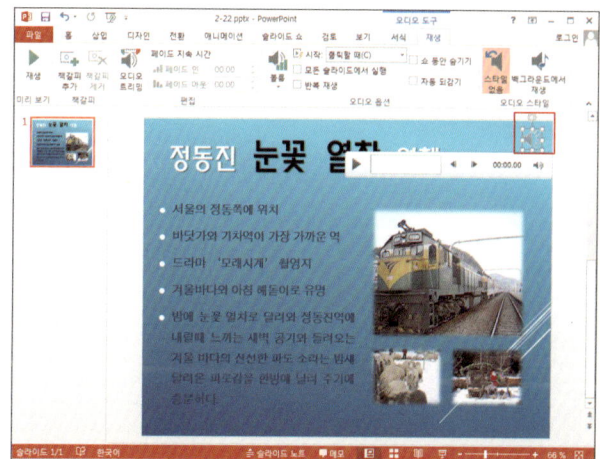

POINT
오디오 아이콘이 선택 상태일 때 표시되는 제어판에서 [재생] 버튼을 클릭하면 바로 오디오를 재생시킬 수 있습니다.

쌩초보 Level Up   오디오 클립의 재생

오디오 아이콘을 클릭했을 때 함께 표시되는 제어판을 사용하여 오디오를 재생하거나 볼륨을 조절합니다.
① 클릭해서 오디오를 재생합니다. 재생 중일 때는 오디오를 일시 중지 하는 역할을 합니다.
② 특정 지점을 클릭해서 오디오의 재생 위치를 조절합니다.
③ '0.25초' 단위로 재생 위치를 이전으로 또는 다음으로 변경합니다.
④ 오디오를 재생할 때 볼륨을 조절합니다.

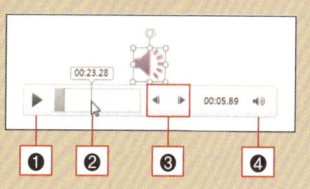

5 오디오 아이콘이 선택된 상태에서 [재생] 탭 → [오디오 옵션] 그룹에서 [시작]의 화살표를 클릭하고 [자동 실행]을 선택합니다. 이렇게 하면 오디오가 포함된 슬라이드가 슬라이드 쇼로 실행될 때 자동으로 오디오가 재생됩니다.

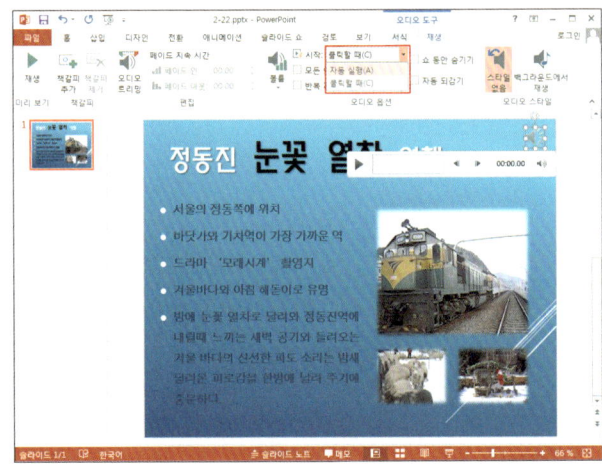

POINT
오디오 옵션에서 설정한 사항을 기본값으로 되돌리려면 [재생] 탭 → [오디오 스타일] 그룹 → 스타일 없음(🔊)을 클릭합니다.

6 [쇼 동안 숨기기] 확인란을 클릭해서 선택합니다. 이렇게 하면 슬라이드 쇼가 실행되는 동안 오디오 아이콘이 화면에서 숨겨집니다.

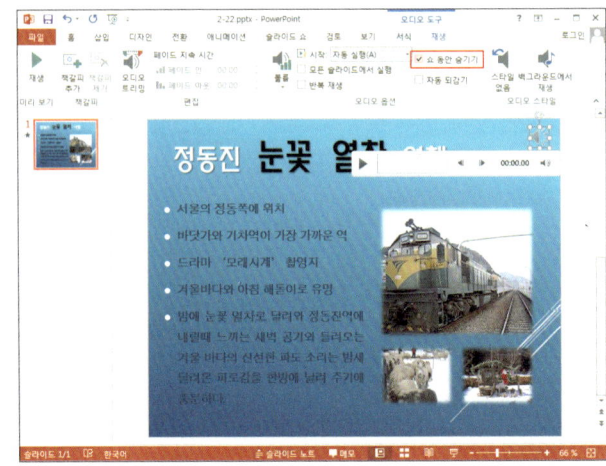

POINT
[반복 재생]은 오디오를 계속 반복해서 재생할 때 선택합니다. [자동 되감기]를 선택하면 오디오가 재생되고 난 후 자동으로 처음 위치로 되감아 줍니다.

7 이번에는 내 컴퓨터에 저장되어 있는 오디오 파일을 슬라이드에 삽입하는 과정입니다. [삽입] 탭 → [미디어] 그룹 → 오디오(🔊)의 화살표를 클릭하고 [내 PC의 오디오]를 선택합니다.

228 회사 실무에 힘을 주는 POWERPOINT 2013

8 [오디오 삽입] 대화상자가 실행되면 슬라이드에 삽입할 오디오 파일을 선택하고 [삽입] 버튼을 클릭합니다.

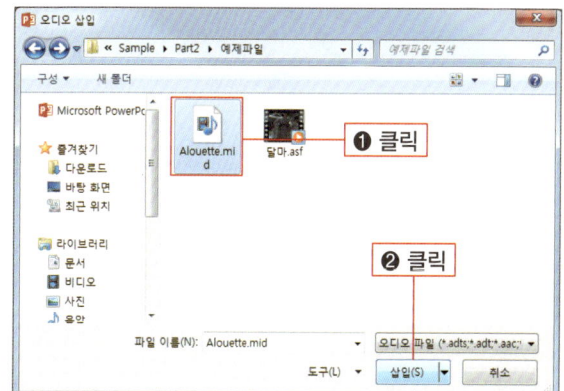

POINT
여기서는 'Alouette.mid' 오디오 파일을 사용합니다.

9 슬라이드 중앙에 오디오 아이콘이 삽입되면 크기와 위치를 조절하고 [서식] 탭에서 필요한 서식을 지정합니다.

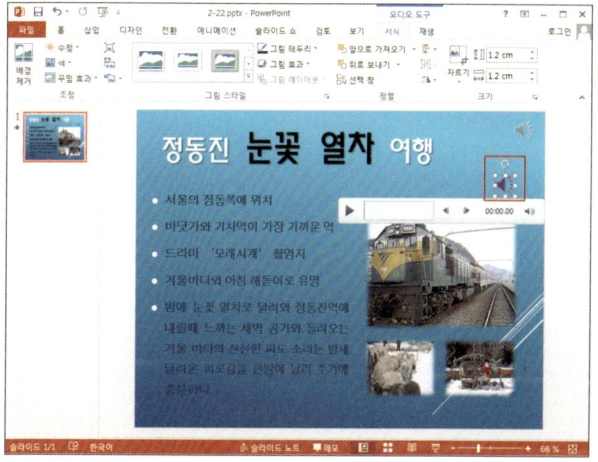

POINT
다른 그래픽 개체처럼 [서식] 탭에서 오디오 아이콘의 그림 스타일과 그림 테두리, 그림 효과 등을 지정할 수도 있습니다.

10 [삽입] 탭 → [일러스트레이션] 그룹 → 도형(♡)을 클릭하고 [텍스트 상자]를 선택한 다음 오디오 아이콘 옆을 클릭하고 텍스트를 입력합니다. 텍스트 상자의 글꼴 서식은 [홈] 탭 → [글꼴] 그룹에 있는 도구를 사용하여 지정합니다. 모든 작업이 끝나면 슬라이드 바깥쪽을 클릭합니다.

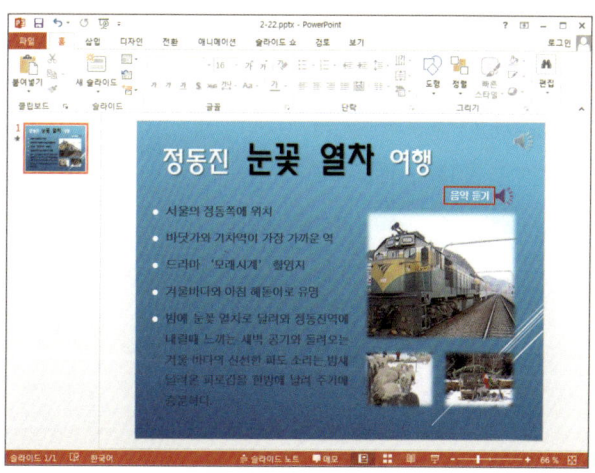

오디오의 책갈피와 트리밍

오디오 클립에 책갈피를 추가하면 특정 지점을 쉽고 빠르게 찾아 재생을 시작할 수 있습니다. 트리밍은 슬라이드 시간에 맞춰 오디오의 길이를 조정하기 위한 것으로 오디오의 시작과 끝에서 원하는 만큼 오디오를 제거할 수 있습니다.

Key Word : 오디오, 책갈피, 트리밍
예제파일 : Part2\예제파일\2-23.pptx

1 오디오 아이콘을 클릭하고 제어판에서 [재생] 버튼을 클릭해서 오디오를 재생합니다. 오디오를 재생하다가 책갈피를 추가할 부분에서 [재생] 탭 → [책갈피] 그룹 → 책갈피 추가( )를 클릭합니다.

2 클릭한 지점에 다음과 같이 책갈피가 추가되었습니다. 슬라이드 쇼에서 오디오를 재생할 때 이 책갈피 지점을 클릭하여 재생 위치를 쉽고 빠르게 찾을 수 있습니다.

3 책갈피를 추가할 지점을 찾기 위한 또 다른 방법에 대해 알아보겠습니다. 시간 표시 막대에서 특정 지점을 클릭합니다.

4 시간 막대에서 표시되어 있는 지점에 책갈피를 추가하기 위해 [재생] 탭 → [책갈피] 그룹 → 책갈피 추가( )를 클릭합니다. 이렇게 오디오 클립의 여러 지점에 책갈피를 추가할 수 있습니다.

5 이번에는 책갈피를 제거하는 방법입니다. 시간 표시 막대에서 제거하고 싶은 책갈피를 클릭해서 선택한 다음 책갈피 제거( )를 클릭하면 됩니다.

6 오디오 클립의 시작과 끝에서 일정 부분을 제거하여 오디오 길이를 줄이는 것을 트리밍이라고 합니다. 오디오 아이콘이 선택된 상태에서 [재생] 탭→[편집] 그룹→오디오 트리밍(🔊)을 클릭합니다.

7 [오디오 맞추기] 대화상자가 실행되면 시간 표시 막대의 왼쪽에 있는 녹색 표식을 마우스로 드래그합니다. 녹색 막대 이전 부분이 제거되는 것을 고려하여 드래그해야 합니다.

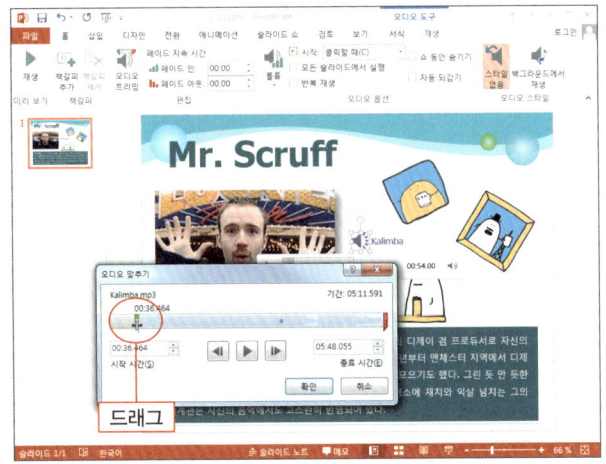

8 이번에는 시간 표시 막대의 오른쪽에 있는 빨간 표식을 마우스로 드래그하여 끝에서 제거할 부분을 지정한 다음 [확인] 버튼을 클릭합니다. 빨간 막대 이후 부분이 제거됩니다.

POINT
슬라이드의 오디오 아이콘에서 제어판에 있는 [재생] 버튼을 클릭해 오디오를 재생해 봅니다. 원래 오디오의 앞과 뒤에서 일정 부분이 제거된 것을 알 수 있습니다.

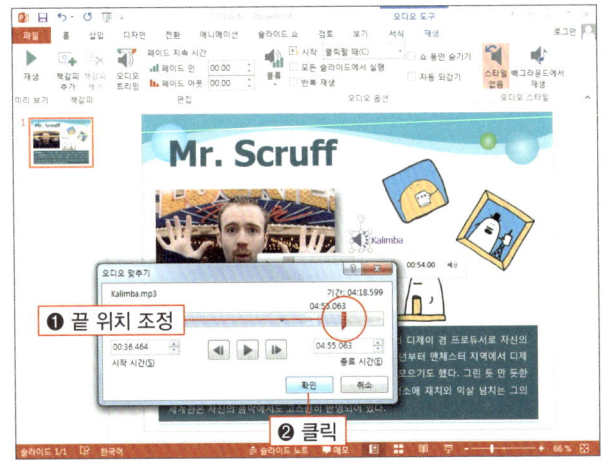

비디오 삽입하기

슬라이드에 비디오를 삽입하는 방법은 오디오를 삽입할 때와 마찬가지로 두 가지로 분류할 수 있습니다. 여기서는 유튜브(YouTube)에서 비디오를 검색하여 삽입하는 방법, 즉 온라인 비디오를 삽입하는 과정과 내 컴퓨터에 저장되어 있는 비디오 파일을 삽입하는 과정을 살펴보겠습니다.

Key Word : 비디오

예제파일 : Part2\예제파일\2-24.pptx

1 첫 번째 슬라이드에서 [삽입] 탭 → [미디어] 그룹 → 비디오(□)를 클릭하고 [온라인 비디오]를 선택합니다.

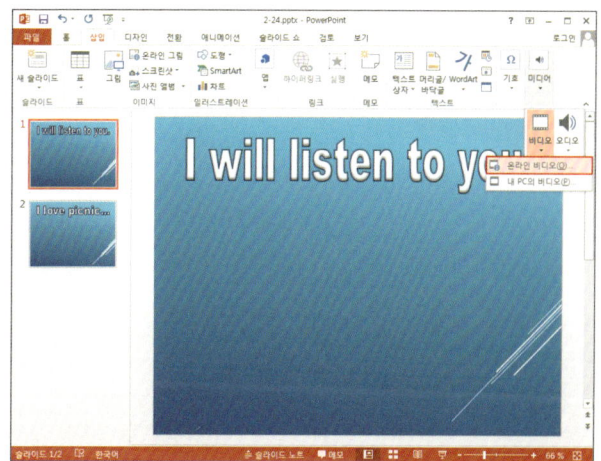

2 [비디오 삽입] 창의 [YouTube] 검색 상자에 '오바마 당선 연설'을 입력한 다음 Enter 를 누릅니다.

3 검색어와 관련 있는 동영상 비디오가 표시되면 슬라이드에 삽입할 비디오를 찾아 선택하고 [삽입] 버튼을 클릭합니다.

4 슬라이드 중앙에 비디오가 삽입되면 마우스로 드래그하여 위치를 이동하고 테두리의 크기 조절 핸들을 이용하여 크기를 조정합니다.

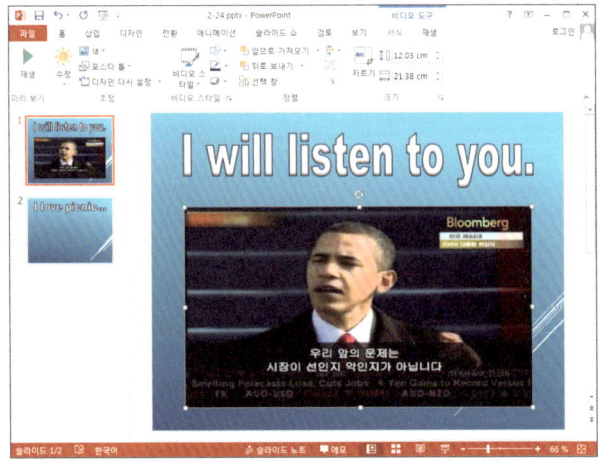

5 비디오를 더블클릭한 다음 재생 버튼을 클릭하면 비디오를 재생해볼 수 있습니다.

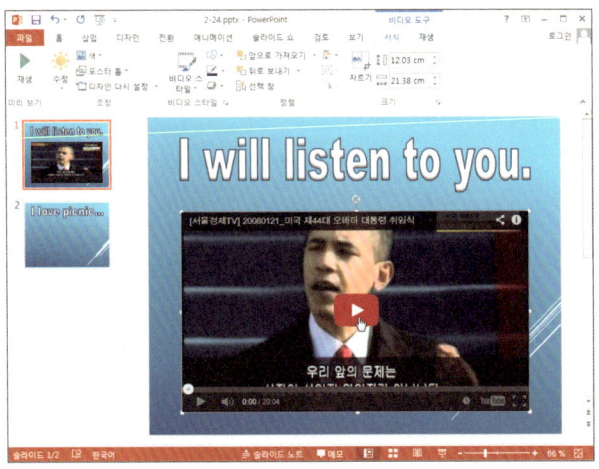

6 이번에는 내 컴퓨터에 저장되어 있는 비디오 파일을 슬라이드에 삽입하는 방법입니다. 두 번째 슬라이드에서 비디오(□)를 클릭하고 [내 PC의 비디오]를 선택합니다.

7 [비디오 삽입] 대화상자가 나타나면 슬라이드에 삽입할 비디오 파일을 선택하고 [삽입] 버튼을 클릭합니다.

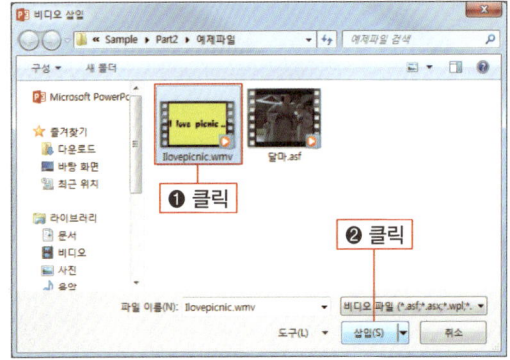

\POINT
여기서는 'ilovepicnic.wmv' 비디오 파일을 사용하였습니다.

8 슬라이드 중앙에 검은색 사각형 모양으로 비디오 파일이 삽입되면 위치와 크기를 조절합니다.

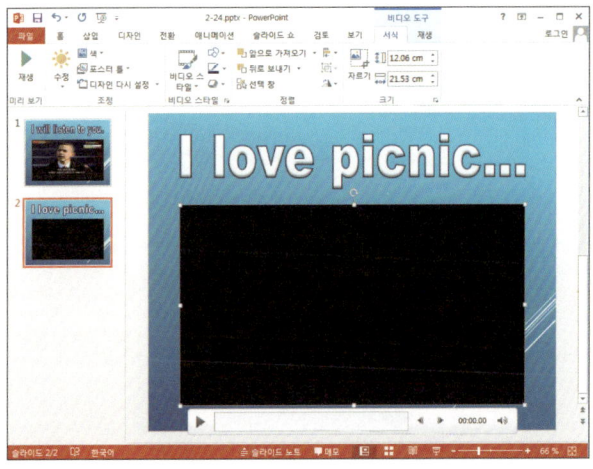

❾ 비디오 개체 아래에 표시되는 제어판의 [재생] 버튼을 클릭하면 슬라이드에서 비디오 파일을 재생시킬 수 있습니다.

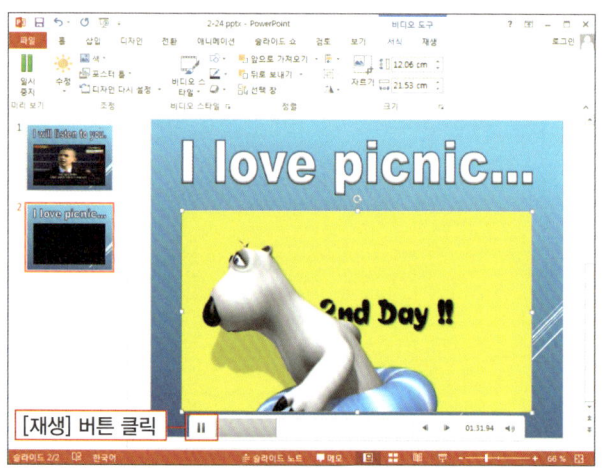

❿ 바로 가기 키 F5 를 눌러 슬라이드 쇼를 실행한 다음 비디오의 [재생] 버튼을 클릭하거나 비디오를 클릭하면 비디오가 재생됩니다.

POINT

[비디오 도구]의 [재생] 탭 → [비디오 옵션] 그룹에서 [시작]을 [클릭할 때] 또는 [자동 실행]으로 선택할 수 있습니다.

쌩초보 Level Up   비디오 옵션 설정

슬라이드에 삽입한 비디오 개체를 선택하면 리본 메뉴에 [비디오 도구]가 자동으로 표시됩니다. [비디오 도구]의 [재생] 탭 → [비디오 옵션] 그룹에서 비디오를 재생하기 위한 여러 옵션을 설정할 수 있습니다. 예를 들어 [전체 화면 재생] 확인란을 선택하면 슬라이드 쇼에서 비디오 개체를 클릭했을 때 전체 화면 모드로 비디오가 재생됩니다.

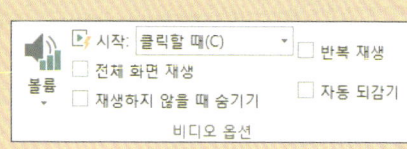

웹 사이트의 비디오 넣기

파워포인트 2013에서는 이미 앞에서 살펴본 바와 같이 YouTube의 비디오 파일을 검색하여 쉽게 슬라이드에 삽입하는 기능이 있습니다. 여기서는 웹브라우저에서 YouTube 사이트에 접속한 다음 삽입할 비디오의 소스 코드를 복사하여 삽입하는 방법에 대해 알아봅니다.

Key Word : 웹 사이트의 비디오, 비디오 Embed 태그　　　　**예제파일** : Part2\예제파일\2-25.pptx

1 웹 브라우저에서 슬라이드에 삽입할 비디오를 찾습니다. 다음은 YouTube 사이트에서 찾은 비디오를 재생하는 화면입니다.

POINT
여기서는 YouTube(http://kr.youtube.com/) 사이트에서 '파워포인트 2013'으로 비디오를 검색했습니다.

2 비디오 프레임 아래에서 [공유]를 클릭한 다음 [소스 코드]를 클릭하면 다음과 같이 비디오의 소스 코드가 표시됩니다. 소스 코드가 선택되어 있는 상태에서 Ctrl + C 를 눌러 복사합니다.

3 비디오를 연결할 슬라이드에서 [삽입] 탭 → [미디어] 그룹 → 비디오(🎞)를 클릭하고 [온라인 비디오]를 선택합니다.

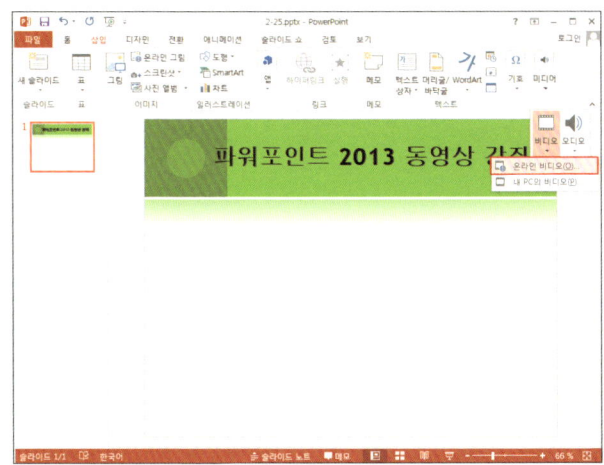

4 [비디오 삽입] 창에서 [비디오 Embed 태그] 상자를 클릭한 다음 Ctrl + V를 눌러 복사한 소스 코드를 붙여 넣습니다. 그런 다음 Enter를 누르거나 화살표 버튼을 클릭합니다.

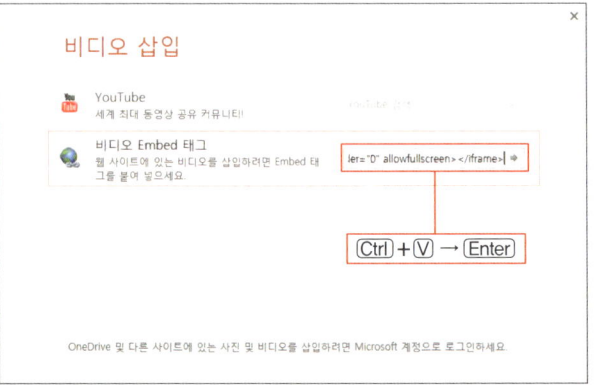

5 슬라이드 중앙에 다음과 같이 비디오 프레임이 표시됩니다. 이 비디오는 프레젠테이션에 포함되어 있는 것이 아니라 웹 사이트의 비디오 파일에 연결된 정보만 갖고 있습니다.

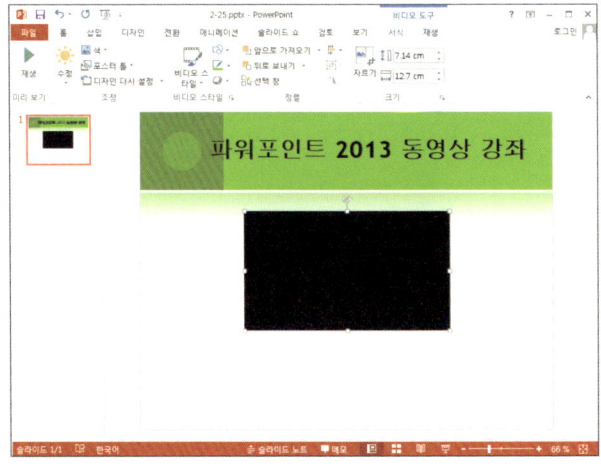

6 비디오의 크기와 위치를 조정하고 [서식] 탭 → [비디오 스타일] 그룹의 갤러리에서 원하는 비디오 스타일을 클릭해서 적용합니다.

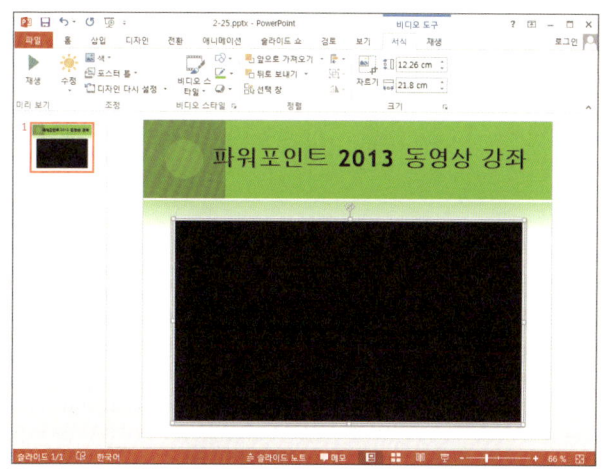

7 연결한 비디오를 재생해보겠습니다. 비디오를 더블클릭한 다음 중앙에 표시된 [재생] 버튼을 클릭합니다.

8 다음과 같이 슬라이드에서 웹 사이트에 연결한 비디오가 재생됩니다. 비디오 프레임 위로 마우스 포인터를 움직이면 프레임 하단에 비디오의 재생과 정지, 볼륨 조절 등을 실행할 수 있는 제어판이 나타납니다.

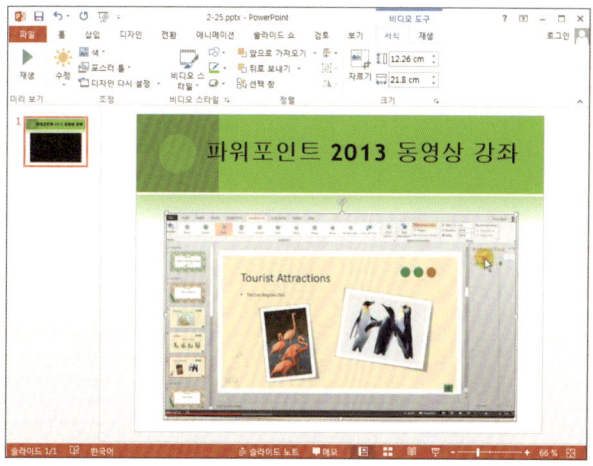

section 26
포스터 틀과 비디오 스타일

슬라이드에 삽입한 비디오의 미리 보기 이미지를 사용자 임의로 지정하고, 비디오 클립의 셰이프나 테두리, 효과 등 비디오 스타일을 지정하는 과정을 살펴봅니다.

○ **Key Word** : 포스터 틀, 비디오 스타일　　　　　　○ 예제파일 : Part2\예제파일\2-26.pptx

1 슬라이드에 삽입한 비디오를 클릭한 다음 아래에 표시되는 제어판에서 [재생] 버튼을 클릭하여 비디오를 재생합니다.

2 비디오를 재생하다가 원하는 프레임이 나오면 [서식] 탭 → [조정] 그룹 → 포스터 틀(🖼)을 클릭하고 [현재 틀]을 선택합니다.

3 다음과 같이 현재 프레임이 비디오의 미리 보기 이미지로 설정됩니다. 미리 보기 이미지는 슬라이드 쇼를 실행했을 때 비디오에 처음 표시되는 이미지입니다.

> **POINT**
> 포스터 틀(🖼)을 클릭하고 [파일의 이미지]를 선택한 다음 [그림 삽입] 대화상자에서 비디오 클립의 미리 보기 이미지로 사용할 그림 파일을 지정할 수도 있습니다.

4 이번에는 비디오 스타일을 설정하겠습니다. 비디오가 선택된 상태에서 [서식] 탭 → [비디오 스타일] 그룹의 갤러리에서 원하는 스타일을 선택합니다.

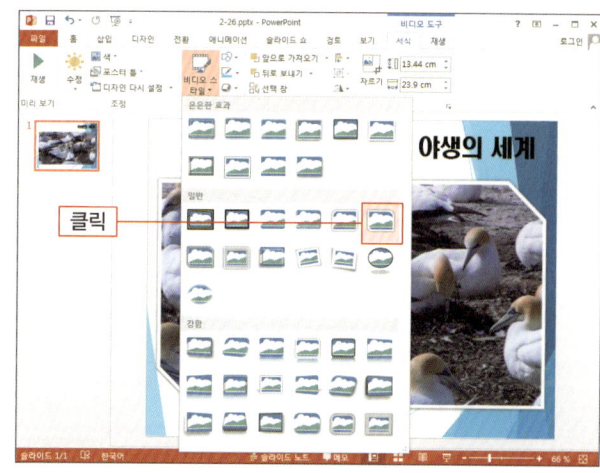

> **POINT**
> [서식] 탭 → [비디오 스타일] 그룹에서 비디오 셰이프(🔷 비디오 셰이프▾), 비디오 테두리(🖌 비디오 테두리▾), 비디오 효과(💿 비디오 효과▾) 등의 도구를 사용하여 비디오의 도형 모양과 테두리 서식을 지정하고 특수 효과를 지정할 수 있습니다.

5 F5를 눌러 슬라이드 쇼를 실행합니다. 다음과 같이 포스터 틀로 설정한 프레임으로 비디오가 표시되고, 비디오 스타일이 적용된 것을 확인할 수 있습니다.

비디오의 책갈피와 트리밍

오디오 클립처럼 비디오 클립에도 원하는 지점을 빠르게 찾기 위한 책갈피를 추가할 수 있습니다. 또 비디오 길이를 조정하기 위해 비디오 클립의 시작과 끝에서 일정 부분을 제거하는 트리밍 기능을 이용할 수 있습니다.

Key Word : 비디오 책갈피, 비디오 트리밍   예제파일 : Part2\예제파일\2-27.pptx

1 슬라이드에 삽입되어 있는 비디오 클립을 클릭하고 제어판의 시간 표시 막대에서 특정 지점을 클릭합니다. 이렇게 하면 클릭한 지점의 프레임이 비디오 클립에 표시됩니다.

2 [재생] 탭 → [책갈피] 그룹 → 책갈피 추가(   )를 클릭하여 현재 선택한 지점에 책갈피를 추가합니다.

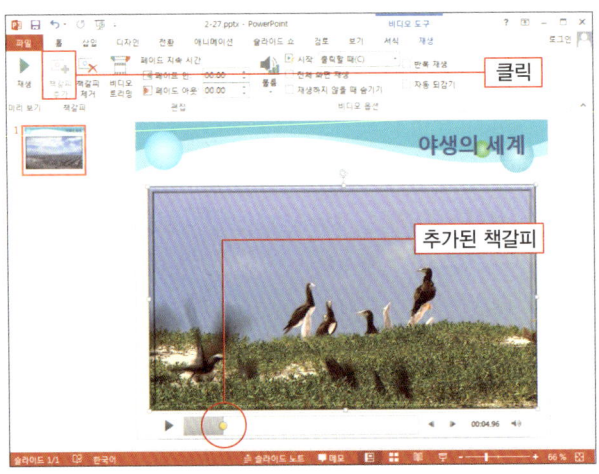

POINT
비디오를 재생하다가 원하는 프레임이 나왔을 때 책갈피를 추가할 수도 있습니다.

3 같은 방법으로 원하는 지점마다 시간 표시 막대를 클릭하고 책갈피 추가(	)를 클릭하여 여러 개의 책갈피를 추가합니다.

4 추가한 책갈피 중 하나를 마우스로 클릭한 다음 책갈피 제거(	)를 클릭하면 해당 지점의 책갈피가 제거됩니다.

5 이번에는 비디오 클립의 길이를 조정해 보겠습니다. 비디오 클립이 선택되어 있는 상태에서 [재생] 탭 → [편집] 그룹 → 비디오 트리밍(	)을 클릭합니다.

6 [비디오 맞추기] 대화상자에서 시간 표시 막대의 왼쪽에 있는 녹색 표식과 오른쪽에 있는 빨간 표식을 마우스로 드래그하여 시작과 끝에서 원하는 부분을 제거하고 [확인] 버튼을 클릭합니다.

7 비디오 클립의 시간 막대를 잘 살펴보면 비디오의 시작과 끝에서 일정 부분이 제거된 상태이므로 책갈피의 위치가 달라져 보이는 것을 알 수 있습니다.

● 쌩초보 Level Up   비디오에 페이드 효과 적용하기

페이드 효과는 비디오가 시작될 때와 종료될 때 화면이 자연스럽게 이어지는 효과를 말합니다. [재생] 탭 → [편집] 그룹에서 [페이드 인]과 [페이드 아웃]에 시간을 지정하여 페이드 효과를 설정합니다. [페이드 인]은 비디오가 시작될 때, [페이드 아웃]은 비디오가 종료될 때 페이드 효과의 지속 시간을 의미합니다. 다음은 페이드 지속 시간을 모두 '2'초로 설정한 것입니다.

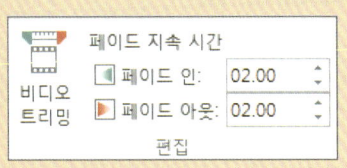

다른 슬라이드로 이동하는 하이퍼링크 만들기

텍스트나 개체에 하이퍼링크(HyperLink)를 설정하면 슬라이드 쇼를 실행할 때 텍스트나 개체를 클릭하여 연결되어 있는 곳으로 쉽게 이동할 수 있습니다. 연결 대상은 여러 종류로 지정할 수 있는데 여기서는 현재 프레젠테이션의 다른 슬라이드로 이동하는 하이퍼링크 설정 방법에 대해 살펴봅니다.

Key Word : 하이퍼링크

예제파일 : Part2\예제파일\2-28.pptx

1 첫 번째 슬라이드에서 '1'이 입력되어 있는 타원 도형을 선택합니다. 그런 다음 [삽입] 탭 → [링크] 그룹 → 하이퍼링크(🌐)를 클릭합니다.

2 [하이퍼링크 삽입] 대화상자가 표시되면 연결 대상에서 [현재 문서]를 클릭합니다. 그런 다음 이동할 위치를 2번 슬라이드로 지정한 후 [확인] 버튼을 클릭합니다.

POINT

하이퍼링크로 마우스 포인터를 이동했을 때 표시될 스크린 팁을 작성하려면 [화면 설명] 버튼을 클릭하고 내용을 입력합니다.

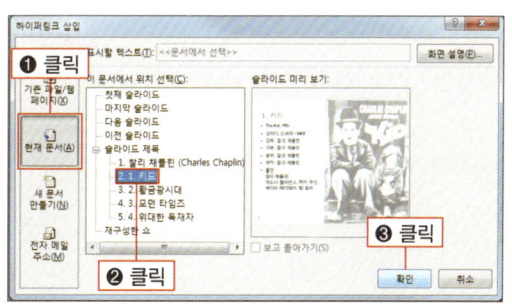

3 같은 방법으로 '2' 타원 도형에는 3번 슬라이드로, '3' 타원 도형에는 4번 슬라이드로, '4' 타원 도형에는 5번 슬라이드로 이동할 수 있도록 하이퍼링크를 작성합니다. 다음은 '4'가 입력되어 있는 타원 도형에 현재 문서의 5번 슬라이드로 이동하는 하이퍼링크를 설정하는 과정입니다.

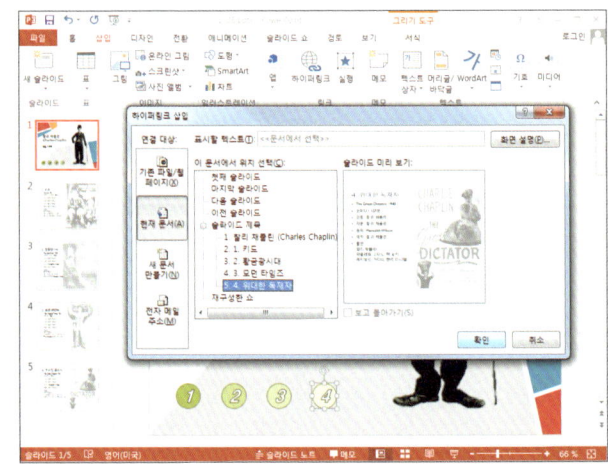

4 첫 번째 슬라이드에서 하이퍼링크를 설정한 4개의 타원 도형을 모두 선택한 다음 Ctrl + C 를 눌러 복사합니다.

POINT

Shift 를 이용해 도형을 차례로 클릭하거나, 마우스로 4개의 도형이 모두 포함되도록 선택 사각형을 그려 선택합니다.

5 2번 슬라이드로 이동한 다음 Ctrl + V 를 눌러 복사한 4개의 도형을 붙여 넣습니다.

POINT

제목 슬라이드와 나머지 슬라이드가 사용하고 있는 테마가 다르기 때문에 복사한 후 붙여 넣었을 때 도형의 색이 달라집니다. 원본 서식을 유지하려면 붙여넣기 옵션((Ctrl)▼) 버튼을 클릭하고 [원본 서식 유지]를 선택합니다.

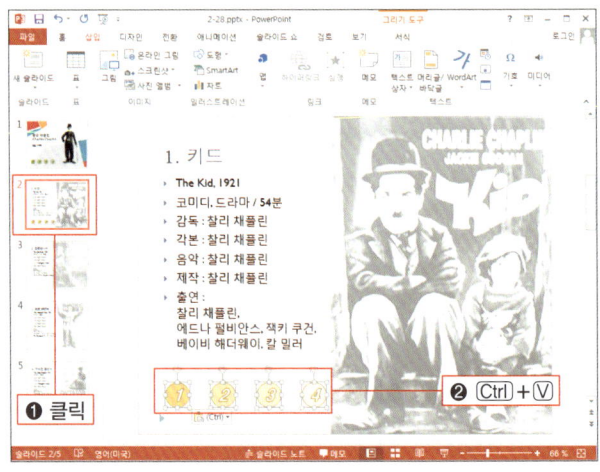

6 3, 4, 5번 슬라이드에도 Ctrl + V를 눌러 복사한 4개의 타원 도형을 각각 붙여 넣도록 합니다.

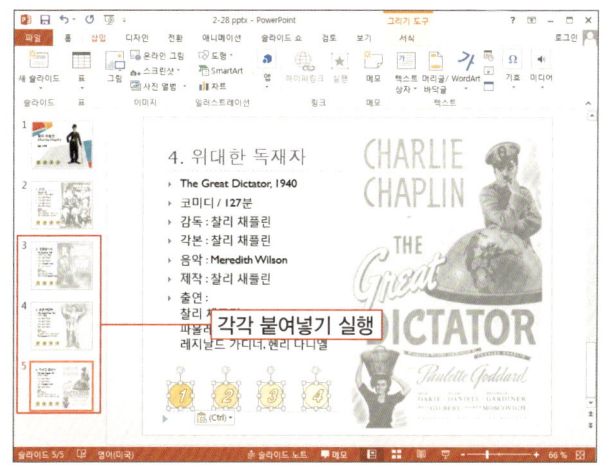

7 바로 가기 키 F5를 눌러 슬라이드 쇼를 시작해 봅니다. 첫 번째 슬라이드에서 타원 도형 '3'을 마우스로 클릭합니다.

8 다음과 같이 4번 슬라이드로 바로 이동하는 것을 알 수 있습니다. 여기에서도 원하는 번호의 도형을 클릭해서 다른 슬라이드로 쉽게 이동할 수 있습니다.

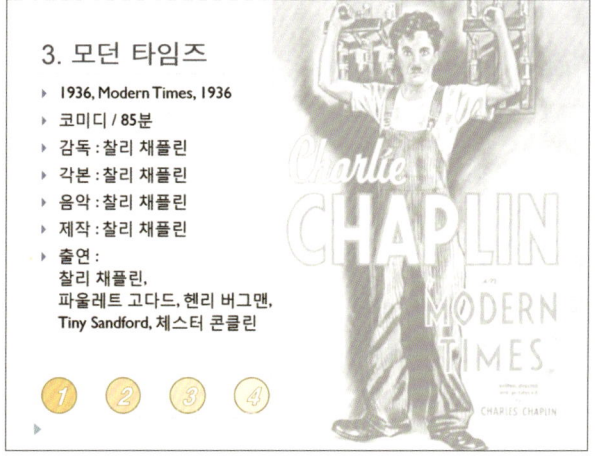

POINT

Esc 를 누르면 슬라이드 쇼를 중지할 수 있습니다.

다른 프레젠테이션으로 이동하는 하이퍼링크 만들기

하이퍼링크를 이용하여 슬라이드 쇼를 실행하는 도중 다른 프레젠테이션의 슬라이드 쇼를 실행할 수 있습니다. 여기서는 모두 세 개의 프레젠테이션 파일을 사용하여 다른 프레젠테이션의 슬라이드 쇼를 실행하는 하이퍼링크를 설정하는 방법에 대해 살펴보겠습니다.

- **Key Word** : 하이퍼링크, 기존 파일
- **예제파일** : Part2\예제파일\2-29.pptx

1 첫 번째 슬라이드에서 '++ Gallery' 도형을 클릭해서 선택한 다음 [삽입] 탭 → [링크] 그룹 → 하이퍼링크(🌐)를 클릭합니다.

2 [하이퍼링크 삽입] 대화상자에서 연결 대상을 [기존 파일/웹s 페이지]로 선택합니다. [현재 폴더]의 파일 목록 가운데 '달마.pptx' 파일을 선택하고 [화면 설명] 버튼을 클릭합니다.

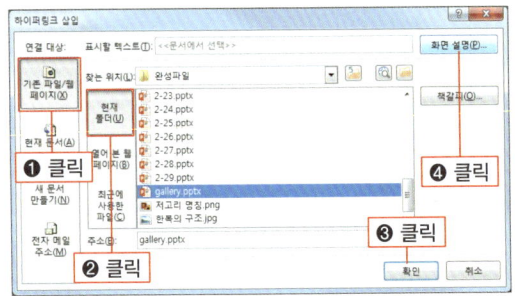

> **POINT**
> 찾는 위치에 지정된 폴더를 변경하려면 파일 찾아보기(📁) 아이콘을 클릭한 다음 연결할 파일이 들어있는 폴더를 찾아 선택합니다.

3 [하이퍼링크 화면 설명 설정] 대화상자가 나오면 스크린 팁 텍스트를 입력한 다음 [확인] 버튼을 클릭합니다. 그런 다음 [하이퍼링크 삽입] 대화상자에서 [확인] 버튼을 클릭합니다.

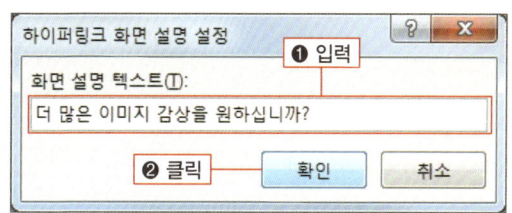

4 이번에는 하이퍼링크에 소리와 색 변화를 설정해 보겠습니다. 도형이 선택되어 있는 상태에서 [삽입] 탭 → [링크] 그룹 → 실행(★)을 클릭합니다.

> **쌩초보 Level Up**   하이퍼링크 기준 경로 설정하기
>
> - 다른 파일로 이동하는 하이퍼링크를 설정할 때 대상 파일의 경로는 현재 프레젠테이션 파일의 경로에 의해 상대적으로 지정됩니다.
> - 예를 들어 현재 프레젠테이션이 'C:\Sample\Part2\예제파일' 폴더에 저장되어 있고, 연결할 대상 파일이 역시 같은 폴더에 들어있을 경우 [하이퍼링크 삽입] 대화상자의 주소 입력란에는 '여친소.pptx'와 같이 파일 이름만 표시됩니다.
> - 연결할 대상 파일이 'C:\Sample\Part2\완성파일' 폴더에 있을 경우에는 주소 입력란에 '..\완성파일\여친소.pptx'와 같은 형태로 경로와 파일 이름이 표시됩니다. 여기에서 '..'는 상위 폴더를 의미하는 것으로 현재 폴더의 상위 폴더(Part2)에서 '완성파일' 폴더에 대상 파일이 있음을 의미합니다.

5 [실행 설정] 대화상자의 [마우스를 클릭할 때] 탭에서 [소리 재생]을 선택한 다음 원하는 소리를 선택합니다. [클릭할 때 색 변화]를 선택하고 [확인] 버튼을 클릭합니다.

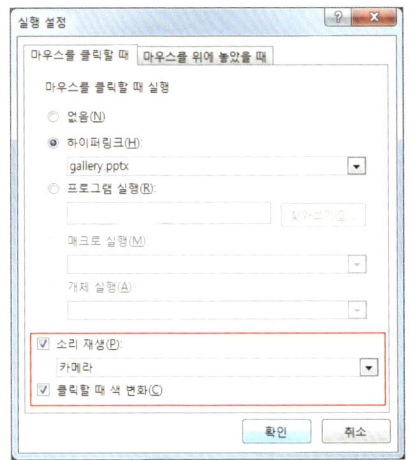

6 도형이 선택된 상태에서 Ctrl + C 를 눌러 복사한 다음 2번 슬라이드를 선택하고 Ctrl + V 를 눌러 복사한 도형을 붙여 넣습니다. 3, 4, 5번 슬라이드도 각각 선택한 다음 Ctrl + V 를 누릅니다.

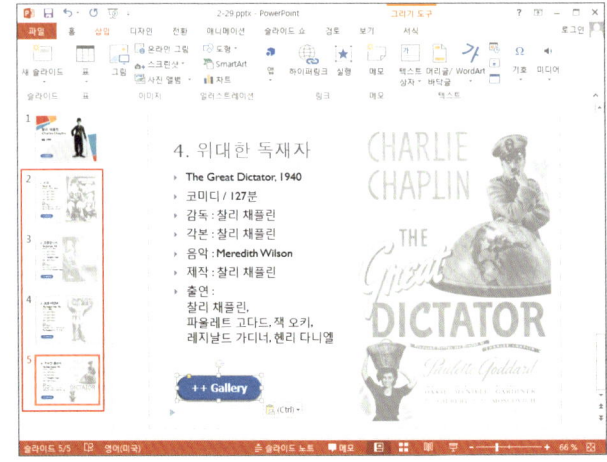

\ POINT
복사는 한 번만 실행하고 [슬라이드] 탭에서 슬라이드를 선택한 후 차례로 붙여넣기를 실행합니다.

7 F5 를 눌러 슬라이드 쇼를 실행합니다. 어떤 슬라이드에서든지 '++Gallery' 도형을 클릭하면 연결되어 있는 'gallery.pptx' 프레젠테이션이 이어집니다.

8 'gallery.pptx' 프레젠테이션이 실행되는 모습입니다. 클릭하면서 마지막 슬라이드까지 실행하거나 중간에 그만두려면 Esc 를 누릅니다.

9 'gallery.pptx' 프레젠테이션이 끝나면 다시 원래 위치로 돌아오게 됩니다. 다른 슬라이드에서도 하이퍼링크가 설정된 도형을 클릭해서 'gallery.pptx' 프레젠테이션으로 다시 이어지는지 확인하도록 합니다.

쌩초보 Level Up — 하이퍼링크 편집하기

- 하이퍼링크 편집 : 하이퍼링크를 설정한 텍스트나 개체를 마우스 오른쪽 버튼으로 클릭하고 [하이퍼링크 편집] 메뉴를 선택합니다. [하이퍼링크 편집] 대화상자에서 연결 대상이나 스크린 팁 등 원하는 항목을 수정할 수 있습니다.
- 하이퍼링크 제거 : 텍스트나 개체에 설정된 하이퍼링크를 제거하려면 마우스 오른쪽 버튼을 클릭하고 [하이퍼링크 제거] 메뉴를 선택합니다.
- 하이퍼링크 열기 : 하이퍼링크가 설정된 텍스트나 개체를 마우스 오른쪽 버튼으로 클릭하고 [하이퍼링크 열기] 메뉴를 선택합니다. 그러면 슬라이드 쇼를 실행하지 않고 연결 대상을 열어볼 수 있습니다.

실행 단추 만들기

실행 단추는 미리 만들어져 있는 버튼 형태의 도형입니다. 실행 단추를 사용하여 다른 슬라이드로 이동하거나 다른 파일을 열고 사운드 파일이나 동영상 파일 등을 실행할 수 있습니다. 여기서는 실행 단추를 이용하여 다른 슬라이드로 이동하고 다른 프레젠테이션의 슬라이드 쇼를 실행하는 과정에 대해 살펴보겠습니다.

⊙ Key Word : 실행 단추, 소리 재생　　　　　⊙ 예제파일 : Part2\예제파일\2-30.pptx

1 모두 네 개의 슬라이드로 구성되어 있는 프레젠테이션입니다. 첫 번째 슬라이드에서 [삽입] 탭 → [일러스트레이션] 그룹 → 도형(♡)을 클릭하고 실행 단추 영역에서 [실행 단추: 사용자 지정]을 선택합니다.

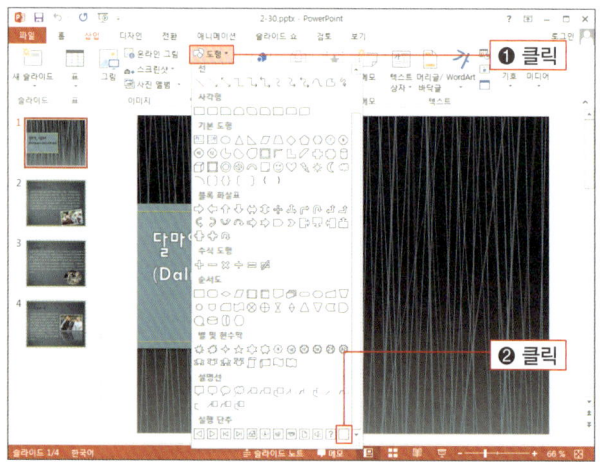

2 마우스 왼쪽 버튼을 클릭한 채 드래그하여 원하는 크기로 사용자 지정 실행 단추를 그립니다.

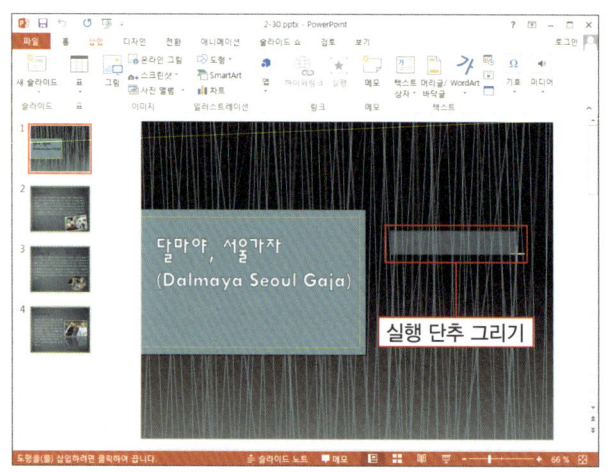

\POINT
사용자 지정 실행 단추 이외의 실행 단추는 단추 내부에 기본적으로 실행 결과를 추측할 수 있는 도형이 포함되어 있습니다.

3 실행 단추를 그리고 마우스 버튼에서 손을 떼면 바로 [실행 설정] 대화상자가 표시됩니다. [마우스를 클릭할 때] 탭에서 [하이퍼링크] 옵션을 선택한 다음 드롭다운 버튼을 클릭하고 [슬라이드...]를 선택합니다.

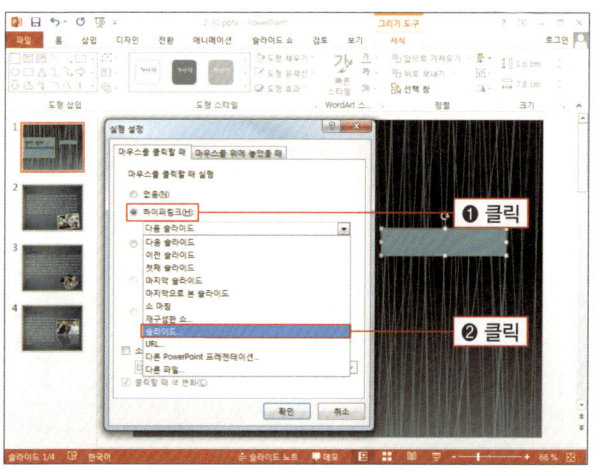

4 [슬라이드 하이퍼링크] 대화상자가 표시되면 실행 단추를 클릭했을 때 이동할 슬라이드로 2번 슬라이드를 선택한 다음 [확인] 버튼을 클릭합니다.

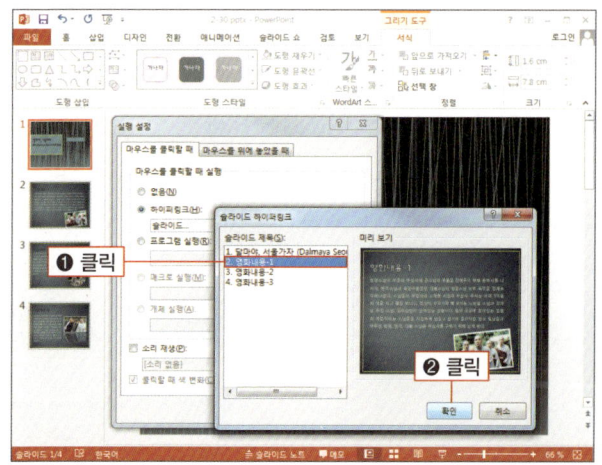

5 [실행 설정] 대화상자로 돌아오면 [소리 재생] 확인란을 선택한 후 원하는 소리 종류를 선택하고 [확인] 버튼을 클릭합니다.

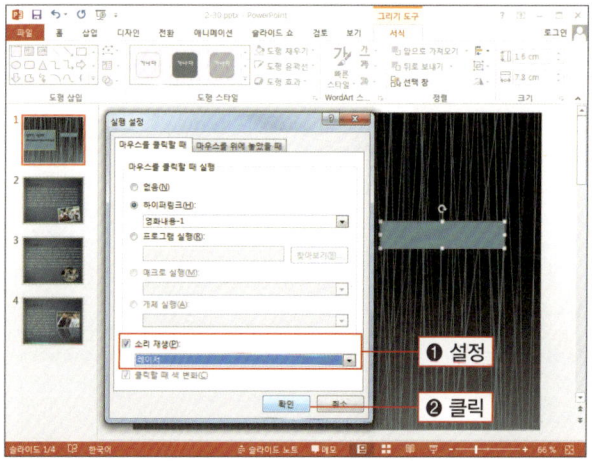

6 실행 단추에 하이퍼링크가 설정되면 다음과 같이 텍스트를 입력하고 실행 단추 도형의 서식을 지정합니다.

POINT
실행 단추의 서식은 [그리기 도구]의 [서식] 탭 → [도형 스타일] 그룹에서 지정합니다.

7 앞에서 그린 실행 단추 아래에 또 하나의 실행 단추 도형을 그린 다음 [실행 설정] 대화상자가 표시되면 [하이퍼링크] 옵션을 선택합니다. 그리고 드롭다운 버튼을 누른 다음 [다른 PowerPoint 프레젠테이션...]을 클릭합니다.

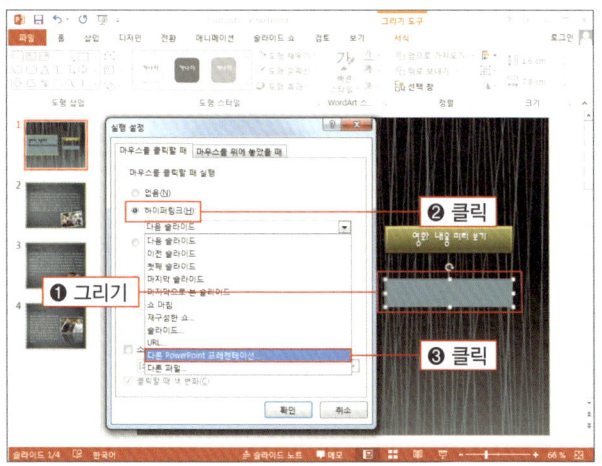

8 [다른 PowerPoint 프레젠테이션 하이퍼링크] 대화상자에서 실행 단추에 연결할 프레젠테이션 파일을 선택하고 [확인] 버튼을 클릭합니다.

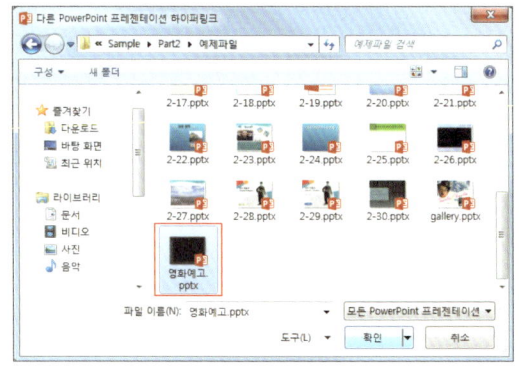

POINT
여기서는 '영화예고.pptx' 파일을 사용합니다.

9 [실행 설정] 대화상자로 돌아오면 [소리 재생] 확인란을 선택합니다. 그리고 소리 종류를 지정한 다음 [확인] 버튼을 클릭합니다.

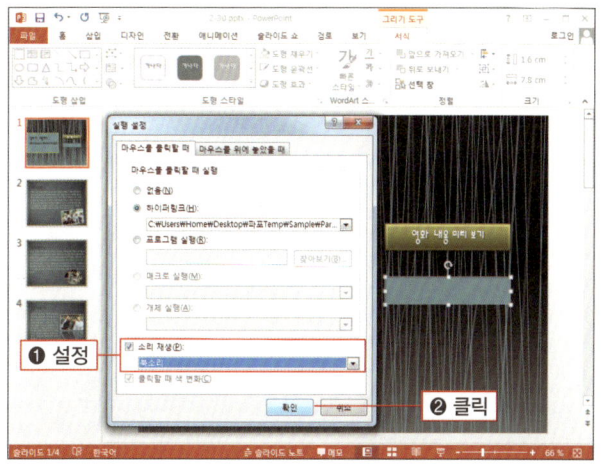

10 앞에서와 같은 방법으로 작성한 실행 단추에 텍스트를 입력하고 서식을 지정하여 다음과 같이 완성합니다.

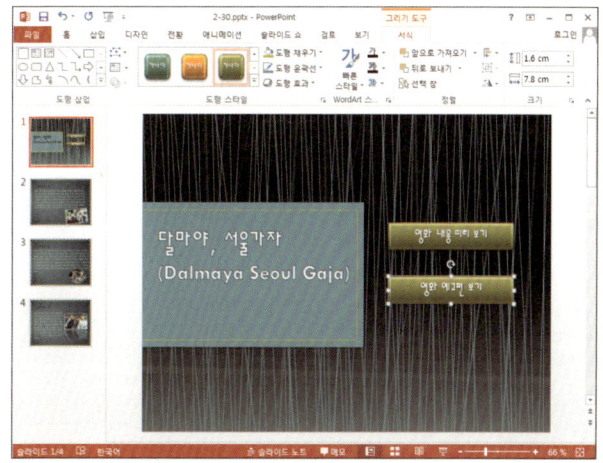

11 두 번째 슬라이드로 이동한 다음 [삽입] 탭 → [일러스트레이션] 그룹 → 도형( )을 클릭하고 실행 단추 영역에서 [실행 단추: 홈]을 선택한 다음 2번 슬라이드에 실행 단추를 그립니다.

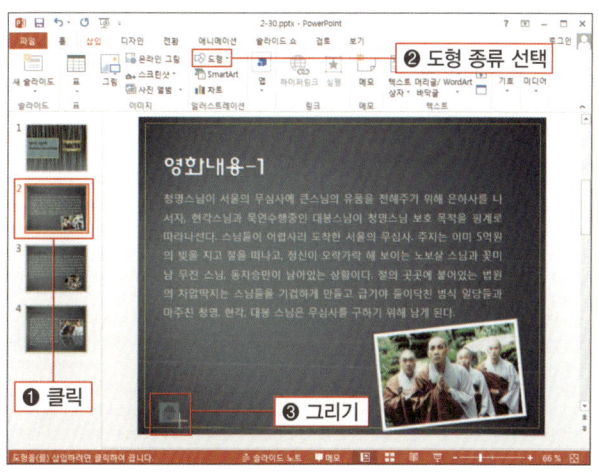

12 [실행 설정] 대화상자가 표시되면 '홈' 실행 단추에 맞게 자동으로 첫째 슬라이드로 이동하는 하이퍼링크가 설정되어 있습니다. [소리 재생]을 선택한 다음 소리 종류를 지정하고 [확인] 버튼을 클릭합니다.

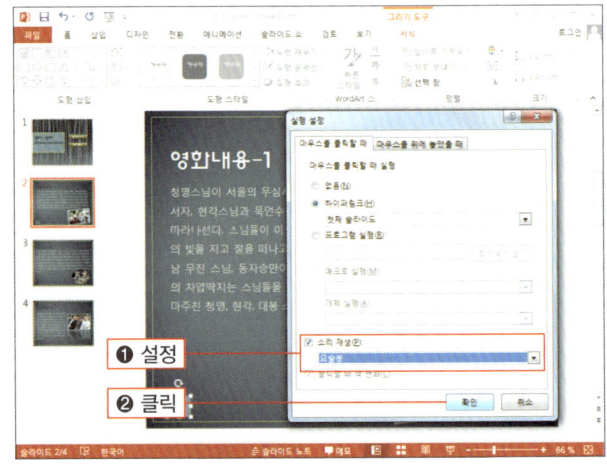

13 작성한 실행 단추의 크기와 위치를 다시 조정하고 서식을 지정합니다. 실행 단추가 선택되어 있는 상태에서 다른 슬라이드에 실행 단추를 똑같이 복사하기 위해 Ctrl + C를 누릅니다.

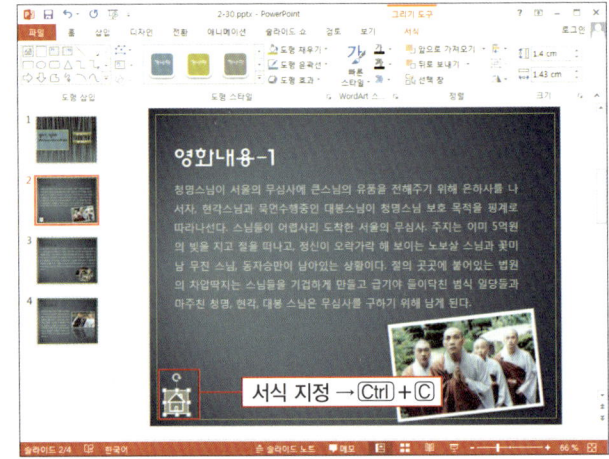

14 세 번째 슬라이드로 이동한 다음 Ctrl + V를 눌러서 복사한 실행 단추를 붙여 넣습니다. 두 번째 슬라이드에서 실행 단추의 위치와 똑같은 위치에 같은 실행 단추가 만들어집니다.

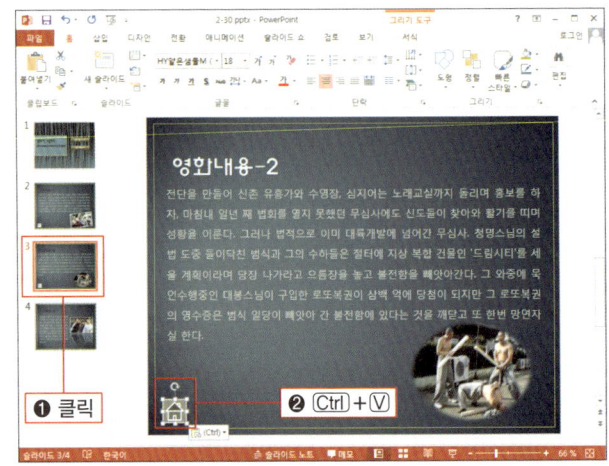

15 네 번째 슬라이드로 이동해서 Ctrl + V 를 누릅니다. 역시 같은 위치에 실행 단추가 붙여넣어집니다.

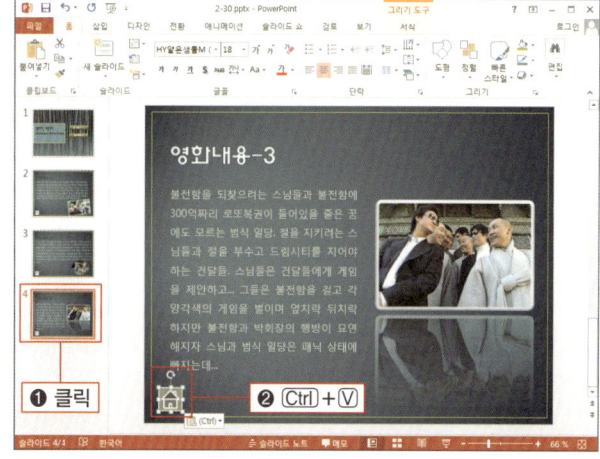

POINT
복사 명령을 실행한 다음 여러 번 붙여넣기 명령을 실행할 수 있습니다.

16 F5 를 눌러서 슬라이드 쇼를 실행합니다. 첫 번째 슬라이드에서 [영화 내용 미리 보기] 실행 단추를 클릭합니다.

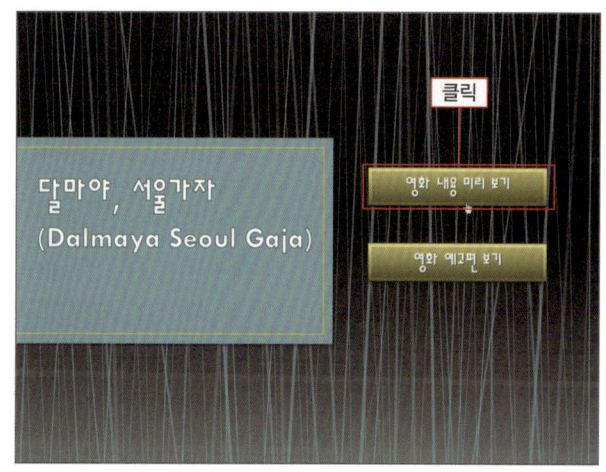

17 두 번째 슬라이드로 이동하면 마우스로 클릭하여 세 번째 슬라이드, 네 번째 슬라이드로 슬라이드 쇼를 진행합니다. 마지막 슬라이드에서 [홈] 실행 단추를 클릭합니다.

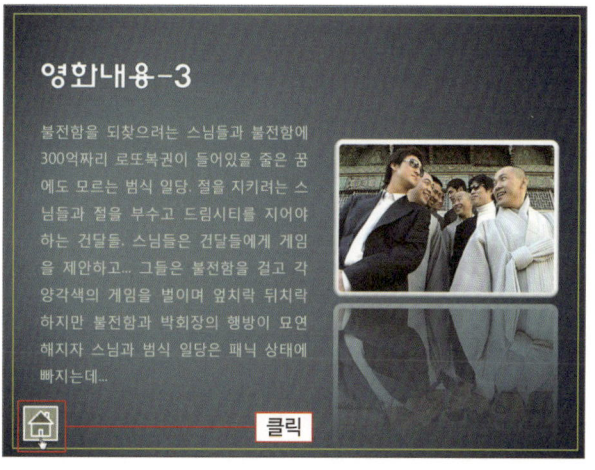

18 그러면 다음과 같이 첫 번째 슬라이드로 이동됩니다. 이번에는 [영화 예고편 보기] 실행 단추를 클릭합니다.

19 '영화예고편.pptx' 프레젠테이션 파일의 슬라이드 쇼가 실행됩니다. 이 프레젠테이션의 슬라이드는 '달마.asf' 동영상이 자동 실행되도록 만들어져 있습니다. Esc 를 눌러 현재 슬라이드 쇼를 마치면 이전 슬라이드 쇼로 돌아갑니다.

Section 31

화면 전환 효과

슬라이드 쇼에서 슬라이드가 화면에 표시될 때 지정하는 애니메이션을 화면 전환 효과라고 합니다. 미리 준비되어 있는 여러 종류의 화면 전환을 슬라이드에 적용한 다음 슬라이드 쇼에서 이것을 확인할 수 있습니다. 화면 전환은 [전환] 탭에서 설정합니다.

Key Word : 화면 전환, 효과 옵션, 소리, 기간, 모두 적용   예제파일 : Part2\예제파일\2-31.pptx

1 첫 번째 슬라이드에서 [전환] 탭 → [슬라이드 화면 전환] 그룹의 갤러리의 [나누기] 화면 전환 효과를 선택합니다.

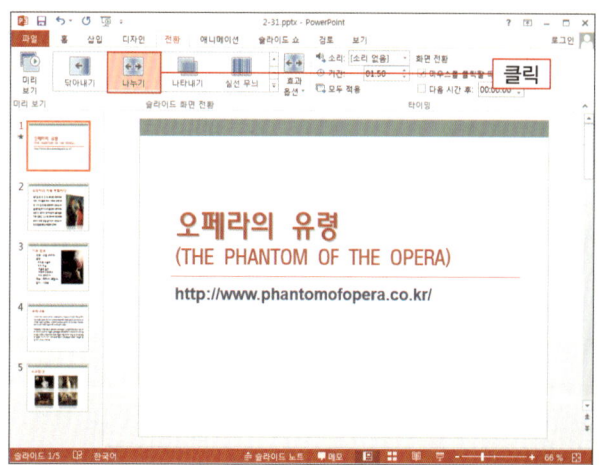

2 [효과 옵션]을 클릭하고 [가로로 펼치기] 옵션을 선택합니다. 선택할 수 있는 효과 옵션은 어떤 화면 전환 효과를 선택했느냐에 따라 달라집니다.

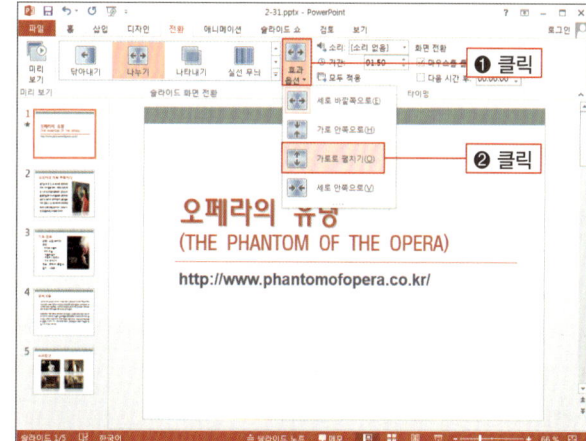

POINT
[효과 옵션]의 아이콘 모양은 선택한 화면 전환 효과와 효과 옵션에 따라 다르게 표시됩니다.

3 [타이밍] 그룹에서 [소리]를 '미풍'으로 지정하고, [기간]을 '2.5'초로 지정합니다.

> **POINT**
> [기간]은 화면 전환이 이루어지는 길이(시간)로 큰 값을 지정할수록 느리게 화면 전환이 이루어집니다.

4 [슬라이드] 탭에서 두 번째 슬라이드를 클릭하고, Shift 를 누른 상태에서 5번 슬라이드를 클릭합니다. 4개의 슬라이드가 모두 선택되면 [슬라이드 화면 전환] 그룹의 갤러리에서 '컨베이어' 효과를 선택합니다.

> **POINT**
> [타이밍] 그룹에서 모두 적용(모두 적용)을 클릭하면 현재 슬라이드에 설정한 화면 전환 효과와 타이밍 설정이 모든 슬라이드에 똑같이 적용됩니다.

5 [타이밍] 그룹에서 [소리]와 [기간]을 '카메라'와 '2.0'으로 지정합니다. 또 [다음 시간 후] 확인란을 클릭해서 선택한 다음 '0:20'을 입력하여 20초가 지났을 때 자동으로 화면 전환이 이루어지도록 지정합니다.

> **POINT**
> F5 를 눌러 슬라이드 쇼를 실행하면 각 슬라이드에 설정되어 있는 화면 전환 효과를 확인할 수 있습니다.

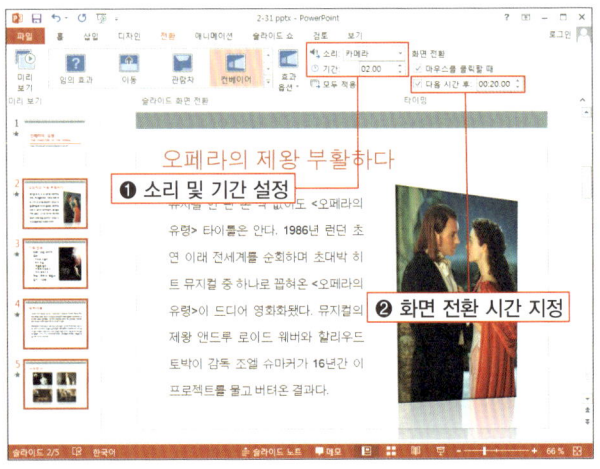

애니메이션 효과

애니메이션은 텍스트나 개체에 특수 시각 효과나 소리 효과를 추가하는 것입니다. 예를 들어 그림이 날아오게 하거나 텍스트를 한 단어씩 표시하면서 소리가 나게 할 수 있습니다.

Key Word : 애니메이션, 효과 옵션, 타이밍　　　　　**예제파일** : Part2\예제파일\2-32.pptx

1 제목 개체 틀을 선택하고 [애니메이션] 탭 → [애니메이션] 그룹의 갤러리에서 '나타내기' 영역에 있는 [회전] 애니메이션을 선택합니다. 선택한 개체에는 애니메이션 순서를 나타내는 숫자 태그가 나타납니다.

POINT

갤러리가 표시되어 있지 않은 경우 [애니메이션 스타일] 아이콘을 클릭하고 원하는 애니메이션을 선택합니다.

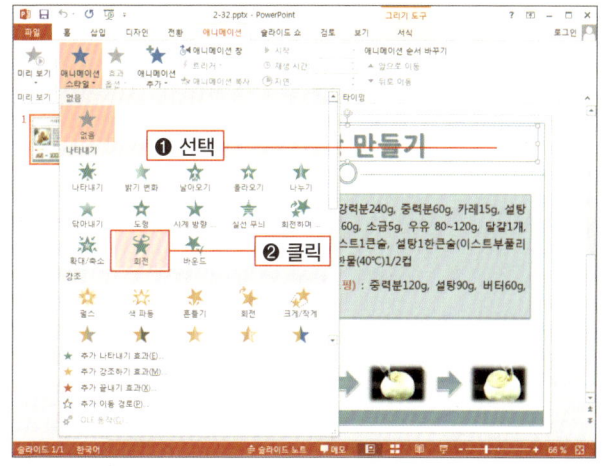

2 이번에는 제목 아래에 있는 그림을 클릭해서 선택한 다음 [애니메이션] 그룹의 갤러리에서 자세히(▼) 버튼을 클릭합니다. 그리고 [추가 나타내기 효과]를 선택합니다.

POINT

갤러리에 표시되지 않는 다른 [나타내기] 애니메이션 효과를 사용하기 위한 과정입니다. 갤러리 대신 [애니메이션 스타일] 아이콘이 표시되어 있는 경우 이 아이콘을 클릭하고 [추가 나타내기 효과]를 선택합니다.

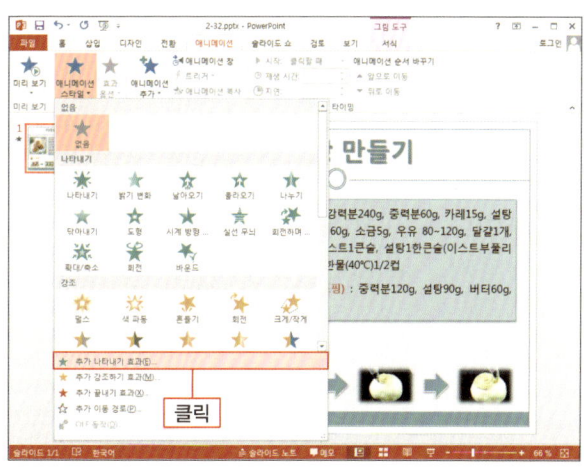

3 [나타내기 효과 변경] 대화상자가 실행되면 [회전하며 밝기 변화] 효과를 선택하고 [확인] 버튼을 클릭합니다.

> **POINT**
> [효과 미리 보기] 확인란이 선택되어 있으면 대화상자에서 애니메이션 효과를 선택했을 때 슬라이드의 해당 개체에 미리 애니메이션 효과가 적용되어 확인할 수 있습니다.

4 그림 개체에 애니메이션 효과가 적용되면 다음과 같이 애니메이션 순서를 나타내는 숫자 태그가 표시됩니다. 현재는 제목 개체 틀의 애니메이션 효과가 실행된 다음 마우스로 클릭했을 때 그림 개체의 애니메이션이 실행되는 순서로 숫자 태그 '2'가 부여되어 있습니다.

5 [타이밍] 그룹에서 [시작]의 화살표를 버튼을 클릭하고 '이전 효과 다음에'를 선택합니다. 이렇게 하면 그림 개체의 애니메이션 숫자 태그가 '1'로 변경되는데, 제목 개체 틀의 애니메이션이 끝나면 자동으로 그림 개체의 애니메이션이 실행된다는 의미입니다.

6 지금까지와 같은 방법을 사용하여 텍스트 상자에 [블라인드] 애니메이션 효과를 지정하고 시작 옵션을 '이전 효과 다음에'로 지정합니다.

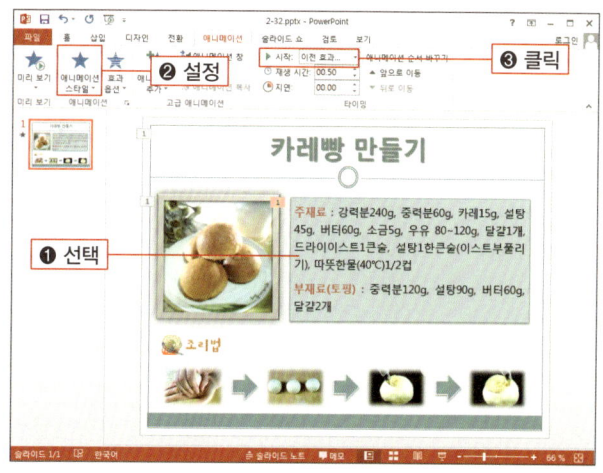

7 슬라이드 아래의 그림 4개를 모두 선택한 상태에서 [흩어 뿌리기] 애니메이션을 지정하고 시작 옵션을 '클릭할 때'로 지정합니다. 그러면 2, 3, 4, 5로 각각 숫자 태그가 표시됩니다.

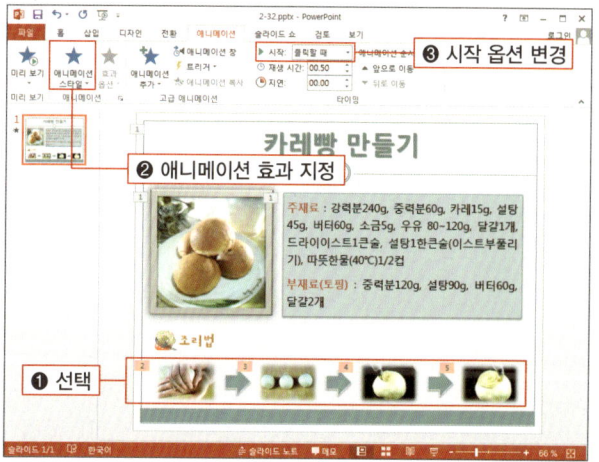

POINT

첫 번째 그림을 클릭한 다음 Shift 를 누른 상태에서 나머지 그림을 차례로 클릭하여 선택합니다.

8 세 개의 화살표 도형을 선택한 다음 [내밀기] 애니메이션 효과를 지정하고, [효과 옵션] 아이콘을 클릭한 다음 [왼쪽에서]를 선택합니다.

Part 2. 프레젠테이션의 재미가 쏠쏠 나는 활용 50가지 **263**

9 [타이밍] 그룹에서 [시작] 옵션을 '이전 효과와 함께'로 지정합니다. 그러면 화살표 도형의 숫자 태그는 마지막 그림과 동일하게 '5'로 표시됩니다.

10 F5 를 눌러 슬라이드 쇼를 실행합니다. 마우스를 클릭하면 제목과 그림, 텍스트 상자의 애니메이션이 차례로 재생됩니다.

11 다시 마우스를 클릭하면 아래의 작은 그림이 클릭할 때마다 하나씩 나타나고 마지막 그림까지 표시된 다음 화살표 도형이 이어서 나타나는 애니메이션이 재생됩니다.

이동 경로 애니메이션

이동 경로는 개체 또는 텍스트가 움직이는 경로입니다. 이동 경로를 지정하면 개체 또는 텍스트가 경로를 따라 움직이는 애니메이션을 구현할 수 있습니다. 여기서는 미리 준비되어 있는 여러 종류의 이동 경로를 개체에 설정하는 방법을 살펴보겠습니다.

◉ **Key Word** : 애니메이션, 이동 경로 ◉ **예제파일** : Part2\예제파일\2-33.pptx

1 슬라이드 오른쪽 상단에 있는 그림 개체를 선택한 다음 [애니메이션] 탭 → [애니메이션] 그룹의 갤러리에서 자세히(▼) 버튼을 클릭하고 '이동 경로' 영역에 있는 [선] 효과를 선택합니다.

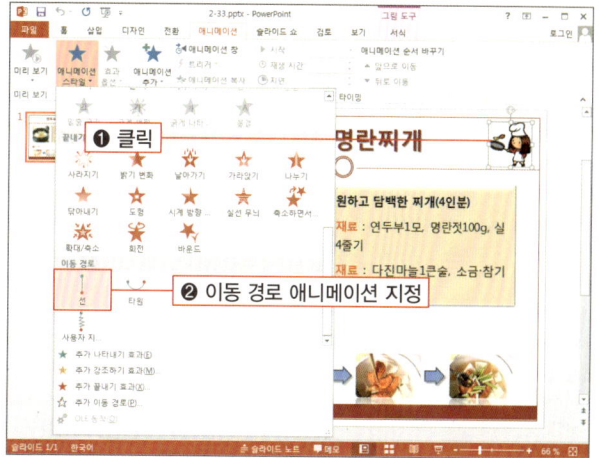

POINT
갤러리 대신 [애니메이션 스타일] 아이콘이 표시되어 있으면 이 아이콘을 클릭하고 [선] 효과를 선택합니다.

2 선택한 개체에 이동 경로가 표시됩니다. 이동 경로에서 초록색 화살표는 시작 점, 빨간색 화살표는 이동 경로의 끝 점을 의미합니다.

POINT
[효과 옵션] 아이콘을 클릭하고 [경로 방향 바꾸기]를 선택하면 시작 점과 끝 점이 서로 바뀝니다.

3 애니메이션이 설정된 개체가 선택되어 있는 상태에서 [애니메이션] 그룹의 대화 상자 표시( ) 버튼을 클릭합니다.

4 [아래로] 대화상자가 표시되면 [효과] 탭에서 [자동 반복] 확인란에 체크한 다음 애니메이션과 함께 재생할 소리 종류를 지정합니다.

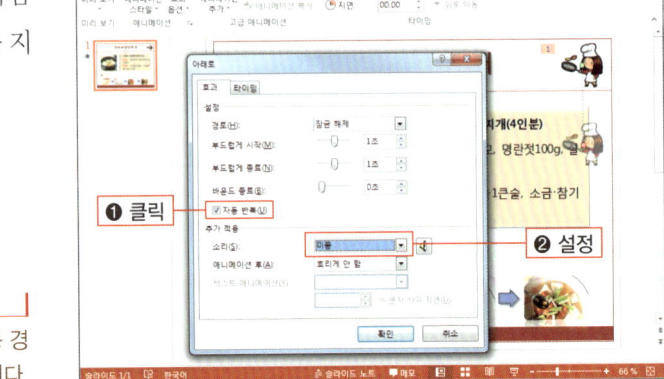

POINT
[자동 반복]을 체크하면 개체가 애니메이션 이동 경로를 따라 움직인 후 다시 원래 자리로 돌아갑니다.

5 [타이밍] 탭에서 시작 방법을 '이전 효과와 함께'로 지정하고 반복 횟수를 '2'로 지정한 다음 [확인] 버튼을 클릭합니다.

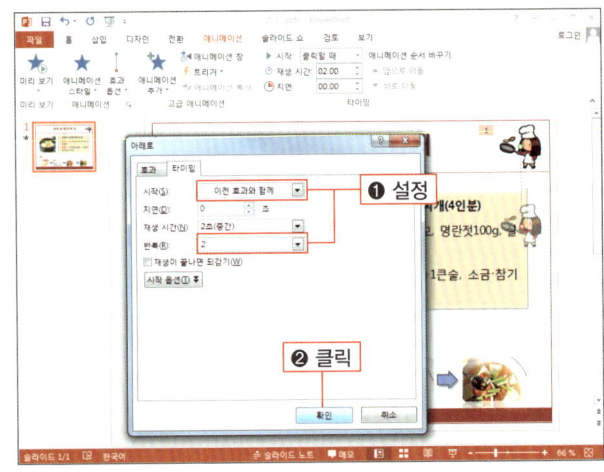

6 개체를 마우스로 드래그하여 다음과 같이 이동시켜 봅니다. 개체가 움직이면 이동 경로가 개체를 따라 함께 움직이는 것을 알 수 있습니다.

POINT
[효과 옵션] 아이콘을 클릭해 보면 [잠금 해제]가 선택되어 있습니다. [잠금 해제]로 설정되어 있으면 개체를 움직일 때 이동 경로가 함께 움직입니다. [잠금 해제] 대신 [잠금]이 선택되어 있으면 개체를 움직여도 이동 경로는 움직이지 않습니다.

7 이번에는 이동 경로의 종류를 변경해 보겠습니다. [애니메이션] 그룹의 갤러리에서 자세히(▼) 버튼을 클릭하고 [추가 이동 경로]를 선택합니다.

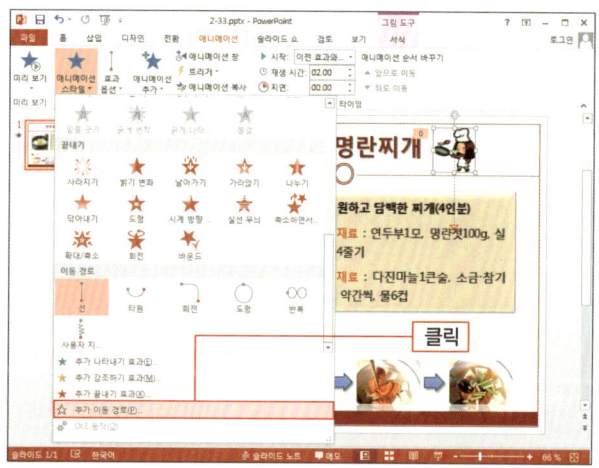

8 [이동 경로 변경] 대화상자가 표시되고 여러 종류의 이동 경로 항목이 나타납니다. 이 중에서 원하는 이동 경로를 선택한 다음 [확인] 버튼을 클릭합니다.

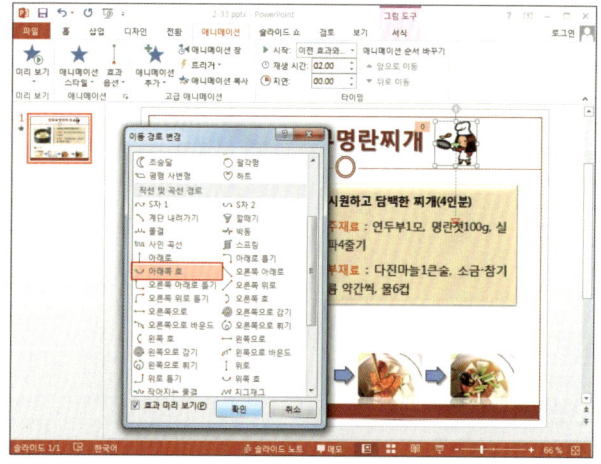

POINT
여기서는 '직선 및 곡선 경로' 영역에 있는 [아래쪽 호] 이동 경로를 사용합니다.

9 이동 경로가 변경됩니다. 이동 경로의 시작 점과 끝 점을 서로 바꾸려면 [효과 옵션] 아이콘을 클릭하고 [경로 방향 바꾸기] 메뉴를 선택합니다.

> **POINT**
> 이동 경로를 변경하면 새로운 애니메이션을 적용한 결과가 되어 이전에 설정했던 시작 옵션과 소리, 반복 횟수 등이 모두 초기화됩니다.

10 이동 경로에 표시된 크기 조정 핸들을 드래그하여 이동 경로의 크기를 조정하고 마우스로 드래그하여 다른 위치로 이동할 수 있습니다.

11 [애니메이션] 탭 → [미리 보기] 그룹 → 미리 보기(★)를 클릭해서 이동 경로 애니메이션이 어떻게 동작하는지 슬라이드에서 확인해볼 수 있습니다.

사용자 지정 이동 경로 그리기

사용자 지정 이동 경로는 직선, 곡선, 자유 곡선, 자유형 등의 도구를 이용하여 사용자가 직접 이동 경로를 그리는 것입니다. 여러분이 원하는 대로 이동 경로를 그리고 이동 경로를 편집하는 방법에 대해 살펴보겠습니다.

Key Word : 사용자 지정 경로, 자유형, 자유 곡선, 점 편집   **예제파일** : Part2\예제파일\2-34.pptx

1 첫 번째 그림을 선택한 다음 [애니메이션] 탭 → [애니메이션] 그룹의 갤러리에서 자세히( ) 버튼을 클릭하고 '이동 경로' 영역에서 [사용자 지정 경로]를 선택합니다.

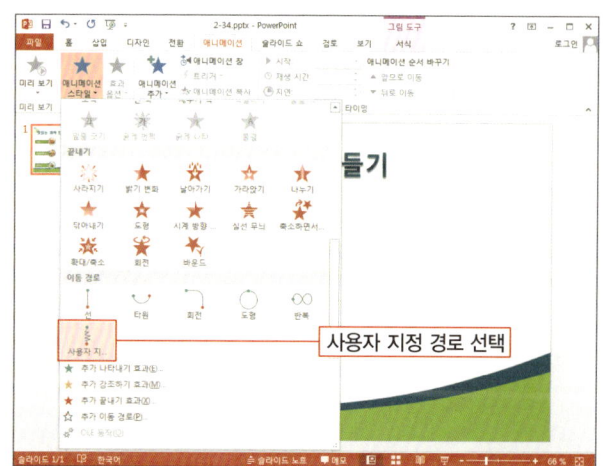

2 사용자 지정 경로는 [자유 곡선]으로 시작합니다. 이동 경로의 종류를 바꾸려면 [효과 옵션] 아이콘을 클릭하고 원하는 종류를 선택합니다. 여기서는 [곡선]으로 이동 경로를 변경했습니다.

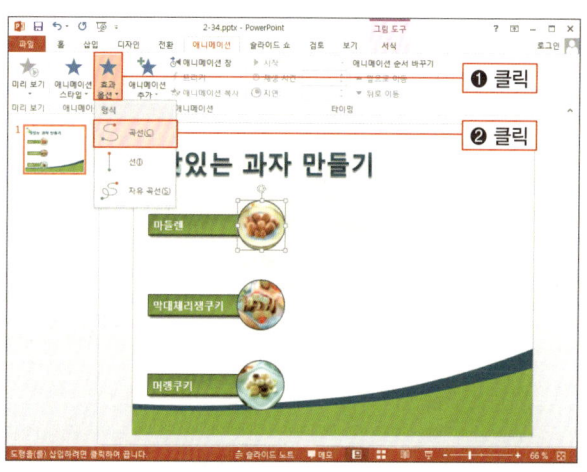

POINT
[선]은 시작 점에서 마우스 왼쪽 버튼을 클릭한 채 끝 점까지 드래그한 후 마우스 버튼에서 손을 떼어 직선으로 이동 경로를 그립니다.

Part 2. 프레젠테이션의 재미가 쏠쏠 나는 활용 50가지 **269**

3 이제 마우스 포인터가 십자(+) 모양으로 바뀌면 경로의 시작 점을 클릭하고 곡선을 추가할 위치마다 클릭한 다음 마지막으로 끝 점에서 더블클릭합니다.

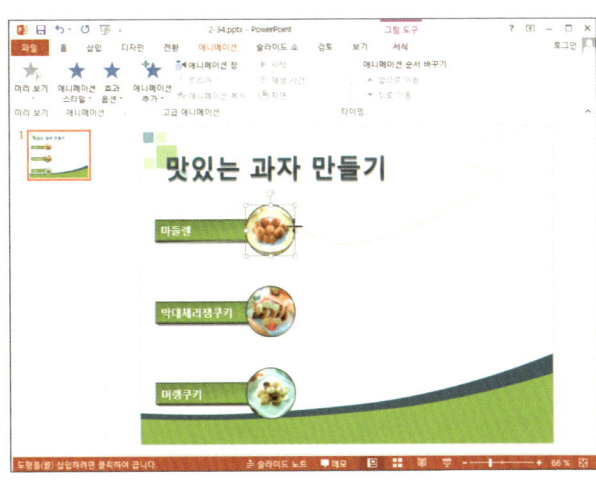

POINT
곡선을 추가할 위치를 잘못 클릭한 경우에는 Backspace 를 누릅니다. 그러면 마지막으로 클릭한 꼭지점이 취소됩니다.

4 다음과 같이 곡선으로 그린 사용자 지정 경로가 완성되면 [타이밍] 그룹에서 [시작] 옵션을 '이전 효과 다음에'로 변경합니다.

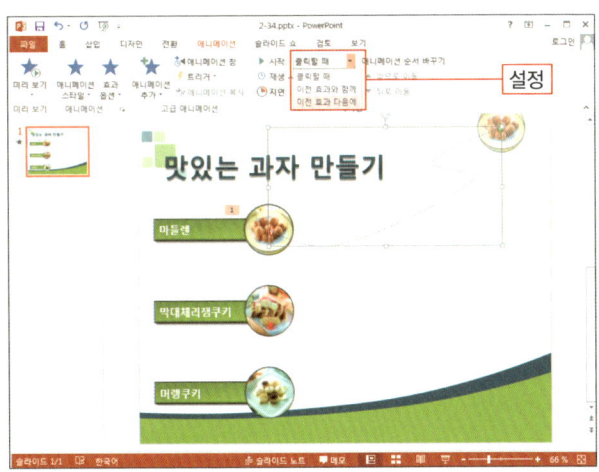

5 이번에는 두 번째 그림을 선택하고 [애니메이션] 그룹의 갤러리에서 자세히(▼) 버튼을 클릭한 다음 '이동 경로' 영역에서 [사용자 지정 경로]를 선택합니다. 이동 경로의 시작점을 클릭하고 꼭지점을 클릭해 갑니다. 점과 점 사이는 직선으로 연결됩니다. 아직 더블클릭하지 마세요.

6 직선에 이어 곡선으로 이동 경로를 그리려면 마우스 왼쪽 버튼을 클릭한 채 드래그합니다. 곡선에 이어 다시 직선으로 이동 경로를 그릴 수도 있습니다. 마지막으로 경로의 끝 점에서 더블클릭합니다.

POINT
시작점과 끝 점이 서로 만나는 닫힌 이동 경로를 그리려면 끝 점을 더블클릭할 시점에서 시작점을 클릭하면 됩니다.

7 다음과 같이 직선과 곡선이 혼합되어 있는 자유 곡선의 이동 경로가 완성되면 [타이밍] 그룹에서 [시작] 옵션을 '이전 효과 다음에'로 변경합니다.

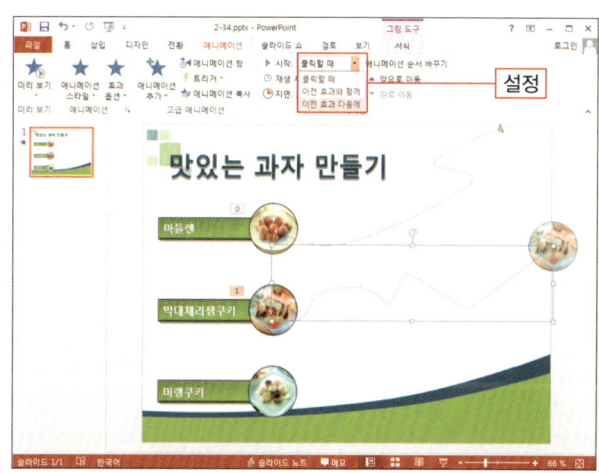

8 마지막으로 세 번째 그림을 선택하고 [애니메이션] 그룹의 갤러리에서 자세히 (▼) 버튼을 클릭한 다음 '이동 경로' 영역에서 [사용자 지정 경로]를 선택합니다. 그럼 다음 이동 경로의 시작점에서 마우스 왼쪽 버튼을 클릭한 채 원하는 모양으로 드래그하여 그리고 이동 경로의 끝 점에서 더블클릭합니다.

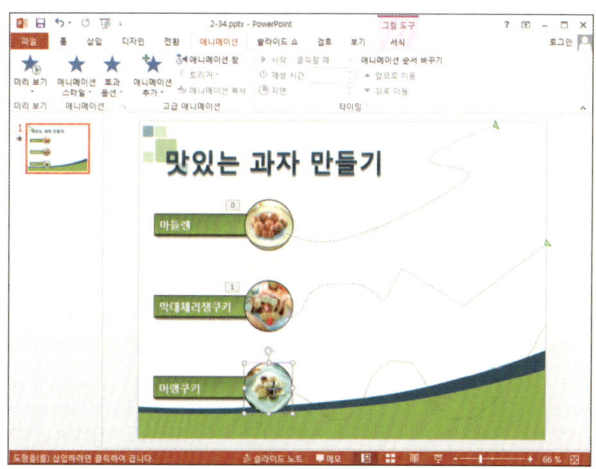

9 다음과 같이 자유 곡선으로 그린 이동 경로가 완성되면 [타이밍] 그룹에서 [시작] 옵션을 '이전 효과 다음에'로 변경합니다.

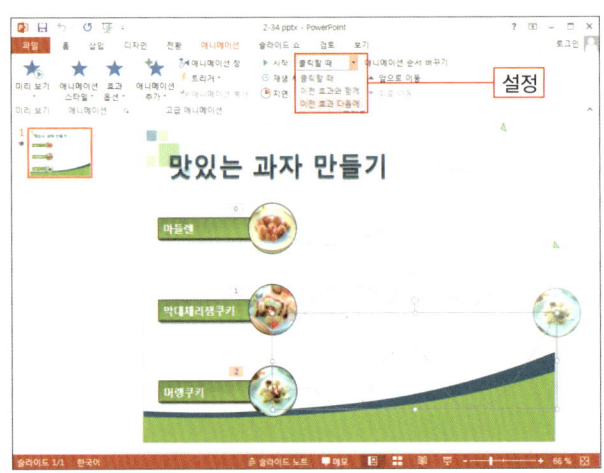

10 이번에는 이동 경로를 편집하는 방법입니다. 첫 번째 곡선 형태의 이동 경로를 클릭해서 선택한 다음 [효과 옵션] 아이콘을 클릭하고 [점 편집]을 선택합니다.

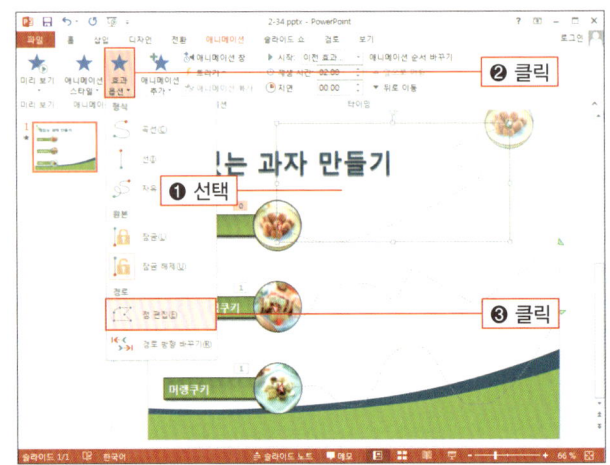

11 마우스로 클릭한 지점마다 편집점이 나타납니다. 편집점의 위치를 이동하려면 편집점 위에서 마우스 왼쪽 버튼을 클릭한 채 원하는 위치로 드래그합니다.

12 편집점을 제거하려면 Ctrl 을 누른 상태에서 제거하고 싶은 편집점을 클릭합니다.

POINT
편집점 위에서 마우스 오른쪽 버튼을 클릭하고 바로 가기 메뉴에서 [점 제거] 메뉴를 선택해도 됩니다.

13 새 편집점을 추가하려면 점과 점 사이의 선 위에서 마우스 왼쪽 버튼을 클릭한 채 원하는 위치로 드래그합니다. 이런 방법으로 점 편집을 실행하고 Esc 를 눌러 점 편집 상태를 종료합니다.

POINT
슬라이드 쇼를 실행해서 개체의 움직이는 모양을 직접 확인하세요.

쌩초보 Level Up 점 바꾸기

이동 경로의 점 편집 상태에서 편집점 위에서 마우스 오른쪽 버튼을 클릭하면 다음과 같이 바로 가기 메뉴가 표시됩니다. 여기에서 [부드러운 점], [직선 점], [꼭지 점] 등 점의 종류를 원하는 것으로 바꿀 수 있습니다. [경로 닫기]를 선택하면 이동 경로의 시작점과 끝 점을 서로 이어줍니다.

Section 35
애니메이션 복사하기

애니메이션 복사 기능을 사용하면 여러 개체에 같은 애니메이션 효과를 적용할 때 빠르고 쉽게 작업할 수 있습니다. 특정 개체에 설정된 애니메이션을 복사하여 다른 개체에 똑같은 효과를 적용합니다.

● **Key Word** : 애니메이션 복사, 애니메이션 추가　　● **예제파일** : Part2\예제파일\2-35.pptx

1 첫 번째 그림을 클릭한 다음 [애니메이션] 탭 → [애니메이션] 그룹의 갤러리에서 '나타내기' 영역에 있는 [바운드] 애니메이션을 선택하여 적용합니다.

2 첫 번째 그림이 선택되어 있는 상태에서 이번에는 [고급 애니메이션] 그룹 → 애니메이션 추가()를 클릭하고 [밝기 변화] 애니메이션을 선택합니다.

POINT
동일한 개체에 여러 개의 애니메이션을 설정하기 위해 애니메이션 추가(★)를 사용합니다.

3 두 번째 애니메이션까지 지정하면 숫자 태그는 '1'과 '2'로 표시됩니다. '2' 숫자 태그가 선택되어 있는 상태에서 [타이밍] 그룹의 [시간] 옵션을 '이전 효과 다음에'로 변경합니다.

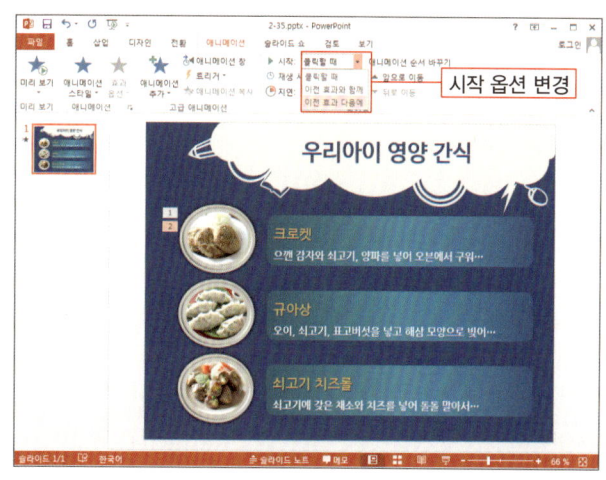

POINT
숫자 태그를 클릭해서 어떤 애니메이션에 옵션을 설정할 것인지를 먼저 지정해야 합니다.

4 계속해서 [타이밍] 그룹의 [재생 시간]을 '1.0'으로 지정합니다. 이렇게 하면 [밝기 변화] 애니메이션의 길이가 조금 더 길어집니다.

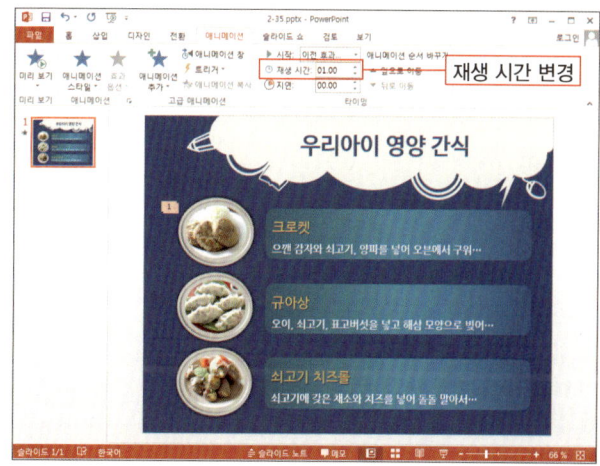

5 첫 번째 그림에 설정한 두 개의 애니메이션을 나머지 그림에 복사하려고 합니다. 첫 번째 그림을 클릭하고 [고급 애니메이션] 그룹 → 애니메이션 복사(★ 애니메이션 복사)를 더블클릭합니다.

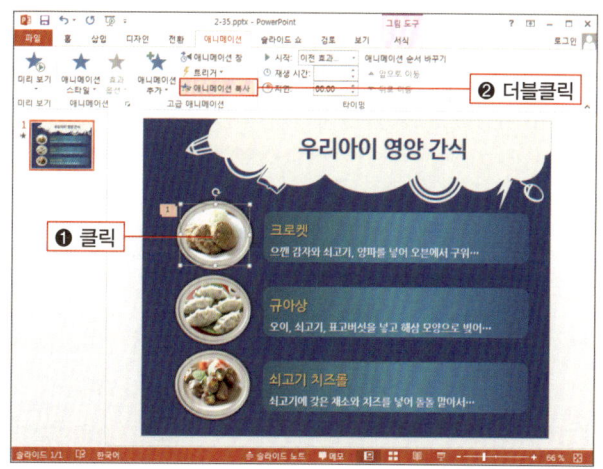

POINT
개체에 설정한 애니메이션이 여러 개이므로 숫자 태그가 선택되어 있는 상태가 아니라 개체가 선택되어 있는 상태에서 명령을 실행해야 합니다.

6 마우스 포인터가 모양으로 변하면 복사한 애니메이션을 적용할 두 번째 그림을 클릭합니다.

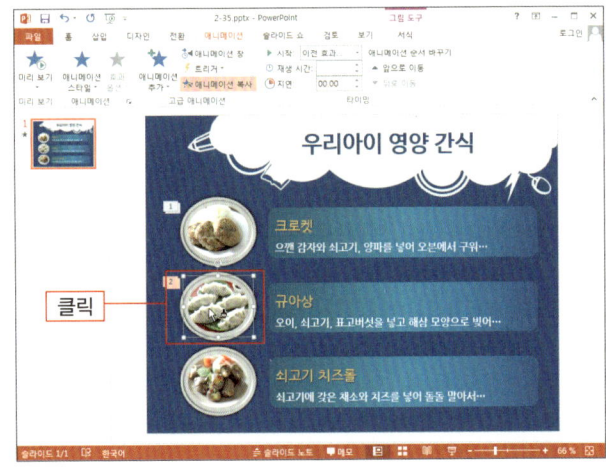

7 계속해서 세 번째 그림을 클릭합니다. 애니메이션 복사(애니메이션 복사)를 더블클릭했기 때문에 한 번 복사한 애니메이션을 여러 개체에 차례로 적용시킬 수 있습니다. 복사가 모두 끝나면 Esc 를 누릅니다.

POINT

애니메이션 복사(애니메이션 복사)를 클릭했다면 한 번 다른 개체를 클릭했을 때 복사가 이루어지고 자동으로 애니메이션 복사(애니메이션 복사)의 선택이 해제됩니다.

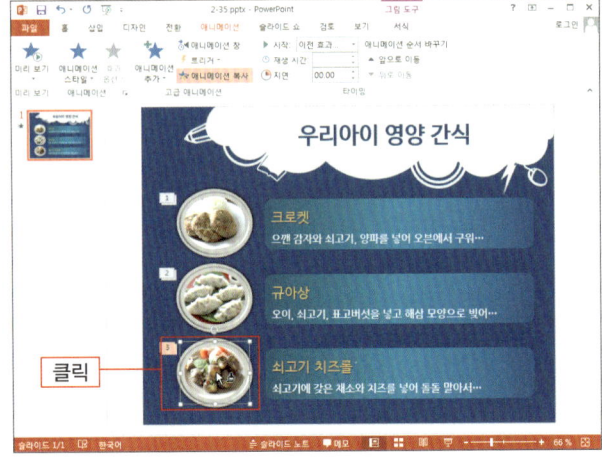

8 [애니메이션] 탭 → [미리 보기] 그룹 → 미리 보기( )를 클릭해서 세 개의 그림에 설정한 애니메이션을 미리 확인합니다.

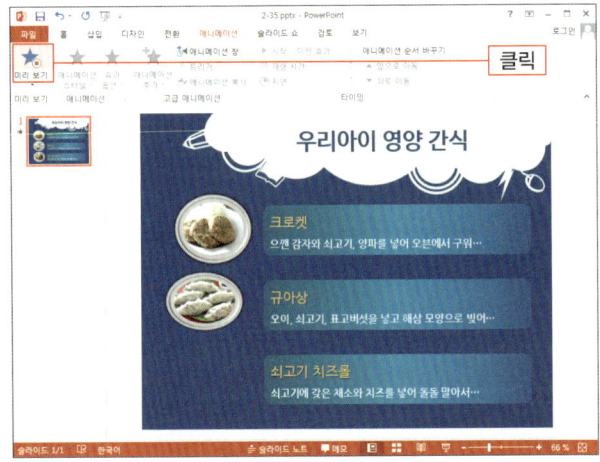

애니메이션 효과 트리거

트리거(Trigger)는 애니메이션의 시작을 설정하기 위한 특별한 기능입니다. 슬라이드 쇼에서 특정 개체를 클릭하거나 오디오나 비디오 등의 재생이 특정 책갈피에 도착했을 때 자동으로 애니메이션이 시작되도록 할 수 있습니다.

Key Word : 애니메이션 추가, 트리거   **예제파일** : Part2\예제파일\2-36.pptx

1 모서리가 둥근 직사각형을 클릭했을 때 슬라이드에 삽입되어 있는 비디오 클립이 재생되도록 트리거를 설정할 것입니다. 비디오 개체를 선택하고 [애니메이션] 탭 → [애니메이션] 그룹의 갤러리에서 [실행] 효과를 설정합니다.

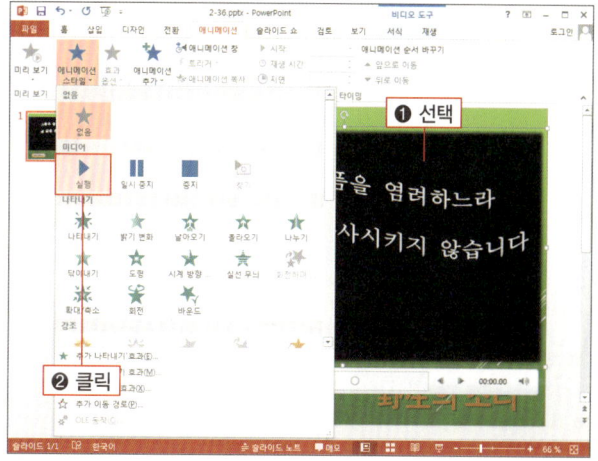

POINT
비디오 클립에 두 개의 책갈피가 추가되어 있습니다.

2 계속해서 [고급 애니메이션] 그룹 → 트리거(트리거▼)를 클릭하고 [클릭할 때] → [모서리가 둥근 직사각형]을 선택합니다.

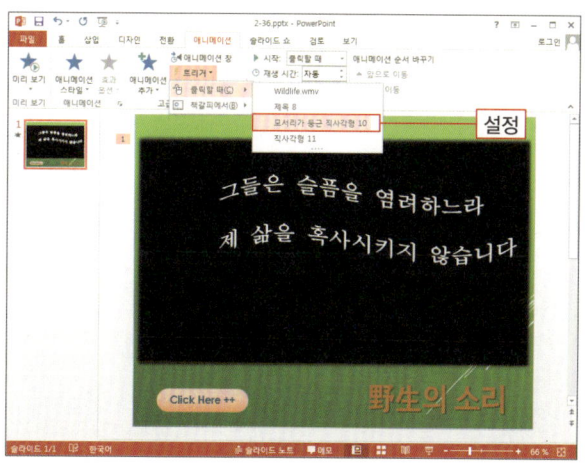

POINT
슬라이드 쇼에서 [모서리가 둥근 직사각형]을 클릭하면 비디오 클립이 실행됩니다.

3 이번에는 비디오 클립 위에 있는 텍스트 상자를 선택하고 '나타내기' 영역에 있는 [올라오기] 애니메이션 효과를 지정합니다. [타이밍] 그룹의 [재생 시간]은 '5'초로 지정합니다.

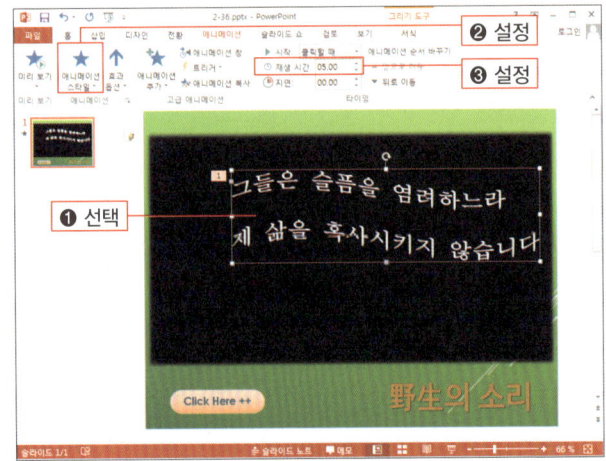

4 텍스트 상자가 선택되어 있는 상태에서 [고급 애니메이션] 그룹 → 트리거(트리거)를 클릭하고 [책갈피에서] → [책갈피 1]을 선택합니다.

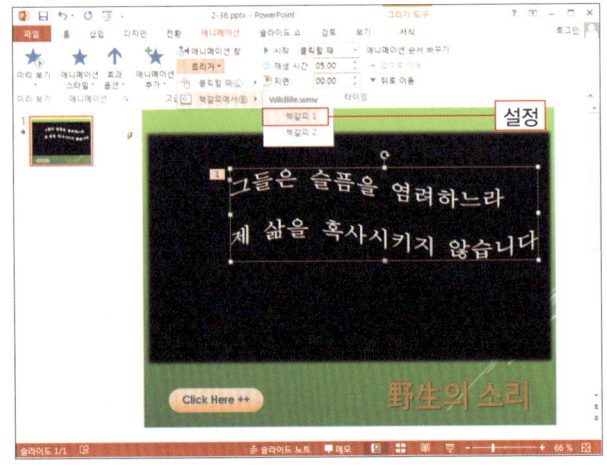

POINT
텍스트 상자에 설정한 [올라오기] 애니메이션 효과를 비디오의 '책갈피 1' 지점에서 자동 실행되도록 설정하는 과정입니다.

5 텍스트 상자가 선택되어 있는 상태에서 [고급 애니메이션] 그룹 → 애니메이션 추가(★)를 클릭하고 '끝내기' 영역에 있는 [축소하면서 회전] 효과를 지정합니다.

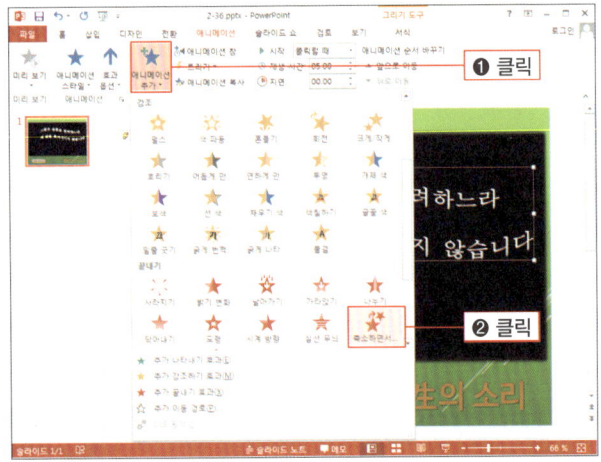

POINT
하나의 개체에 여러 개의 애니메이션을 지정하려면 애니메이션 추가(★)를 사용해야 합니다.

6 [축소하면서 회전] 효과를 지정한 직후에 트리거(트리거▼)를 클릭하고 [책갈피에서] → [책갈피 2]를 선택합니다. 이렇게 하면 두 번째 애니메이션 효과가 비디오의 '책갈피 2' 지점에서 자동 실행됩니다.

> **POINT**
> 하나의 개체에 두 개의 애니메이션이 설정되어 있으므로 반드시 애니메이션 태그를 이용하여 원하는 애니메이션이 선택되어 있는지 확인해야 합니다. 현재 상태에서는 숫자 태그 '1'이 선택되어 있는 상태에서 트리거를 지정해야 합니다.

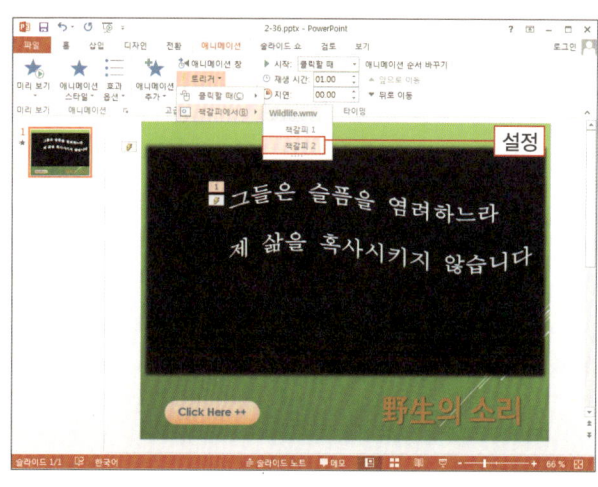

7 F5 를 눌러 슬라이드 쇼를 실행합니다. 맨 처음에는 다음과 같이 비디오가 자동으로 재생되지 않습니다. 모서리가 둥근 직사각형을 클릭하면 비디오가 재생됩니다.

8 비디오가 재생되다가 '책갈피 1' 지점에 이르면 자동으로 텍스트 상자의 [올라오기] 애니메이션이 실행됩니다. 그리고 비디오 재생이 '책갈피 2' 지점에 이르렀을 때 텍스트 상자의 [축소하면서 회전] 애니메이션이 자동 실행됩니다.

표 애니메이션 구현하기

슬라이드에서 전달 내용을 일목요연하게 정리하기 위해 표를 매우 많이 사용합니다. 표는 하나의 개체이므로 애니메이션을 지정할 경우 표 전체가 하나로 움직입니다. 여기서는 표의 각 행을 따로 분리하여 각각 애니메이션을 지정하는 방법으로 표 애니메이션을 구현할 것입니다.

◆ Key Word : 표 애니메이션, 시작 옵션　　　　　　　◆ 예제파일 : Part2\예제파일\2-37.pptx

1 첫 번째 슬라이드의 표를 클릭해서 선택해 보면 5행 6열의 크기로 만들어진 하나의 표라는 것을 알 수 있습니다.

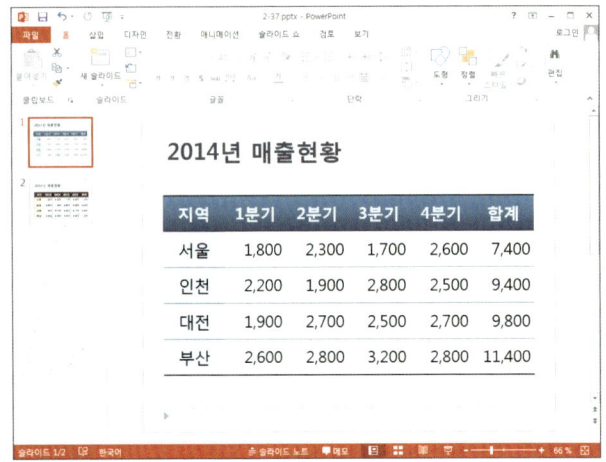

2 표가 선택된 상태에서 [애니메이션] 탭 → [애니메이션] 그룹의 갤러리에서 '나타나기' 영역에 있는 [올라오기] 애니메이션을 선택하여 적용합니다. 표는 하나의 개체이므로 숫자 태그가 하나만 표시됩니다.

\POINT
슬라이드 쇼를 실행하고 마우스를 클릭하면 표 전체가 [올라오기] 애니메이션으로 나타납니다.

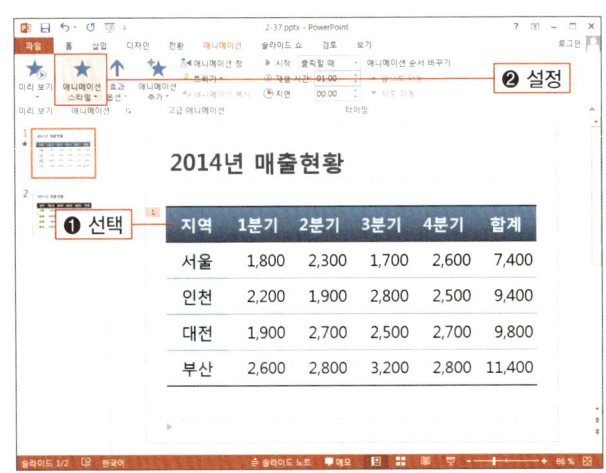

3 [슬라이드] 탭에서 2번 슬라이드를 클릭해서 두 번째 슬라이드로 이동합니다. 여기에 작성한 표는 각 행마다 하나의 독립된 표입니다. 첫 번째 표를 선택한 다음 [애니메이션] 그룹의 갤러리에서 [올라오기] 효과를 선택합니다.

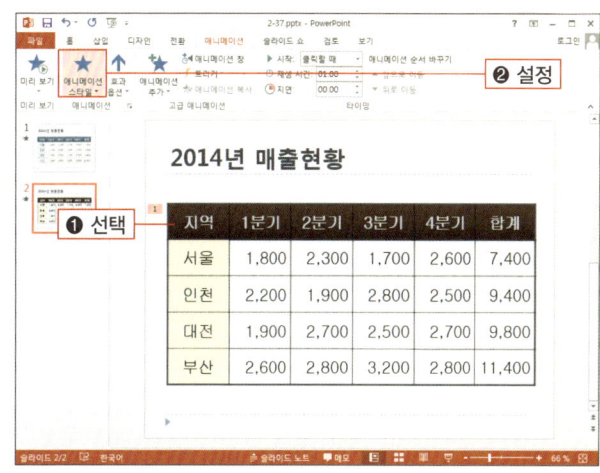

4 두 번째 표를 클릭한 다음 Shift 를 누른 상태에서 나머지 표를 차례로 클릭하여 다음과 같이 모두 4개의 표를 선택합니다. [애니메이션] 그룹의 갤러리에서 [올라오기] 애니메이션을 선택하여 적용합니다.

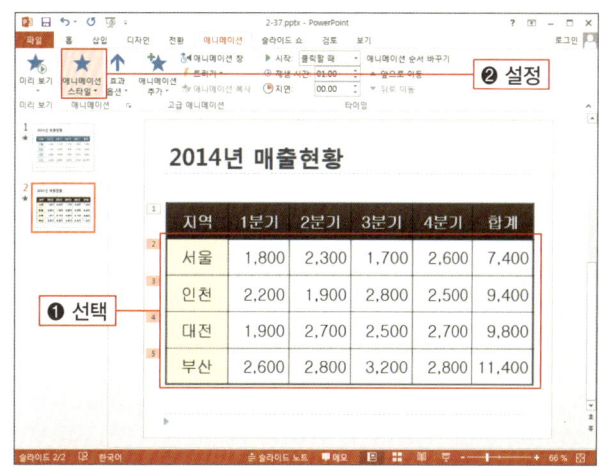

5 [애니메이션] 탭 → [타이밍] 그룹의 [시작] 옵션을 '이전 효과 다음에'로 변경합니다. 이렇게 하면 첫 번째 표가 나타난 후 2, 3, 4, 5번째 표가 [올라오기] 애니메이션으로 나타나게 됩니다.

POINT
슬라이드 쇼를 실행하여 첫 번째 슬라이드와 두 번째 슬라이드의 표가 어떻게 다르게 나타나는지 확인합니다.

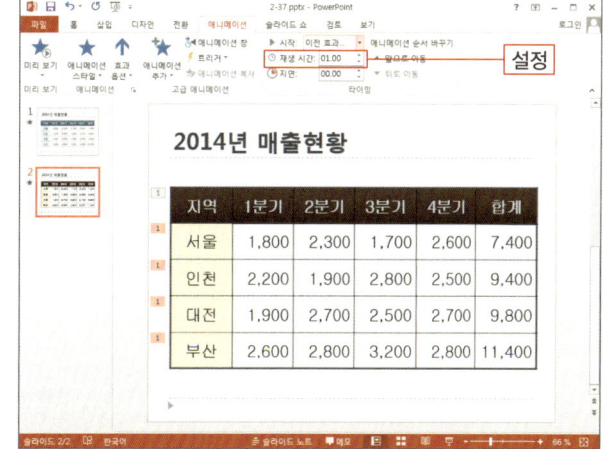

차트 애니메이션 구현하기

차트를 효과적으로 표현하기 위해 차트에 애니메이션을 지정하는 방법을 살펴보겠습니다. 차트에 먼저 애니메이션을 지정한 다음 효과 옵션을 사용하여 계열이나 항목 등으로 차트를 묶는 단위를 지정할 수 있습니다.

Key Word : 차트 애니메이션, 효과 옵션, 계열별로
예제파일 : Part2\예제파일\2-38.pptx

1 슬라이드에 삽입한 차트를 클릭해서 선택한 다음 [애니메이션] 탭 → [애니메이션] 그룹의 갤러리에서 자세히(▼) 버튼을 클릭하고 [추가 나타내기 효과]를 선택합니다.

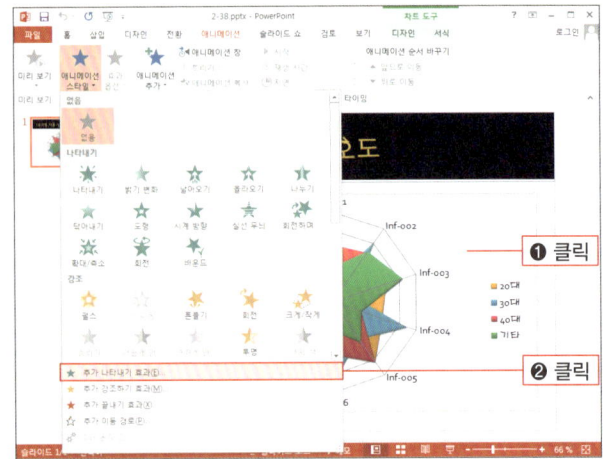

2 [나타내기 효과 변경] 대화상자가 실행되면 [사각형] 애니메이션 효과를 선택하고 [확인] 버튼을 클릭합니다.

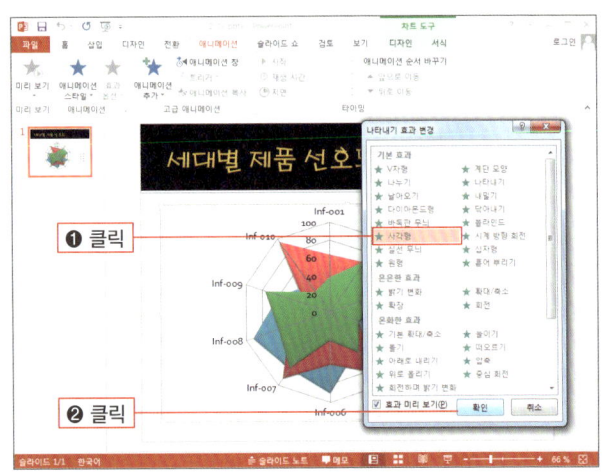

3 [효과 옵션]을 클릭하고 애니메이션 방향을 [바깥쪽]으로 변경합니다. 이렇게 하면 차트의 안쪽부터 시작해서 점점 바깥쪽으로 나타나는 애니메이션이 실행됩니다.

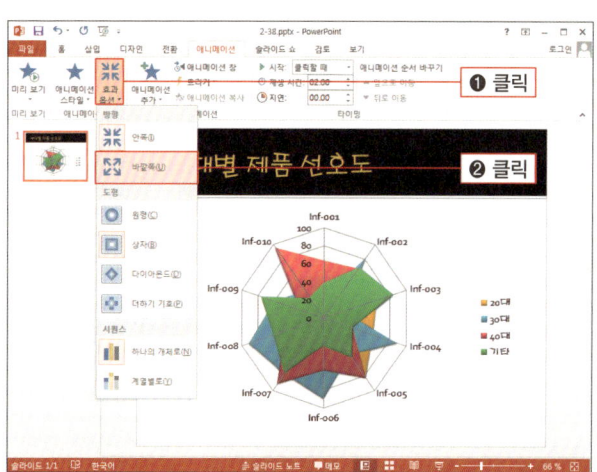

POINT
필요하면 [타이밍] 그룹에서 [시작] 옵션과 [재생 시간] 등을 지정할 수 있습니다.

4 다시 [효과 옵션]을 클릭하고 시퀀스(차트의 묶는 단위)에서 [계열별로]를 선택하여 차트 계열별로 애니메이션이 실행되도록 변경합니다.

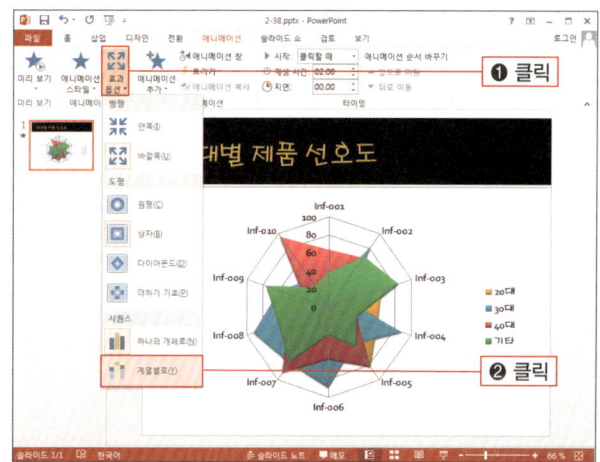

POINT
[하나의 개체로]가 선택되어 있으면 차트 전체가 한 번에 [사각형] 애니메이션으로 나타납니다.

5 차트의 계열별로 각각 애니메이션이 설정되어 순서대로 숫자 태그가 표시됩니다. 슬라이드 쇼를 실행하여 차트 애니메이션의 설정 결과를 확인합니다.

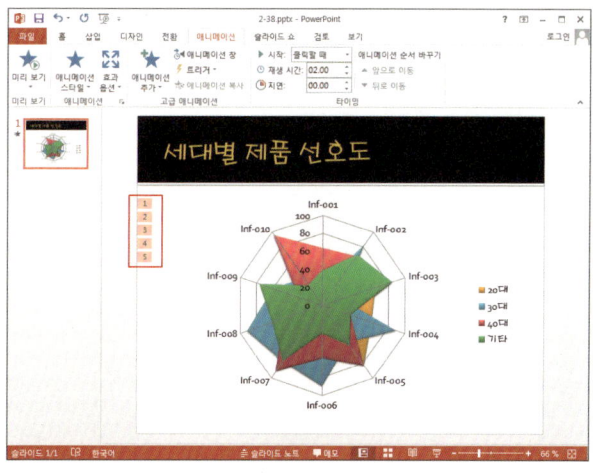

POINT
모든 애니메이션에서 차트 묶는 단위를 지정할 수 있는 것은 아닙니다. 사각형을 비롯하여 블라인드, 다이아몬드, 바둑판 무늬 등 몇 개의 애니메이션에서만 가능합니다.

Section 39

SmartArt 그래픽 애니메이션

이번에는 SmartArt 그래픽에 애니메이션을 설정하는 방법을 살펴보겠습니다. 차트와 마찬가지로 일단 SmartArt 그래픽에 애니메이션을 지정하고 애니메이션의 효과 옵션을 사용하여 세부적인 애니메이션을 설정합니다.

Key Word : SmartArt 그래픽, 애니메이션, 시퀀스　　**예제파일** : Part2\예제파일\2-39.pptx

1 첫 번째 슬라이드에 있는 SmartArt 그래픽을 선택한 다음 [애니메이션] 탭 → [애니메이션] 그룹의 갤러리에서 [블라인드] 나타내기 효과를 선택합니다.

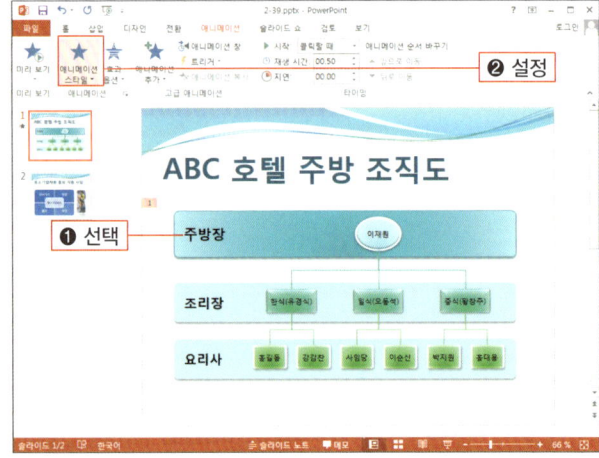

POINT
사용하려는 애니메이션이 갤러리에 없으면 [추가 나타내기 효과]를 선택하고 대화상자를 통해 애니메이션 효과를 선택합니다.

2 SmartArt 그래픽은 기본적으로 하나의 개체로 애니메이션이 적용됩니다. 여기서는 [효과 옵션]을 클릭하고 시퀀스(그래픽의 묶는 단위)를 [수준(한 번에)]로 변경합니다.

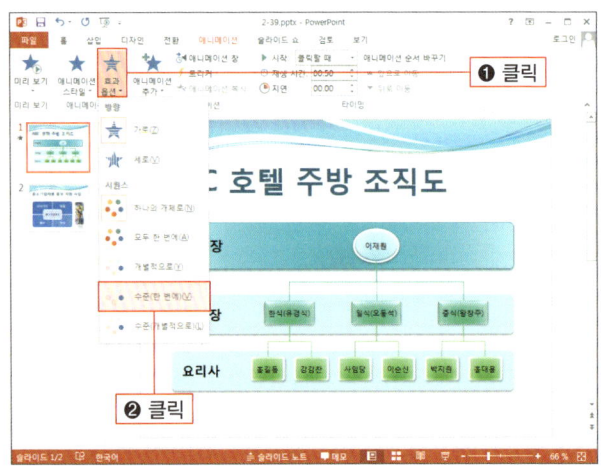

3 [애니메이션] 탭 → [타이밍] 그룹에서 [시작] 옵션을 '이전 효과 다음에'로 변경하고, [재생 시간]을 '1'초로 지정합니다. 애니메이션이 어떻게 실행되는지 확인하려면 [미리 보기] 그룹 → 미리 보기(★)를 클릭합니다.

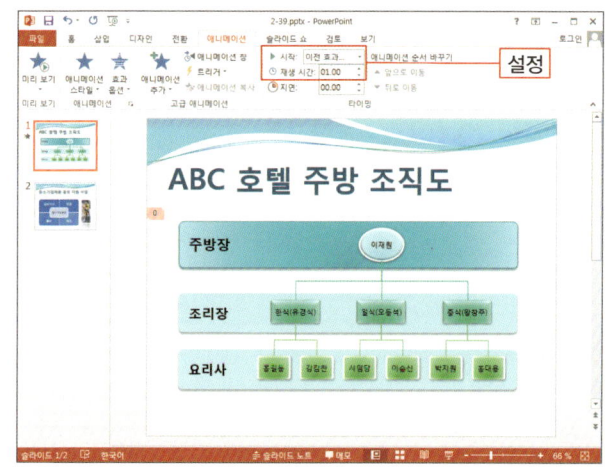

4 두 번째 슬라이드에서 SmartArt 그래픽을 선택하고 [떠오르기] 애니메이션 효과를 적용합니다. 그런 다음 [효과 옵션]을 클릭하고 시퀀스(그래픽의 묶는 단위)를 [수준(개별적으로)]로 선택합니다.

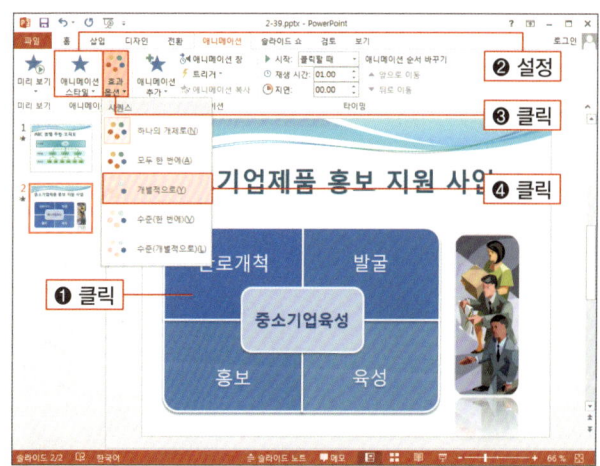

5 [타이밍] 그룹에서 [시작] 옵션을 '이전 효과 다음에'로 변경하고, [재생 시간]을 '1'초로 변경합니다. 작업이 모두 끝나면 바로 가기 키 F5를 눌러 SmartArt 그래픽에 적용된 애니메이션이 어떻게 나타나는지 확인합니다.

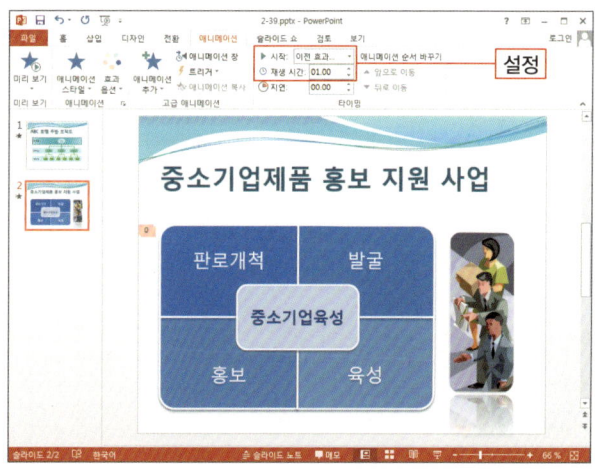

슬라이드 마스터 편집하기

슬라이드 마스터는 현재 프레젠테이션에 적용된 테마의 각종 정보가 설정되어 있는 특별한 슬라이드입니다. 이 슬라이드의 디자인을 기초로 글꼴과 글꼴 스타일, 개체 틀의 위치와 크기, 배경 디자인 등이 프레젠테이션에 적용됩니다. 여기서는 슬라이드 마스터를 편집하여 모든 슬라이드의 서식을 한 번에 변경하는 과정을 살펴봅니다.

Key Word : 슬라이드 마스터, 슬라이드 레이아웃　　　　　**예제파일 :** Part2\예제파일\2-40.pptx

1 현재 프레젠테이션은 '풍요' 테마를 사용하여 작성한 것입니다. 슬라이드 마스터를 편집하기 위해 [보기] 탭 → [마스터 보기] 그룹 → 슬라이드 마스터(□)를 클릭합니다.

2 슬라이드 마스터 보기 상태로 전환되고 각 슬라이드 레이아웃에 대한 마스터가 표시됩니다. 왼쪽 [슬라이드] 탭에서 가장 위에 있는 것이 슬라이드 마스터이고, 두 번째부터는 각 슬라이드 레이아웃에 대한 마스터입니다.

> **POINT**
> 슬라이드 마스터는 모든 슬라이드에 영향을 줍니다. 각 슬라이드 레이아웃은 해당 레이아웃을 사용한 슬라이드에만 영향을 줍니다.

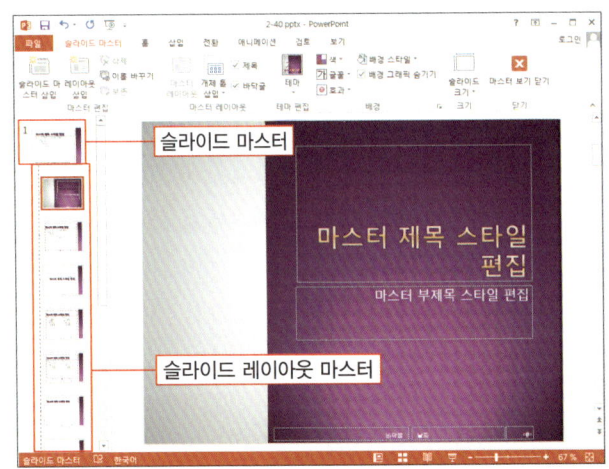

3 왼쪽 탭에서 '슬라이드 마스터'를 선택합니다. 그런 다음 슬라이드 오른쪽에 있는 직사각형 도형을 선택하고 그리기 도구의 [서식] 탭 → [도형 스타일] 그룹에 있는 도구들을 이용하여 서식을 지정합니다.

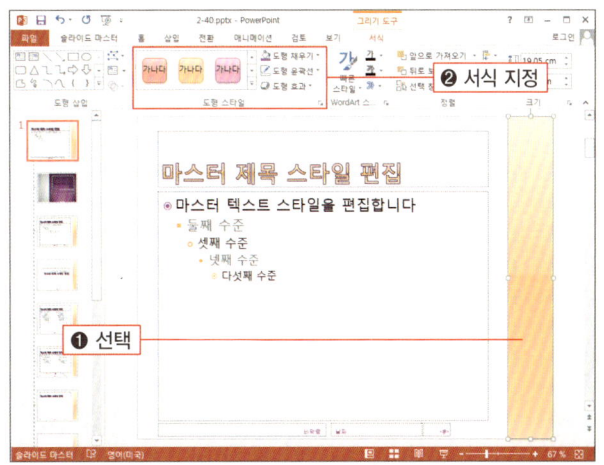

4 제목 개체 틀을 선택한 다음 원하는 대로 서식을 지정합니다. 여기서는 단락 맞춤과 글꼴 크기, WordArt 스타일과 텍스트 효과 등의 서식을 지정했습니다.

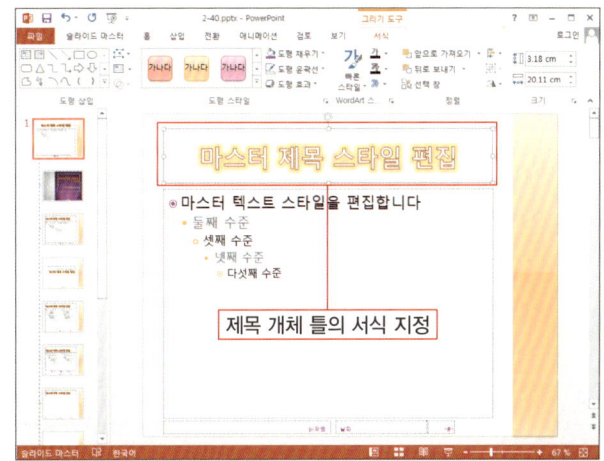

5 내용 개체 틀에도 같은 방법으로 서식을 지정합니다. 텍스트 서식은 각 단락을 클릭한 다음 글꼴 서식을 지정하고 글머리 기호와 줄 간격 등을 변경합니다.

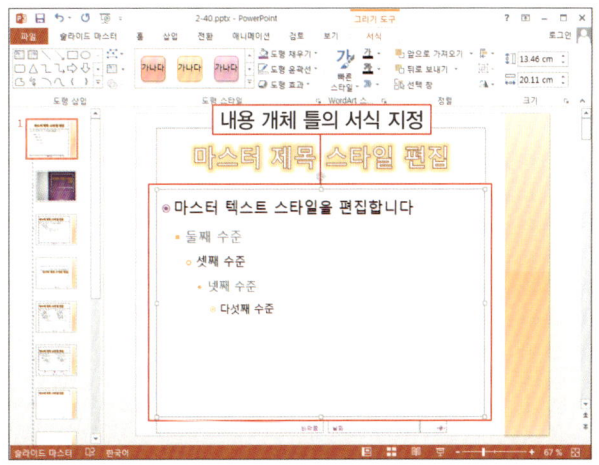

6 [삽입] 탭 → [이미지] 그룹 → 온라인 그림( )을 사용하여 슬라이드 마스터에 클립 아트를 삽입하고 크기와 위치를 조정합니다.

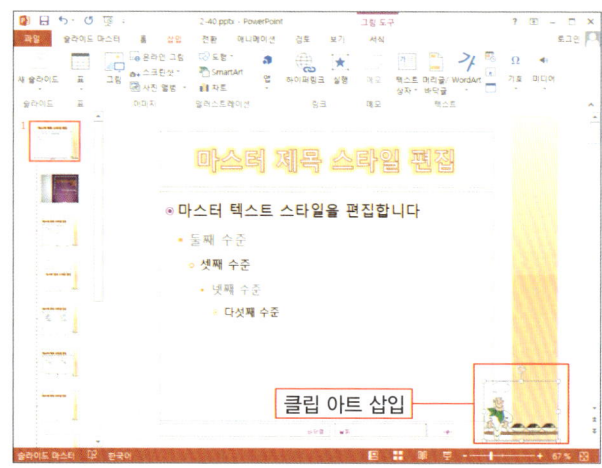

POINT
슬라이드 마스터에 삽입한 클립 아트나 이미지, 도형 등은 모든 슬라이드에 똑같이 나타납니다.

7 왼쪽 [슬라이드] 탭에서 '제목 및 내용 레이아웃'을 클릭합니다. 슬라이드 마스터에서 지정한 사항들이 선택한 슬라이드 레이아웃에 그대로 적용되어 있음을 확인할 수 있습니다.

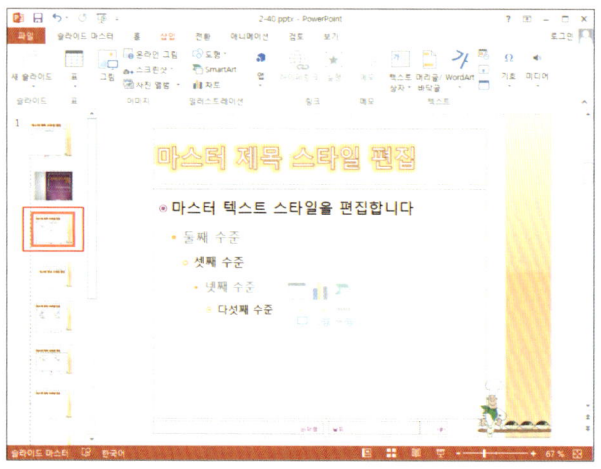

POINT
특정 슬라이드 레이아웃을 선택하고 서식을 지정하면 해당 레이아웃을 사용하는 슬라이드에만 영향을 줍니다.

8 왼쪽 [슬라이드] 탭에서 '제목 슬라이드 레이아웃'을 선택하고 원하는 대로 각종 서식을 지정합니다. 여기서 지정한 서식은 '제목 슬라이드 레이아웃'을 사용하는 슬라이드에만 영향을 줍니다. 여기서는 제목과 부제목 개체 틀에 서식을 지정하고 클립 아트를 삽입했습니다.

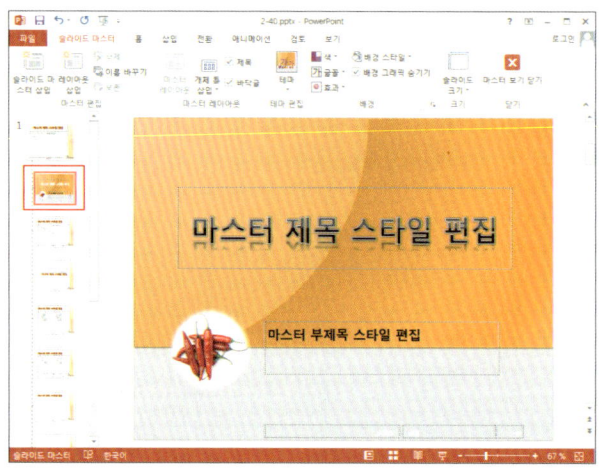

9 왼쪽 [슬라이드] 탭에서 '콘텐츠 2개 레이아웃'을 선택합니다. 그리고 [전환] 탭 → [슬라이드 화면 전환] 그룹에서 화면 전환 효과를 지정하고 [타이밍] 그룹에서 [소리]와 [다음 시간 후]의 자동 전환 시간 등을 지정합니다.

> **POINT**
> 현재 프레젠테이션에서 3번부터 5번 슬라이드가 '콘텐츠 2개 레이아웃'을 사용하여 작성되어 있습니다.

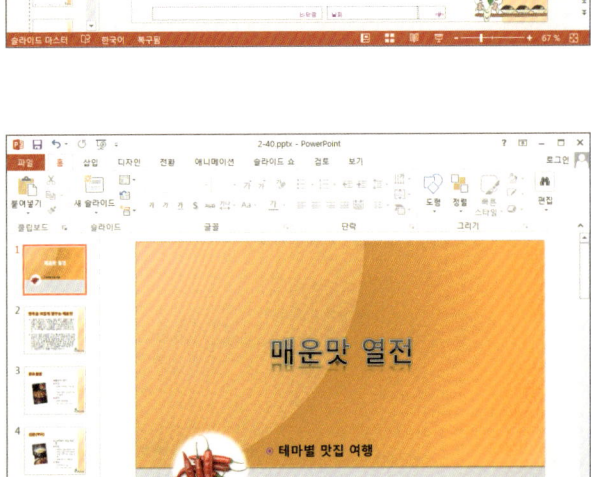

10 슬라이드 마스터 작업이 모두 끝나면 [슬라이드 마스터] 탭에서 마스터 보기 닫기( )를 클릭합니다. 기본 보기에서 1번 슬라이드를 선택하면 '제목 슬라이드 레이아웃' 마스터에서 변경한 서식이 적용되어 있는 것을 확인할 수 있습니다.

11 2번 슬라이드에는 '슬라이드 마스터'에서 지정한 서식이 적용되어 나타납니다. 3번부터 5번 슬라이드는 '콘텐츠 2개 레이아웃' 마스터에서 지정한 대로 화면 전환 효과가 설정되어 있습니다.

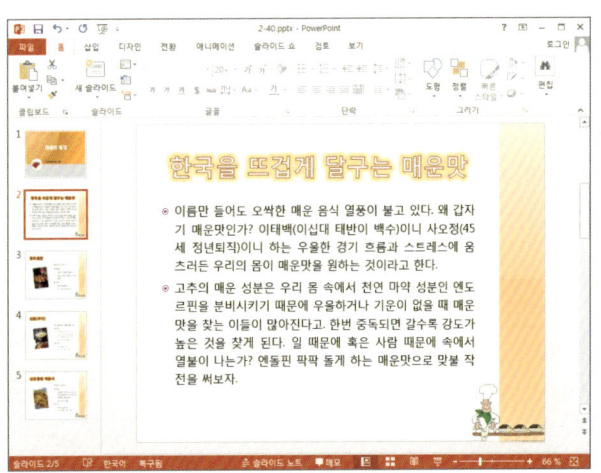

> **POINT**
> 슬라이드 마스터는 이렇게 여러 슬라이드의 서식을 한 번에 변경할 때 유용합니다.

서식 파일 만들기

서식 파일(*.potx)은 모든 슬라이드의 내용에 적용되는 서식과 레이아웃 등의 디자인 정보를 갖고 있는 파일입니다. 일반적으로 비슷한 종류의 프레젠테이션을 반복해서 만들 때 이러한 디자인 정보가 담겨 있는 서식 파일을 만들어 두고 서식 파일을 기초로 사용하면 작업 시간을 훨씬 단축시킬 수 있습니다.

◎ **Key Word** : 서식 파일, 슬라이드 마스터

1 Ctrl + N 을 눌러서 새 프레젠테이션을 시작하면 'Office 테마'가 적용된 제목 슬라이드가 표시됩니다. 슬라이드 마스터를 편집하기 위하여 [보기] 탭 → [마스터 보기] 그룹 → 슬라이드 마스터(□)를 클릭합니다.

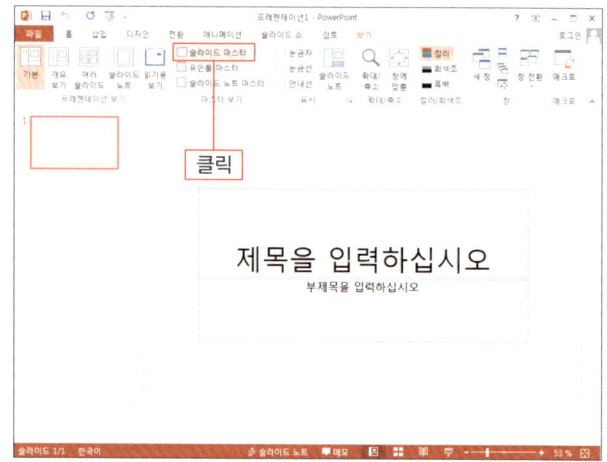

2 슬라이드 마스터 보기로 전환하면 왼쪽 슬라이드 탭에서 세 번째 축소판 그림을 클릭합니다. 그리고 Shift 를 누른 상태에서 마지막 축소판 그림을 선택한 다음 Delete 를 눌러 제거합니다.

POINT
서식 파일에는 슬라이드 마스터가 하나 포함되고 슬라이드 마스터에는 최소한 하나 이상의 슬라이드 레이아웃이 포함되어야 합니다.

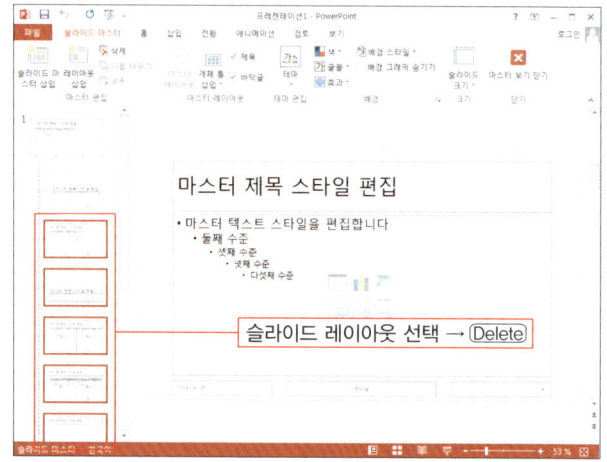

3 왼쪽 슬라이드 탭에서 '슬라이드 마스터'를 클릭한 다음 클립 아트를 삽입하고 그림과 같이 크기와 위치를 조정합니다. 그런 다음 [서식] 탭→[정렬] 그룹→뒤로 보내기(🔲)의 화살표를 클릭하고 [맨 뒤로 보내기]를 선택합니다.

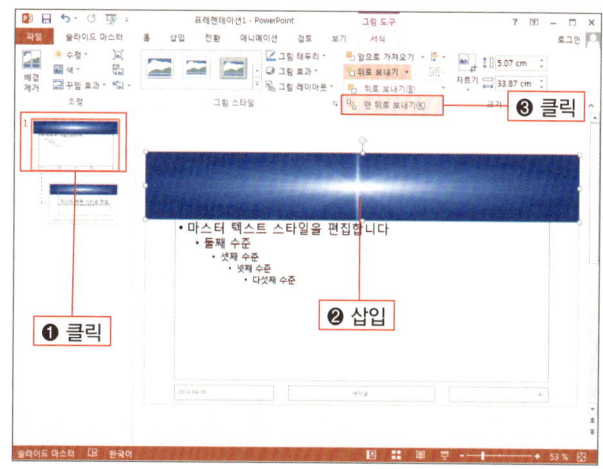

4 제목 개체 틀을 클릭하고 [홈] 탭 → [글꼴] 그룹에 있는 도구를 사용하여 서식을 지정합니다. '슬라이드 마스터'에서 지정한 서식은 모든 슬라이드 레이아웃에 그대로 적용됩니다.

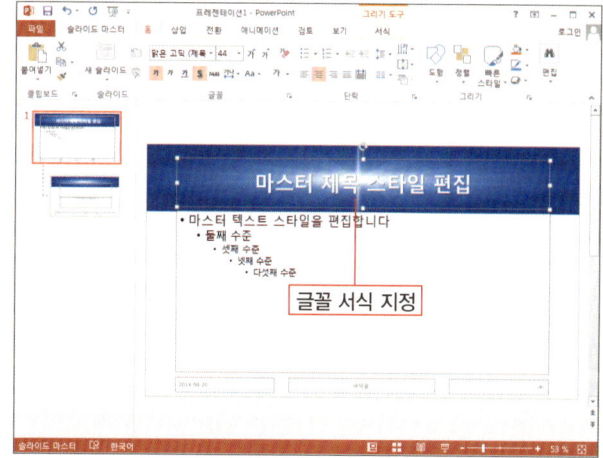

5 텍스트 개체 틀을 선택하고 줄 간격(🔲)을 '1.5', 양쪽 맞춤(≡), 글꼴의 크기 등 필요한 서식을 지정합니다.

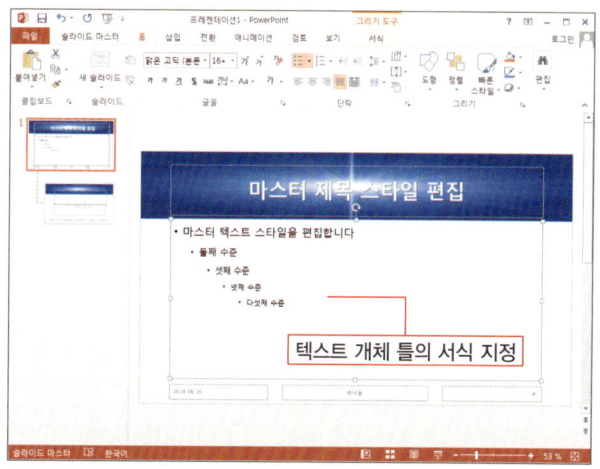

6 '마스터 텍스트 스타일을 편집합니다' 단락을 클릭한 다음 [홈] 탭 → [단락] 그룹 → 글머리 기호(≔▾)의 화살표를 클릭하고 [글머리 기호 및 번호 매기기]를 선택합니다.

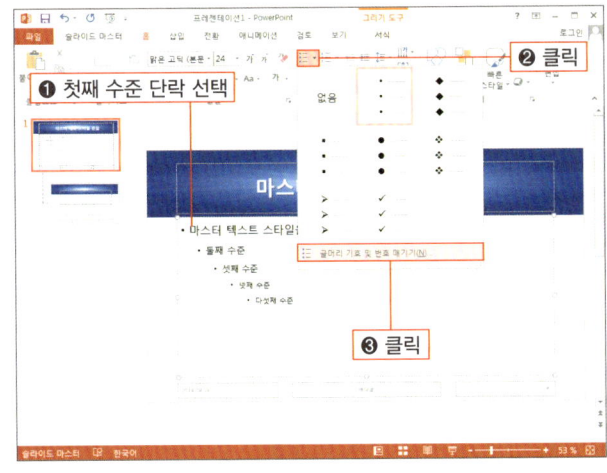

\POINT
첫 번째 수준의 단락을 클릭해서 커서를 나타낸 다음 글머리 기호를 변경해야 합니다.

7 [글머리 기호 및 번호 매기기] 대화상자가 실행되면 [그림] 버튼을 클릭합니다.

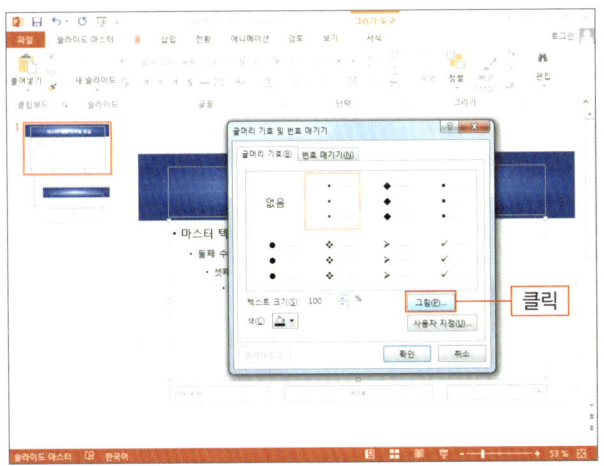

8 [Office.com 클립 아트] 검색 상자에 '글머리'를 입력하고 Enter 를 눌러 클립 아트를 검색한 다음, 첫 번째 수준의 단락에 지정할 그림 글머리 기호를 선택하고 [삽입] 버튼을 클릭합니다.

9 이번에는 두 번째 수준의 단락 '둘째 수준'으로 커서를 이동하고 번호 매기기(☰▼)의 화살표를 클릭한 다음 [글머리 기호 및 번호 매기기]를 선택합니다.

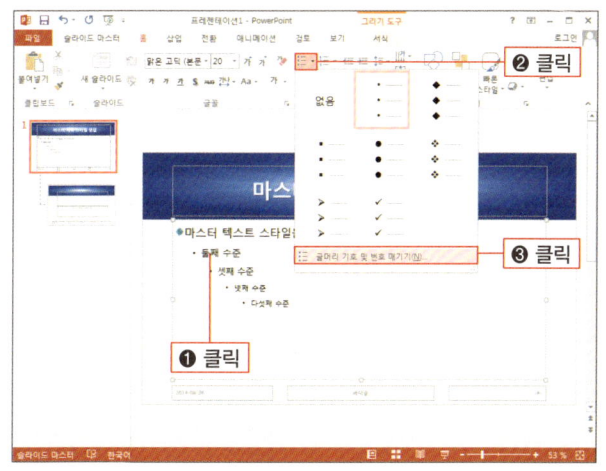

10 [글머리 기호 및 번호 매기기] 대화상자가 실행되면 [번호 매기기] 탭에서 번호의 종류를 선택하고 텍스트 크기와 색 등을 지정한 다음 [확인] 버튼을 클릭합니다.

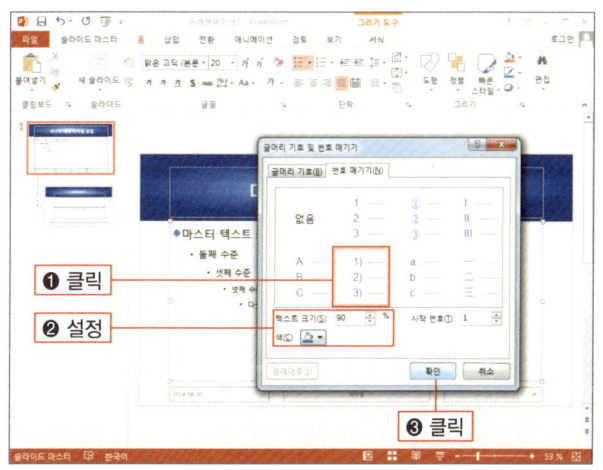

11 축소판 그림에서 '제목 슬라이드 레이아웃'을 선택하고 [슬라이드 마스터] 탭 → [배경] 그룹 → [배경 그래픽 숨기기]를 클릭하여 선택합니다. 이렇게 하면 '슬라이드 마스터'에 삽입했던 클립 아트가 제목 슬라이드에서 숨겨집니다.

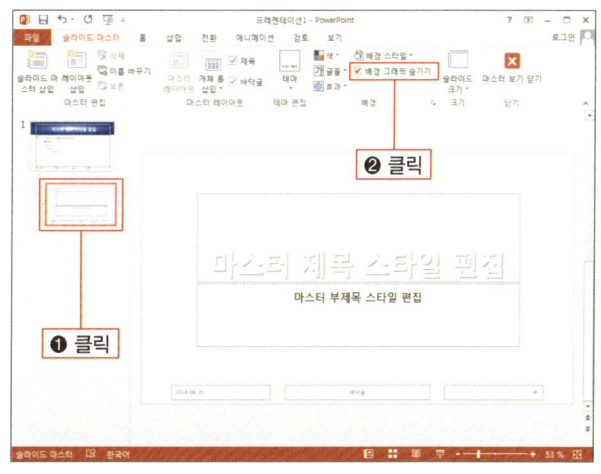

12 슬라이드에 클립 아트를 삽입한 다음 슬라이드 크기와 동일하게 클립 아트의 크기를 조정합니다. 그리고 그림 도구의 [서식] 탭 → [정렬] 그룹 → 뒤로 보내기( )의 화살표를 클릭하고 [맨 뒤로 보내기]를 선택해서 개체 틀의 뒤로 클립 아트를 보냅니다.

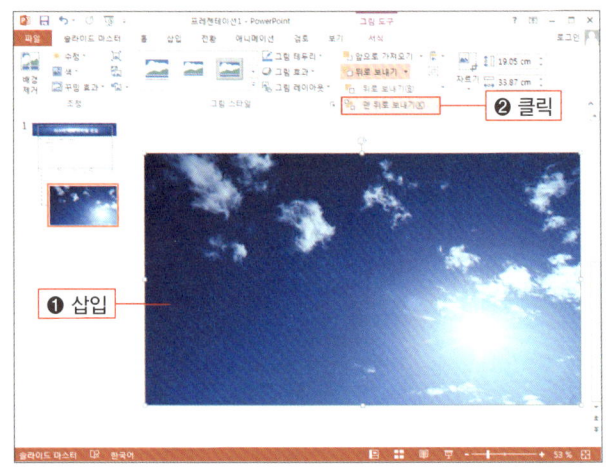

13 제목 개체 틀과 부제목 개체 틀에 대해 서식을 지정하고 크기를 조정합니다.

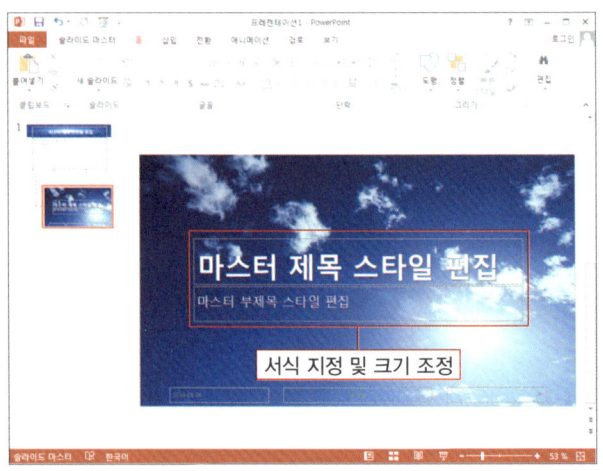

14 [슬라이드 마스터] 탭 → [마스터 편집] 그룹 → 레이아웃 삽입( )을 클릭하면 제목 슬라이드 아래에 새로운 슬라이드 레이아웃이 삽입됩니다.

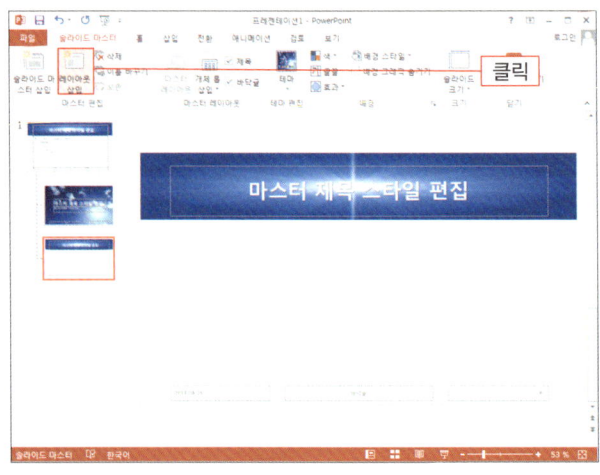

POINT
새로 삽입한 레이아웃은 제목과 바닥글 개체 틀만 포함하고 있습니다.

15 새로 삽입한 레이아웃이 선택된 상태에서 이름 바꾸기(이름 바꾸기)를 클릭합니다. [레이아웃 이름 바꾸기] 대화상자가 열리면 '카드'라고 이름을 입력하고 [이름 바꾸기] 버튼을 클릭합니다.

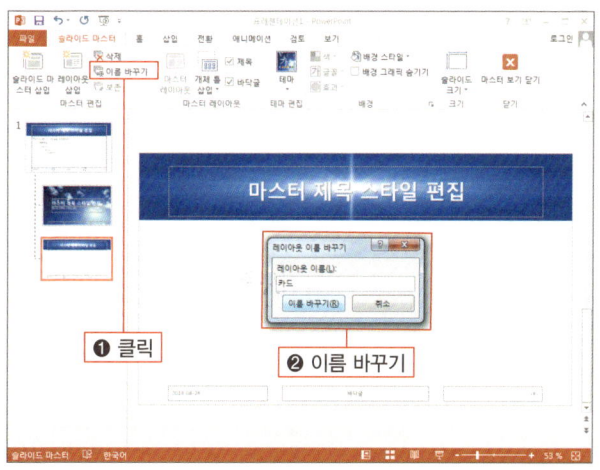

16 '카드 레이아웃'에 필요한 개체 틀을 삽입할 차례입니다. [슬라이드 마스터] 탭 → [마스터 레이아웃] 그룹 → 개체 틀 삽입( )을 클릭하고 [텍스트]를 선택합니다.

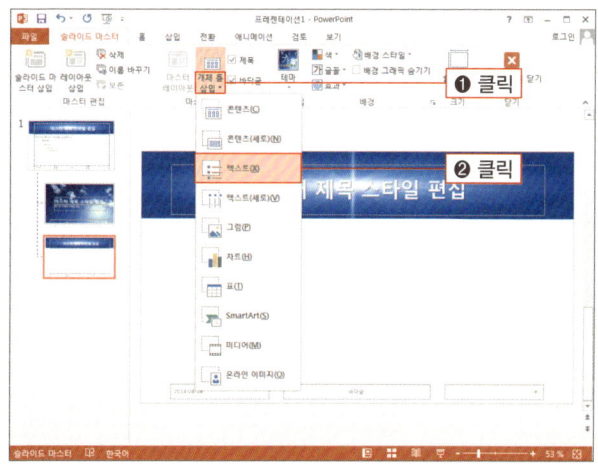

17 마우스 왼쪽 버튼을 클릭한 채 드래그하여 원하는 크기로 텍스트 개체 틀을 그립니다. 그리고 난 후 개체 틀의 테두리에 있는 크기 조정 핸들로 틀의 크기를 조정할 수 있습니다. 또 테두리를 드래그해서 위치를 이동할 수 있습니다.

POINT
'슬라이드 마스터'의 텍스트 개체 틀에 지정했던 서식이 슬라이드 레이아웃의 텍스트 개체 틀에 그대로 적용됩니다.

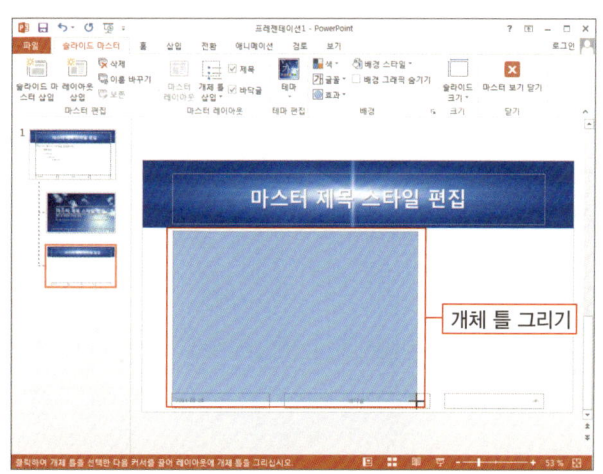

18 이번에는 개체 틀 삽입( )의 화살표를 클릭하고 [그림]을 선택합니다.

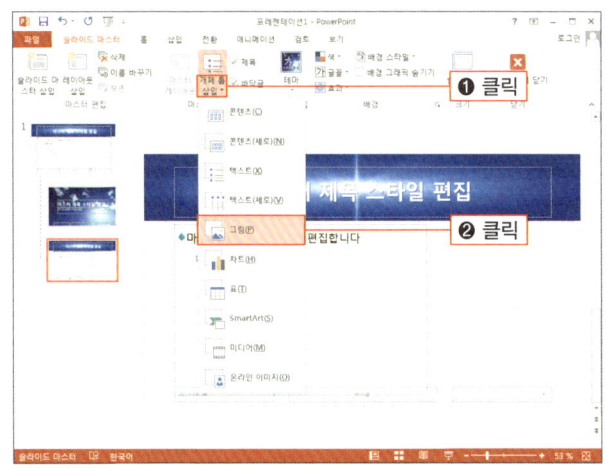

19 다음과 같은 적당한 크기로 그림 개체 틀을 그립니다. 그림 개체 틀에는 그림 삽입( ) 아이콘이 포함되어 있습니다.

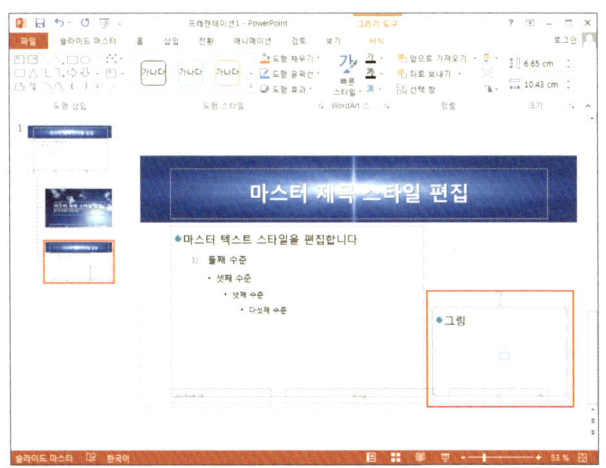

20 [삽입] 탭 → [이미지] 그룹 → 온라인 그림( )을 사용하여 슬라이드 레이아웃에 관련된 클립 아트를 삽입하고 위치와 크기를 조정합니다.

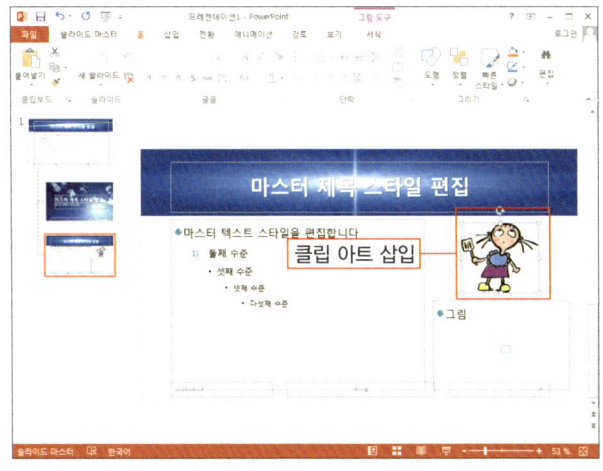

21 마지막으로 [슬라이드 마스터] 탭 → [마스터 레이아웃] 그룹에서 [바닥글]을 클릭하여 선택을 해제합니다. 그러면 슬라이드 레이아웃 하단의 바닥글 개체 틀이 모두 사라집니다. 이제 마스터 보기 닫기(✕)를 클릭하여 슬라이드 마스터 편집을 모두 마칩니다.

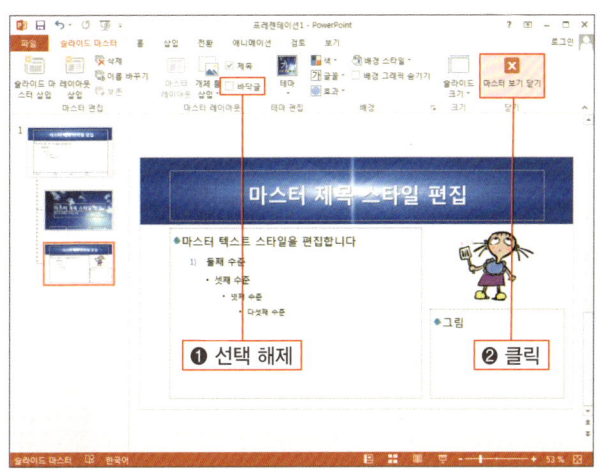

22 기본 보기로 돌아오면 이 프레젠테이션을 서식 파일로 저장해야 합니다. [파일] 탭을 클릭하고 [저장]에서 [찾아보기] 버튼을 클릭합니다.

23 [다른 이름으로 저장] 대화상자에서 파일 형식을 [PowerPoint 서식 파일]로 변경합니다. 그러면 자동으로 파일의 저장 위치가 '사용자 지정 Office 서식 파일' 폴더로 변경됩니다. 파일 이름에 '레시피'라고 입력한 다음 [저장] 버튼을 클릭합니다.

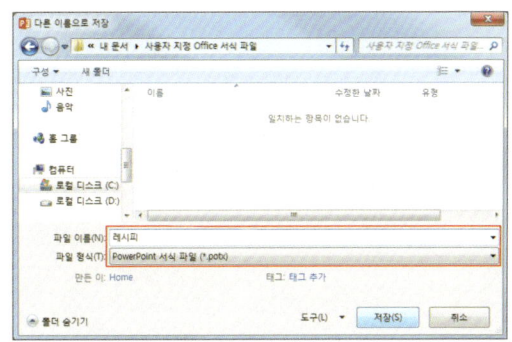

24 [파일] 탭에서 [닫기]를 클릭해서 서식 파일로 저장한 프레젠테이션을 닫습니다. 그런 다음 서식 파일을 이용하여 새 프레젠테이션을 시작하기 위해 [파일] 탭에서 [새로 만들기]를 클릭하고 [개인] 영역에서 [레시피]를 클릭합니다.

25 [레시피] 서식 파일 창이 열리면 [만들기] 버튼을 클릭합니다.

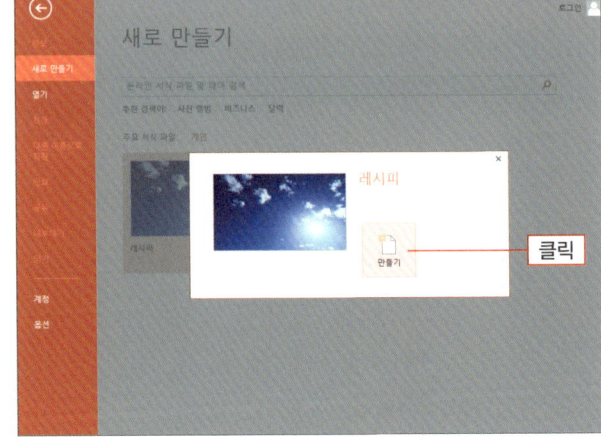

POINT
바로 가기 키 Ctrl + N을 눌러서 새 프레젠테이션을 시작하면 새 프레젠테이션에 서식 파일을 적용할 수 없습니다.

26 선택한 서식 파일을 기초로 사용한 새 프레젠테이션이 만들어집니다. [홈] 탭 → [슬라이드] 그룹 → 새 슬라이드( )의 화살표를 클릭하고 '카드' 슬라이드 레이아웃을 선택하면 다음과 같이 새 슬라이드가 추가됩니다.

POINT
앞으로 비슷한 프레젠테이션을 반복해서 만들게 될 경우 '레시피' 디자인 서식 파일을 사용하면 빠르게 작업을 완료할 수 있습니다.

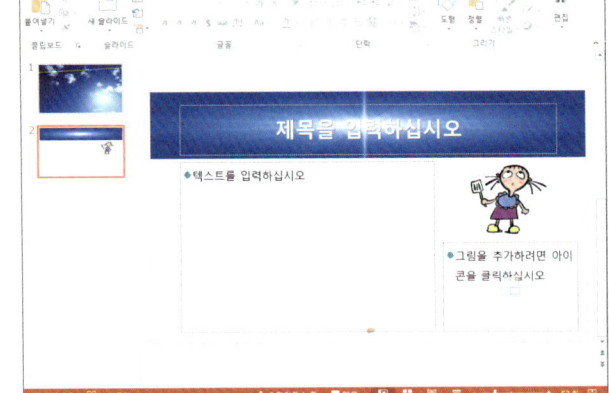

Section 42

엑셀 데이터 가져오기

여기서는 엑셀에서 작성한 계산표를 복사하여 슬라이드에 삽입하는 과정을 살펴볼 것입니다. 파워포인트 표나 그림, Microsoft Excel 워크시트 개체 등 여러 방법으로 엑셀 표를 슬라이드로 가져올 수 있습니다.

Key Word : 엑셀, 데이터 가져오기, 연결하여 붙여넣기 **예제파일 :** Part2\예제파일\2-42.pptx

1 엑셀 프로그램을 실행한 다음 '제품매출현황.xlsx' 파일을 엽니다. '매출현황' 워크시트에서 슬라이드로 가져갈 부분을 블록으로 지정하고 Ctrl + C를 눌러 복사합니다. 여기서는 [B4:G13] 영역을 블록으로 지정했습니다.

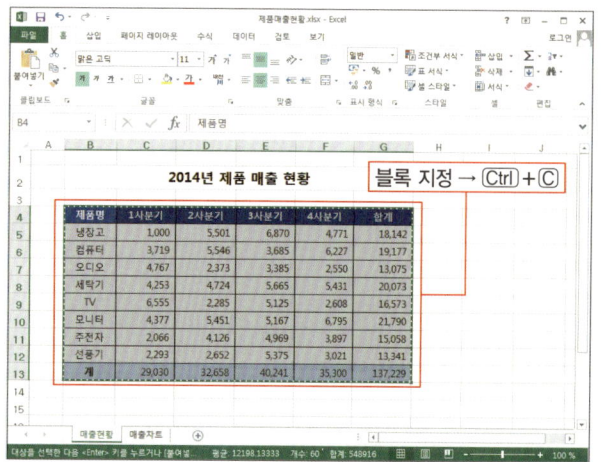

2 '2-42.pptx' 프레젠테이션 파일을 열고 첫 번째 슬라이드에서 Ctrl + V를 누릅니다. 그러면 복사한 엑셀 표가 다음과 같이 삽입됩니다.

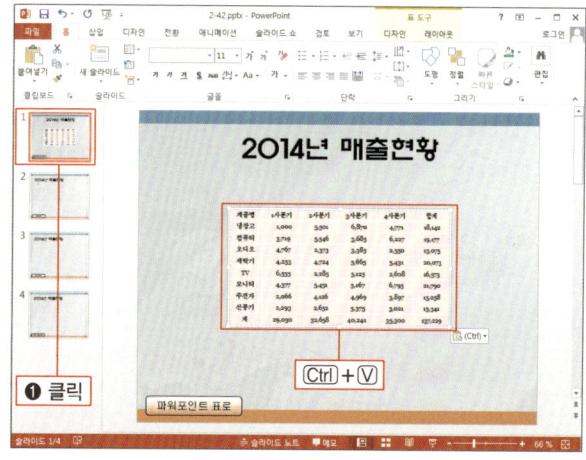

3 엑셀 표를 복사하여 붙여 넣으면 기본적으로 파워포인트에서 편집할 수 있는 표 개체로 삽입됩니다. 표 개체를 클릭한 다음 크기 조정 핸들로 크기를 조정하고 각종 서식을 지정합니다. 파워포인트에서 내용을 편집할 수도 있습니다.

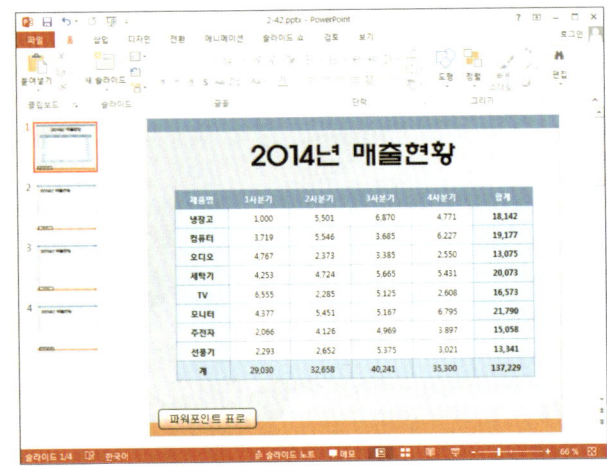

POINT
표 도구의 [디자인] 탭에서 표 스타일을 비롯하여 각종 서식을 지정합니다.

4 2번 슬라이드를 선택하고 [홈] 탭 → [클립보드] 그룹 → 붙여넣기( )의 화살표를 클릭하고 붙여넣기 옵션에서 [그림]을 선택합니다.

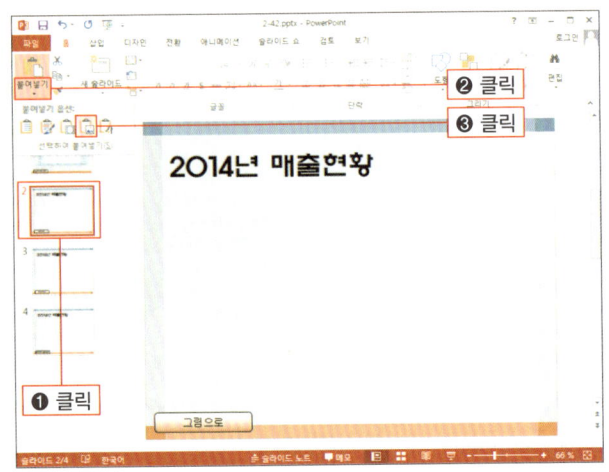

POINT
앞에서 엑셀 표를 복사한 이후에 다른 데이터를 복사 또는 잘라내기를 실행했다면 다시 엑셀에서 블록을 지정하고 복사한 다음 슬라이드에서 붙여넣기를 실행해야 합니다.

5 다음과 같이 엑셀 시트가 그림으로 붙여넣어집니다.

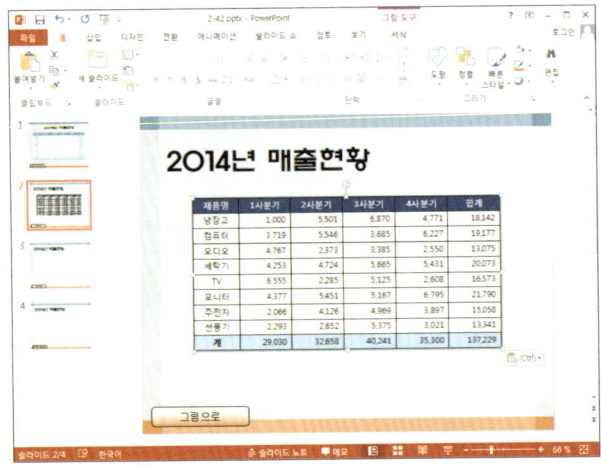

6 그림으로 삽입되었기 때문에 엑셀 표의 내용이나 서식을 편집할 수 없습니다. 다만 표 그림의 크기를 조정하고 위치 이동, 그림 도구의 [서식] 탭에 있는 도구를 사용하여 그림 스타일을 다시 설정할 수 있습니다.

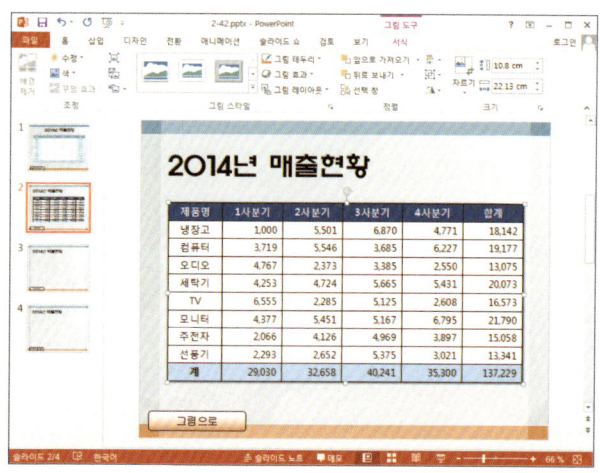

7 이번에는 3번 슬라이드를 선택한 다음 붙여넣기( )의 화살표를 클릭하고 붙여넣기 옵션에서 [포함]을 선택합니다.

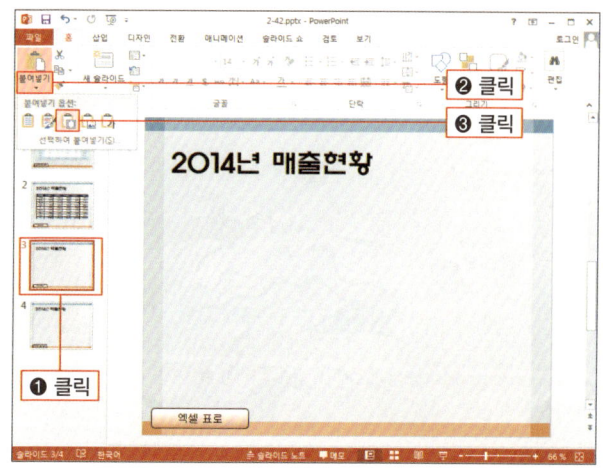

8 크기 조정 핸들로 워크시트 개체의 크기를 조정하고 마우스로 드래그하여 위치를 조정합니다.

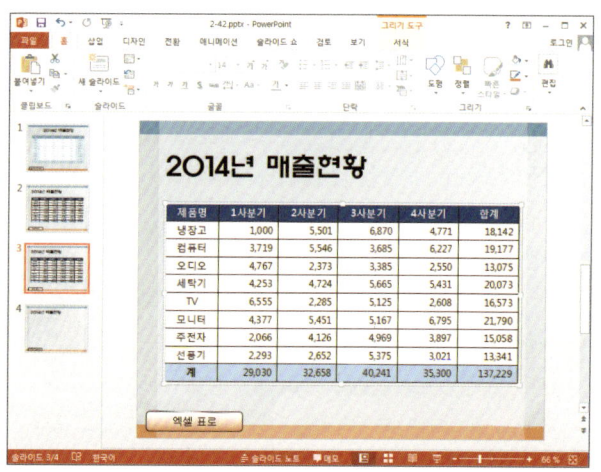

9 엑셀 표의 내용을 변경하려면 워크시트 개체를 더블클릭합니다. 그러면 다음과 같이 엑셀 편집 상태가 됩니다. 여기에서 데이터를 수정하거나 서식을 변경할 수 있습니다. 편집이 모두 끝나면 개체 바깥을 클릭합니다.

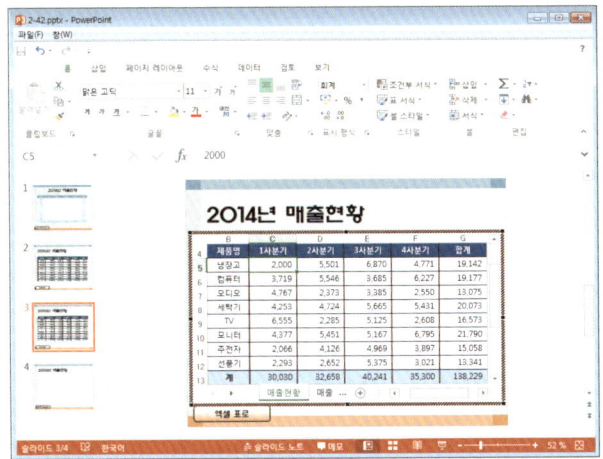

10 이번에는 4번 슬라이드에서 붙여넣기(📋)의 화살표를 클릭하고 [선택하여 붙여넣기]를 선택합니다. [선택하여 붙여넣기] 대화상자에서 [연결하여 붙여넣기] 옵션을 선택한 다음 [확인] 버튼을 클릭합니다.

> **POINT**
> [붙여넣기] 옵션은 개체를 프레젠테이션 파일에 포함시켜 함께 저장하는 것입니다. [연결하여 붙여넣기] 옵션은 원본 파일과의 연결 정보만 프레젠테이션 파일에 포함시킵니다.

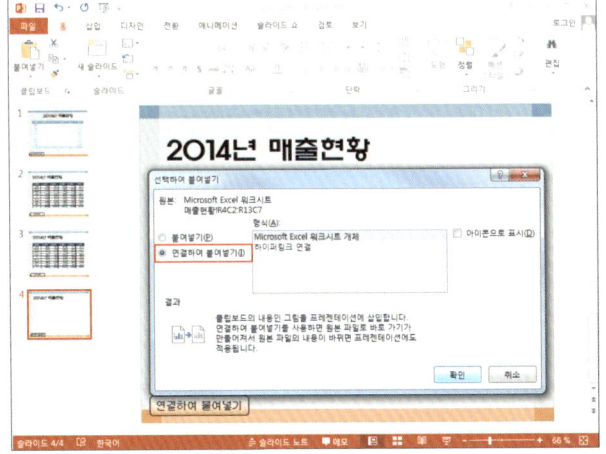

11 Excel 워크시트 개체로 삽입된 표의 크기와 위치를 조정합니다. 이 개체는 원본 파일 '제품매출현황.xlsx'와 연결되어 있어 원본 파일의 변경 사항을 반영할 수 있습니다.

> **POINT**
> 연결한 개체가 있으면 파일을 열 때 연결 업데이트를 알리는 메시지가 표시됩니다. [연결 업데이트]를 클릭하면 원본 파일의 변경 사항이 반영됩니다.

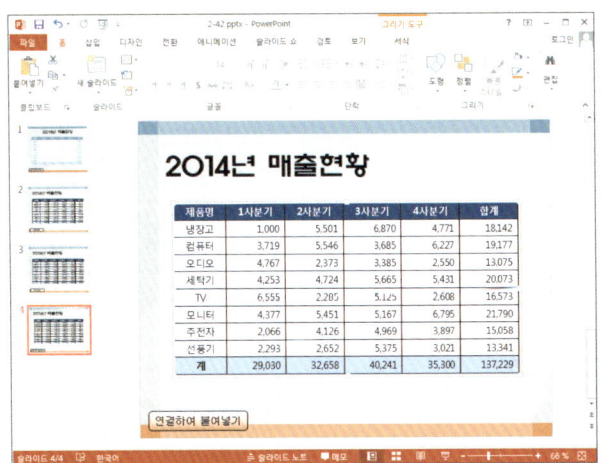

엑셀 차트 가져오기

엑셀 시트에 작성한 차트를 파워포인트로 가져와 슬라이드에 삽입하는 과정을 살펴보겠습니다. 엑셀 차트, 그림, 연결된 차트 등으로 엑셀 차트를 슬라이드에 삽입할 수 있습니다.

◐ **Key Word** : 엑셀 차트, 붙여넣기 옵션　　　　　　　　　　◐ 예제파일 : Part2\예제파일\2-43.pptx

1 엑셀 프로그램을 실행한 다음 '제품매출현황.xlsx' 파일을 엽니다. '매출차트' 워크시트에 삽입되어 있는 차트를 클릭하여 선택한 다음 Ctrl + C 를 눌러 복사합니다.

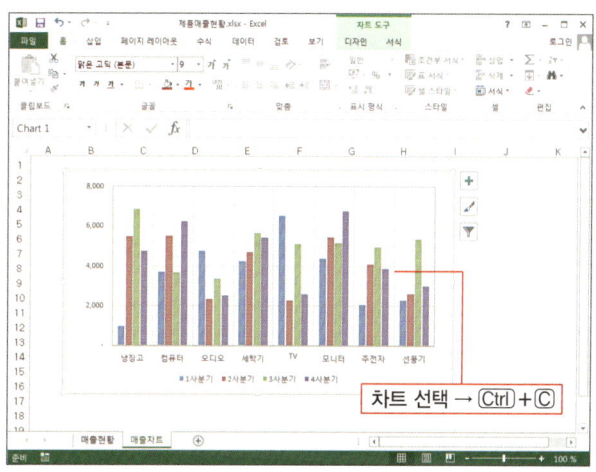

2 '2-43.pptx' 프레젠테이션 파일을 열고 첫 번째 슬라이드에서 Ctrl + V 를 누르면 복사한 차트가 삽입됩니다. 차트 서식은 현재 프레젠테이션의 테마에 의해 달라집니다. 원래 서식을 그대로 가져오려면 붙여넣기 옵션((Ctrl)▼) 버튼을 클릭하고 [원본 서식 유지 및 통합 문서 포함]을 선택합니다.

> **POINT**
> [대상 테마 사용 및 통합 문서 포함]을 선택하면 엑셀 차트를 통합 문서에 포함시키면서 서식은 현재 프레젠테이션이 사용하고 있는 테마를 따라갑니다.

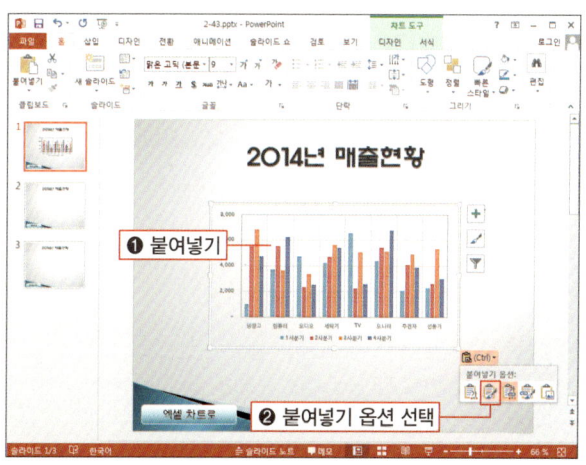

3 차트 테두리에 있는 크기 조정 핸들로 차트 크기를 조정합니다. [홈] 탭 → [글꼴] 그룹에서 글꼴 서식을 지정할 수도 있습니다.

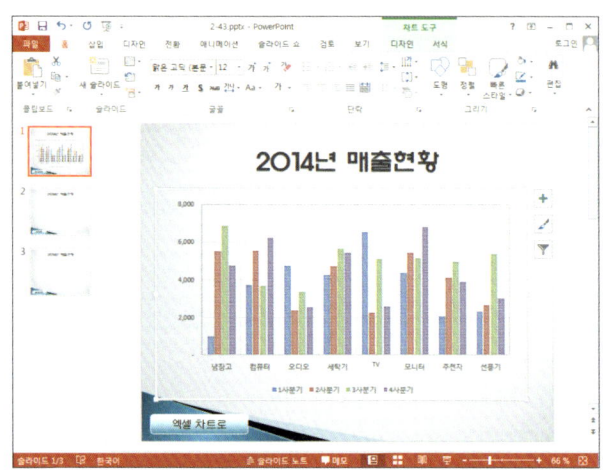

4 붙여넣기 옵션에서 [통합 문서 포함]을 선택한 이 차트는 파워포인트에서 작성한 차트와 동일합니다. 차트가 선택된 상태에서 차트 도구의 [디자인] 탭 → [데이터] 그룹 → 데이터 편집(📝)을 클릭합니다.

POINT
[통합 문서 포함]은 원본 엑셀 파일과 차트와의 연결을 끊는 역할을 합니다.

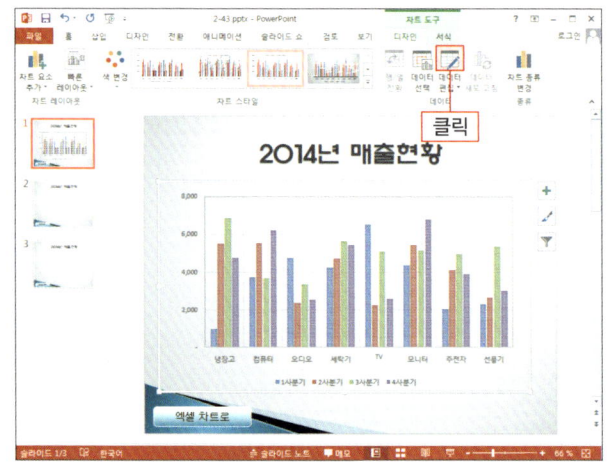

5 데이터 편집 창이 나타나면 [C5] 셀의 값을 '5000'으로 수정합니다. 데이터 수정이 끝나면 데이터 편집 창을 닫습니다.

POINT
데이터 수정 후 반드시 Enter 를 눌러야 합니다. 여기에서 수정한 데이터는 원본 파일에 영향을 주지 않습니다.

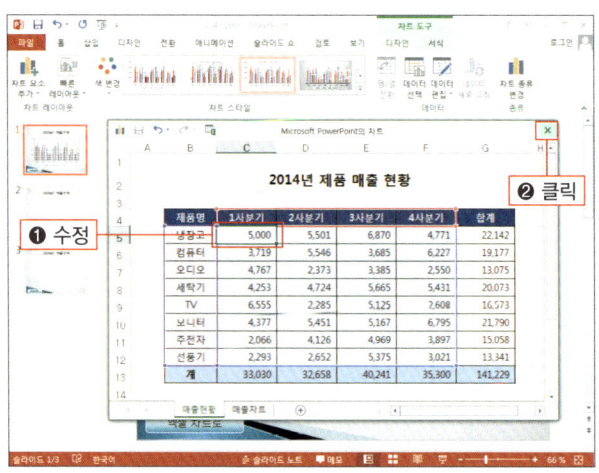

6 슬라이드에서 1사분기 냉장고의 값이 '5000'으로 변경되었는지 확인합니다. 해당 계열을 마우스로 가리키면 실제 데이터 값을 스크린 팁으로 확인할 수 있습니다.

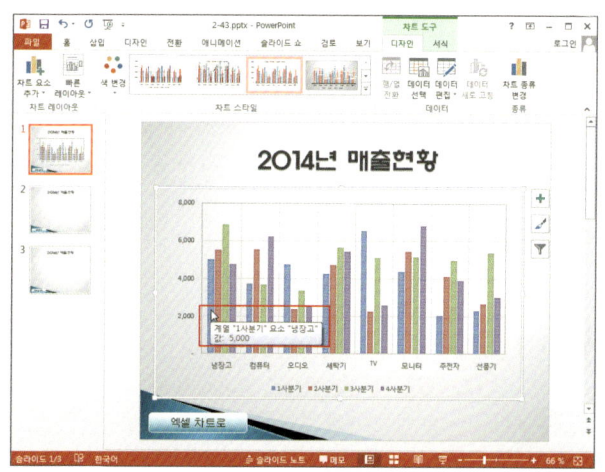

7 엑셀 '제품매출현황.xlsx'에서 차트를 선택하고 Ctrl + C를 누른 다음, 2번 슬라이드에서 Ctrl + V를 누릅니다. 복사한 차트가 삽입되면 붙여넣기 옵션((Ctrl)▼) 버튼을 클릭하고 [그림으로 붙여넣기]를 선택합니다.

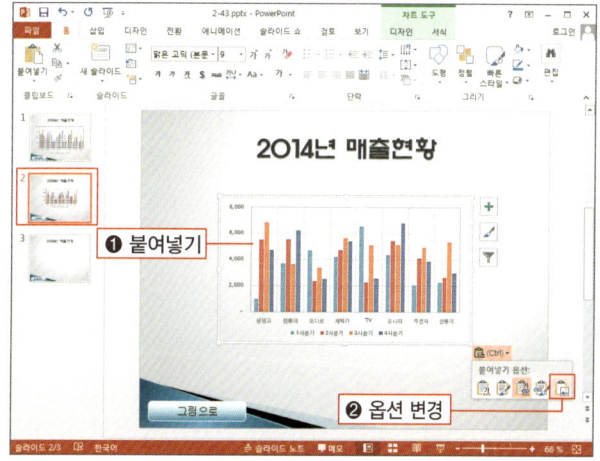

8 차트가 그림으로 변환되면 크기 조정 핸들로 차트 그림의 크기를 조정합니다. 그림 도구의 [서식] 탭에 있는 도구를 이용하여 그림 스타일과 밝기 등을 조정할 수 있습니다.

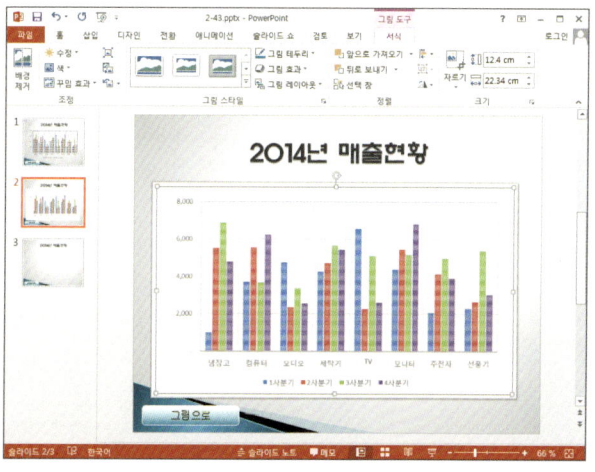

Part 2. 프레젠테이션의 재미가 쏠쏠 나는 활용 50가지

9 엑셀 '제품매출현황.xlsx'에서 차트를 선택하고 Ctrl + C를 누른 다음, 파워포인트의 3번 슬라이드에서 Ctrl + V를 누르면 다음과 같이 복사한 차트가 삽입됩니다.

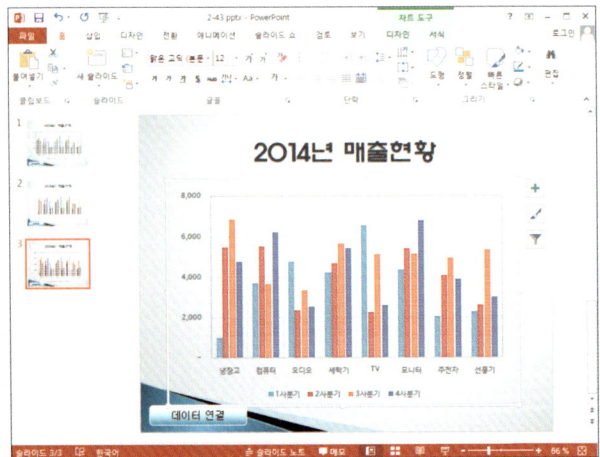

POINT

Ctrl + V를 눌렀을 때 기본적으로 붙여넣기 옵션(📋(Ctrl)▼)은 [대상 테마 사용 및 데이터 연결]로 설정됩니다.

10 이 차트는 원본 파일(제품매출현황.xlsx)의 데이터와 연결되어 있습니다. 차트의 크기 조절 핸들을 사용하여 다음과 같이 차트 크기를 조절한 다음 파일을 저장하고 [파일] 탭에서 [닫기]를 선택하여 파일을 닫도록 합니다.

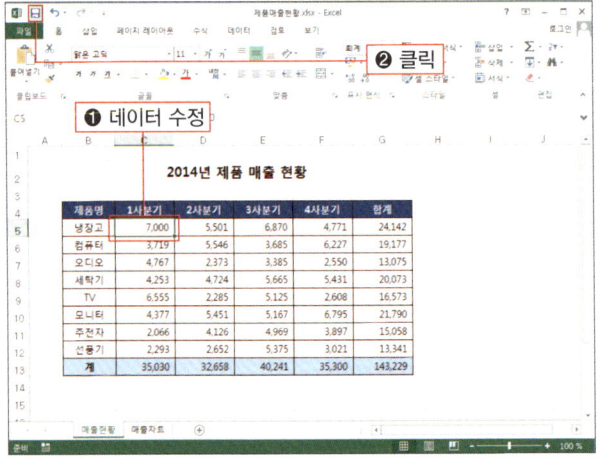

11 엑셀에서 차트의 원본 데이터가 있는 '매출현황' 시트로 이동합니다. [C5] 셀의 값을 '7000'으로 변경한 다음 빠른 실행 도구 모음에서 저장(💾)을 클릭해서 통합 문서를 저장합니다.

12 파워포인트에서 '2-43.xlsx' 파일을 다시 열고 3번 슬라이드를 선택합니다. 현재 차트에는 아직 원본 파일의 변경 사항이 반영되지 않았습니다. 원본 파일의 변경 사항을 현재 차트에 반영하기 위해 차트를 선택하고 [디자인] 탭 → [데이터] 그룹 → 데이터 새로 고침( )을 클릭합니다.

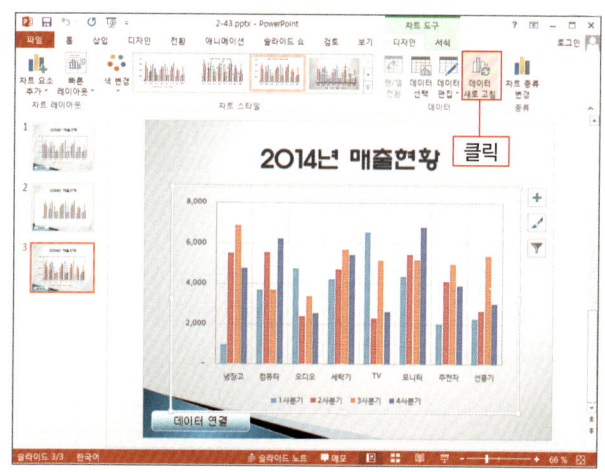

POINT
1사분기 냉장고의 값이 '1000'으로 표시된 상태입니다. 원본 파일에서는 이 값이 '7000'으로 수정되었습니다.

13 원본 파일의 변경 사항이 현재 차트에 반영되어 차트가 새로 그려졌습니다. 데이터를 연결할 경우 차트는 항상 원본 파일에 의해 변경됩니다.

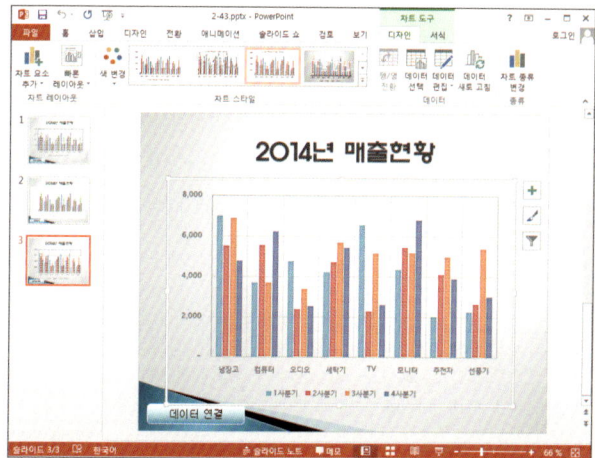

Section 44
슬라이드 노트 만들기

기본 보기에서 슬라이드 노트 창을 사용하여 슬라이드에 메모를 입력하고 각종 서식을 지정할 수 있습니다. 슬라이드 노트는 발표자가 프레젠테이션을 하면서 참고하거나 청중에게 배포할 수 있습니다. 슬라이드 노트를 인쇄하면 슬라이드 이미지 아래에 슬라이드 노트가 인쇄됩니다. 슬라이드 노트 보기에서 슬라이드 노트의 인쇄 모양을 변경할 수 있습니다.

● Key Word : 슬라이드 노트, 슬라이드 노트 마스터　　　● 예제파일 : Part2\예제파일\2-44.pptx

1 [보기] 탭 → [표시] 그룹 → 슬라이드 노트(　)를 클릭하면 슬라이드 창 아래에 메모를 입력할 수 있는 슬라이드 노트 창이 표시됩니다. 슬라이드 창과 슬라이드 노트 창 사이의 경계선을 마우스로 드래그하여 창의 높이를 조정할 수 있습니다.

POINT
슬라이드 노트는 발표자가 프레젠테이션을 하면서 참고하거나 청중에게 배포할 수 있습니다.

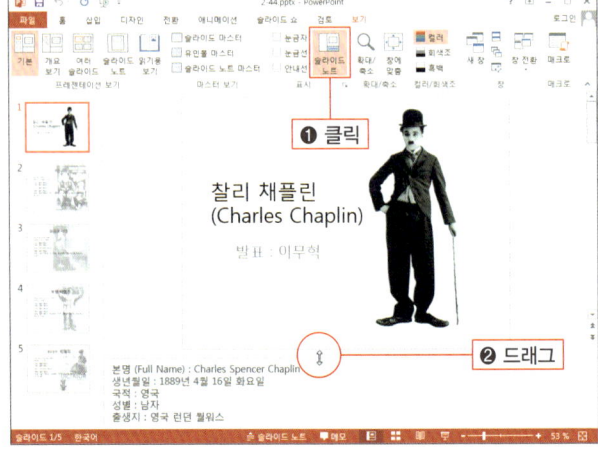

2 슬라이드 노트의 인쇄 레이아웃을 확인하려면 [보기] 탭 → [프레젠테이션 보기] 그룹 → 슬라이드 노트(　)를 클릭합니다. 슬라이드 노트는 슬라이드 이미지 영역 아래에 슬라이드 노트 영역이 있습니다.

POINT
다시 기본 보기로 돌아가려면 [프레젠테이션 보기] 그룹에서 기본(　)을 클릭합니다.

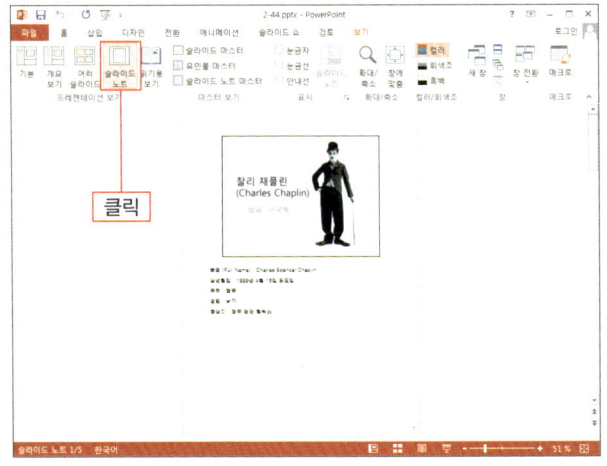

3 슬라이드 노트의 전체적인 디자인을 변경하려면 슬라이드 노트 마스터에서 작업합니다. [보기] 탭 → [마스터 보기] 그룹 → 슬라이드 노트 마스터(󰁺)를 클릭하면 다음과 같이 슬라이드 노트 마스터 보기로 전환됩니다.

4 슬라이드 이미지를 클릭한 다음 크기를 조정하고 마우스로 드래그하여 다음과 같이 위치를 조정합니다. 그리고 그리기 도구의 [서식] 탭 → [도형 스타일] 그룹에 있는 도구를 이용하여 그림 스타일을 설정합니다.

POINT
여기서는 슬라이드 이미지에 그림자를 설정했습니다.

5 이번에는 [삽입] 탭 → [일러스트레이션] 그룹 → 그림(󰁺)을 클릭한 다음 '채플린1.gif' 그림 파일을 선택하여 삽입하고 크기와 위치를 조정합니다.

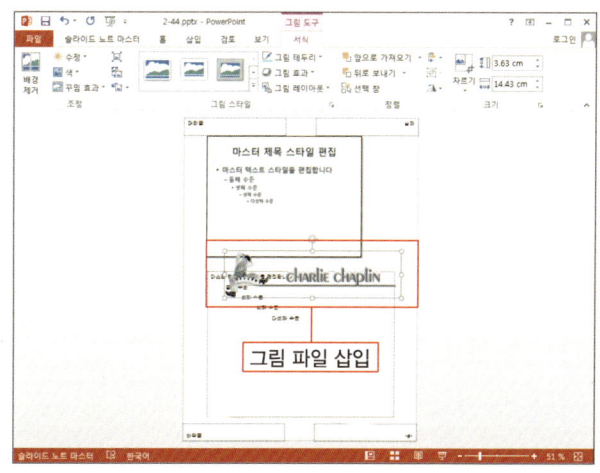

6 계속해서 슬라이드 노트 본문 영역의 개체 틀 테두리를 클릭한 다음 크기와 위치를 조정하고 [홈] 탭 → [단락] 그룹 → 오른쪽 맞춤(≡)을 클릭하여 텍스트를 오른쪽으로 정렬합니다.

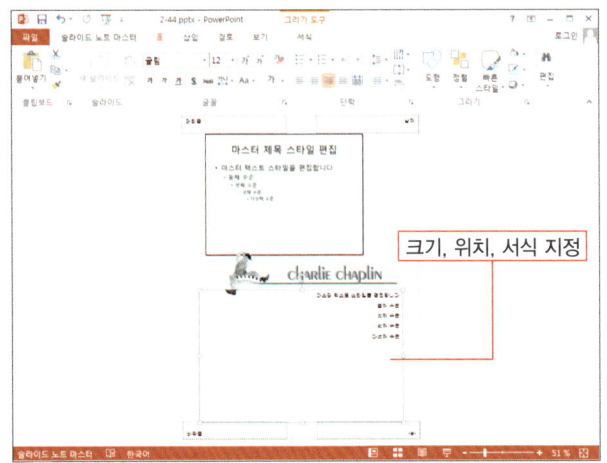

7 번호 영역 개체 틀에서 슬라이드 번호 개체 틀을 선택하고 [홈] 탭 → [글꼴] 그룹에서 슬라이드 번호의 글꼴 서식을 지정합니다.

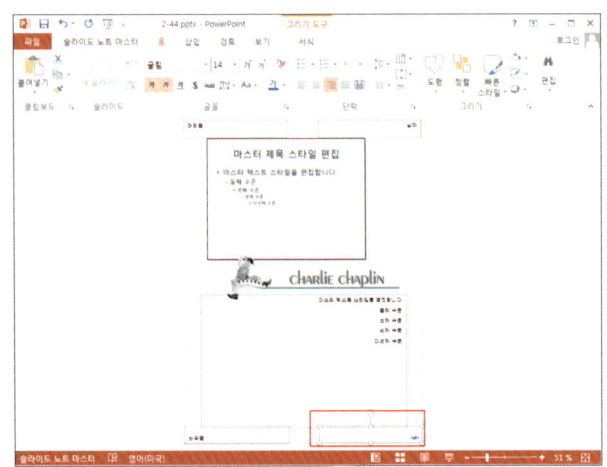

8 슬라이드 노트 마스터의 변경 작업이 모두 끝나면 [슬라이드 노트 마스터] 탭 → [닫기] 그룹 → 마스터 보기 닫기(✕)를 클릭하여 슬라이드 노트 보기 상태로 돌아옵니다. 다음과 같이 마스터에서 변경한 내용이 적용된 것을 확인할 수 있습니다.

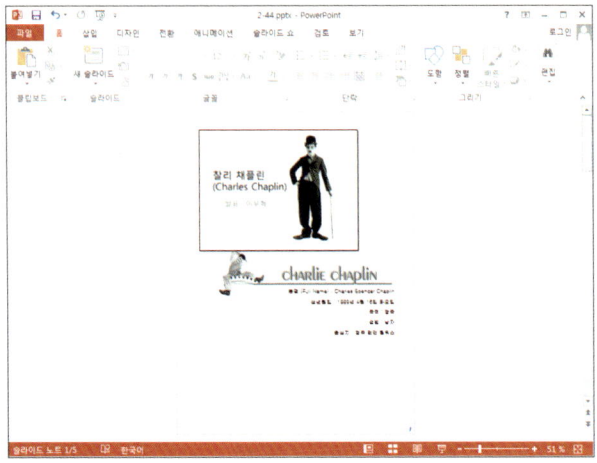

9 슬라이드 노트에 슬라이드에서와 마찬가지로 각종 개체나 텍스트 등을 추가할 수 있습니다. 다음 그림은 첫 번째 슬라이드 노트에 '채플린2.bmp' 그림 파일을 삽입한 것입니다.

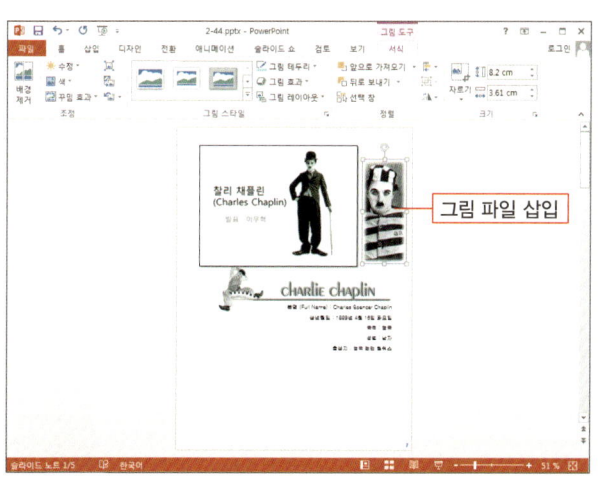

그림 파일 삽입

> **POINT**
> 삽입한 그림의 스타일은 그림 도구의 [서식] 탭에서 지정합니다.

10 [삽입] 탭 → [텍스트] 그룹 → 머리글/바닥글(□)을 클릭합니다. [머리글/바닥글] 대화상자의 [슬라이드 노트 및 유인물] 탭에서 [머리글]을 선택하고 텍스트를 입력합니다. [페이지 번호]도 표시되도록 선택하고 [날짜 및 시간]과 [바닥글]은 선택을 해제한 다음 [모두 적용] 버튼을 클릭합니다.

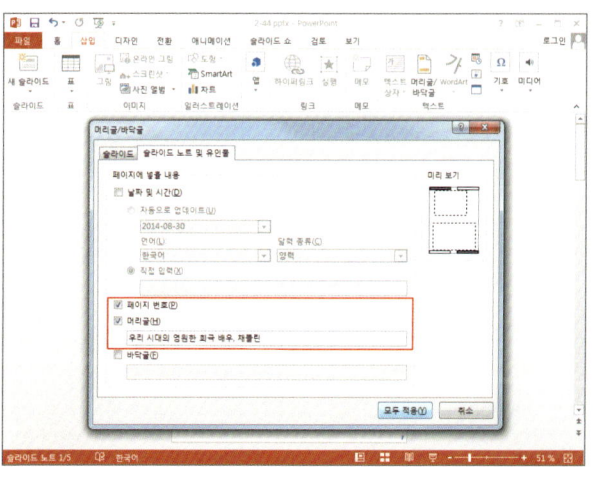

11 다음과 같이 슬라이드 노트에 입력한 머리글과 페이지 번호가 표시되는 것을 확인할 수 있습니다.

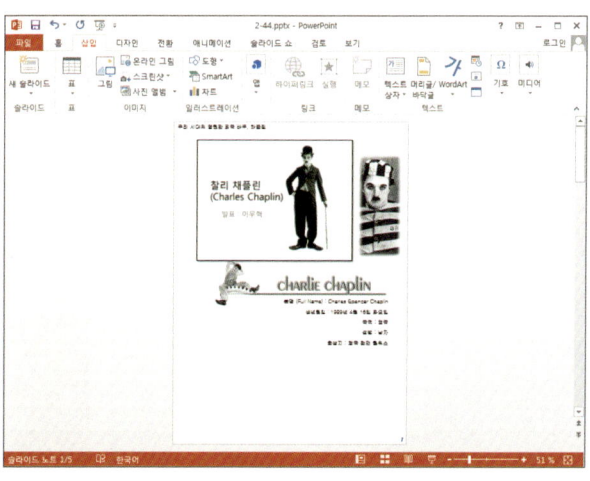

> **POINT**
> PageDown 을 눌러 다음 슬라이드 노트로, PageUp 을 눌러 이전 슬라이드 노트로 이동하면서 머리글과 페이지 번호가 모두 표시되는지 확인합니다.

12 [파일] 탭에서 [인쇄]를 선택하면 미리 보기 페이지에 슬라이드가 표시됩니다. [전체 페이지 슬라이드]를 클릭한 다음 [슬라이드 노트]를 선택하여 인쇄 모양을 변경합니다.

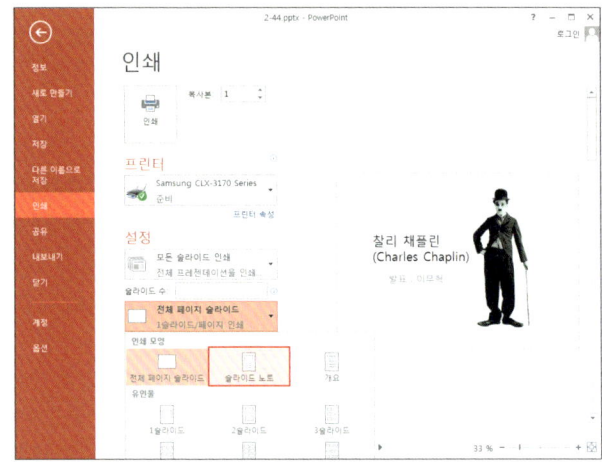

13 인쇄 미리 보기 페이지에 슬라이드 노트의 인쇄 모양이 표시됩니다. 다음 페이지(▶) 버튼이나 이전 페이지(◀) 버튼을 클릭하여 원하는 페이지로 이동할 수 있습니다.

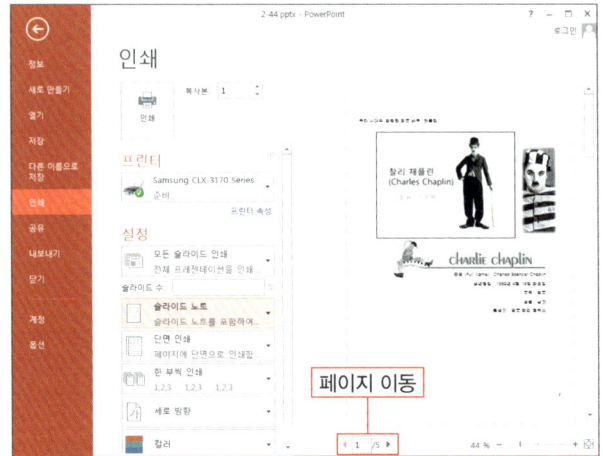

14 마지막 페이지까지 인쇄 모양을 모두 확인합니다. 슬라이드 노트를 인쇄하려면 [복사본]에 인쇄 매수를 입력한 다음 인쇄(🖨) 버튼을 클릭합니다.

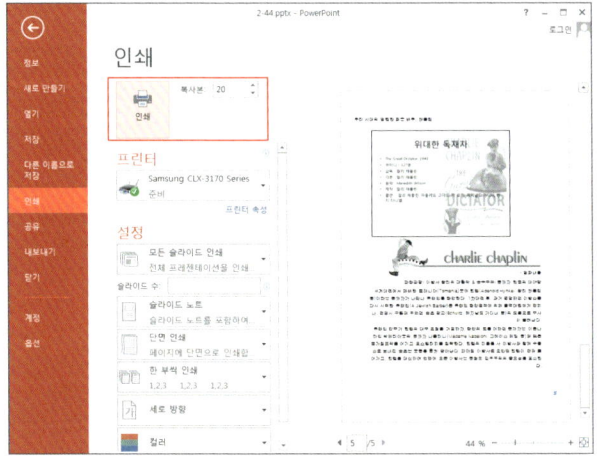

유인물 만들기

유인물은 청중에게 배포하기 위하여 1, 2, 3, 4, 6, 9개의 슬라이드를 포함한 페이지입니다. 인쇄 미리 보기나 인쇄 대화 상자에서 유인물에 몇 개의 슬라이드를 포함시킬 것인지 선택할 수 있습니다. 또한 유인물 마스터를 편집하여 원하는 형태로 유인물의 레이아웃을 재구성할 수 있습니다.

Key Word : 유인물, 유인물 마스터   예제파일 : Part2\예제파일\2-45.pptx

1 예제 파일은 모두 다섯 개의 슬라이드로 구성되어 있습니다. 이 프레젠테이션의 유인물을 만들어 인쇄하려고 합니다.

2 [파일] 탭에서 [인쇄]를 선택하면 인쇄 미리 보기 창에 슬라이드의 인쇄 미리 보기가 표시됩니다. 인쇄 대상의 화살표를 누르고 유인물을 선택합니다. 여기서는 [3슬라이드]의 유인물 형식을 선택하였습니다.

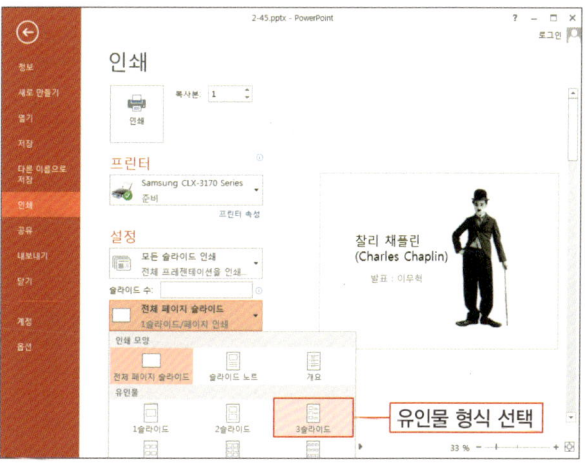

3 다음과 같이 유인물의 인쇄 미리 보기가 표시됩니다. 한 페이지에 3개의 슬라이드가 있는 유인물에서만 오른쪽에 메모 공간이 추가로 나타납니다.

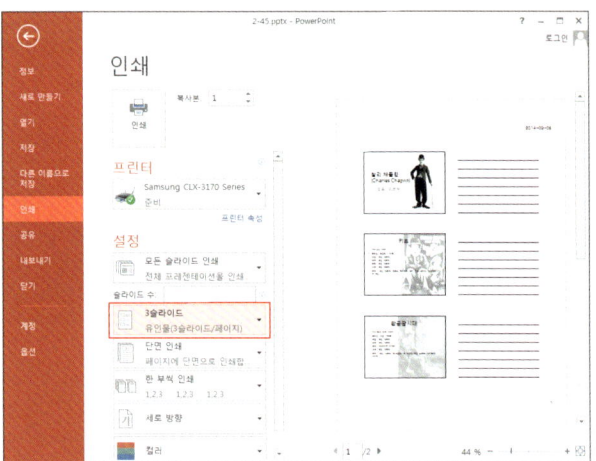

4 유인물의 레이아웃이나 디자인을 변경하려면 유인물 마스터를 편집해야 합니다. [보기] 탭 → [마스터 보기] 그룹 → 유인물 마스터(□)를 클릭합니다. 그러면 다음과 같이 현재 선택한 유인물 형식에 따라 유인물 마스터 보기가 나타납니다.

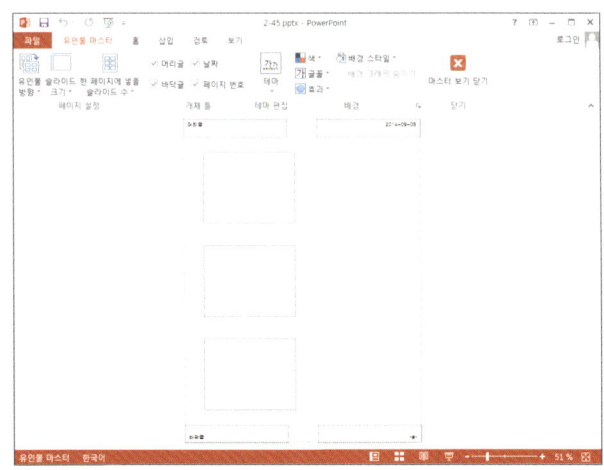

5 [삽입] 탭 → [이미지] 그룹 → 그림(□)을 클릭한 다음 '채플린1.gif' 그림 파일을 삽입하고 다음과 같이 크기와 위치를 조정합니다.

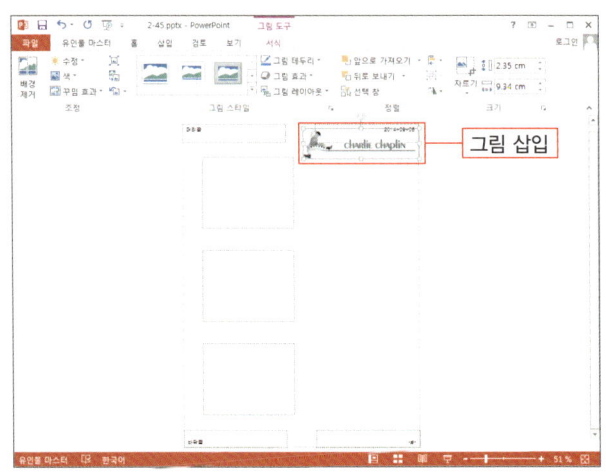

6 바닥글 영역 개체 틀의 테두리를 클릭하고 Delete 를 눌러 지운 다음, 번호 영역 개체 틀의 테두리를 드래그하여 다음과 같이 위치를 조정합니다. 필요하면 글꼴 서식이나 단락 서식 등을 지정할 수도 있습니다.

> **POINT**
> 머리글, 날짜, 바닥글, 페이지 번호 등의 개체 틀을 선택하고 Delete 를 눌러 지운 다음 다시 개체 틀이 필요할 때는 [유인물 마스터] 탭 → [개체 틀] 그룹에서 원하는 개체 틀의 종류를 클릭해서 선택합니다.

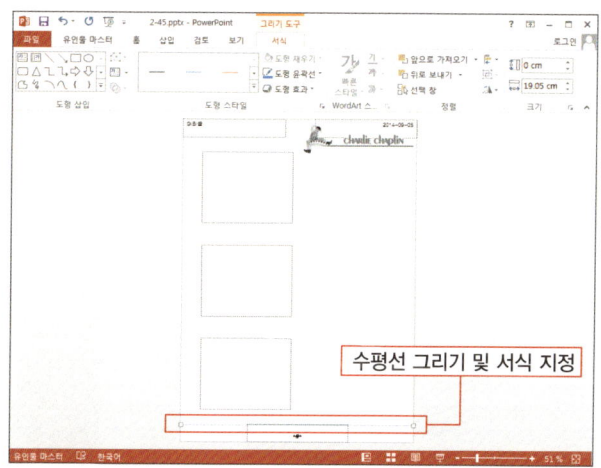

위치 조정 및 서식 지정

7 [삽입] 탭 → [일러스트레이션] 그룹 → 도형( )을 클릭하고 [선] 도형을 선택합니다. Shift 를 누른 상태에서 드래그하여 페이지 번호 위에 수평선을 그린 다음 그리기 도구의 [서식] 탭 → [도형 스타일] 그룹 → 도형 윤곽선(도형 윤곽선▼)을 이용하여 서식을 지정합니다.

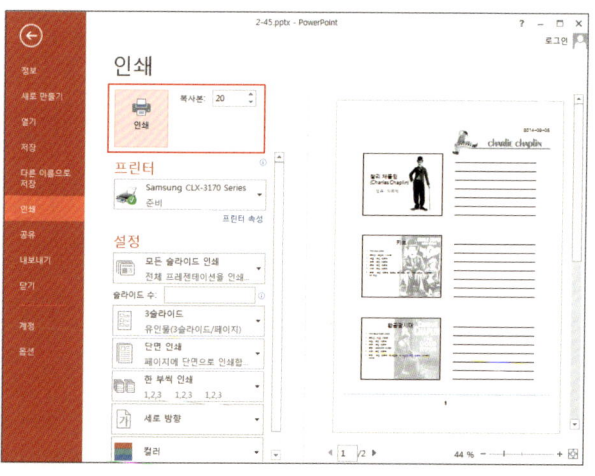

수평선 그리기 및 서식 지정

8 [파일] 탭에서 [인쇄]를 선택하고 지금까지 설정한 유인물 마스터의 변경 내용이 적용된 유인물의 인쇄 미리 보기를 확인합니다. 이 유인물을 인쇄하려면 [복사본]에서 매수를 지정하고 인쇄( )를 클릭합니다.

유인물 편집하기

파워포인트 2013에서 유인물 인쇄를 할 때 형식만 지정할 수 있습니다. 유인물에 특정 내용을 입력하고 서식을 지정하는 등 편집 작업을 수행하기 위해서는 Microsoft Word 프로그램을 사용해야 합니다. 파워포인트에서 유인물을 Word 프로그램으로 보내고 편집한 후 인쇄하는 과정을 살펴봅니다.

Key Word : 유인물, 보내기, Word   **예제파일** : Part2\예제파일\2-46.pptx

1 [파일] 탭에서 [내보내기]-[유인물 만들기]를 클릭합니다. 오른쪽 영역에 유인물 만들기에 대한 간단한 소개가 표시되면 [유인물 만들기] 버튼을 클릭합니다.

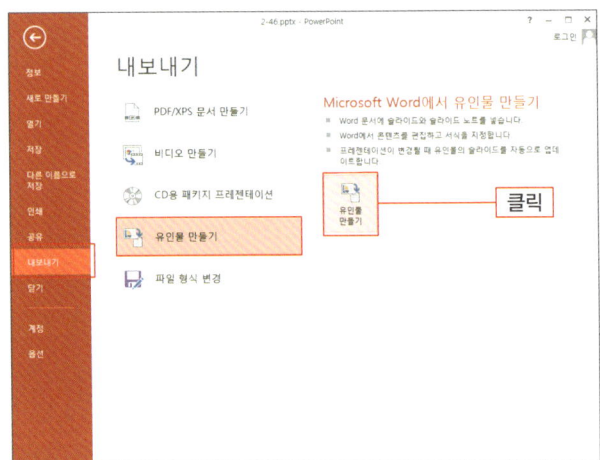

2 [Microsoft Word로 보내기] 대화상자가 실행되면 [슬라이드 아래 설명문] 옵션을 선택하고 [확인] 버튼을 클릭합니다. 옵션에서 '설명문'은 슬라이드 노트 내용을 유인물에 함께 표시합니다.

POINT
[붙여넣기] 옵션은 현재 슬라이드 상태 그대로 Word 문서에 슬라이드를 삽입하고 변경되지 않게 합니다. [연결하여 붙여넣기] 옵션을 선택하면 원본 슬라이드의 내용이 변경되었을 때 이를 Word 문서에 반영해 줍니다.

3 다음과 같이 Word 프로그램이 실행되고 유인물이 Word 문서로 만들어집니다. 페이지 맨 처음에 슬라이드 번호가 있고 슬라이드와 설명문(슬라이드 노트)이 포함되어 있는 것을 알 수 있습니다.

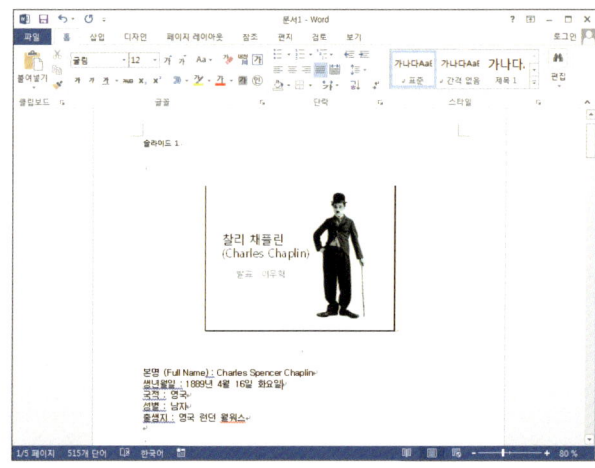

4 페이지에서 원하는 편집 작업을 수행합니다. 예를 들어 다음과 같이 페이지에 테두리를 그리고 글꼴 서식과 글머리 기호 등의 서식을 지정할 수 있습니다.

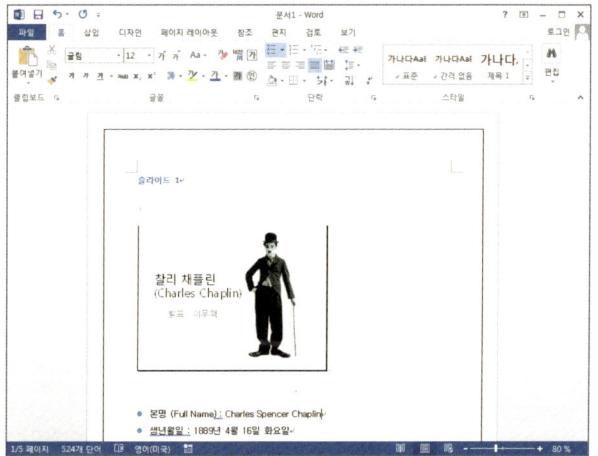

POINT
Word에서 편집 작업을 수행하는 과정은 생략합니다. Word 프로그램을 능숙하게 다룰 줄 안다면 완성도가 높은 유인물을 만들 때 도움이 될 것입니다.

5 [파일] 탭에서 [저장]을 선택하여 작성한 문서를 저장한 다음, [파일] 탭에서 [인쇄]를 선택합니다. 파워포인트에서와 마찬가지로 필요한 인쇄 옵션을 설정한 다음 인쇄(🖨)를 클릭해서 유인물을 인쇄합니다.

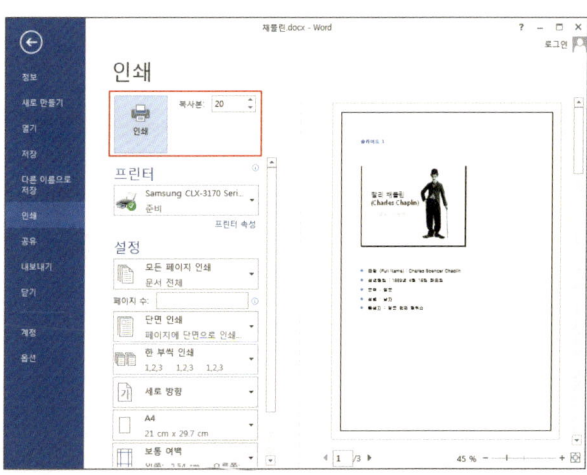

POINT
Word 프로그램의 일반적인 사용 방법은 파워포인트와 매우 유사합니다.

쇼 재구성하기

슬라이드 쇼를 실행하면 기본적으로 첫 번째 슬라이드부터 마지막 슬라이드까지 차례대로 표시합니다. 임의로 슬라이드 순서를 바꾸어 쇼를 실행하거나 일부 슬라이드만 쇼에 표시하려면 쇼를 재구성해야 합니다. 여기서는 쇼를 재구성하여 슬라이드 쇼를 실행하는 방법과 함께 프레젠테이션을 파워포인트 쇼로 저장하는 과정을 살펴보겠습니다.

Key Word : 쇼 재구성, 쇼 설정   **예제파일** : Part2\예제파일\2-47.pptx

1 슬라이드 쇼를 다시 구성하기 위하여 [슬라이드 쇼] 탭 → [슬라이드 쇼 시작] 그룹 → 슬라이드 쇼 재구성( )을 클릭하고 [쇼 재구성]을 선택합니다.

2 [쇼 재구성] 대화상자가 표시되면 [새로 만들기] 버튼을 클릭합니다.

3 [쇼 재구성하기] 대화상자에서 슬라이드 쇼의 이름을 입력합니다. 그런 다음 프레젠테이션에 있는 슬라이드에서 1, 2, 8, 9, 10, 11번 슬라이드를 선택하고 [추가] 버튼을 클릭합니다.

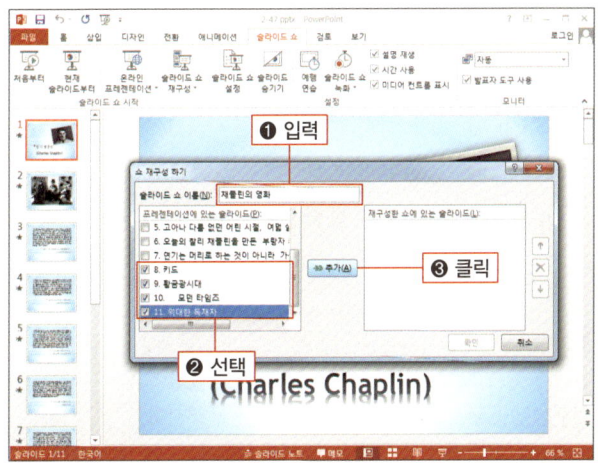

4 재구성한 쇼에 있는 슬라이드 목록이 다음과 같이 만들어지면 [확인] 버튼을 클릭합니다.

\POINT
재구성한 쇼에 있는 슬라이드 오른쪽의 편집 버튼(위로, 제거, 아래로)을 이용하여 슬라이드 순서를 바꾸거나 제거할 수 있습니다.

5 [쇼 재구성] 대화상자로 돌아오면 방금 만든 재구성 쇼가 목록에 표시됩니다. [닫기] 버튼을 클릭해서 대화상자를 닫습니다.

\POINT
[편집] 버튼은 재구성 쇼를 변경할 때, [제거] 버튼은 선택한 재구성 쇼를 삭제할 때 사용합니다. [복사] 버튼은 선택한 재구성 쇼를 복사합니다. [쇼 보기] 버튼을 클릭하면 재구성 쇼가 바로 실행됩니다.

6 [슬라이드 쇼] 탭→[설정] 그룹→슬라이드 쇼 설정( )을 클릭하면 [쇼 설정] 대화상자가 실행됩니다. 여기에서 슬라이드 표시를 [재구성한 쇼] 옵션으로 선택하고 원하는 재구성 쇼를 지정한 다음 [확인] 버튼을 클릭합니다.

POINT
쇼 설정에서 [재구성한 쇼]가 선택되어 있지 않으면 재구성한 쇼를 만들어 두었더라도 프레젠테이션의 원래 슬라이드 순서대로 쇼가 실행됩니다.

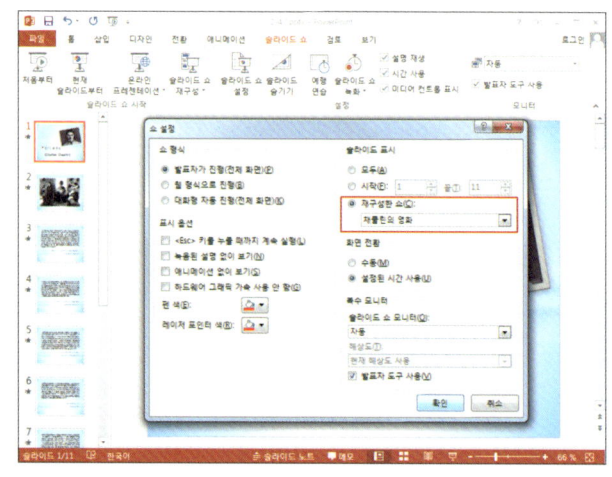

7 바로 가기 키 F5 를 누르거나 슬라이드 쇼 재구성( )을 클릭한 다음 [채플린의 영화]를 선택합니다.

POINT
쇼 재구성( )을 클릭하고 재구성한 쇼를 선택하여 실행하는 방식을 사용한다면 이전 과정의 [쇼 설정]을 하지 않아도 됩니다.

8 슬라이드 쇼가 실행되고 재구성 쇼의 첫 번째 슬라이드가 화면에 표시됩니다. 마우스 오른쪽 버튼을 클릭한 다음 [재구성한 쇼]에서 현재 슬라이드 쇼가 재구성한 쇼로 실행되고 있음을 확인할 수 있습니다.

Section 48
발표자 도구 사용하기

발표자 도구를 사용하면 프레젠테이션을 발표하는 사람과 청중이 보는 화면을 구분할 수 있습니다. 발표자는 발표자 도구가 있는 자신만의 화면에서 슬라이드 쇼를 제어합니다. 청중은 다른 화면에서 발표자가 제어하는 슬라이드를 봅니다. 파워포인트 2013에서 한층 더 새로워진 발표자 도구를 사용하는 과정을 살펴봅니다.

○ **Key Word** : 발표자 도구, 모든 슬라이드 보기, 슬라이드 확대　　○ **예제파일** : Part2\예제파일\2-48.pptx

1 [슬라이드 쇼] 탭 → [모니터] 그룹에서 프레젠테이션에 사용할 모니터를 선택하고, 발표자 도구를 사용하기 위해 [발표자 도구 사용]을 선택합니다.

POINT
[발표자 도구 사용]은 기본적으로 선택 상태로 되어 있으므로 선택되어 있지 않을 때만 체크합니다.

2 [슬라이드 쇼] 탭 → [슬라이드 쇼 시작] 그룹 → 처음부터(아이콘)를 클릭하여 슬라이드 쇼를 실행하면 다음과 같은 발표자 도구가 표시됩니다. 왼쪽 영역의 하단에 있는 도구를 사용하여 슬라이드 쇼를 제어하고, 오른쪽 영역에서 다음 슬라이드와 현재 슬라이드의 슬라이드 노트 내용을 볼 수 있습니다.

3 제어 도구 중 [펜 및 레이저 포인터 도구]를 클릭한 다음 [레이저 포인터]를 선택하면 마우스를 레이저 포인터로 사용할 수 있습니다. 또한 마우스를 펜이나 형광펜으로 설정하고 색상을 변경할 수도 있습니다.

4 두 번째 [모든 슬라이드 보기] 도구를 클릭하면 모든 슬라이드를 축소판 그림 형태로 표시합니다. 여기에서 특정 슬라이드를 클릭하여 바로 이동할 수 있습니다.

쌩초보 Level Up — 발표자 도구의 상단에 있는 도구들

- [작업 표시줄 표시] : 화면 하단에 윈도우 작업 표시줄을 표시합니다.
- [표시 설정] : 발표자 도구와 슬라이드 쇼의 위치를 변경합니다. 또 슬라이드 쇼를 복제하여 두 화면에서 모두 슬라이드 쇼만 볼 수 있도록 설정합니다.
- [슬라이드 쇼 마침] : 슬라이드 쇼를 종료합니다.

5 [슬라이드 확대] 도구를 클릭하면 직사각형 형태의 하얀 부분이 표시됩니다. 마우스를 움직여 슬라이드에서 확대 표시할 부분을 클릭합니다.

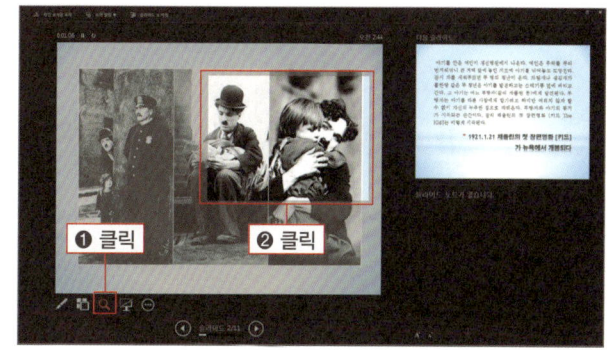

6 다음과 같이 원하는 부분만 확대해서 표시할 수 있습니다. 확대 표시를 해제하려면 Esc 를 누르거나 다시 [슬라이드 확대] 도구를 클릭합니다.

7 마지막에 있는 [슬라이드 쇼 옵션 더 보기] 도구를 클릭하고 슬라이드 쇼와 관련된 기타 옵션을 사용할 수 있습니다. 여기서 [쇼 마침]을 클릭하면 슬라이드 쇼가 종료됩니다.

Part 2. 프레젠테이션의 재미가 쏠쏠 나는 활용 50가지

프레젠테이션을 CD용 패키지로 만들기

작성한 프레젠테이션을 다른 장소에서 사용하기 위해 디스켓이나 CD 등에 복사하는 일이 있습니다. 여기서는 프레젠테이션을 CD용 패키지로 만들어 폴더에 복사하거나 CD로 복사하는 과정을 살펴보겠습니다.

⊙ **Key Word** : 게시, CD용 패키지 만들기　　　⊙ **예제파일** : Part2\예제파일\2-49.pptx

1 [파일] 탭에서 [내보내기]를 클릭하고 파일 형식에서 [CD용 패키지 프레젠테이션]을 클릭합니다. 오른쪽 영역에 CD용 패키지 프레젠테이션에 간단한 설명이 나타나면 [CD용 패키지] 버튼을 클릭합니다.

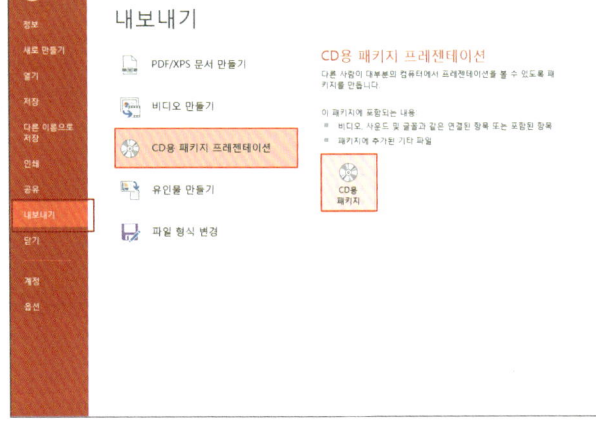

POINT
CD용 패키지로 만들기를 통해 폴더 또는 CD에 프레젠테이션 실행에 필요한 파일을 한꺼번에 복사할 수 있습니다. CD에 복사하려면 CD 드라이브에 CD를 삽입하고 명령을 실행해야 합니다.

2 [CD용 패키지] 대화상자가 나타나면 프레젠테이션 내용을 대표할 수 있는 이름으로 CD 이름을 입력합니다. 그런 다음 [옵션] 버튼을 클릭합니다.

POINT
현재 파일 이외에 복사할 파일을 추가로 지정하려면 [추가] 버튼을 클릭하고 원하는 파일을 선택합니다.

3 [옵션] 대화상자가 표시되면 [연결된 파일]과 [포함된 트루타입 글꼴]이 선택되어 있는지 확인하고 [확인] 버튼을 클릭합니다. 이렇게 하면 이 프레젠테이션과 연결되어 있는 파일과 이 프레젠테이션에서 사용한 트루타입 글꼴까지 복사할 수 있습니다.

4 [CD용 패키지] 대화상자로 돌아오면 [폴더로 복사] 또는 [CD로 복사] 버튼을 클릭합니다. 여기서는 [폴더로 복사] 버튼을 클릭합니다.

> **쌩초보 Level Up** **복사 옵션 설정하기**
>
> [CD용 패키지] 대화상자에서 [옵션] 버튼을 클릭하고 복사 옵션을 설정합니다.
> - 연결된 파일 : 프레젠테이션에 연결되어 있는 파일을 함께 복사합니다.
> - 포함된 트루타입 글꼴 : 프레젠테이션에서 사용한 트루타입 글꼴을 포함하여 복사합니다.
> - 각 프레젠테이션을 열기 위한 암호 : 암호를 알고 있어야 복사된 프레젠테이션을 열 수 있습니다.
> - 각 프레젠테이션을 수정하기 위한 암호 : 암호를 알고 있어야 복사된 프레젠테이션을 편집할 수 있습니다.
> - 프레젠테이션에 부적합한 정보 또는 개인 정보가 없는지 검사 : 프레젠테이션에 숨겨진 데이터나 개인 정보가 있는지 검사합니다.

5 [폴더에 복사] 대화상자에서 폴더 이름과 위치를 지정하고 [확인] 버튼을 클릭합니다.

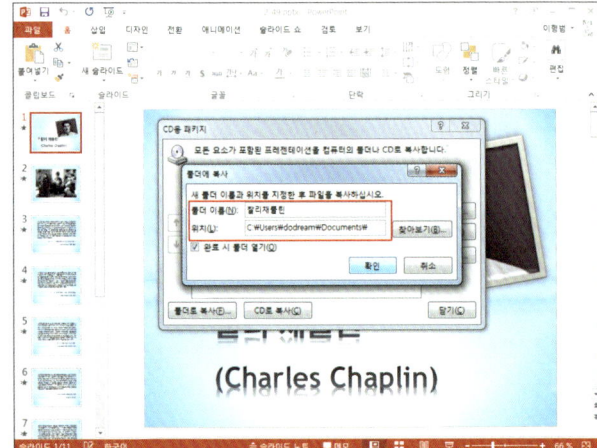

> **POINT**
> [찾아보기] 버튼을 클릭한 다음 복사 위치를 변경할 수 있습니다.

6 연결된 파일을 패키지에 포함시킬 것인지 여부를 묻는 대화상자가 나오면 [예] 버튼을 클릭합니다. 이렇게 하면 복사가 진행됩니다. 복사가 모두 끝나면 [CD용 패키지] 대화상자는 [닫기] 버튼을 클릭해서 닫도록 합니다.

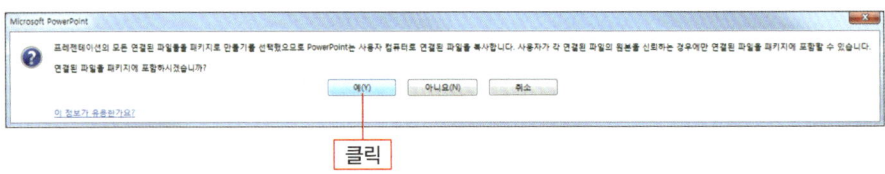

7 복사 위치로 설정한 폴더가 자동으로 열립니다. 해당 폴더에는 프레젠테이션에 필요한 여러 파일이 복사되어 있는 것을 확인할 수 있습니다.

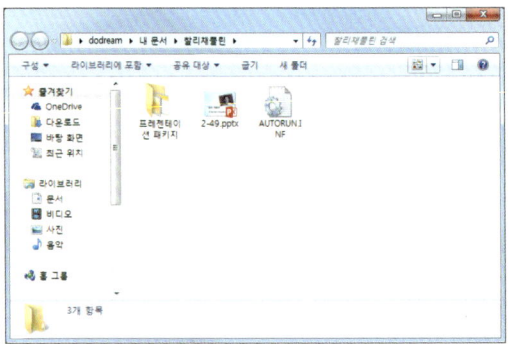

> **POINT**
> CD로 복사한 경우에도 복사된 파일 종류는 같습니다. CD를 CD-ROM 드라이브에 삽입하면 바로 슬라이드 쇼가 실행됩니다.

온라인 프레젠테이션

파워포인트 2010에서 슬라이드 쇼 브로드캐스트로 추가되었던 기능이 파워포인트 2013에서는 온라인 프레젠테이션이 이름이 바뀌었습니다. 온라인 프레젠테이션 기능을 사용하면 인터넷을 통해 다른 곳에 있는 청중에게 실시간으로 프레젠테이션을 보여줄 수 있습니다.

Key Word : 온라인 프레젠테이션, 연결 복사
예제파일 : Part2\예제파일\2-50.pptx

1 [슬라이드 쇼] 탭 → [슬라이드 쇼 시작] 그룹 → 온라인 프레젠테이션( )을 클릭합니다.

2 [온라인 프레젠테이션] 대화상자가 실행됩니다. [연결] 버튼을 클릭합니다.

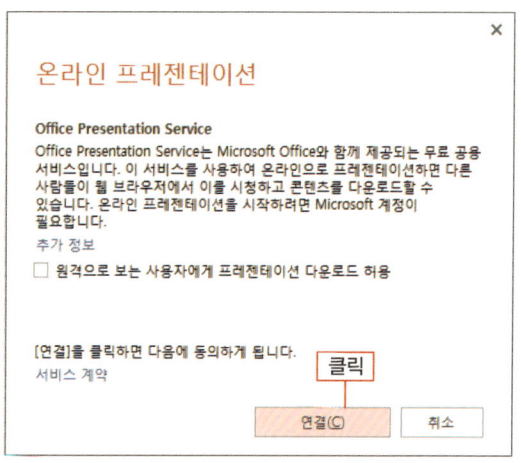

3 Office에 로그인되어 있는 상태라면 다음과 같이 프레젠테이션의 업로드가 시작됩니다. 만약 로그인하지 않은 상태라면 파워포인트 오른쪽 상단에서 [로그인]을 클릭한 다음 먼저 Office에 로그인하고 온라인 프레젠테이션을 다시 시작해야 합니다.

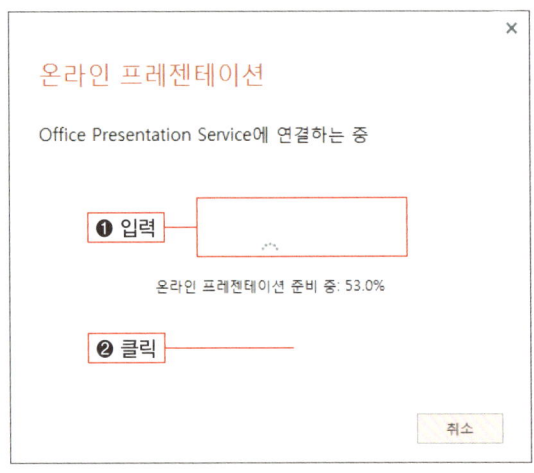

4 프레젠테이션의 업로드가 완료되면 온라인 프레젠테이션을 위한 고유한 링크(URL) 주소가 만들어집니다. 여기서 [프레젠테이션 시작] 버튼을 클릭하면 자신의 컴퓨터에서 슬라이드 쇼가 시작됩니다.

쌩초보 Level Up — 온라인 프레젠테이션의 주소(URL)

[온라인 프레젠테이션] 대화상자에 표시된 URL은 원격지에 있는 사용자가 웹에서 실시간으로 프레젠테이션을 보기 위해 필요합니다. 다음 방법 중 하나를 사용하여 이 URL을 원격지에 있는 사용자에게 알려주는 작업이 필요합니다.

- 연결 복사를 클릭하면 URL이 클립보드로 복사됩니다. 메모장을 비롯한 각종 편집기에서 Ctrl + V를 누르면 복사한 URL이 삽입되므로 원하는 방법을 사용하여 다른 사용자에게 전달합니다.
- 전자 메일로 보내기 : 전자 메일 프로그램이 실행되고 자동 생성된 URL이 메일 내용에 삽입됩니다. 받는 사람의 전자 메일 주소를 입력하고 메일을 발송하는 방법으로 전달합니다.
- [온라인 프레젠테이션] 대화상자가 열려 있지 않은 상태에서는 [온라인 프레젠테이션] 탭 → [온라인 프레젠테이션] 그룹 → 초대 보내기( )를 클릭하여 대화상자를 다시 열 수 있습니다.

5 원격지의 청중은 웹 브라우저의 주소 표시줄에 상대방으로부터 전달받은 URL을 입력한 다음 접속합니다. 이렇게 하면 다음과 같이 웹 브라우저에서 실시간으로 상대방의 컴퓨터에서 실행되는 슬라이드 쇼를 감상할 수 있게 됩니다.

6 슬라이드 쇼가 모두 끝나면 [온라인 프레젠테이션] 탭 → [온라인 프레젠테이션] 그룹 → 온라인 프레젠테이션 종료( )를 클릭합니다. 연결이 끊어진다는 경고 메시지가 나오면 [온라인 프레젠테이션 종료] 버튼을 클릭합니다.

7 이렇게 온라인 프레젠테이션을 종료하면 원격 사용자의 웹 브라우저에 다음과 같이 프레젠테이션이 끝났다는 메시지가 표시됩니다.

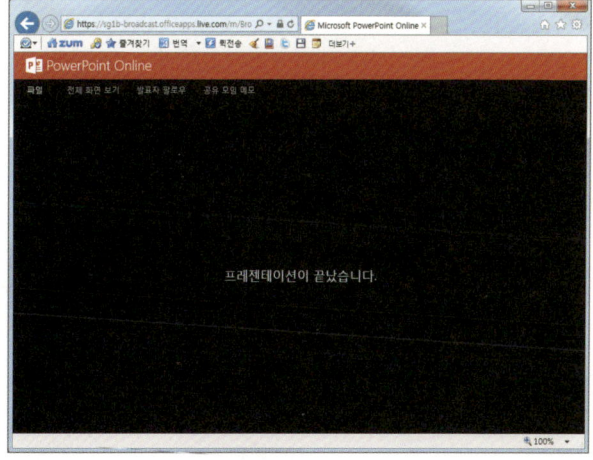

P/O/W/E/R/P/O/I//N/T 2/0/1/3

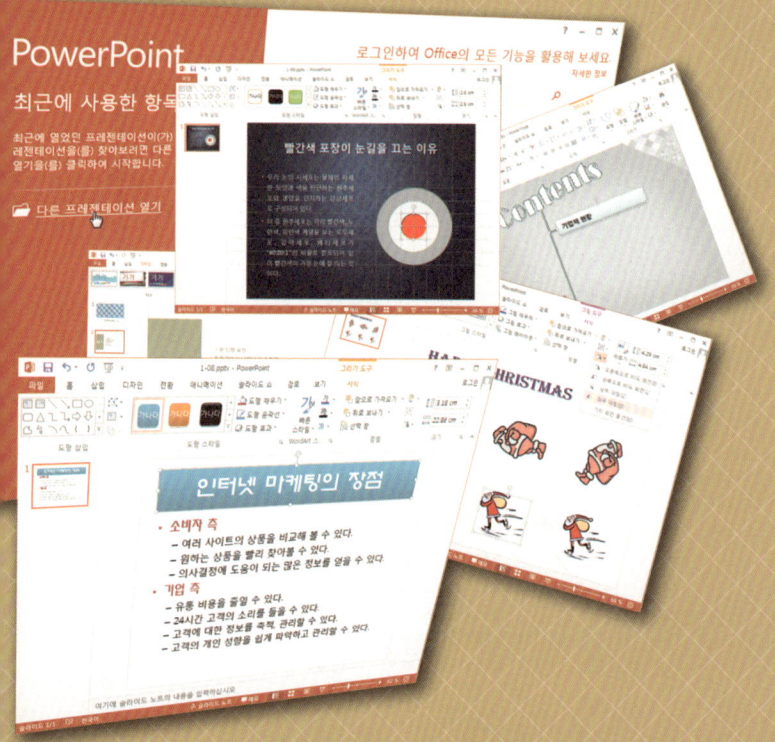

Project
실무 프레젠테이션에서 즐겨 쓰는 노하우 30가지

파워포인트의 기본 및 활용 기능을 모두 살펴보았습니다. 이제 중요한 것은 이렇게 학습한 기능들을 조합하여 하나의 완전한 프레젠테이션을 구현하는 것입니다. 이번 파트에서는 회사를 소개하는 프레젠테이션을 비롯하여 사이트 구축 제안서, 사업 계획서 등 하나의 완벽한 프레젠테이션을 만들어가면서 실무에서 많이 사용하는 노하우를 실전에 적용합니다.

웹사이트 구축 제안서 : 슬라이드 마스터 디자인

지금부터 모두 7개의 섹션을 사용하여 웹사이트 구축 제안서를 작성할 것입니다. 먼저 새 프레젠테이션을 시작한 다음 슬라이드 마스터를 디자인하는 과정부터 시작합니다. 이 과정에는 슬라이드의 배경 스타일을 바꾸고 도형 등을 사용하여 마스터를 디자인하는 방법이 포함되어 있습니다.

Key Word : 슬라이드 마스터, 배경 스타일

1 새 프레젠테이션을 '웹사이트구축.pptx' 파일로 일단 저장합니다. 그런 다음 [보기] 탭 → [마스터 보기] 그룹 → 슬라이드 마스터(□)를 클릭합니다.

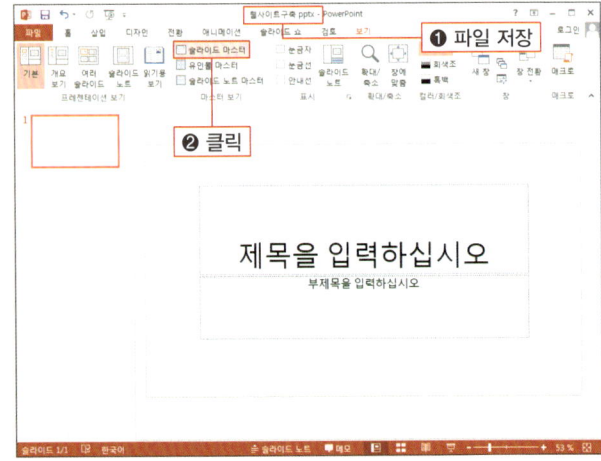

POINT
일단 파일을 저장하고 이후에 중요한 작업을 수행하고 난 다음 수시로 파일을 다시 저장합니다.

2 슬라이드 마스터 보기로 전환되면 [슬라이드 마스터] 탭 → [크기] 그룹 → 슬라이드 크기(□)를 클릭하고 [표준]을 선택합니다.

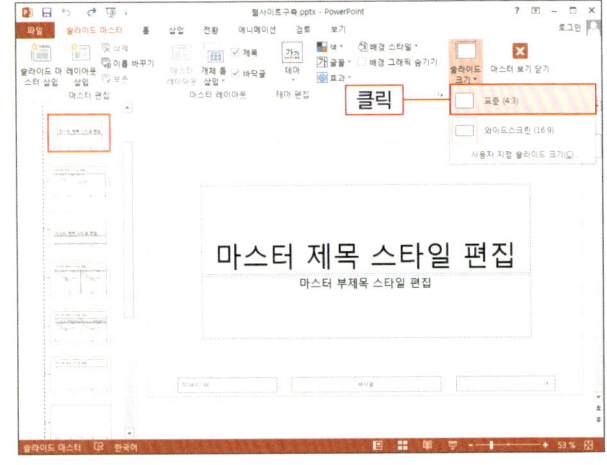

3 왼쪽의 축소판 그림에서 가장 위에 있는 '슬라이드 마스터'를 클릭합니다. 그런 다음 [슬라이드 마스터] 탭 → [배경] 그룹 → 배경 스타일(배경 스타일▼)을 클릭하고 '스타일 2'를 선택합니다.

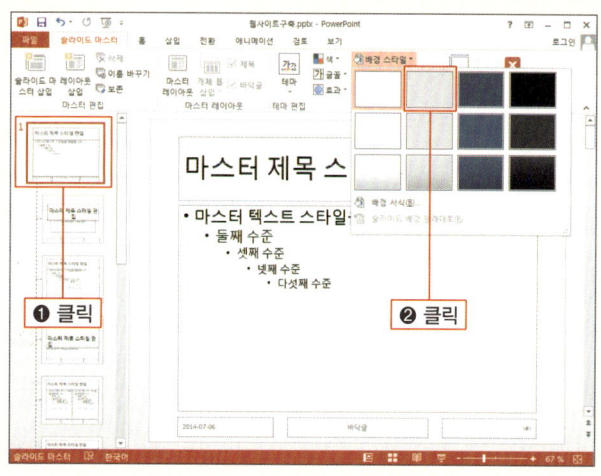

POINT
'슬라이드 마스터'의 배경 스타일을 변경하면 슬라이드 마스터와 모든 슬라이드 레이아웃의 배경 스타일이 변경됩니다.

4 제목 개체 틀에 서식을 지정하고 크기와 위치를 다음과 같이 조절합니다. 그런 다음 [홈] 탭 → [단락] 그룹에서 대화상자 표시 ( ) 버튼을 클릭합니다.

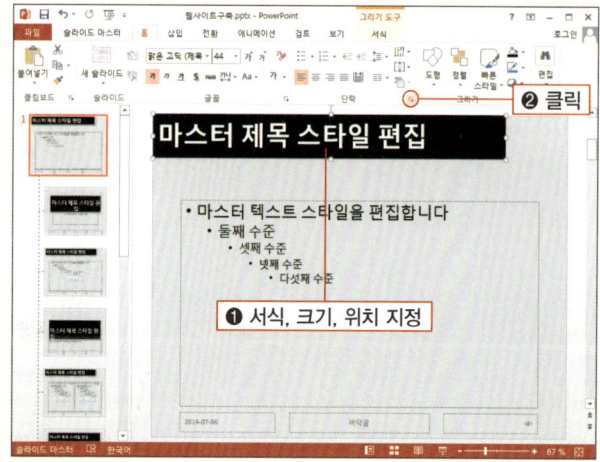

POINT
도형 채우기(도형 채우기▼)를 검은색으로 지정하고, 글꼴 색(가 ▼)을 흰색, 글꼴 크기(32 ▼)를 '40', 굵게(가)를 지정했습니다.

5 [단락] 대화상자가 실행되면 [들여쓰기 및 간격] 탭에서 들여쓰기의 텍스트 앞을 '1cm'로 지정한 다음 [확인] 버튼을 클릭합니다.

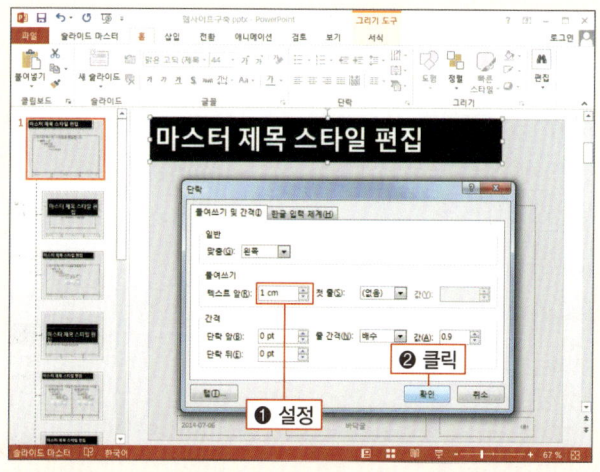

6 [삽입] 탭 → [일러스트레이션] 그룹 → 도형( )을 클릭하고 [직사각형] 도형을 선택한 다음 제목 개체 틀 아래에 직사각형을 그립니다. 그리고 그리기 도구의 [서식] 탭 → [도형 스타일] 그룹에 있는 도구를 사용하여 서식을 지정합니다.

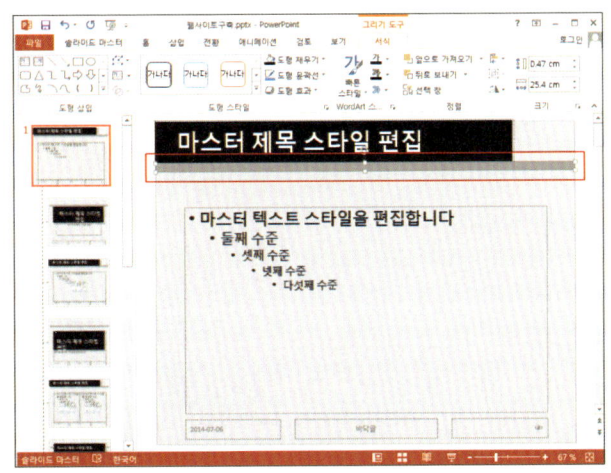

7 같은 방법으로 슬라이드 아래쪽에 직사각형을 하나 더 그리고 서식을 지정합니다. 그런 다음 [서식] 탭 → [정렬] 그룹 → 뒤로 보내기( )의 화살표를 클릭하여 [맨 뒤로 보내기]를 선택합니다.

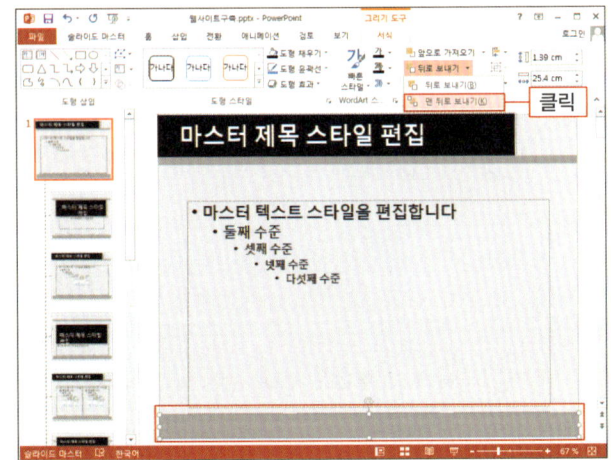

8 내용 개체 틀을 클릭하고 크기를 조정합니다. 필요하면 글꼴 서식이나 단락 서식을 지정하고 글머리 기호를 변경할 수도 있습니다. 여기서는 줄 간격( )을 '1.5'로 설정했습니다.

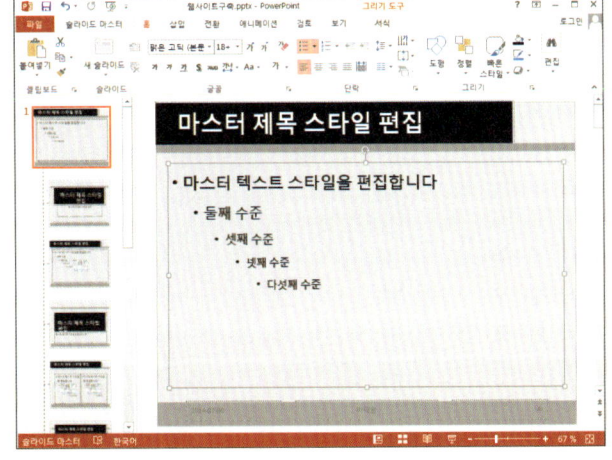

9 [삽입] 탭→[이미지] 그룹→온라인 그림(📷)을 사용하여 클립 아트를 슬라이드에 삽입합니다. 클립 아트의 크기와 위치를 조정하고 그림 도구의 [서식] 탭→[그림 스타일] 그룹에 있는 도구를 이용하여 서식을 지정합니다.

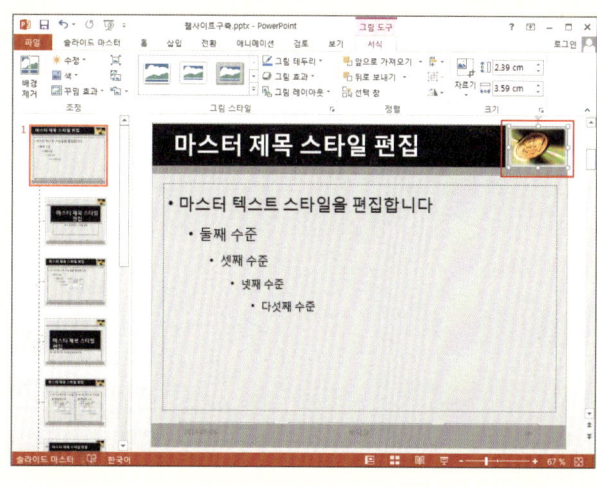

POINT
여기서는 그림 효과에서 [부드러운 가장자리]-[5 포인트]를 지정했습니다.

10 왼쪽 축소판 그림에서 '제목 슬라이드 레이아웃'을 클릭합니다. 슬라이드 마스터에서 지정한 서식과 그래픽이 개별 슬라이드 레이아웃에도 그대로 적용되어 있는 것을 알 수 있습니다.

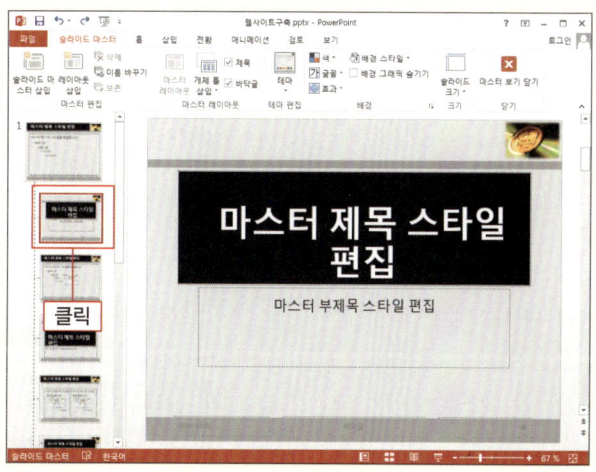

11 [슬라이드 마스터] 탭→[배경] 그룹→[배경 그래픽 숨기기]를 클릭해서 선택합니다. 그러면 현재 슬라이드 레이아웃에서 슬라이드 마스터에서 지정한 그래픽을 모두 숨길 수 있습니다.

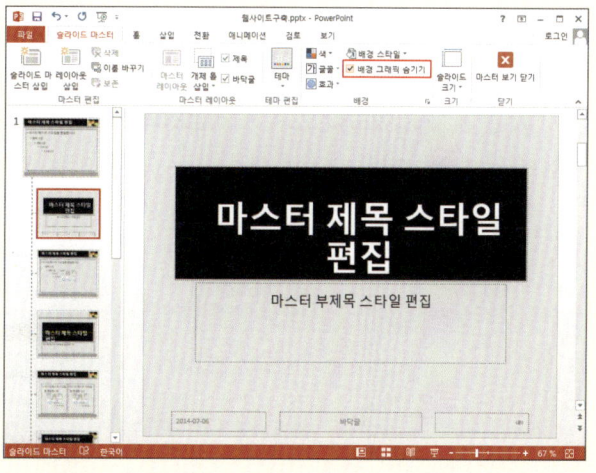

12 제목 개체 틀을 클릭하고 도형 채우기(도형 채우기▾)를 [채우기 없음]으로 지정합니다. 글꼴 서식과 단락 서식 등을 지정한 다음 크기와 위치를 조절합니다.

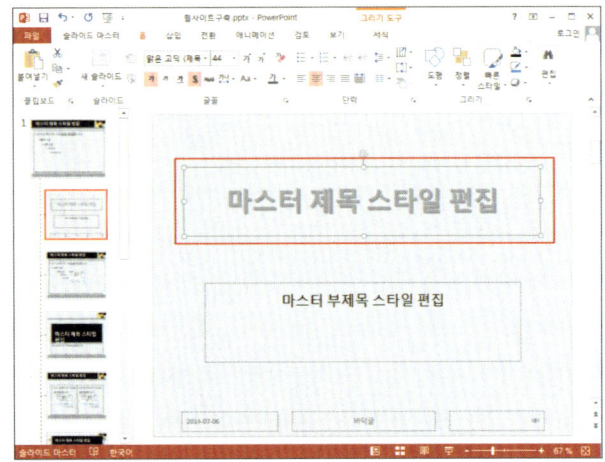

13 [삽입] 탭 → [일러스트레이션] 그룹 → 도형( )을 클릭하고 [직사각형] 도형을 선택하여 제목 개체 틀 아래에 직사각형 도형을 그린 다음 서식을 지정합니다.

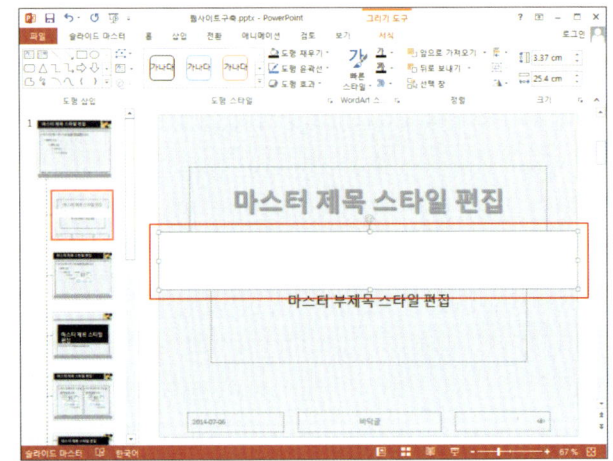

14 [삽입] 탭 → [이미지] 그룹 → 온라인 그림( )을 사용하여 세 개의 클립 아트를 삽입한 다음 서식을 지정하여 직사각형 위에 다음과 같이 배치합니다.

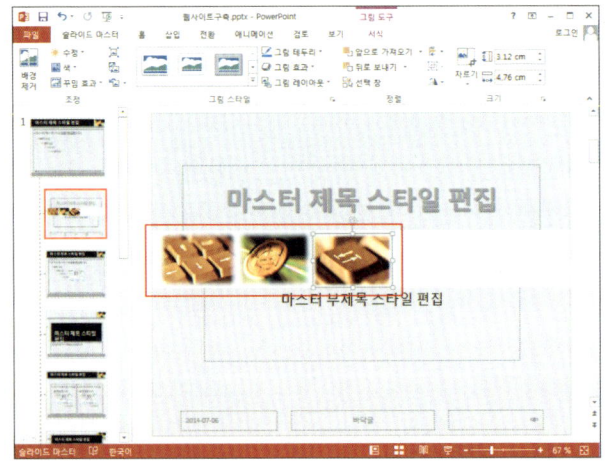

15 그림이 있는 직사각형 위에 다른 직사각형을 그리고 서식을 지정합니다. 같은 방법으로 아래에도 직사각형을 그리고 서식을 지정합니다. 여기서는 위에 있는 직사각형보다 아래에 있는 직사각형의 높이를 더 크게 지정했습니다.

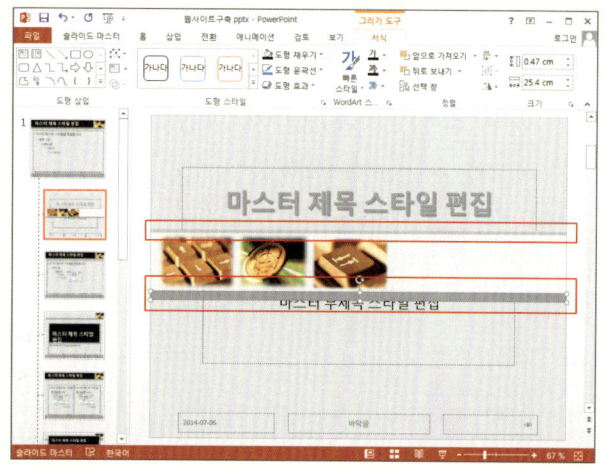

16 [삽입] 탭 → [이미지] 그룹 → 온라인 그림을 사용하여 클립 아트를 삽입한 다음 크기와 위치, 그림 효과 등을 지정하여 다음과 같이 꾸밉니다. 여기서는 그림 효과 중 '반사'를 지정했습니다.

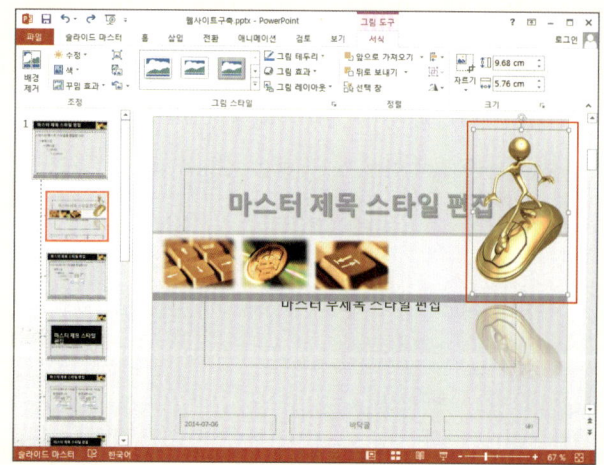

17 부제목 개체 틀을 선택한 다음 크기와 위치를 조절하고 [홈] 탭 → [글꼴] 그룹의 도구를 사용하여 글꼴 서식을 지정합니다.

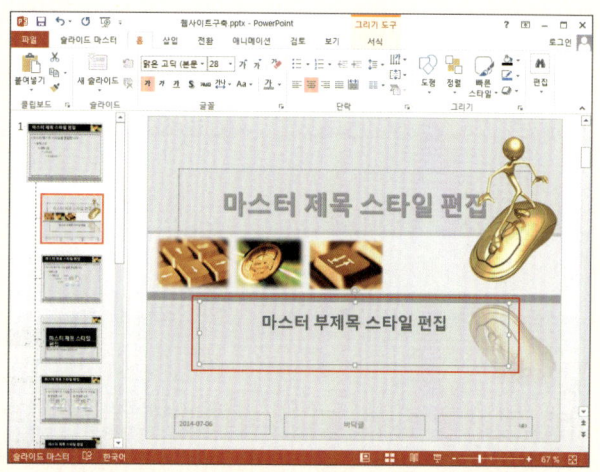

18 제목 개체 틀을 선택한 다음 그리기 도구의 [서식] 탭 → [정렬] 그룹 → 앞으로 가져오기( )의 화살표를 클릭하고 [맨 앞으로 가져오기]를 선택해서 다른 개체보다 더 앞으로 이동합니다.

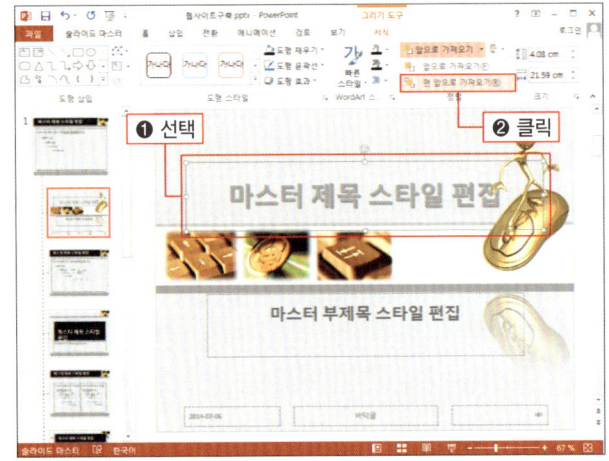

19 '제목 슬라이드 레이아웃'만 배경 스타일을 다르게 지정하겠습니다. [슬라이드 마스터] 탭 → [배경] 그룹 → 배경 스타일(배경 스타일)을 클릭하고 '스타일 1'을 선택합니다.

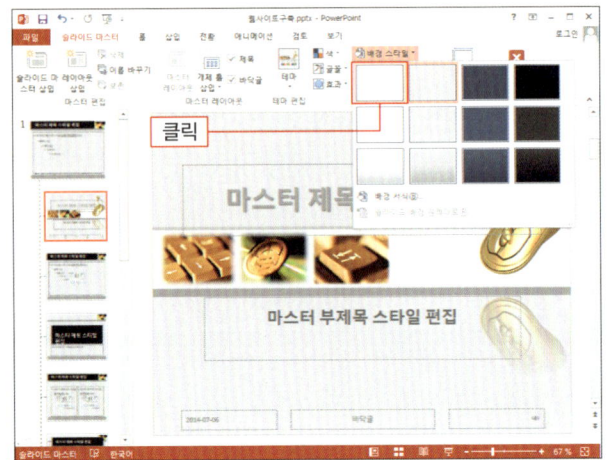

20 이제 모든 슬라이드 마스터 작업이 끝났습니다. 마스터 보기 닫기( )를 클릭해서 기본 보기로 돌아갑니다.

POINT
작업이 끝난 후 저장( )을 클릭해서 프레젠테이션을 저장하도록 합니다.

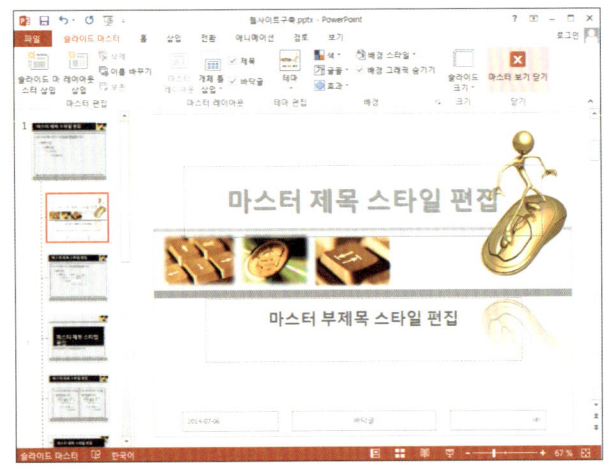

웹사이트 구축 제안서 : 제목 슬라이드

앞에서 작성한 슬라이드 마스터를 사용하여 실제로 슬라이드를 작성할 차례입니다. 제일 먼저 웹사이트 구축 제안서의 제목 슬라이드를 만드는 과정부터 살펴보겠습니다. 제목 슬라이드에 텍스트를 입력하고 클립 아트를 삽입한 다음 실행 및 애니메이션을 설정하는 과정이 포함됩니다.

● **Key Word** : 실행 설정, 애니메이션

---

1 제목 개체 틀과 부제목 개체 틀에 각각 텍스트를 입력합니다. 여기서는 부제목 개체 틀에 입력한 텍스트의 글꼴 서식을 조금 변경해 보았습니다.

2 [삽입] 탭 → [이미지] 그룹 → 온라인 그림(🖼)을 클릭하고 '시작 버튼'으로 클립 아트를 검색합니다. 적당한 클립 아트를 선택한 후 [삽입] 버튼을 클릭합니다.

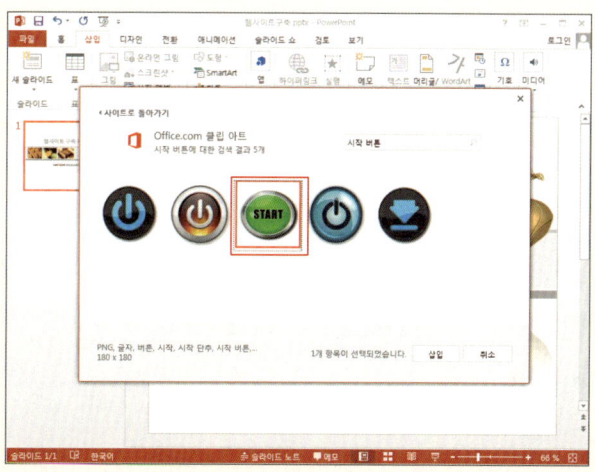

3 클립 아트의 크기와 위치를 조정한 다음 [삽입] 탭 → [링크] 그룹 → 실행(★)을 클릭합니다. [실행 설정] 대화상자의 [마우스를 클릭할 때] 탭에서 [하이퍼링크] 옵션을 선택한 다음 '다음 슬라이드'를 지정합니다. [소리 재생]을 체크하고 원하는 소리 종류를 지정한 다음 [확인] 버튼을 클릭합니다.

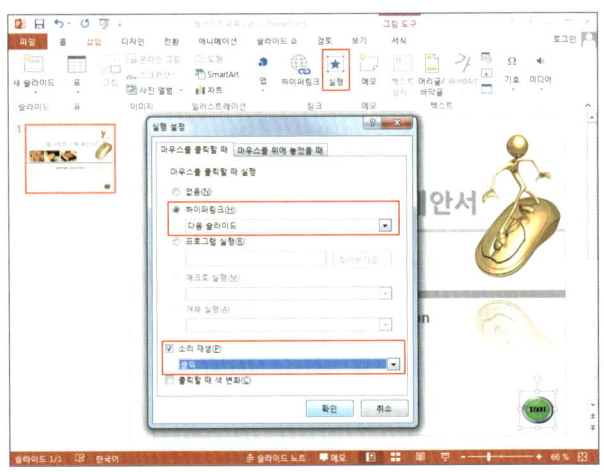

4 [애니메이션] 탭 → [애니메이션] 그룹의 갤러리에서 [시계 방향 회전] 효과를 클릭해서 클립 아트에 애니메이션을 지정합니다.

5 [애니메이션] 탭 → [타이밍] 그룹의 [시작]에서 화살표를 클릭하고 '이전 효과 다음에'로 애니메이션 시작 시간을 변경합니다.

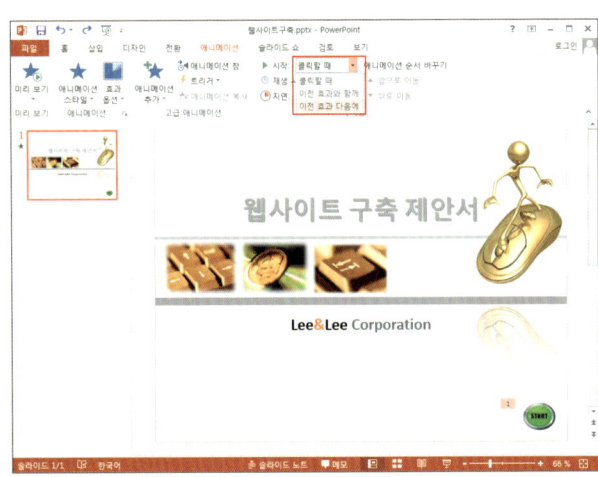

> **POINT**
> 슬라이드 쇼를 실행하면 첫 번째 슬라이드가 표시되고 바로 클립 아트의 애니메이션이 시작됩니다.

웹사이트 구축 제안서 : 목표 슬라이드

이번에 작성할 슬라이드는 '제목만' 슬라이드 레이아웃을 사용하고 도형과 그림, 워드아트 개체를 사용하여 만듭니다. 도형에 서식을 지정하는 과정과 연결선을 이용하여 도형과 텍스트를 연결하는 과정이 포함됩니다. 또 도형에 애니메이션을 설정할 것입니다.

Key Word : 새 슬라이드, 투명한 색, 애니메이션

---

1 [홈] 탭 → [슬라이드] 그룹 → 새 슬라이드( )의 화살표를 클릭하고 '제목만' 레이아웃을 클릭하여 새 슬라이드를 삽입합니다.

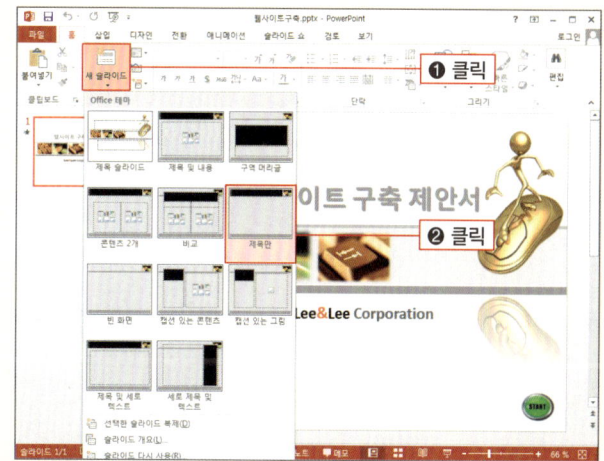

2 제목 개체 틀을 클릭한 다음 제목 텍스트를 입력합니다. 그런 다음 [삽입] 탭 → [이미지] 그룹 → 온라인 그림( )을 클릭합니다.

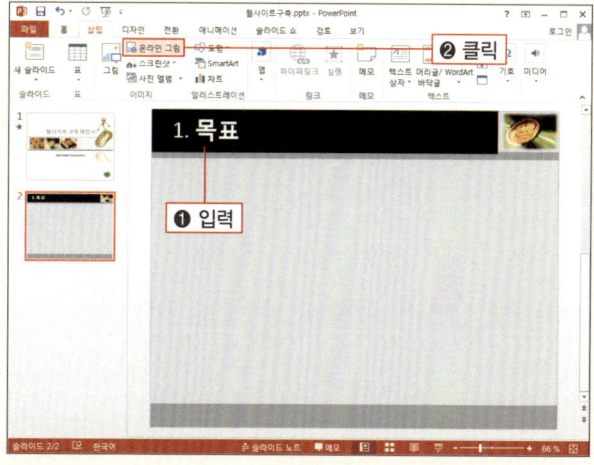

Project 실무 프레젠테이션에서 즐겨 쓰는 노하우 30가지 **341**

3 [그림 삽입] 창이 실행되면 [Bing 이미지 검색] 상자에 '세계지도'를 입력하고 Enter 를 눌러 이미지를 검색합니다. 검색 결과 중 하나를 선택하고 [삽입] 버튼을 클릭합니다.

4 슬라이드에 이미지가 삽입되면 크기를 조절합니다. 그런 다음 [서식] 탭 → [조정] 그룹 → 색( )을 클릭하고 [투명한 색 설정]을 클릭합니다.

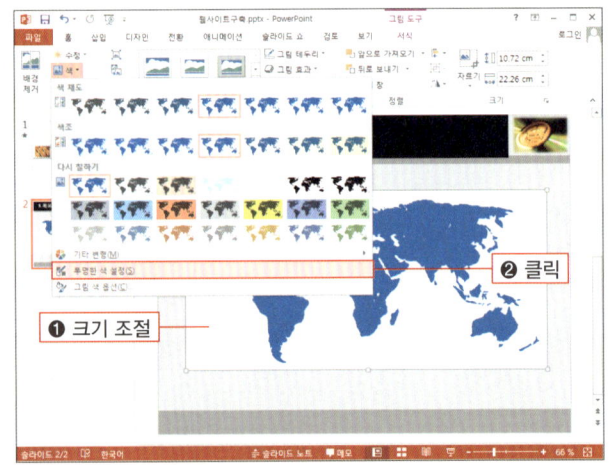

5 투명한 색을 설정하기 위한 마우스 포인터가 표시되면 삽입한 이미지의 배경 부분을 클릭합니다.

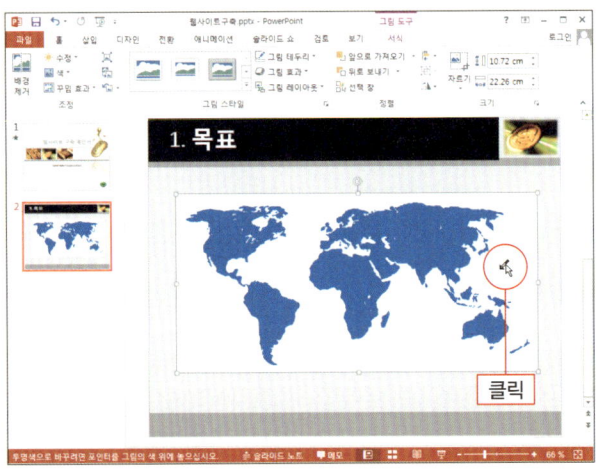

6 다음과 같이 배경이 투명하게 변경되면 다시 [서식] 탭 → [조정] 그룹 → 색( )을 클릭하고 다시 칠하기 색을 지정합니다. 여기서는 흰 색으로 다시 칠하기를 지정했습니다.

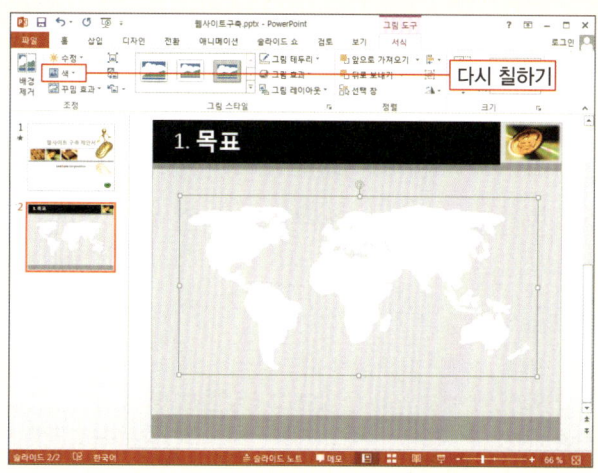

7 [삽입] 탭 → [일러스트레이션] 그룹 → 도형( )을 클릭하고 [타원] 도형을 선택하여 슬라이드에 타원을 그립니다. [서식] 탭 → [도형 스타일] 그룹의 도구를 사용하여 윤곽선의 색과 두께, 채우기 색 등 서식을 지정합니다.

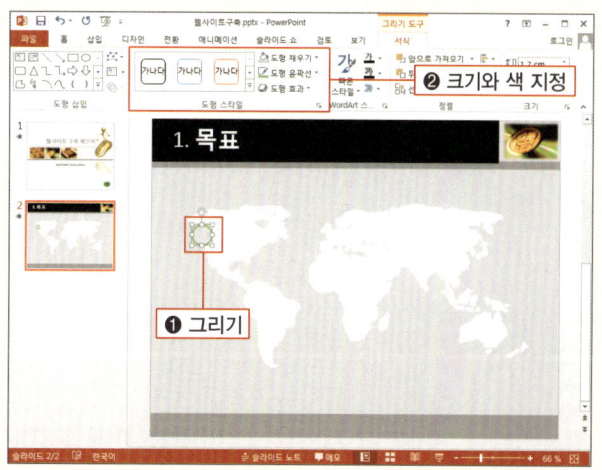

8 타원을 Ctrl을 누른 채 드래그하여 다음과 같이 모두 4개가 되도록 복사합니다.

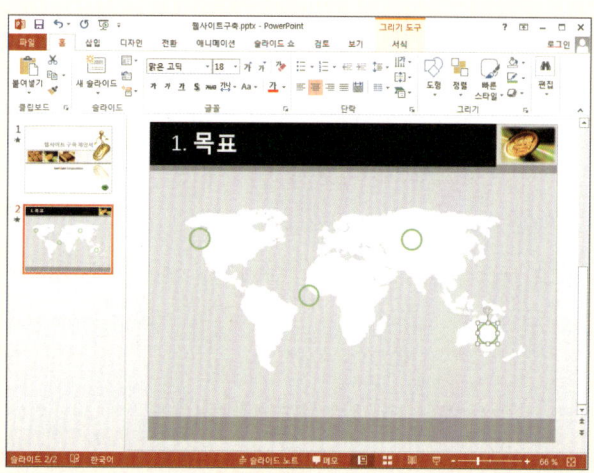

9 [삽입] 탭 → [일러스트레이션] 그룹 → 도형(🔽)을 클릭하고 [선] 도형을 선택한 다음 첫 번째 타원과 두 번째 타원을 연결하는 선을 그립니다. 같은 방법으로 두 번째와 세 번째, 세 번째와 네 번째 타원을 연결하는 선을 그립니다.

POINT
[선] 도형을 선택한 다음 타원 위로 마우스 포인터를 가져가면 연결점이 표시됩니다. 그 연결점 중 하나를 클릭한 후 다음 타원의 연결점을 클릭하면 연결선을 그릴 수 있습니다.

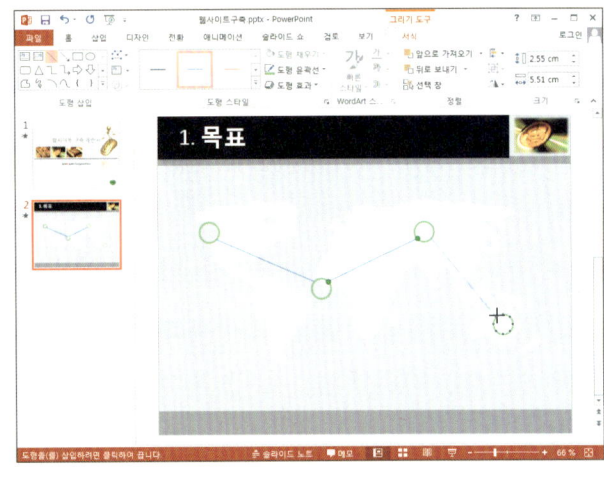

10 Ctrl 을 사용하여 세 개의 연결선을 모두 선택한 다음 [서식] 탭 → [도형 스타일] 그룹에서 윤곽선 색과 두께, 대시 등의 서식을 지정합니다.

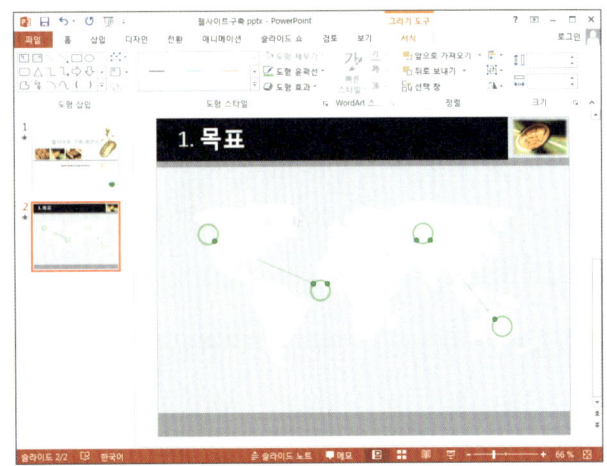

11 [삽입] 탭 → [텍스트] 그룹 → 텍스트 상자(📝)를 클릭한 다음 첫 번째 타원의 위쪽을 클릭하고 다음과 같이 텍스트를 입력합니다. 입력이 끝나면 Esc 를 눌러 텍스트 상자 전체를 선택한 다음 글꼴과 글꼴 크기, 글꼴 색 등의 서식을 지정합니다.

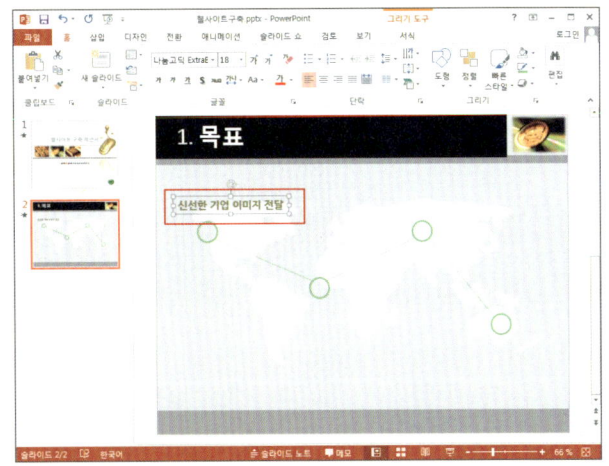

12 Ctrl 을 누른 상태로 텍스트 상자를 다른 타원의 위나 아래로 드래그하여 복사합니다. 그런 다음 텍스트를 각각 수정하여 다음과 같이 작성합니다.

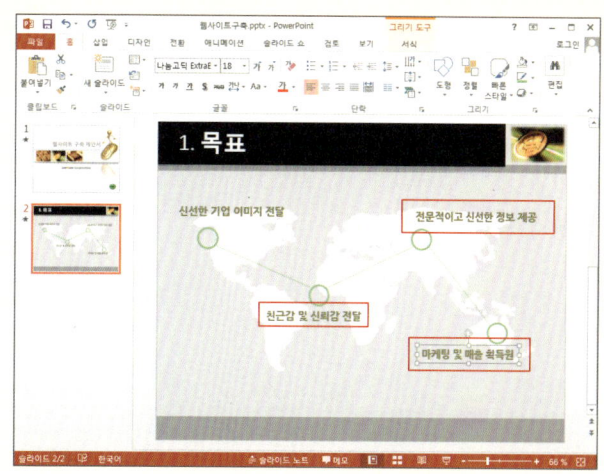

13 [삽입] 탭 → [텍스트] 그룹 → WordArt (가)를 클릭하고 원하는 워드아트 스타일을 클릭합니다. 슬라이드에 워드아트가 삽입되면 'Toward the world'로 텍스트를 입력합니다.

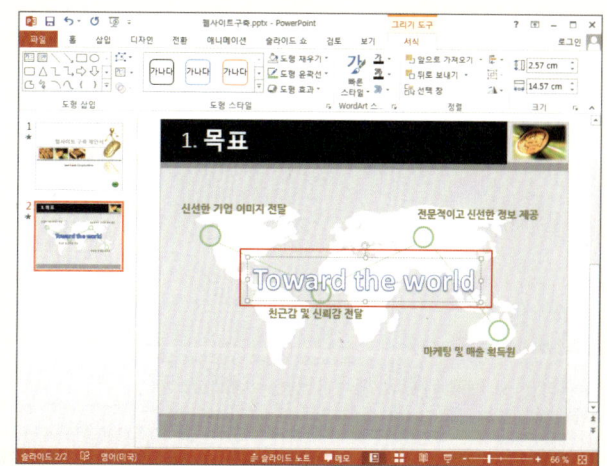

14 [서식] 탭 → [WordArt 스타일] 그룹의 도구를 사용하여 워드아트에 서식을 지정하고 마우스로 드래그하여 원하는 위치로 이동합니다.

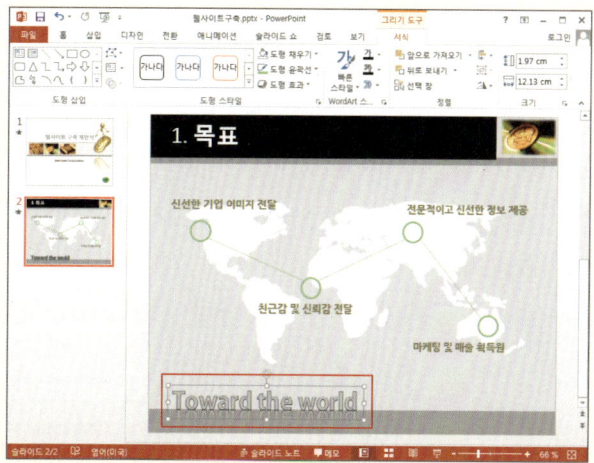

POINT
여기서는 텍스트 윤곽선의 색과 채우기 색을 지정하고 '안쪽 아래쪽' 그림자, 반사 효과 등을 지정했습니다.

15 이제 도형에 애니메이션을 지정할 차례입니다. 첫 번째 타원을 선택한 다음 [애니메이션] 탭 → [애니메이션] 그룹의 애니메이션 스타일 갤러리에서 [회전]을 선택합니다.

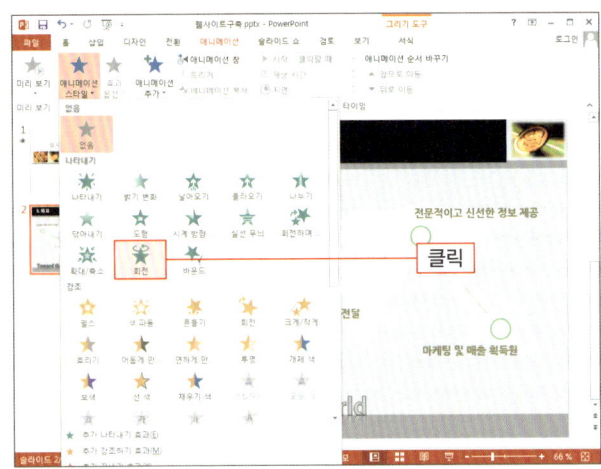

16 타원에 애니메이션을 설정한 다음 관련 있는 텍스트 상자를 선택하고 [올라오기] 애니메이션을 설정합니다. 그런 다음 [애니메이션] 그룹 → [타이밍] 그룹에서 [시작]을 [이전 효과와 함께]로 지정합니다.

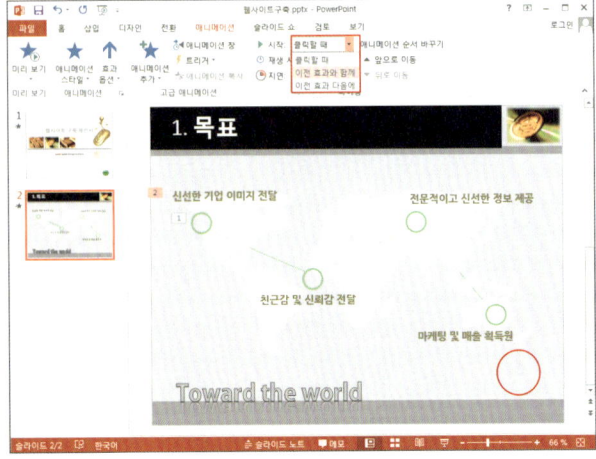

POINT
클릭하면 첫 번째 타원이 회전하면서 나타나고, 동시에 텍스트 상자가 위로 올라오도록 애니메이션을 지정한 것입니다.

17 두 번째 타원에 [회전], 관련 있는 텍스트 상자에 [올라오기]와 [이전 효과와 함께] 시작 옵션을 지정합니다. 같은 방법으로 세 번째 타원과 텍스트 상자, 네 번째 타원과 텍스트 상자에도 같은 방식으로 애니메이션을 지정합니다.

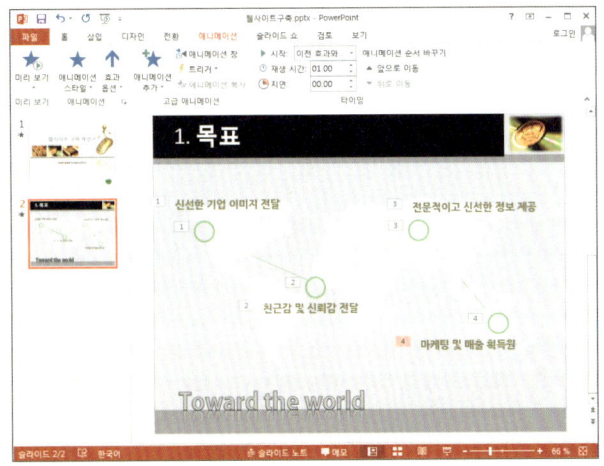

18 첫 번째 연결선을 선택하고 [애니메이션] 탭 → [애니메이션] 그룹에서 [닦아내기] 애니메이션을 지정한 다음 효과 옵션을 [왼쪽에서]로 변경합니다.

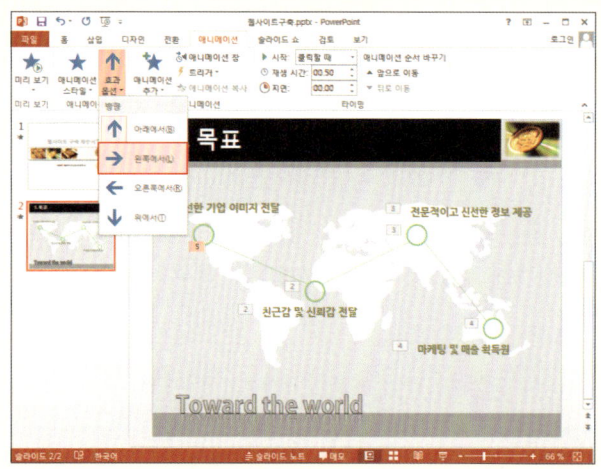

19 첫 번째 연결선이 선택되어 있는 상태에서 [애니메이션] 탭 → [타이밍] 그룹 → 시작을 '이전 효과 다음에'로 변경합니다.

20 두 번째 연결선에 [닦아내기] 애니메이션과 [왼쪽에서] 효과 옵션을 지정하고 시작을 '이전 효과와 함께'로 지정합니다. 세 번째 연결선도 두 번째 연결선과 동일한 애니메이션을 지정하여 완성합니다.

POINT
세 개의 연결선은 동시에 동일한 애니메이션이 시작됩니다. [애니메이션] 탭 → [미리 보기] 그룹 → 애니메이션 미리 보기(★)를 클릭하면 슬라이드에 설정한 애니메이션을 확인할 수 있습니다.

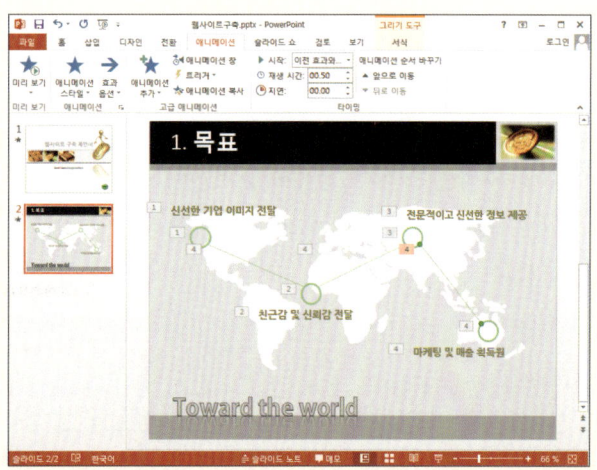

웹사이트 구축 제안서 : 모델 슬라이드

모델 슬라이드는 도형과 텍스트 상자만으로 작성합니다. 도형을 그라데이션으로 채우는 과정과 여러 개의 도형을 일정한 기준에 의해 정렬하는 과정이 포함됩니다. 마지막으로 도형에 애니메이션을 설정하여 슬라이드를 완성합니다.

Key Word : 그라데이션, 그라데이션 중지점, 맞춤, 애니메이션

1 2번 슬라이드에서 [홈] 탭 → [슬라이드] 그룹 → 새 슬라이드( )의 화살표를 클릭한 다음 '제목만' 레이아웃을 클릭하여 새 슬라이드를 삽입합니다. 제목 개체 틀에 다음과 같이 제목을 입력합니다.

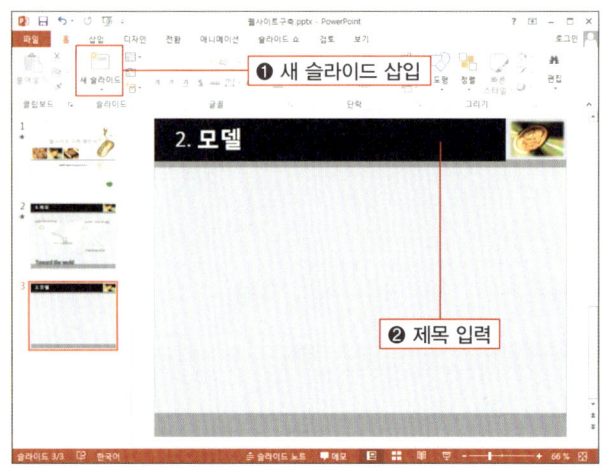

2 [삽입] 탭 → [일러스트레이션] 그룹 → 도형( )을 클릭하고 [도넛] 도형을 선택한 다음 마우스로 드래그하여 슬라이드에 도형을 그립니다. 도넛 도형을 그린 후 모양 조절 핸들을 이용하여 도넛의 두께를 조절합니다.

POINT
Shift 를 누른 상태로 도형을 그리면 지름의 길이가 일정한 정원을 그릴 수 있습니다.

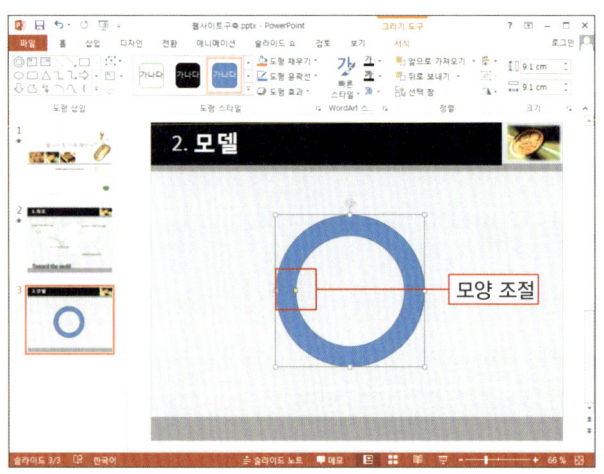

3 [서식] 탭 → [도형 스타일] 그룹의 대화 상자 표시( ) 버튼을 클릭하여 [도형 서식] 작업 창을 엽니다. [도형 옵션]-[채우기]에서 [그라데이션 채우기] 옵션을 선택한 다음 그라데이션 중지점의 색을 지정합니다.

POINT
그라데이션 중지점을 선택하고 [색] 버튼을 이용하여 각 중지점마다 색을 지정합니다. 여기서는 세 개의 중지점을 사용하여 그라데이션을 지정하였습니다.

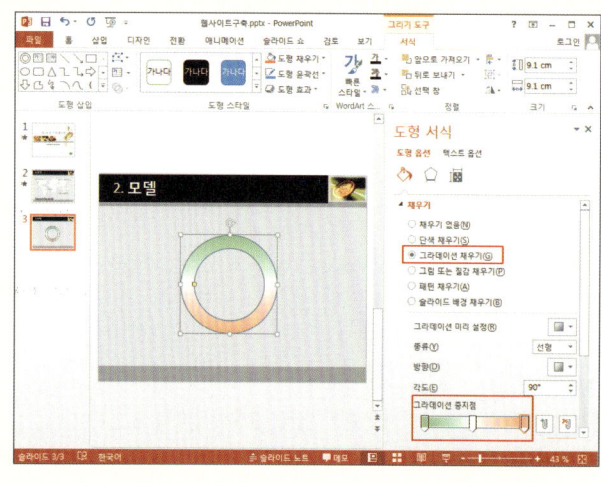

4 [도형 옵션] → [선]에서 [선 없음]을 선택하여 도형의 윤곽선을 제거합니다. 여기까지 지정한 후 [도형 서식] 작업 창은 닫아도 됩니다.

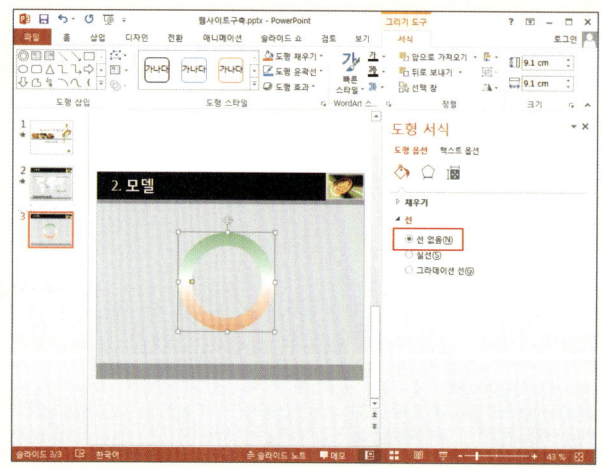

5 [삽입] 탭 → [일러스트레이션] 그룹 → 도형( )을 클릭하고 [타원] 도형을 선택하여 도넛 도형보다 조금 더 크게 원을 그립니다. 그런 다음 [서식] 탭 → [도형 스타일] 그룹의 도구를 이용하여 [채우기 없음]을 지정하고, 윤곽선의 색과 두께를 지정합니다.

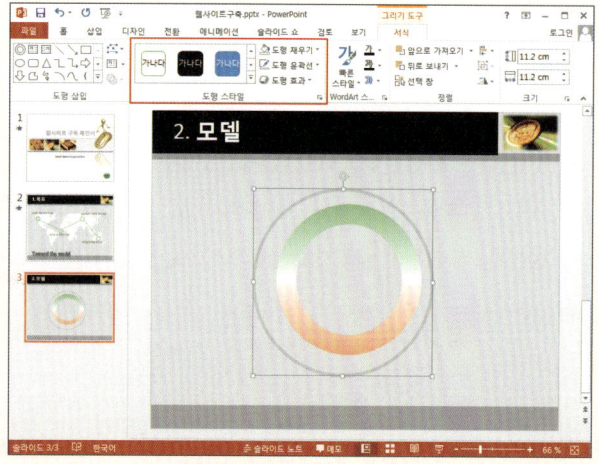

6 도넛 도형과 타원 도형을 함께 선택한 다음 [서식] 탭 → [정렬] 그룹 → 맞춤( )을 클릭하고 [중간 맞춤]을 선택합니다.

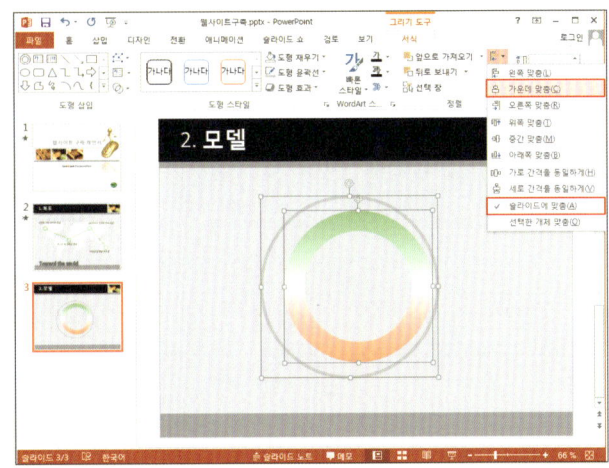

POINT
[선택한 개체 맞춤]이 선택되어 있는 상태에서 [중간 맞춤]을 실행합니다.

7 계속해서 이번에는 맞춤( )을 클릭하고 [슬라이드에 맞춤]을 선택합니다. 그런 다음 다시 맞춤( )을 클릭하고 [가운데 맞춤]을 선택합니다.

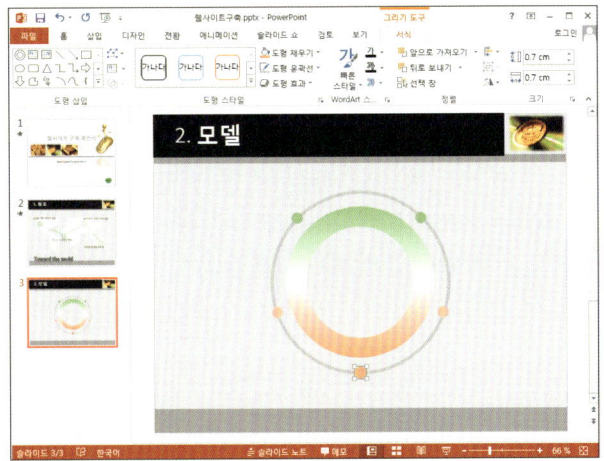

8 [삽입] 탭 → [일러스트레이션] 그룹 → 도형( )을 클릭하고 [타원] 도형을 선택하여 바깥쪽 타원 위에 작은 타원을 그린 다음 서식을 지정합니다. 그런 다음 Ctrl 을 누른 상태로 드래그하여 복사하고 도넛 도형의 채우기 색에 맞춰 각각 채우기 색을 지정합니다.

9 [삽입] 탭→[텍스트] 그룹→텍스트 상자(📝)를 클릭하고 작은 원의 왼쪽이나 오른쪽을 클릭한 다음 텍스트를 입력하고 글꼴 서식을 지정합니다. 그런 다음 Ctrl 을 누른 상태로 드래그하여 복사하고 텍스트를 수정한 다음, 작은 원의 채우기 색에 맞춰 글꼴 색을 변경합니다.

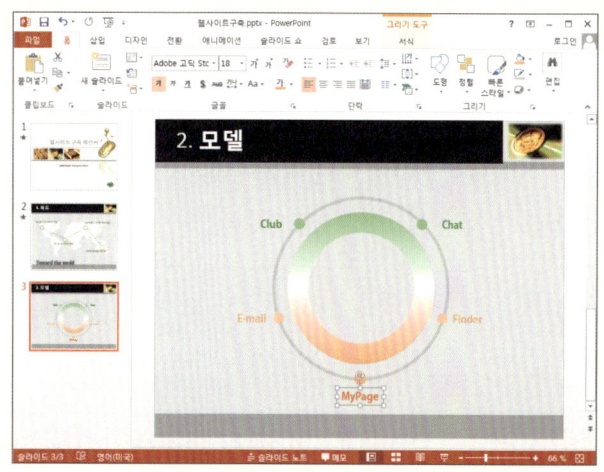

10 텍스트 상자(📝)로 도넛 도형의 안에 두 개의 텍스트를 각각 입력하고 서식을 지정합니다. 그런 다음 [삽입] 탭→[일러스트레이션] 그룹→도형(🛡)을 클릭하고 [선]을 선택하여 두 개의 텍스트 상자 사이에 수평선을 그리고 서식을 지정합니다.

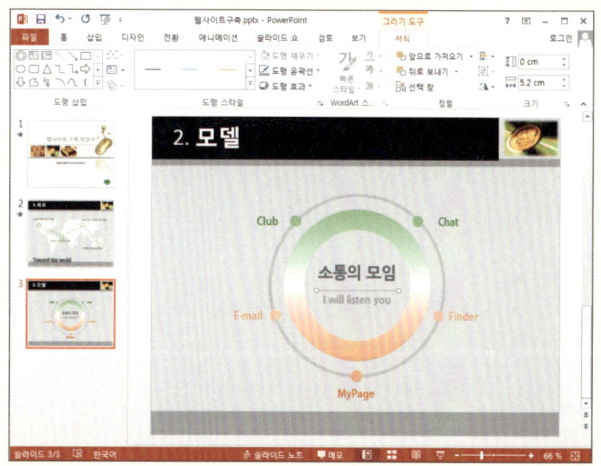

11 가장 큰 타원을 선택한 다음 [애니메이션] 탭→[애니메이션] 그룹의 애니메이션 스타일에서 [회전하며 밝기 변화] 애니메이션을 지정합니다. 그런 다음 [애니메이션] 탭→[타이밍] 그룹의 [시작]에서 '이전 효과 다음에'를 지정합니다.

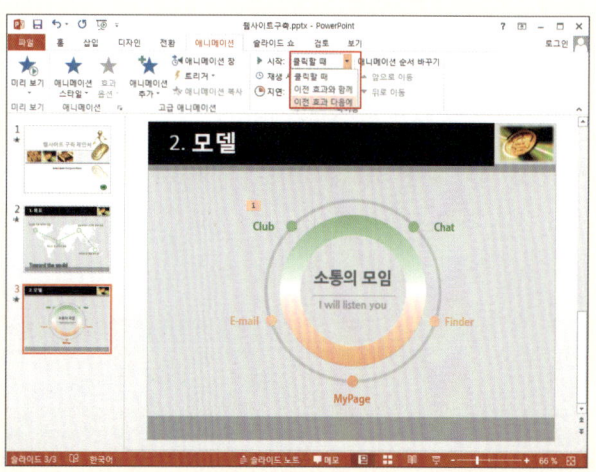

POINT
이렇게 하면 슬라이드 쇼에서 현재 슬라이드가 표시되면서 바로 애니메이션이 시작됩니다.

12 다섯 개의 작은 원 중 하나를 선택한 다음 [회전] 애니메이션을 지정하고 [시작]을 '이전 효과 다음에'로 지정합니다. 큰 타원의 애니메이션이 끝나면 작은 원의 애니메이션이 시작된다는 의미입니다.

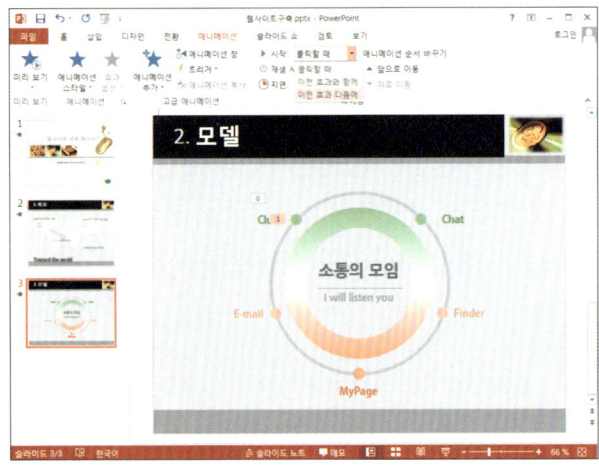

13 나머지 네 개의 작은 원을 Shift 를 이용하여 함께 선택한 다음 [회전] 애니메이션을 지정하고, [시작]을 '이전 효과와 함께'로 지정합니다. 이렇게 하면 결과적으로 다섯 개의 작은 원은 동시에 애니메이션을 시작합니다.

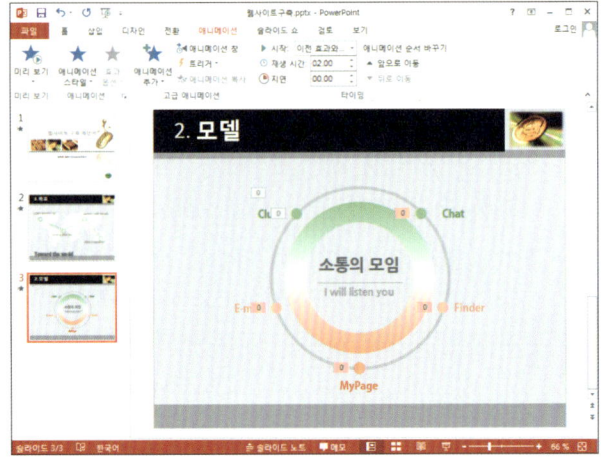

14 마지막으로 다섯 개의 텍스트 상자를 모두 선택합니다. 그런 다음 [올라오기] 애니메이션을 지정하고 [시작]을 '이전 효과와 함께'로 지정하여 작은 원과 동시에 애니메이션이 시작되도록 합니다.

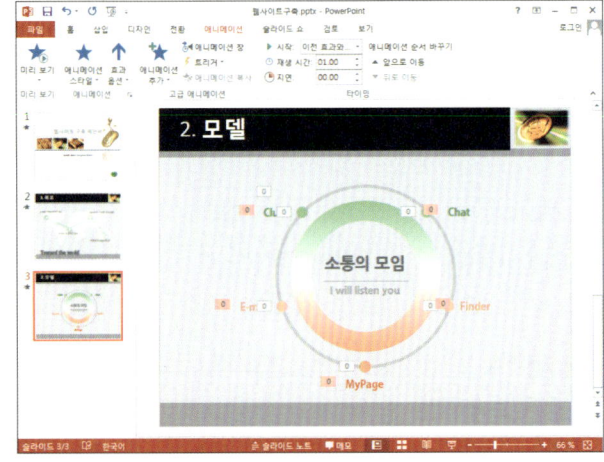

웹사이트 구축 제안서 : 추진 일정 슬라이드

추진 일정 슬라이드는 파워포인트의 SmartArt 기능을 이용하여 작성합니다. 내용 개체 틀이 포함된 슬라이드 레이아웃을 사용하며, 텍스트 창을 이용하여 SmartArt 개체에 텍스트를 입력하고 서식과 애니메이션을 지정합니다.

Key Word : SmartArt, 색 변경, 텍스트 창

1 3번 슬라이드에서 [홈] 탭 → [슬라이드] 그룹 → 새 슬라이드( )의 화살표를 클릭하고 '제목 및 내용' 레이아웃을 선택합니다. 4번 슬라이드가 삽입되면 제목을 입력합니다.

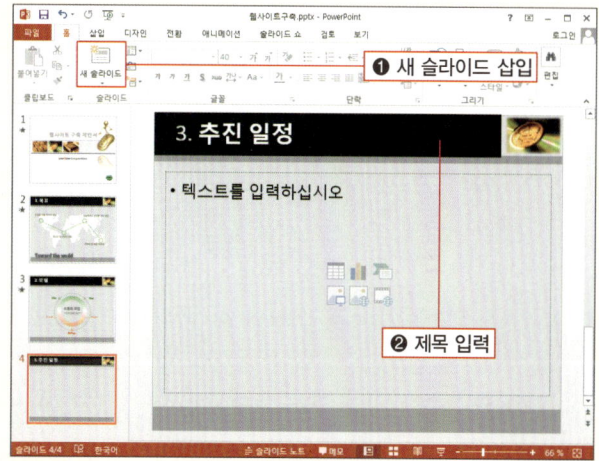

2 내용 개체 틀에서 SmartArt 그래픽 삽입( ) 아이콘을 클릭한 다음 [SmartArt 그래픽 선택] 대화상자가 표시되면 [프로세스형]에서 [오름차순 화살표 프로세스형]을 선택하고 [확인] 버튼을 클릭합니다.

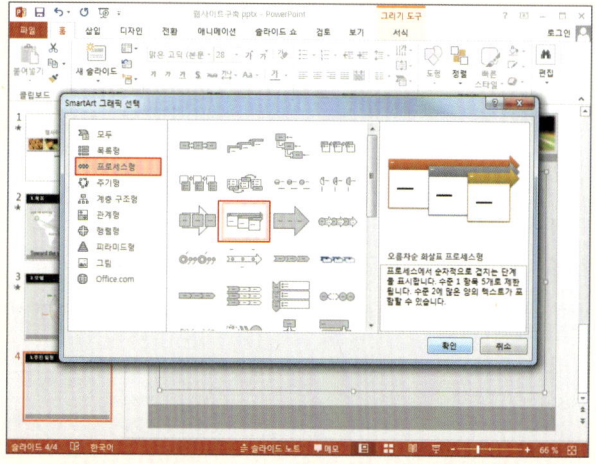

3 SmartArt 그래픽이 삽입되면 텍스트 창에 다음과 같이 텍스트를 입력합니다. Enter 를 누르면 같은 수준으로 텍스트를 입력할 수 있습니다.

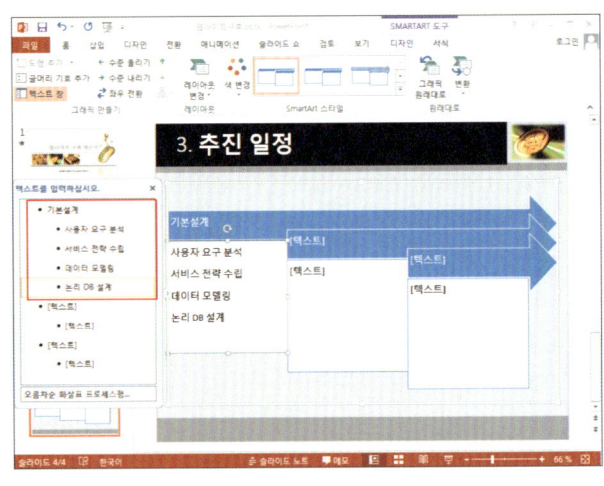

POINT
[디자인] 탭 → [그래픽 만들기] 그룹 → 텍스트 창(텍스트 창)을 사용하여 텍스트 창의 표시 여부를 지정합니다.

4 같은 방법으로 두 번째 도형과 세 번째 도형에 다음과 같이 텍스트를 입력합니다.

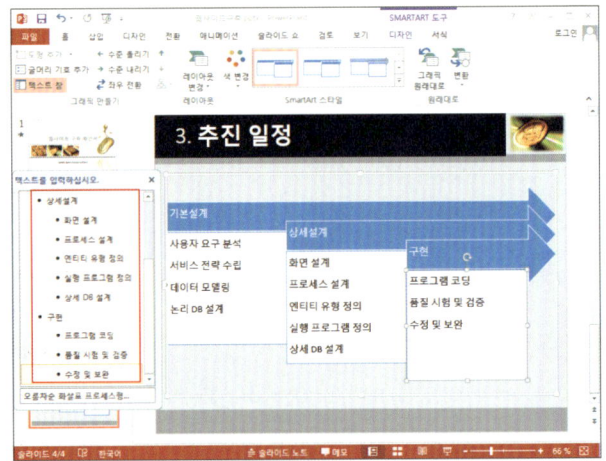

5 세 번째 도형의 마지막 텍스트에서 Enter 를 누른 다음 Shift + Tab 을 누르면 한 단계 수준이 올라가면서 새 도형이 만들어집니다. '시험/전개'를 입력한 다음 Enter 를 누르고 Tab 을 눌러 수준을 내린 다음 나머지 텍스트를 입력합니다.

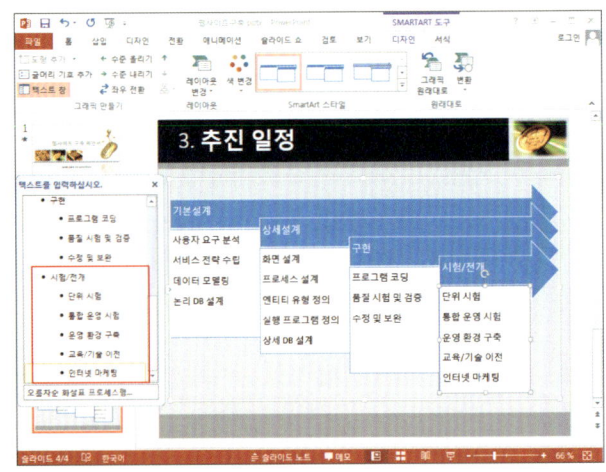

6 텍스트 창을 닫고 [디자인] 탭 → [SmartArt 스타일] 그룹 → 색 변경( )을 클릭한 다음 [색상형 – 강조색]을 선택하여 색을 변경합니다.

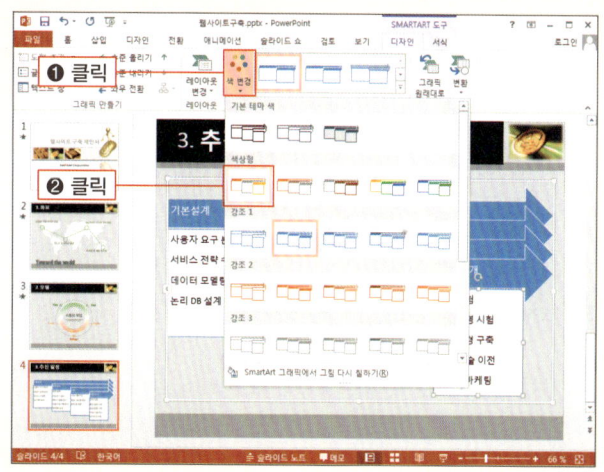

7 색이 변경되면 이번에는 [SmartArt 스타일] 그룹의 스타일 갤러리에서 [미세 효과] 스타일을 선택합니다.

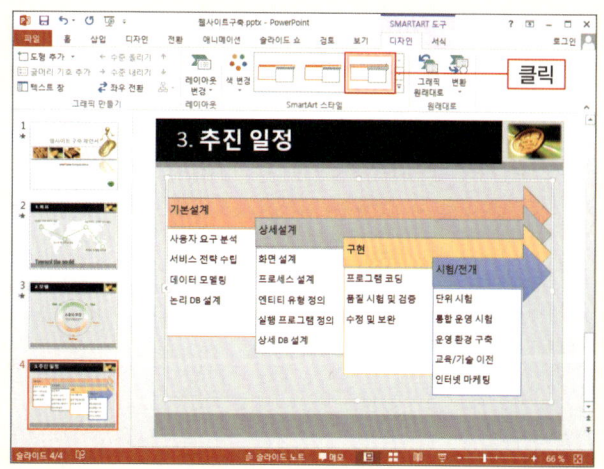

8 이제 애니메이션을 지정할 차례입니다. [애니메이션] 탭 → [애니메이션] 그룹의 갤러리에서 [닦아내기] 효과를 선택합니다.

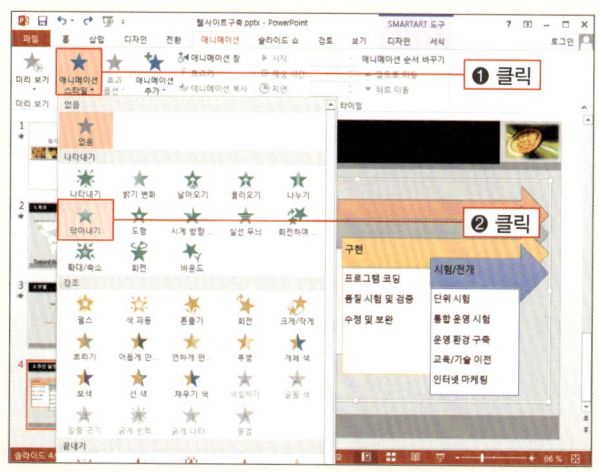

Project 실무 프레젠테이션에서 즐겨 쓰는 노하우 30가지 **355**

9 애니메이션이 지정되면 이번에는 [효과 옵션]을 클릭하고 방향을 [왼쪽에서]로 변경합니다.

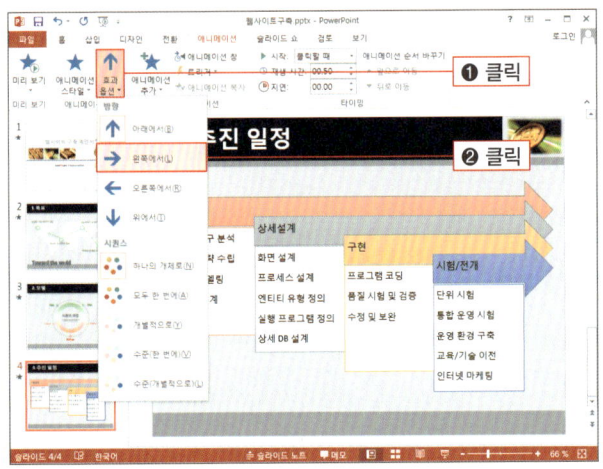

10 방향을 변경한 후 다시 [효과 옵션]을 클릭한 다음 시퀀스의 [수준(개별적으로)]을 선택합니다.

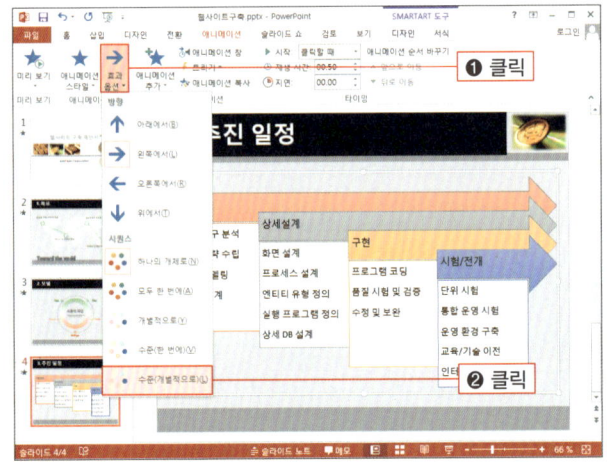

11 마지막으로 [애니메이션] 탭 → [타이밍] 그룹에서 [시작]을 '이전 효과 다음에'로 변경합니다. 이렇게 하면 SmartArt 그래픽의 첫 번째 수준에 있는 화살표 도형 4개가 차례대로 표시되고, 두 번째 수준에 있는 사각형 도형 4개가 차례대로 표시됩니다.

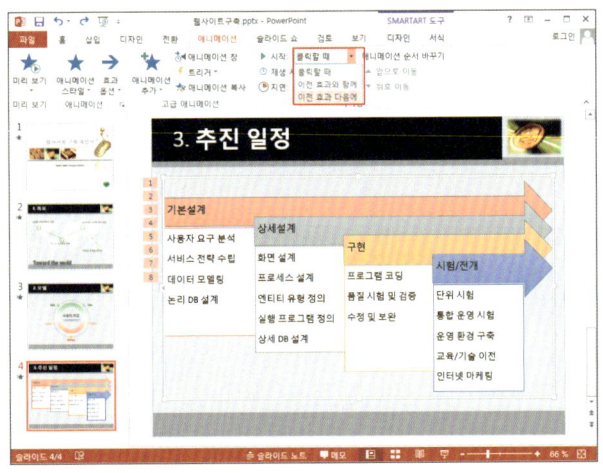

웹사이트 구축 제안서 : 유지 보수 슬라이드

유지 보수 슬라이드는 텍스트 상자와 이미지, SmartArt 그래픽으로 구성합니다. 특히 주목해야 할 부분은 슬라이드에 삽입한 클립 아트의 일부만 사용하기 위해 클립 아트를 그리기 개체로 변환시키고 그룹을 해제하여 일부만 가져오는 과정입니다.

Key Word : 클립 아트 삽입, 그룹, SmartArt 그래픽

1 4번 슬라이드에서 [홈] 탭 → [슬라이드] 그룹 → 새 슬라이드( )의 화살표를 클릭하고 '제목만' 레이아웃을 선택하여 새 슬라이드를 추가하고 제목을 입력합니다.

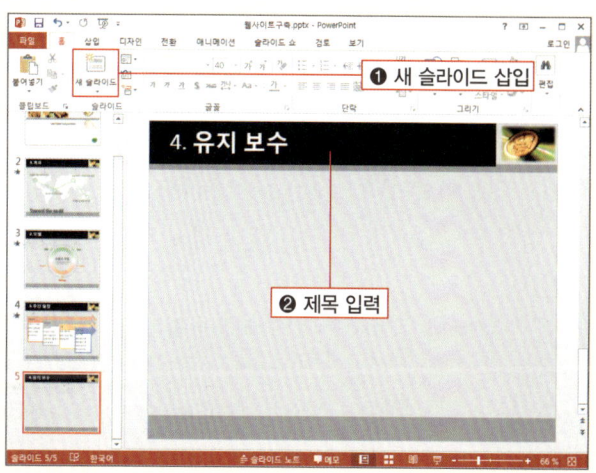

2 [삽입] 탭→[이미지] 그룹→온라인 그림( )을 클릭합니다. [그림 삽입] 창이 실행되면 [Office.com 클립 아트] 검색 상자에 '실루엣'을 입력하고 Enter를 누른 다음, 검색 결과에서 원하는 클립 아트를 선택하고 [삽입] 버튼을 클릭합니다.

> **POINT**
> 여기서는 선택한 이미지 중 일부만 사용하려고 합니다. 그래서 사진과 같은 이미지가 아니라 그리기 개체로 이루어진 이미지를 선택하였습니다.

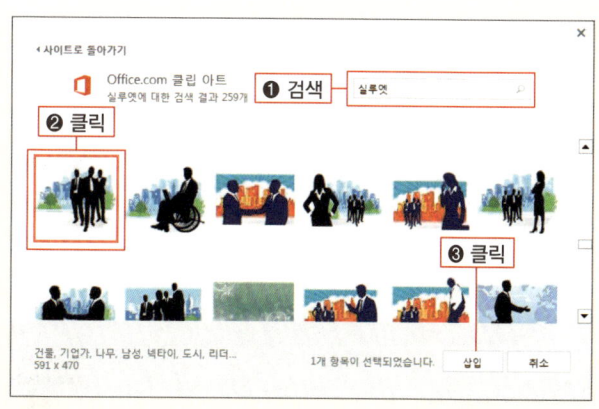

3 슬라이드에 이미지가 삽입되면 크기를 조절한 다음 [서식] 탭 → [정렬] 그룹 → 그룹(🔲)을 클릭하고 [그룹 해제]를 선택합니다.

4 다음과 같은 경고 메시지가 표시되면 [예] 버튼을 클릭합니다. 이렇게 하면 선택한 이미지가 그리기 개체로 변환되고 그룹 해제가 이루어집니다.

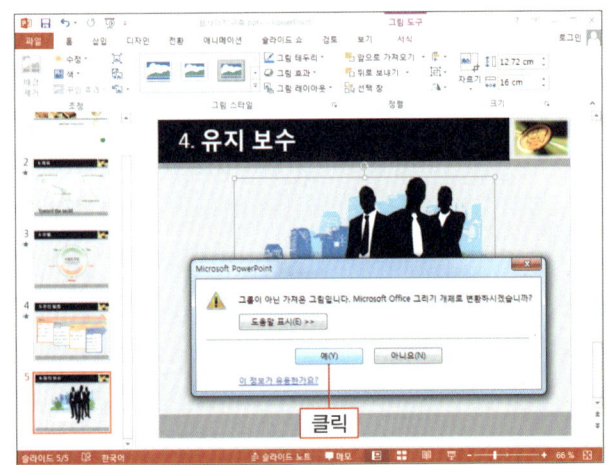

5 한 단계 그룹 해제가 된 상태에서 다시 그룹(🔲)을 클릭하고 [그룹 해제]를 선택합니다. [그룹 해제]는 원하는 부분만 남길 수 있을 때까지 더 많이 실행해야 할 수도 있습니다.

POINT
여기서는 삽입한 이미지 중 검은색으로 된 사람 실루엣만 남기려고 합니다.

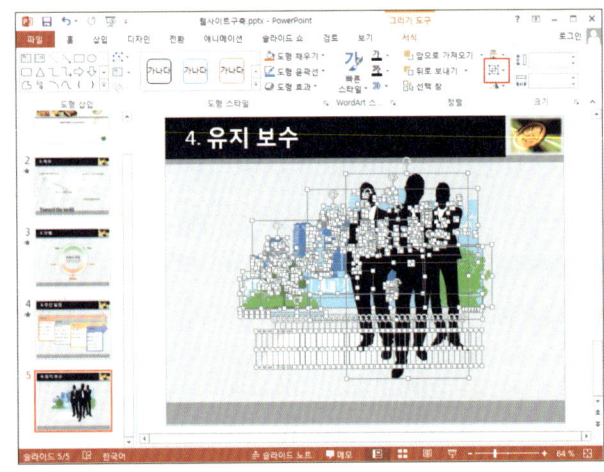

6 사용하려는 부분만 선택하여 다른 곳으로 이동한 다음, 필요 없는 나머지 그리기 개체를 모두 선택하고 Delete 를 눌러 삭제합니다.

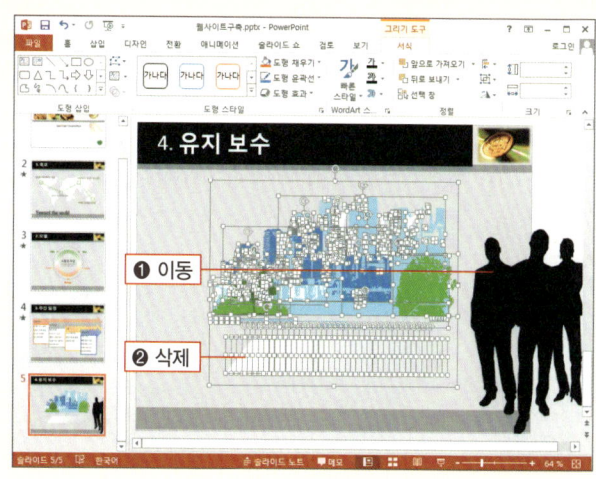

7 이제 남은 부분을 원하는 곳으로 드래그하여 이동하고 필요하다면 크기를 조절합니다.

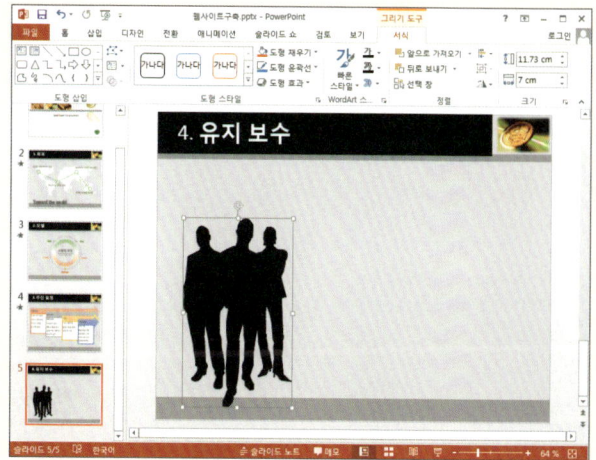

8 [삽입] 탭 → [텍스트] 그룹 → 텍스트 상자(圖)를 선택하여 다음과 같이 두 줄로 이루어진 텍스트를 입력한 후 서식을 지정합니다.

POINT

텍스트 입력 후 Esc 를 눌러 상자 전체가 선택된 상태에서 글꼴과 크기, 줄 간격 등을 지정합니다. 그런 다음 일부 텍스트만 마우스로 드래그하여 서식을 지정합니다.

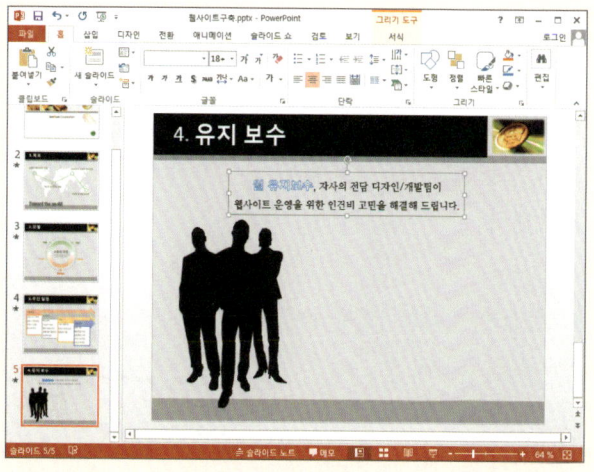

09 [삽입] 탭 → [일러스트레이션] 그룹 → SmartArt( )를 클릭합니다. [Smart 그래픽 선택] 대화상자에서 [목록형]에 있는 [세로 곡선 목록형]을 선택한 다음 [확인] 버튼을 클릭합니다.

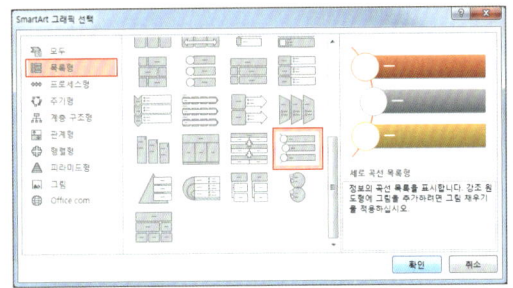

10 슬라이드에 SmartArt 그래픽이 삽입되면 텍스트 창을 이용하여 다음과 같이 텍스트를 입력합니다. 입력이 끝나면 텍스트 창은 닫습니다.

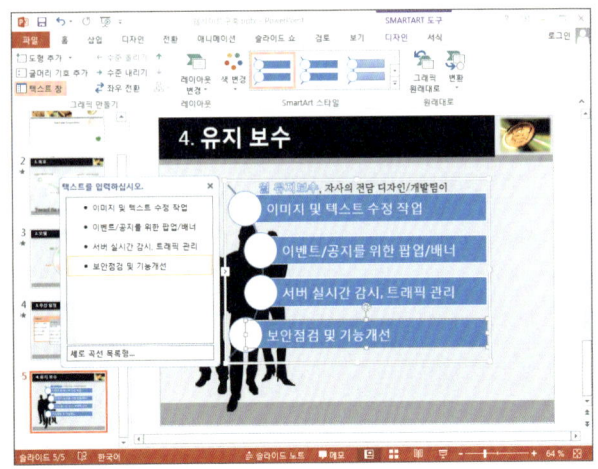

11 [디자인] 탭 → [SmartArt 스타일] 그룹 → 색 변경( )을 클릭하고 원하는 색 변경을 선택합니다. 그런 다음 SmartArt 스타일 갤러리에서 원하는 스타일을 선택하여 적용합니다.

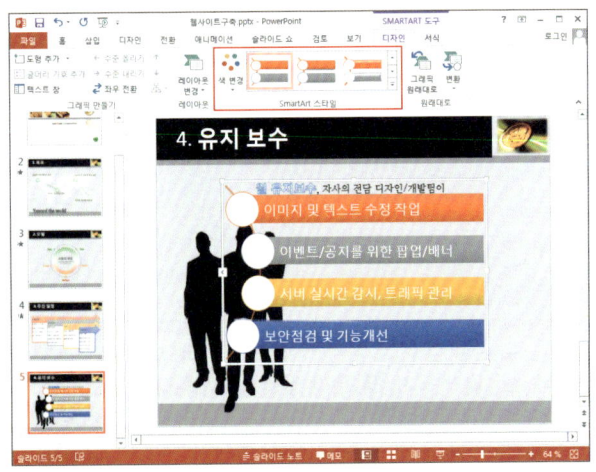

12 [홈] 탭 → [글꼴] 그룹의 도구를 사용하여 글꼴과 글꼴 크기, 글꼴 스타일 등의 서식을 지정합니다. 그런 다음 크기를 조절하고 다음과 같이 배치합니다.

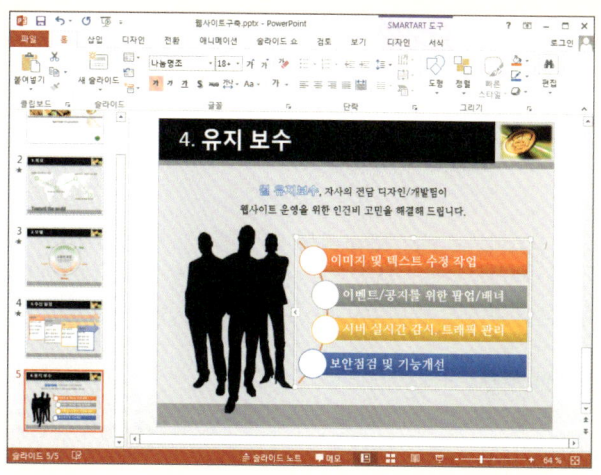

13 여기서는 텍스트 상자에만 애니메이션을 지정하겠습니다. 텍스트 상자를 선택한 다음 [애니메이션] 탭 → [애니메이션] 그룹의 애니메이션 스타일 갤러리에서 [회전하며 밝기 변화] 애니메이션을 지정합니다.

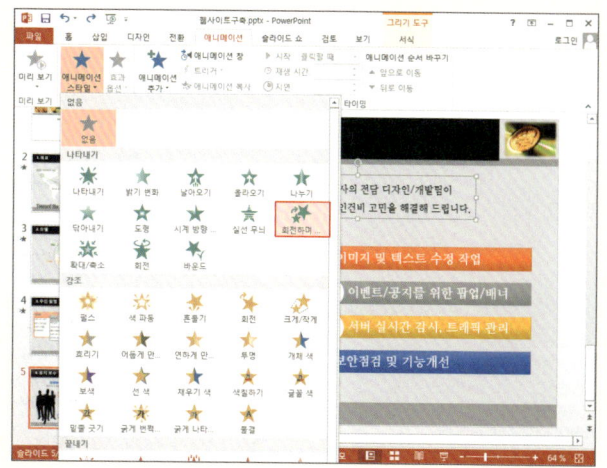

14 애니메이션을 지정한 다음 [효과 옵션]을 클릭하고 [단락별로]를 선택합니다. 그리고 마지막으로 [애니메이션] 탭 → [타이밍] 그룹에서 [시작]을 '이전 효과 다음에'로 지정합니다.

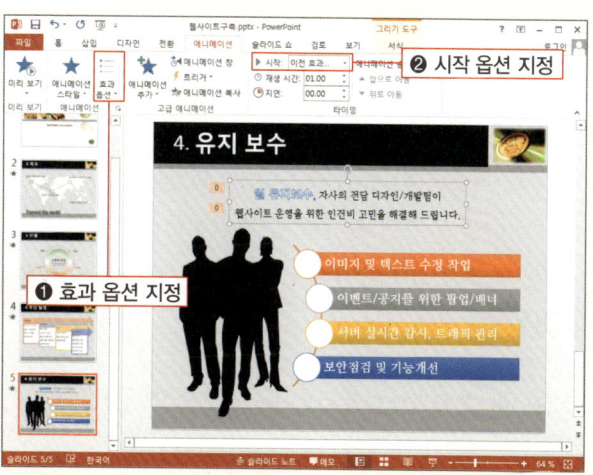

 웹사이트 구축 제안서 : 목차 슬라이드

목차 슬라이드는 일반적으로 제목 슬라이드 다음에 옵니다. 따라서 제목 슬라이드를 작성한 후 목차 슬라이드를 작성할 수도 있지만, 프레젠테이션을 구성하는 슬라이드를 모두 작성한 다음 목차 슬라이드를 작성할 수도 있습니다. 여기서 목차 슬라이드는 클립 아트와 도형, 텍스트 상자로 작성합니다.

Key Word : 다시 칠하기, 도형, 텍스트 상자, 뒤로 보내기

1 1번 슬라이드에서 [홈] 탭 → [슬라이드] 그룹 → 새 슬라이드( )의 화살표를 클릭하고 '제목만' 레이아웃을 선택하여 새 슬라이드를 추가하고 제목을 입력합니다.

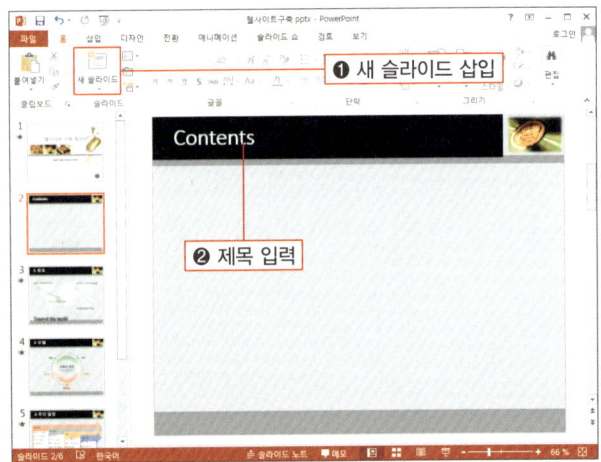

2 [삽입] 탭 → [이미지] 그룹 → 온라인 그림( )을 클릭한 다음 [Office.com 클립 아트] 검색 상자에 '지구본'을 입력하고 Enter 를 누릅니다. 이미지 검색 결과 중 다음과 같이 비슷한 이미지 네 개를 함께 선택하고 [삽입] 버튼을 클릭합니다.

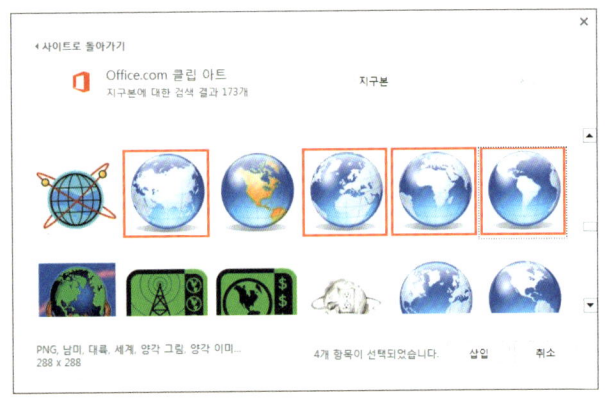

POINT
이미지 하나를 클릭한 다음 Ctrl 을 누른 상태로 나머지 이미지를 클릭합니다.

3 네 개의 클립 아트가 삽입되면 크기를 조절한 후 다음과 같이 일정한 간격으로 배치합니다. 이미지를 클릭한 채 드래그할 때 표시되는 스마트 가이드를 참조하면 일정하게 간격을 조절하기가 쉽습니다.

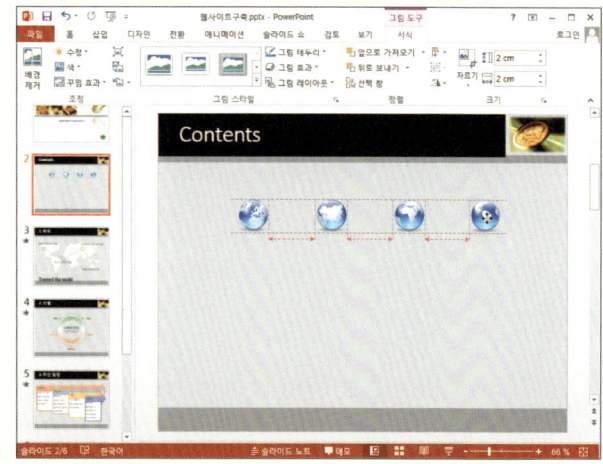

4 하나의 클립 아트만 선택한 상태에서 [서식] 탭 → [조정] 그룹 → 색(🖼)을 클릭하고 다시 칠하기 색 중 하나를 선택합니다.

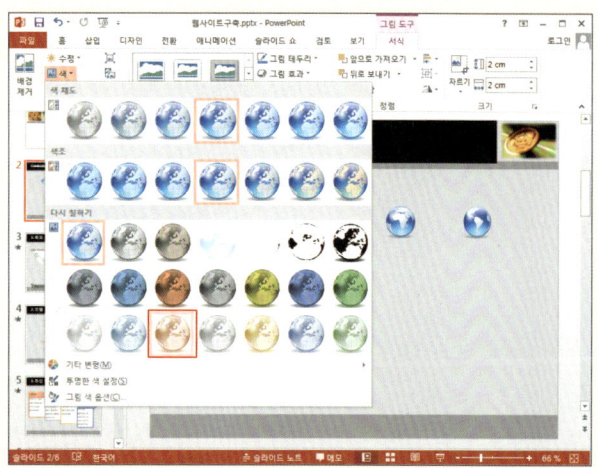

5 선택한 클립 아트의 색이 다시 칠해지면 나머지 세 개의 클립 아트도 같은 방법으로 서로 다른 색으로 칠해줍니다.

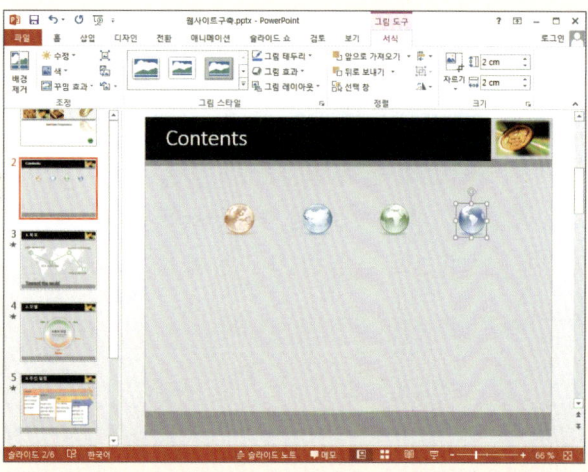

6 [삽입] 탭 → [텍스트] 그룹 → 텍스트 상자(□)를 사용하여 텍스트 상자를 삽입한 후 '목표'를 입력하고 서식을 지정합니다. 텍스트 상자는 첫 번째 클립 아트와 왼쪽이 나란하도록 배치합니다.

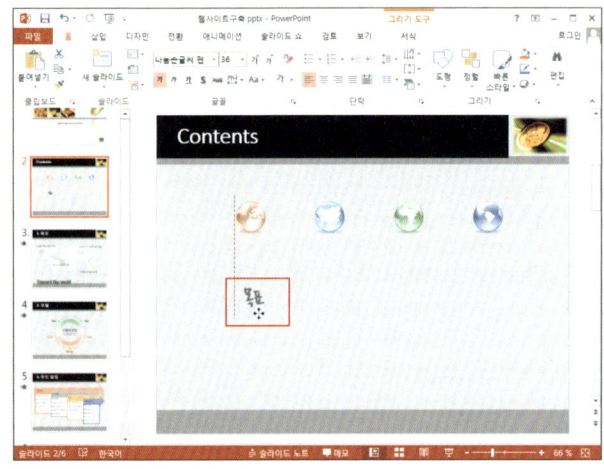

7 [삽입] 탭 → [일러스트레이션] 그룹 → 도형(☆)을 클릭하고 [화살표]를 선택하여 첫 번째 클립 아트와 텍스트 상자를 연결하는 선을 그립니다.

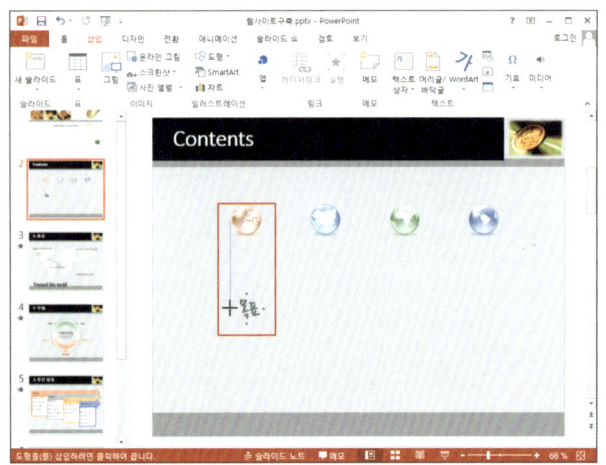

8 연결선이 선택된 상태에서 [서식] 탭 → [도형 스타일] 그룹의 대화상자 표시(☞) 버튼을 클릭하여 [도형 서식] 작업 창을 엽니다. 그런 다음 선의 색, 대시 종류(사각 점선), 화살표 꼬리 유형(타원 화살표), 화살표 꼬리 크기(크기 9) 등의 서식을 지정합니다.

9 연결선과 텍스트 상자를 함께 선택한 다음 Ctrl + Shift 를 누른 채 드래그하여 복사하고 텍스트를 수정합니다.

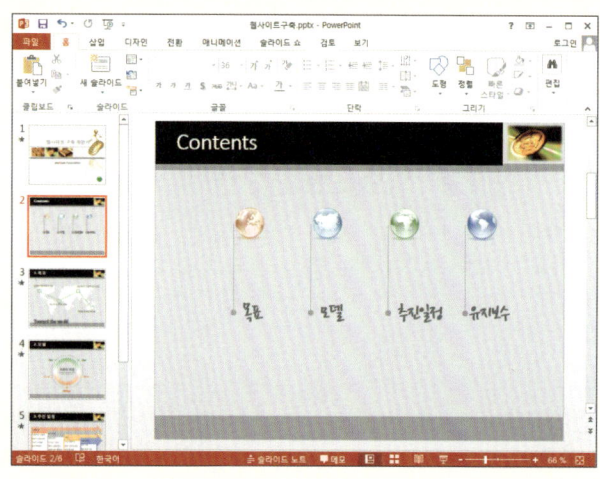

POINT
도형을 복사할 때 각 클립 아트와 텍스트 상자가 왼쪽 맞춤이 되도록 스마트 가이드를 참조합니다.

10 두 번째와 네 번째 텍스트 상자를 함께 선택한 다음 첫 번째와 세 번째 텍스트 상자보다 더 아래로 드래그하여 이동합니다.

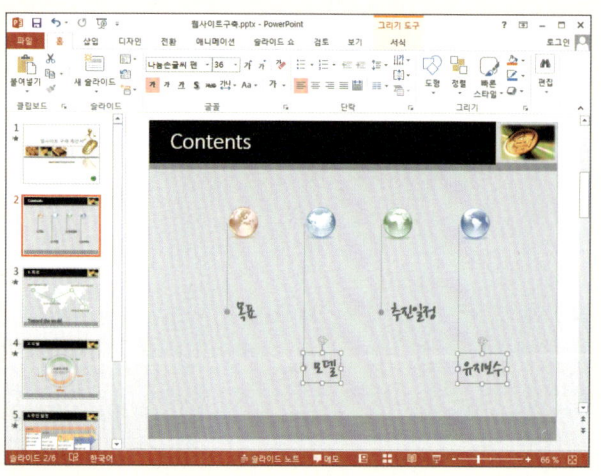

11 이제 목차 슬라이드의 배경을 3번 슬라이드에 삽입한 세계 지도로 꾸밀 차례입니다. 3번 슬라이드에서 세계 지도 이미지를 클릭한 다음 Ctrl + C 를 눌러 복사합니다.

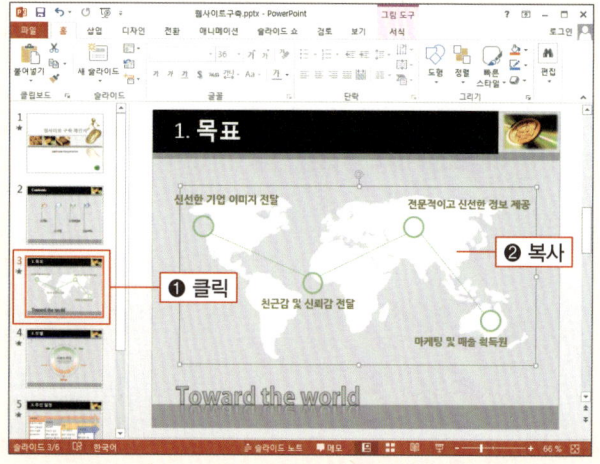

Project 실무 프레젠테이션에서 즐겨 쓰는 노하우 30가지 **365**

12 2번 슬라이드를 선택하고 Ctrl + V를 눌러 복사한 세계 지도 이미지를 붙여 넣습니다. 이렇게 하면 세계 지도 이미지가 맨 위에 놓이게 되므로 다른 클립 아트와 도형을 가리게 됩니다.

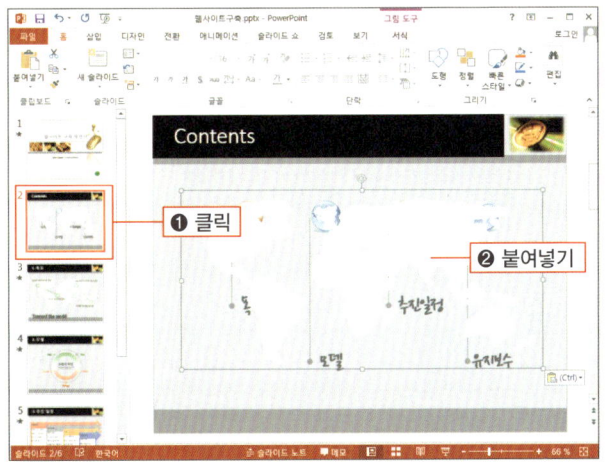

13 세계 지도 이미지가 선택되어 있는 상태에서 [서식] 탭 → [정렬] 그룹 → 뒤로 보내기( )의 화살표를 클릭한 다음 [맨 뒤로 보내기]를 선택합니다.

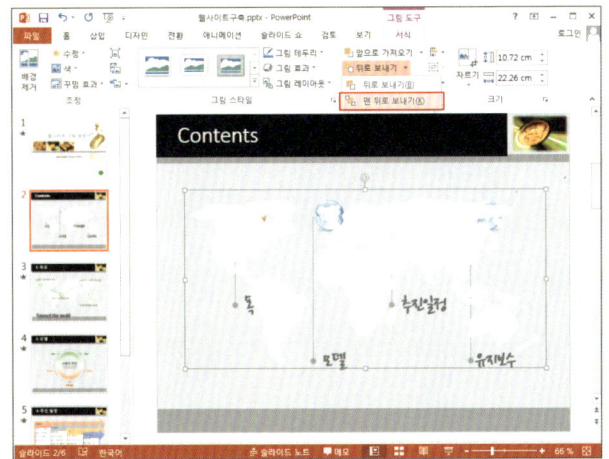

14 세계 지도 이미지가 맨 뒤로 이동하여 슬라이드의 배경처럼 꾸며졌습니다. 슬라이드 바깥쪽을 클릭해서 선택을 해제한 다음 프레젠테이션을 저장합니다.

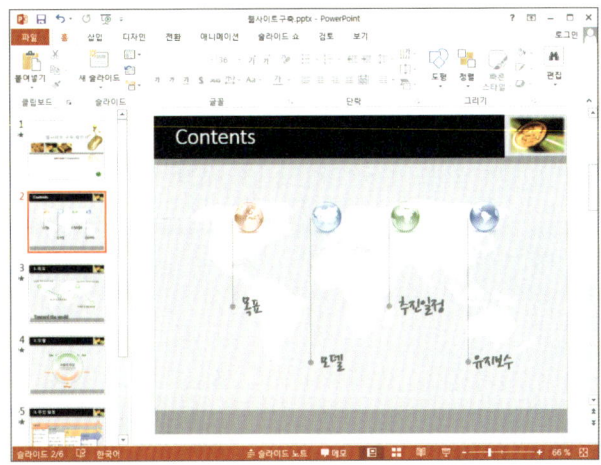

회사 소개 : 슬라이드 마스터 디자인

회사를 소개하는 프레젠테이션은 회사의 기본적인 정보와 함께 기업 이념이나 경영 철학을 비롯하여 조직도, 연혁, 사업 분야 등을 포함합니다. 슬라이드 마스터와 제목 마스터를 디자인하는 것을 시작으로 회사 소개를 위한 프레젠테이션을 작성합니다.

Key Word : 테마 색, 텍스트 상자, 배경 서식

1 새 프레젠테이션에서 저장(📁)을 클릭한 다음 '초록식품.pptx'로 프레젠테이션을 저장합니다. 그런 다음 [보기] 탭 → [프레젠테이션 보기] 그룹 → 슬라이드 마스터(□)를 클릭합니다.

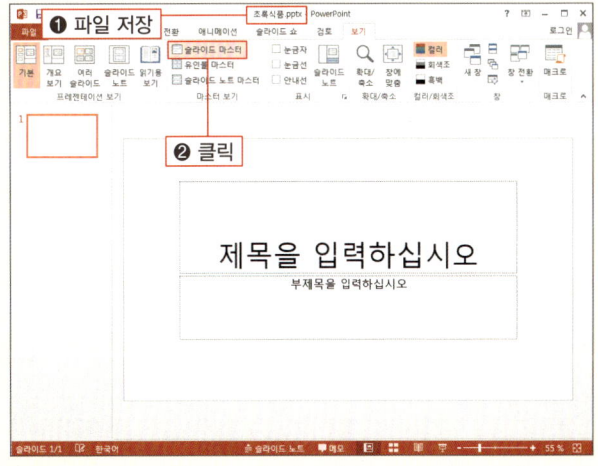

POINT
새 프레젠테이션 만들기의 바로 가기 키는 Ctrl + N 입니다.

2 [슬라이드 마스터] 탭 → [크기] 그룹 → 슬라이드 크기(□)를 클릭하고 [표준(4:3)]을 선택하여 슬라이드 크기를 변경합니다.

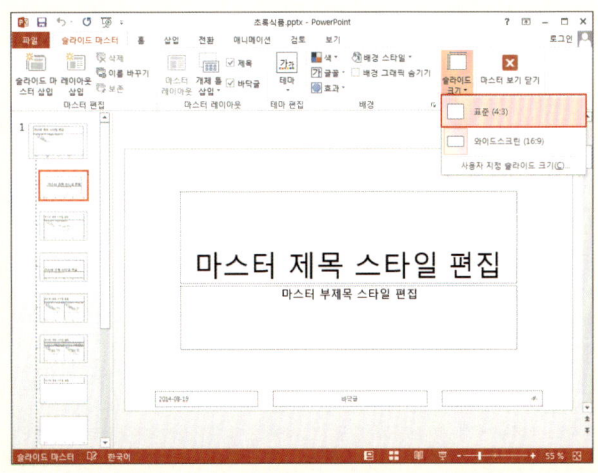

3 축소판 그림에서 가장 위쪽에 있는 '슬라이드 마스터'를 선택한 다음 [삽입] 탭 → [일러스트레이션] 그룹 → 도형( )을 클릭하고 [직사각형]을 선택합니다. 슬라이드 크기와 맞게 직사각형을 그린 다음 [서식] 탭 → [도형 스타일] 그룹에서 서식을 지정합니다.

POINT
도형 채우기(없음), 도형 윤곽선의 색과 두께(6pt) 등의 서식을 지정합니다.

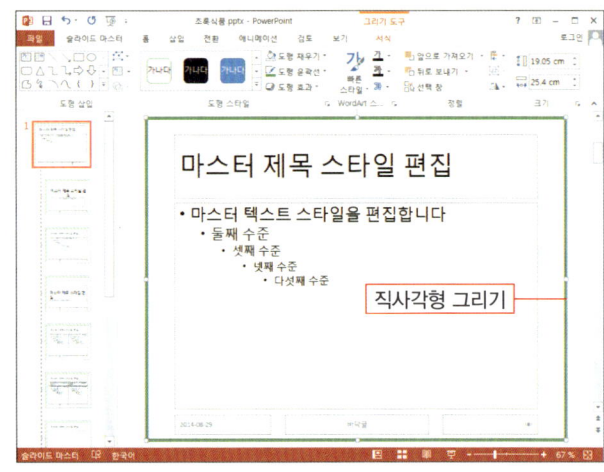

4 [삽입] 탭 → [일러스트레이션] 그룹 → 도형( )을 클릭하고 [직각 삼각형]을 선택합니다. 도형을 그린 다음 채우기 색과 윤곽선 색을 지정하고, [서식] 탭 → [정렬] 그룹 → 회전( )을 클릭한 다음 [좌우 대칭]을 선택합니다.

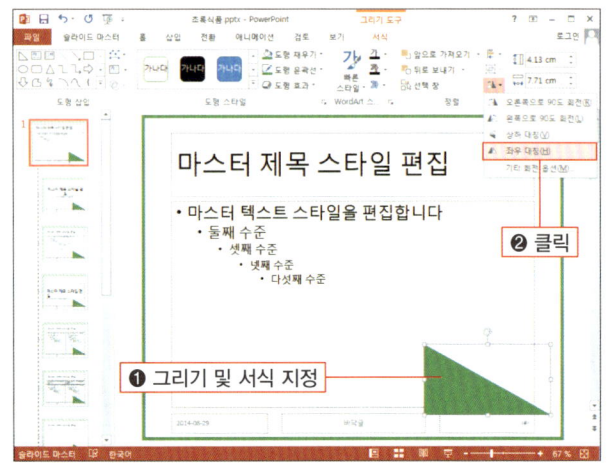

5 직각 삼각형의 크기와 위치를 슬라이드 오른쪽 하단에 맞춰 조정하고 'GreenFood'를 입력한 다음 Esc 를 누릅니다. [홈] 탭 → [글꼴] 그룹에서 글꼴 서식을 지정하고, [홈] 탭 → [그리기] 그룹 → 정렬( )을 클릭한 다음 [맨 뒤로 보내기]를 선택합니다.

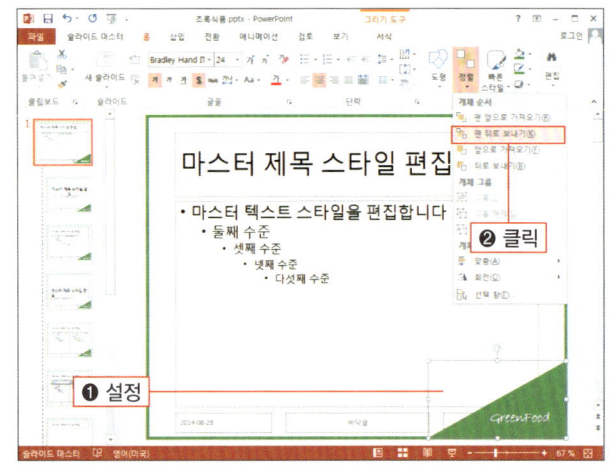

6 제목 개체 틀을 선택하고 글꼴 서식을 지정한 다음 크기와 위치를 조정합니다.

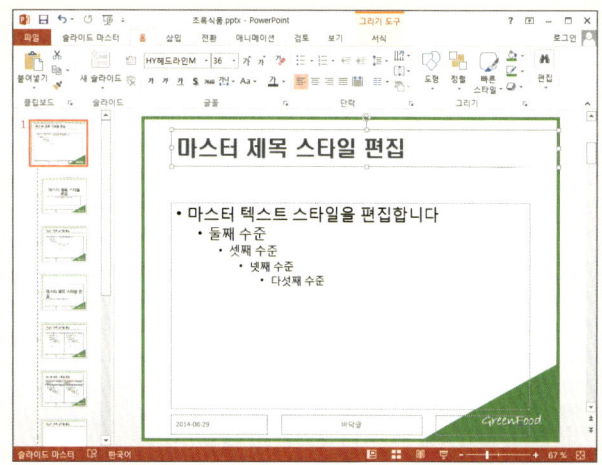

7 텍스트 개체 틀을 선택하고 글꼴 서식을 지정한 다음 크기와 위치를 조정합니다.

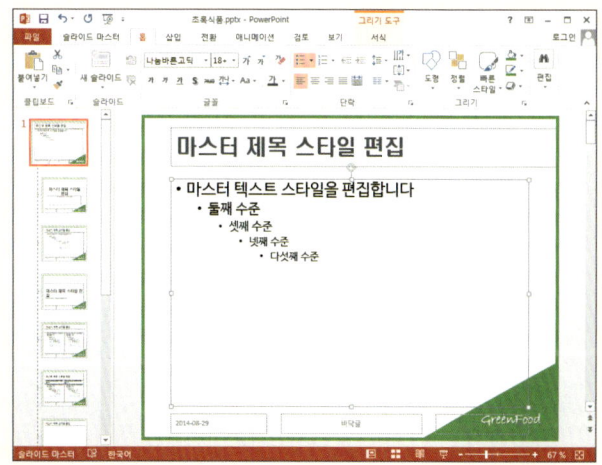

8 [삽입] 탭 → [일러스트레이션] 그룹 → 도형( )을 클릭하고 [선]을 선택하여 다음과 같이 모두 세 개의 직선을 그리고 [서식] 탭 → [도형 스타일] 그룹에서 서식을 지정합니다. Shift 를 누른 상태에서 선을 그리면 쉽게 수평선이나 수직선을 그릴 수 있습니다.

> **POINT**
> 도형 윤곽선의 색과 두께 등의 서식을 지정해야 합니다.

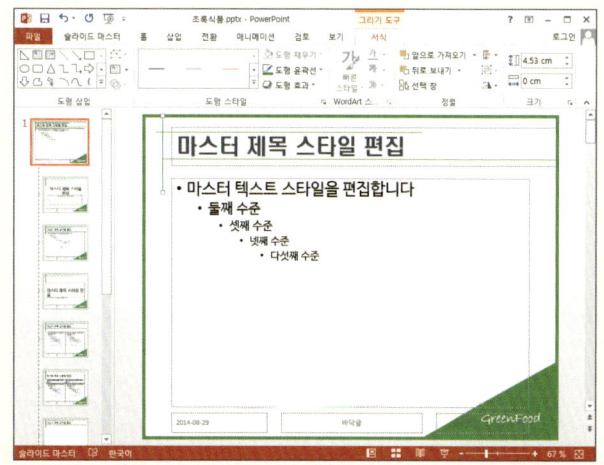

9 아래쪽의 수평선을 선택한 다음 [서식] 탭 → [도형 스타일] 그룹의 대화상자표시 (□) 버튼을 클릭합니다. [도형 서식] 작업 창이 열리면 [채우기 및 선] → [선] → [화살표 머리 유형] 버튼을 클릭하고 [타원 화살표]를 선택합니다. 이제 작업 창은 닫아도 됩니다.

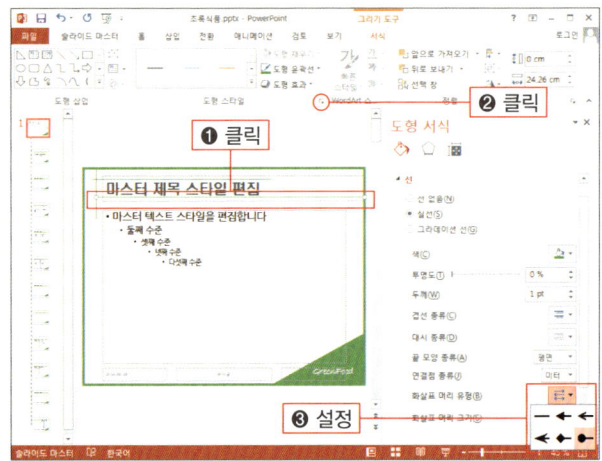

10 축소판 그림에서 '제목 슬라이드 레이아웃'을 선택합니다. [슬라이드 마스터] 탭 → [배경] 그룹 → [배경 그래픽 숨기기]를 선택하여 '슬라이드 마스터'에서 삽입한 그리기 개체를 숨깁니다.

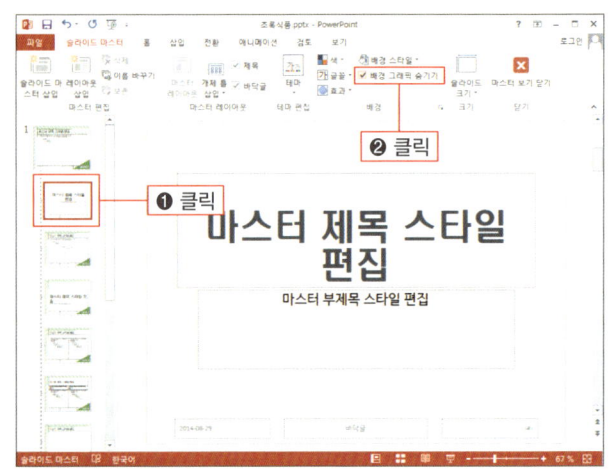

11 제목 개체 틀과 부제목 개체 틀의 크기, 위치, 글꼴 서식 등을 지정합니다. 여기서 지정한 서식은 '제목 슬라이드 레이아웃'에만 영향을 줍니다.

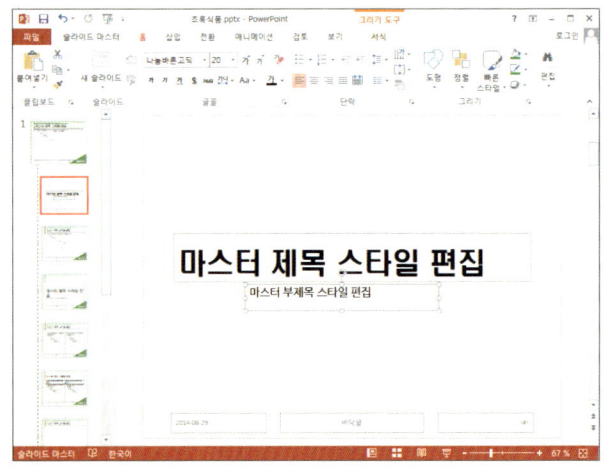

12 다음과 같이 직각 삼각형, 선 등의 도형을 삽입하고 서식을 지정합니다. 오른쪽 하단의 직각 삼각형은 '슬라이드 마스터'에서 Ctrl + C를 눌러 복사한 다음, '제목 슬라이드 레이아웃'에서 Ctrl + V를 눌러 붙여 넣는 방법을 사용합니다.

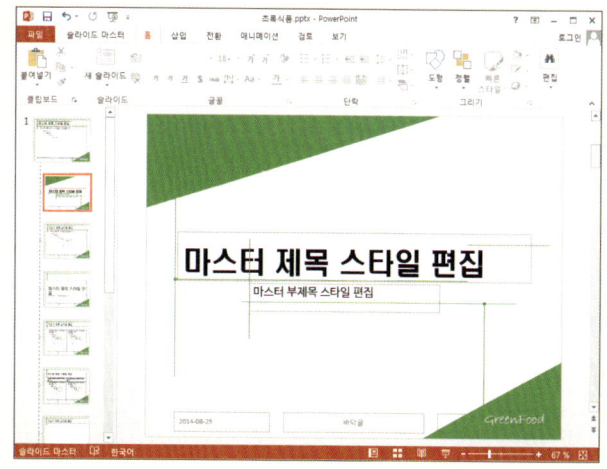

13 제목 개체 틀과 부제목 개체 틀을 함께 선택한 다음 [서식] 탭 → [정렬] 그룹 → 앞으로 가져오기( )의 화살표를 클릭하고 [맨 앞으로 가져오기]를 선택합니다. 이렇게 하면 도형이 제목이나 부제목 텍스트를 가리지 않게 됩니다.

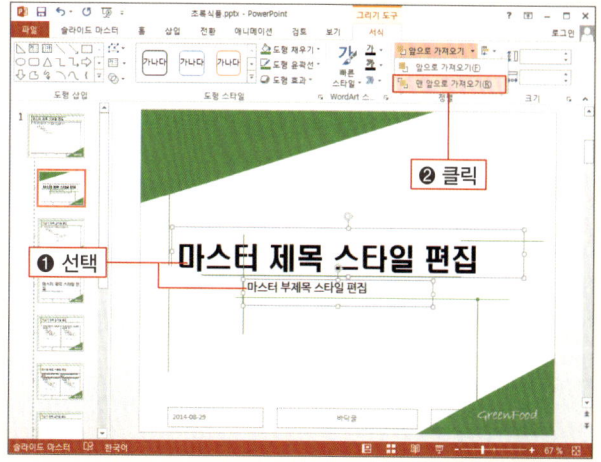

14 슬라이드 마스터 작업이 모두 끝났으므로 [슬라이드 마스터] 탭 → [닫기] 그룹 → 마스터 보기 닫기( )를 클릭합니다. 첫 번째 제목 슬라이드에 적용된 슬라이드 마스터 설정 사항을 확인할 수 있습니다.

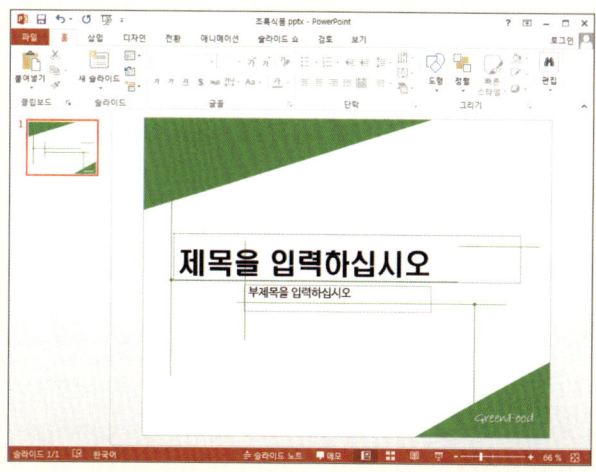

회사 소개 : 표지 및 목차 슬라이드

제목 슬라이드를 이용하여 프레젠테이션의 표지 슬라이드를 작성합니다. 그리고 새 슬라이드를 삽입한 다음 목차 슬라이드를 작성할 것입니다. 목차 슬라이드는 '제목만' 슬라이드 레이아웃으로 만듭니다.

Key Word : 도형, 도형 복사, 워드아트

1 제목 개체 틀과 부제목 개체 틀에 다음과 같이 각각 제목과 부제목을 입력합니다.

2 '제목만' 레이아웃으로 새 슬라이드를 추가한 다음 제목을 다음과 같이 입력합니다.

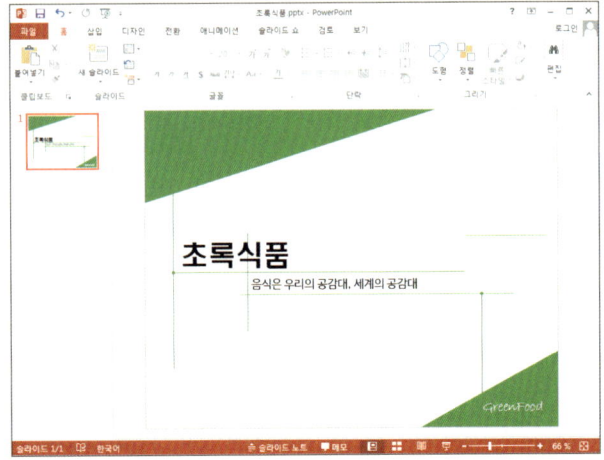

POINT

[홈] 탭 → [슬라이드] 그룹 → 새 슬라이드( )의 화살표를 클릭하고 '제목만' 레이아웃을 클릭해서 새 슬라이드를 추가합니다.

3 [삽입] 탭 → [일러스트레이션] 그룹 → 도형( )을 클릭하고 [타원형 설명선]을 선택하여 도형을 그립니다. 도형에 숫자 '1'을 입력한 다음 [서식] 탭 → [도형 스타일] 그룹에서 서식을 지정하고, [홈] 탭 → [글꼴] 그룹에서 글꼴 서식을 지정합니다.

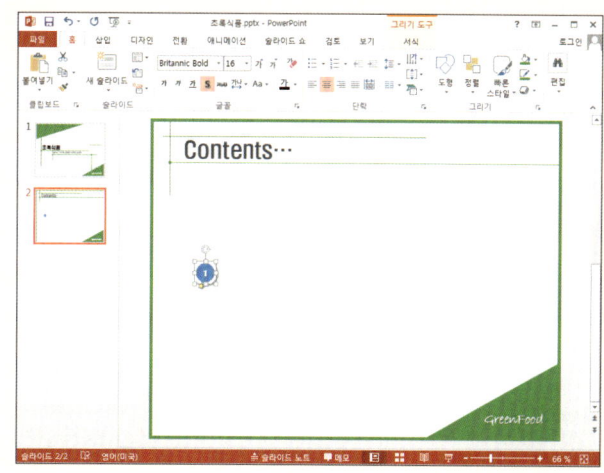

POINT
도형의 채우기 색, 윤곽선 색, 윤곽선 두께, 그림자 효과 등의 서식을 지정했습니다.

4 설명선 도형을 Ctrl + Shift 를 누른 상태로 드래그하여 4개를 더 복사한 다음 각 도형의 숫자를 수정합니다.

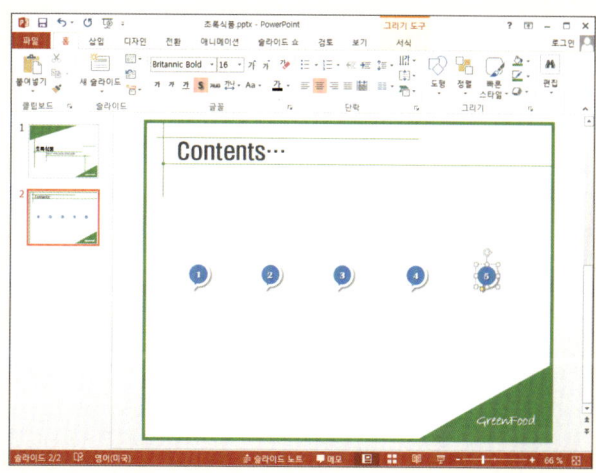

POINT
다섯 개의 도형을 모두 선택한 다음 [서식] 탭 → [정렬] 그룹 → 개체 맞춤( )을 클릭한 다음 [가로 간격을 동일하게]를 선택하면 도형 사이 간격을 일정하게 맞출 수 있습니다.

5 [삽입] 탭 → [일러스트레이션] 그룹 → 도형( )을 클릭하고 [직선]을 선택하여 수평선을 그린 다음 서식을 지정합니다. 그런 다음 [서식] 탭 → [정렬] 그룹 → 뒤로 보내기( )의 화살표를 클릭한 다음 [맨 뒤로 보내기]를 선택합니다.

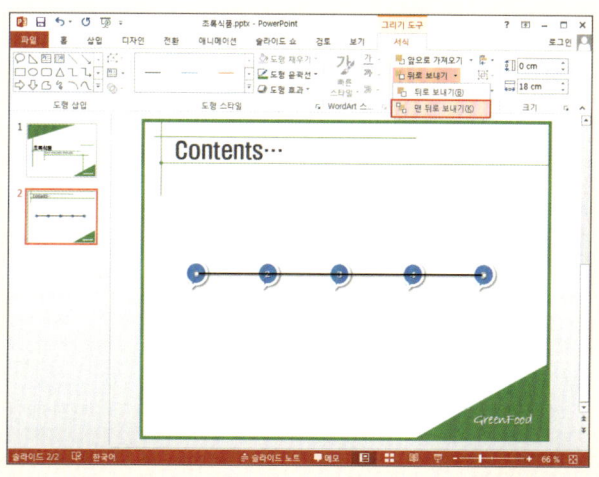

6 이번에는 도형(⬠)을 클릭하고 [직선]을 선택한 다음 설명선 도형과 이어지게 수직선을 그리고 서식을 지정합니다. 그런 다음 Ctrl 을 누른 채 다른 설명선 도형과 이어지도록 복사합니다.

\POINT
수직선의 색과 두께, 화살표 머리 유형(타원형 화살표)을 지정했습니다. 화살표 머리 유형은 [도형 서식] 작업 창을 이용하여 지정합니다.

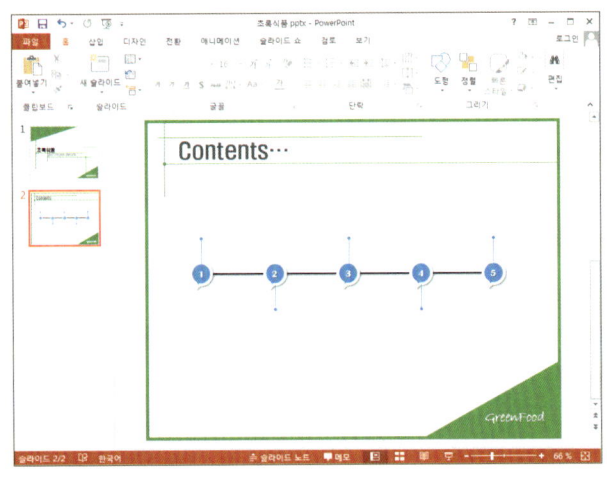

7 [삽입] 탭 → [텍스트] 그룹 → 텍스트 상자(□)를 클릭하고 수직선의 타원형 화살표 오른쪽을 클릭합니다. 그런 다음 '회사개요'를 입력하고 [홈] 탭 → [글꼴] 그룹에서 글꼴 서식을 지정합니다.

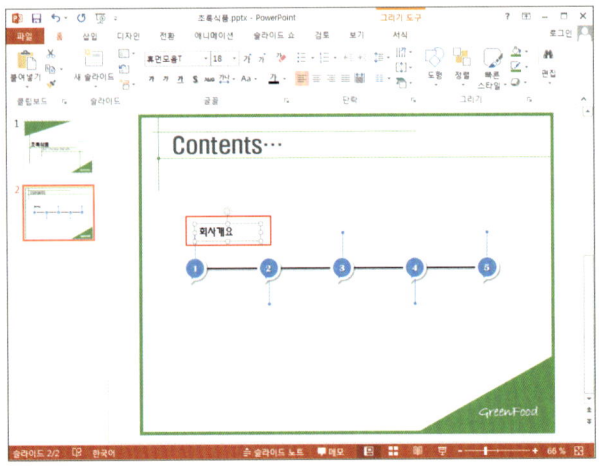

8 Ctrl 을 누른 채 텍스트 상자를 드래그하여 다른 수직선의 타원형 화살표 오른쪽에 텍스트 상자가 오도록 복사한 후, 다음과 같이 텍스트를 수정합니다.

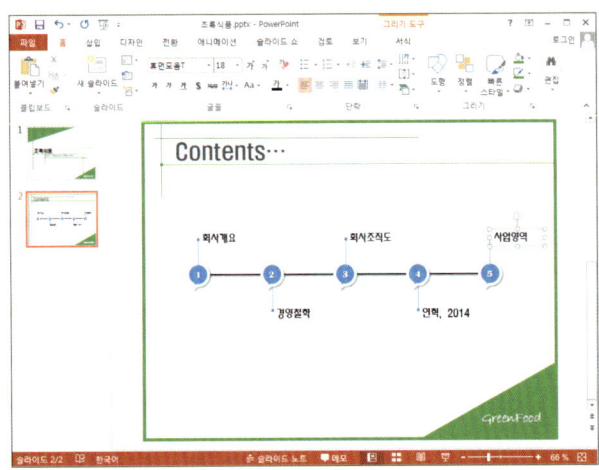

9 두 번째 설명선 도형의 채우기 색을 변경하고 같은 색으로 이어진 수직선의 색을 변경합니다. 같은 방법으로 나머지 설명선 도형과 수직선의 색을 다음과 같이 변경합니다.

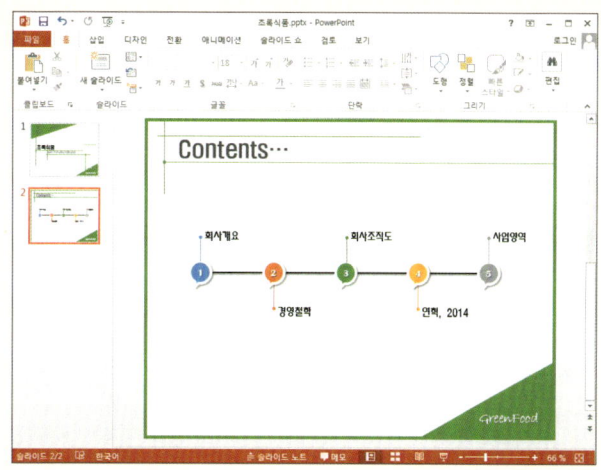

10 [삽입] 탭 → [텍스트] 그룹 → WordArt (가)를 클릭하고 원하는 스타일을 선택합니다. 슬라이드에 워드아트가 삽입되면 '음식은 우리의 공감대, 세계의 공감대'로 텍스트를 입력한 다음 글꼴 서식을 지정하고 다음과 같이 원하는 위치로 이동합니다.

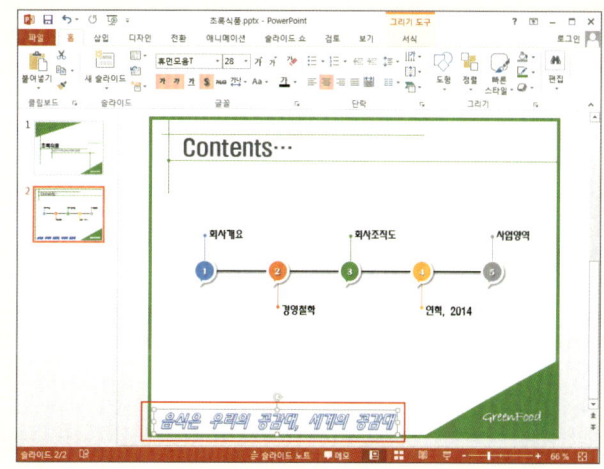

11 마지막으로 [서식] 탭 → [WordArt 스타일] 그룹의 도구를 이용하여 서식을 지정합니다. 여기서는 배경으로 사용한 도형과 같은 색을 텍스트 윤곽선으로 사용했습니다.

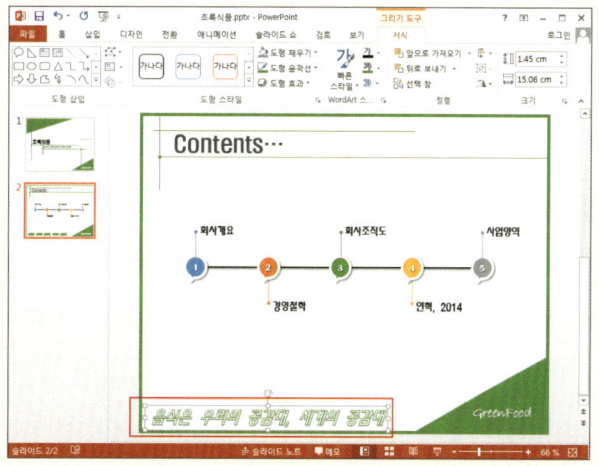

회사 소개 : 회사 개요 슬라이드

회사 개요 슬라이드는 '제목만' 슬라이드 레이아웃을 사용하여 작성합니다. 회사와 관련된 이미지를 무료 클립 아트를 검색하여 삽입하고 도형, 텍스트 상자 등으로 실제 내용을 구성합니다.

Key Word : 온라인 그림, 도형, 도형 복사

1 2번 슬라이드에서 '제목만' 슬라이드 레이아웃으로 새 슬라이드를 추가합니다. 3번 슬라이드가 만들어지면 다음과 같이 제목을 입력합니다.

2 [삽입] 탭 → [이미지] 그룹 → 온라인 그림( )을 클릭한 다음 [Office.com 클립 아트] 검색란에 '건물'을 입력하고 Enter 를 누릅니다. 검색 결과에서 원하는 이미지를 선택한 다음 [삽입] 버튼을 클릭합니다.

3 슬라이드에 이미지가 삽입되면 크기와 위치를 조절합니다. 그런 다음 [서식] 탭 → [그림 스타일] 그룹 → 그림 테두리 (그림 테두리▼)를 클릭하고 원하는 테두리 색을 선택합니다.

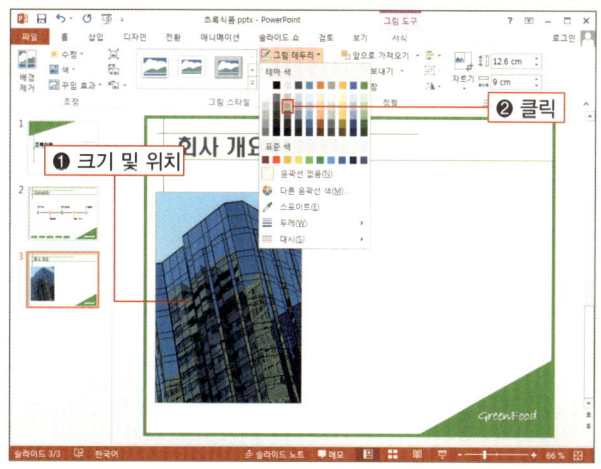

4 [삽입] 탭 → [일러스트레이션] 그룹 → 도형( )을 클릭하고 [직선] 도형을 선택합니다. Shift 를 누른 상태로 다음과 같이 수직선을 그린 다음 [서식] 탭 → [도형 스타일] 그룹 → 도형 윤곽선(도형 윤곽선▼) 도구를 사용하여 색과 두께를 지정합니다.

5 도형( )에서 [타원] 도형을 선택한 다음 수직선 위에 타원 도형을 그리고 서식을 지정합니다. 여기서는 도형 채우기 (도형 채우기▼)와 도형 윤곽선(도형 윤곽선▼) 도구를 사용하여 채우기 색과 윤곽선 색, 두께 등을 지정했습니다.

6 Ctrl + Shift 를 누른 상태로 타원 도형을 아래로 드래그하여 다음과 같이 모두 다섯 개의 타원 도형이 수직선 위에 놓이도록 복사합니다.

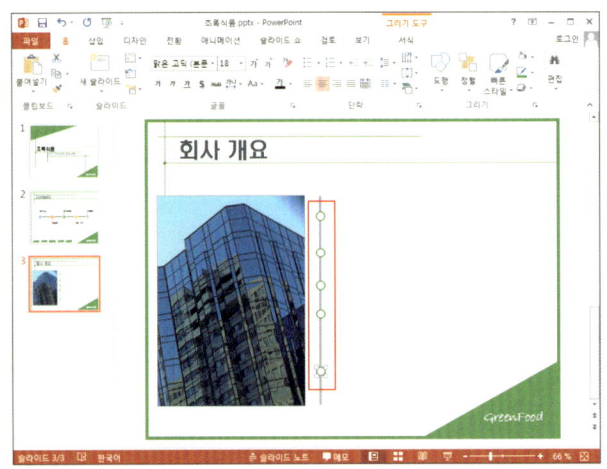

7 다섯 개의 타원을 모두 선택한 다음 [서식] 탭 → [정렬] 그룹 → 개체 맞춤( )을 클릭하고 [세로 간격을 동일하게]를 선택합니다.

8 [삽입] 탭 → [텍스트] 그룹 → 텍스트 상자( )를 클릭하고 첫 번째 타원의 오른쪽을 클릭한 후 다음과 같이 두 줄로 텍스트를 입력합니다.

9 첫 번째 줄의 텍스트만 마우스로 드래그하여 블록을 지정한 다음 [홈] 탭 → [글꼴] 그룹에서 글꼴 서식을 지정합니다. 같은 방법으로 두 번째 줄의 텍스트만 따로 블록을 지정하여 글꼴 서식을 지정한 다음 텍스트 상자의 너비를 충분하게 늘려줍니다.

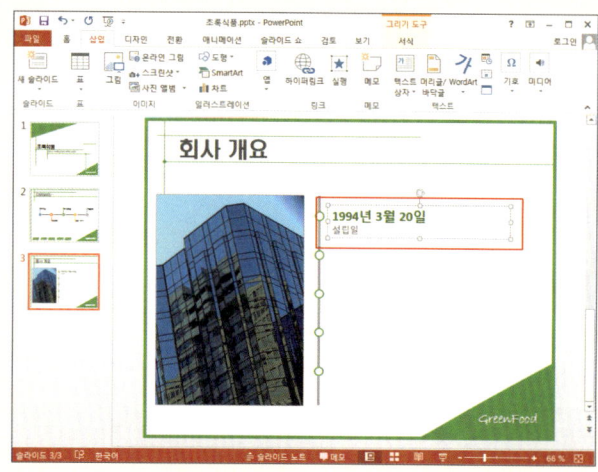

10 Ctrl + Shift 를 누른 상태로 텍스트 상자를 아래로 드래그하여 모두 다섯 개가 되도록 복사합니다. 텍스트 상자를 드래그할 때 표시되는 스마트 가이드를 참고하면 모두 같은 간격으로 복사하기가 쉽습니다.

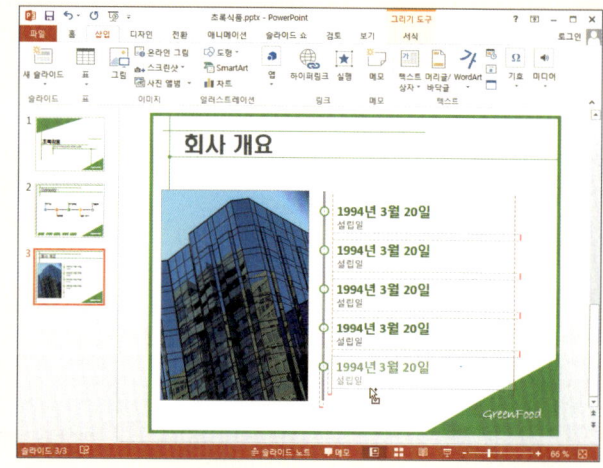

11 복사한 텍스트 상자의 텍스트를 다음과 같이 수정하여 회사 개요 슬라이드를 완성합니다.

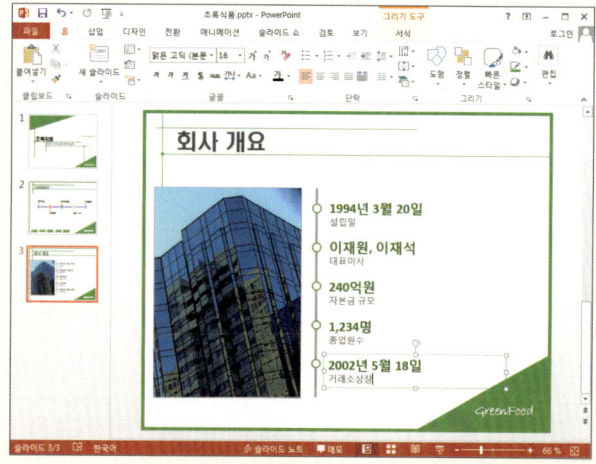

회사 소개 : 경영철학 슬라이드

회사의 경영철학을 소개하는 슬라이드를 작성할 차례입니다. 이 슬라이드는 텍스트 상자와 도형, 이미지를 사용하여 작성합니다. 특히 도형과 도형을 그룹으로 묶고 서로 가지런하게 맞추는 방법이 많이 사용됩니다.

Key Word : 도형, 맞춤, 그룹, 복사

1 3번 슬라이드에서 '제목만' 슬라이드 레이아웃으로 새 슬라이드를 추가합니다. 4번 슬라이드가 만들어지면 개체 틀을 클릭하고 슬라이드 제목을 입력합니다.

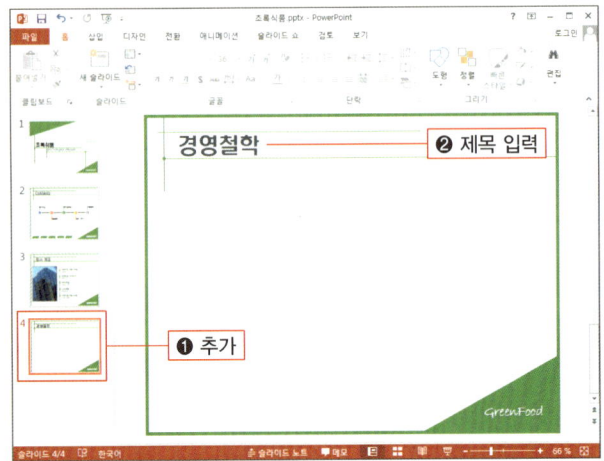

2 [삽입] 탭 → [일러스트레이션] 그룹 → 도형( )을 클릭하고 [막힌 원호]를 선택한 다음 도형을 그립니다. [서식] 탭에서 도형의 윤곽선(없음)과 도형 채우기(녹색), 도형 효과(기본 설정 1) 등을 지정합니다.

POINT
[서식] 탭 → [크기] 그룹에서 [도형 높이]와 [도형 너비]를 모두 '9cm'로 지정했습니다.

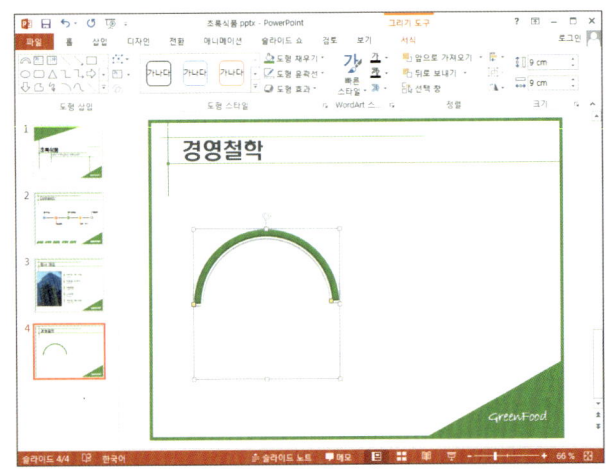

3 도형이 선택된 상태에서 [서식] 탭 →
[정렬] 그룹 → 회전( )을 클릭하고 [오른
쪽으로 90도 회전]을 선택합니다.

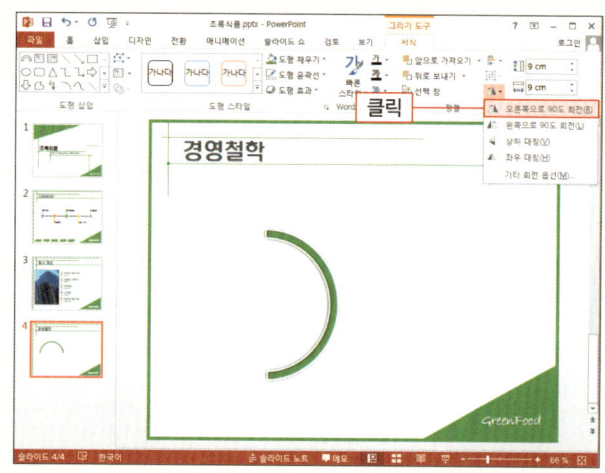

4 [삽입] 탭 → [일러스트레이션] 그룹 →
도형( )을 클릭하고 [타원]을 선택한 다
음 도형을 그립니다. [서식] 탭 → [크기] 그
룹에서 [도형 높이]와 [도형 너비]를 모두
동일하게 지정한 후 막힌 원호 도형과 중심
점이 일치하도록 배치합니다.

\POINT
타원은 막힌 원호보다 높이와 너비를 2cm 정도 작
은 값으로 지정합니다. 도형을 드래그하면 스마트
가이드가 표시되므로 중심점을 맞출 수 있습니다.

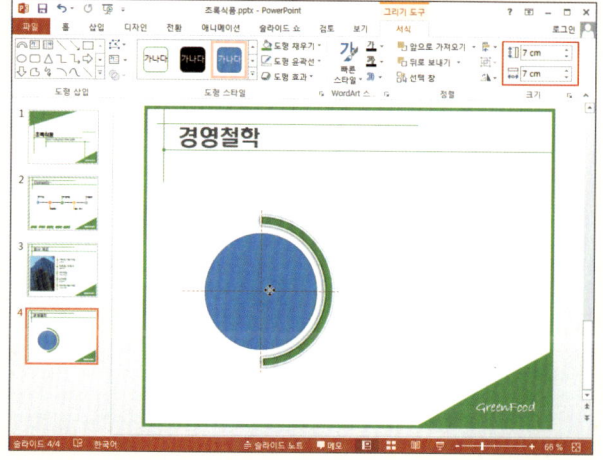

5 타원이 선택된 상태에서 [서식] 탭
→ [도형 스타일] 그룹 → 도형 채우기
(도형 채우기 ▼)를 클릭하고 [그림]을 선택합
니다. [Office.com 클립 아트] 검색란에 '채
소'를 입력하고 [Enter]를 눌러 클립 아트를
검색한 다음 타원을 채울 이미지를 선택하
고 [삽입] 버튼을 클릭합니다.

6 타원이 선택한 이미지로 채워지면 타원과 막힌 원호를 함께 선택하고 적당한 위치로 이동합니다.

7 [삽입] 탭 → [일러스트레이션] 그룹 → 도형( )을 클릭하고 [모서리가 둥근 직사각형]을 선택해서 그린 다음 'VISION'을 입력하고 도형 서식과 글꼴 서식 등을 지정합니다.

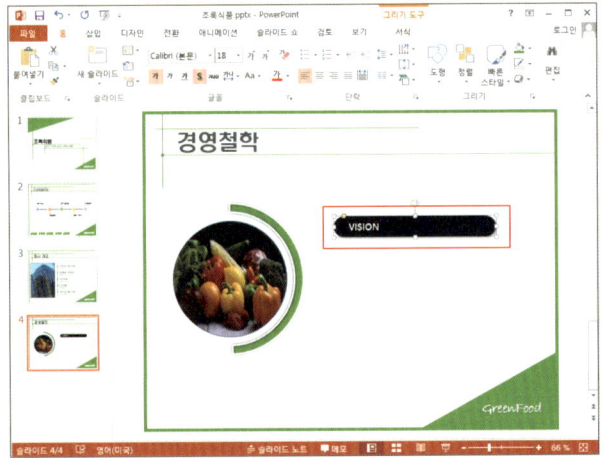

POINT
모서리가 둥근 직사각형의 모양 조절 핸들을 이용하여 모서리를 더 둥글게 조절했습니다.

8 [삽입] 탭 → [텍스트] 그룹 → 텍스트 상자( )를 클릭한 다음 직사각형 아래를 클릭하고 텍스트를 입력합니다. 그런 다음 글꼴 서식을 지정합니다.

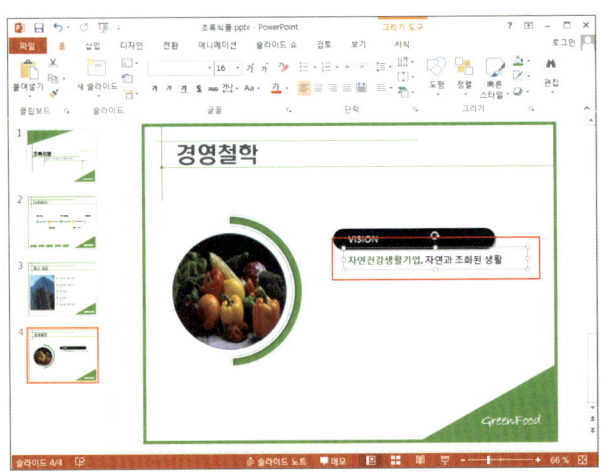

POINT
텍스트 일부만 드래그하여 블록으로 지정한 다음 글꼴 색( )을 다르게 지정했습니다.

9 직사각형과 텍스트 상자를 함께 선택한 다음 [서식] 탭 → [정렬] 그룹 → 그룹(□)을 클릭하고 [그룹]을 선택하여 두 개의 도형을 하나로 묶어 줍니다.

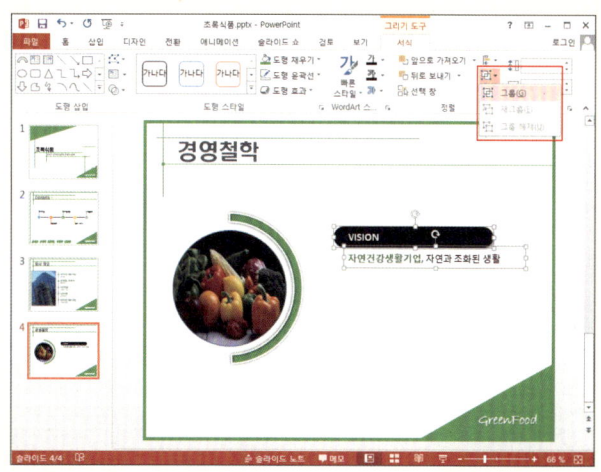

10 그룹으로 설정한 도형을 Ctrl + Shift 를 누른 채 아래로 드래그하여 복사합니다. 모두 세 개의 그룹이 되도록 복사한 다음 텍스트를 다음과 같이 수정합니다.

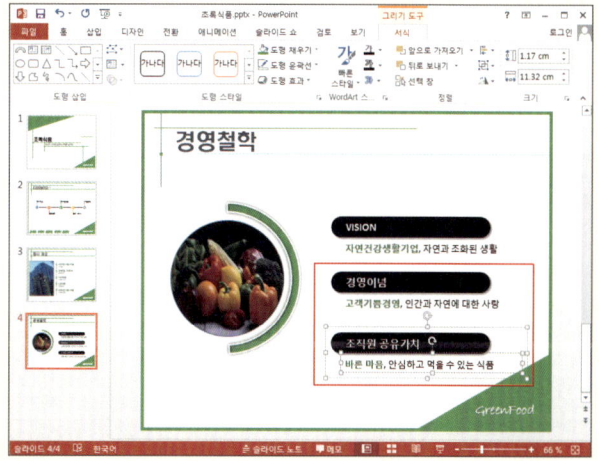

11 세 개의 그룹 도형을 함께 선택한 다음 [서식] 탭 → [정렬] 그룹 → 맞춤(□)을 클릭하고 [세로 간격을 동일하게]를 선택하여 세로 간격이 일정하도록 맞춥니다.

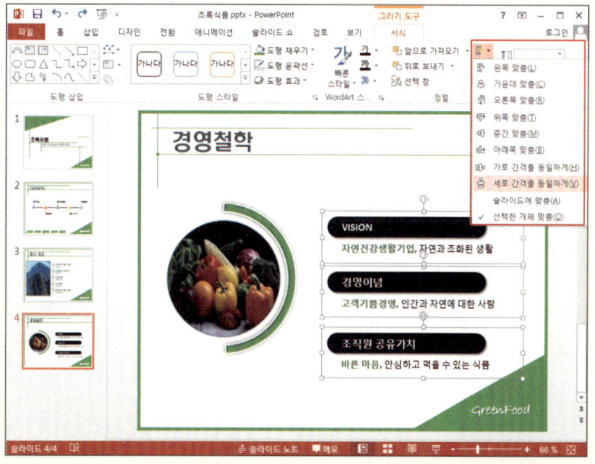

12 세 개의 그룹 도형이 선택되어 있는 상태에서 [서식] 탭 → [정렬] 그룹 → 그룹(□)을 클릭하고 [그룹]을 선택하여 다시 그룹으로 묶어 줍니다.

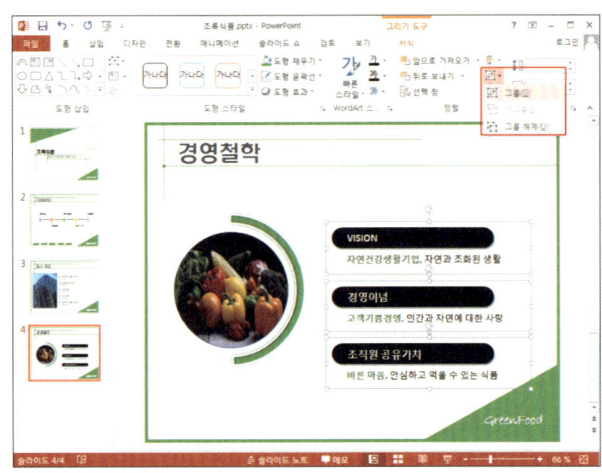

13 그룹 도형과 막힌 원호, 타원 도형을 모두 선택한 다음 [서식] 탭 → [정렬] 그룹 → 맞춤(□)을 클릭하고 [중간 맞춤]을 선택합니다.

14 다음과 같이 선택한 도형의 중간이 가지런하게 맞춰지면 경영철학 슬라이드가 완성됩니다.

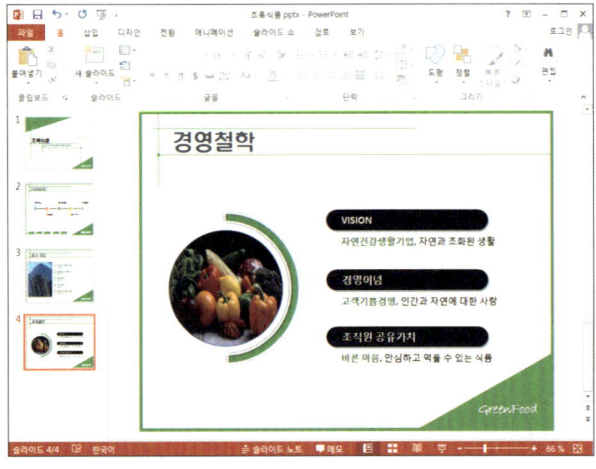

회사 소개 : 조직도 슬라이드

회사의 조직을 소개하기 위한 슬라이드를 만들 차례입니다. '제목 및 내용' 슬라이드 레이아웃을 사용하여 작성하며 회사 조직을 나타내는 부분은 SmartArt 그래픽으로 완성합니다.

Key Word : SmartArt 그래픽, 도형 추가, 색 변경

1 4번 슬라이드를 선택하고 '제목 및 내용' 레이아웃으로 새 슬라이드를 삽입합니다. 5번 슬라이드가 만들어지면 슬라이드 제목 '회사 조직도'를 입력합니다.

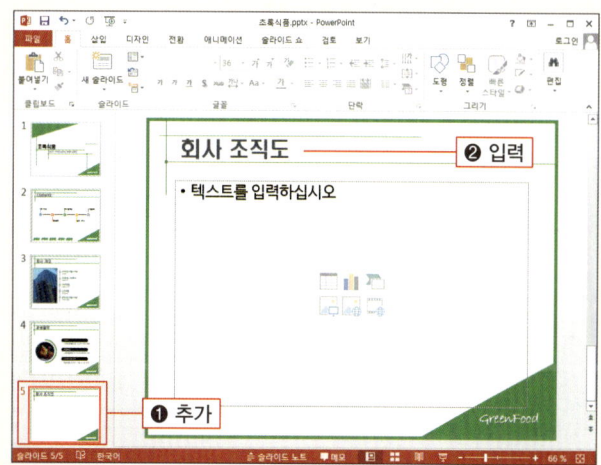

2 내용 개체 틀에서 SmartArt 그래픽( )을 클릭합니다. [SmartArt 그래픽 선택] 대화상자가 실행되면 왼쪽에서 [목록형]을 선택하고 오른쪽에서 [세로 블록 목록형]을 선택한 다음 [확인] 버튼을 클릭합니다.

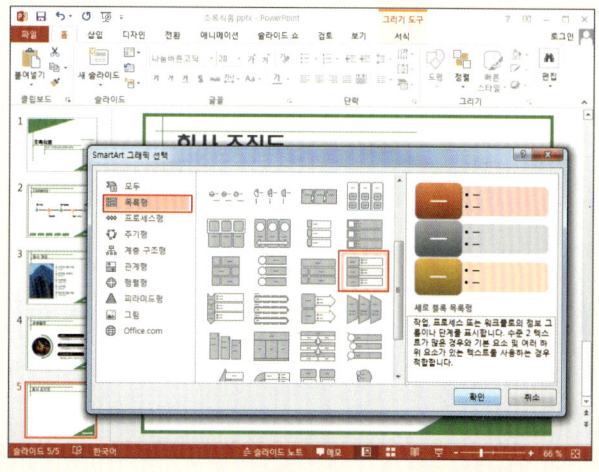

3 SmartArt 그래픽의 각 도형을 클릭하고 다음과 같이 텍스트를 입력합니다.

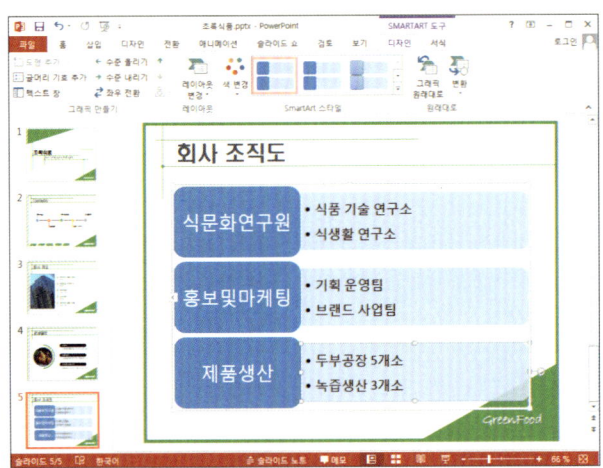

4 SmartArt 도구의 [디자인] 탭 → [SmartArt 스타일] 그룹 → 색 변경( )을 클릭하고 '색상형'으로 색을 변경합니다.

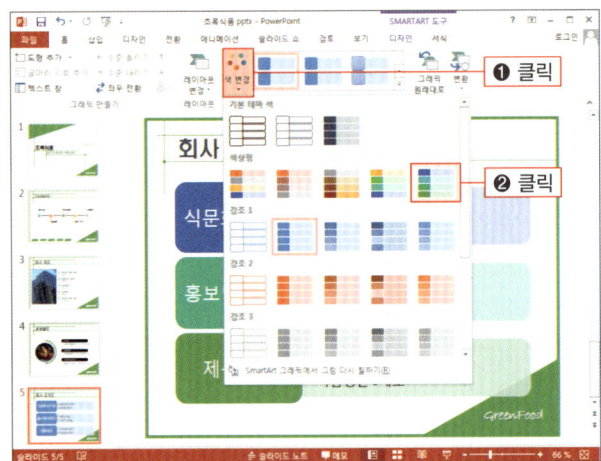

5 색이 변경되면 계속하여 [SmartArt 스타일] 그룹의 갤러리에서 [강한 효과]를 선택합니다.

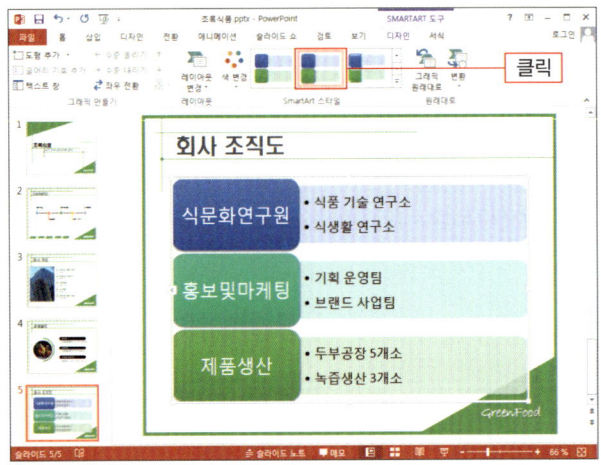

6 Shift 를 이용하여 SmartArt 그래픽 내의 왼쪽 세 개 도형을 함께 선택한 다음 [홈] 탭 → [글꼴] 그룹에서 글꼴 서식을 지정합니다.

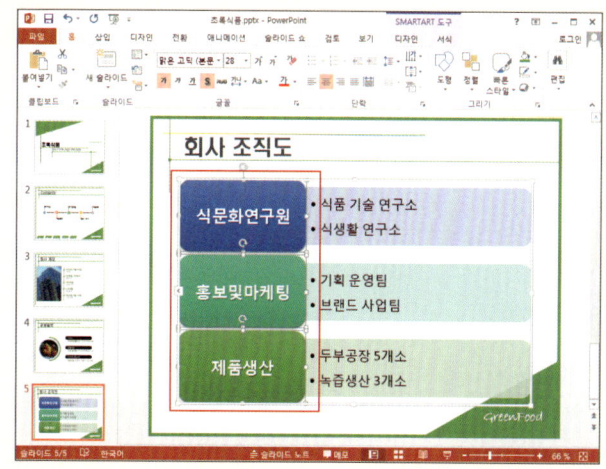

7 같은 방법으로 오른쪽 세 개의 도형을 함께 선택한 다음 글꼴 서식을 지정합니다.

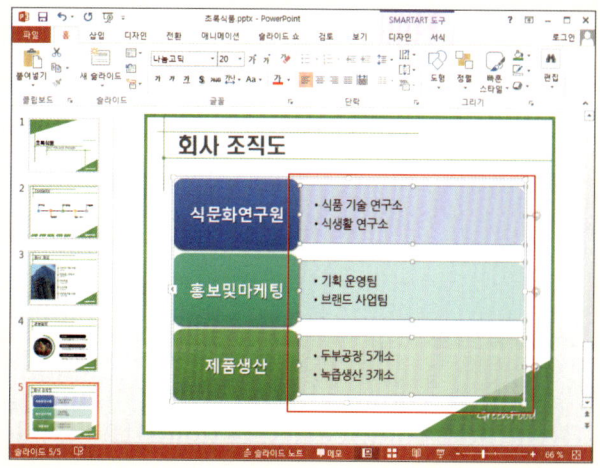

8 마지막으로 SmartArt 그래픽의 테두리에 있는 크기 조절 핸들을 드래그하여 너비와 높이를 조정하여 완성합니다.

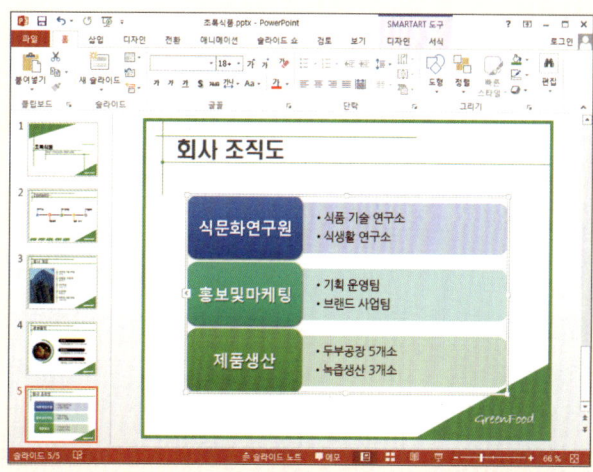

POINT

Ctrl 을 누른 상태에서 핸들을 드래그하면 그래픽의 중심점을 기준으로 크기를 조절할 수 있습니다.

Project 13

회사 소개 : 연혁 슬라이드

회사의 연혁을 소개하는 슬라이드는 '제목만' 슬라이드 레이아웃을 사용하여 작성합니다. 주요 부분은 [자유형] 도형과 [선] 도형, [타원] 도형을 사용하여 작성할 것입니다. 도형을 기준으로 적당한 위치에 텍스트 상자로 연혁을 입력하는 과정도 필요합니다.

◎ Key Word : 도형, 도형 스타일, 텍스트 상자, 복사

1 마지막 슬라이드에서 '제목만' 슬라이드 레이아웃으로 새 슬라이드를 추가합니다. 새로 추가한 슬라이드에 슬라이드 제목을 입력합니다.

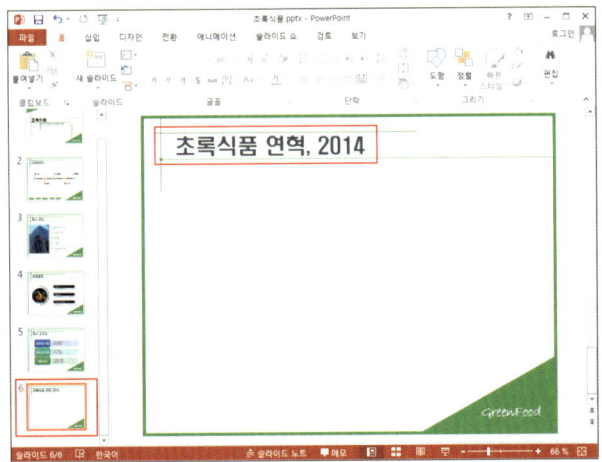

2 [삽입] 탭 → [일러스트레이션] 그룹 → 도형(♡)을 클릭하고 [타원]을 선택하여 도형을 그리고, [서식] 탭 → [도형 스타일] 그룹에서 도형 채우기와 도형 윤곽선, 도형 효과 등의 서식을 지정합니다.

> **POINT**
> Shift 를 누른 채 타원을 그렸습니다. 이렇게 하면 반지름의 길이가 일정한 정원을 그릴 수 있습니다.

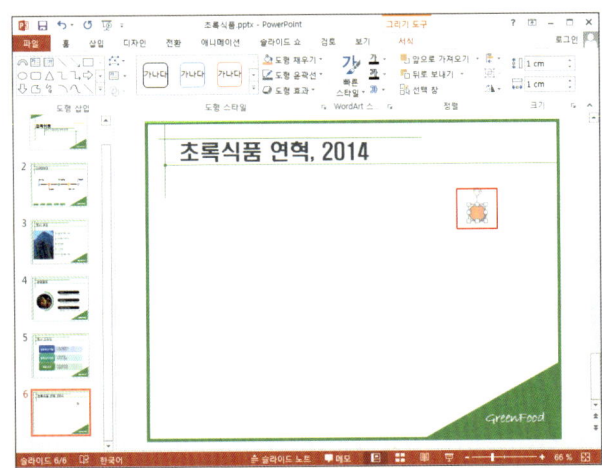

3 [삽입] 탭 → [텍스트] 그룹 → 텍스트 상자( )를 클릭하고 타원 오른쪽을 클릭한 다음 텍스트를 입력합니다. 텍스트 입력 후 Esc 를 눌러 상자 전체가 선택된 상태에서 [홈] 탭 → [글꼴] 그룹의 도구를 사용하여 글꼴 서식을 지정합니다.

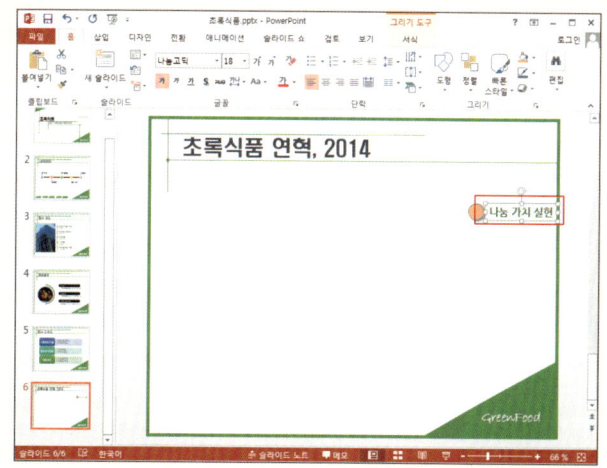

4 타원과 텍스트 상자를 함께 선택한 다음 [서식] 탭 → [정렬] 그룹 → 그룹( )을 클릭하고 [그룹]을 선택하여 하나의 그룹으로 설정합니다.

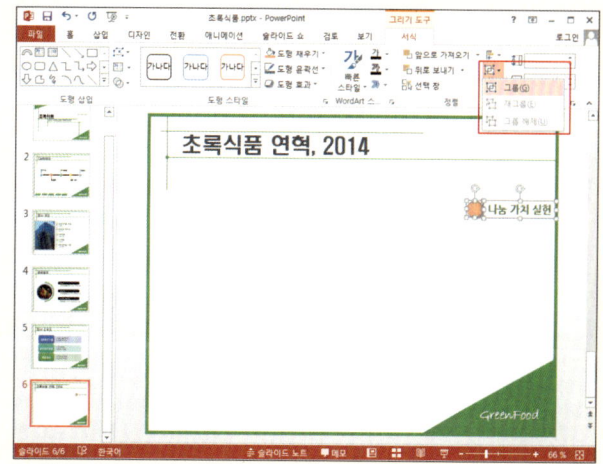

5 그룹으로 설정된 도형을 Ctrl + Shift 를 누른 채 아래로 드래그하여 복사합니다. 모두 세 개의 그룹이 되도록 복사한 다음 마지막 그룹을 다시 드래그하여 세 개의 그룹이 모두 일정한 세로 간격이 되도록 조절합니다.

POINT
도형을 드래그할 때 표시되는 스마트 가이드를 참고하여 왼쪽을 가지런하게 맞추고, 세로 간격이 동일하도록 해야 합니다.

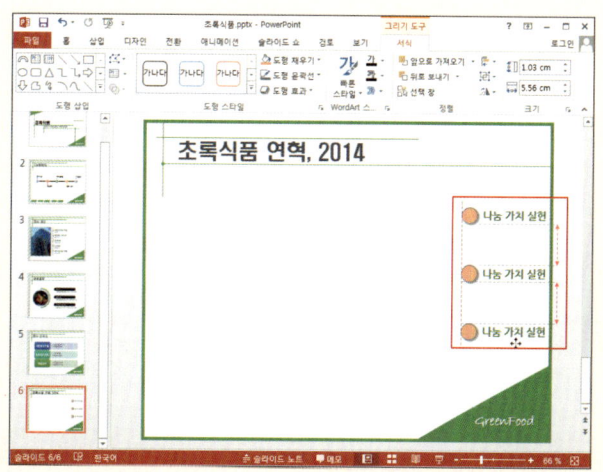

6 이제 복사한 그룹의 텍스트 상자를 클릭하고 텍스트를 수정합니다. 그런 다음 그룹의 타원 도형을 따로 선택하여 도형 채우기(도형 채우기 ▼) 색을 각각 다르게 지정합니다.

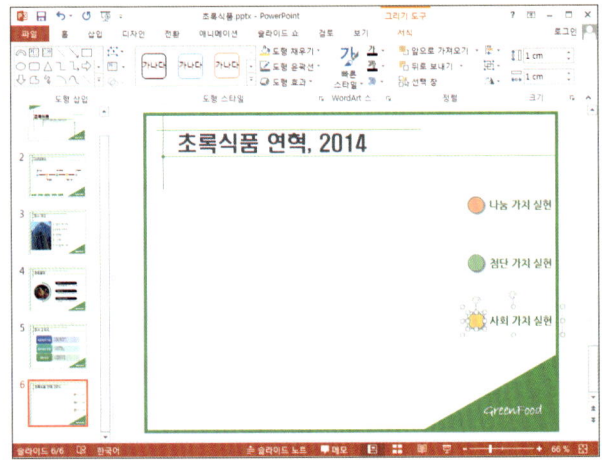

7 [삽입] 탭 → [일러스트레이션] 그룹 → 도형( )을 클릭하고 [자유형]을 선택합니다. 오른쪽의 타원 도형부터 시작하여 다음과 같이 자유형 도형을 그립니다.

> **POINT**
> 도형 시작점을 클릭한 다음 꼭짓점이 되는 부분을 차례로 클릭합니다. 마지막 점에서 더블클릭하면 자유형 도형이 완성됩니다.

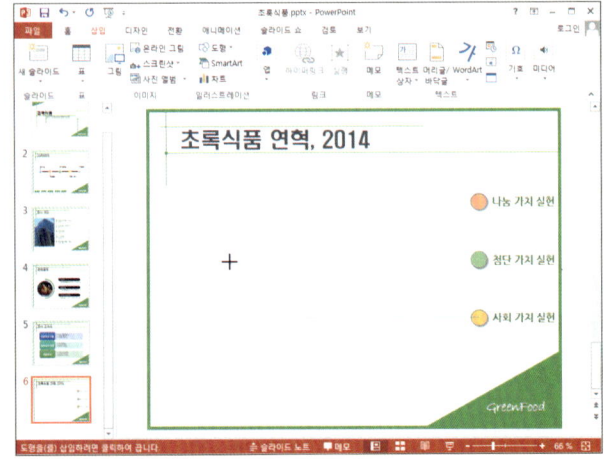

8 [서식] 탭 → [도형 스타일] 그룹 → 도형 윤곽선(도형 윤곽선 ▼)을 클릭한 다음 색과 두께를 지정합니다.

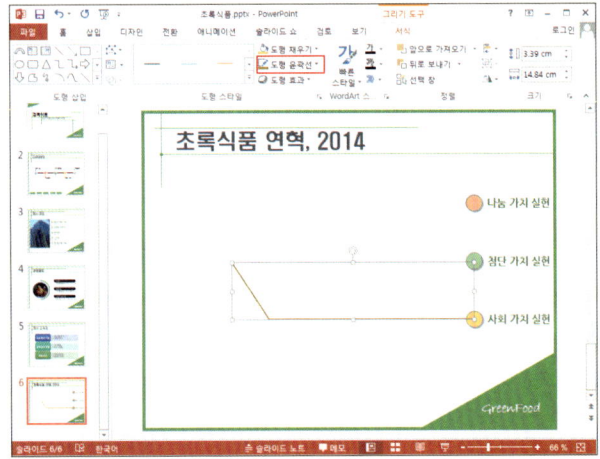

9 같은 방법으로 두 번째 자유형 도형을 그리고 도형의 윤곽선 색과 두께를 지정합니다. 이때 윤곽선의 색은 오른쪽 타원의 채우기 색과 같은 계열로 지정하도록 합니다.

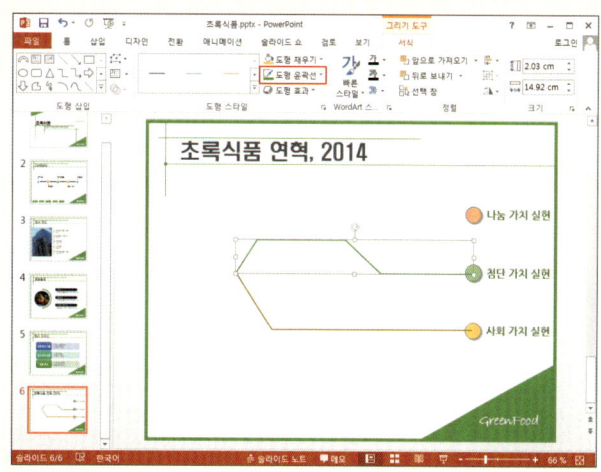

10 마지막 자유형 도형도 같은 방법으로 그리고 서식을 지정합니다.

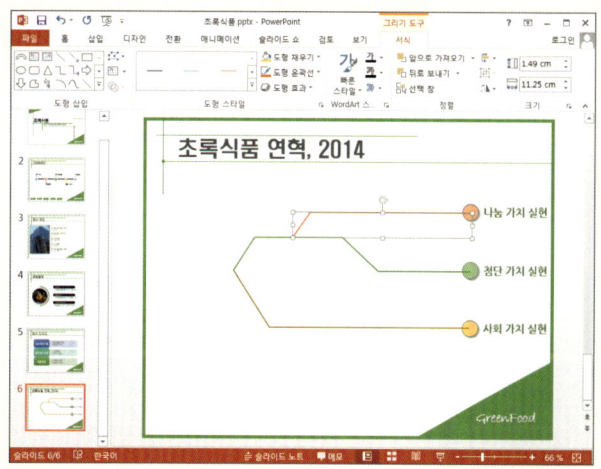

11 세 개의 자유형 도형을 함께 선택한 다음 [서식] 탭 → [정렬] 그룹 → 뒤로 보내기(   )의 화살표를 클릭하고 [맨 뒤로 보내기]를 선택합니다. 이렇게 하면 타원이 자유형 도형의 앞에 오게 됩니다.

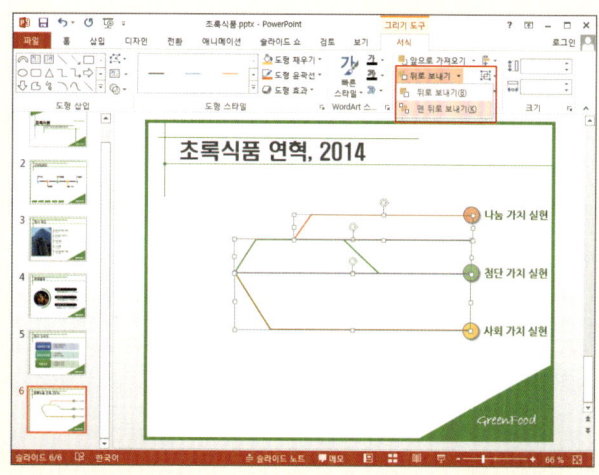

Project 실무 프레젠테이션에서 즐겨 쓰는 노하우 30가지 **391**

12 타원 도형을 Ctrl 을 누른 채 드래그하여 복사한 다음 도형 채우기(도형 채우기▼)를 클릭하고 색을 지정합니다.

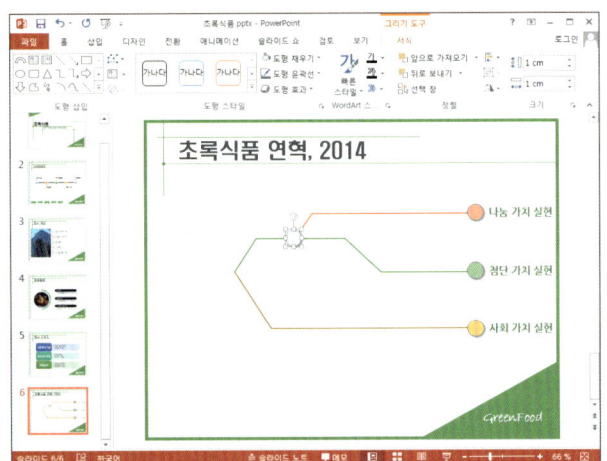

13 선택한 도형을 Ctrl 을 누른 채 드래그하여 다음과 같은 위치로 여러 번 복사합니다. 그리고 크기를 조절합니다.

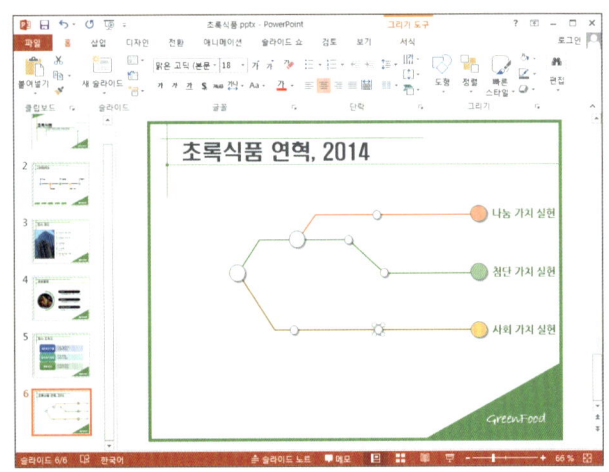

14 슬라이드 왼쪽에 타원 도형을 그리고 도형 채우기와 도형 효과(네온) 등을 지정합니다.

POINT
타원 도형을 Ctrl 을 누른 채 드래그하여 복사하고 서식을 변경해도 됩니다.

15 [삽입] 탭 → [일러스트레이션] 그룹 → 도형( )을 클릭하고 [선]을 선택한 다음 두 개의 타원 도형을 연결하는 연결선을 그리고 서식을 지정합니다.

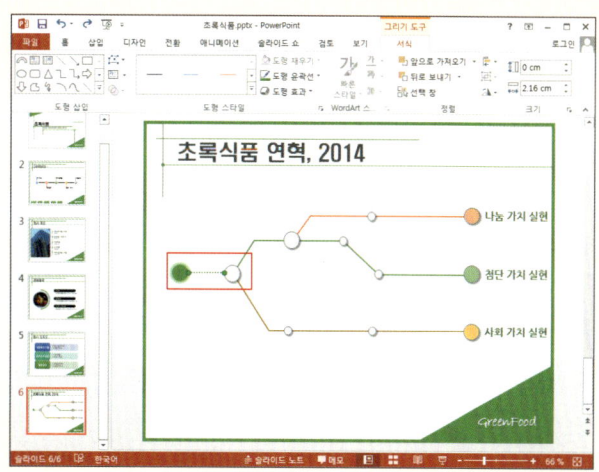

16 [삽입] 탭 → [텍스트] 그룹 → 텍스트 상자( )를 클릭한 다음 텍스트 시작 위치를 클릭하고 텍스트를 입력합니다. 입력이 끝나면 Esc 를 눌러 상자 전체를 선택하고 글꼴 서식을 지정합니다.

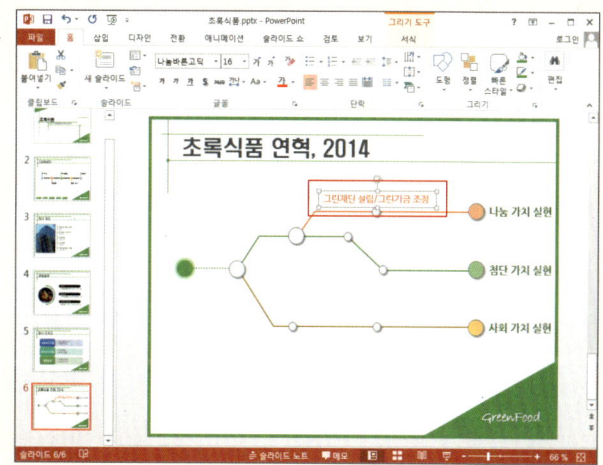

17 텍스트 상자를 Ctrl 을 누른 채 드래그하여 복사한 다음 각각 텍스트를 수정하고 글꼴 색을 변경하여 다음과 같이 완성합니다.

POINT
타원 도형을 기준으로 텍스트 상자를 배치하고, 자유형 도형의 색과 같은 계열로 글꼴 색을 지정합니다.

Project 14

회사 소개 : 사업영역 슬라이드

회사의 주요 사업 분야를 소개하는 슬라이드를 만들 차례입니다. 여기서는 '제목 및 내용' 슬라이드 레이아웃을 사용하며, 그림형 SmartArt 그래픽으로 사업 분야를 작성할 것입니다. SmartArt 그래픽을 작성하는 과정을 다시 한 번 배우게 됩니다.

Key Word : SmartArt 그래픽, 색 변경, 클립 아트, 텍스트 상자

1 마지막 슬라이드에서 '제목 및 내용' 레이아웃으로 새 슬라이드를 추가하고, 추가된 새 슬라이드에 제목을 입력합니다.

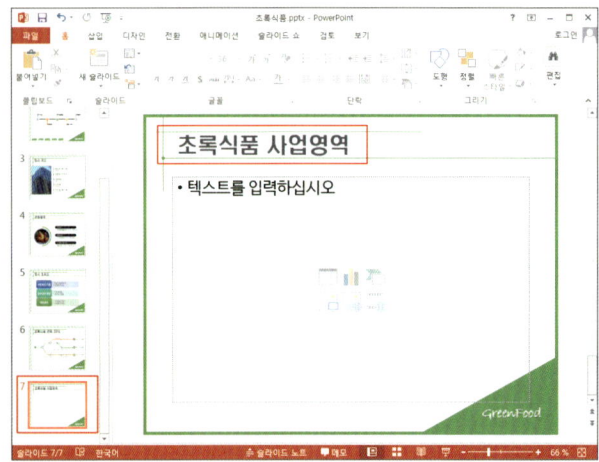

2 내용 개체 틀에서 SmartArt 그래픽( )을 클릭합니다. [SmartArt 그래픽 선택] 대화상자 왼쪽에서 [그림]을 선택하고 오른쪽에서 [육각형 클러스터형]을 선택한 다음 [확인] 버튼을 클릭합니다.

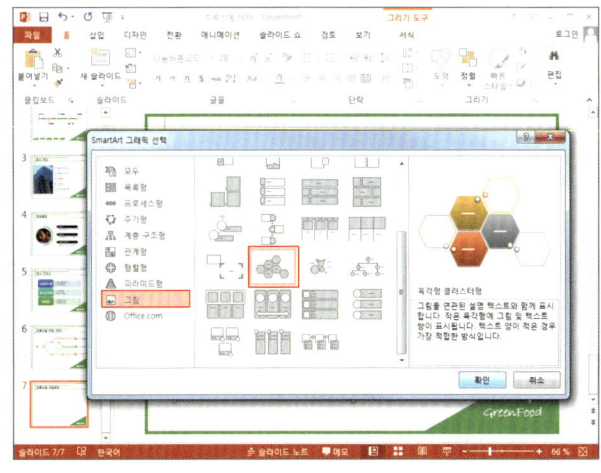

3 SmartArt 그래픽의 각 도형에 다음과 같이 텍스트를 입력합니다. 개체 안에 여러 줄을 입력하기 위해서 첫 번째 줄의 텍스트를 입력한 다음 [Shift]+[Enter]를 누르고 두 번째 줄의 텍스트를 입력합니다.

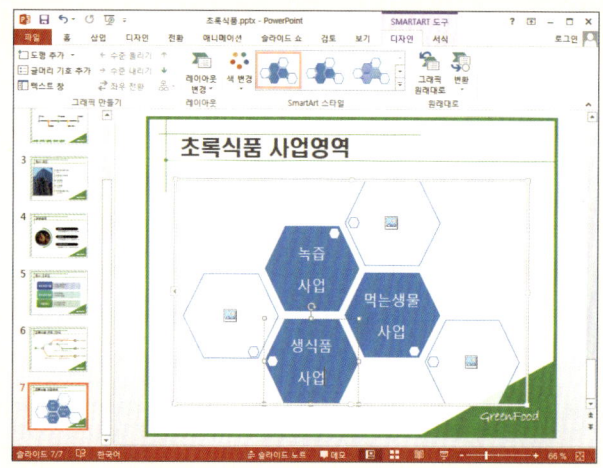

4 도형 안의 그림(🖼) 아이콘을 클릭한 다음 [Office.com 클립 아트] 검색란에 '알로에'를 입력하고 [Enter]를 눌러 클립 아트를 검색합니다. 검색 결과 중 하나를 선택하고 [삽입] 버튼을 클릭합니다.

5 같은 방법으로 나머지 도형에도 클립 아트를 검색하여 다음과 같이 도형 내부에 그림을 채워 넣습니다.

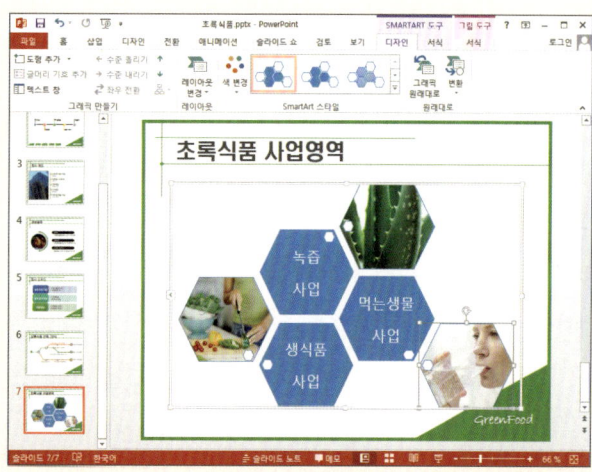

6 [디자인] 탭 → [SmartArt 스타일] 그룹 → 색 변경( )을 클릭하고 색상형을 지정한 다음, SmartArt 스타일 갤러리에서 스타일(광택처리)을 지정합니다.

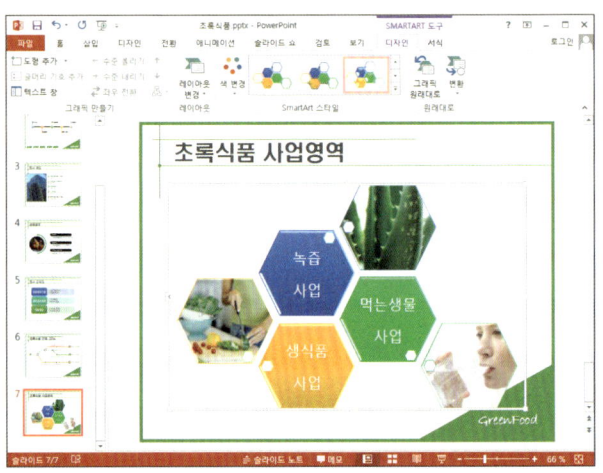

7 SmartArt 그래픽의 테두리를 클릭한 다음 [홈] 탭 → [글꼴] 그룹에서 글꼴 서식을 지정합니다.

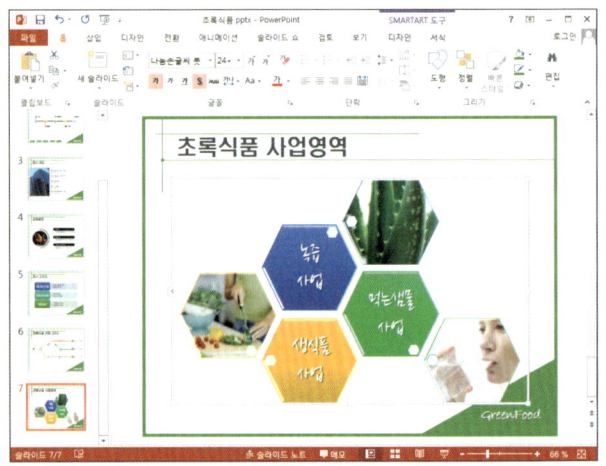

8 [삽입] 탭 → [텍스트] 그룹 → 텍스트 상자( )를 클릭하고 텍스트를 입력할 시작 위치를 클릭한 다음 텍스트를 입력하고 글꼴 서식을 지정합니다. Ctrl 을 누른 채 드래그하여 텍스트 상자를 복사한 다음 텍스트를 수정하고 글꼴 색을 변경하여 완성합니다.

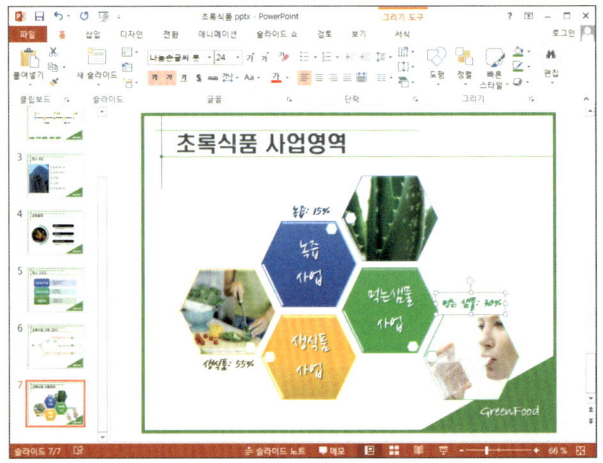

회사 소개 : 마지막 슬라이드와 화면 전환 설정

회사 소개 프레젠테이션의 마지막 슬라이드는 인사말을 포함하는 제목 슬라이드로 작성합니다. 마지막 슬라이드까지 작성한 후 모든 슬라이드에 똑같은 화면 전환 효과를 설정하고 속도와 소리를 변경하여 회사 소개 프레젠테이션을 완성합니다.

Key Word : WordArt 스타일, 화면 전환, 소리, 속도

---

1 마지막 슬라이드에서 '제목 슬라이드' 레이아웃으로 새 슬라이드를 추가합니다. 제목 개체 틀과 부제목 개체 틀에 각각 다음과 같이 텍스트를 입력합니다.

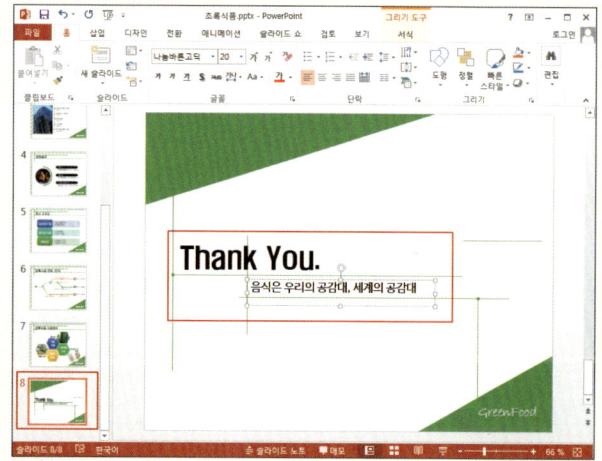

2 Ctrl 을 누른 상태로 제목 개체 틀을 클릭해서 선택합니다. 그런 다음 [서식] 탭 → [WordArt 스타일] 그룹에서 텍스트 채우기(가·)와 텍스트 윤곽선(가·) 서식을 지정합니다.

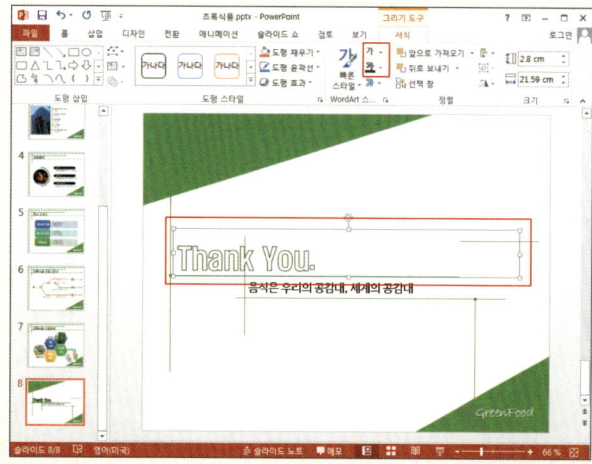

3 첫 번째 슬라이드에서 [전환] 탭 → [슬라이드 화면 전환] 그룹 갤러리의 '갤러리' 효과를 선택합니다.

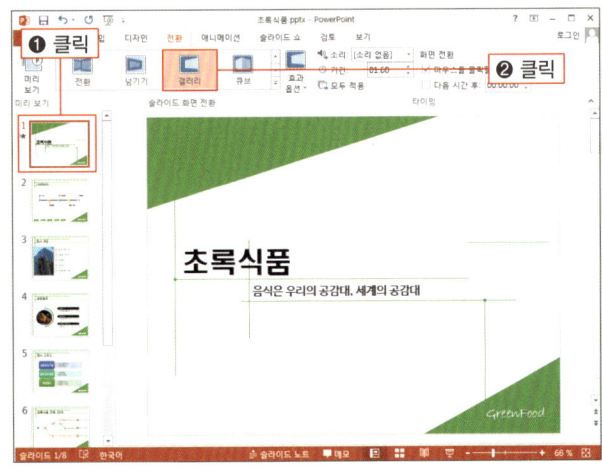

4 [전환] 탭 → [타이밍] 그룹에서 [소리]를 '요술봉'으로 선택합니다.

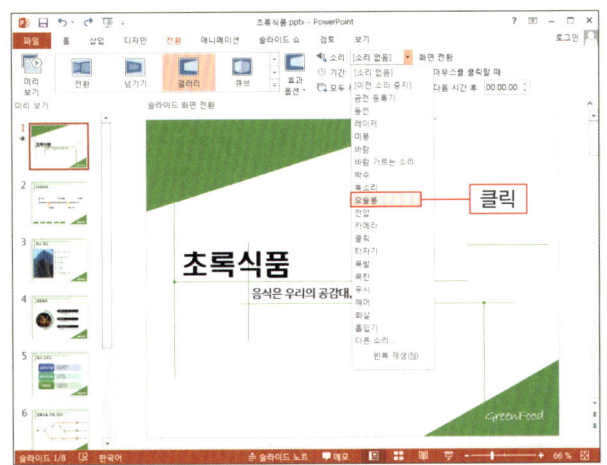

5 [타이밍] 그룹에서 [기간]을 '02.00'으로 지정한 다음 [모두 적용]을 클릭하여 현재 슬라이드의 화면 전환 효과를 모든 슬라이드에 똑같이 설정합니다.

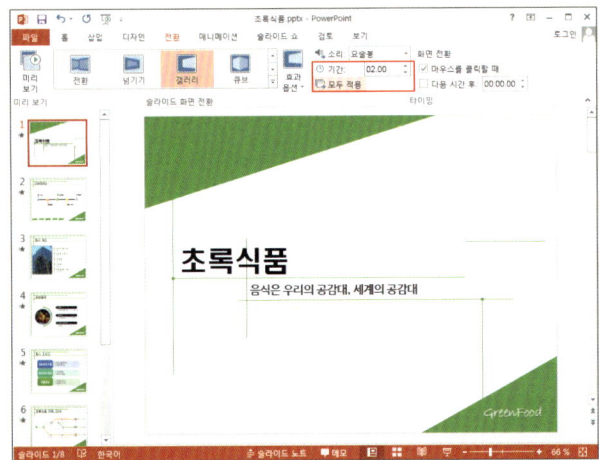

Project 16

사업 계획서 : 마스터 디자인

사업 계획서는 사업의 내용과 소요 자금, 경영 방침과 수익성, 업무 추진 일정 등을 일목요연하게 표현한 서류로 사업 관계자들이나 투자자들에게 사업의 내용을 효과적으로 전달하여 협력을 구하는데 이용됩니다. 여기서는 이너웨어 사업을 예로 들어 제목 마스터와 슬라이드 마스터를 디자인하는 과정부터 시작하겠습니다.

◎ Key Word : 도형, 회전, 정렬, 마스터 레이아웃

1 새 프레젠테이션을 시작한 다음 '사업계획서.pptx'로 저장하고 [보기] 탭 → [프레젠테이션 보기] 그룹 → 슬라이드 마스터(□)를 클릭합니다. [슬라이드 마스터] 탭 → [크기] 그룹 → 슬라이드 크기(□)를 클릭하고 [표준 (4:3)]을 선택합니다.

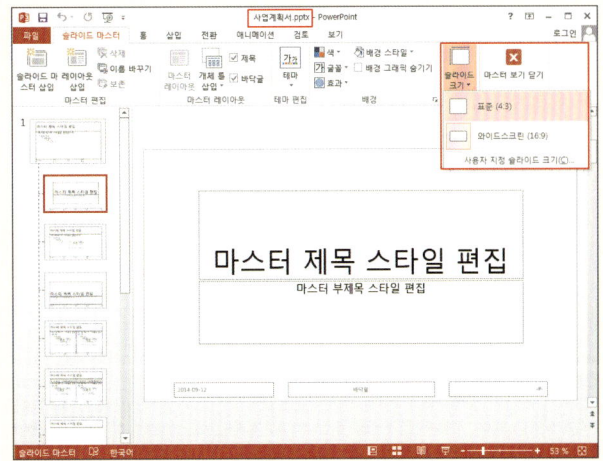

2 왼쪽에서 '슬라이드 마스터'를 클릭합니다. 그런 다음 [삽입] 탭 → [일러스트레이션] 그룹 → 도형(□)을 클릭하고 [직사각형]을 선택한 다음 슬라이드 위쪽에 직사각형을 그리고 서식을 지정합니다.

\POINT
그리기 도구의 [서식] 탭 → [도형 스타일] 그룹에서 도형 채우기(◇ 도형 채우기 ▾)와 도형 윤곽선(☑ 도형 윤곽선 ▾)을 사용하여 서식을 지정합니다.

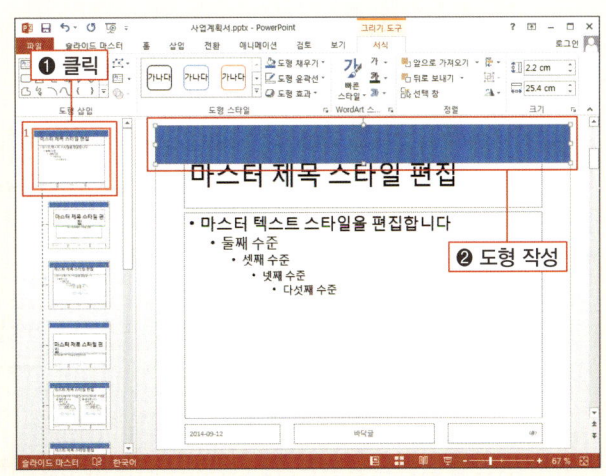

3 제목 개체 틀을 선택하고 [서식] 탭 → [정렬] 그룹 → 앞으로 가져오기( )의 화살표를 클릭하고 [맨 앞으로 가져오기]를 선택합니다. 그런 다음 글꼴 서식을 지정하고 크기와 위치를 조정합니다.

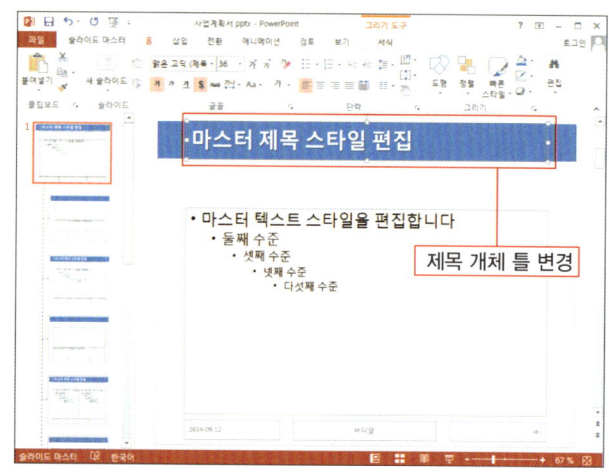

4 슬라이드 아래에 직사각형을 그리고 서식을 지정한 다음 뒤로 보내기( )의 화살표를 클릭하고 [맨 뒤로 보내기]를 선택해서 다른 개체 틀이 앞에 나타나도록 합니다.

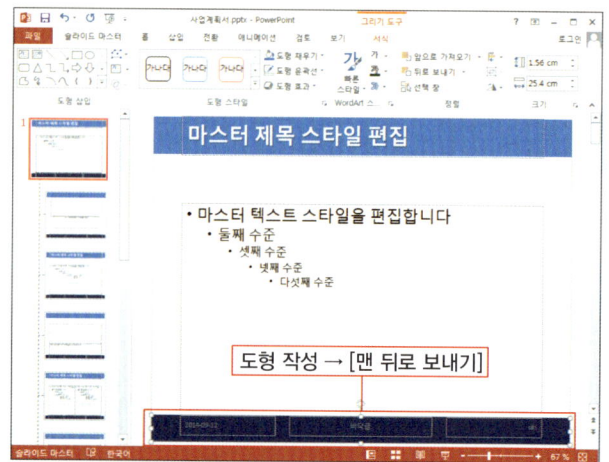

5 [다이아몬드] 도형을 슬라이드 왼쪽 아래에 그린 다음 서식을 지정합니다. 여기서는 도형 윤곽선(도형 윤곽선)을 사용하여 윤곽선의 색을 흰색으로 지정하고 두께를 '3 pt'로 지정했습니다.

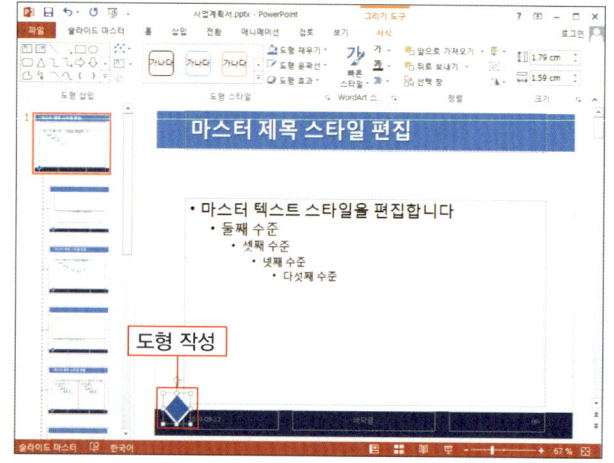

6 Ctrl + Shift 를 누른 채 다이아몬드 도형을 오른쪽으로 드래그하여 똑같이 복사합니다. 그리고 도형 채우기(도형 채우기▼)를 사용하여 이전에 그린 도형과 다른 색으로 지정합니다.

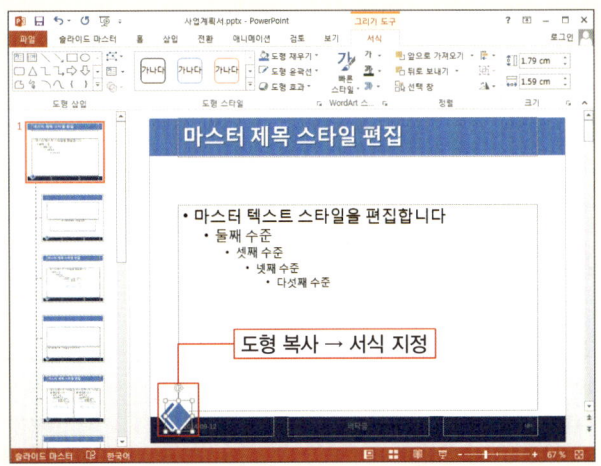

7 날짜와 바닥글, 슬라이드 번호 개체 틀의 크기와 위치를 조정합니다. 그런 다음 바닥글과 슬라이드 번호 개체 틀에 글꼴 서식을 지정합니다.

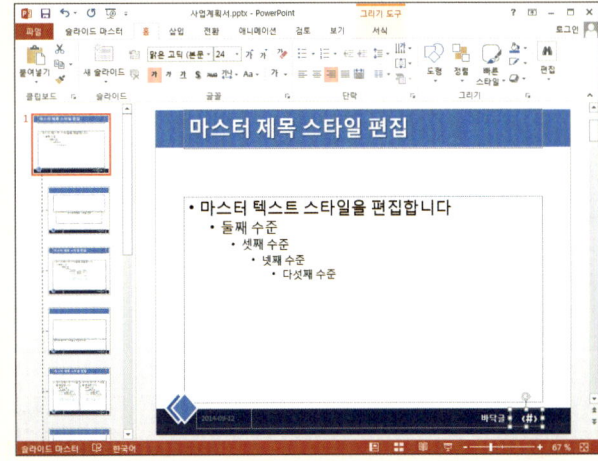

POINT
바닥글 개체 틀은 오른쪽 맞춤(≡)으로 지정했습니다.

8 내용 개체 틀의 크기 조절 핸들을 이용해서 틀의 크기를 조정합니다.

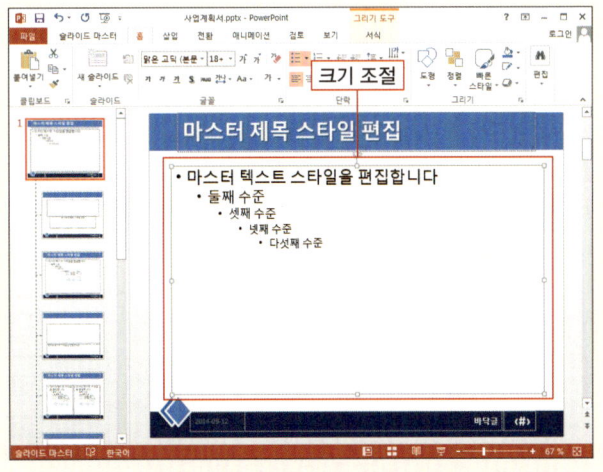

9 왼쪽에서 '제목 슬라이드 레이아웃'을 클릭합니다. 그런 다음 [슬라이드 마스터] 탭 → [배경] 그룹에서 [배경 그래픽 숨기기]를 클릭하여 선택합니다. 이렇게 하면 슬라이드 마스터에서 지정한 그래픽이 모두 숨겨집니다.

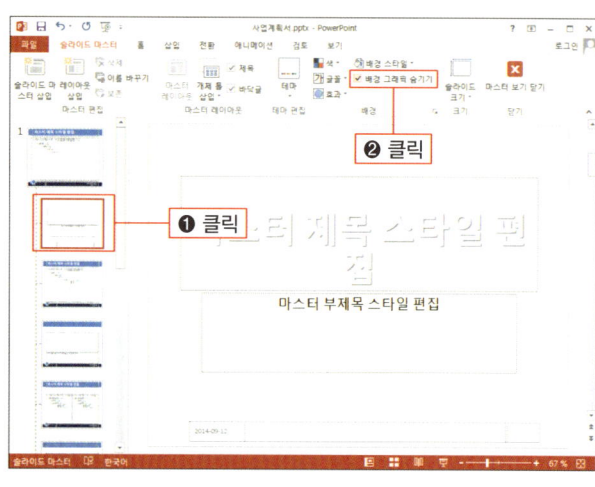

> **POINT**
> 제목 슬라이드는 다른 슬라이드 레이아웃과 다른 디자인을 사용하기 위해 앞에서 지정한 그래픽을 먼저 숨기는 것입니다.

10 직사각형 도형을 슬라이드 왼쪽 위에 그리고 다음과 같이 서식을 지정합니다. 여기서는 도형 채우기(도형 채우기▼)로 색을 지정하고 도형 윤곽선(도형 윤곽선▼)은 '윤곽선 없음'으로 지정했습니다.

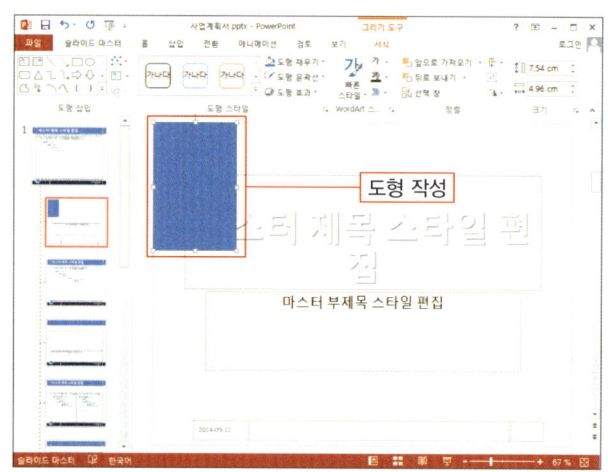

11 위쪽의 직사각형을 Ctrl + Shift 를 누른 채 아래로 드래그하여 복사한 다음 도형 채우기(도형 채우기▼)를 지정하고 크기를 조정합니다. 같은 방법으로 한 번 더 복사한 다음 서식과 크기를 조정하여 다음과 같이 작성합니다.

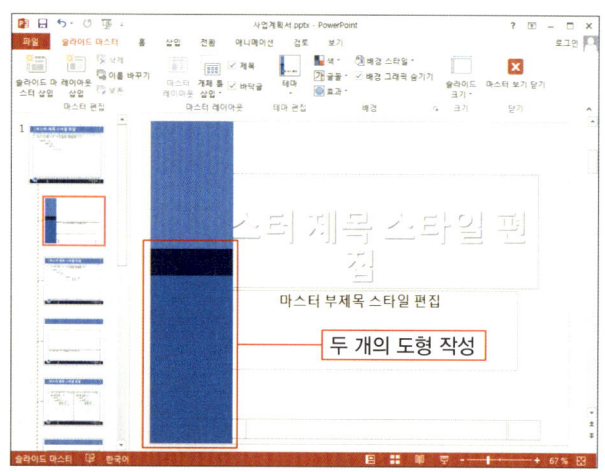

12 [이등변 삼각형] 도형을 선택하고 가운데 직사각형의 오른쪽에 그린 다음 서식을 지정하고 [서식] 탭 → [정렬] 그룹 → 회전(🔄)을 클릭한 후 [오른쪽으로 90도 회전]을 선택합니다. Ctrl + Shift 를 누른 채 이등변 삼각형 도형을 오른쪽으로 드래그해서 복사하여 다음과 같이 작성합니다.

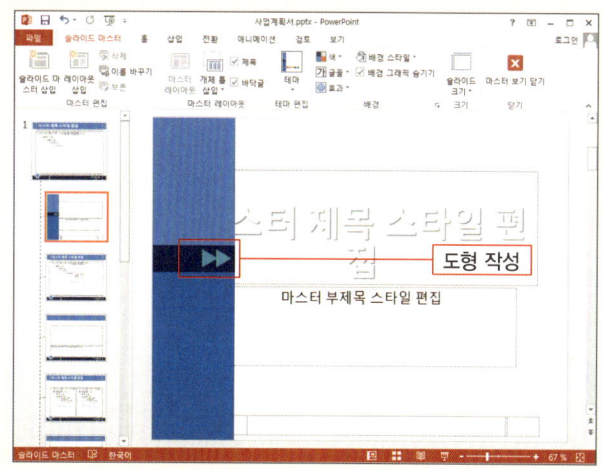

13 제목 개체 틀을 클릭하고 크기와 위치를 조정한 다음 글꼴 서식을 지정합니다. 그런 다음 [단락] 탭에서 왼쪽 맞춤(≡)을 클릭하고 텍스트 맞춤(텍스트 맞춤▾)을 클릭한 다음 [아래쪽]을 선택합니다.

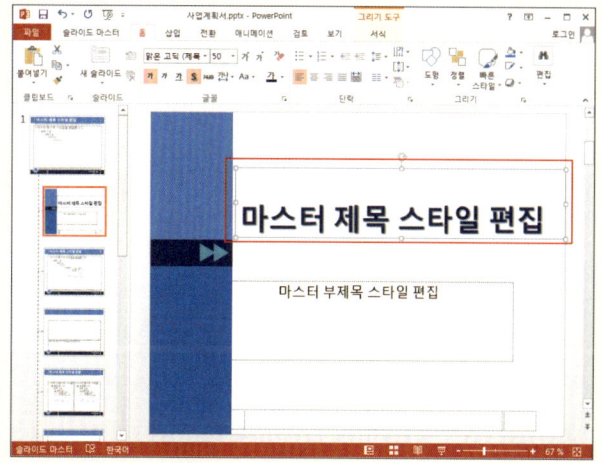

14 부제목 개체 틀을 클릭하고 크기와 위치, 글꼴 서식, 단락 서식 등을 지정한 다음 도형 채우기(도형 채우기▾)를 클릭하고 색을 지정합니다.

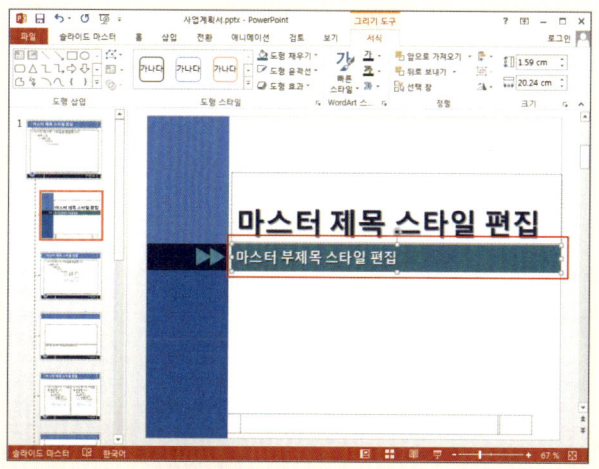

15 [삽입] 탭 → [이미지] 그룹 → 온라인 그림(   )을 클릭한 다음 프레젠테이션 내용과 어울리는 무료 클립 아트를 찾아 삽입합니다. 슬라이드 중앙에 클립 아트가 삽입되면 크기와 위치를 조정합니다.

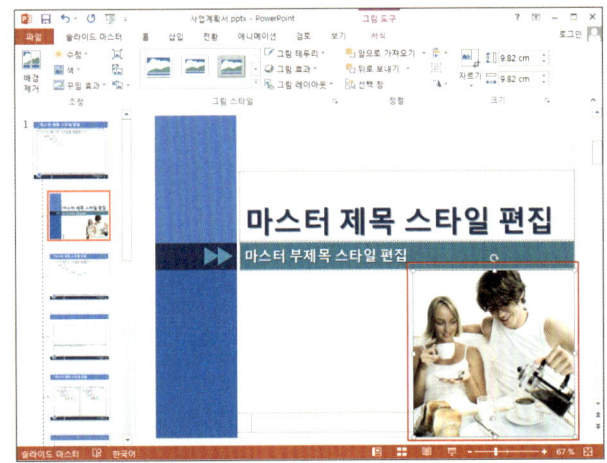

16 클립 아트를 선택하고 [서식] 탭 → [그림 스타일] 그룹 → 그림 효과(그림 효과)를 클릭한 다음 [부드러운 가장자리]-[5 포인트]를 선택합니다. 그런 다음 [정렬] 그룹 → 뒤로 보내기(   )의 화살표를 클릭하고 [맨 뒤로 보내기]를 선택합니다.

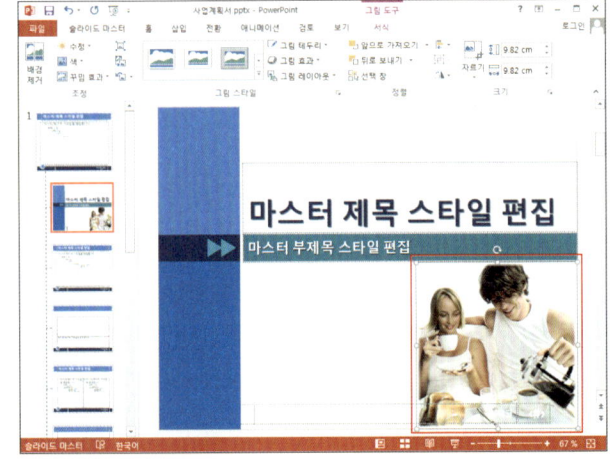

17 [슬라이드 마스터] 탭 → [닫기] 그룹 → 마스터 보기 닫기(   )를 클릭해서 슬라이드 마스터 보기를 종료합니다. 현재 제목 슬라이드만 프레젠테이션에 포함되어 있으므로 다음과 같은 결과를 볼 수 있습니다.

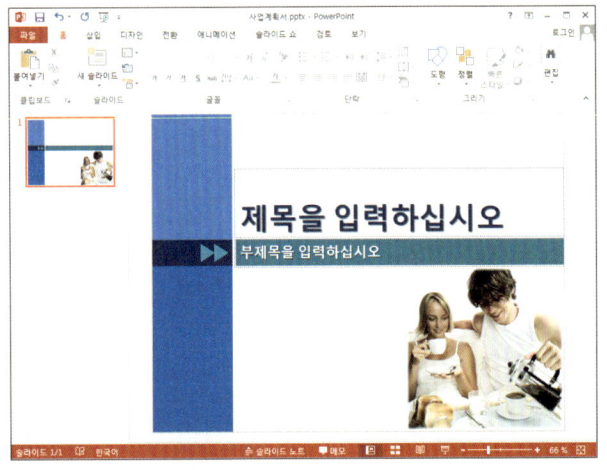

Project 17

사업 계획서 : 표지와 시장 규모 슬라이드

사업 계획서는 사업에 관한 중요한 정보만 포함하여 10~15쪽 분량으로 작성하는 요약 사업 계획서와 자금 조달을 목적으로 20~40쪽 분량으로 작성하는 본 사업 계획서가 있습니다. 사업 계획서에는 목적에 따라 회사 일반 현황, 대표자 현황, 사업의 내용과 기대 효과, 시장의 규모와 판매 및 생산 계획, 재무 및 자금 계획 등이 포함됩니다. 여기서는 사업 계획서의 표지와 시장 규모 슬라이드를 작성해 봅니다.

Key Word : 차트, 애니메이션 효과, 효과 옵션, 차트 서식

1 제목 슬라이드에서 다음과 같이 제목과 부제목을 입력합니다.

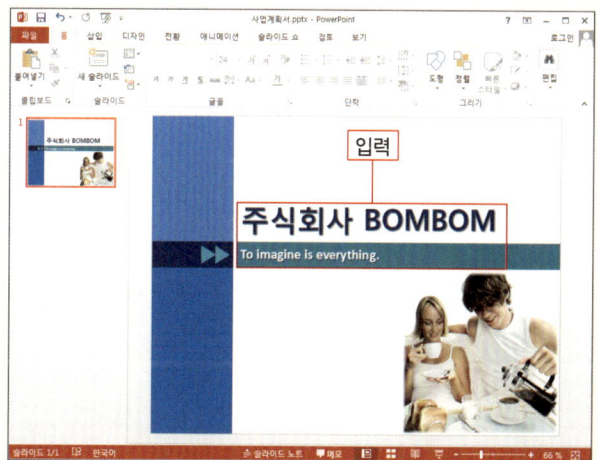

2 제목 개체 틀을 선택한 다음 [애니메이션] 탭 → [애니메이션] 그룹의 갤러리에서 [확대/축소] 효과를 선택합니다. [타이밍] 그룹에서 [시작]을 '이전 효과 다음에', [재생 시간]을 '1.25'로 각각 변경합니다.

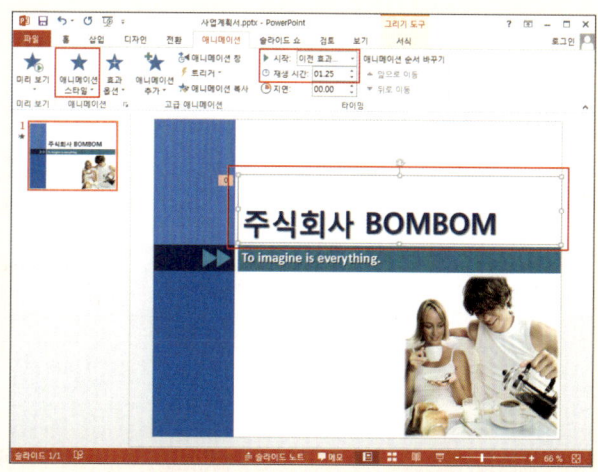

POINT
재생 시간이 길수록 애니메이션이 느리게 재생됩니다.

3 부제목 개체 틀을 선택한 다음 [애니메이션] 그룹의 갤러리에서 [확대/축소] 효과를 선택합니다. [타이밍] 그룹에서 [시작]을 '이전 효과 다음에', [재생 시간]을 '1.25'로 각각 변경하여 표지 슬라이드를 완성합니다.

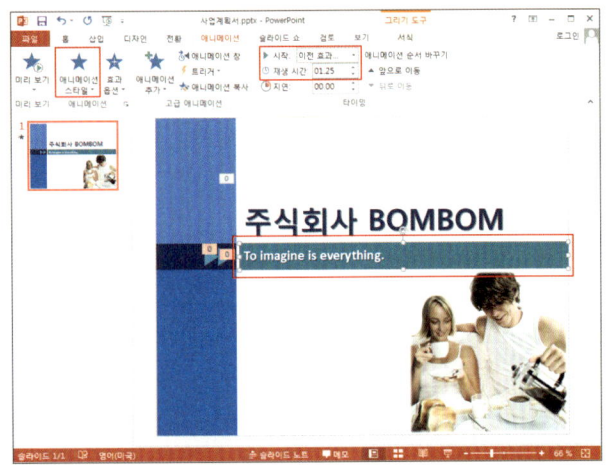

4 '제목 및 내용' 레이아웃으로 새 슬라이드를 삽입합니다. 새 슬라이드가 삽입되면 슬라이드 제목을 '이너웨어 시장 규모'로 입력합니다.

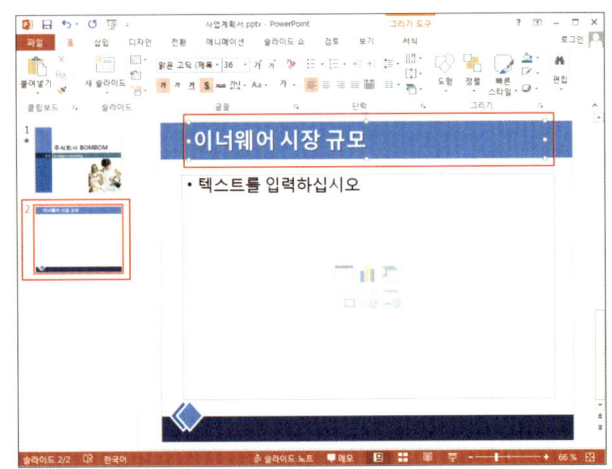

5 내용 개체 틀에서 차트( )를 클릭합니다. [차트 삽입] 대화상자가 실행되면 [꺾은선형] → [표식이 있는 꺾은선형] 차트를 선택하고 [확인] 버튼을 클릭합니다.

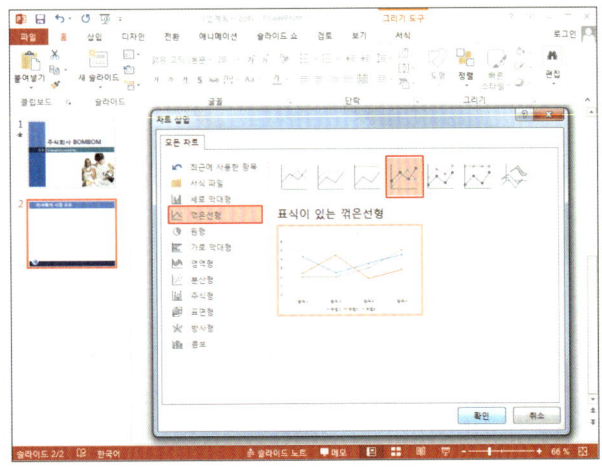

6 데이터 표가 표시되면 범위의 아래쪽 모서리를 [C6] 셀까지 드래그해서 범위를 조정하고 각 셀에 데이터를 입력합니다.

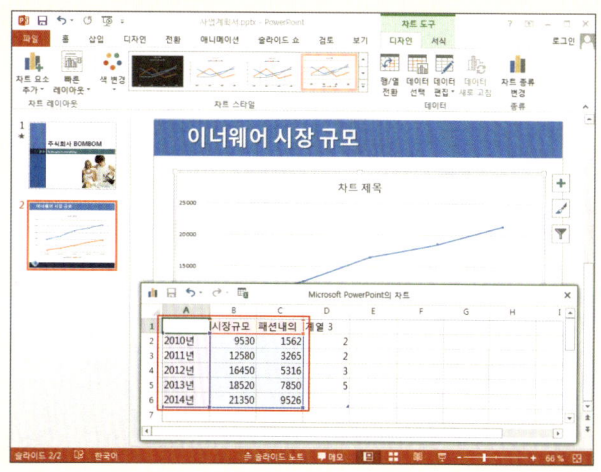

7 데이터 표에서 [B2] 셀부터 [C6] 셀까지 드래그해서 블록을 지정한 다음 마우스 오른쪽 버튼을 클릭하고 [셀 서식]을 선택합니다. [셀 서식] 대화상자가 실행되면 [표시 형식] 탭에서 [숫자] 범주를 선택하고 [1000 단위 구분 기호(,) 사용]을 선택한 후 [확인] 버튼을 클릭합니다. 표시 형식이 변경되면 데이터 표는 닫아도 됩니다.

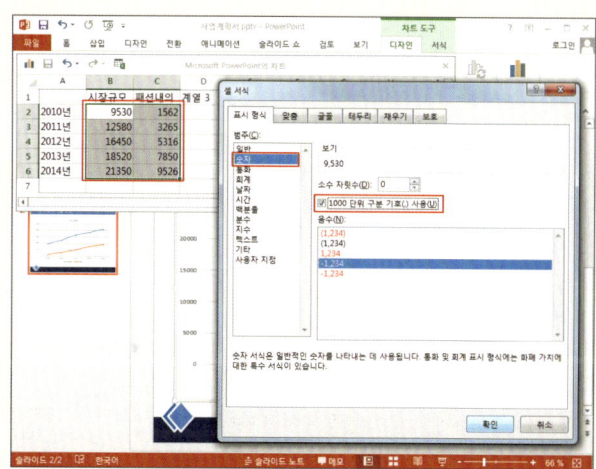

8 차트 영역이 선택된 상태에서 도형 채우기(도형 채우기▼)를 사용하여 색을 지정하고 도형 효과(도형 효과▼)를 사용하여 도형 효과를 지정합니다.

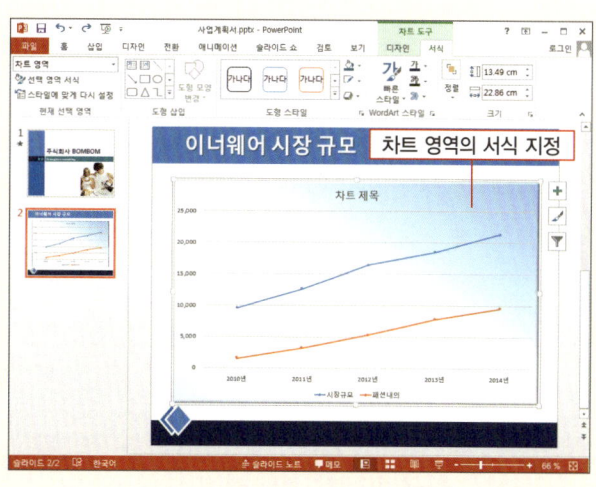

POINT
여기서는 도형 채우기(도형 채우기▼)에서 [그라데이션]을 사용하여 채우기 색을 지정했습니다.

9 차트 도구의 [디자인] 탭→[차트 레이아웃] 그룹→차트 요소 추가( )를 클릭하고 [데이터 레이블]→[위쪽]을 선택합니다.

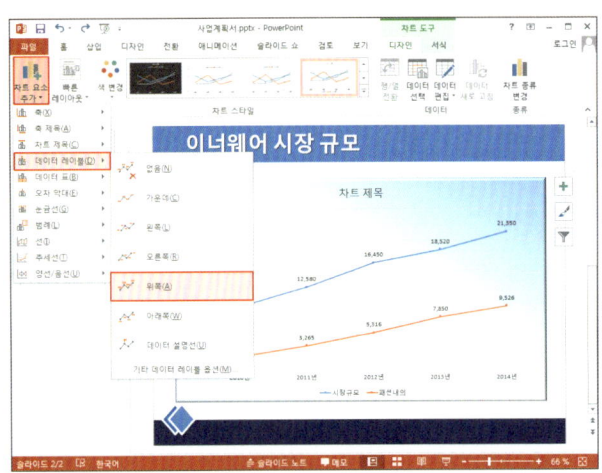

10 계열 '시장규모'를 나타내는 꺾은 선을 더블클릭합니다.

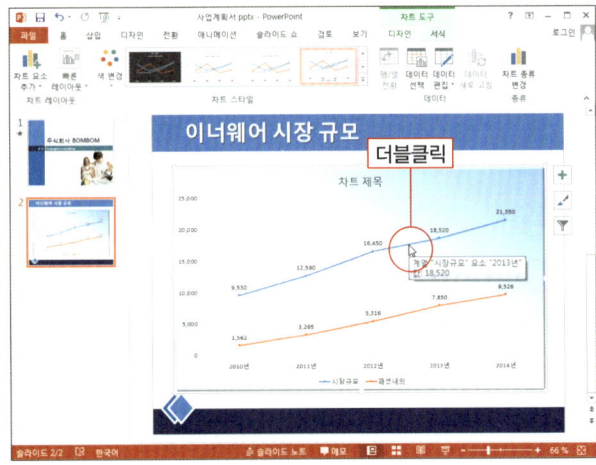

POINT
차트를 구성하는 요소를 더블클릭하면 해당 요소에 대한 서식 작업 창이 표시됩니다.

11 [데이터 계열 서식] 작업 창이 표시되면 [채우기 및 선]→[표식]→[표식 옵션]에서 [기본 제공] 옵션을 선택하고 형식과 크기를 지정합니다.

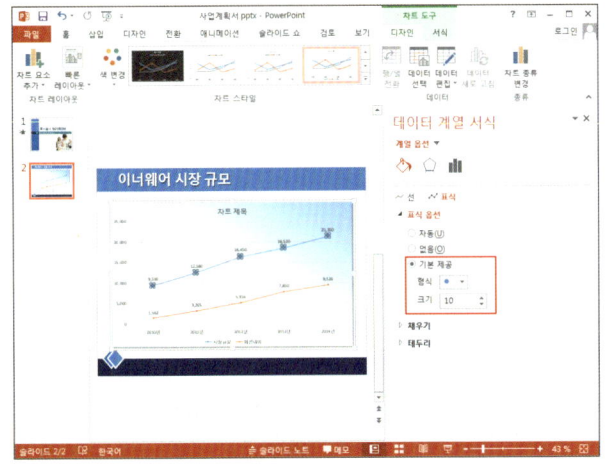

12 [채우기 및 선] → [표식] → [채우기]에서 [단색 채우기] 옵션을 선택한 다음 색 버튼을 클릭하고 표식의 채우기 색을 지정합니다.

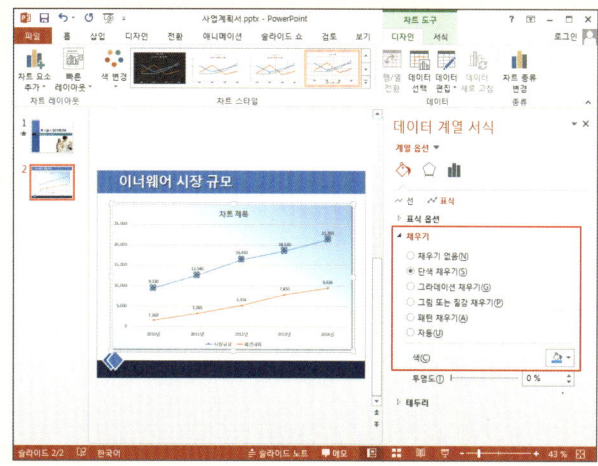

13 작업 창이 표시된 상태로 차트에서 계열 '패션내의'를 클릭합니다. 그런 다음 [데이터 계열 서식] 작업 창에서 표식 옵션과 표식 채우기를 지정합니다.

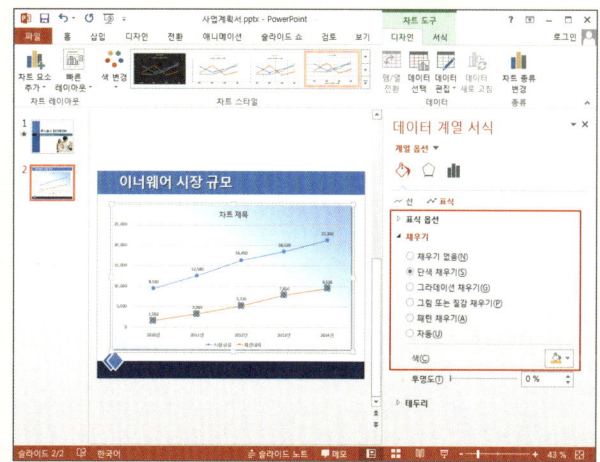

14 '세로 (값) 축 주 눈금선'을 클릭한 다음 [서식] 탭 → [도형 스타일] 그룹 → 도형 윤곽선(도형 윤곽선▼)을 사용하여 선의 색과 대시 스타일 등을 지정합니다.

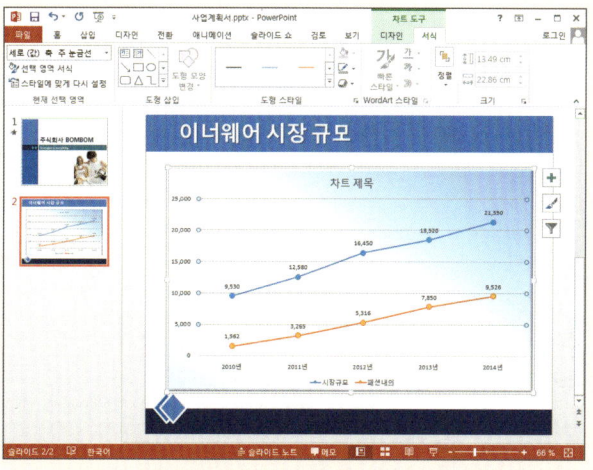

15 '세로 (값) 축'을 클릭해서 선택한 다음 Delete 를 눌러서 제거합니다. 같은 방법으로 차트 제목과 범례도 제거합니다.

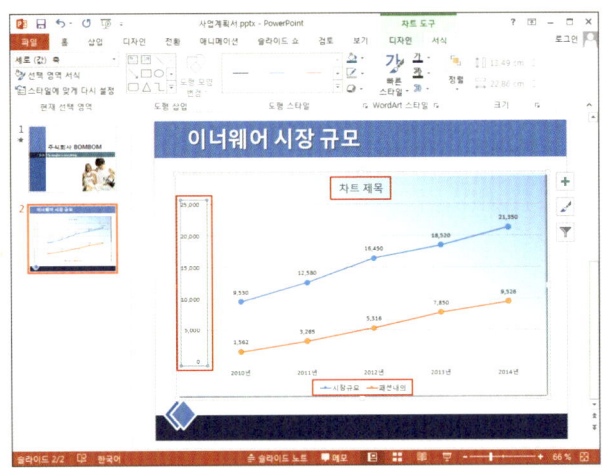

16 그림 영역을 클릭하고 도형 윤곽선 (도형 윤곽선·)을 사용하여 선의 색을 지정합니다. 그런 다음 테두리에 있는 크기 조정 핸들로 그림 영역의 크기를 조정합니다.

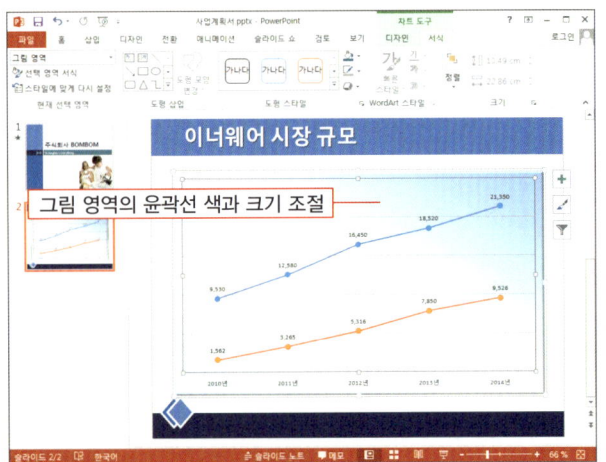

17 차트 테두리의 크기 조정 핸들을 사용해서 차트 크기를 다음과 같이 조정합니다. 차트 왼쪽에 도형을 삽입할 예정입니다.

POINT
차트 영역이 선택된 상태에서 [홈] 탭 → [글꼴] 그룹의 도구를 이용하여 차트에 사용된 글꼴의 서식을 지정할 수 있습니다.

18 [삽입] 탭 → [일러스트레이션] 그룹 → 도형( )을 클릭하고 [모서리가 둥근 직사각형] 도형을 선택하여 그립니다. 그리기 도구의 [서식] 탭 → [도형 스타일] 그룹에서 도형 스타일을 설정합니다.

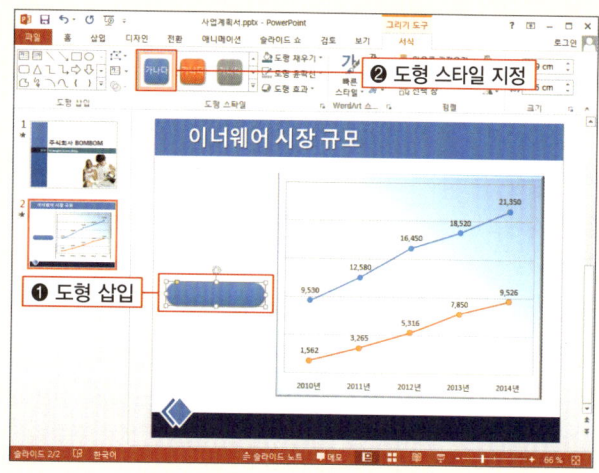

19 도형에 텍스트 '이너웨어'를 입력하고 글꼴 서식을 지정합니다. 글꼴 서식은 [홈] 탭 → [글꼴] 그룹에 있는 도구를 사용합니다.

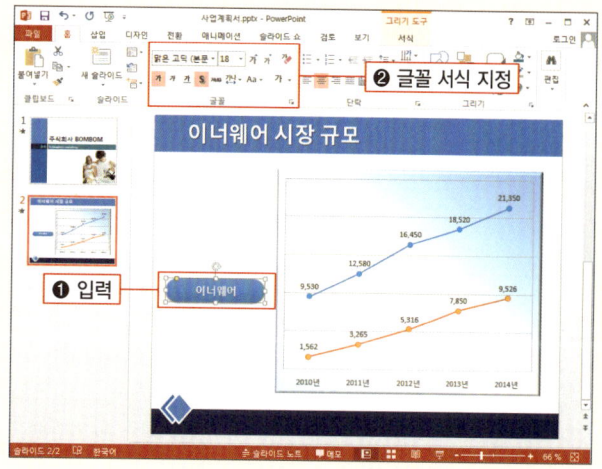

20 Ctrl + Shift 를 누른 채 도형을 아래로 드래그하여 복사하고 '패션내의'로 텍스트를 수정한 다음 도형 스타일을 변경합니다.

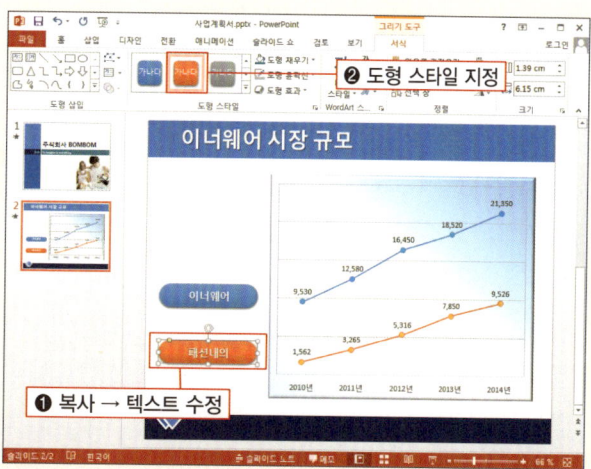

Project 실무 프레젠테이션에서 즐겨 쓰는 노하우 30가지 **411**

21 차트를 선택한 다음 [애니메이션] 탭 → [애니메이션] 그룹의 스타일 갤러리에서 [밝기 변화]를 선택합니다. 그런 다음 [타이밍] 그룹에서 [시작] 시간을 '이전 효과 다음에'로 변경합니다.

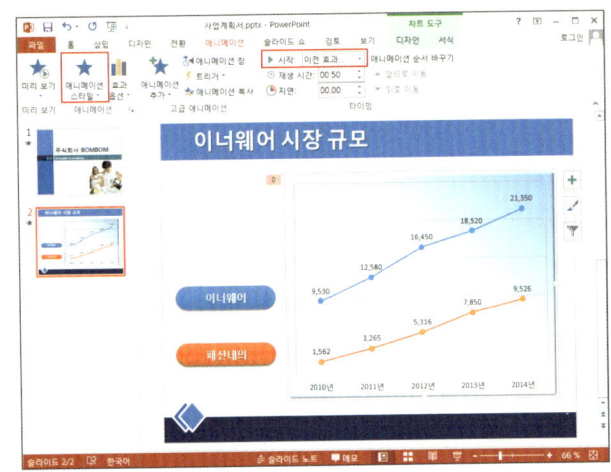

22 [애니메이션] 탭 → [애니메이션] 그룹에서 [효과 옵션]을 클릭하고 차트 묶은 단위를 [계열별로]로 선택하여 변경합니다.

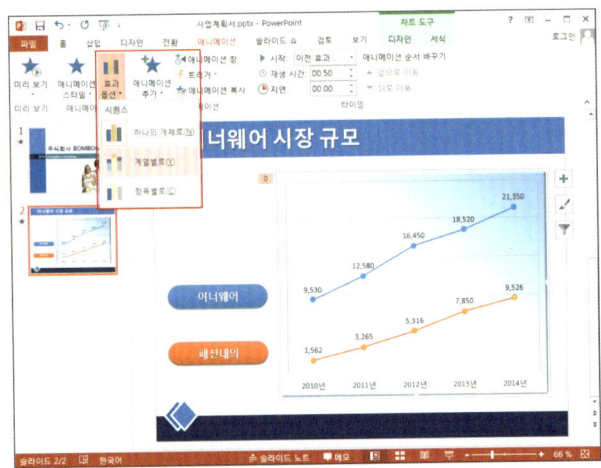

23 차트에 0, 1, 2로 세 개의 숫자 태그가 표시됩니다. 1번 숫자 태그를 클릭하고 Shift 를 누른 상태에서 2번 숫자 태그를 클릭하여 두 개의 숫자 태그를 선택합니다. 그런 다음 [타이밍] 그룹에서 [시작] 시간을 '이전 효과 다음에'로 변경합니다.

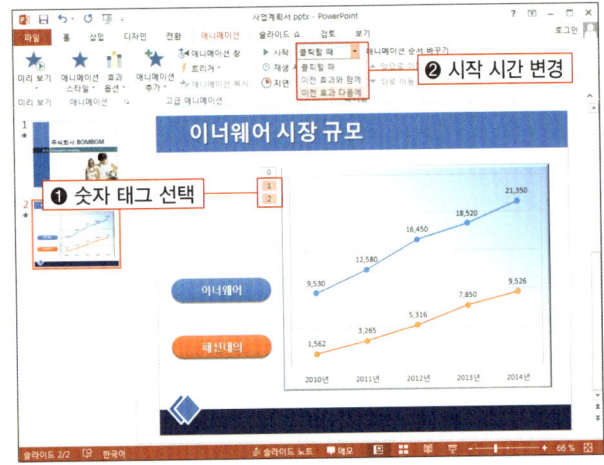

24 차트 왼쪽에 있는 첫 번째 직사각형을 선택한 다음 [올라오기] 애니메이션 효과를 지정하고 [시작] 시간을 '이전 효과 다음에'로 변경합니다.

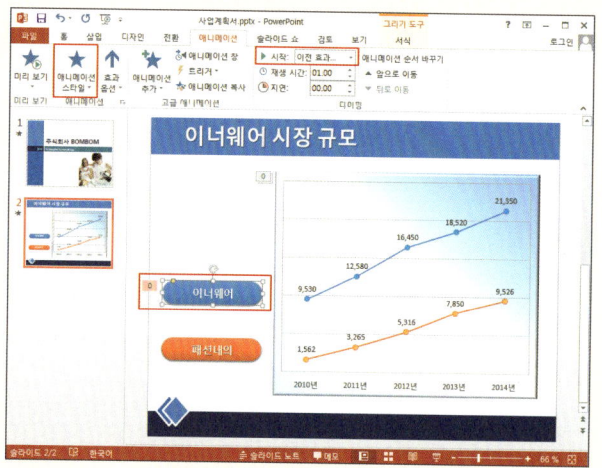

25 같은 방법으로 차트 왼쪽에 있는 두 번째 직사각형에도 [올라오기] 애니메이션 효과를 지정하고 [시작] 시간을 '이전 효과 다음에'로 변경하여 슬라이드를 완성합니다.

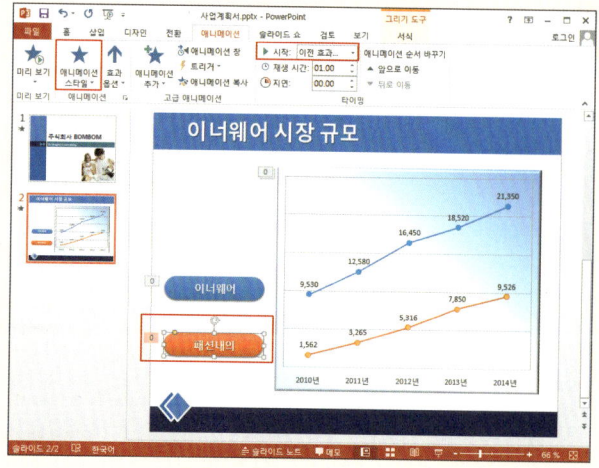

26 [애니메이션] 탭 → [미리 보기] 그룹 → 미리 보기(★)를 클릭해서 슬라이드에 설정한 애니메이션을 미리 확인합니다.

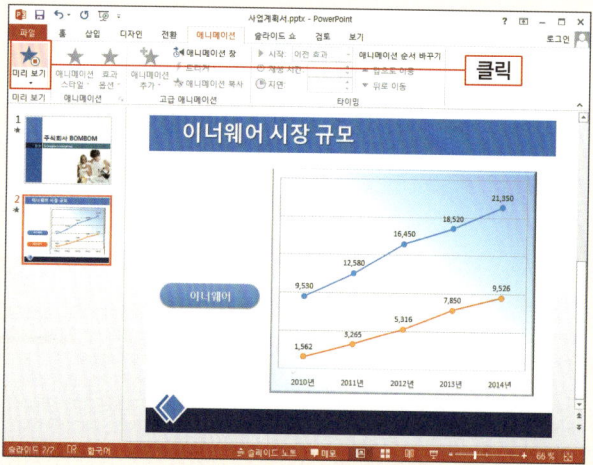

Project 실무 프레젠테이션에서 즐겨 쓰는 노하우 30가지 **413**

Project 18
사업 계획서 : 유통망 슬라이드

제품 유통망을 소개하는 슬라이드를 작성합니다. 이 슬라이드는 지도 그림과 도형을 이용하여 작성할 것입니다. 비교적 간단한 과정이므로 쉽게 따라할 수 있습니다.

Key Word : 그림, 도형, 복사

---

1 마지막 슬라이드에서 '제목만' 슬라이드 레이아웃으로 새 슬라이드를 추가합니다. 그런 다음 슬라이드 제목을 입력합니다.

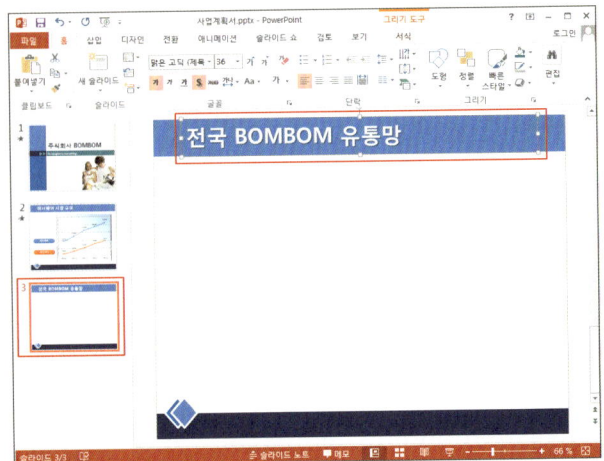

2 [삽입] 탭 → [이미지] 그룹 → 그림( )을 클릭하고 '지도.bmp' 그림 파일을 삽입한 다음 그림의 크기를 조정합니다.

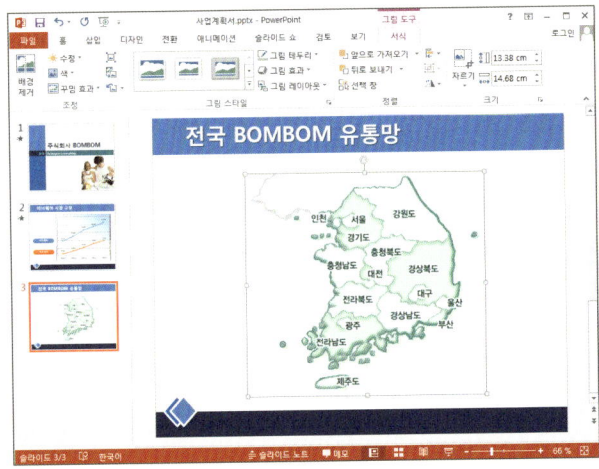

3 [삽입] 탭 → [일러스트레이션] 그룹 → 도형( )을 클릭하고 [모서리가 둥근 직사각형]을 선택하여 직사각형을 그립니다. 텍스트를 입력하고 글꼴, 글꼴 크기, 글꼴 색, 채우기 색 등 서식을 지정하여 다음과 같이 작성합니다.

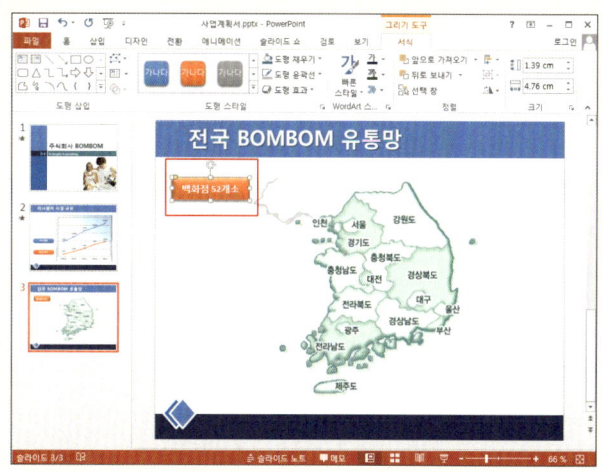

4 작성한 직사각형을 Ctrl 을 누른 채 드래그하여 세 개를 더 복사한 다음 텍스트를 수정하여 다음과 같이 작성합니다.

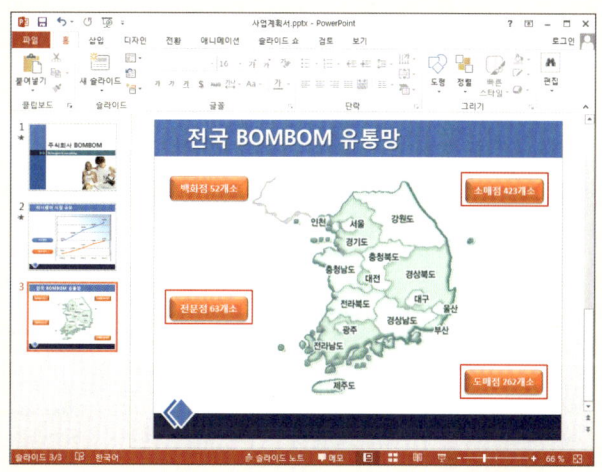

5 도형( )을 클릭하고 [선]을 선택한 다음 직사각형과 지도 그림 사이에 여러 개의 선을 그리고 선 색을 지정하여 다음과 같이 유통망을 나타내는 슬라이드를 완성합니다.

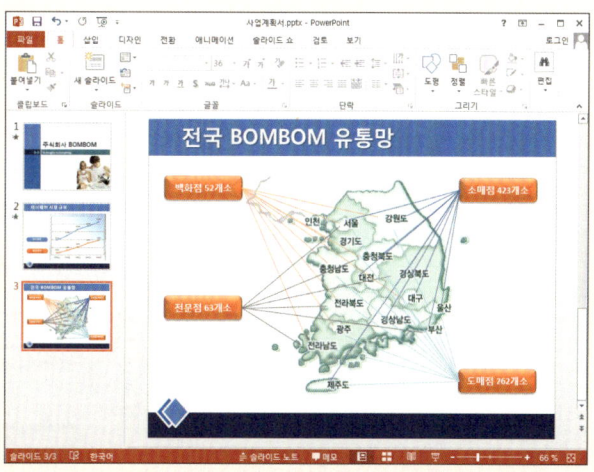

Project 19
사업 계획서 : 재무구조 슬라이드

사업 계획서에 포함되는 재무구조는 경우에 따라 손익계산서나 대차대조표, 현금 흐름표 등 여러 종류가 있을 수 있습니다. 여기서는 업계대비 재무구조를 나타내는 슬라이드를 작성할 것입니다. 이 슬라이드에는 표와 차트가 포함됩니다.

Key Word : 표, 균등 분할, 열 너비, 차트, 차트 서식

1 마지막 슬라이드에서 '콘텐츠 2개' 슬라이드 레이아웃으로 새 슬라이드를 추가한 다음 슬라이드 제목을 입력합니다.

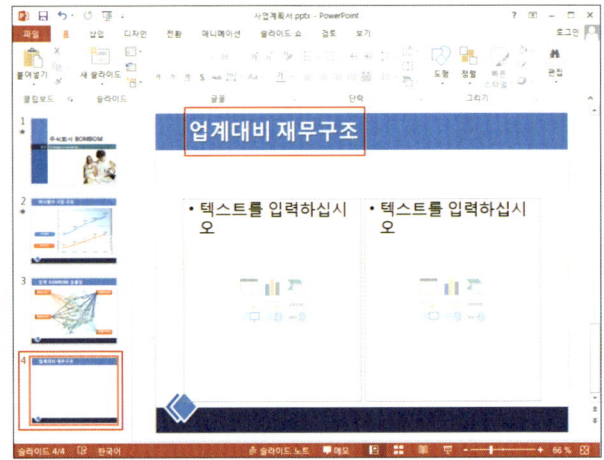

2 왼쪽의 내용 개체 틀에서 표(▦)를 클릭하고 [표 삽입] 대화상자가 표시되면 열 개수를 '3', 행 개수를 '5'로 지정한 후 [확인] 버튼을 클릭합니다.

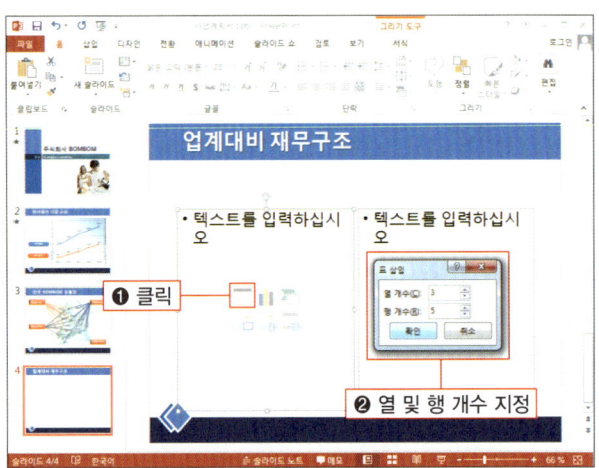

3 첫 행의 각 셀에 '구분', '2014년', '현재'를 입력합니다. 그런 다음 첫 행의 모든 셀을 블록으로 지정하고 [홈] 탭 → [단락] 그룹 → 가운데 맞춤(≡)을 클릭합니다.

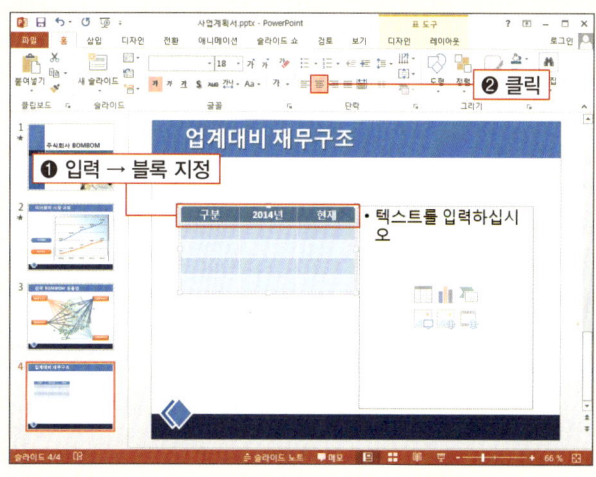

POINT
첫 행의 왼쪽에서 마우스 포인터가 화살표 모양이 되었을 때 클릭하면 행 전체를 쉽게 블록으로 지정할 수 있습니다.

4 첫 번째 열의 각 셀에 텍스트를 입력하고 오른쪽 테두리를 드래그해서 열의 너비를 조절합니다. 그런 다음 블록을 지정하고 균등 분할(≣)을 클릭합니다.

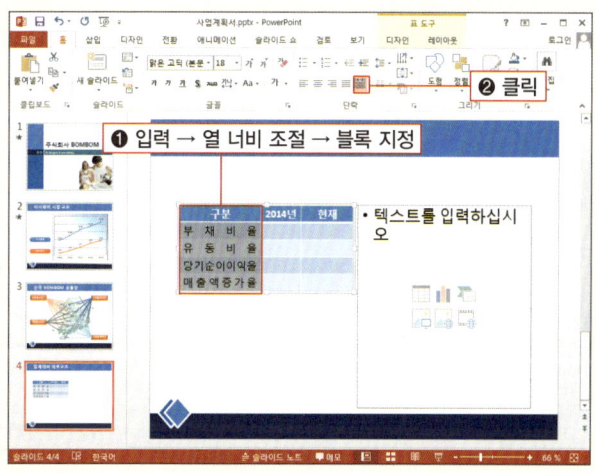

5 두 번째 열과 세 번째 열에 숫자를 입력합니다. 그런 다음 블록을 지정하고 오른쪽 맞춤(≡)을 클릭합니다.

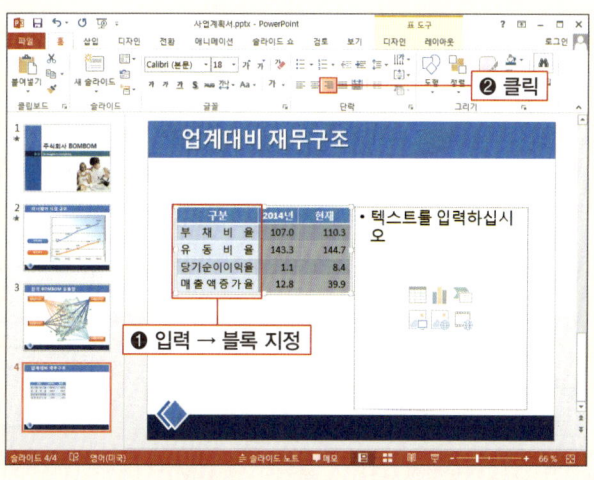

6 두 번째 열과 세 번째 열을 모두 블록으로 지정하고 표 도구의 [레이아웃] 탭 → [셀 크기] 그룹 → 열 너비를 같게(열 너비를 같게)를 클릭합니다.

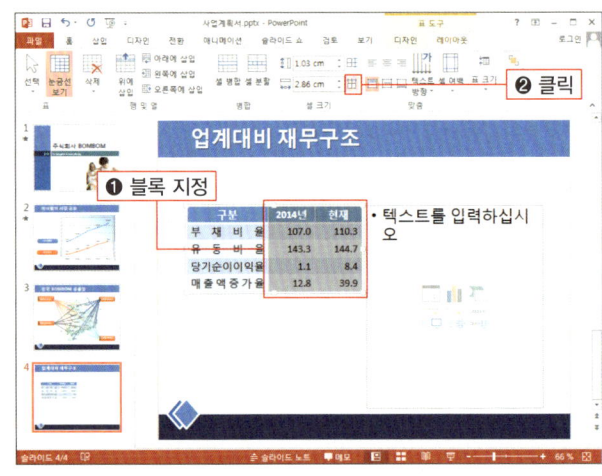

POINT
두 번째 열의 위쪽에서 마우스 포인터가 화살표 모양으로 되었을 때 마우스 왼쪽 버튼을 클릭한 채 드래그하면 열 단위로 블록을 쉽게 지정할 수 있습니다.

7 표 테두리에 있는 크기 조절 핸들로 표의 높이를 조절합니다. 그런 다음 [레이아웃] 탭 → [맞춤] 그룹 → 세로 가운데 맞춤(≡)을 클릭합니다.

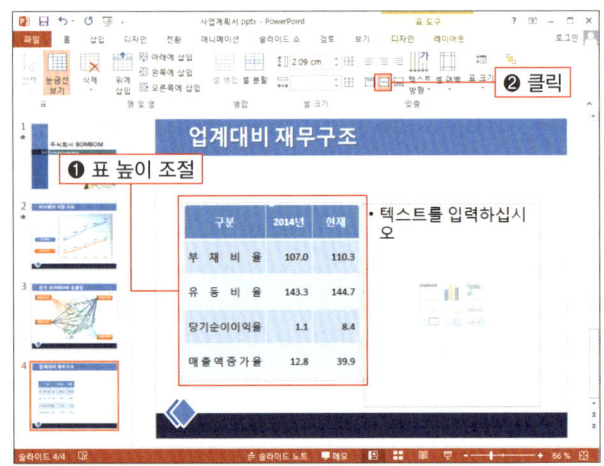

8 [디자인] 탭 → [테두리 그리기] 그룹에서 펜 두께(1 pt)와 펜 색(펜 색)을 지정한 다음 [표 스타일] 그룹 → 테두리(테두리)의 화살표를 클릭하고 [안쪽 테두리]를 선택합니다. 다시 펜 두께와 펜 색을 변경하고 테두리(테두리)의 화살표를 클릭한 다음 [바깥쪽 테두리]를 선택합니다.

POINT
안쪽 테두리는 가늘게, 바깥쪽 테두리는 두껍게 그렸습니다.

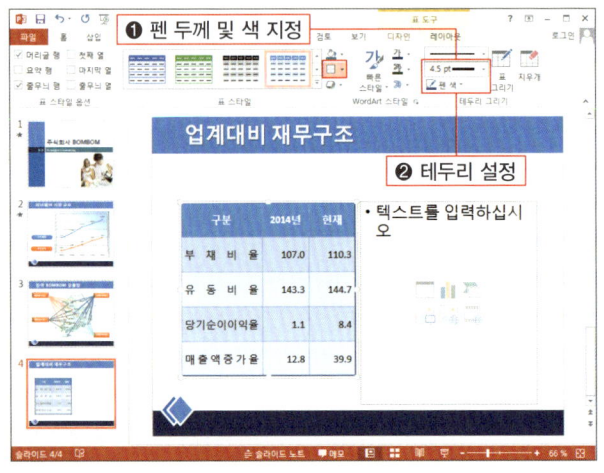

9 오른쪽의 내용 개체 틀에서 차트(■)를 클릭합니다. [차트 삽입] 대화상자가 실행되면 [세로 막대형]→[묶은 세로 막대형] 차트를 선택하고 [확인] 버튼을 클릭합니다.

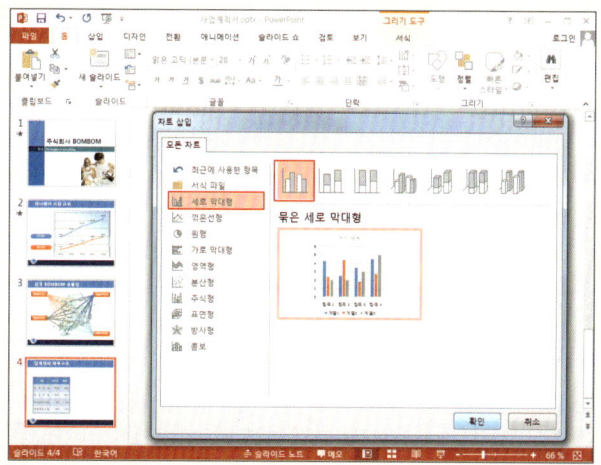

10 데이터 표가 표시되면 오른쪽 아래 모서리를 끌어서 [B3] 셀까지로 범위를 먼저 조정합니다. 그리고 다음과 같이 차트의 데이터를 입력합니다. 입력이 끝나면 데이터 시트는 닫도록 합니다.

POINT
파란 색 테두리 안의 데이터만 차트의 원본 데이터로 사용됩니다.

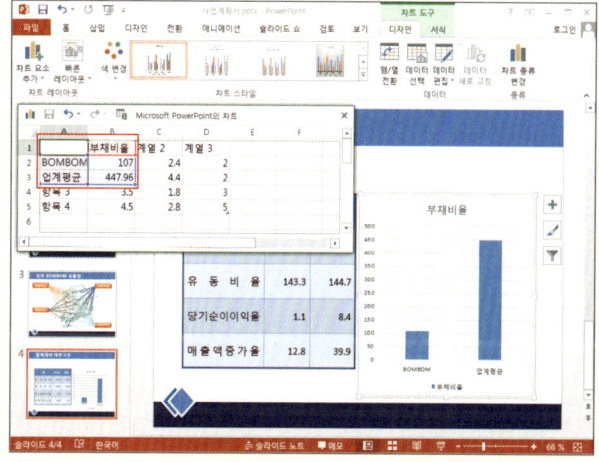

11 차트 테두리의 크기 조절 핸들로 차트의 크기를 먼저 조절합니다. 그런 다음 차트 제목과 범례를 각각 선택하고 Delete 를 눌러 제거합니다.

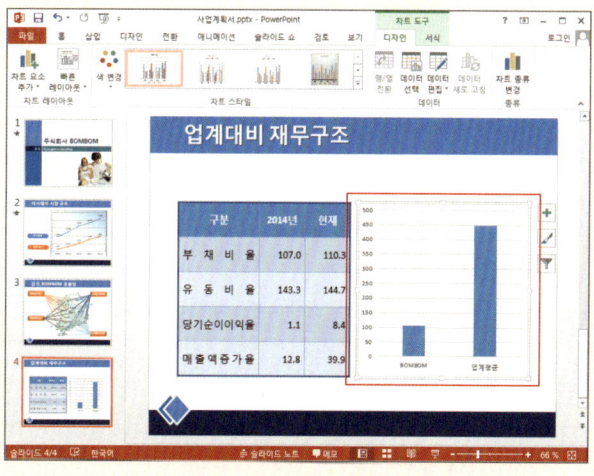

12 세로 막대를 한 번 클릭하면 두 개가 모두 선택 상태가 됩니다. 그 상태에서 왼쪽 세로 막대를 다시 클릭하여 하나만 선택한 다음 [서식] 탭 → [도형 스타일] 그룹에서 도형 스타일을 변경합니다. 같은 방법으로 오른쪽의 세로 막대에도 도형 스타일을 설정합니다.

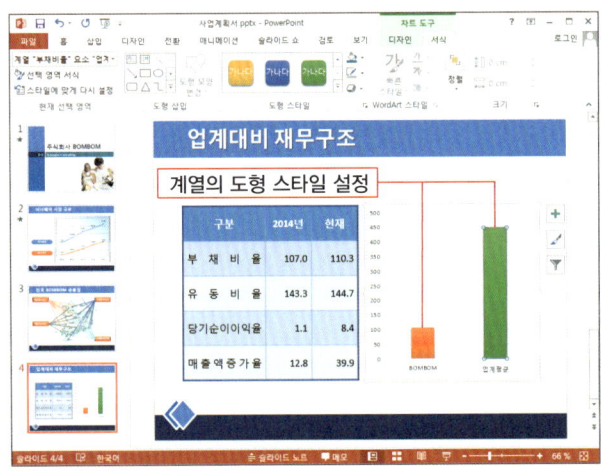

13 '세로 (값) 축 주 눈금선'을 클릭한 다음 도형 윤곽선(도형 윤곽선 ▾)을 사용하여 색과 대시 스타일을 변경합니다.

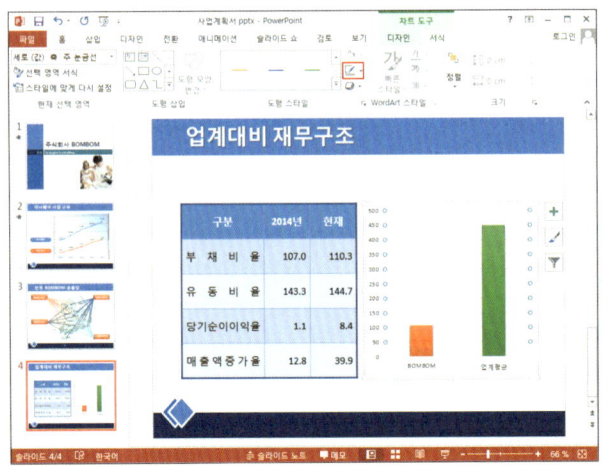

14 그림 영역을 클릭하고 도형 윤곽선(도형 윤곽선 ▾)을 사용하여 윤곽선의 색을 설정합니다.

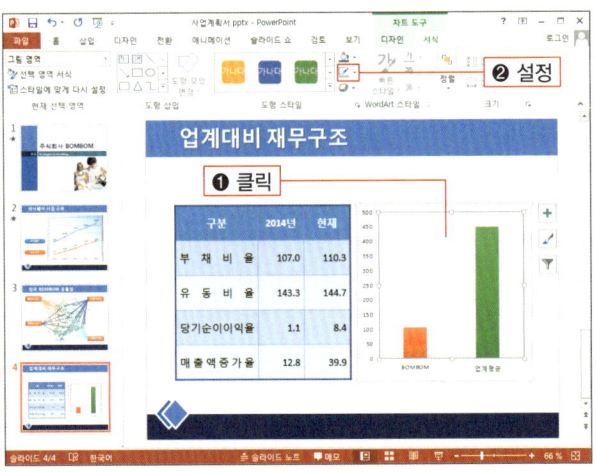

15 '세로 (값) 축'을 더블클릭합니다. 이렇게 하면 세로 축에 대한 [축 서식] 작업 창이 실행됩니다.

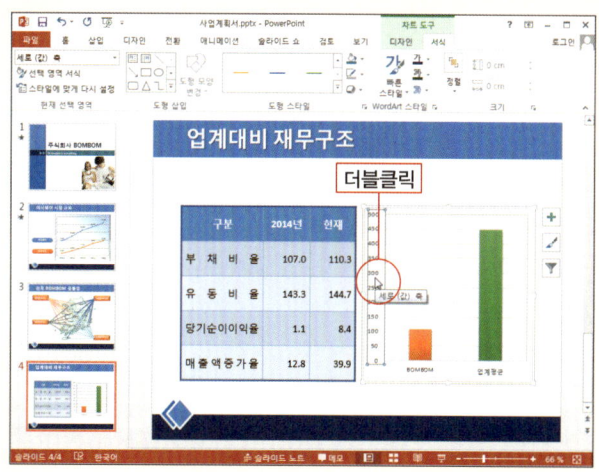

16 [축 서식] 작업 창의 [축 옵션] → [단위]에서 주 단위의 값을 '100'으로 설정합니다. 이제 작업 창은 닫아도 됩니다.

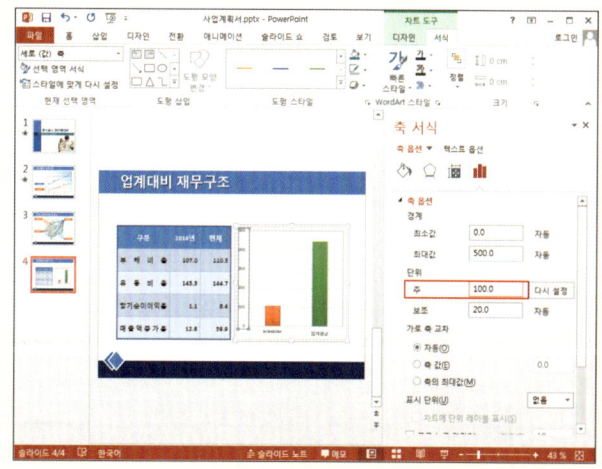

17 그림 영역을 클릭한 다음 크기 조절 핸들을 드래그하여 차트 테두리와 그림 영역과의 간격이 넓어지도록 그림 영역의 크기를 조절합니다.

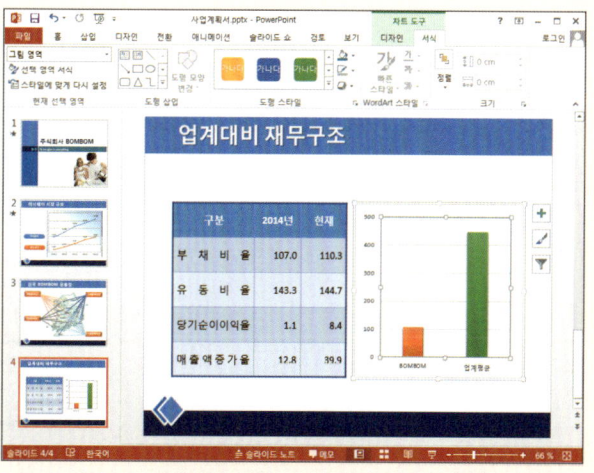

Project 실무 프레젠테이션에서 즐겨 쓰는 노하우 30가지 **421**

18 차트 영역을 클릭하고 도형 채우기 색과 입체 효과 등 필요한 서식을 지정합니다. 이때 [홈] 탭 → [글꼴] 그룹에서 글꼴의 크기도 더 크게 변경했습니다.

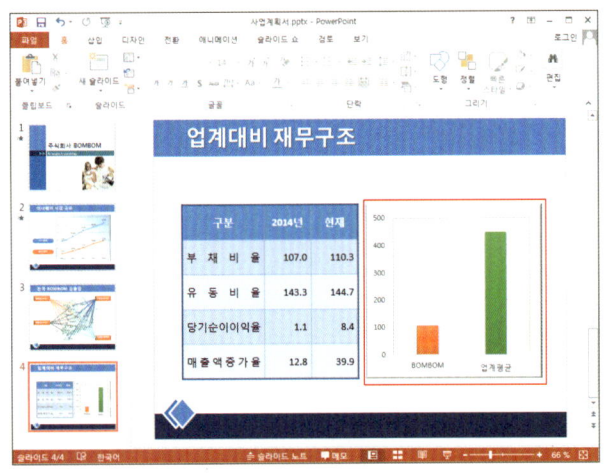

19 표 위에 직사각형을 그린 다음 텍스트를 입력하고 글꼴 서식과 도형 서식 등을 지정합니다. 작성한 직사각형을 오른쪽의 차트 위로 복사한 다음 텍스트를 수정합니다.

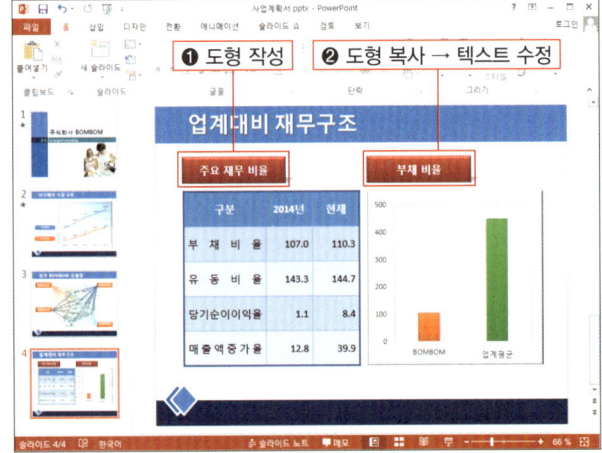

POINT

Ctrl + Shift 를 누른 상태에서 왼쪽의 직사각형을 오른쪽으로 드래그하여 복사합니다.

20 [삽입] 탭 → [텍스트] 그룹 → WordArt (가)를 클릭하고 워드아트 스타일을 선택합니다. 슬라이드 중앙에 워드아트 개체가 나타나면 '건실한 재무 구조'로 텍스트를 입력하고 위치를 조정합니다.

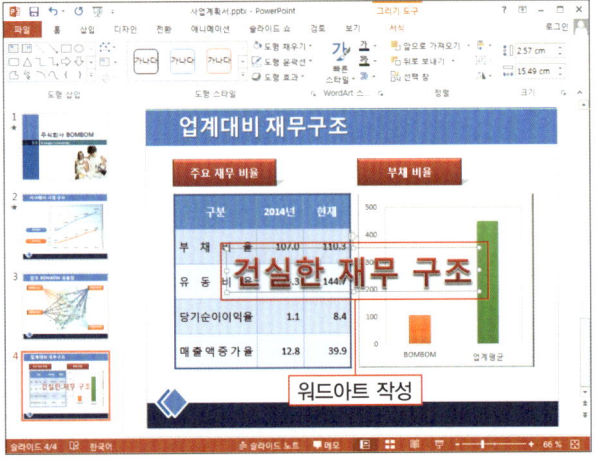

21 워드아트가 선택된 상태로 [애니메이션] 탭 → [애니메이션] 그룹의 갤러리에서 '끝내기' 영역에 있는 [가라앉기] 효과를 선택합니다.

POINT
애니메이션 효과 중 '끝내기' 영역의 효과는 애니메이션 실행 후 개체를 숨깁니다.

22 표와 차트 위에 작성한 두 개의 직사각형을 선택하고 [실선 무늬] 애니메이션 효과를 지정합니다. 그리고 [타이밍] 그룹에서 [시작] 시간을 '이전 효과 다음에'로 지정합니다.

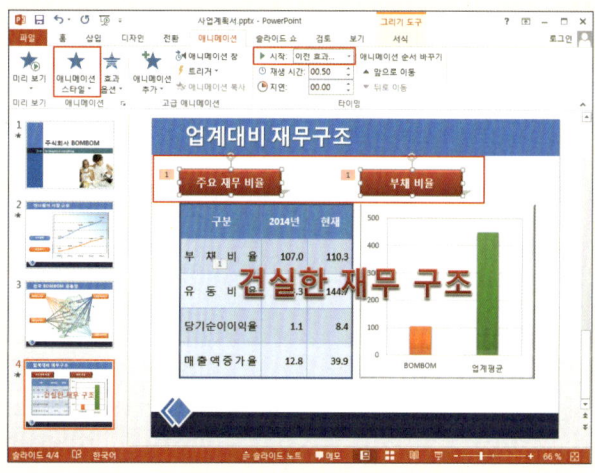

23 표와 차트를 함께 선택한 다음 [블라인드] 효과를 지정하고, [시작] 시간을 '이전 효과 다음에'로 지정하여 슬라이드를 완성합니다.

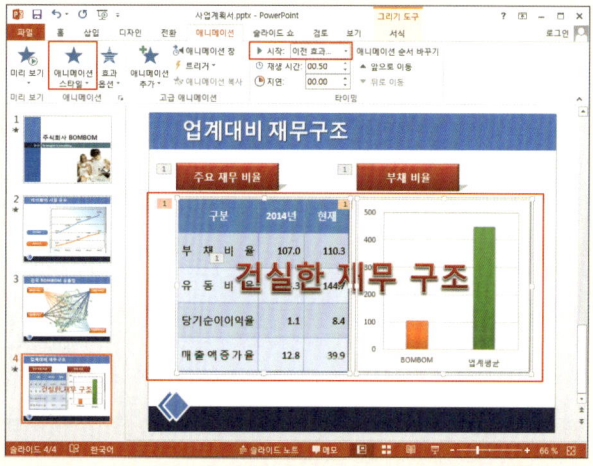

사업 계획서 : 매출 계획 슬라이드

이번 섹션에서는 앞으로의 매출 계획을 설명하는 슬라이드를 만들어 보겠습니다. 이 슬라이드는 차트로 작성됩니다. 데이터를 입력하여 매출 계획 슬라이드를 만들고, 서식을 지정한 다음 차트 애니메이션을 설정하는 과정이 여기에 포함됩니다.

Key Word : 차트, 워드아트, 애니메이션, 효과 옵션

1 마지막 슬라이드에서 '제목 및 내용' 레이아웃으로 새 슬라이드를 추가한 다음 슬라이드의 제목을 입력합니다.

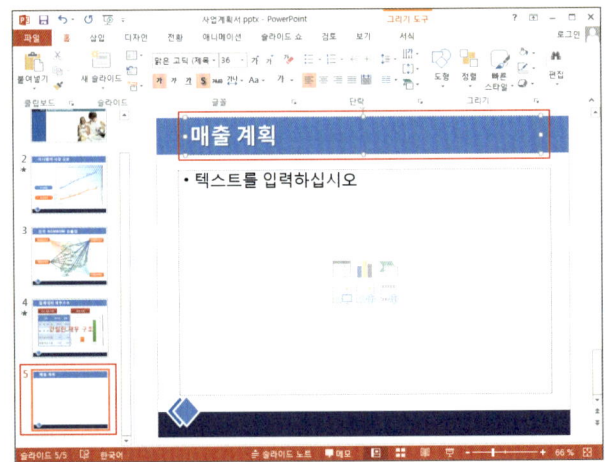

2 내용 개체 틀에서 차트( )를 클릭합니다. [차트 삽입] 대화상자가 실행되면 [세로 막대형] → [묶은 세로 막대형] 차트를 선택하고 [확인] 버튼을 클릭합니다.

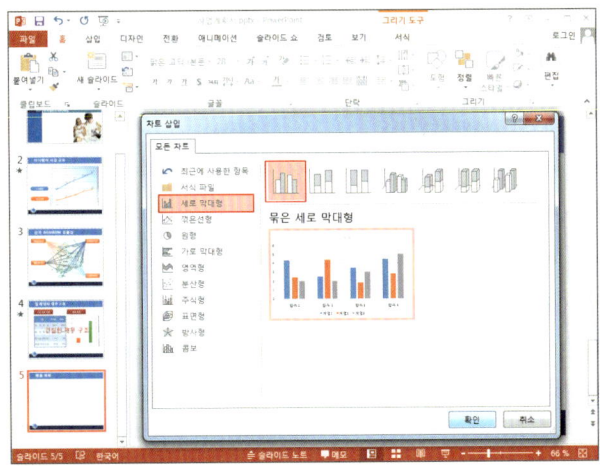

3 데이터 표가 실행되면 오른쪽 아래 모서리를 [D4] 셀까지 드래그하여 범위를 조정합니다. 그런 다음 각 셀에 다음과 같이 데이터를 입력합니다. [B2:D4] 영역은 숫자 1000 단위마다 쉼표가 표시되도록 표시 형식을 지정합니다.

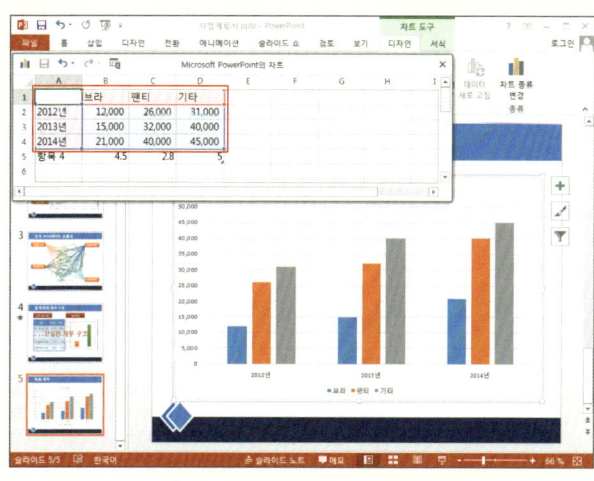

POINT

[B2:D4]를 블록으로 지정하고 마우스 오른쪽 버튼을 클릭한 다음 [셀 서식]을 선택합니다. [표시 형식] 탭에서 [숫자] 범주를 선택하고, [1000 단위마다 구분 기호(,) 삽입]을 선택한 후 [확인] 버튼을 클릭합니다.

4 차트에 다음과 같이 각종 서식을 지정합니다. 여기서는 차트 스타일을 지정한 후 계열마다 도형 효과(입체 효과)를 지정하고 그림 영역에는 윤곽선 색을 설정했습니다.

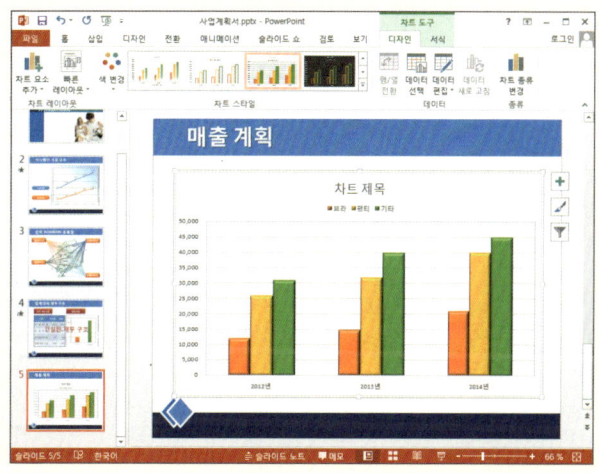

5 차트 제목을 삭제하고 범례가 아래쪽에 표시되도록 설정합니다. 또 세로 값 축의 주 단위를 '10000'으로 변경합니다. 이렇게 해서 차트가 완성되었습니다.

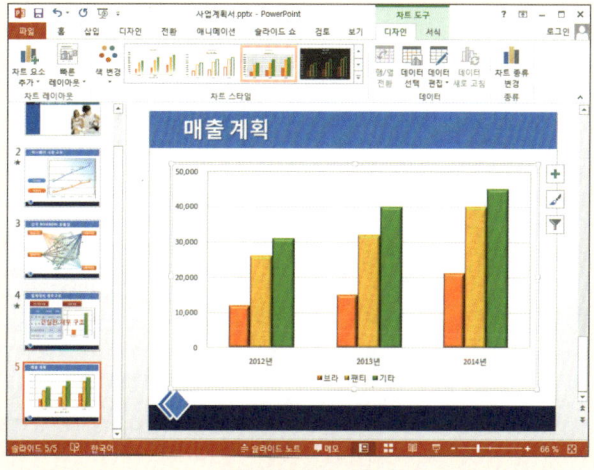

6 [삽입] 탭 → [텍스트] 그룹 → WordArt (가)를 클릭하고 워드아트 스타일을 선택합니다. 그런 다음 '지속적인 매출 신장'으로 텍스트를 입력하고 위치를 조정합니다. 필요하면 [서식] 탭 → [WordArt 스타일] 그룹에서 서식을 변경합니다.

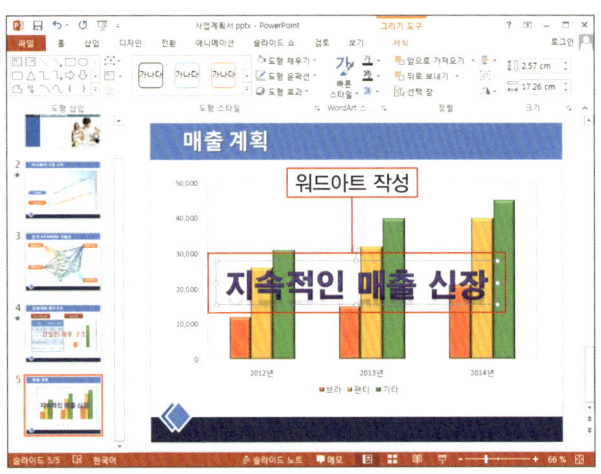

7 워드아트가 선택된 상태로 [애니메이션] 탭 → [애니메이션] 그룹의 갤러리에서 '끝내기' 효과에 있는 [튀기기] 효과를 지정합니다. 그런 다음 [타이밍] 그룹에서 [재생 시간]을 '02.00'으로 지정합니다.

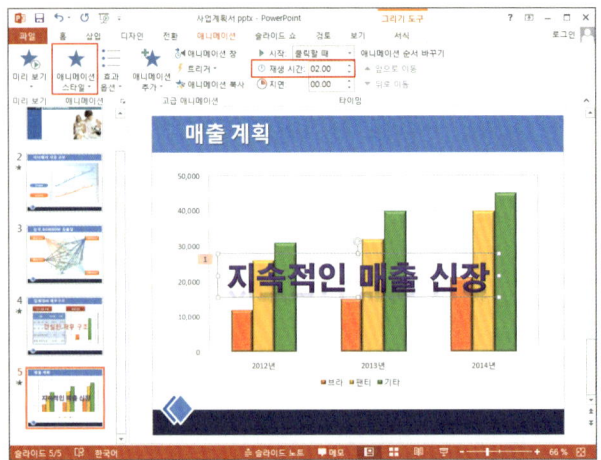

8 차트를 선택한 다음 '나타내기' 효과에서 [밝기 변화] 효과를 지정하고, [효과 옵션]을 클릭한 다음 [항목 요소별로]를 선택합니다. [타이밍] 그룹에서 [시작] 시간을 '이전 효과 다음에'로 변경하여 슬라이드를 완성합니다.

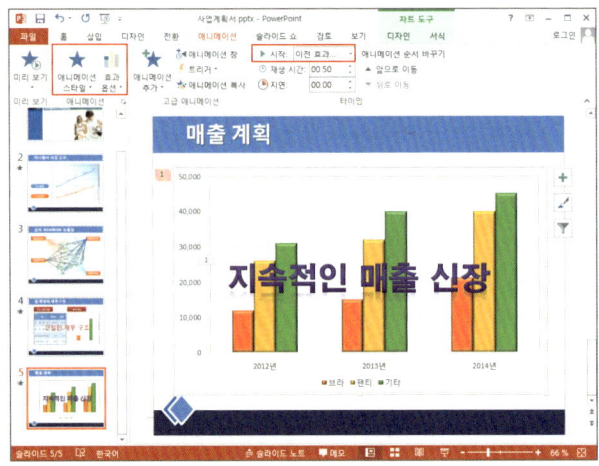

Project 21

사업 계획서 : 중점 사업 계획 슬라이드

이번 섹션에서 작성할 중점 사업 계획 슬라이드는 '제목만' 슬라이드 레이아웃을 사용합니다. 도형과 워드아트를 이용하여 중점 사업 계획을 나타내고 애니메이션을 지정하여 완성할 것입니다.

Key Word : 도형, 그룹, 맞춤, 뒤로 보내기, 애니메이션

1 마지막 슬라이드에서 '제목만' 레이아웃으로 새 슬라이드를 추가합니다. 새로 추가한 슬라이드에 슬라이드 제목을 입력합니다.

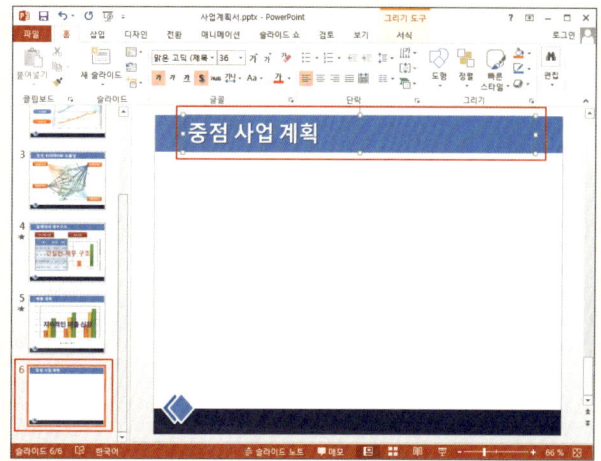

2 [삽입] 탭 → [일러스트레이션] 그룹 → 도형( )에서 [직사각형]을 선택하여 직사각형을 그린 다음 텍스트를 입력하고 서식을 지정합니다. 같은 방법으로 오른쪽에 직사각형을 하나 더 그립니다. 두 개의 직사각형을 모두 선택하고 [서식] 탭 → [정렬] 그룹 → 그룹( )의 화살표를 클릭하고 [그룹]을 선택하여 하나의 개체 그룹으로 묶습니다.

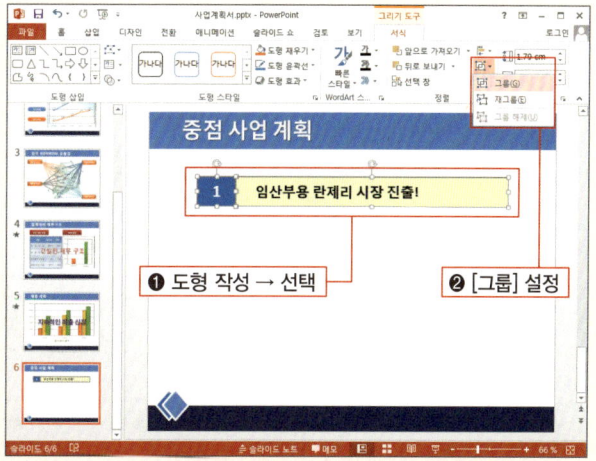

Project 실무 프레젠테이션에서 즐겨 쓰는 노하우 30가지 **427**

3 개체 그룹을 Ctrl + Shift 를 누른 상태에서 아래로 드래그하여 두 개를 더 복사한 다음 각각 텍스트를 수정하여 다음과 같이 작성합니다.

\ POINT

세 개의 개체 그룹을 모두 선택하고 [서식] 탭 → [정렬] 그룹 → 맞춤( )을 클릭한 다음 [세로 간격을 동일하게] 명령을 실행하여 개체 사이의 간격을 일정하게 조정할 수 있습니다.

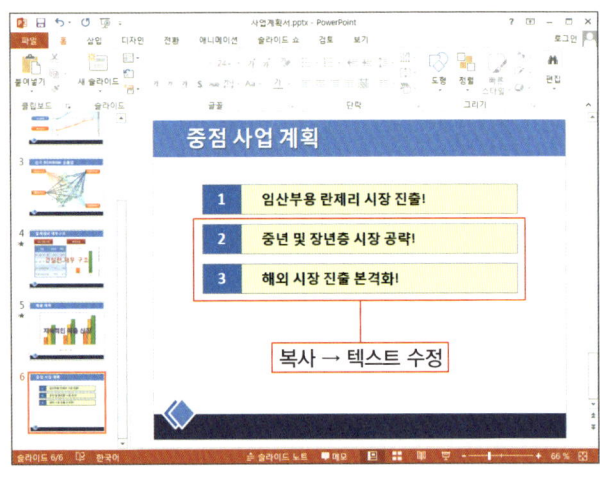

4 세 개의 그룹이 모두 포함되도록 큰 직사각형을 그린 다음 서식을 지정합니다. 그런 다음 뒤로 보내기( )의 화살표를 클릭하고 [맨 뒤로 보내기]를 선택하여 맨 아래로 이동시킵니다.

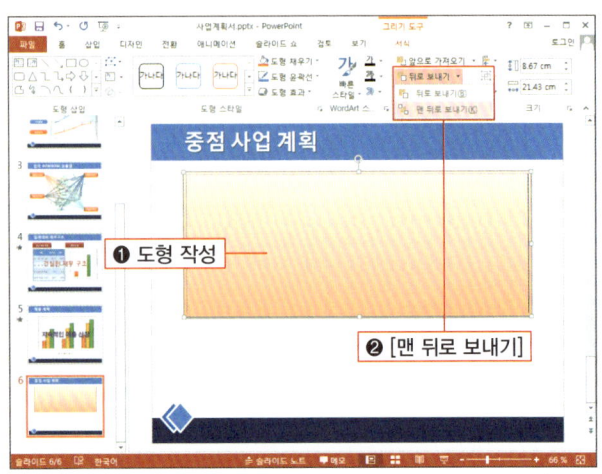

5 [아래쪽 화살표] 도형을 직사각형 아래에 그리고 [서식] 탭 → [도형 스타일] 그룹에서 도형의 서식을 지정합니다.

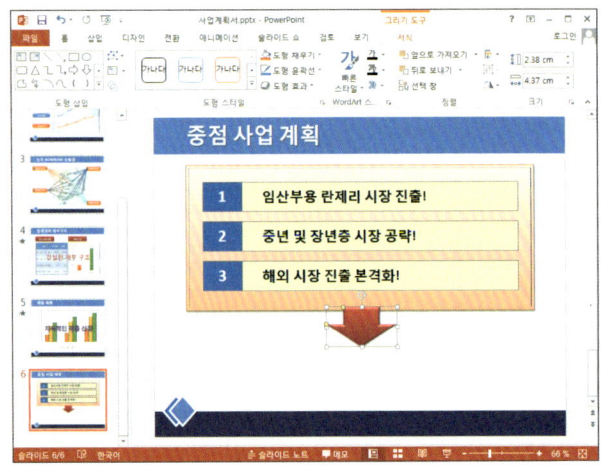

6 [삽입] 탭 → [텍스트] 그룹 → WordArt (가)를 클릭하고 워드아트 스타일을 선택합니다. '업계 최고의 이익률 실현'을 입력한 다음 [서식] 탭 → [WordArt 스타일] 그룹에 있는 도구를 사용하여 서식을 지정합니다.

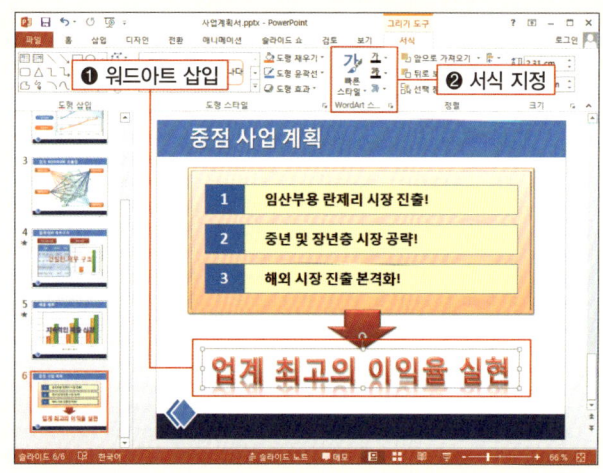

7 [애니메이션] 탭 → [애니메이션] 그룹에서 다음 순서대로 각 개체에 애니메이션을 지정합니다. 모든 애니메이션의 시작 옵션은 '이전 효과 다음에'로 설정합니다.

순서	개체	애니메이션 및 옵션
1	1번 그룹	
2	2번 그룹	[나타내기]-[내밀기]
3	3번 그룹	
4	직사각형	[나타내기]-[밝기 변화]
5	아래쪽 화살표	[나타내기]-[내밀기] / [효과 옵션]-[위에서]
6	워드아트	[강조]-[물결] / [재생 시간]-[01.50]

8 각 개체에 애니메이션을 지정한 결과는 다음과 같습니다. 슬라이드 쇼를 실행하면 애니메이션 실행 결과를 확인할 수 있습니다.

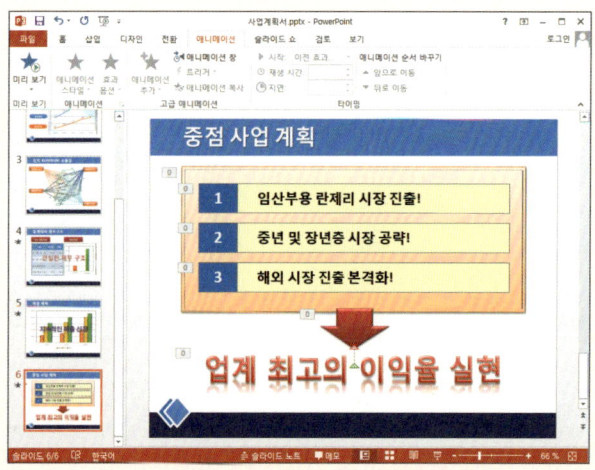

사업 계획서 : 마케팅 계획 슬라이드

마케팅 전략을 나타내는 4P는 Product(어떤 제품을), Price(어떤 가격에), Place(어느 장소에서서), Promotion(어떤 방법으로) 팔 것인가를 의미합니다. 여기서는 SmartArt 그래픽을 사용하여 4P를 나타내는 슬라이드를 작성합니다.

Key Word : SmartArt 그래픽, 색 변경, 스타일

1 마지막 슬라이드에서 '제목 및 내용' 레이아웃으로 새 슬라이드를 추가합니다. 새로 추가한 슬라이드에 슬라이드 제목을 입력합니다.

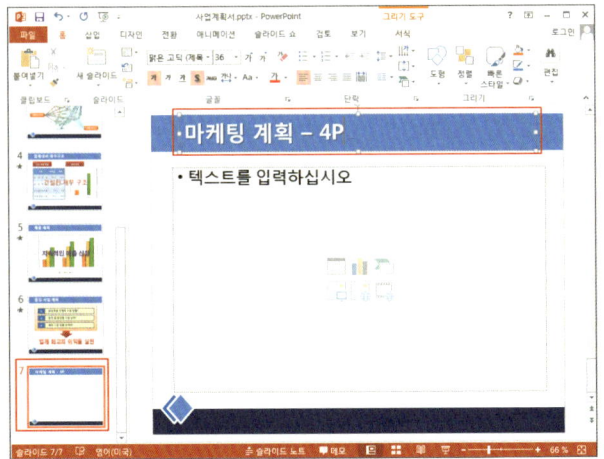

2 내용 개체 틀에서 SmartArt 그래픽( )을 클릭합니다. [SmartArt 그래픽 선택] 대화상자에서 [행렬형]의 [눈금 행렬형]을 선택하고 [확인] 버튼을 클릭합니다.

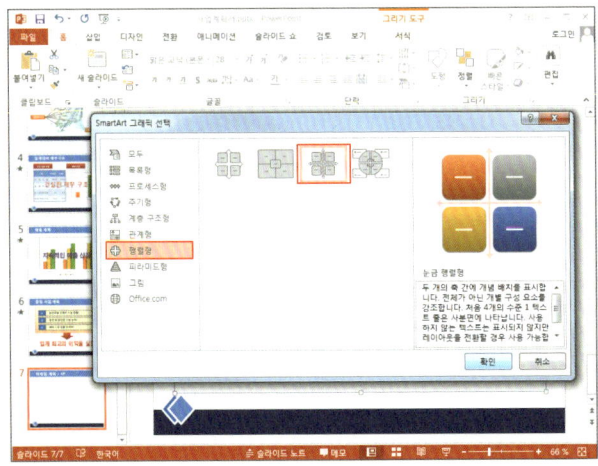

3 슬라이드에 SmartArt 그래픽이 삽입되면 각 도형마다 텍스트를 입력합니다.

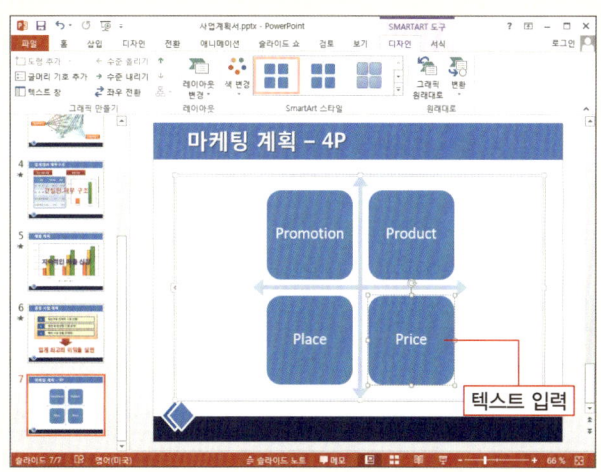

4 SmartArt 도구의 [디자인] 탭 → [SmartArt 스타일] 그룹 → 색 변경( )을 클릭하고 색을 선택합니다. 그런 다음 SmartArt 스타일 갤러리에서 스타일을 선택합니다.

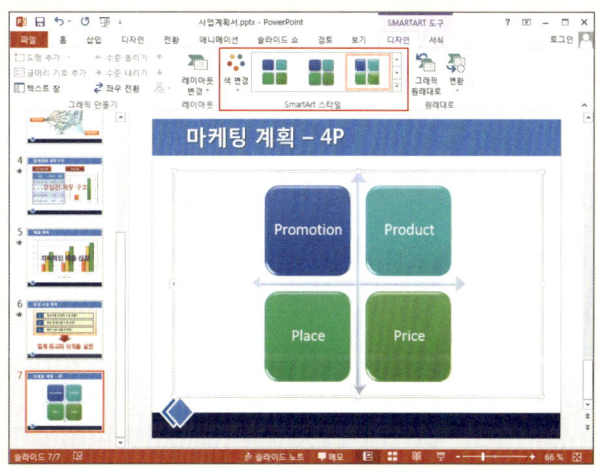

5 SmartArt 그래픽에 있는 직사각형 도형을 모두 선택하고 크기를 조정합니다. 그런 다음 왼쪽의 직사각형 두 개는 더 왼쪽으로, 오른쪽의 직사각형 두 개는 더 오른쪽으로 이동합니다. 또 위쪽의 직사각형 두 개는 더 아래쪽으로, 아래쪽의 직사각형 두 개는 더 위쪽으로 이동하고, 마지막으로 화살표 도형을 선택하고 너비를 늘려줍니다.

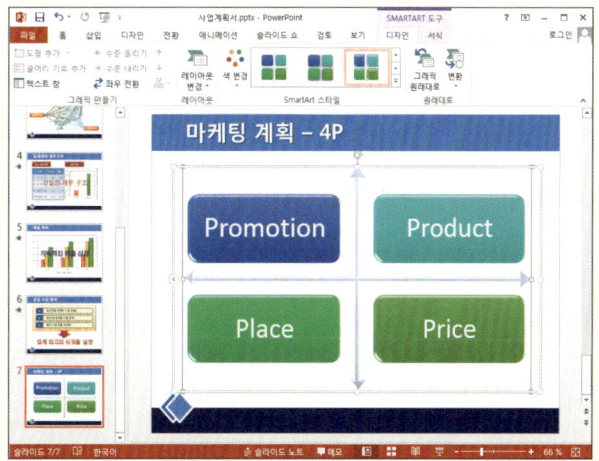

Project 실무 프레젠테이션에서 즐겨 쓰는 노하우 30가지 **431**

6 각 도형마다 'P'만 블록으로 지정한 다음 글꼴 크기를 늘리고 색 등의 서식을 지정해서 강조합니다. [홈] 탭→[글꼴] 그룹에 있는 도구를 사용하면 됩니다.

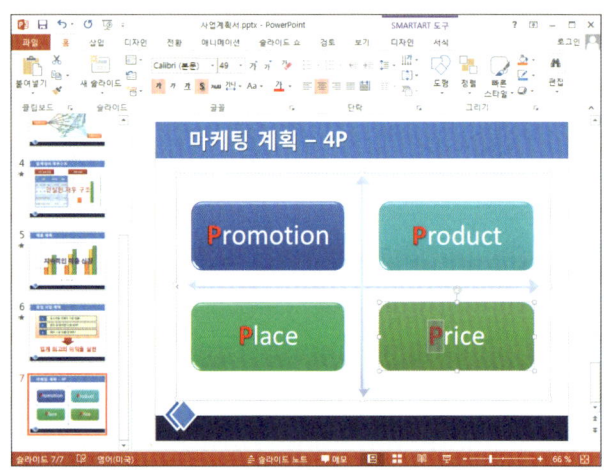

7 [삽입] 탭 → [일러스트레이션] 그룹 → 도형( )을 클릭하고 [텍스트 상자]를 선택합니다. 그런 다음 'Promotion' 도형의 위쪽을 클릭하고 다음과 같이 텍스트를 입력합니다.

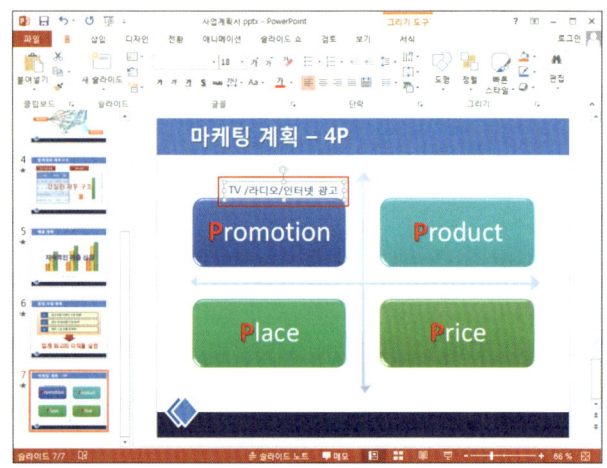

8 텍스트 상자를 다른 직사각형의 위 또는 아래로 Ctrl 을 누른 채 드래그하여 복사한 다음 텍스트를 수정하여 다음과 같이 작성합니다.

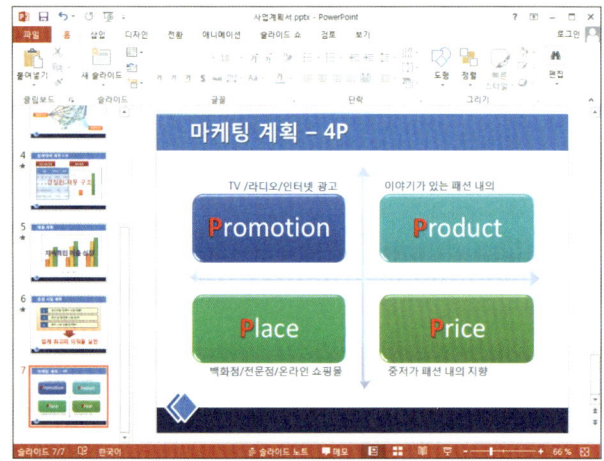

9 SmartArt 그래픽을 클릭하고 [애니메이션] 탭→[애니메이션] 그룹에서 나타내기의 [흩어 뿌리기] 효과를 설정합니다. [타이밍] 그룹에서 [시작] 시간을 '이전 효과 다음에'로 변경하고, [재생 시간]을 '01.00'으로 늘려줍니다.

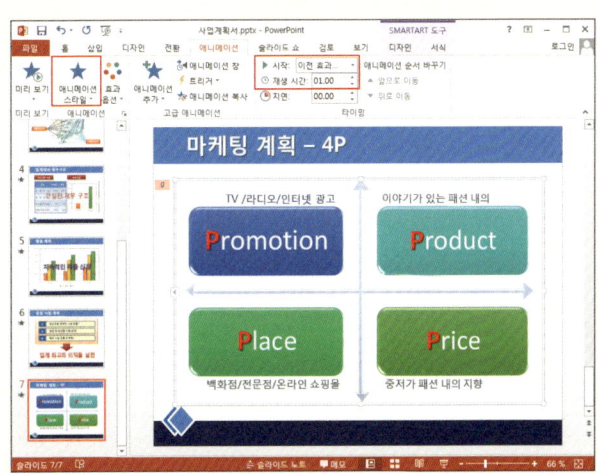

10 왼쪽에 있는 텍스트 상자 두 개를 함께 선택한 다음 [애니메이션] 그룹에서 나타내기의 [내밀기] 효과를 설정하고 [효과 옵션]을 클릭한 다음 [오른쪽에서]로 변경합니다. 그리고 [타이밍] 그룹에서 [시작] 시간을 '이전 효과 다음에'로 변경합니다.

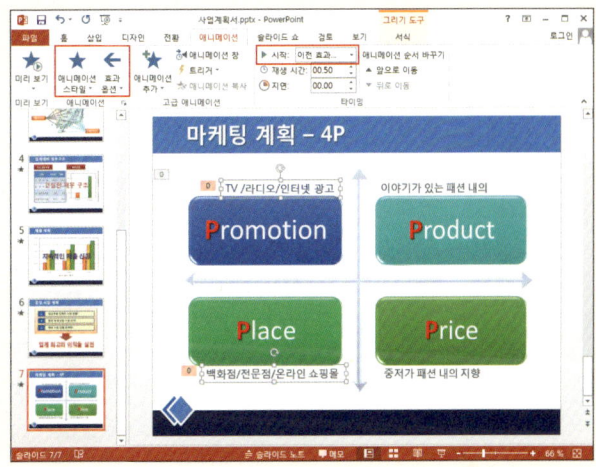

11 이번에는 오른쪽에 있는 텍스트 상자 두 개를 함께 선택하고 [애니메이션] 그룹에서 나타내기의 [내밀기] 효과를 설정하고 [효과 옵션]을 클릭한 다음 [왼쪽에서]로 변경합니다. 그리고 [타이밍] 그룹에서 [시작] 시간을 '이전 효과 다음에'로 변경합니다.

사업 계획서 : 마지막 슬라이드

사업 계획서의 마지막 슬라이드는 비교적 간단한 형태로 구성하였습니다. 청중들에게 투자의 가치와 필요를 피력하는 문장으로 이루어진 텍스트 상자와 제목 슬라이드 레이아웃으로 작성한 회사 이름, 그리고 인사말이 전부입니다.

Key Word : 텍스트 상자, 머리글\바닥글

1 마지막 슬라이드에서 '제목 슬라이드' 레이아웃으로 새 슬라이드를 추가한 다음 제목과 부제목을 각각 입력합니다.

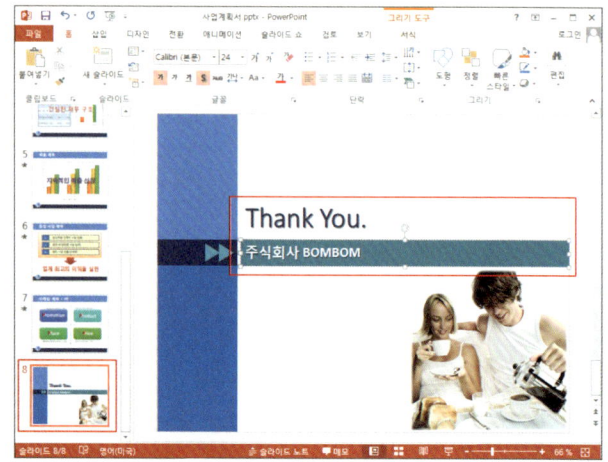

2 이미지 왼쪽에 텍스트 상자를 이용하여 다음과 같이 텍스트 상자를 입력하고 글꼴 서식, 줄 간격 등의 서식을 지정합니다.

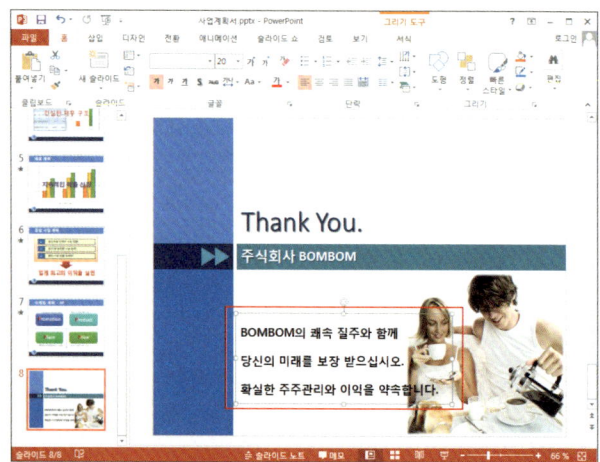

3 텍스트 상자가 선택된 상태로 [애니메이션] 탭 → [애니메이션] 그룹에서 나타내기의 [올라오기] 효과를 선택합니다. [타이밍] 그룹에서 [시작] 시간을 '이전 효과 다음에'로 변경하고, [재생 시간]을 '01.00'으로 변경합니다.

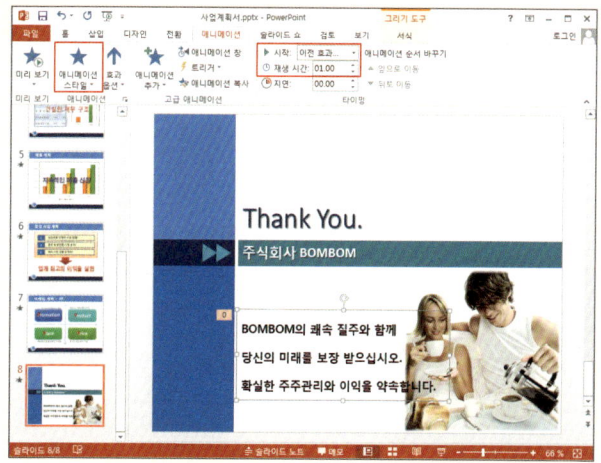

4 [삽입] 탭 → [텍스트] 그룹 → 머리글/바닥글( )을 클릭합니다. [머리글/바닥글] 대화상자의 [슬라이드] 탭에서 [슬라이드 번호]와 [바닥글]을 체크하고, 바닥글 내용을 입력합니다. [제목 슬라이드에는 표시 안 함]을 체크하고 [모두 적용] 버튼을 클릭합니다.

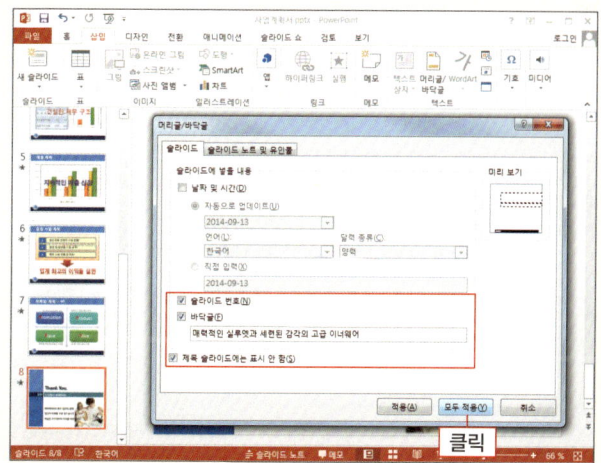

5 다른 슬라이드를 선택해서 슬라이드 번호와 바닥글이 표시되는지 확인합니다. 이렇게 해서 사업계획서 프레젠테이션 작업이 모두 끝났습니다.

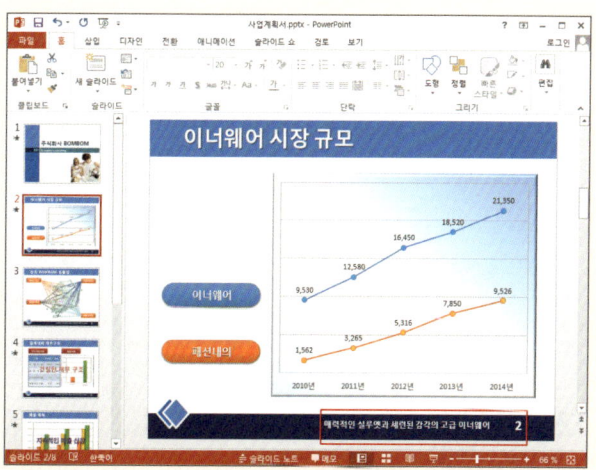

Project 24
패턴으로 텍스트 채우기(1)

이번 섹션부터 마지막 섹션까지는 여러분이 슬라이드를 만들 때 활용할 수 있는 유용한 일곱 가지 기술을 살펴봅니다. 첫 번째 기술은 간단하게 텍스트 내부를 도형으로 채우는 방법입니다.

Key Word : 글꼴 서식, 맞춤 서식, 테두리 **예제파일** : Part3\예제파일\아이디어.pptx

1 예제 파일의 1번 슬라이드에서 시작합니다. [삽입] 탭 → [일러스트레이션] 그룹 → 도형( )을 클릭하고 선 영역의 [곡선] 도형을 선택합니다. 마우스로 꼭짓점마다 클릭하는 방식으로 자유롭게 도형을 그립니다. 도형 시작점을 다시 클릭하면 닫힌 도형이 그려집니다.

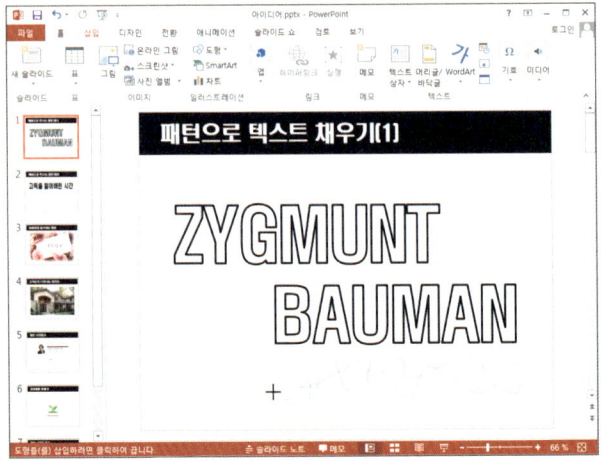

2 도형을 그린 다음 [서식] 탭 → [도형 스타일] 그룹에서 도형 윤곽선(도형 윤곽선▼)과 도형 채우기(도형 채우기▼) 서식을 지정합니다.

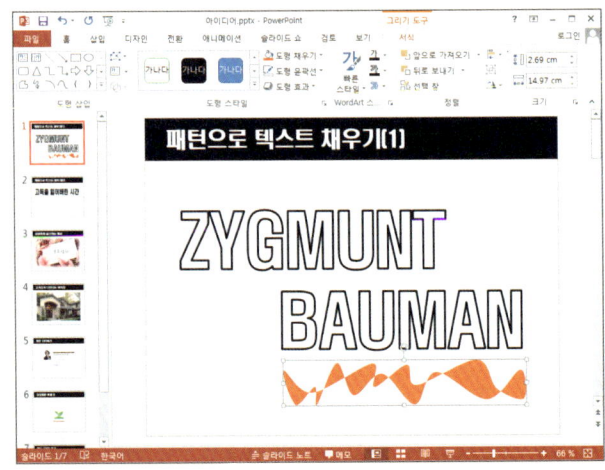

POINT
도형 윤곽선은 [윤곽선 없음]으로 지정했습니다.

3 서식 지정이 모두 끝나면 도형이 선택된 상태에서 Ctrl + C를 눌러 복사합니다. 그런 다음 해당 도형으로 채우고자 하는 텍스트를 선택하고 마우스 오른쪽 버튼을 클릭한 다음 [도형 서식]을 선택합니다.

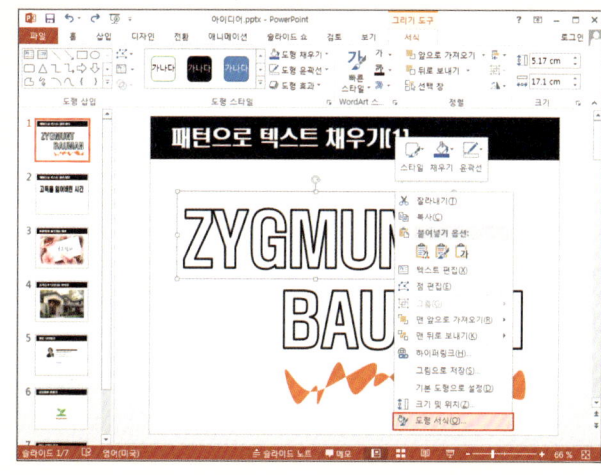

POINT
[서식] 탭 → [WordArt 스타일] 그룹 → 텍스트 채우기( )의 화살표를 클릭한 다음 [질감] → [다른 질감]을 선택해도 됩니다.

4 [도형 서식] 작업 창의 [텍스트 옵션] → [텍스트 채우기]에서 [그림 또는 질감 채우기] 옵션을 선택합니다. 그런 다음 [클립보드] 버튼을 클릭하면 복사한 도형으로 텍스트가 채워집니다.

5 도형의 채우기 색을 변경한 후 다시 Ctrl + C를 눌러 복사합니다. 다른 텍스트를 선택한 다음 [텍스트 옵션] → [텍스트 채우기]에서 [그림 또는 질감 채우기] 옵션을 선택하고, [클립보드] 버튼을 클릭하면 역시 복사한 도형으로 텍스트가 채워집니다.

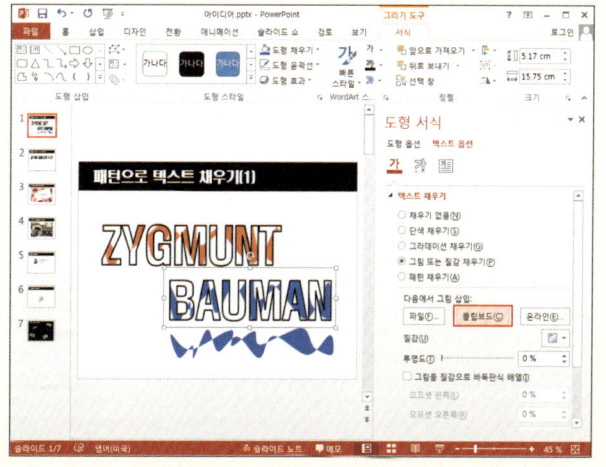

Project 25
패턴으로 텍스트 채우기(2)

두 번째 기술은 앞에서 살펴본 것과 비슷하지만 다른 방법으로 텍스트를 채우는 것입니다. 자신이 만든 패턴을 계속 사용하고 싶다면 원하는 패턴을 그린 다음 그림으로 저장해서 사용하면 됩니다.

○ **Key Word** : 도형, 그림으로 저장, 텍스트 채우기　　　　　　　　　　○ **예제파일** : Part3\예제파일\아이디어.pptx

---

1 두 번째 제목 슬라이드에서 [삽입] 탭 → [일러스트레이션] 그룹 → 도형( )을 클릭하고 [직사각형] 도형을 선택합니다. 마우스 왼쪽 버튼을 클릭한 채 드래그하여 직사각형을 그리고 서식을 지정합니다.

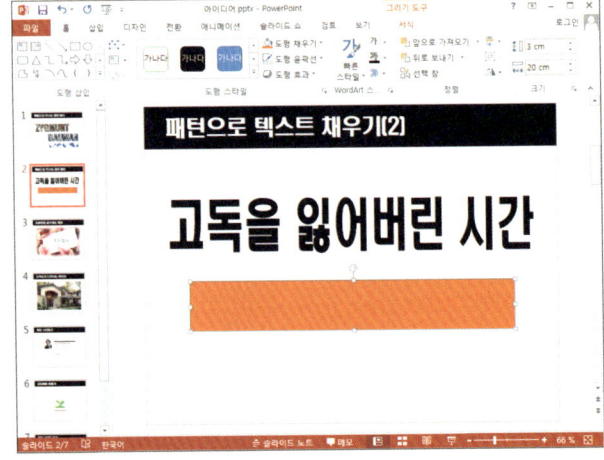

\POINT
[서식] 탭 → [도형 스타일] 그룹에서 서식을 지정합니다. 여기서는 [윤곽선 없음]을 지정하고 채우기 색을 지정합니다.

2 직사각형을 Ctrl + Shift 를 누른 채 드래그하여 복사하고 채우기 색을 변경합니다. 이때 두 개의 직사각형을 적당히 겹쳐 놓아야 합니다.

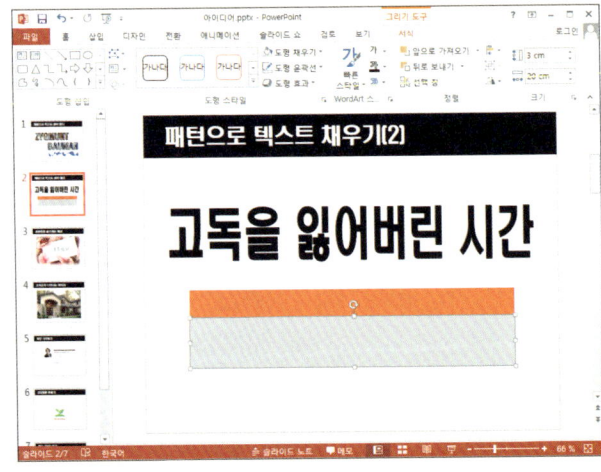

3 두 개의 직사각형 중 하나를 선택하고 [서식] 탭 → [도형 삽입] 그룹 → 도형 편집(도형 편집▼)을 클릭한 후 [점 편집]을 선택합니다. 도형에 편집 핸들이 표시되면 원하는 부분을 클릭한 채 드래그하여 점을 추가합니다.

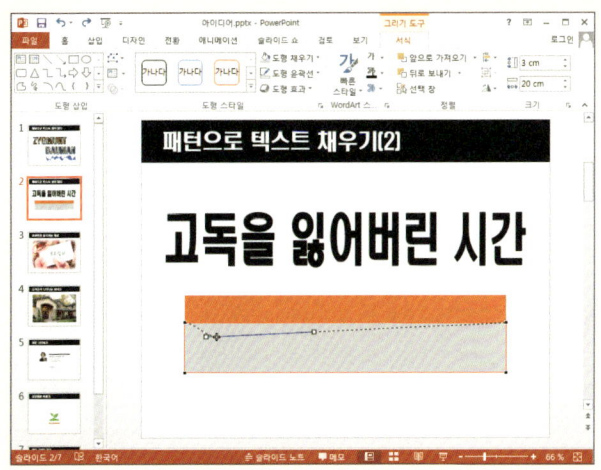

4 다음과 같이 두 개의 직사각형이 겹쳐지는 부분이 부드러운 곡선 모양이 되도록 점 편집을 실행하면 됩니다. 점 편집이 모두 끝나면 도형 바깥쪽을 클릭해서 점 편집을 마칩니다.

POINT
꼭짓점을 제거하려면 Ctrl 을 누른 채 드래그합니다.

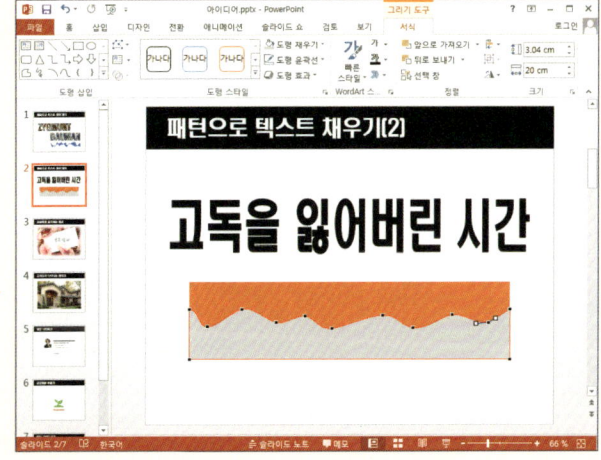

5 Shift 를 사용하여 두 개의 도형을 함께 선택한 다음 마우스 오른쪽 버튼을 클릭하여 [그림으로 저장]을 선택합니다.

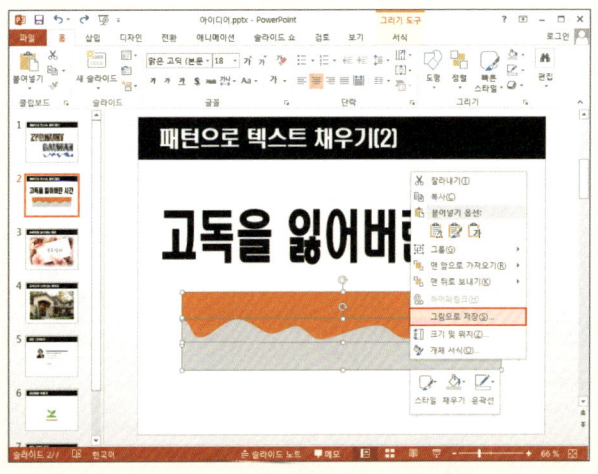

6 [그림으로 저장] 대화상자가 실행되면 저장 위치를 지정한 다음 파일 이름을 입력하고 [저장] 버튼을 클릭합니다.

\POINT
그림으로 저장한 후에는 도형을 삭제해도 됩니다.

7 그림으로 저장한 패턴으로 채울 텍스트를 선택한 다음 [서식] 탭 → [WordArt 스타일] 그룹 → 텍스트 채우기(가▼)를 클릭하고 [그림]을 선택합니다. [그림 삽입] 창에서 [파일에서]를 클릭한 다음 [그림 삽입] 대화 상자에서 앞에서 저장했던 그림 파일을 선택하고 [삽입] 버튼을 클릭합니다.

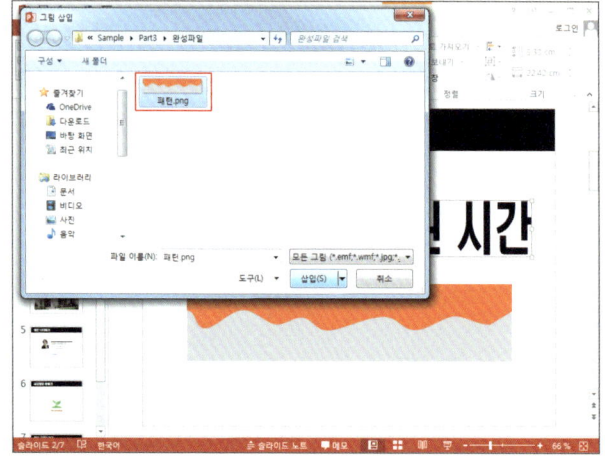

8 이런 과정을 거치면 다음과 같이 선택한 텍스트를 여러분이 직접 만든 패턴으로 채울 수 있습니다.

\POINT
그림으로 저장해 두었기 때문에 이 패턴은 원할 때마다 재사용이 가능합니다. 텍스트뿐만이 아니라 도형에도 이 패턴을 사용할 수 있습니다.

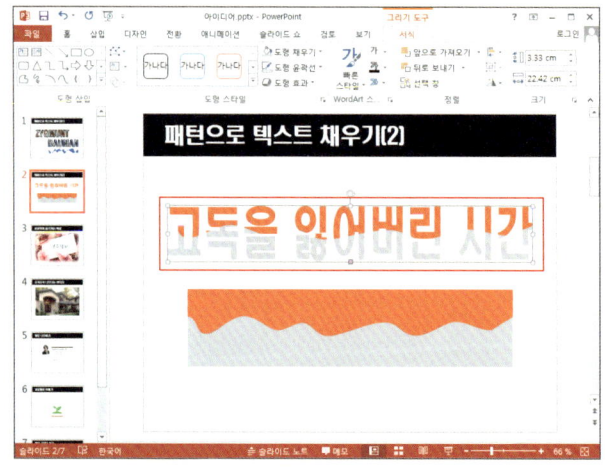

Project 26
은은하게 움직이는 배경

이 장에서 살펴볼 세 번째 기술은 움직이는듯한 느낌을 주는 배경을 만드는 방법입니다. 개체가 움직이는 효과를 내려면 애니메이션을 이용해야 합니다. 애니메이션 창의 진행 시간 표시 막대를 사용하는 방법에 특히 주목하기 바랍니다.

- Key Word : 투명도, 애니메이션, 진행 시간 표시 막대
- 예제파일 : Part3\예제파일\아이디어.pptx

1 3번 슬라이드에서 [삽입] 탭 → [일러스트레이션] 그룹 → 도형( )을 클릭하고 [타원] 도형을 선택하여 적당한 크기로 타원을 그립니다.

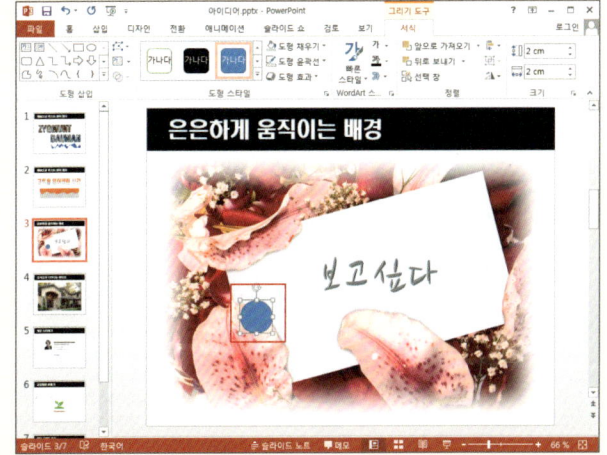

2 [서식] 탭 → [도형 스타일] 그룹 → 도형 채우기(도형 채우기)를 클릭하고 [다른 색]을 선택합니다. [색] 대화상자에서 원하는 색을 선택한 다음 투명도를 '60%' 정도로 지정하고 [확인] 버튼을 클릭합니다.

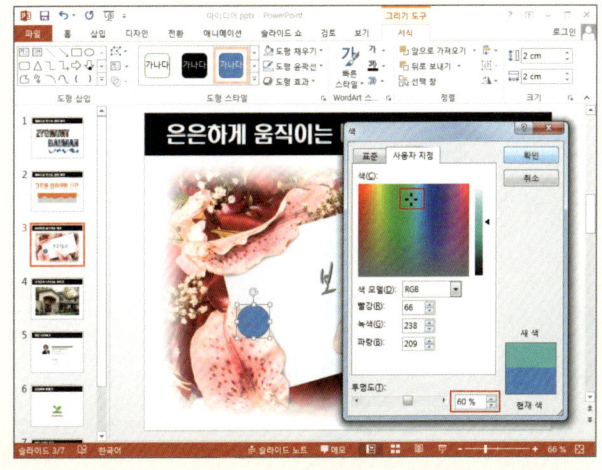

3 도형의 채우기 색이 변경되면 이번에는 도형 윤곽선(도형 윤곽선▼)을 클릭하고 [윤곽선 없음]을 선택합니다.

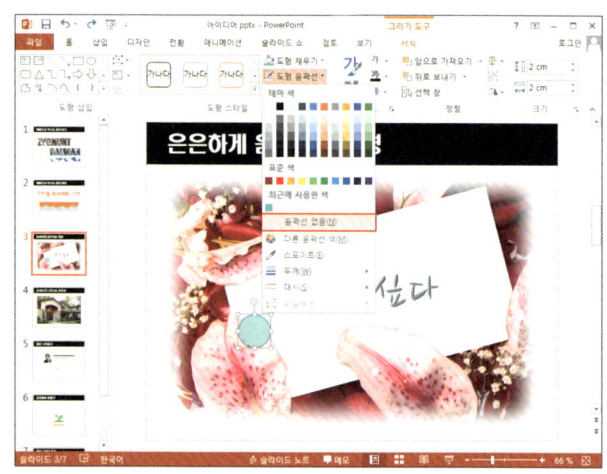

4 [애니메이션] 탭 → [애니메이션] 그룹의 애니메이션 스타일에서 나타내기 영역의 [밝기 변화] 애니메이션을 지정합니다. 그런 다음 [타이밍] 그룹에서 [시작]을 '이전 효과와 함께'로 지정하고, [재생 시간]을 '1.0'으로 지정합니다.

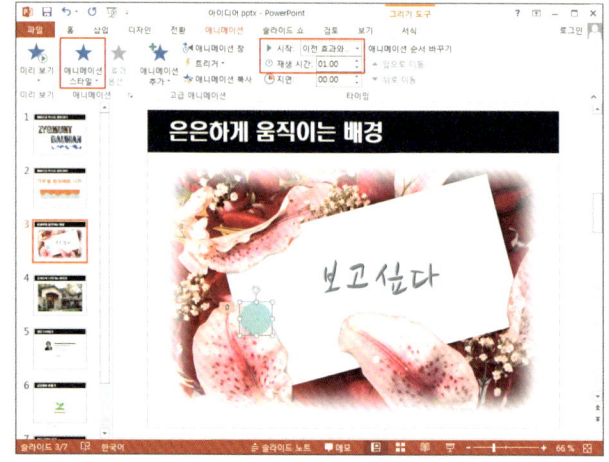

5 같은 도형이 선택된 상태에서 이번에는 [애니메이션] 탭 → [고급 애니메이션] 그룹 → 애니메이션 추가(★)를 클릭한 다음 끝내기 영역의 [가라앉기] 애니메이션을 지정합니다. 그런 다음 [타이밍] 그룹에서 [시작]을 '이전 효과와 함께'로 지정하고, [재생 시간]을 '2.0'으로 지정합니다.

POINT
[밝기 변화] 애니메이션으로 나타난 타원이 [가라앉기] 애니메이션으로 사라지게 합니다.

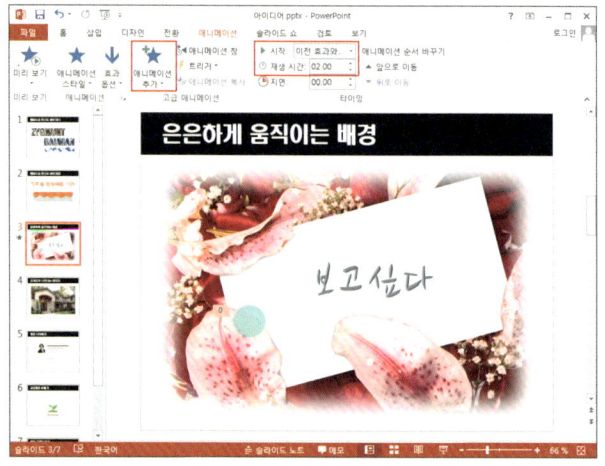

6 타원을 여러 개 복사합니다. 복사하면서 [서식] 탭 → [도형 스타일] 그룹 → 도형 채우기(도형 채우기 ▾)를 사용하여 색을 변경합니다. 여기서는 타원이 모두 10개가 되도록 복사했습니다.

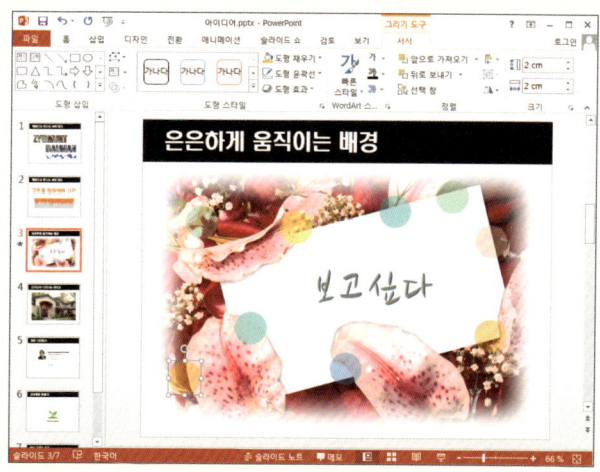

7 [애니메이션] 탭을 클릭한 다음 숫자 태그 중 하나를 클릭하면 작업 창이 나타납니다. [애니메이션 창] 작업 창을 넓게 표시해 보면 각 타원에 초록색의 나타내기 애니메이션과 붉은 색의 끝내기 애니메이션이 지정되어 있음을 알 수 있습니다. 이렇게 나타나는 부분이 진행 시간 표시 막대입니다.

POINT
진행 시간 표시 막대가 숨겨져 있으면 [애니메이션 창] 작업 창에서 마우스 오른쪽 버튼을 클릭하고 [진행 시간 표시 막대 표시]를 선택합니다.

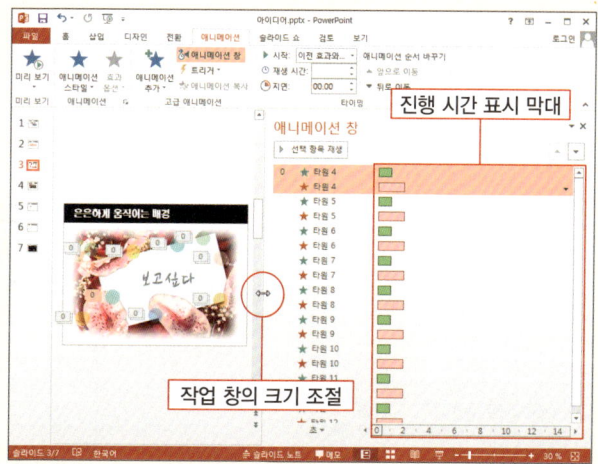

8 초록색 막대의 왼쪽이나 오른쪽에서 마우스 포인터가 화살표 모양이 되면 드래그하여 재생 시간을 조절합니다.

POINT
초록색 막대가 길수록 재생 시간이 늘어나 더 느리게 표시됩니다.

9 초록색 막대의 가운데 부분에서 마우스 포인터가 화살표 모양이 되면 드래그하여 시작 위치를 조절합니다.

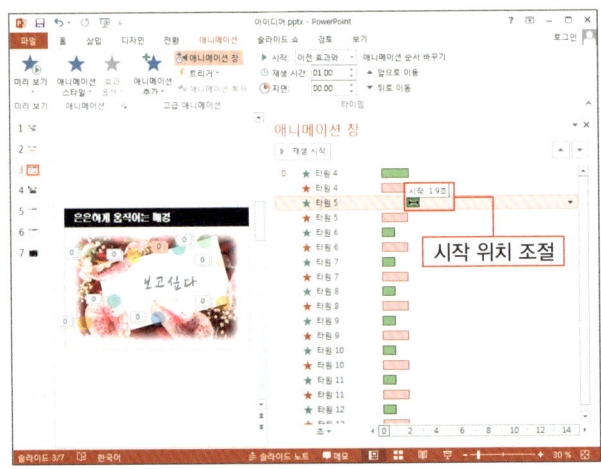

10 같은 방법으로 다음과 같이 각 타원의 나타내기 애니메이션을 의미하는 초록색 막대의 길이와 시작 위치를 조절합니다. 타원마다 다른 지점에서 다른 속도로 나타나야 움직이는 듯한 효과를 거둘 수 있습니다.

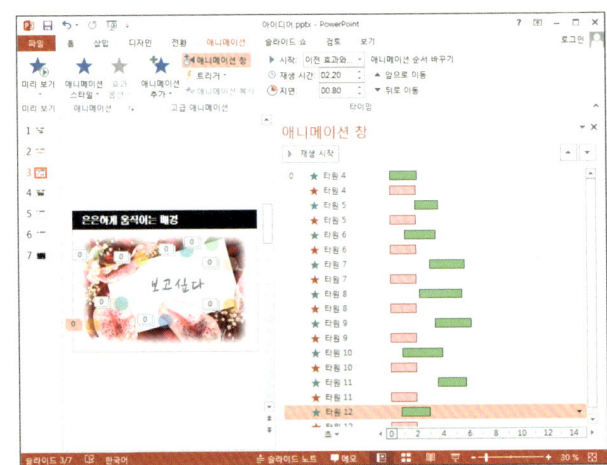

11 이번에는 끝내기 애니메이션을 의미하는 붉은색 막대의 길이와 시작 위치를 조절합니다. 끝내기 애니메이션의 시작 위치를 조절할 때 나타내기 애니메이션이 종료된 다음에 끝내기 애니메이션이 시작되도록 주의합니다.

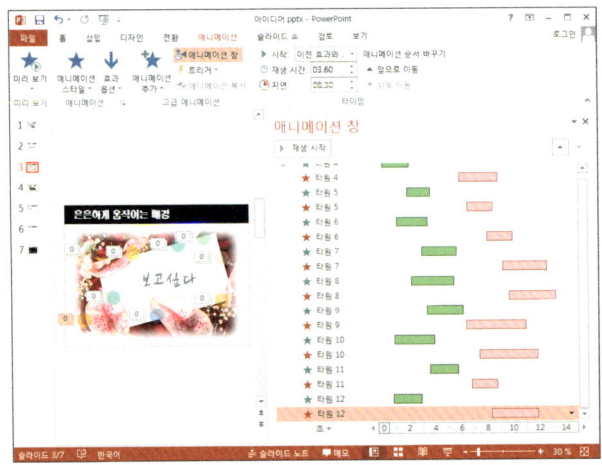

12 애니메이션 미리 보기(★)를 클릭하면 슬라이드에서 지금까지 지정한 애니메이션이 실행됩니다. 진행 시간 표시 막대에서 애니메이션이 진행되는 과정을 확인할 수 있습니다.

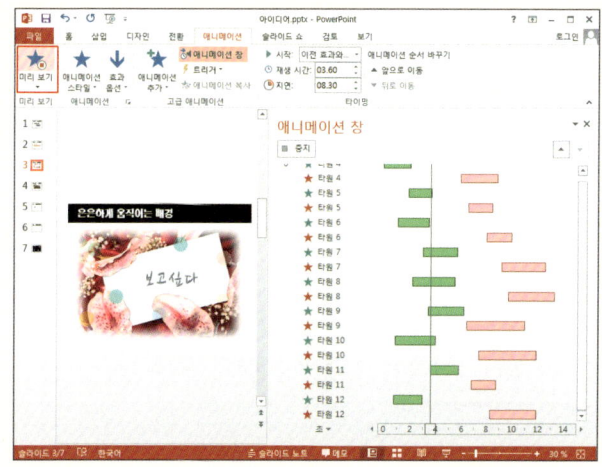

13 이제 마지막으로 슬라이드 중앙의 텍스트를 선택한 다음 나타내기 영역의 [닦아내기] 애니메이션을 지정합니다. 그런 다음 [효과 옵션]을 클릭하고 [왼쪽에서]를 선택하여 진행 방향을 변경합니다.

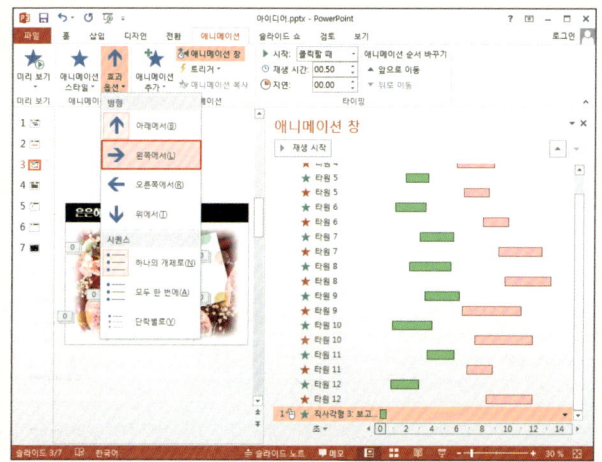

14 [타이밍] 그룹에서 [시작] 옵션을 '이전 효과 다음에'로 지정하고, [재생 시간]을 '3.0'으로 지정합니다. 여기서 지정한 시작 옵션과 재생 시간은 앞에서와 같은 방법으로 진행 시간 표시 막대의 길이와 위치를 조절하여 변경할 수 있습니다.

조각조각 나타나는 이미지

네 번째 기술은 하나의 그림을 조각조각 분리해서 애니메이션을 지정하는 것입니다. 이를 위해 표 작성과 표에 그림으로 채우는 기능이 사용됩니다. 중요한 점은 표를 잘라내고 메타 형식의 그림 파일로 붙여넣는 것입니다.

Key Word : 표 채우기, 선택하여 붙여넣기, 애니메이션   **예제파일 :** Part3\예제파일\아이디어.pptx

---

1 4번 슬라이드에 삽입되어 있는 표와 같은 형식의 표를 만들어야 합니다. 미리 만들어진 표를 보여주기 위해 삽입한 것이므로 여기서는 표를 선택하고 Delete 를 눌러 삭제합니다.

2 [삽입] 탭 → [표] 그룹 → 표(▦)를 클릭하고 4행 5열의 표가 되도록 마우스를 움직인 후 다시 클릭합니다.

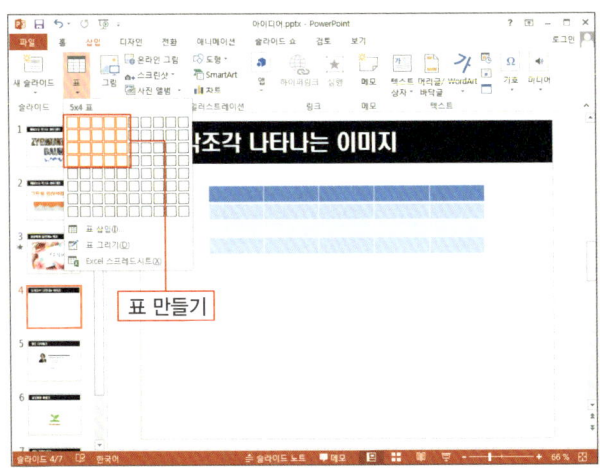

3 슬라이드에 표가 삽입되면 상하 좌우의 크기 조절 핸들을 이용하여 표의 크기를 조절합니다.

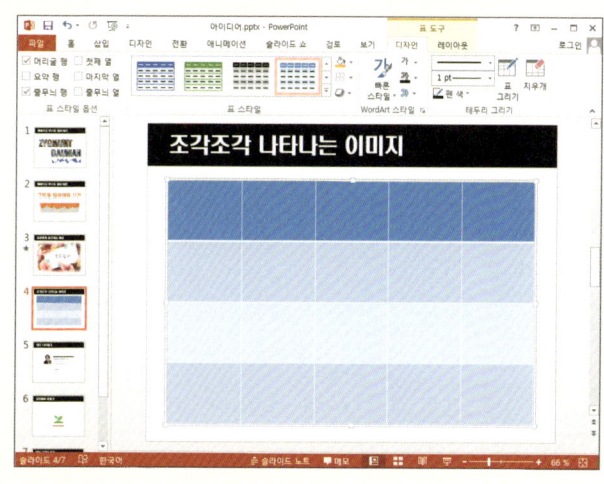

POINT
각 셀의 크기가 일정해야 하므로 표의 너비를 조절할 때 Ctrl 을 누른 상태에서 크기 조절 핸들을 드래그하는 것이 좋습니다.

4 표가 선택된 상태에서 [디자인] 탭 → [표 스타일] 그룹 → 음영(음영▼)을 클릭하고 [그림]을 선택합니다.

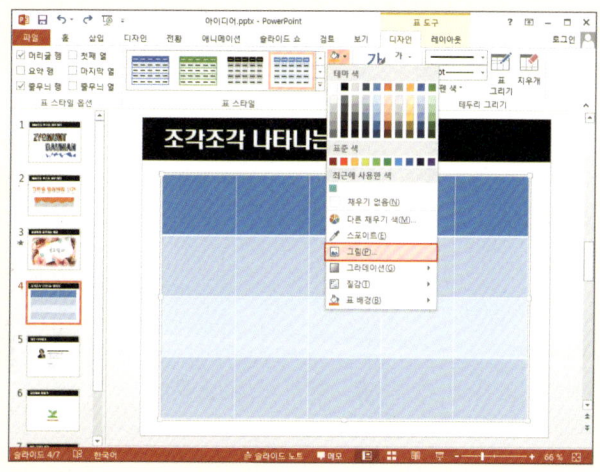

5 [그림 삽입] 창이 표시되면 [Office.com 클립 아트] 검색란에 원하는 검색어를 입력하고 Enter 를 눌러 이미지를 검색합니다. 검색 결과 중 하나를 선택하고 [삽입] 버튼을 클릭합니다.

6 다음과 같이 선택한 이미지가 셀 마다 표시됩니다. 여기서는 선택한 이미지가 표 전체에 걸쳐 표시되는 것을 원합니다.

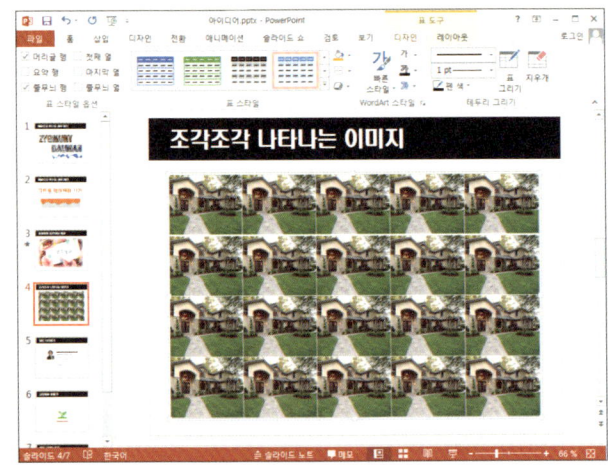

7 표를 마우스 오른쪽 버튼으로 클릭하고 [도형 서식] 메뉴를 선택합니다. [도형 서식] 작업 창의 [도형 옵션] → [채우기]에서 [그림을 질감으로 바둑판식 배열]을 클릭해서 선택합니다. 이렇게 하면 표 전체에 걸쳐 이미지가 표시됩니다.

> **POINT**
> [배율 X]와 [배율 Y] 항목을 사용하여 그림을 확대 또는 축소 표시할 수 있습니다.

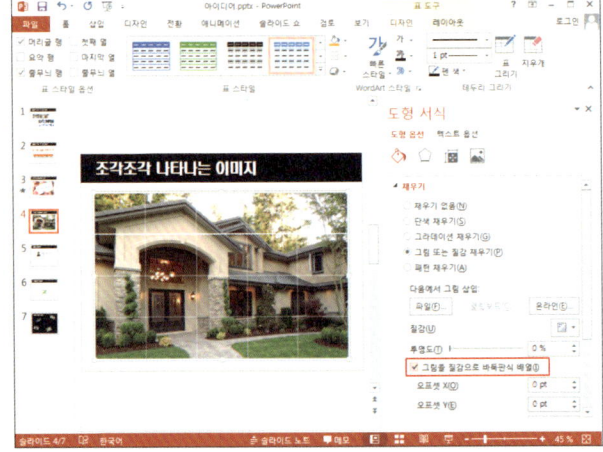

8 [디자인] 탭 → [테두리 그리기] 그룹에서 펜 두께(1 pt)와 펜 색(펜 색 ▼)을 지정한 다음, [표 스타일] 그룹 → 테두리(테두리 ▼)를 클릭하고 [모든 테두리]를 선택합니다.

> **POINT**
> 여기서는 펜 색(펜 색 ▼)을 '흰색'으로 지정했습니다.

9 표가 선택된 상태에서 Ctrl + X를 눌러 잘라 냅니다. 그런 다음 [홈] 탭 → [클립보드] 그룹 → 붙여넣기( )의 화살표를 클릭하고 [선택하여 붙여넣기]를 선택합니다.

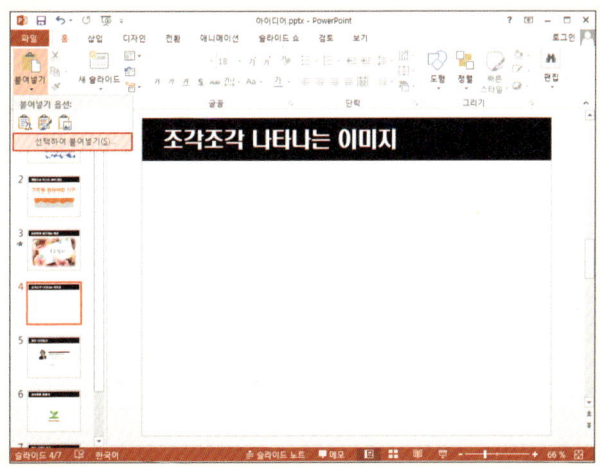

10 [선택하여 붙여넣기] 대화상자가 실행되면 '그림(확장 메타파일)' 형식을 선택하고 [확인] 버튼을 클릭합니다. 메타파일 형식이면 어떤 형식을 사용해도 상관없습니다.

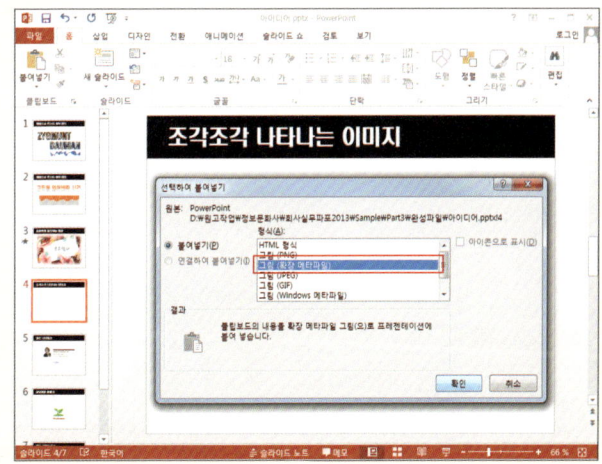

11 여기까지 하면 표가 그림 형식으로 슬라이드에 삽입됩니다. 삽입된 그림의 위치를 다시 조정합니다. 그런 다음 [서식] 탭 → [정렬] 그룹 → 그룹( )을 클릭하고 [그룹 해제]를 선택합니다.

12 다음과 같이 그림을 그리기 개체로 변환할 것인지 묻는 경고 메시지가 표시되면 [예] 버튼을 클릭합니다.

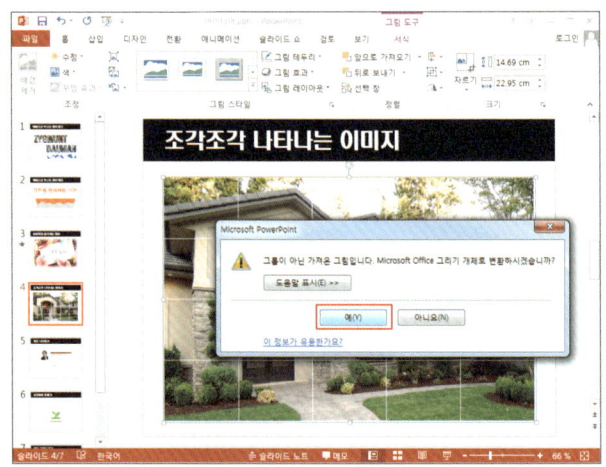

13 그림이 그리기 개체로 변환되었습니다. 하지만 현재 상태는 아직 여러 개의 조각 그림이 하나의 그룹으로 설정된 상태입니다. 다시 그룹(📷)을 클릭하고 [그룹 해제]를 선택합니다.

14 이렇게 두 번에 걸쳐 [그룹 해제] 명령을 실행하면 표의 각 셀이 그림 조각으로 분리되어 다음과 같이 표시됩니다. 각각의 그림이기 때문에 각각 애니메이션을 지정할 수 있게 된 것입니다.

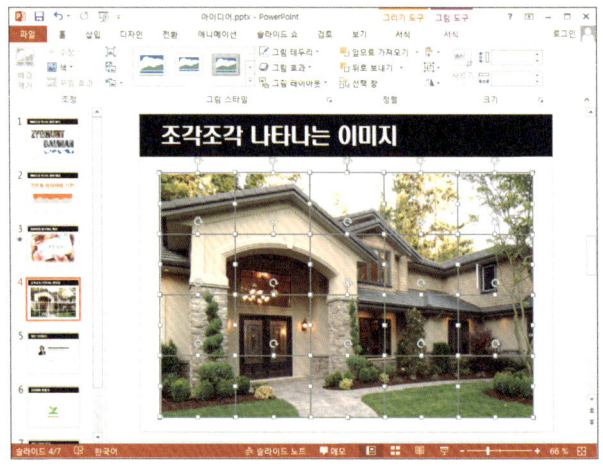

15 모든 그림이 선택된 상태에서 [애니메이션] 탭 → [애니메이션] 그룹 → 애니메이션 스타일 갤러리의 나타내기 영역에 있는 [흩어 뿌리기] 애니메이션을 지정합니다.

\ POINT
갤러리에 표시되지 않는 효과를 사용하기 위해 [추가 나타내기 효과]를 선택하고 대화상자를 통해 애니메이션을 지정했습니다.

16 애니메이션이 지정되면 [타이밍] 그룹에서 [시작]을 '이전 효과와 함께'로 지정합니다. 모든 그림 조각이 함께 표시된다는 의미입니다.

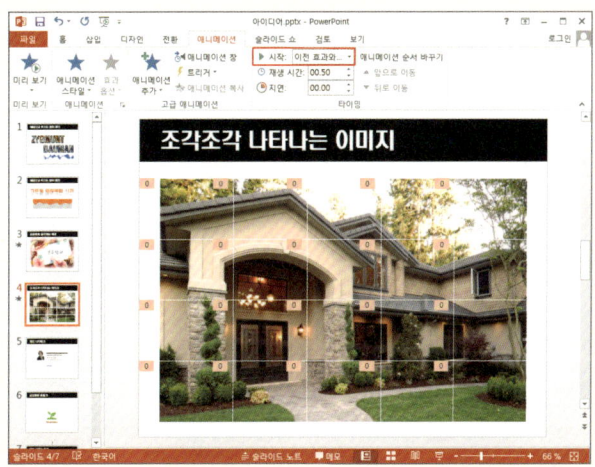

17 [애니메이션 창]을 표시한 다음 초록색 막대의 크기와 시작 위치를 제각각이 되도록 조절합니다. 애니메이션 미리 보기(★)를 클릭해서 그림 조각들이 표시되는 것을 확인합니다.

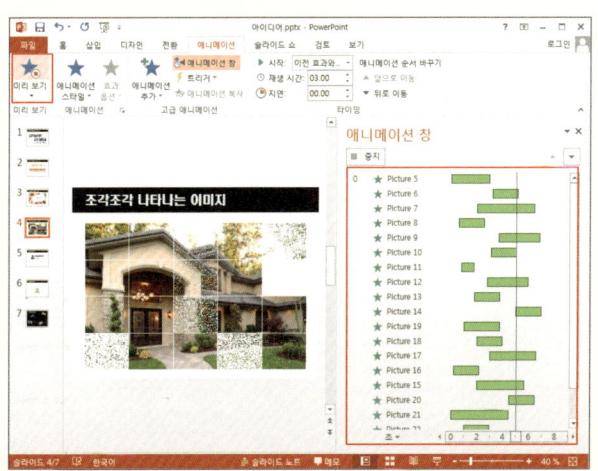

\ POINT
[애니메이션] 탭 → [고급 애니메이션] 그룹 → 애니메이션 창(애니메이션 창)을 클릭해서 [애니메이션 창]을 표시하거나 숨길 수 있습니다.

Project 28
명함 나타내기

다섯 번째로 개인 프로필을 나타낼 때 활용하기 좋은 기술을 살펴봅니다. 슬라이드는 처음에 이름과 직선 하나로 나타납니다. 이어서 사진 테두리가 애니메이션으로 표시되면서 사진이 나타나고, 나머지 명함 정보도 애니메이션으로 나타납니다.

Key Word : 선, 애니메이션, 이동 경로

예제파일 : Part3\예제파일\아이디어.pptx

---

1 5번 슬라이드에서 [삽입] 탭 → [일러스트레이션] 그룹 → 도형( )을 클릭하고 [선]을 선택하여 사진 테두리로 사용할 선을 그립니다. 선을 그린 다음 [서식] 탭 → [도형 스타일] 그룹 → 도형 윤곽선 (도형 윤곽선▼)을 사용하여 선의 색(검정)과 두께(3pt)를 지정합니다.

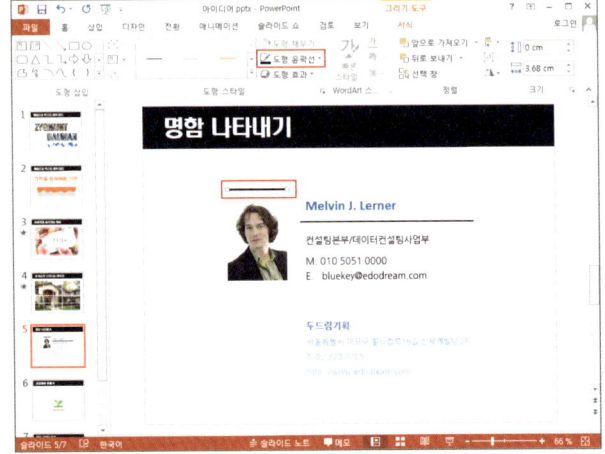

2 같은 방법으로 사진 테두리로 사용할 나머지 선을 그리고 서식을 지정합니다. 모두 다섯 개의 선을 각각 그려야 합니다.

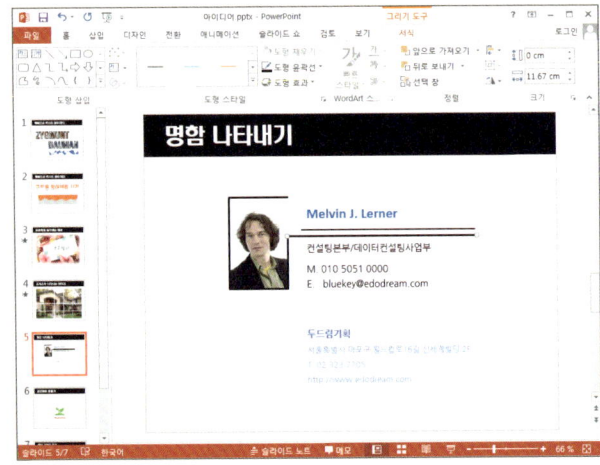

3 다섯 개의 선을 모두 선택한 다음 [애니메이션] 탭 → [애니메이션] 그룹에서 나타내기 영역의 [내밀기] 애니메이션을 지정합니다.

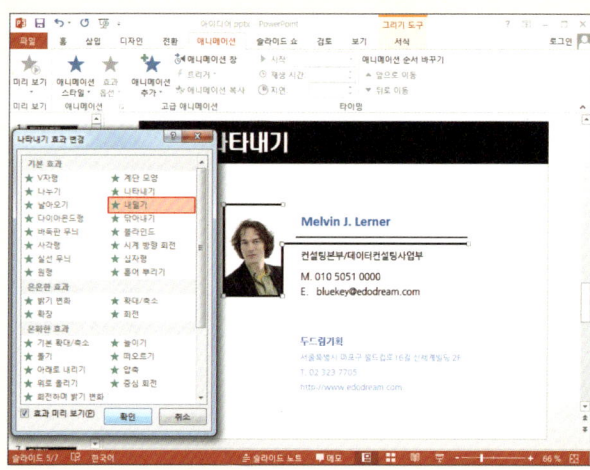

POINT
애니메이션 갤러리에 [내밀기] 효과가 없으면 [추가 나타내기 효과]를 선택하고 애니메이션을 지정합니다.

4 애니메이션 지정이 끝나면 [애니메이션] 탭 → [타이밍] 그룹에서 [시작] 옵션을 '이전 효과 다음에'로 지정합니다.

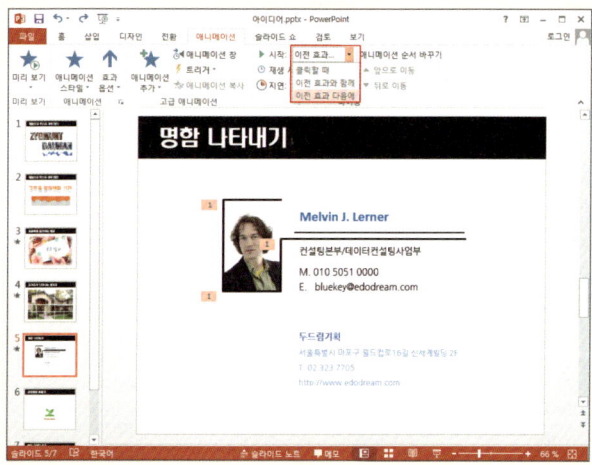

5 사진 위쪽의 선을 선택한 다음 [애니메이션] 탭 → [애니메이션] 그룹에서 [효과 옵션]을 클릭하고 [오른쪽에서]로 내밀기 방향을 변경합니다. 같은 방법으로 왼쪽 선은 [위에서], 아래쪽 선은 [왼쪽에서], 오른쪽 선은 [아래에서], 오른쪽 가로 선은 [왼쪽에서]로 각각 방향을 변경합니다.

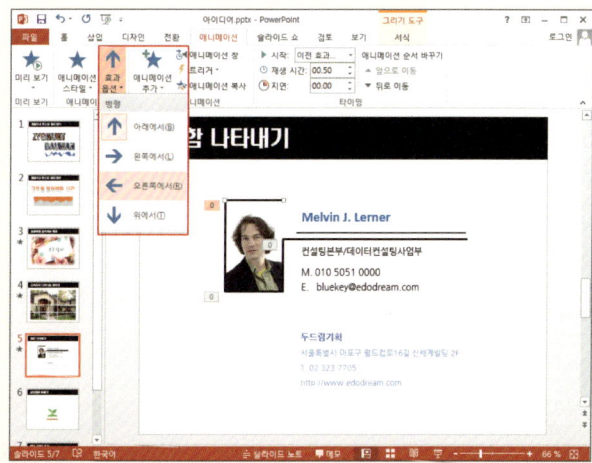

6 이번에는 사진을 선택하고 나타내기 영역의 [흩어 뿌리기] 애니메이션을 지정합니다. 그런 다음 [시작] 옵션을 '이전 효과 다음에'로 지정하고, [재생 시간]을 '2.0'으로 변경합니다.

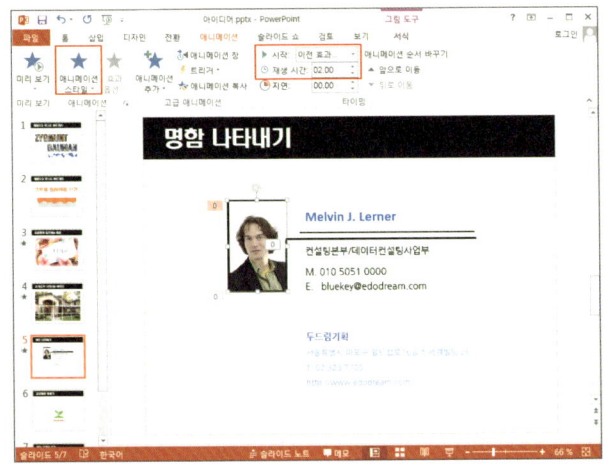

7 [삽입] 탭 → [일러스트레이션] 그룹 → 도형( )을 클릭하고 [직사각형]을 선택한 다음, 명함의 개인 정보 부분을 나타내는 텍스트가 가려지도록 직사각형을 그립니다. 그런 다음 채우기 색을 슬라이드 바탕과 같은 색으로, 윤곽선 색을 [윤곽선 없음]으로 지정합니다.

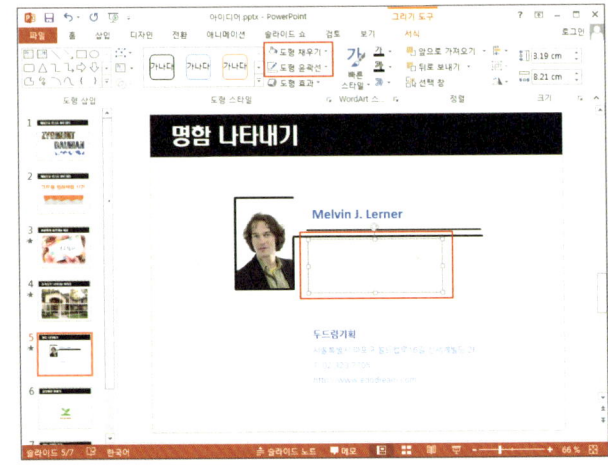

8 이름 바로 아래의 선을 선택한 다음 [애니메이션] 탭 → [애니메이션] 그룹의 애니메이션 갤러리에서 이동 경로 영역에 있는 [선]을 지정합니다. 그런 다음 [타이밍] 그룹에서 [시작]을 '이전 효과 다음에'로 지정하고 [재생 시간]을 '2.0'으로 변경합니다.

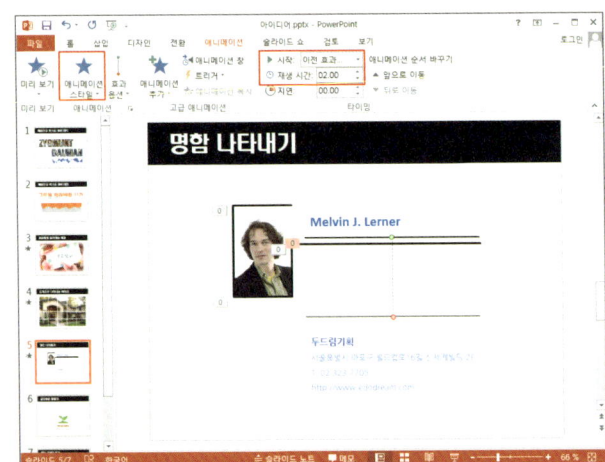

9 개인 정보를 가리고 있는 직사각형을 선택하고 역시 이동 경로 영역의 [선] 애니메이션을 지정한 다음, [시작]을 '이전 효과와 함께', [재생 시간]을 '2.0'으로 지정합니다. 즉, 선과 직사각형이 함께 아래로 이동하는 애니메이션을 실행하려는 것입니다.

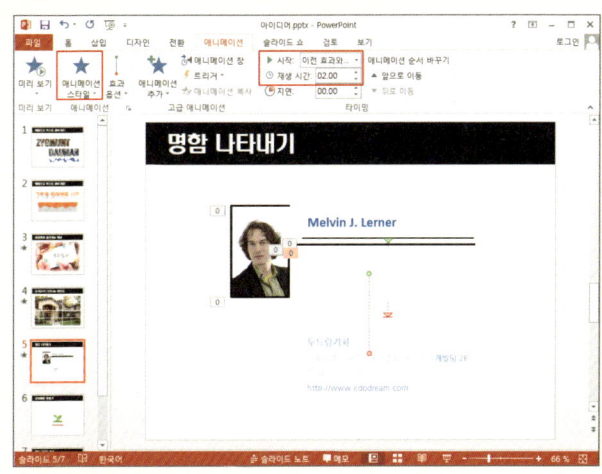

POINT
직사각형이 아래로 이동하면 가려져 있던 개인 정보가 나타납니다.

10 [애니메이션 창]을 표시한 다음 두 개의 이동 경로 애니메이션을 세밀하게 조절해야 합니다. 초록 화살표는 애니메이션이 시작되는 지점, 붉은 화살표는 애니메이션이 끝나는 지점임을 참고하여 선의 길이를 조절합니다.

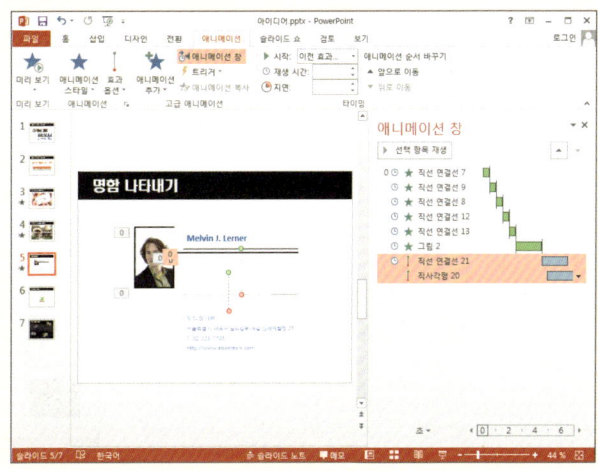

POINT
[애니메이션 창]에서 두 개의 이동 경로 애니메이션을 Shift 를 이용하여 선택하고 [선택 항목 재생] 버튼을 클릭하면서 개인 정보가 자연스럽게 표시되도록 선의 길이를 조절합니다.

11 이제 마지막으로 슬라이드 아래쪽의 텍스트 상자를 선택하고 [서식] 탭 → [정렬] 그룹 → 앞으로 가져오기( )의 화살표를 클릭한 다음 [맨 앞으로 가져오기]를 선택합니다. 그런 다음 나타내기 영역의 [밝기 변화] 애니메이션을 지정하고 [시간]을 '이전 효과 다음에', [재생 시간]을 '2.0'으로 지정합니다.

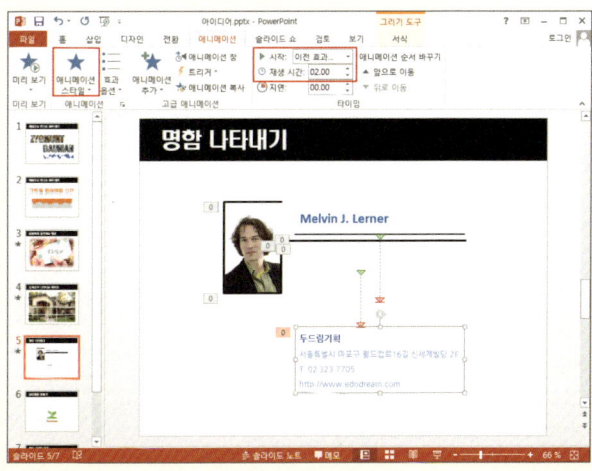

로딩 화면 만들기

프레젠테이션이 시작될 때 활용할 수 있는 로딩 화면을 만드는 기술을 살펴보겠습니다. 이러한 로딩 화면은 기다리는 시간을 지루하지 않게 하거나 또는 시작에 대한 기대 효과를 노릴 수 있습니다.

Key Word : 도형, 복사, 애니메이션, 진행 시간 표시 막대

예제파일 : Part3\예제파일\아이디어.pptx

1 6번 슬라이드에서 [삽입] 탭 → [일러스트레이션] 그룹 → 도형( )을 클릭하고 [타원]을 선택합니다. 적당한 크기로 타원을 그린 다음 서식을 지정합니다.

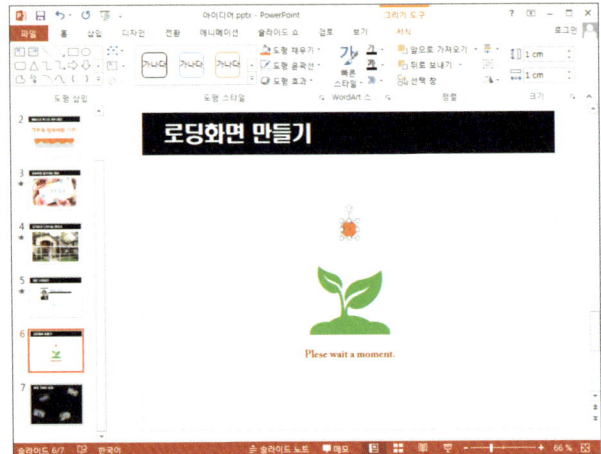

2 타원을 Ctrl 을 누른 채 드래그하여 복사하고 채우기 색을 변경합니다. 초록색 이미지 위에 다음과 같이 적절하게 배치합니다. 여기서는 모두 일곱 개의 타원이 되도록 복사하고 채우기 색이 점점 진해지는 느낌이 나도록 같은 계열로 지정했습니다.

POINT

도형 채우기(도형 채우기 ▼)를 클릭하고 [다른 채우기 색]을 선택한 다음 [색] 대화상자의 [사용자 지정] 탭에서 타원들의 색을 같은 계열로 지정할 수 있습니다.

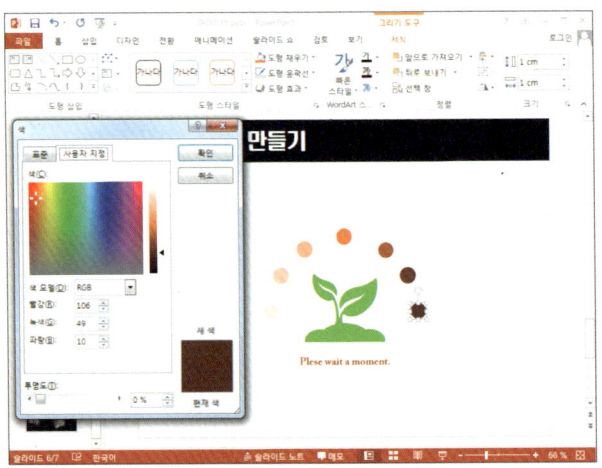

3 초록색 이미지를 선택하고 [애니메이션] 탭 → [애니메이션] 그룹의 갤러리에서 나타내기 영역의 [내밀기] 애니메이션을 지정합니다. 그런 다음 [타이밍] 그룹에서 [시작]을 '이전 효과 다음에', [재생 시간]을 '8.0'으로 지정합니다.

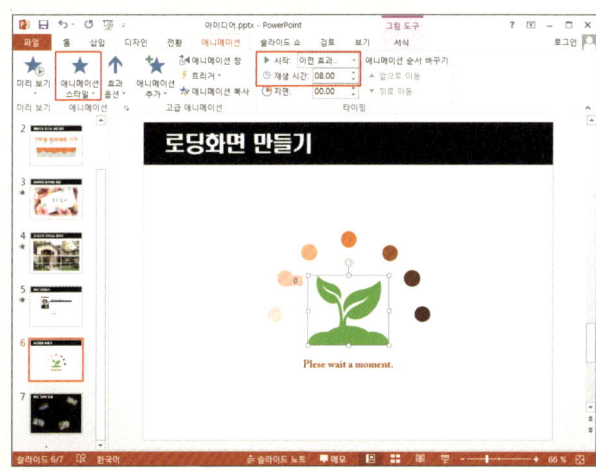

4 타원 도형을 모두 함께 선택합니다. 그런 다음 나타내기 영역의 [밝기 변화] 애니메이션을 지정하고, [시작]을 '이전 효과와 함께', [재생 시간]을 '1.0'으로 지정합니다.

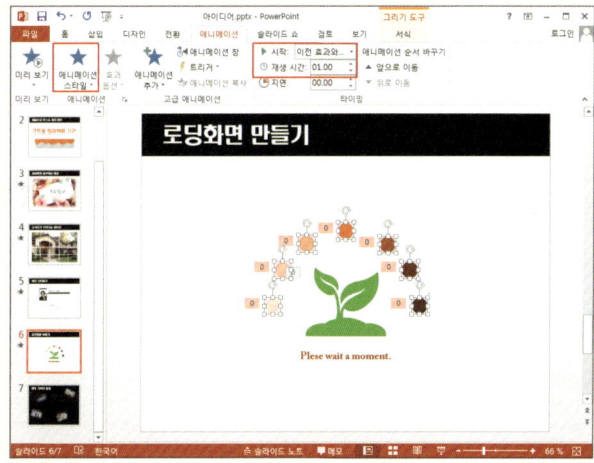

5 타원이 모두 선택되어 있는 상태에서 애니메이션 추가(★)를 클릭하고 [추가 강조하기 효과]를 선택합니다. [강조하기 효과 추가] 대화상자에서 [깜박이기] 애니메이션을 선택하고 [확인] 버튼을 클릭합니다.

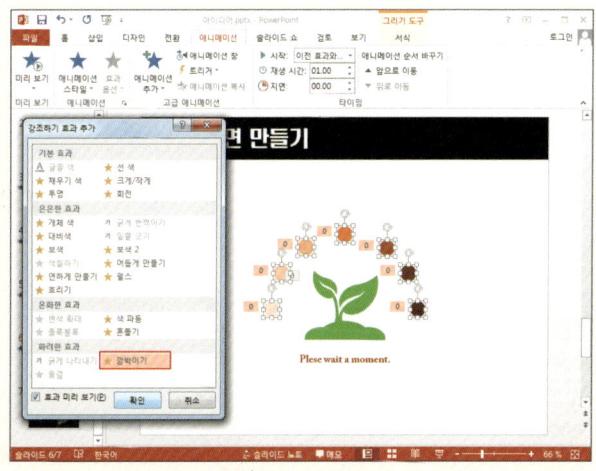

6 [깜박이기] 애니메이션을 지정한 후에 바로 [시작]을 '이전 효과와 함께', [재생 시간]을 '2.0'으로 지정합니다.

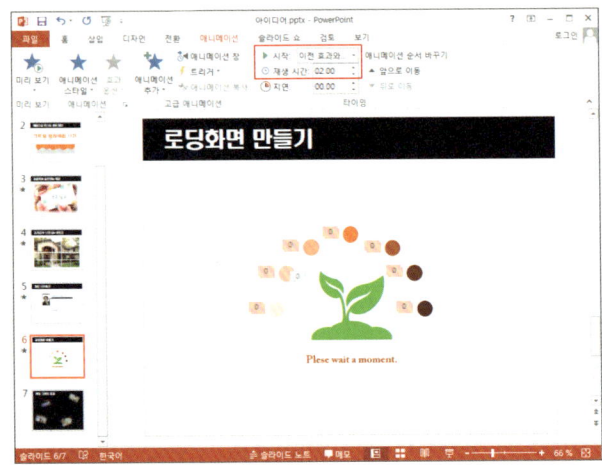

7 [애니메이션] 창을 표시한 다음 [밝기 변화] 애니메이션을 나타내는 타원의 초록색 막대를 드래그하여 다음과 같이 시작 위치를 조절합니다. 가장 왼쪽의 타원부터 차례로 나타내기 위해서입니다.

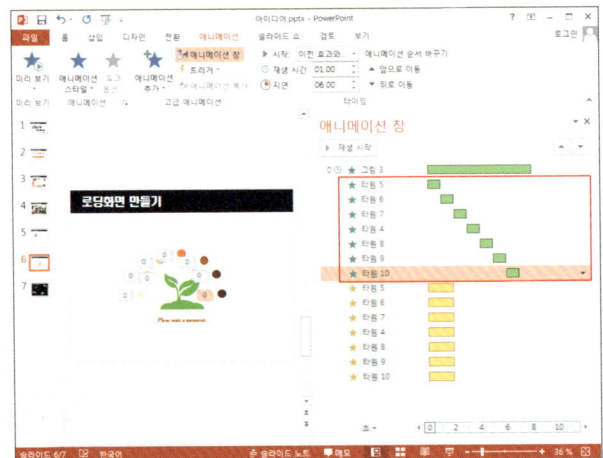

8 마지막으로 [깜박이기] 애니메이션이 처음 시작되는 타원을 선택한 다음 [시작]을 '이전 효과 다음에'로 변경합니다. 이렇게 하면 나머지 [깜박이기] 애니메이션의 시작 위치가 첫 번째 타원의 시작 위치와 같은 위치로 모두 변경됩니다.

> **POINT**
> 초록색 이미지가 아래에서 위로 나타나면서 타원들이 왼쪽부터 차례로 나타납니다. 마지막 타원까지 모두 표시되고 이미지 표시도 끝나면 타원들이 함께 한 번 깜박이는 애니메이션이 구현됩니다.

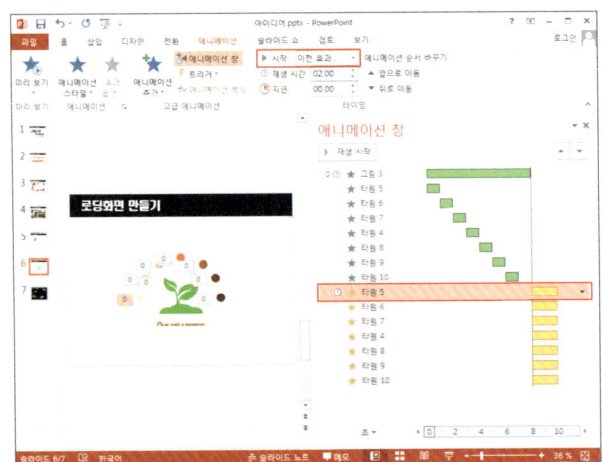

Project 30
엔딩 크레딧 효과

슬라이드를 특별하게 꾸미기 위한 마지막 기술은 영화가 모두 끝나고 제작 참여자들의 명단이 천천히 아래로부터 위로 흘러가는 엔딩 크레딧 효과입니다. 이를 구현하기 위해 눈속임 기술과 애니메이션이 사용됩니다.

Key Word : 이동 경로 애니메이션, 진행 시간 표시 막대   **예제파일** : Part3\예제파일\아이디어.pptx

1 마지막 슬라이드에서 [삽입] 탭 → [일러스트레이션] 그룹 → 도형( )을 클릭하고 [직사각형]을 선택하여 슬라이드 오른쪽 위와 아래에 다음과 같이 직사각형을 그립니다.

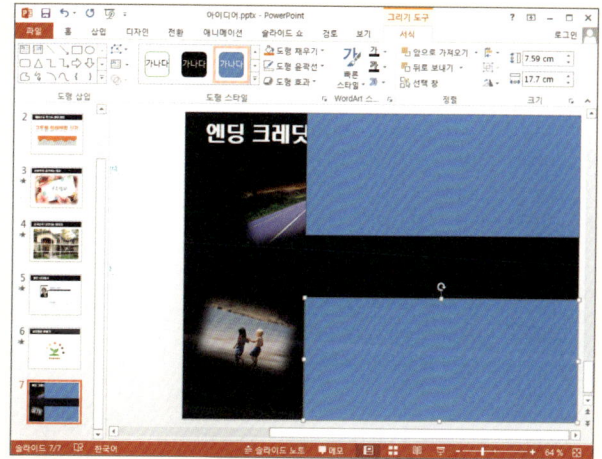

2 슬라이드 왼쪽에 미리 만들어 놓은 텍스트 상자가 있습니다. 이 텍스트 상자를 드래그하여 다음과 같이 배치합니다. 이때 직사각형의 너비가 텍스트 상자의 너비보다 같거나 크도록 조절합니다.

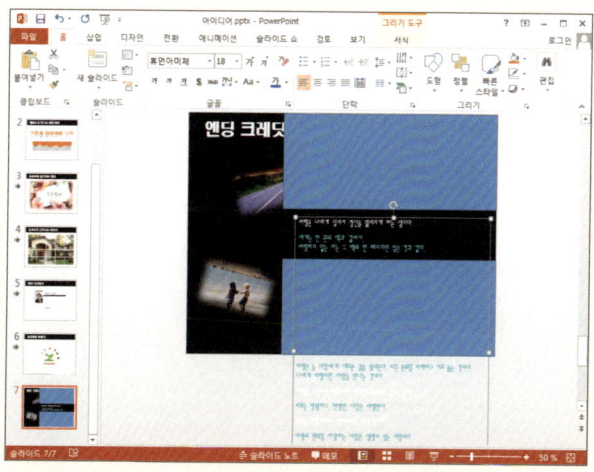

3 텍스트 상자를 선택한 상태로 [애니메이션] 탭 → [애니메이션] 그룹의 갤러리에서 이동 경로 영역의 [선] 애니메이션을 지정합니다. 그런 다음 [효과 옵션]을 선택하고 [위쪽]을 선택하여 텍스트의 이동 방향을 변경합니다.

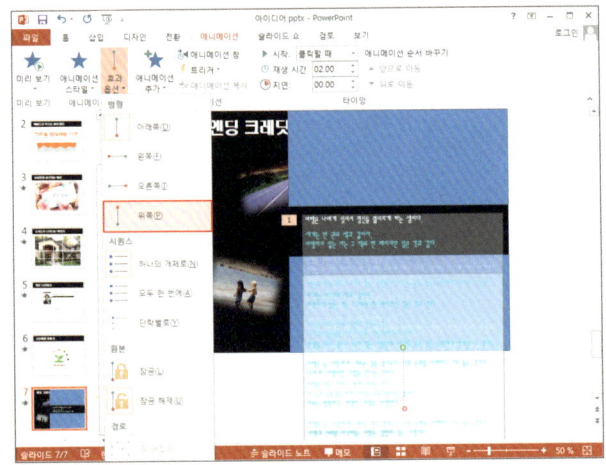

4 이동 방향을 위쪽으로 변경한 다음 [타이밍] 그룹에서 [시작]을 '이전 효과 다음에', [재생 시간]을 '30'초로 변경합니다.

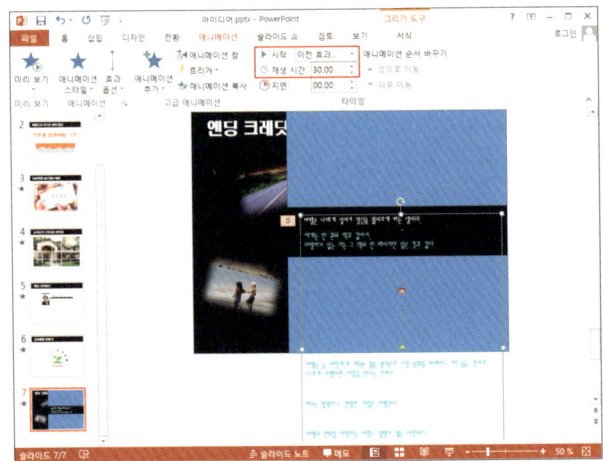

5 이동 경로 선을 선택한 다음 초록색 핸들을 Shift 를 누른 채 아래로 드래그하여 조절합니다. 이때 아래 직사각형의 위쪽 테두리보다 더 아래에서 애니메이션이 시작되게 해야 합니다. 같은 방법으로 붉은색 핸들을 더 위쪽으로 드래그합니다. 이때 위쪽 직사각형의 아래쪽 테두리보다 더 위에서 애니메이션이 끝나게 해야 합니다.

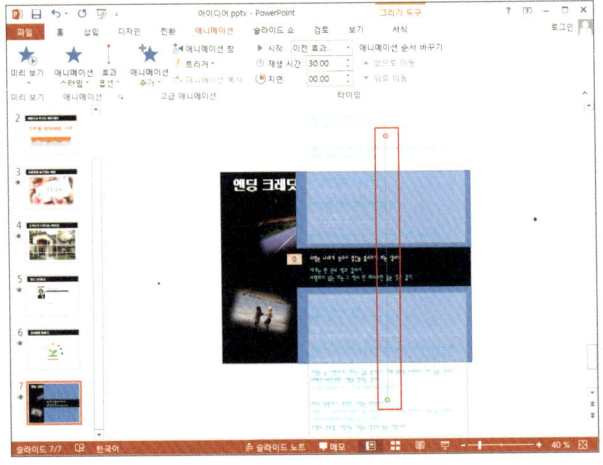

6 두 개의 직사각형을 함께 선택한 다음 [서식] 탭 → [도형 스타일] 그룹에서 도형의 채우기 색을 슬라이드 배경과 같은 색(검정)으로 지정하고, 도형의 윤곽선 색을 [윤곽선 없음]으로 지정합니다. 그런 다음 [서식] 탭 → [정렬] 그룹 → 뒤로 보내기(　)의 화살표를 [맨 뒤로 보내기]를 선택합니다.

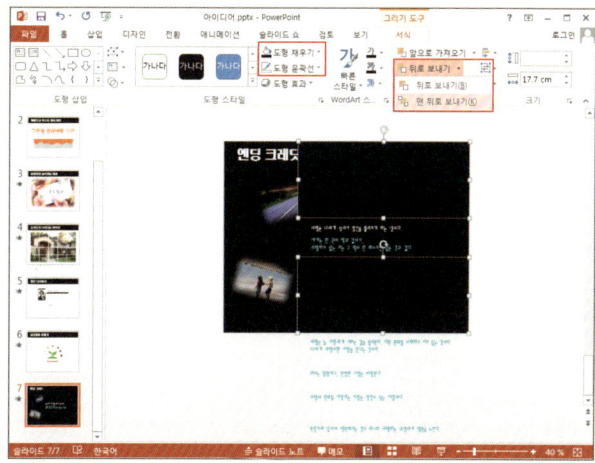

7 이번에는 텍스트 상자를 선택하고 마찬가지로 뒤로 보내기(　)의 화살표를 클릭하고 [맨 뒤로 보내기]를 선택합니다. 이렇게 하면 직사각형은 다른 이미지를 가리지 않고, 텍스트 상자는 맨 뒤로 보내져 검정 직사각형 뒤에 숨겨집니다.

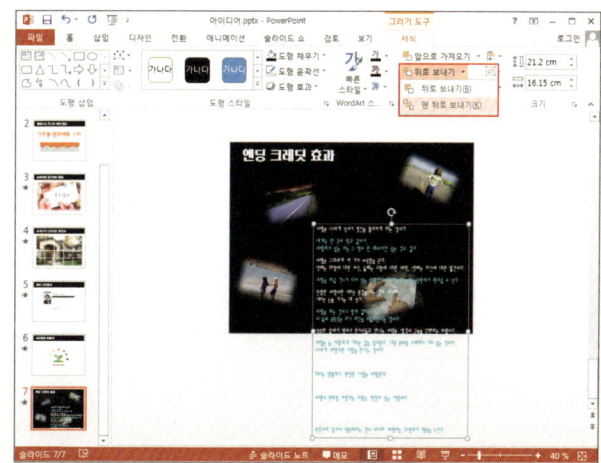

8 슬라이드에 미리 삽입해 놓은 이미지를 모두 함께 선택한 다음 [애니메이션] 탭 → [애니메이션] 그룹에서 나타내기 영역의 [밝기 변화] 애니메이션을 지정합니다. 그리고 [타이밍] 그룹에서 [시간]을 '이전 효과와 함께'로 지정합니다.

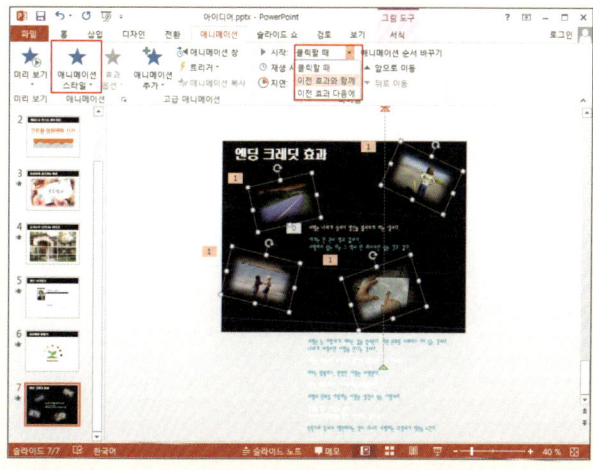

9 [애니메이션 창]을 표시하여 그림에 설정된 나타내기 애니메이션을 의미하는 초록색 막대의 길이와 위치를 다음과 같이 조절합니다. 이미지가 모두 다른 지점부터 다른 속도로 표시되도록 하는 과정입니다.

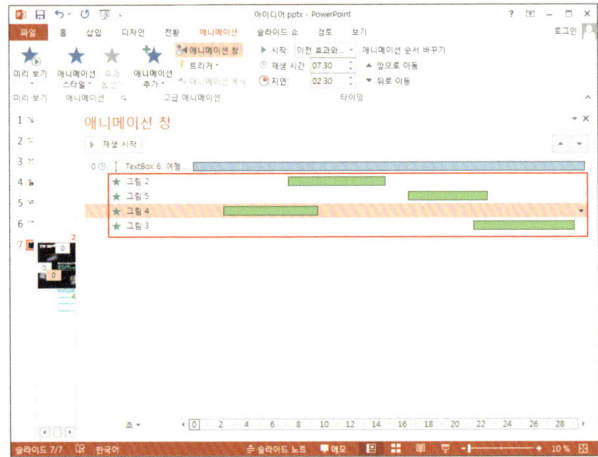

10 [애니메이션] 탭 → [미리 보기] 그룹 → 애니메이션 미리 보기(★)를 클릭하여 애니메이션 실행 결과를 확인합니다.

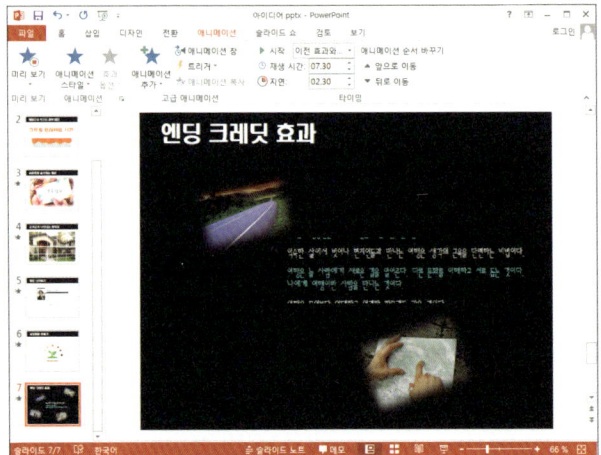

P/O/W/E/R/P/O/I//N/T 2/0/1/3

찾아보기 Index

| ㄱ |

가로 간격을 동일하게	142
가운데 맞춤	44
개요 보기	29
개체 맞춤	378
개체 틀	41
결합	147
곡선	120
균등 분할 맞춤	45
그라데이션	90, 349
그룹	144, 389, 449
그룹 해제	145
그림	154
그림 글머리 기호	51
그림 레이아웃	177
그림 바꾸기	160
그림 삽입	342
그림 압축	165
그림으로 저장	168, 439
그림자	129
글꼴	37
글머리 기호	48
기호	30
꾸밈 효과	158

| ㄴ |

나누기	259
눈금	118
눈금 및 안내선	118

| ㄷ |

다른 이름으로 저장	24
다시 실행	44
단락	47
닫기	25
닫힌 곡선	121
데이터 계열 서식	202
데이터 레이블	206
데이터 편집	214, 304
데이터 표	194
도형	87
도형 모양 바꾸기	98
도형 모양 변경	134
도형 병합	146
도형 복사	110
도형 삭제	110
도형 서식	349
도형 스타일	344
도형 윤곽선	436
도형 이동	110
도형 채우기	90, 123, 124, 336, 436
도형 편집	127
뒤로 보내기	88, 92, 137

| ㄹ |

레이아웃	23
리본 메뉴	20

| ㅁ |

맞춤	141
맨 뒤로 보내기	92
맨 앞으로 가져오기	92
머리글/바닥글	71
모두 바꾸기	58

| ㅂ |

바닥글	71, 73
발표자 도구 사용	321
방사형	209
배경 스타일	69
배경 제거	161
번호 매기기	53
병합	190
복사	61
복제	112
붙여넣기	59
비디오 삽입	233
비디오 스타일	241
비디오 옵션	236
빼기	148

| ㅅ |

사용자 지정 경로	269
사용자 지정 색	39
사진 앨범	173
사진 앨범 편집	177
새 단어 등록	35
새 테마 색 만들기	67
새 프레젠테이션	17, 22
색	66
서식	291
서식 파일	297
선	82
설명선	105
세로 간격을 동일하게	143
소리 재생	250
소스 코드	237
쇼 재구성	318

스마트 가이드	108, 363
스크린샷	171
스포이트	102
슬라이드	15
슬라이드 노트	308
슬라이드 노트 마스터	309
슬라이드 레이아웃 변경	23
슬라이드 레이아웃으로 그림 삽입	155
슬라이드 마스터	73, 286, 290, 332
슬라이드 복사	62
슬라이드 삭제	23
슬라이드 쇼	79
슬라이드 쇼 재구성	318
슬라이드 이동	62
슬라이드 크기	75
슬라이드 확대	323
시작	17
시퀀스	283
실행 단추	252
실행 취소	44

ㅇ

안내선	114
앞으로 가져오기	92, 138
애니메이션	261
애니메이션 복사	275
양쪽 맞춤	45
엑셀	299
엔딩 크레딧 효과	459
연결선	107, 109
연결점	107
열린 곡선	121
오디오 삽입	226
오른쪽 맞춤	44
온라인 그림	117, 169
온라인 프레젠테이션	327
왼쪽 맞춤	44
워드아트	149, 345
원형 차트	204
유인물 마스터	314
유인물 만들기	316
음영	447
이동 경로	265
인쇄	77, 313
입체 효과	131

ㅈ

자르기	163
자유 곡선	124
자유형	122
잘라내기	59
재그룹	145
점 바꾸기	273
점 편집	127, 439
조각	147
줄 간격	46
중지점	91
진행 시간 표시 막대	443
질감	94

ㅊ

차트	193, 201, 204
차트 레이아웃	198
차트 애니메이션	282
차트 요소	196
차트 요소 추가	216, 408
차트 종류 변경	194, 215
찾기	55
책갈피 제거	243
책갈피 추가	230, 242

ㅋ

캡션	178
콤보	215
클립 아트	117, 169, 357

ㅌ

타이밍	261
테마	64
텍스트	27
텍스트 상자	103
텍스트 세로 맞춤	45
트리거	277
트리밍	230, 242

ㅍ

패턴 채우기	95
페이드 효과	244
편집점	127
포스터 틀	240
폴더로 복사	325
표	180, 280
표 배경	184
표 스타일	183
프레젠테이션	14

찾아보기 Index

| ㅎ |

하이퍼링크	245, 248
하이퍼링크 편집	251
한글/한자 변환	33
화면 구성	19
화살표	85
회전	89, 131, 139, 368

| C |

CD로 복사	325
CD용 패키지	324

| M |

Microsoft Word로 보내기	316

| P |

PowerPoint 2013	14

| S |

SmartArt 그래픽	217, 222, 284

| 기타 |

3차원 옵션	132